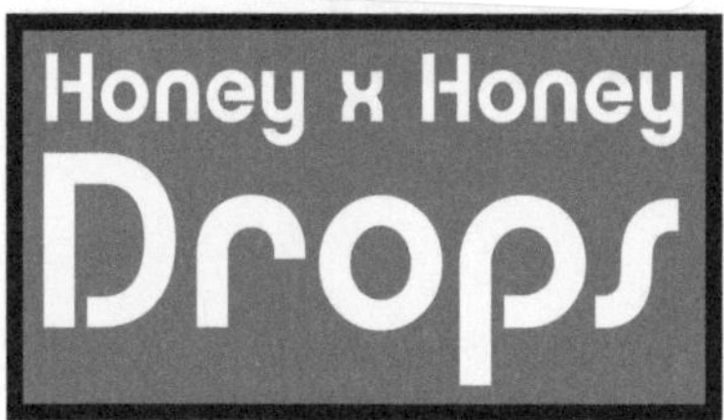

Kanan Minami

Band 3

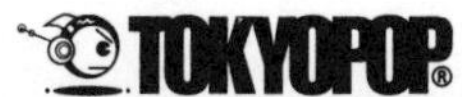

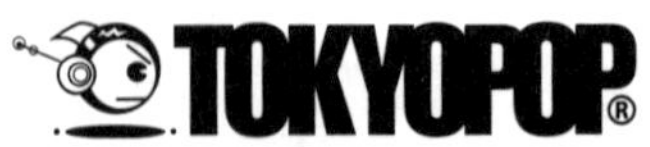

TOKYOPOP GmbH
Hamburg

TOKYOPOP
2. Auflage, 2016
Deutsche Ausgabe/German Edition

Aus dem Japanischen von Ninako Takeuchi
Rechtschreibung gemäß DUDEN, 25. Auflage

MITSU x MITSU DROPS 5, 6 by Kanan MINAMI

Original Japanese edition published by SHOGAKUKAN.
German translation rights arranged with SHOGAKUKAN
through The Kashima Agency.

Redaktion: Alexandra Schöner
Lettering: Brilliant IT Enabling Services
Herstellung: Sonja Fehlman
Druck und buchbinderische Verarbeitung:
CPI–Clausen & Bosse GmbH, Leck
Printed in Germany

ISBN 978-3-8420-0333-0

www.tokyopop.de

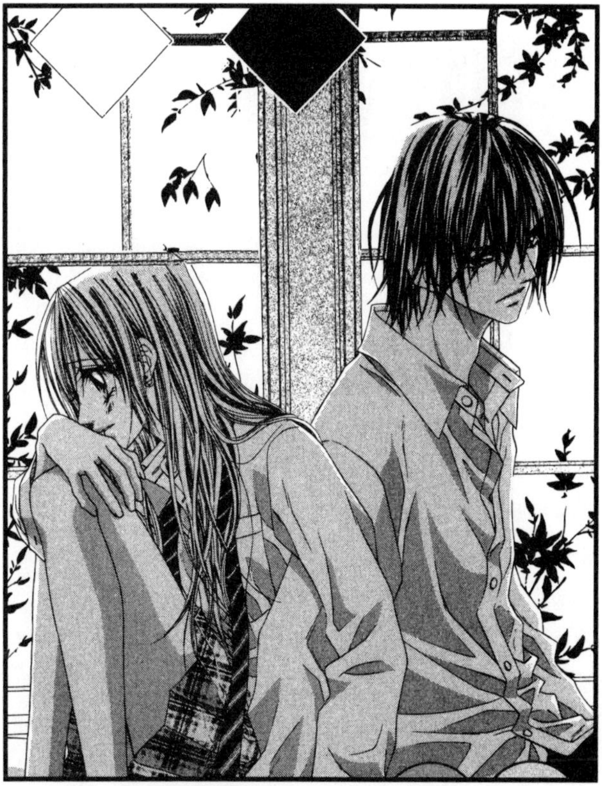

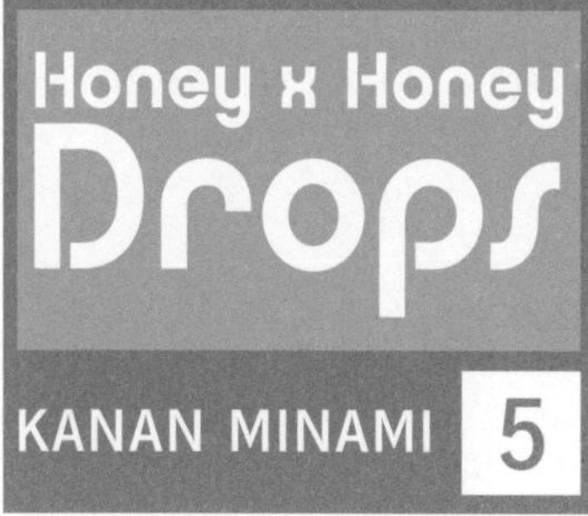
Honey x Honey
Drops
KANAN MINAMI
5

Story

Um ihr mageres Taschengeld aufzupolieren, jobbt die Highschool-Schülerin Yuzuru in den Ferien in einem Hotel, wo sie mit dem reichen Schnösel Kai aneinandergerät. Zurück in der Schule erfährt sie, dass dieser sie zu seinem Honey erkoren hat. Und obwohl Kai sie mies behandelt und sein Machogehabe ihr ziemlich auf die Nerven geht, beißt Yuzuru die Zähne zusammen, denn nur in der Funktion als Honey werden ihr die teuren Schulgebühren erlassen. Aber die Intrigen ihres Mitschülers Chihaya setzen ihr ganz schön zu, auch wenn es Kai immer wieder gelingt, den Drop seines Honeys zu verhindern, das er inzwischen ins Herz geschlossen hat. Und so ist Yuzuru glücklich an Kais Seite, in den sie sich immer mehr verliebt – bis eines Tages Kais Verlobte Kayaka wie aus dem Nichts auftaucht und sich Yuzurus Glück in den Weg stellt! Denn Chihaya und Kayaka planen eine weitere Intrige, die Yuzuru endgültig ihre Position als Kais Honey verlieren lassen soll. Doch noch bevor der Plan gelingt, kann Yuzuru endlich ihre erste gemeinsame Nacht mit Kai verbringen. Doch Kayakas wachsamen Augen entgeht nichts ...!

Die Charaktere

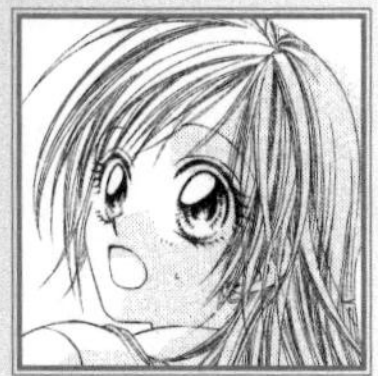

Yuzuru Hagino

besucht im zweiten Jahr die Hojo-Akademie und fristet zunächst widerwillig ihr Dasein als Kais Honey, doch nach und nach fühlt sie sich zu dem reichen Schnösel hingezogen. Mehr noch, sie beginnt, sich in ihn zu verlieben.

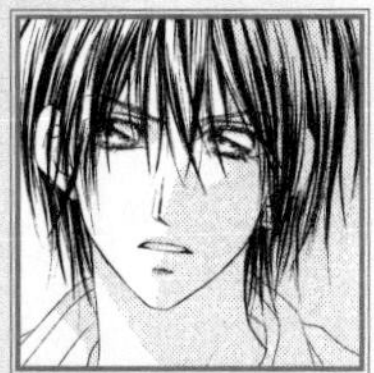

Kai Renge

Der gut betuchte, aber nervige Kai ist ebenfalls im zweiten Jahr und besitzt als einer der reichsten Schüler das Privileg, sich ein Honey zu wählen, das ihm zu Diensten stehen muss. Als Yuzurus Master spielt er ihr gegenüber all seine Macht aus.

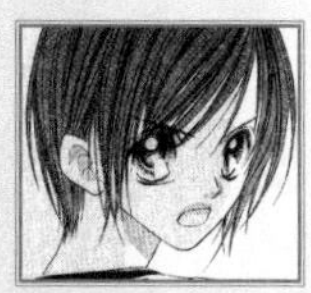

Nayuta Sakuragi

gehört ebenfalls zu den reichen Schülern der Schule und ist eng mit Kai befreundet. Er hat Genjo zu seinem Honey erkoren.

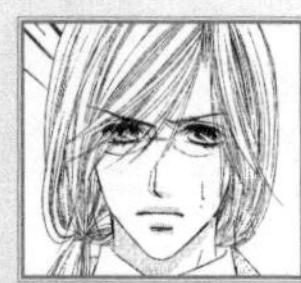

Genjo Kuki

ist Nayutas Honey und gegenüber seinem Master äußerst loyal.

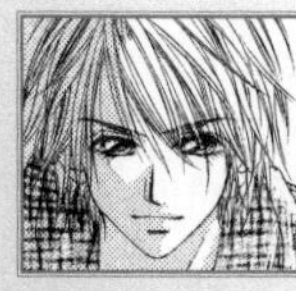

Chihaya Yurioka

gehört auch zu den reichsten Schülern der Hojo-Akademie. Er trägt gern traditionelle Kleidung und scheint im Gegensatz zu seinen Klassenkameraden nicht viel vom Master-Honey-System zu halten, weshalb er auf ein eigenes Honey verzichtet.

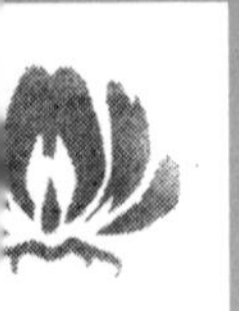  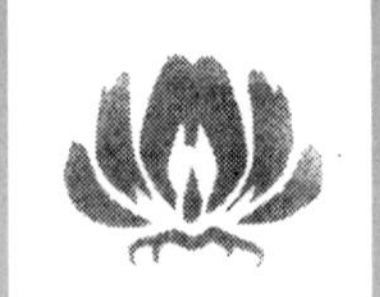 

Inhalt

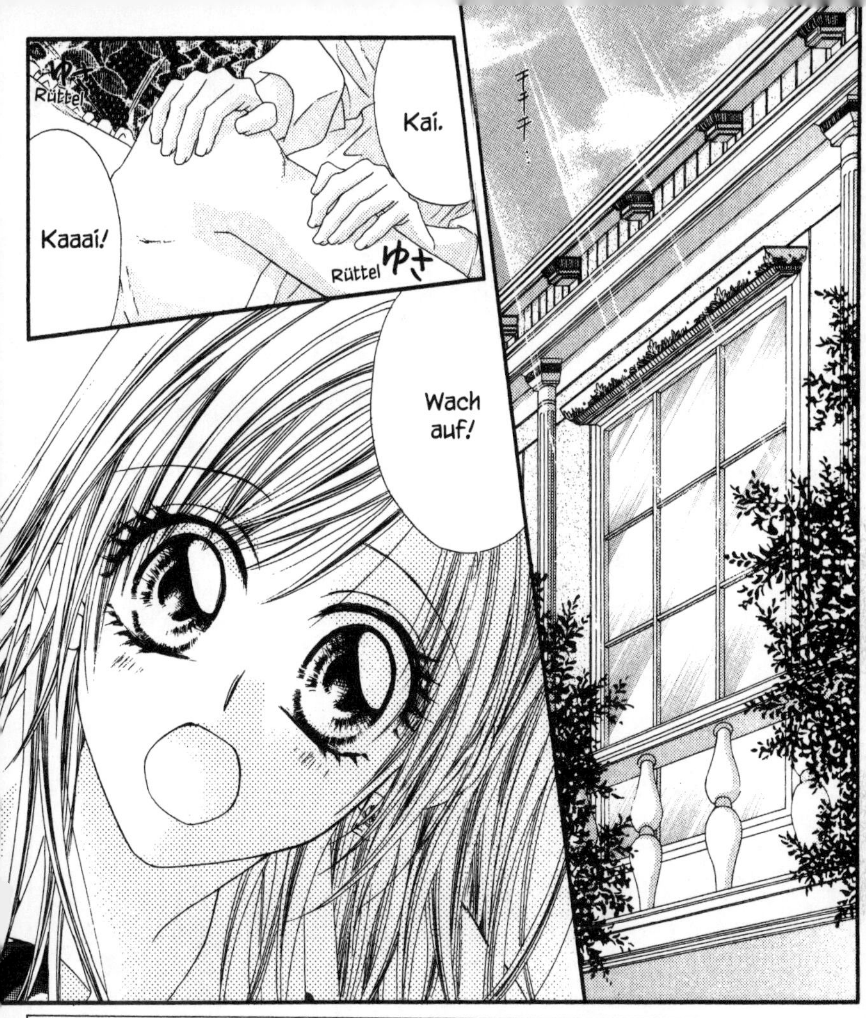

1 Nayuta und Genjo waren in der letzten Zeit nur selten zu sehen. (*gequält lächel*) Da haben sie wohl die Geburtstagsfeier von Yuzuru geplant ... Ja, ja ... Geburtstagspartys ... Neulich habe ich mit meinen Assistentinnen meinen Geburtstag gefeiert, was sehr schön war. Aber auch letztes Jahr haben sie für mich eine Geburtstagsfeier organisiert, an die ich mich gerne zurückerinnere. Mehr darüber steht in der Kolumne Nr. 6 ... Nun über den Papa von Kayaka ... Was für ein Look. (*gequält lächel*) Schwarze lange Haare, als ob er gegen Genjo antreten wollte. Eine Szene mit Kai, Toi und Kayakas Papa verursacht viel Arbeit, weil sie alle schwarze Haare haben. Das Haus und die Kleidung von Kayaka im China-Look zu zeichnen, macht ebenso viel Arbeit. Aber das Ergebnis gefällt mir. Übrigens, die härteste Arbeit unter Schlafmangel ist es, schwarze Haare zu zeichnen. Oft falle ich in Trance, während ich die Pinsel in der Hand halte (und weitermale). Aber mit der Feder in der Hand bleibe ich immer bei Bewusstsein, da kann ich noch so müde sein. Wenn ich kurz einnicke, während ich Augen zeichne ... endet das meist in einer echten Katastrophe. (Die Augen etc. werden schwarz übermalt, was äußerst schwierig zu korrigieren ist.)

Bitte lest diese Kolumnen erst nach der Lektüre der Story.

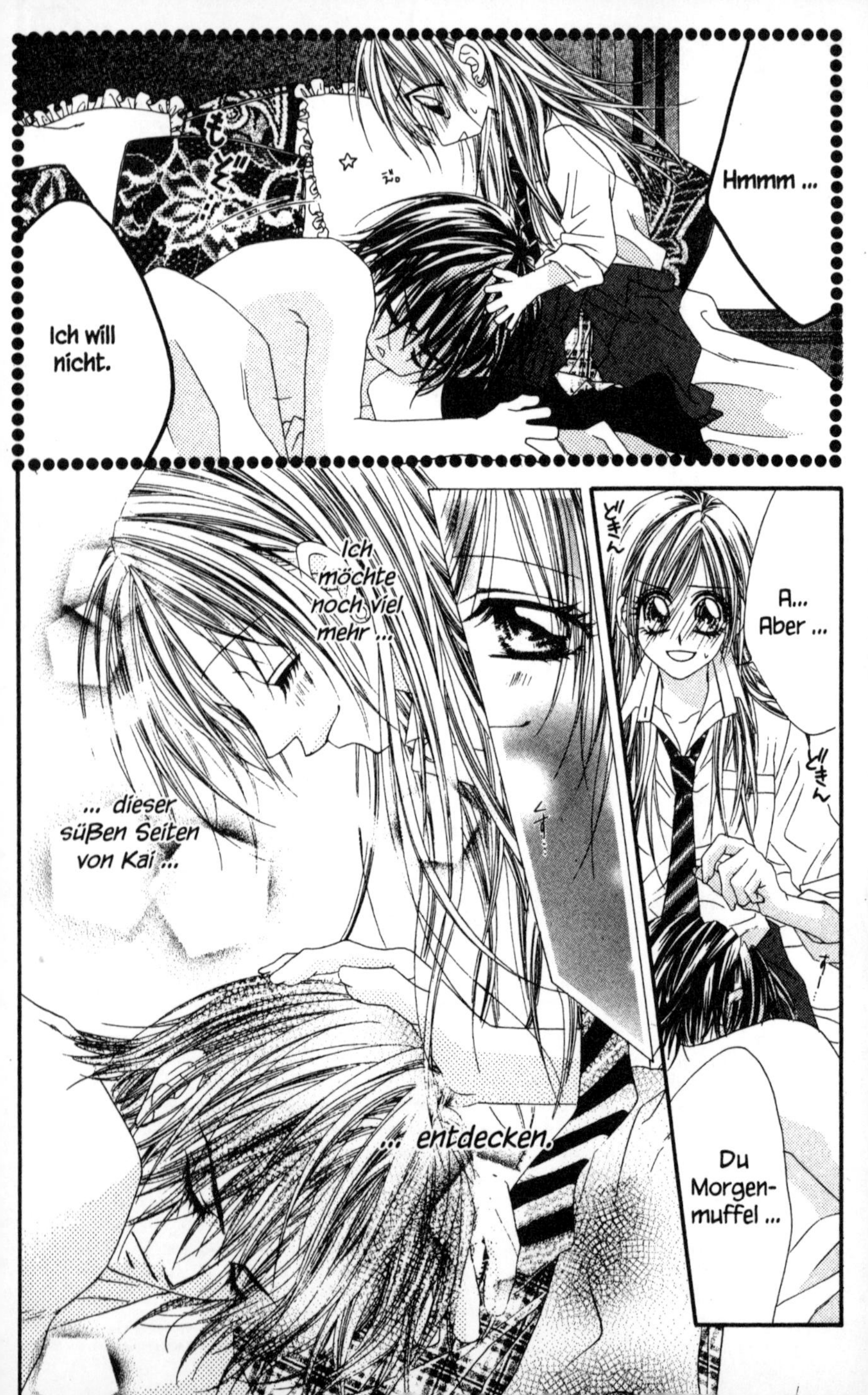

Hmmm ...
Ich will nicht.
どきん
A... Aber ...
どきん
Du Morgenmuffel ...
Ich möchte noch viel mehr ...
... dieser süßen Seiten von Kai ...
... entdecken.

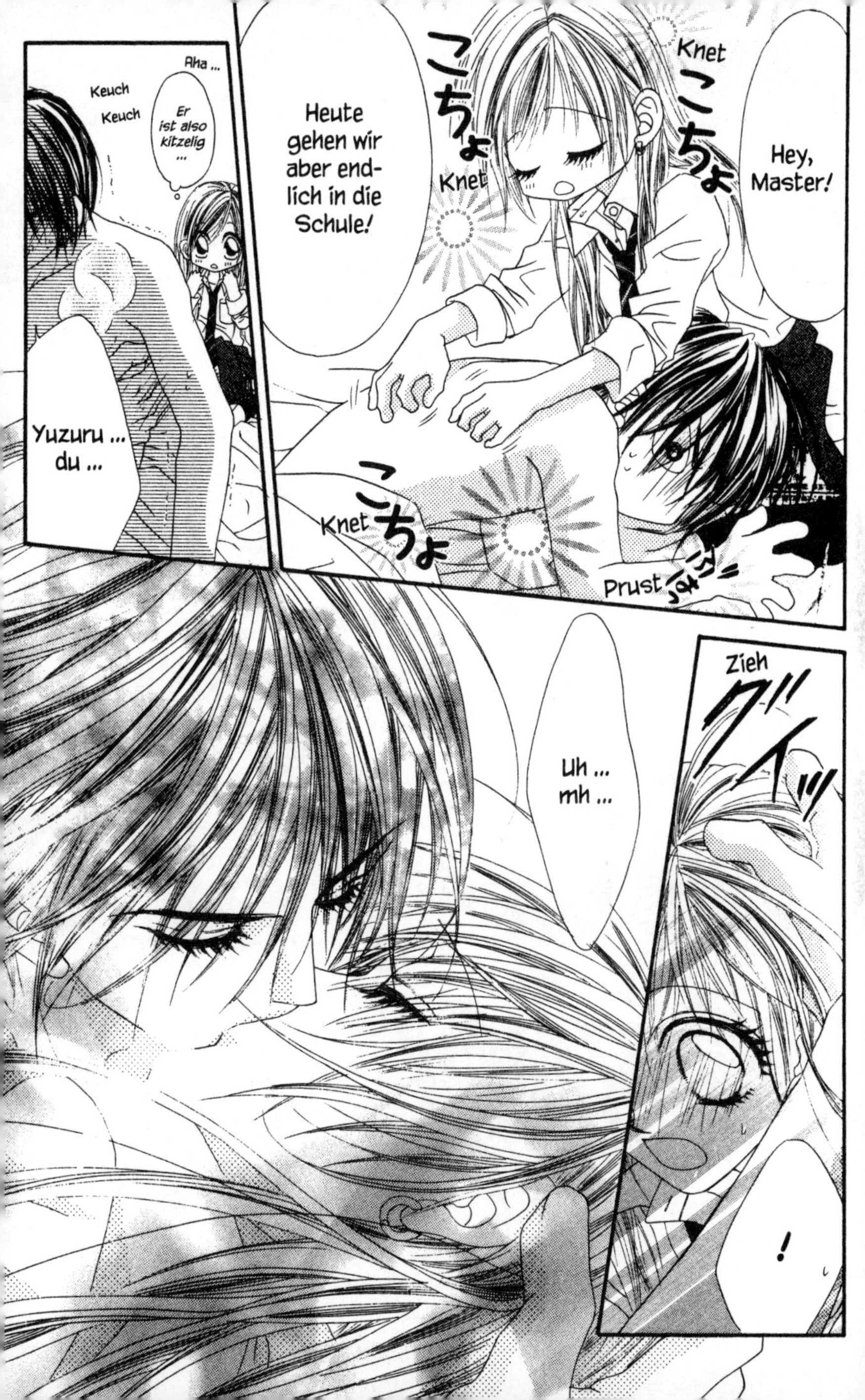

Hey, Master!
Knet
こちょ
Heute gehen wir aber endlich in die Schule!
こちょ
Knet
Knet
こちょ
Prust
Aha ...
Er ist also kitzelig ...
Keuch
Keuch
Yuzuru ... du ...
Zieh
グイッ
!
Uh ... mh ...

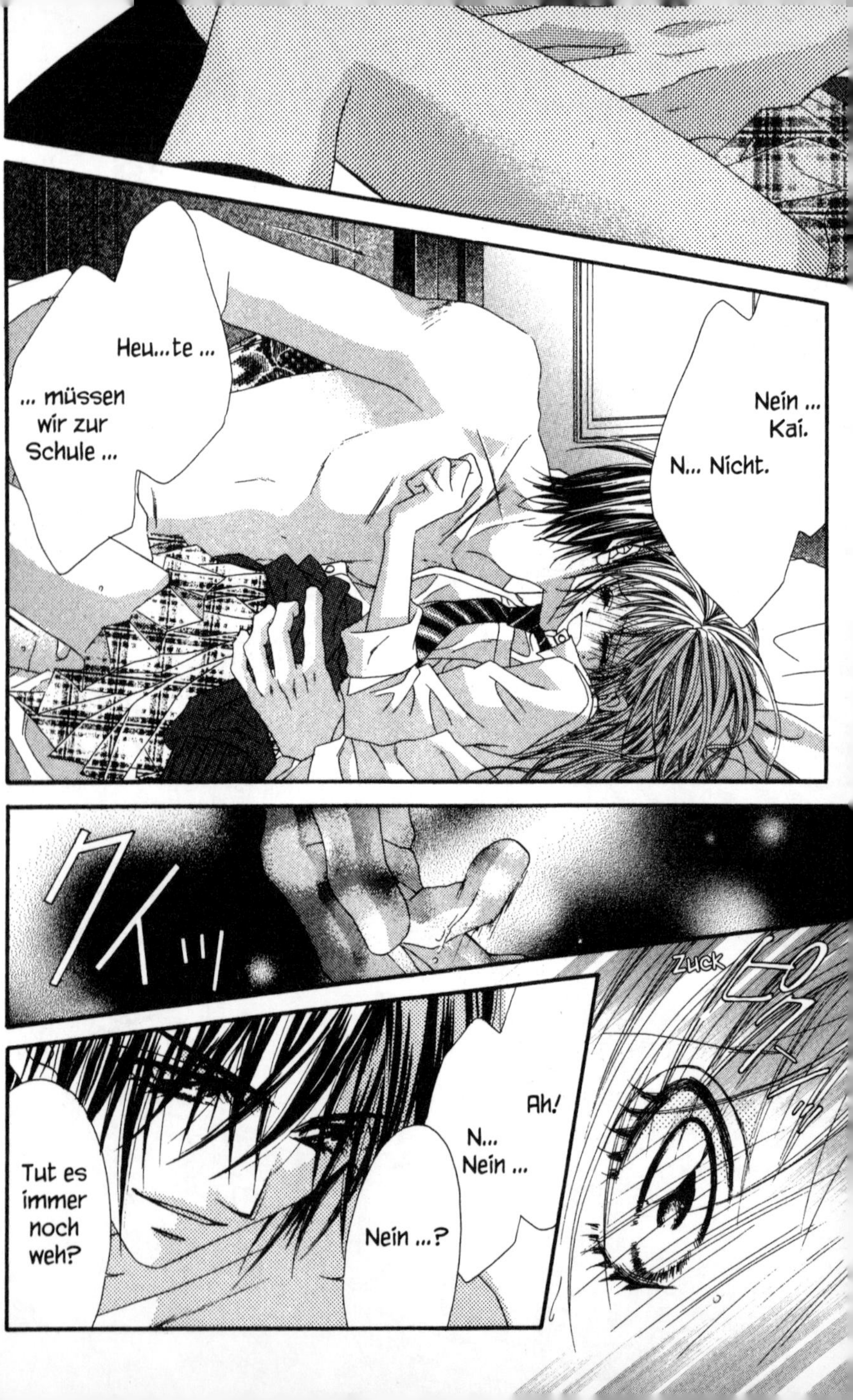

Nein ... Kai.
N... Nicht.
Heu...te ...
... müssen wir zur Schule ...
Zuck
Ah!
N... Nein ...
Nein ...?
Tut es immer noch weh?

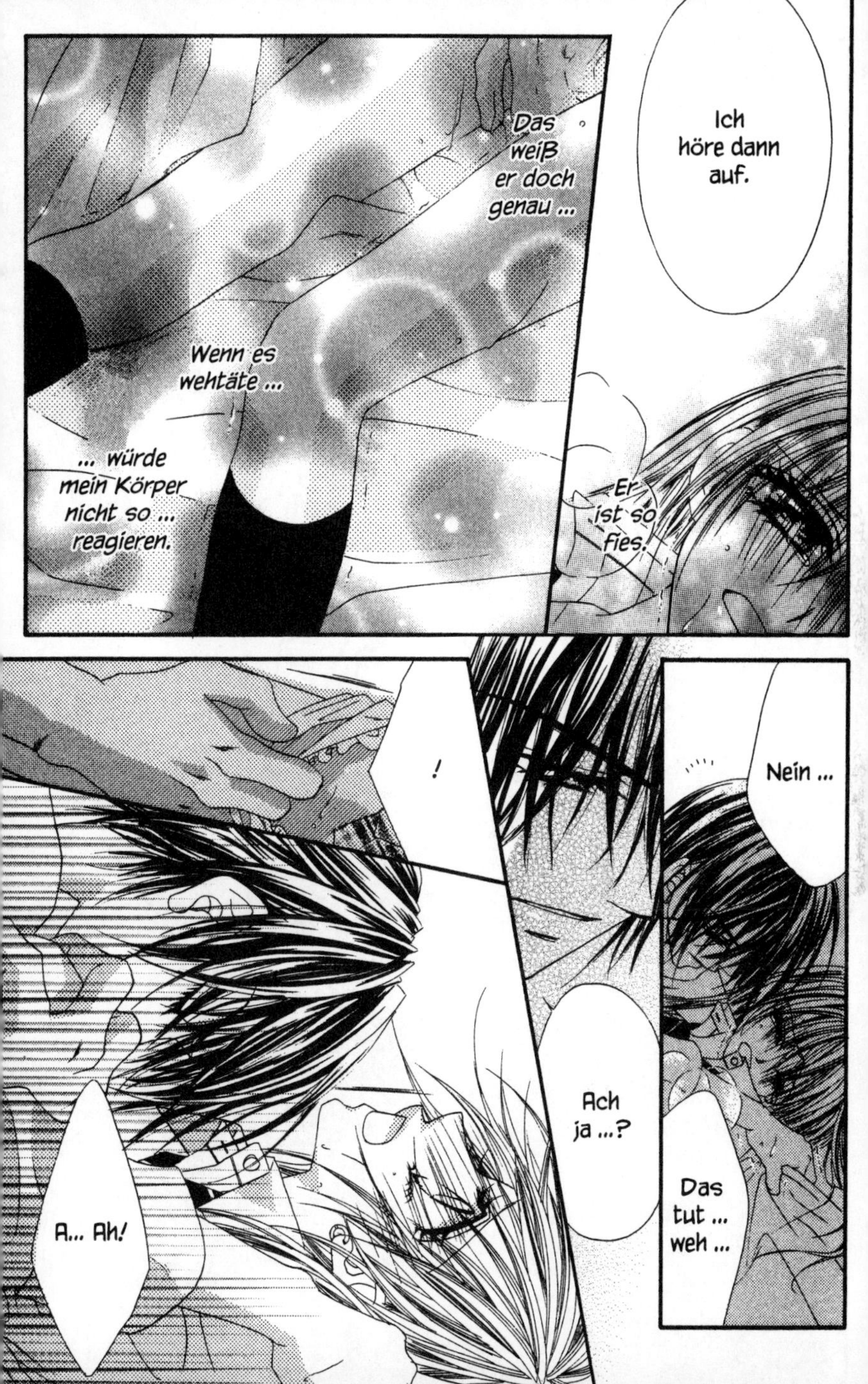
Ich höre dann auf.
Das weiß er doch genau ...
Wenn es wehtäte ...
... würde mein Körper nicht so ... reagieren.
Er ist so fies.
Nein ...
Das tut ... weh ...
Ach ja ...?
!
A... Ah!

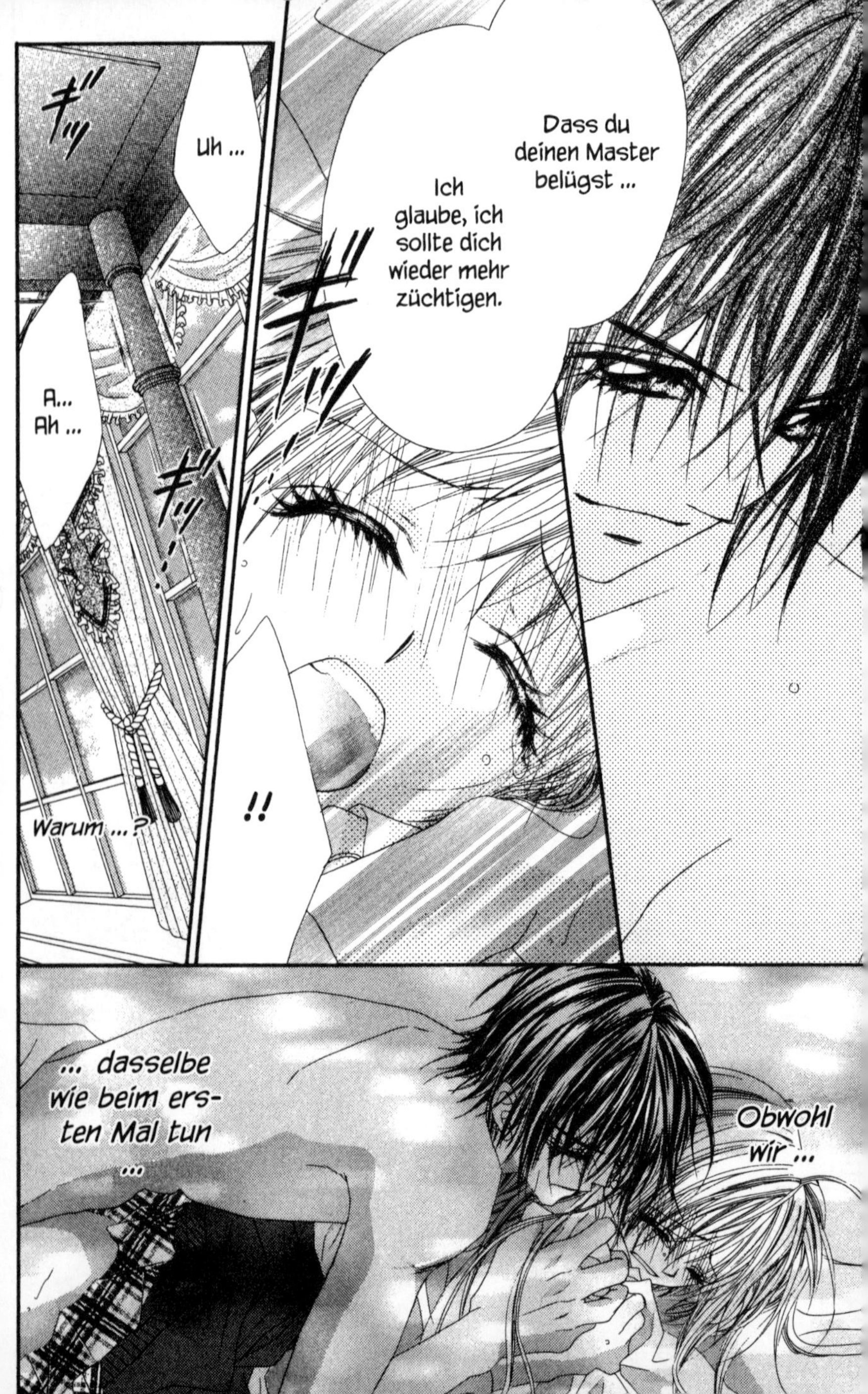
Dass du deinen Master belügst ...
Ich glaube, ich sollte dich wieder mehr züchtigen.
ギッ
ギッ
!!
Uh ...
ギッ
A... Ah ...
Warum ...?
Obwohl wir ...
... dasselbe wie beim ers-ten Mal tun ...

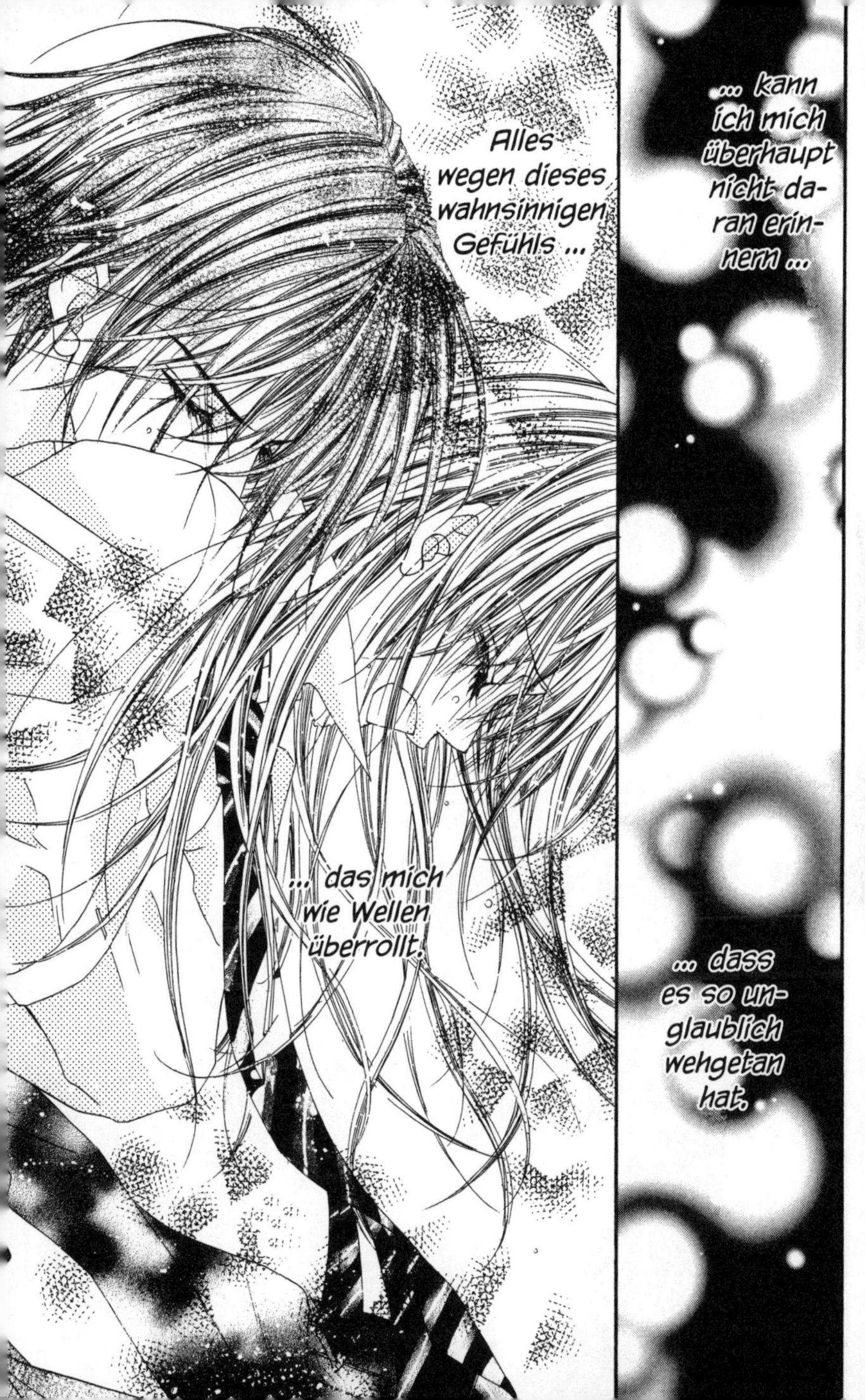
... kann ich mich überhaupt nicht daran erinnern ...
... dass es so unglaublich wehgetan hat.
Alles wegen dieses wahnsinnigen Gefühls ...
... das mich wie Wellen überrollt.

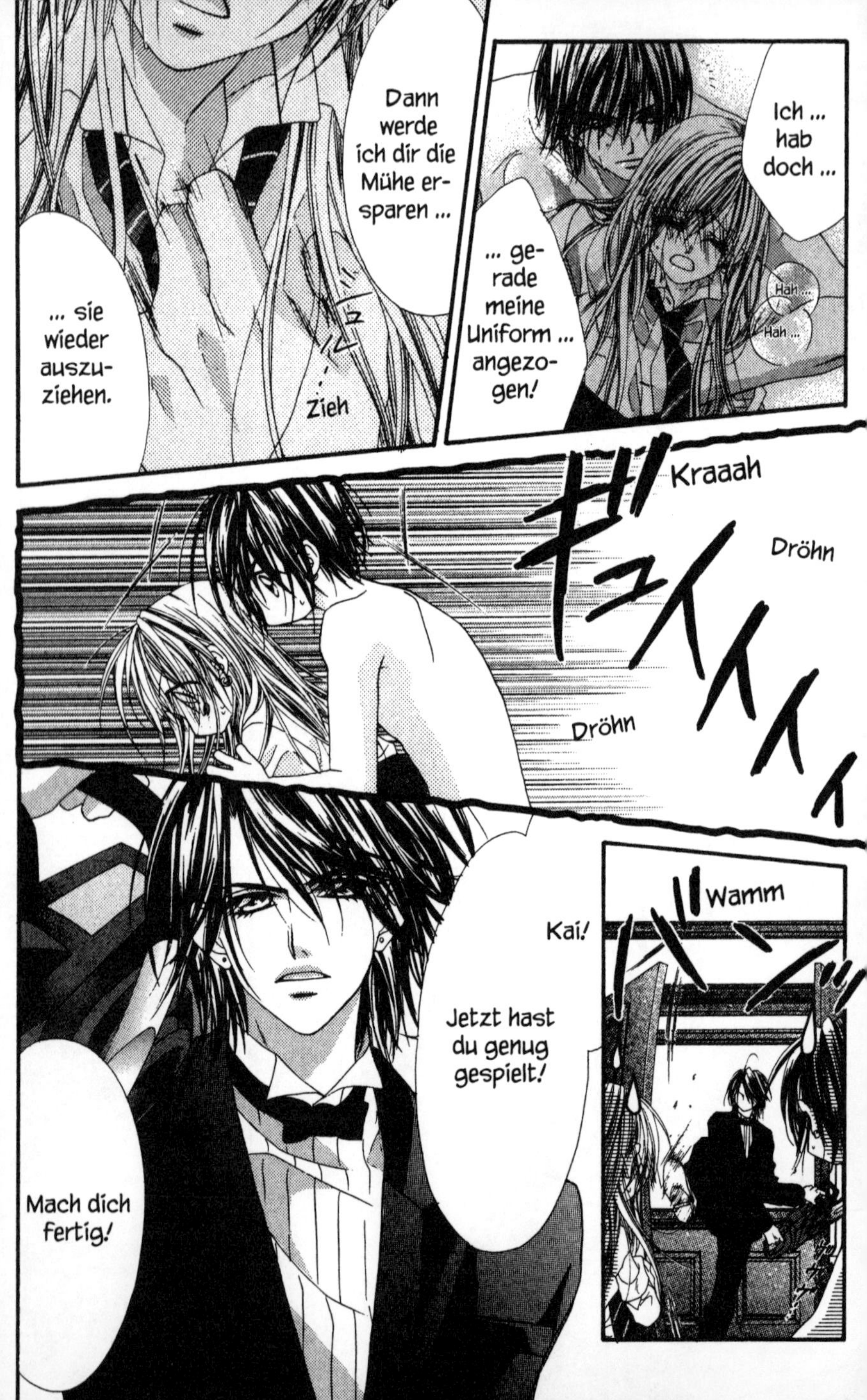
Ich ... hab doch ...
Hah ...
Hah ...
... gerade meine Uniform ... angezogen!
Dann werde ich dir die Mühe ersparen ...
Zieh
... sie wieder auszuziehen.
Kraaah
Dröhn
Dröhn
Wamm
Kai!
Jetzt hast du genug gespielt!
Mach dich fertig!

2

Willkommen!

Hallo!! Hier ist Kanan Minami! Das ist der fünfte Band. Der fünfte!! Das muss gefeiert werden. Nayu und Gen sind endlich auf dem Cover. In rot-schwarzem Gothicstyle. ♡ Ich bin glücklich mit dem coolen Layout.

Bei den Kolumnen in diesem Band haben meine Assistentinnen auch mitgemacht. Vielleicht kommt die Atmosphäre meines Arbeitsplatzes ein bisschen rüber? (*lach*) Paruka, Maroe, vielen Dank für eure Teilnahme! ♡

Von Honey x Honey Drops gibt es bereits drei Hörspiel-CDs. Nun findet auch noch eine Geschenk-Aktion statt! ♪ Für alle, die die Lösung für folgendes Rätsel einschicken, gibt es ein besonderes Extra von mir!! (Na ja, nur eine Kleinigkeit, die ich persönlich gestaltet habe.) Macht alle mit! (Die Deadline ist der 31.08.2006.)

Frage In einer Szene des Hörspiels *Honey x Honey Drops III* müssen Yuzuru und Kai als Strafe, dass sie ihre Blazer vergessen haben, die Schulordnung der Kuge-ka abschreiben. Wie viele Seiten hat dieses Handbuch?

Mit dieser Aktion wollen wir uns bei denjenigen bedanken, die zusätzlich zu diesem Band auch noch die Hörspiel-CDs gekauft haben. Das Geschenk wurde von mir persönlich kreiert und ist eine Rarität, woanders nicht erhältlich. Sehr zu empfehlen! Die Lösung bitte auf einer Postkarte an dieselbe Adresse wie die für Leserbriefe schicken (siehe Kolumne Nr. 12).

Viel Spaß mit diesem Band! Kanan 2005. 11

Eure persönlichen Daten werden ausschließlich für die Versendung des Geschenks verwendet.

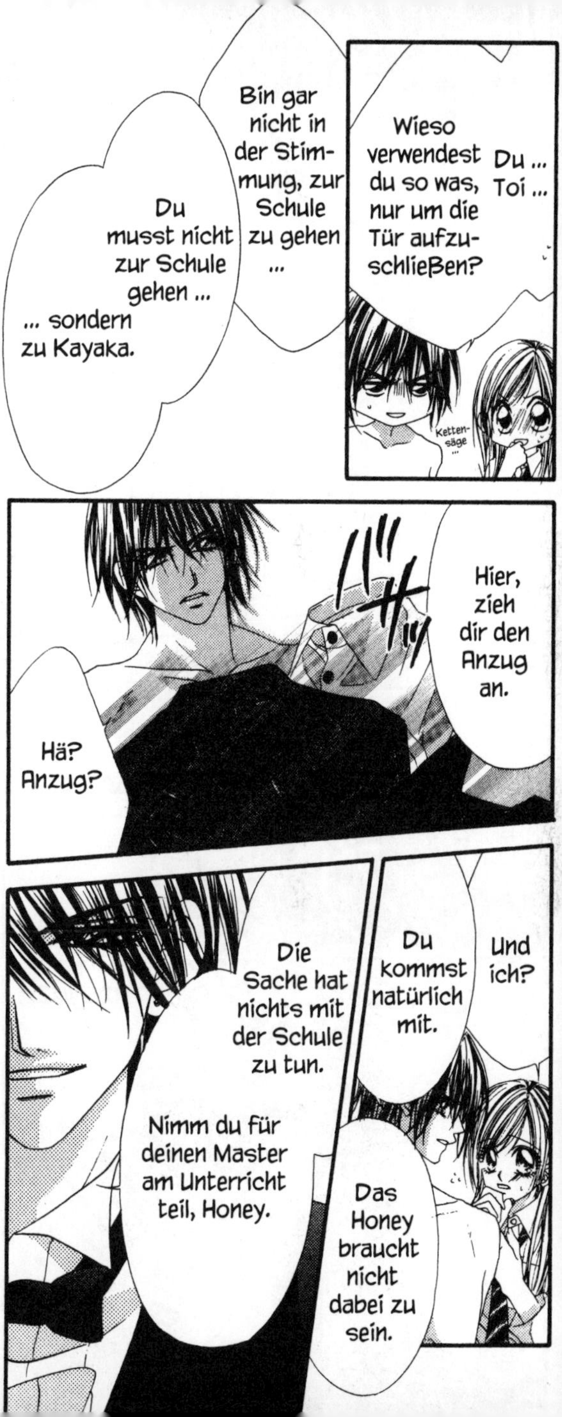

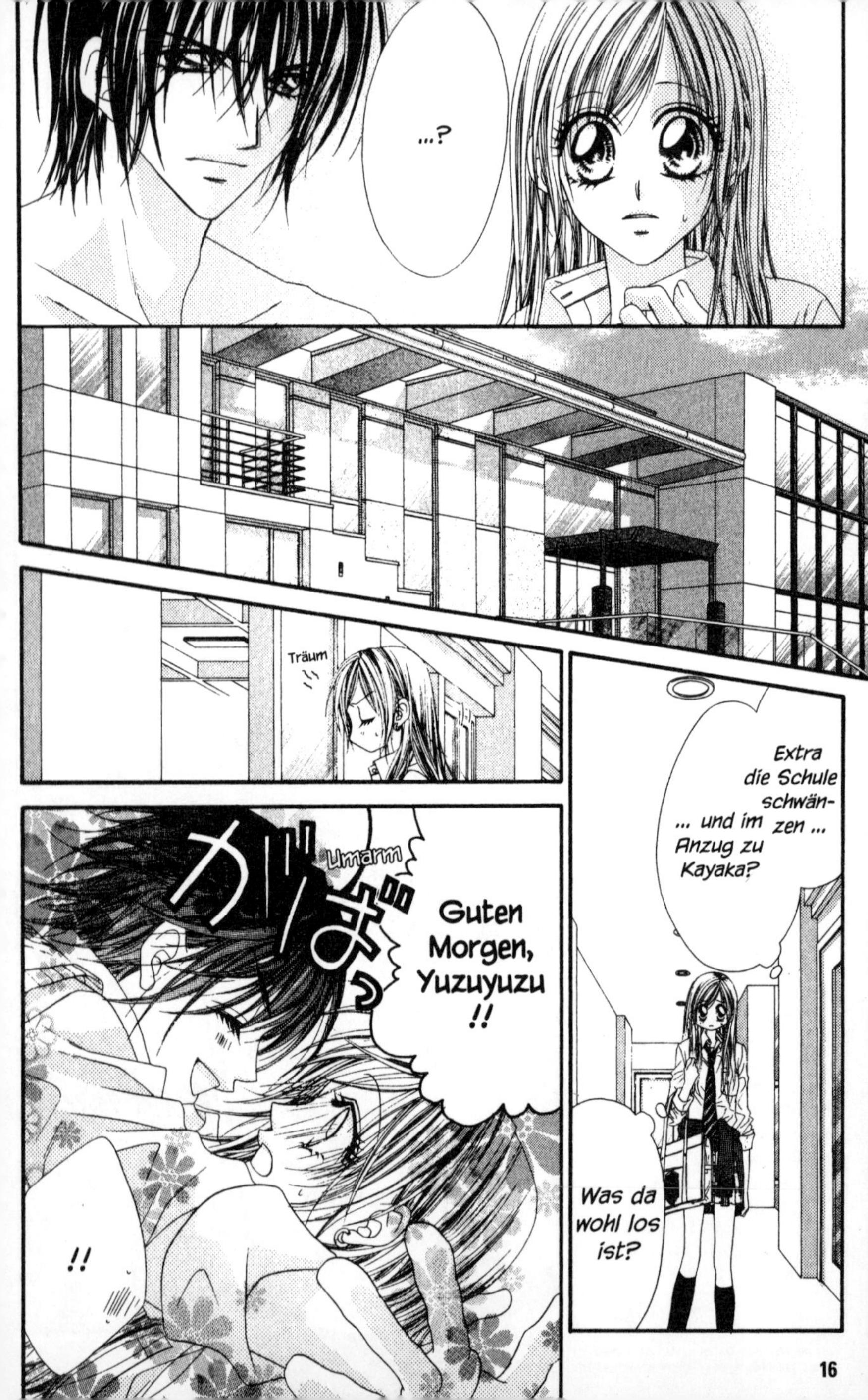

...?
Träum
Extra die Schule schwänzen ...
... und im Anzug zu Kayaka?
Was da wohl los ist?
Umarm
Guten Morgen, Yuzuyuzu !!
!!

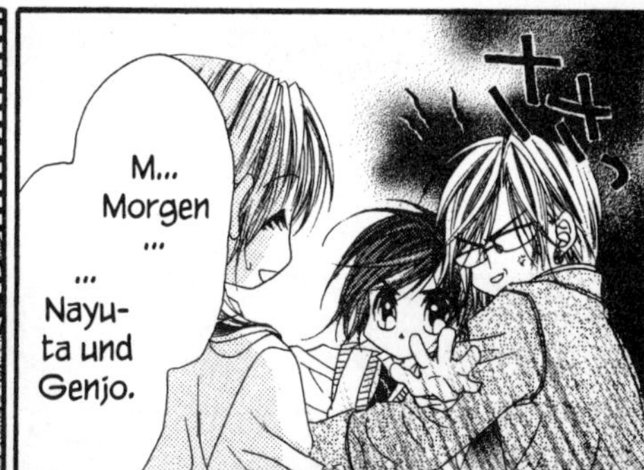
M... Morgen ...
... Nayuta und Genjo.

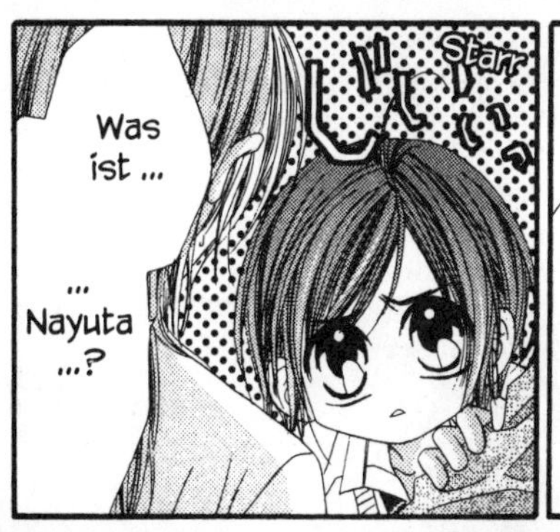
Starr
Was ist ...
... Nayuta ...?

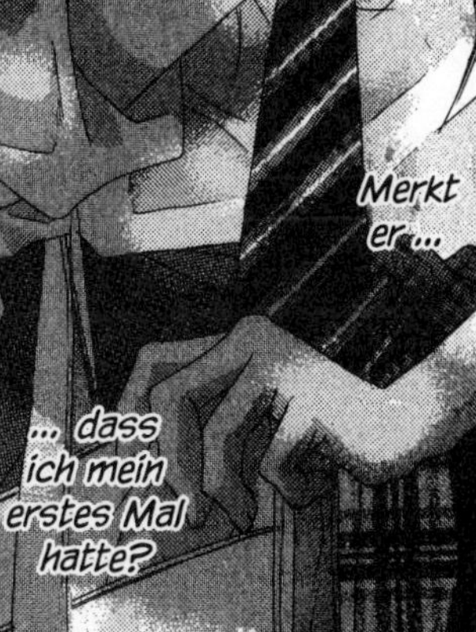
S... Sehe ich irgendwie anders aus?
Merkt er ...
... dass ich mein erstes Mal hatte?

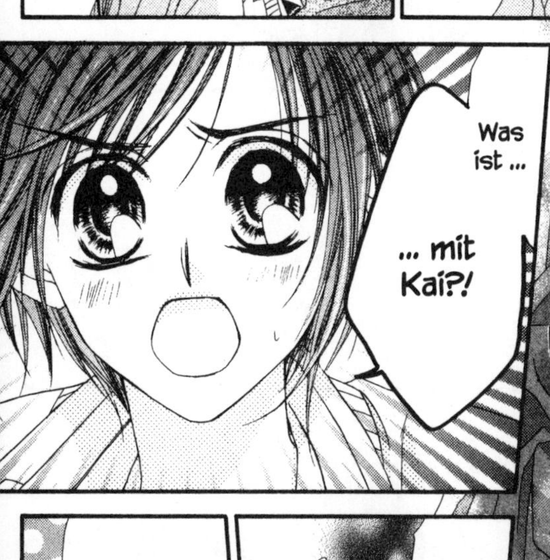
Was ist ...
... mit Kai?!

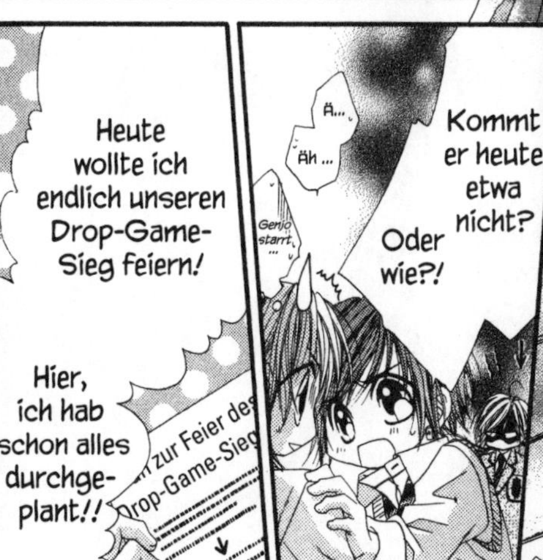
Kommt er heute etwa nicht?
Oder wie?!
Ä...
Äh ...
Genjo starrt ...
Heute wollte ich endlich unseren Drop-Game-Sieg feiern!
Hier, ich hab schon alles durchgeplant!!
zur Feier des Drop-Game-Sieg

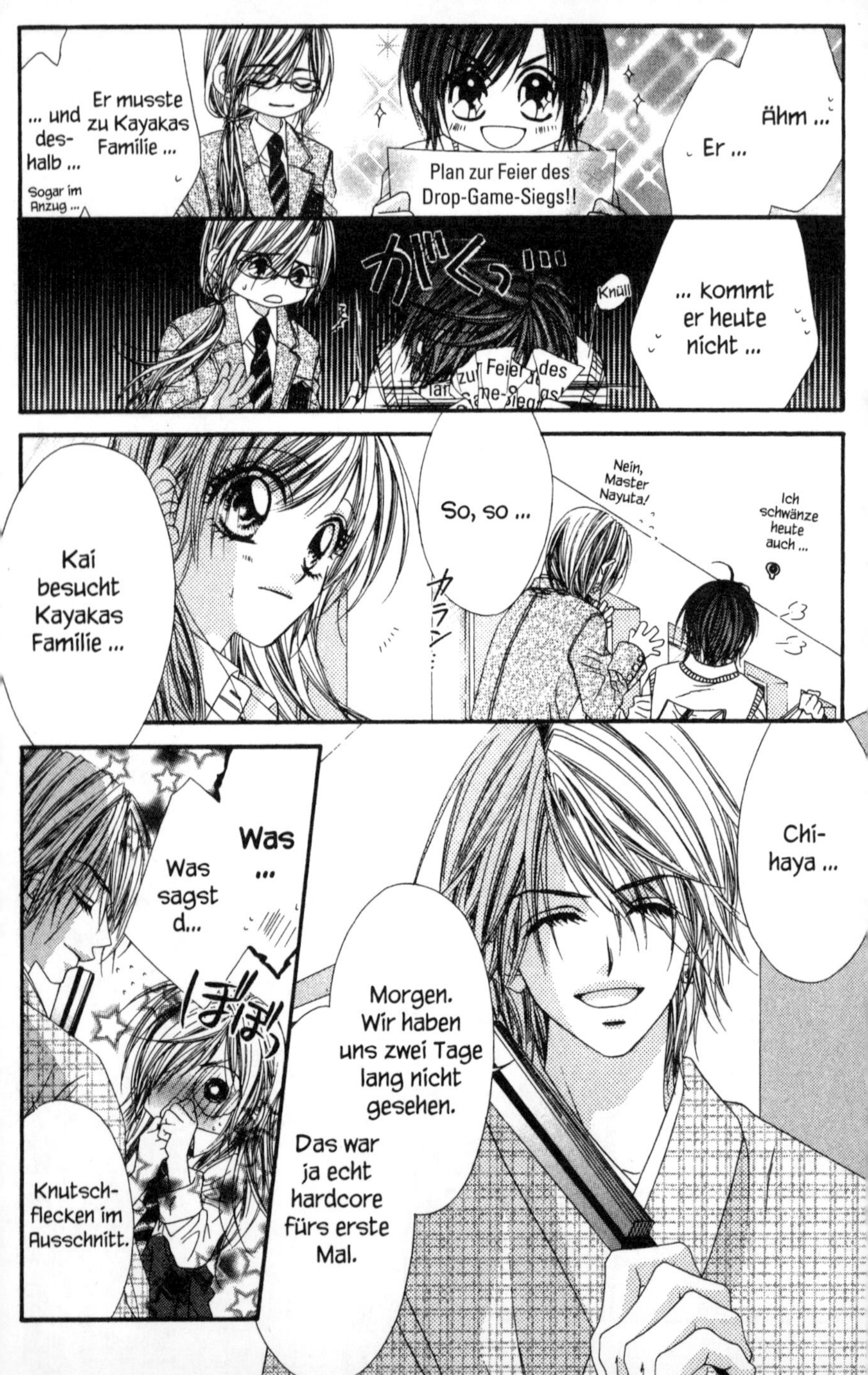

Ähm ...
Er ...
Plan zur Feier des Drop-Game-Siegs!!
Er musste zu Kayakas Familie ...
... und deshalb ...
Sogar im Anzug ...
... kommt er heute nicht ...
Knüll
Feier des
So, so ...
Kai besucht Kayakas Familie ...
Nein, Master Nayuta!
Ich schwänze heute auch ...
Chihaya ...
Morgen. Wir haben uns zwei Tage lang nicht gesehen.
Das war ja echt hardcore fürs erste Mal.
Was ...
Was sagst d...
Knutschflecken im Ausschnitt.

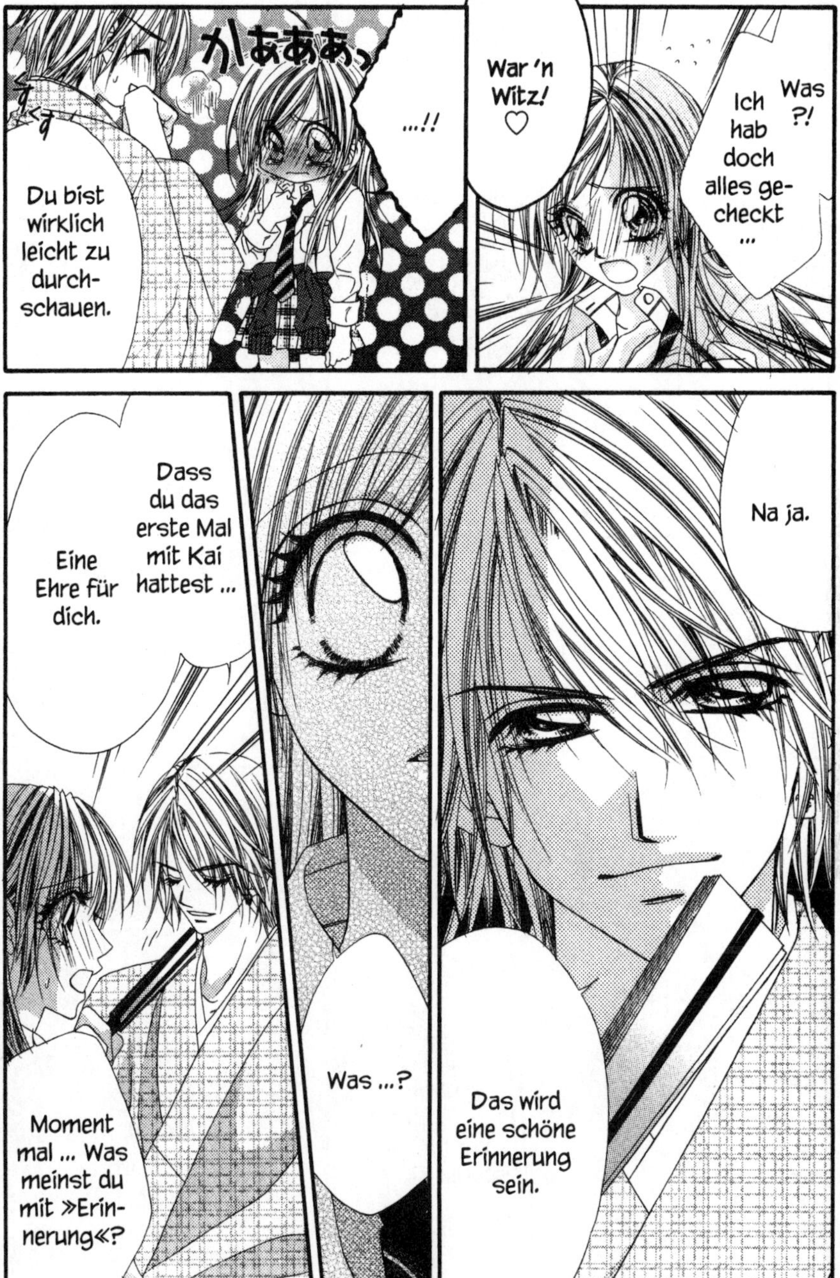

Was ?!

Ich hab doch alles gecheckt ...

War 'n Witz! ♡

...!!

かあああっ

Du bist wirklich leicht zu durchschauen.

Na ja.

Das wird eine schöne Erinnerung sein.

Was ...?

Dass du das erste Mal mit Kai hattest ...

Eine Ehre für dich.

Moment mal ... Was meinst du mit »Erinnerung«?

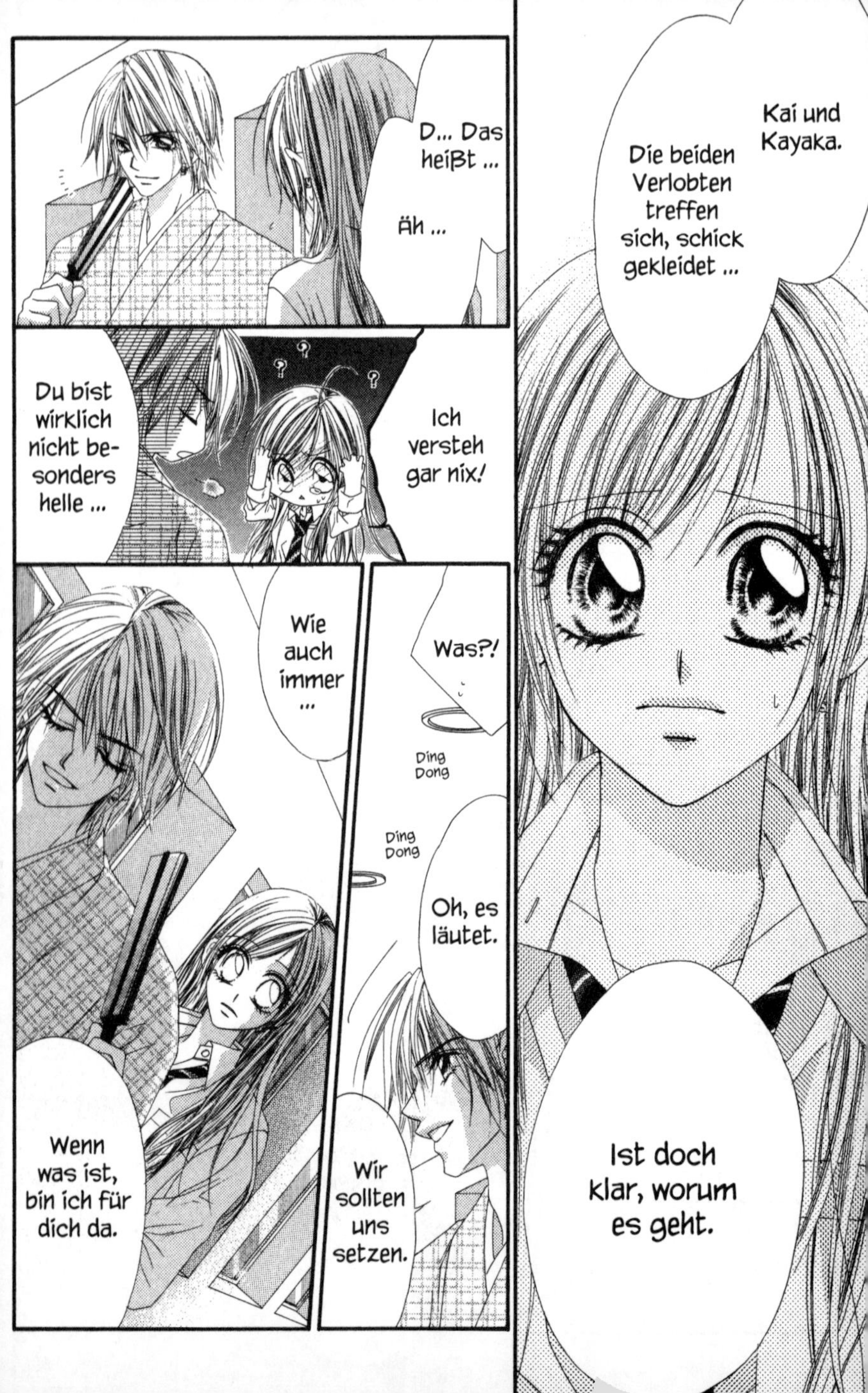
Kai und Kayaka.
Die beiden Verlobten treffen sich, schick gekleidet ...
Ist doch klar, worum es geht.
D... Das heißt ...
Äh ...
Ich versteh gar nix!
Du bist wirklich nicht besonders helle ...
Was?!
Ding Dong
Ding Dong
Oh, es läutet.
Wir sollten uns setzen.
Wie auch immer ...
Wenn was ist, bin ich für dich da.

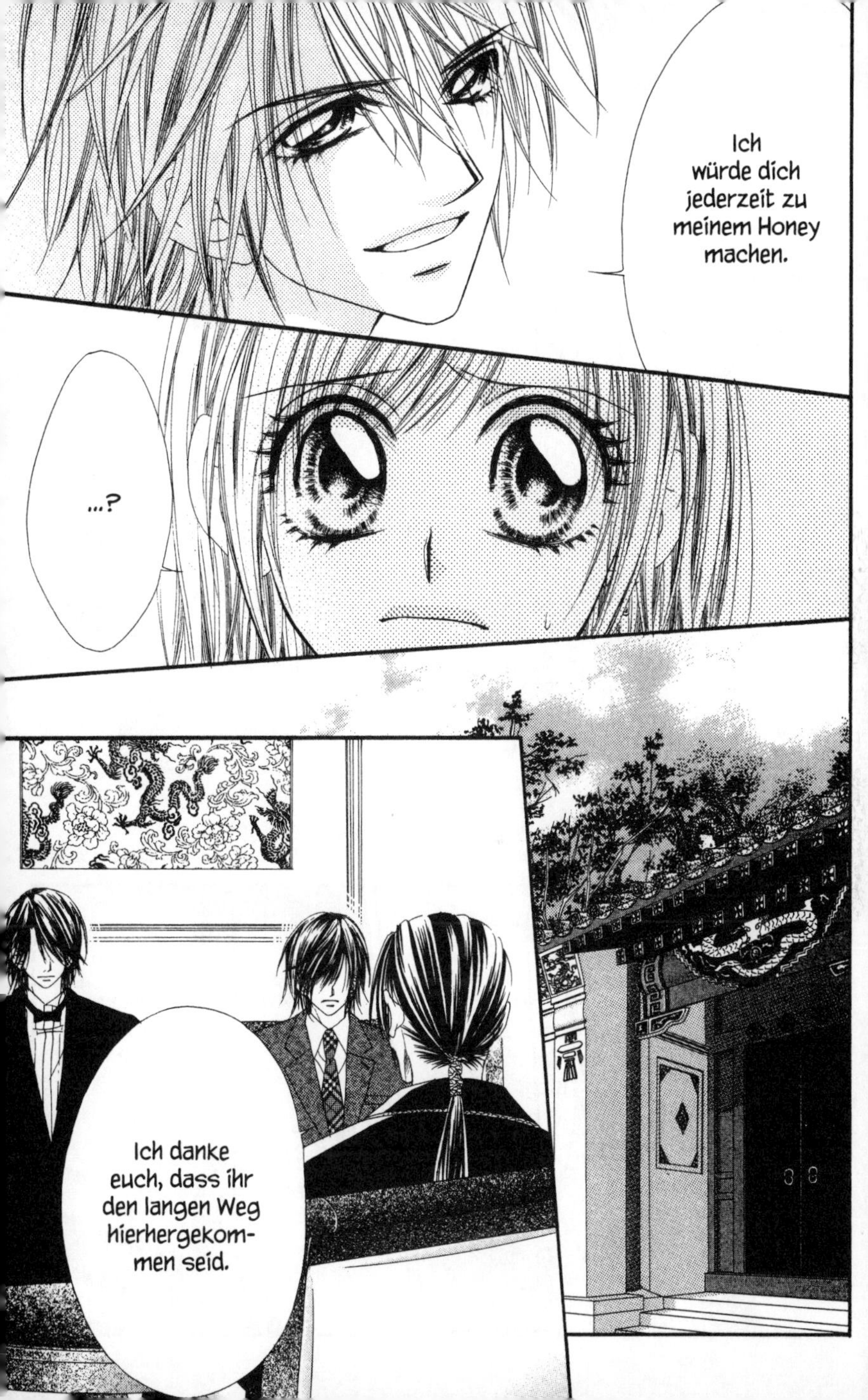
Ich würde dich jederzeit zu meinem Honey machen.
...?
Ich danke euch, dass ihr den langen Weg hierhergekom-men seid.

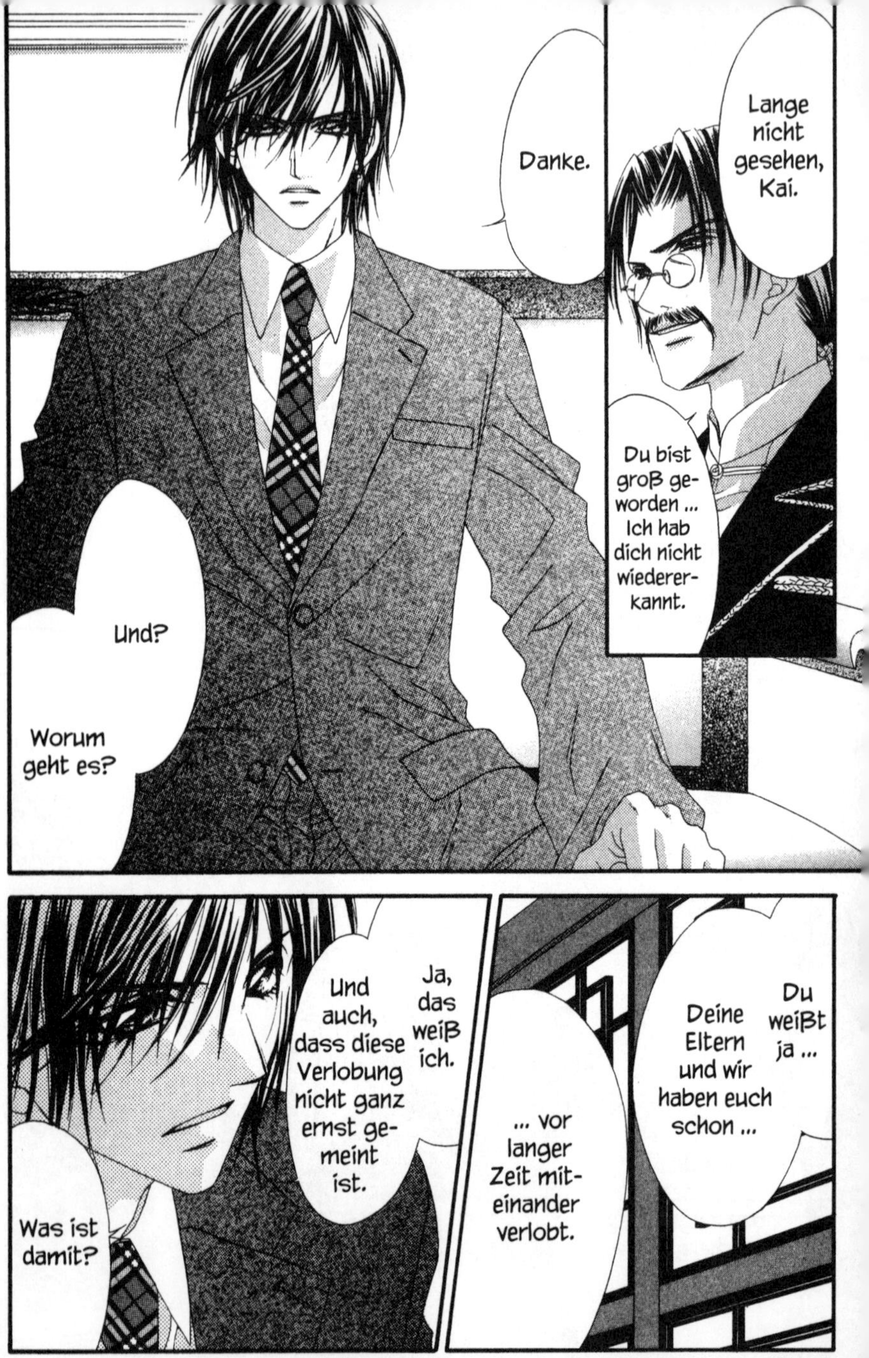

Lange nicht gesehen, Kai.
Du bist groß geworden ... Ich hab dich nicht wiedererkannt.
Danke.
Und?
Worum geht es?

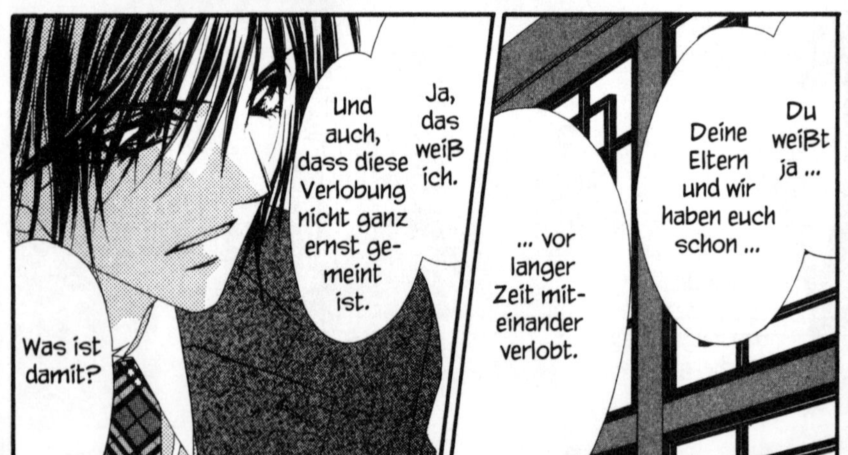

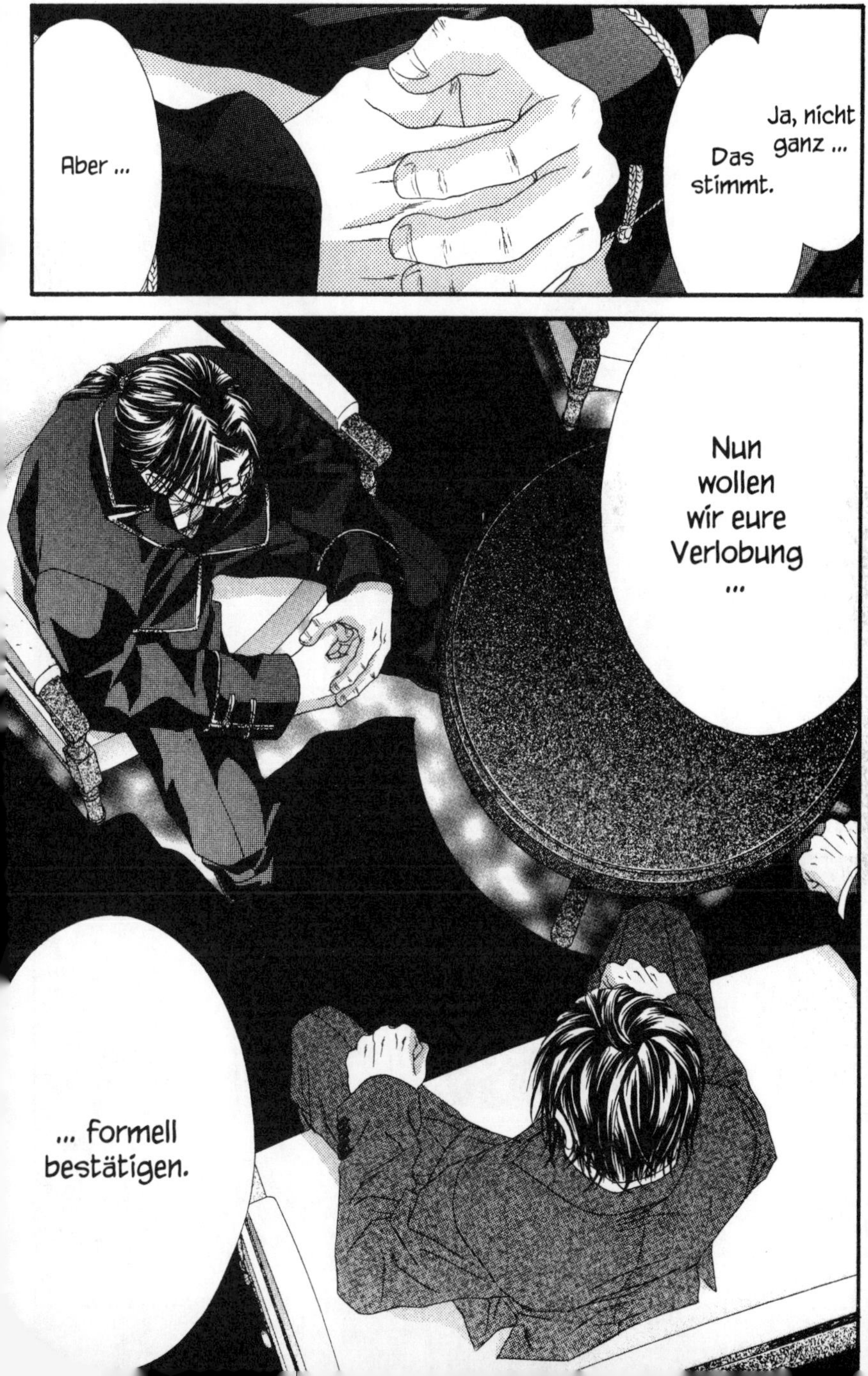

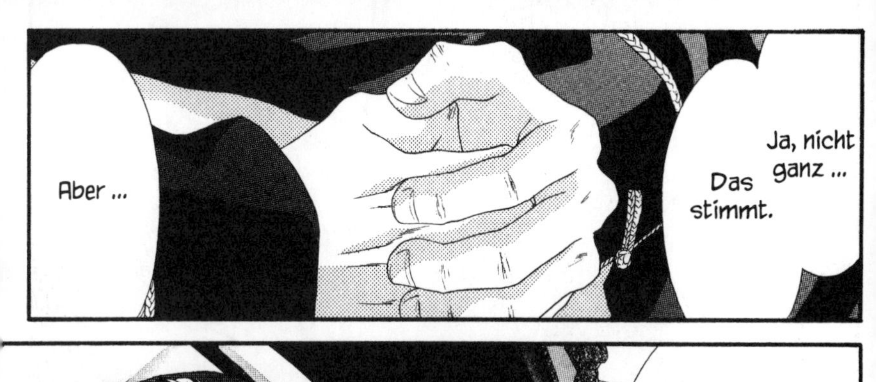

Nun wollen wir eure Verlobung ...

... formell bestätigen.

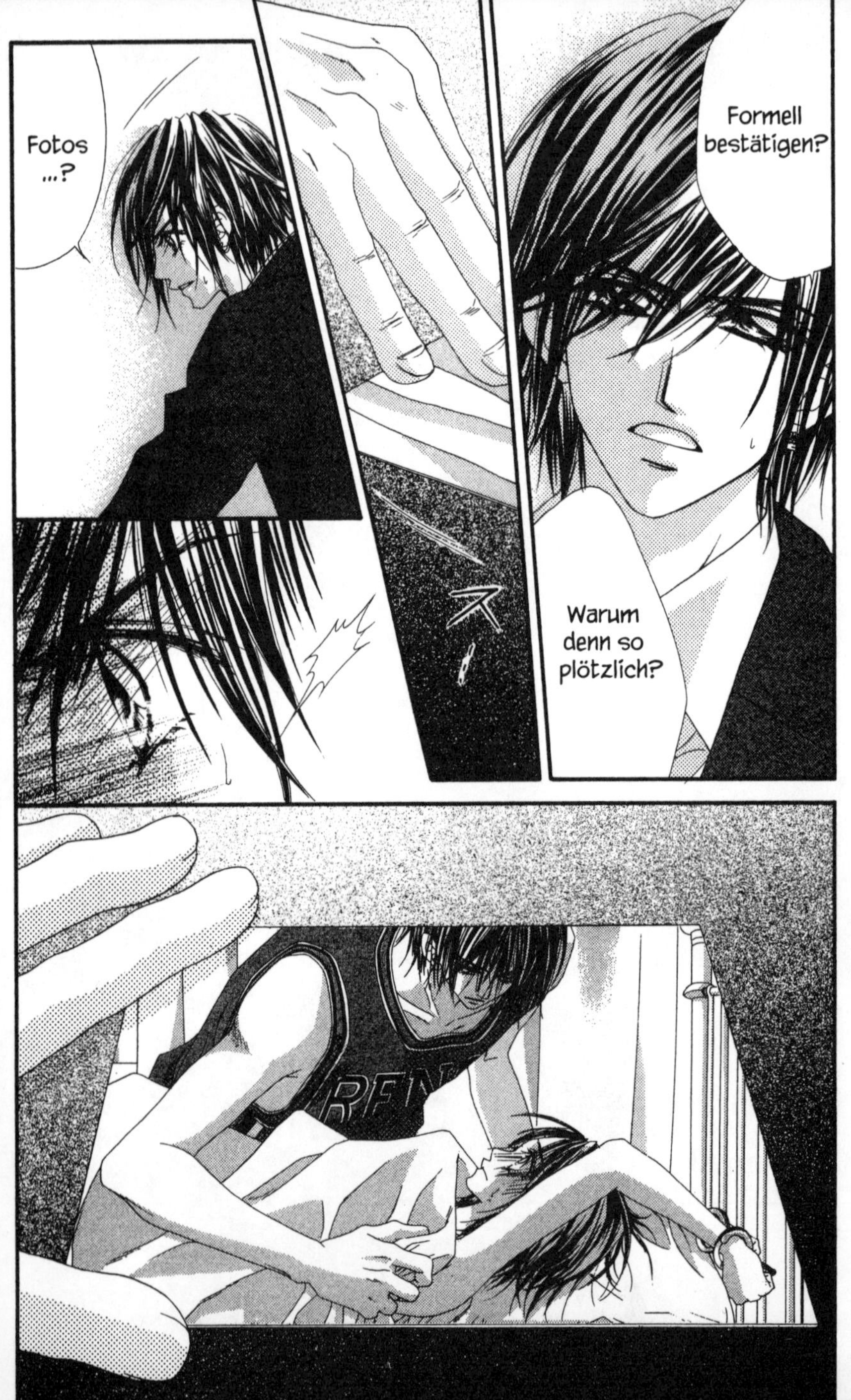

Formell bestätigen?
Warum denn so plötzlich?
Fotos ...?

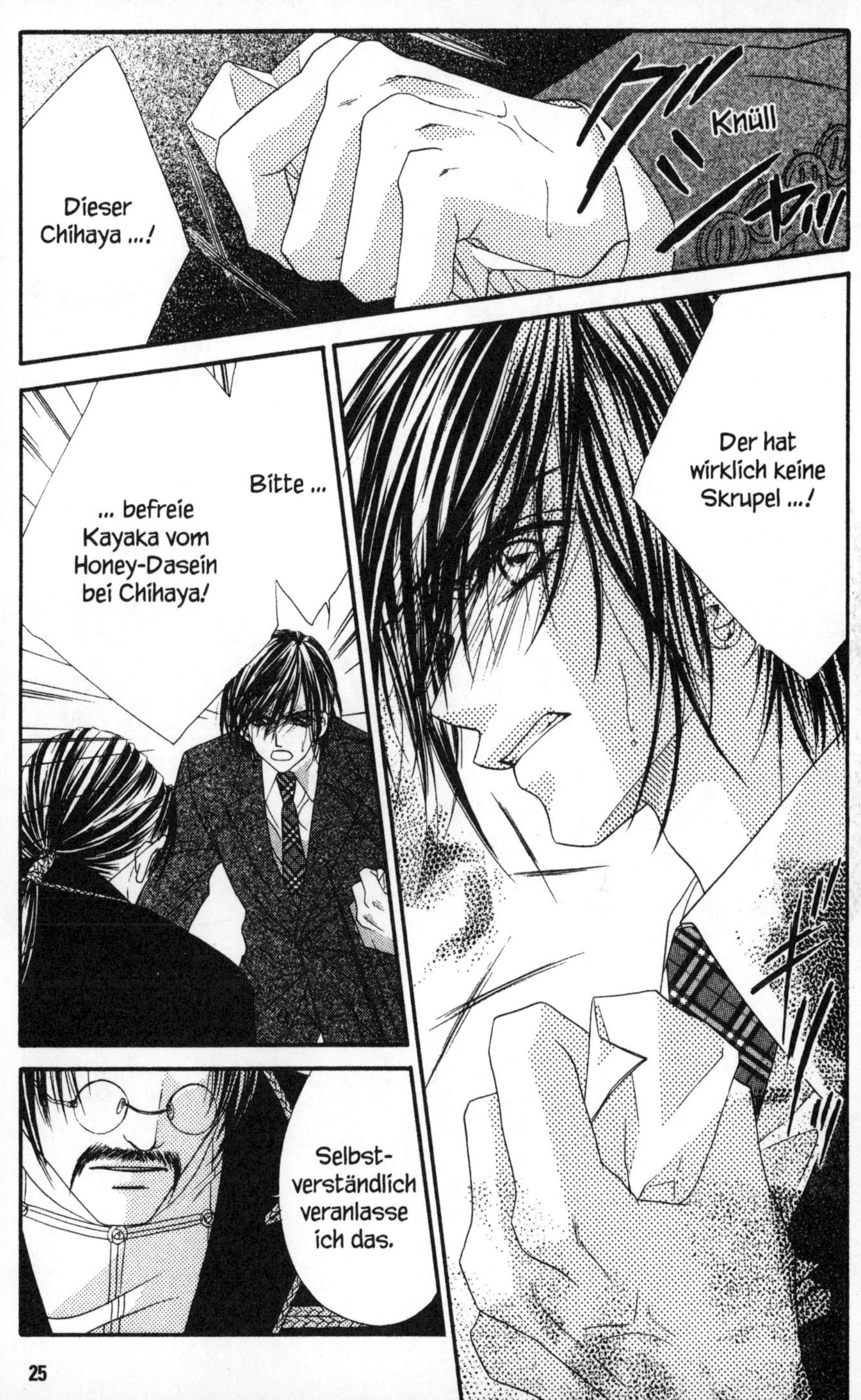
Knüll
Dieser Chihaya ...!
Der hat wirklich keine Skrupel ...!
Bitte ...
... befreie Kayaka vom Honey-Dasein bei Chihaya!
Selbst-verständlich veranlasse ich das.

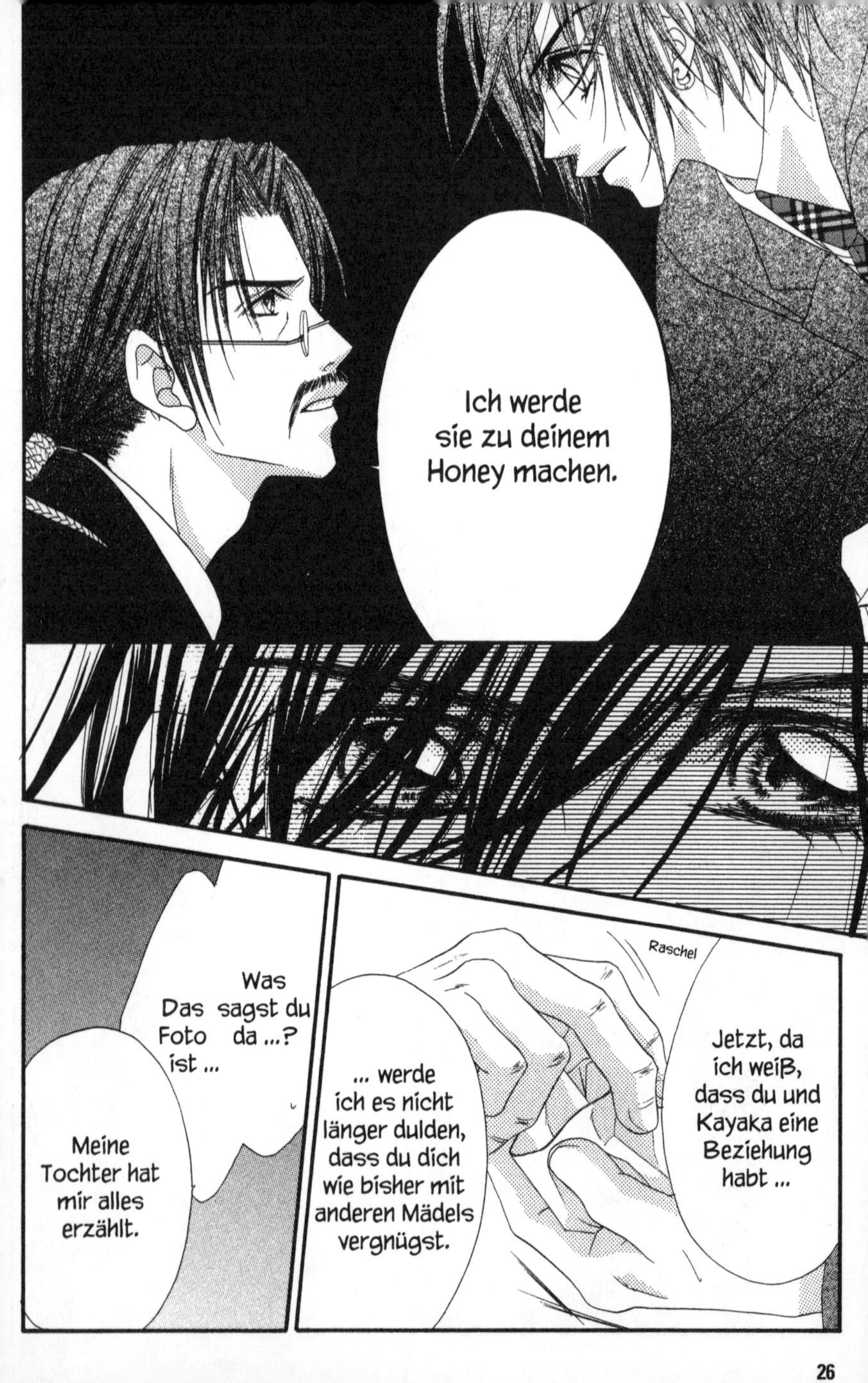
Ich werde sie zu deinem Honey machen.
Raschel
Jetzt, da ich weiß, dass du und Kayaka eine Beziehung habt ...
... werde ich es nicht länger dulden, dass du dich wie bisher mit anderen Mädels vergnügst.
Was sagst du da ...?
Das Foto ist ...
Meine Tochter hat mir alles erzählt.

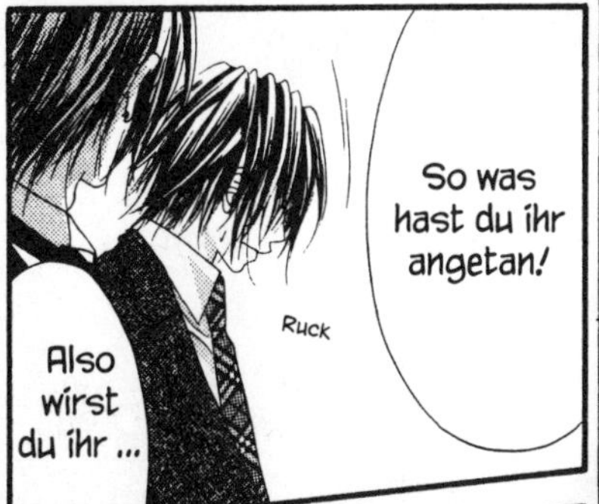
Dass du ihr Hand-schellen angelegt hast ...
... und sie, meine Tochter, die sich geweigert hat, gezwungen hast ...
... gegen ihren Willen ...
So was hast du ihr angetan!
Ruck
Also wirst du ihr ...

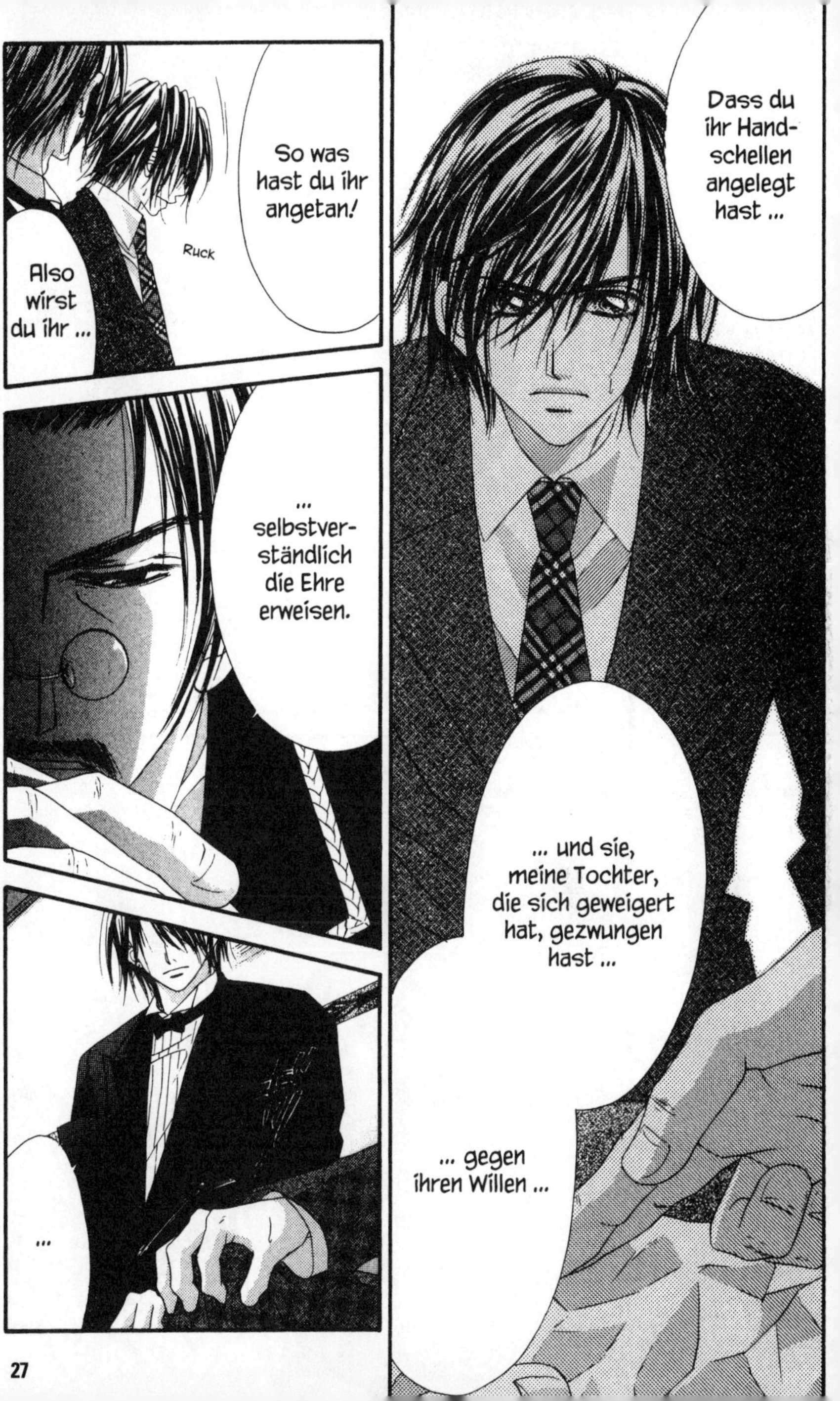

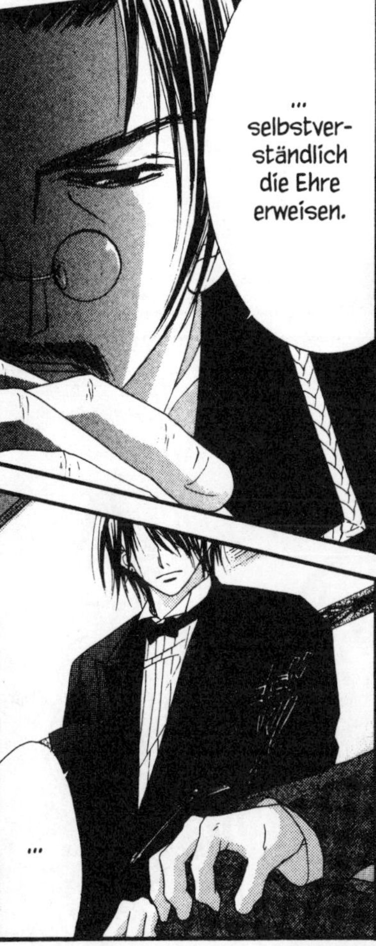
... selbstver-ständlich die Ehre erweisen.
...

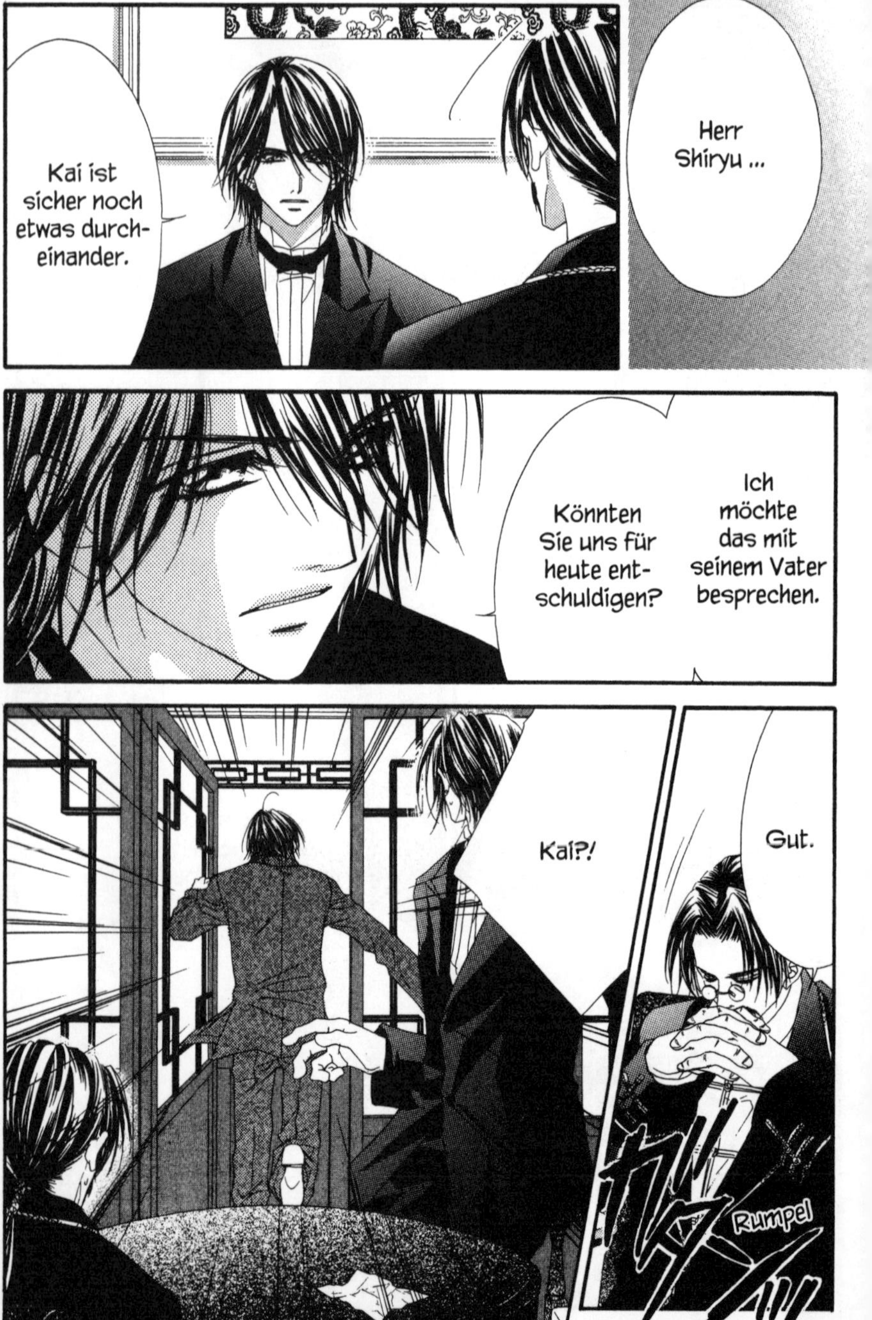

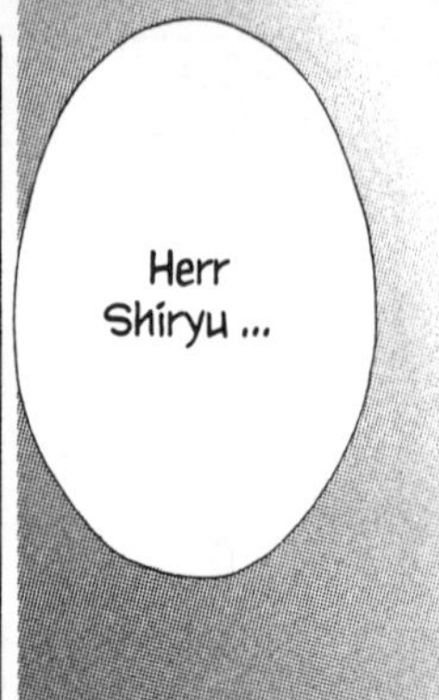

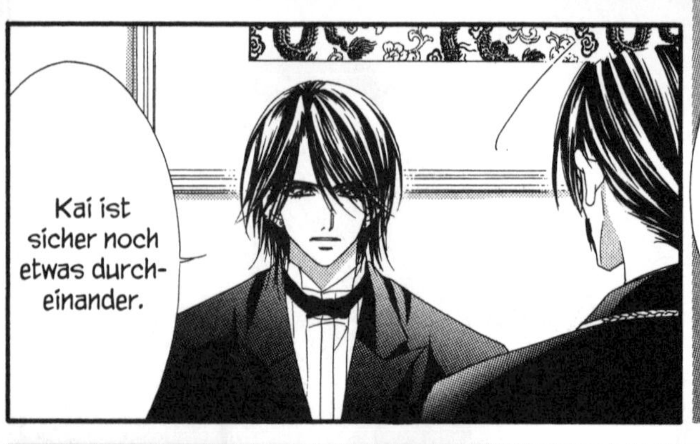

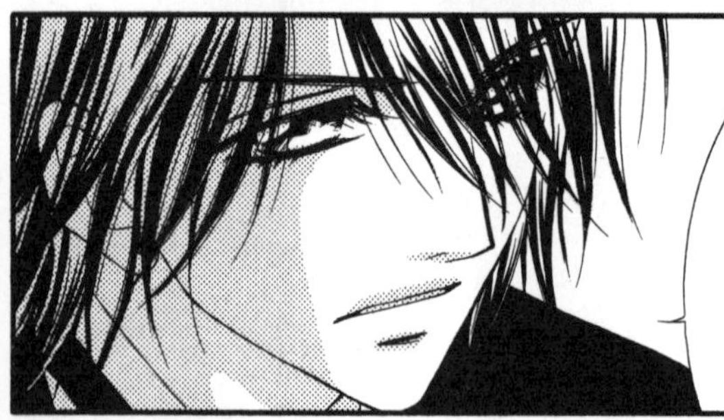

Gut.

Kai?!

Rumpel

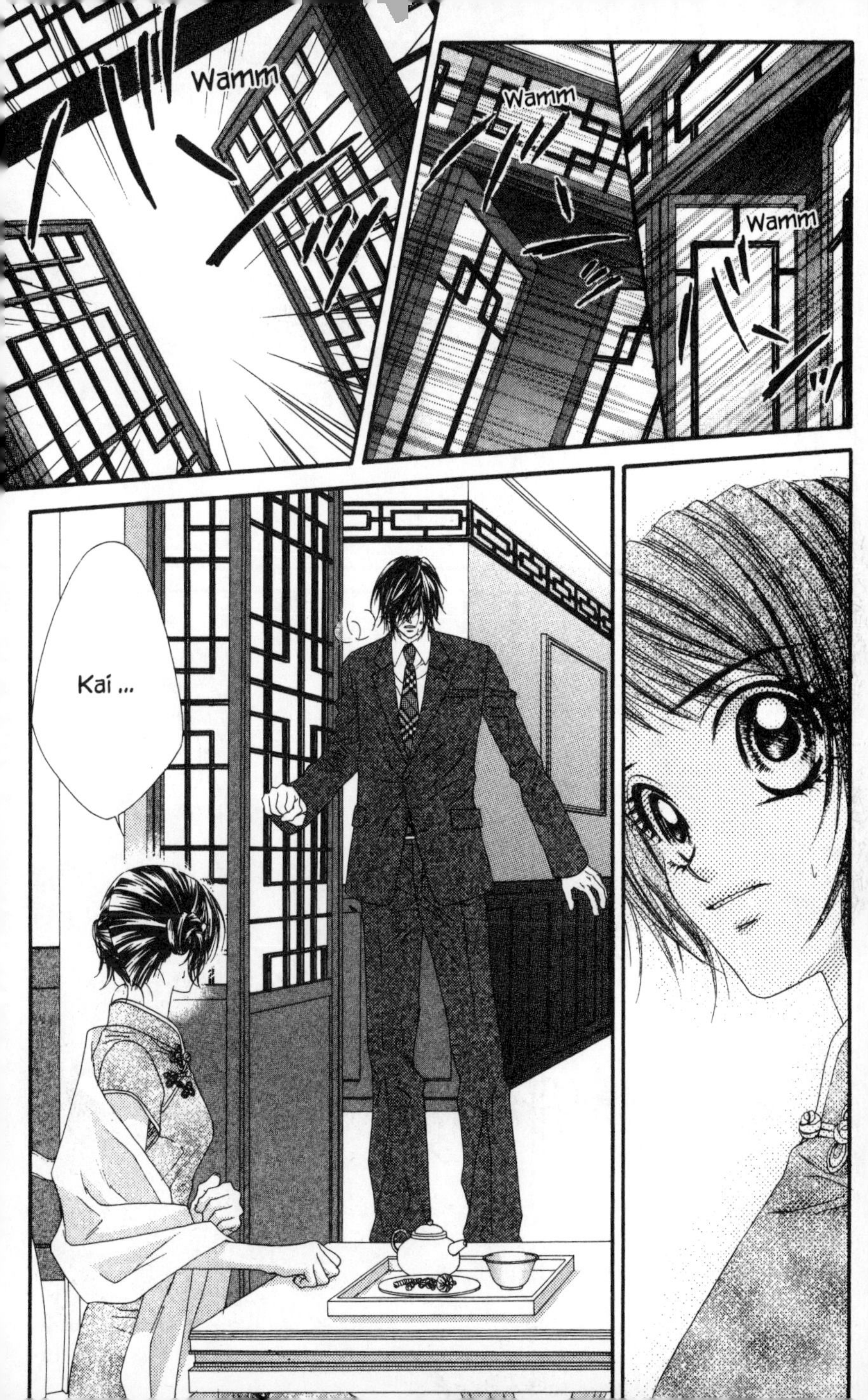

Wamm
Wamm
Wamm
Kai ...

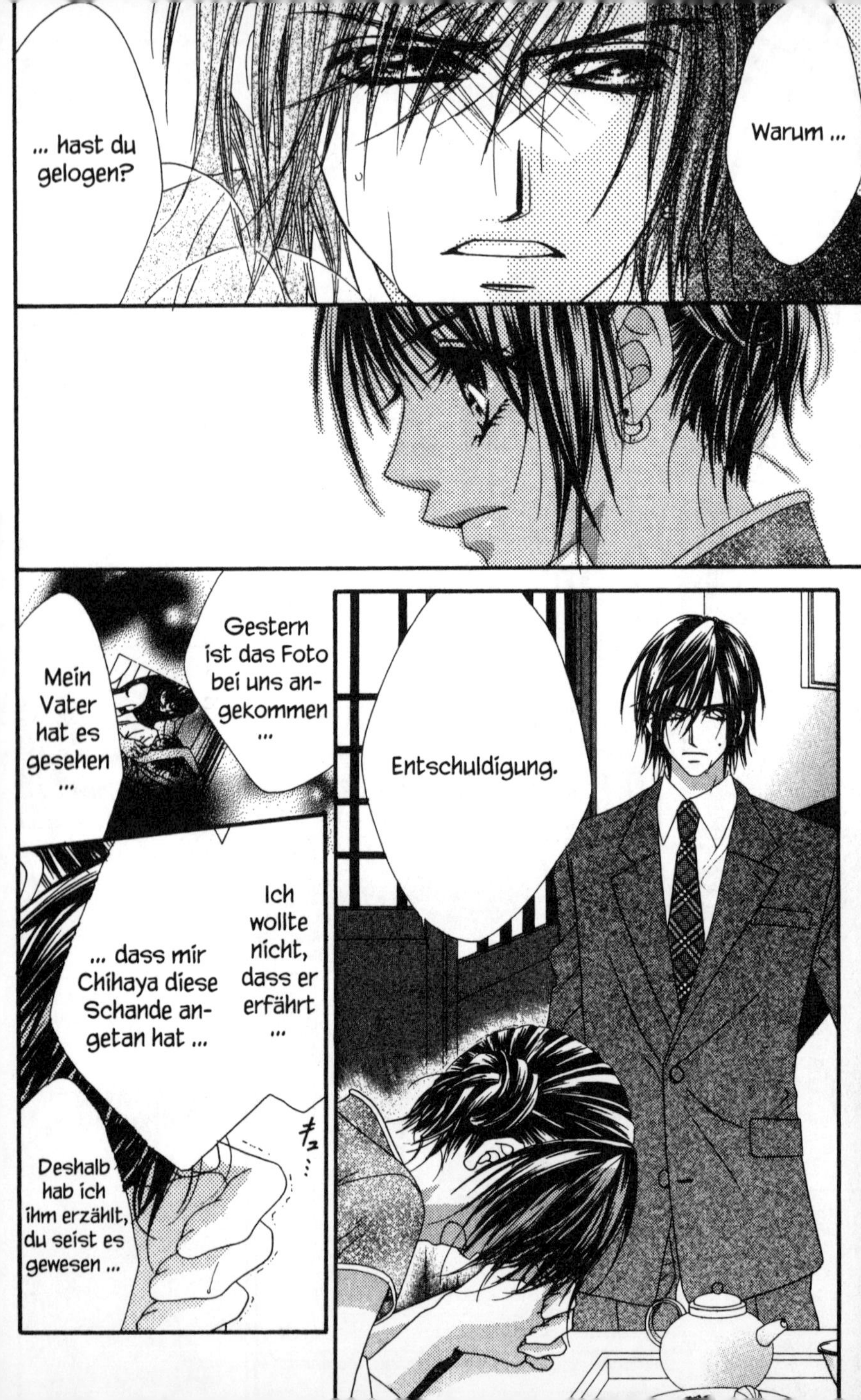
Warum ...
... hast du gelogen?
Entschuldigung.
Gestern ist das Foto bei uns angekommen ...
Mein Vater hat es gesehen ...
Ich wollte nicht, dass er erfährt ...
... dass mir Chihaya diese Schande angetan hat ...
Deshalb hab ich ihm erzählt, du seist es gewesen ...

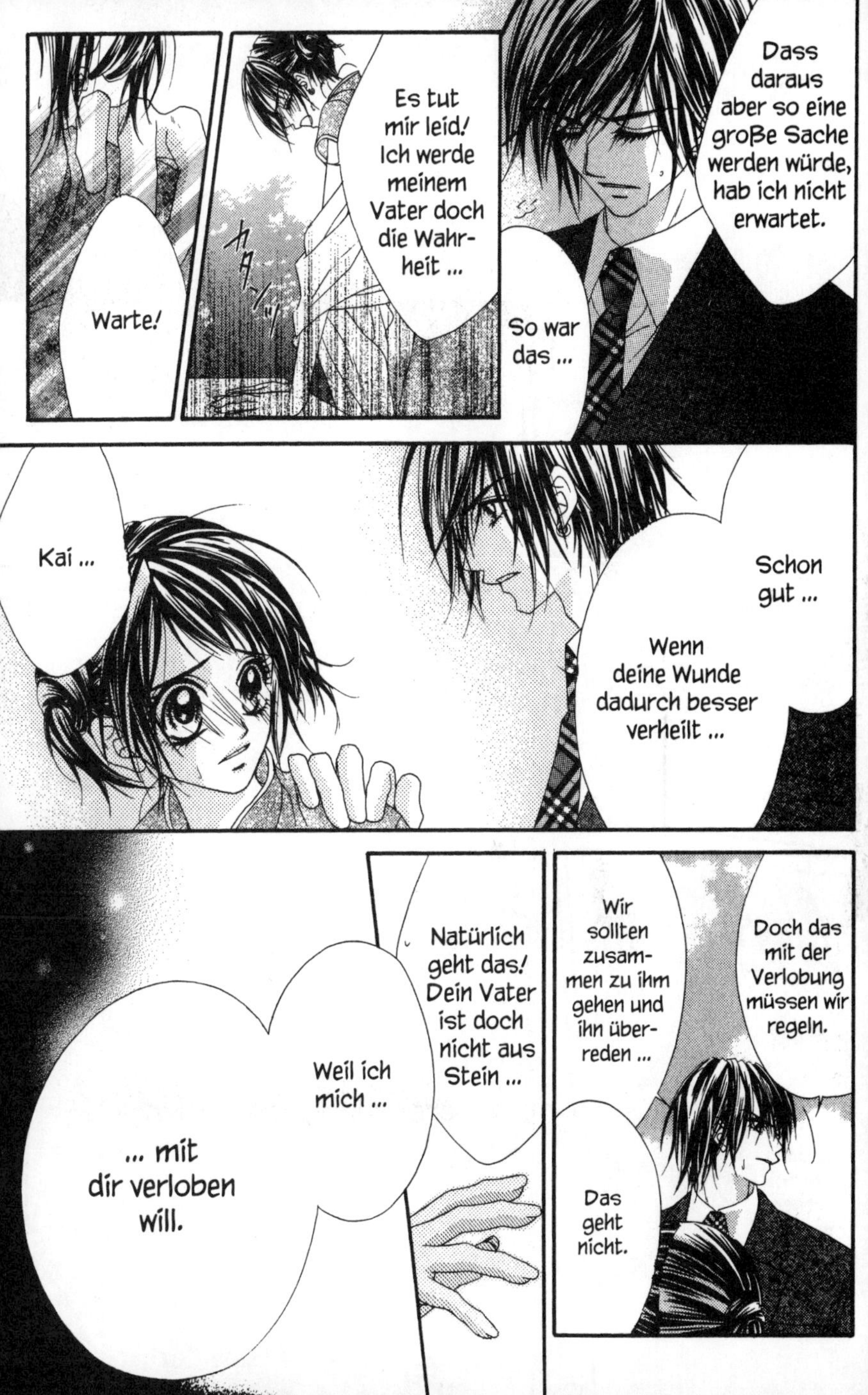

Dass daraus aber so eine große Sache werden würde, hab ich nicht erwartet.
So war das ...
Es tut mir leid! Ich werde meinem Vater doch die Wahrheit ...
Warte!
Schon gut ...
Wenn deine Wunde dadurch besser verheilt ...
Kai ...
Doch das mit der Verlobung müssen wir regeln.
Wir sollten zusammen zu ihm gehen und ihn überreden ...
Das geht nicht.
Natürlich geht das! Dein Vater ist doch nicht aus Stein ...
Weil ich mich ...
... mit dir verloben will.

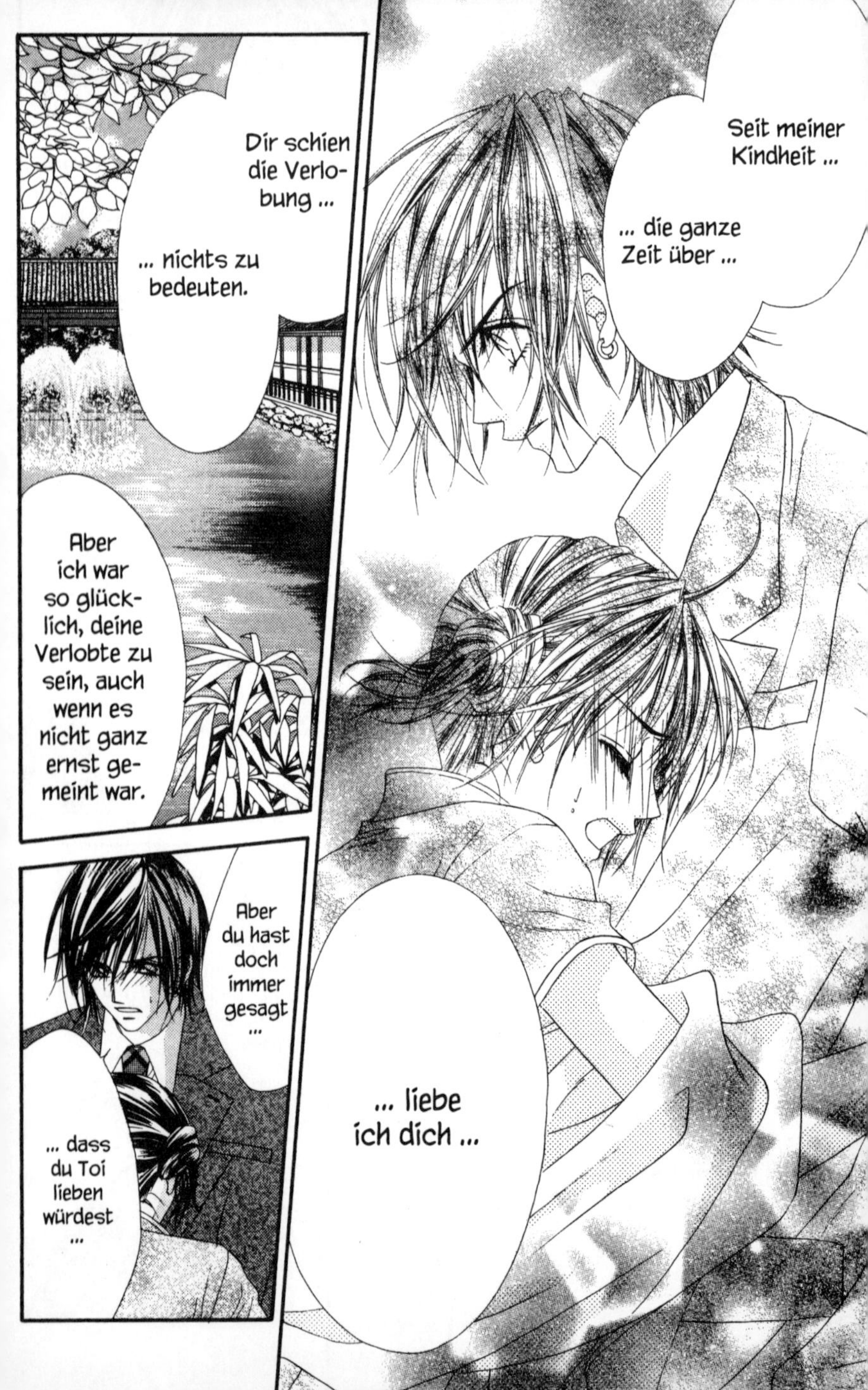
Seit meiner Kindheit ...
... die ganze Zeit über ...
... liebe ich dich ...
Dir schien die Verlobung ...
... nichts zu bedeuten.
Aber ich war so glücklich, deine Verlobte zu sein, auch wenn es nicht ganz ernst gemeint war.
Aber du hast doch immer gesagt ...
... dass du Toi lieben würdest ...

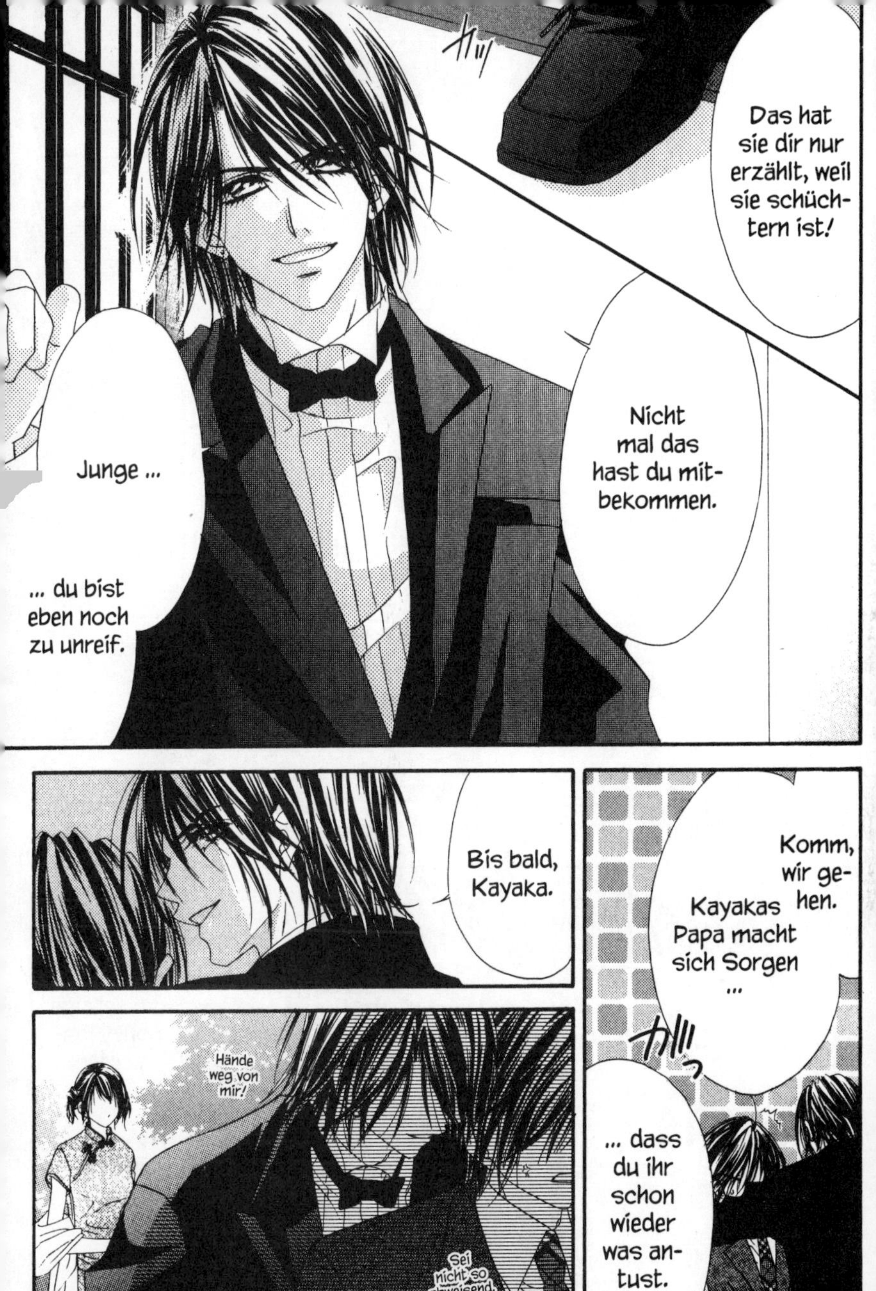
Das hat sie dir nur erzählt, weil sie schüchtern ist!
Nicht mal das hast du mitbekommen.
Junge ...
... du bist eben noch zu unreif.
Komm, wir gehen.
Kayakas Papa macht sich Sorgen ...
Bis bald, Kayaka.
... dass du ihr schon wieder was antust.
Hände weg von mir!
Sei nicht so abweisend.

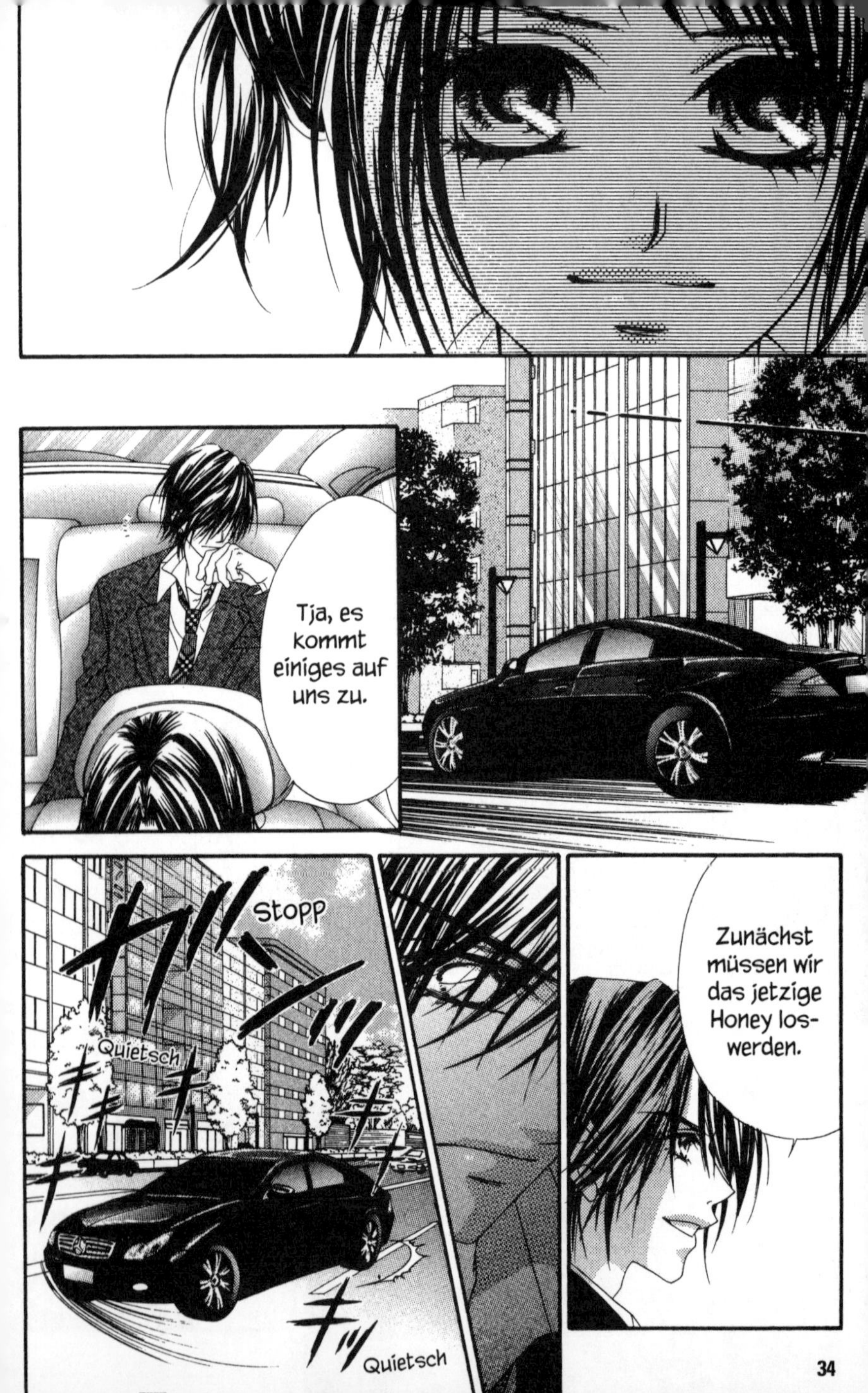
Tja, es kommt einiges auf uns zu.
Zunächst müssen wir das jetzige Honey loswerden.
Stopp
Quietsch
Quietsch

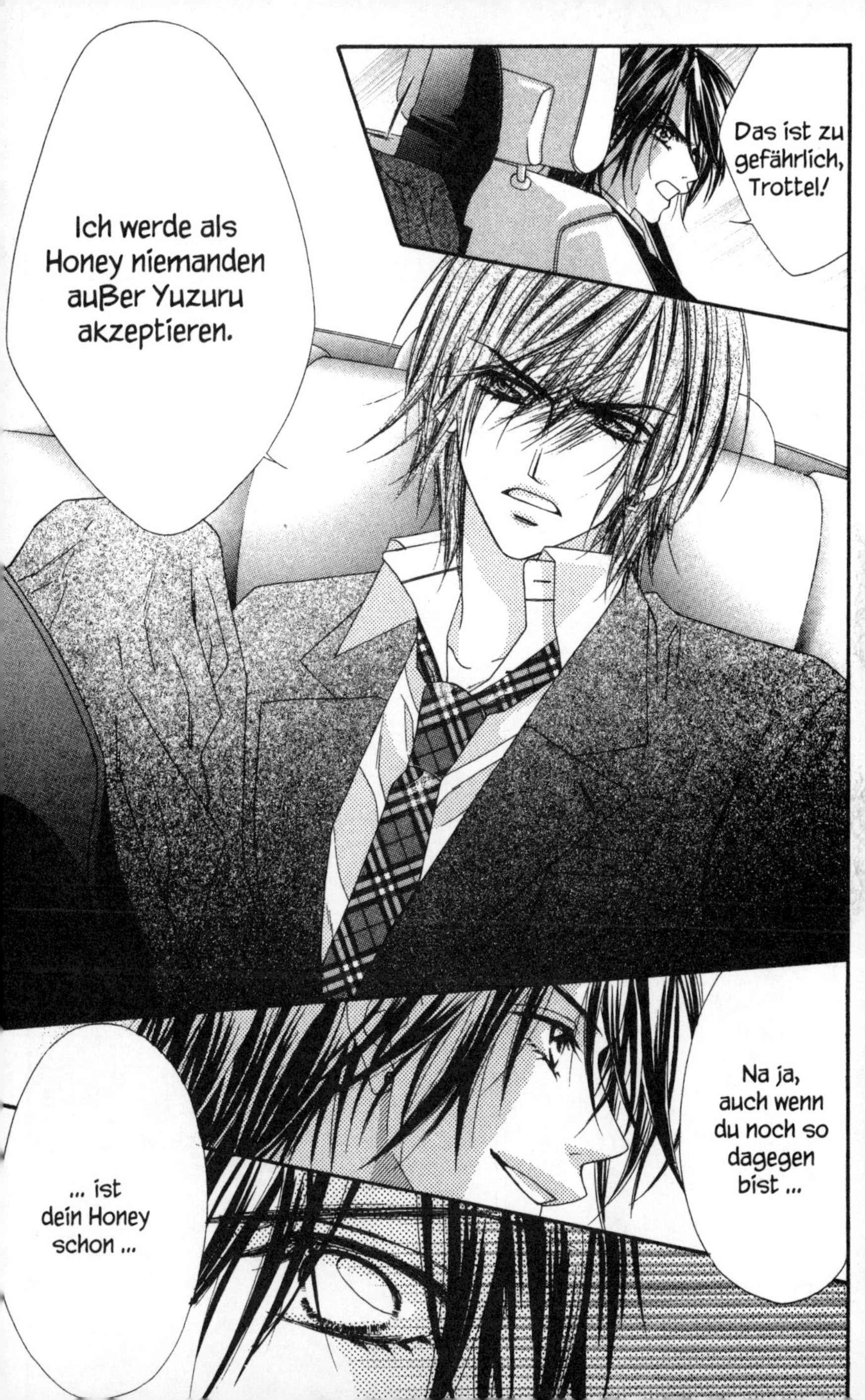
Das ist zu gefährlich, Trottel!
Ich werde als Honey niemanden außer Yuzuru akzeptieren.
Na ja, auch wenn du noch so dagegen bist ...
... ist dein Honey schon ...

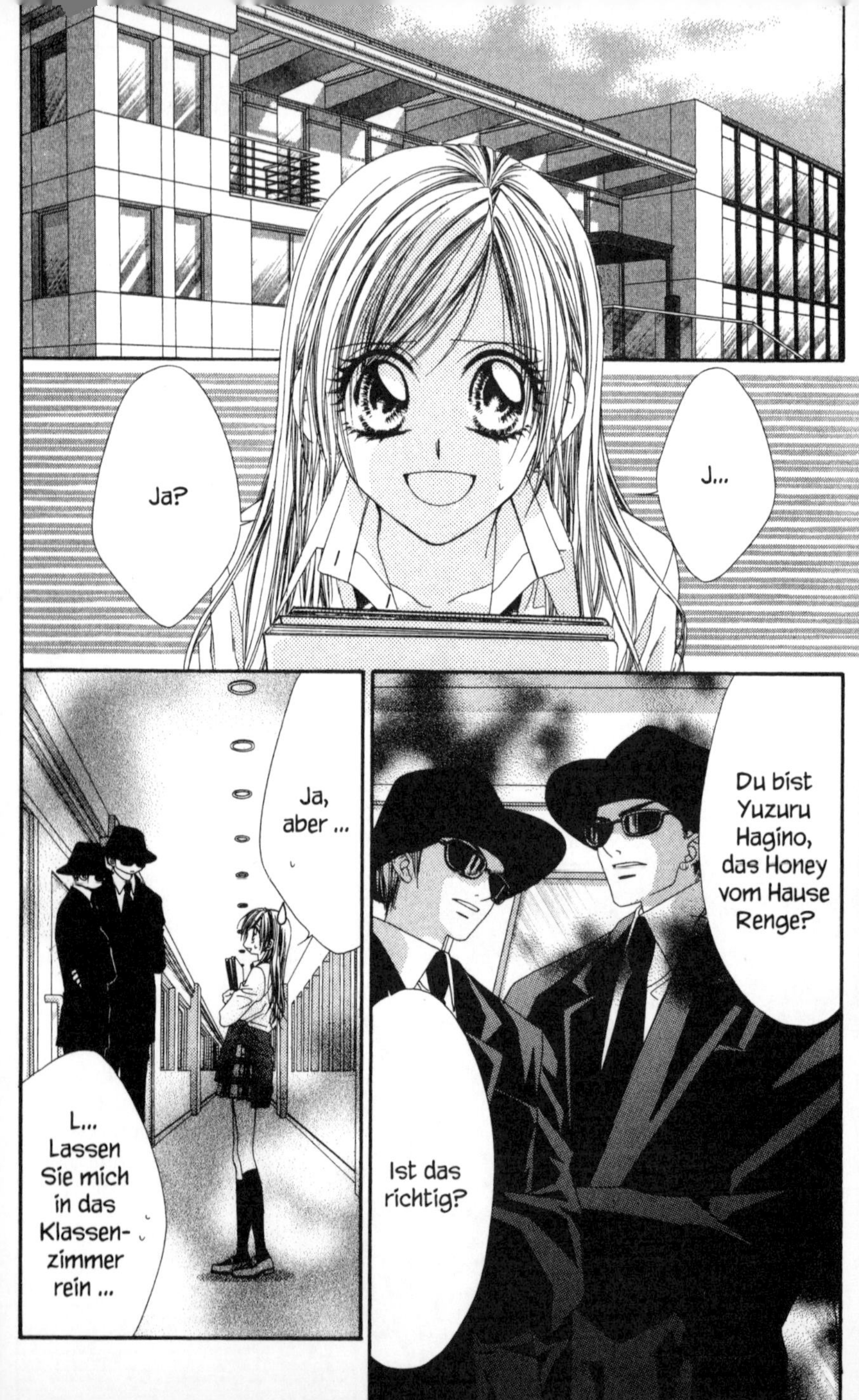
J...
Ja?
Du bist Yuzuru Hagino, das Honey vom Hause Renge?
Ist das richtig?
Ja, aber ...
L... Lassen Sie mich in das Klassen-zimmer rein ...

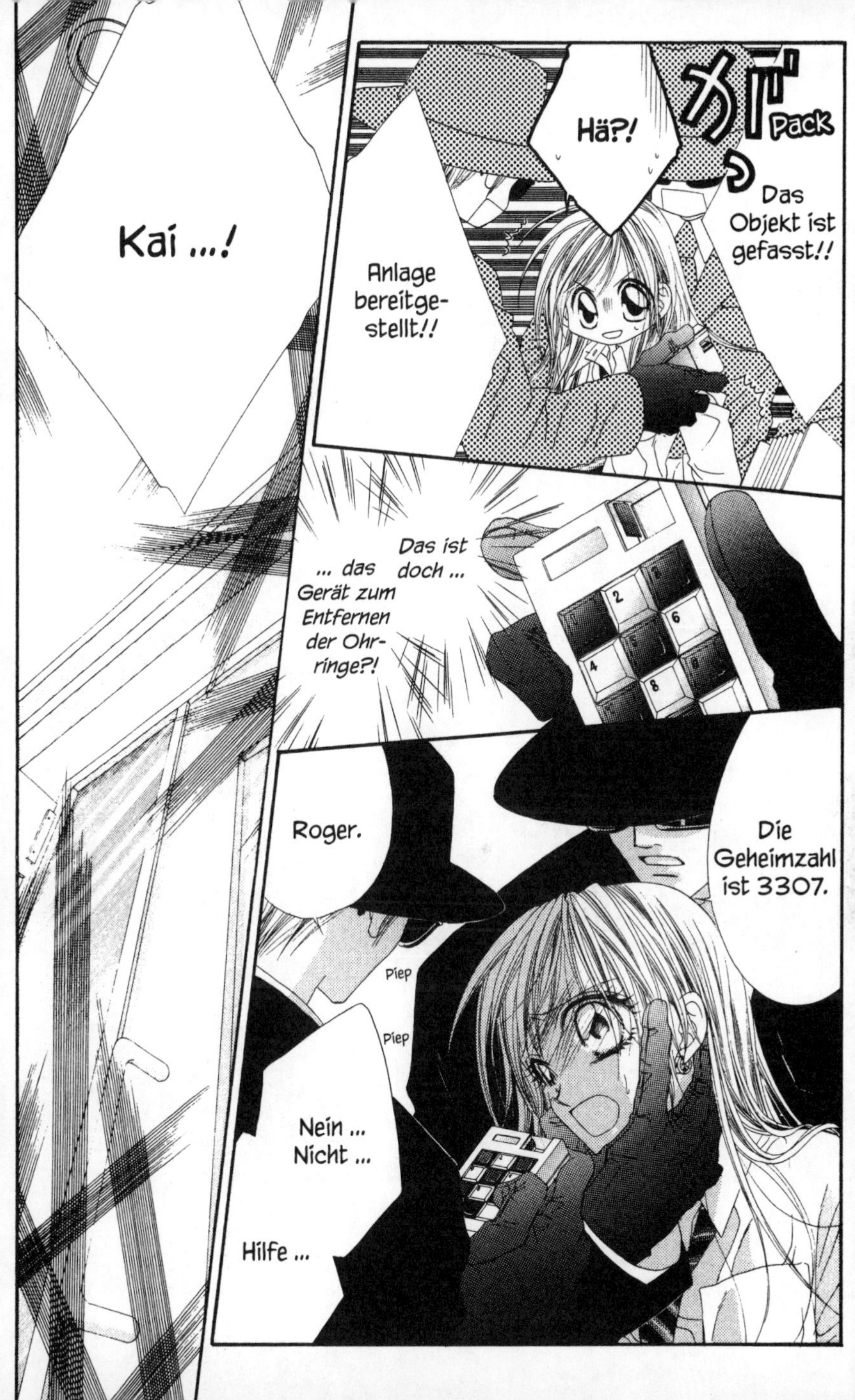
Pack
Das Objekt ist gefasst!!
Hä?!
Anlage bereitgestellt!!
Kai ...!
Das ist doch ...
... das Gerät zum Entfernen der Ohrringe?!
Die Geheimzahl ist 3307.
Roger.
Piep
Piep
Nein ... Nicht ...
Hilfe ...

Honey x Honey
Drops

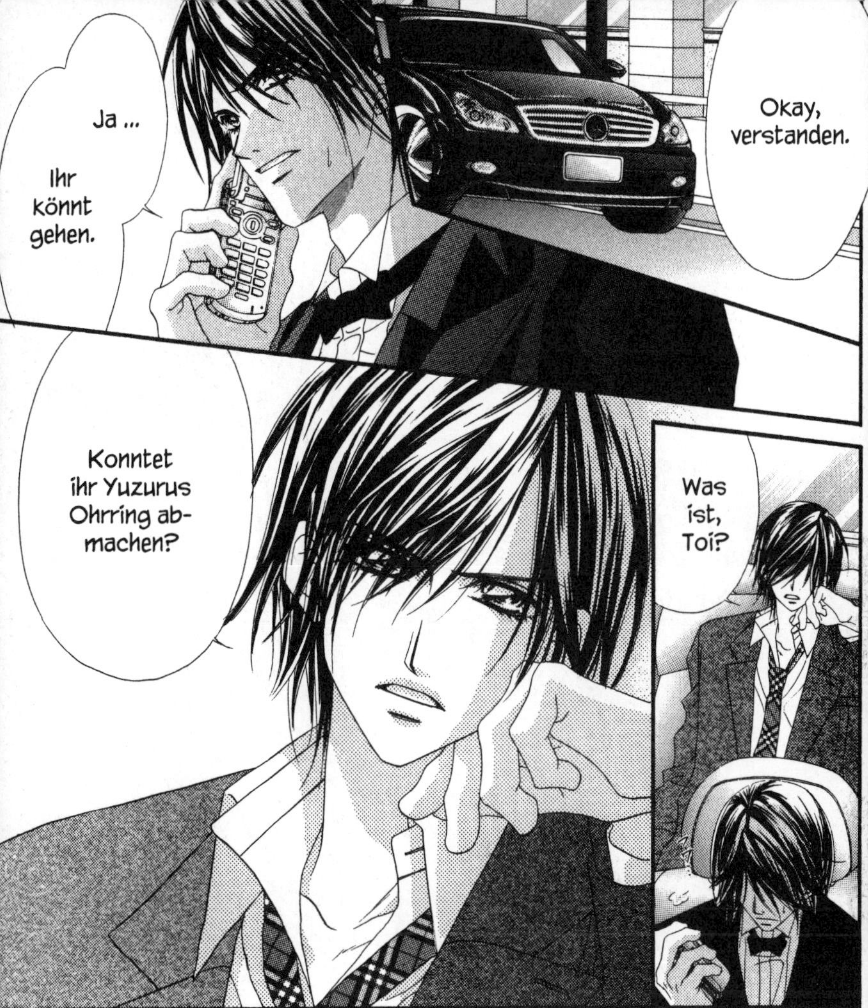

3 Im Gegensatz zu Nayu und Gen kommt Toi in letzter Zeit oft vor. Das bleibt auch weiterhin so. Bei seinem ersten Auftritt war das noch nicht geplant. Genauso wenig, dass Chihaya so lange dabei ist. Warum er so oft auftaucht? Bingo, weil diese Figur mir gefällt. (*gequält lächel*) Weil es mir Spaß macht, sie zu zeichnen. ♡ Natürlich liebe ich aber auch Nayu und Gen! Diese beiden zählten ja von Anfang an zu den Hauptfiguren. Ja. Für diejenigen, die das Duo vermisst haben: In Zukunft werden sie sich wieder in die Story einmischen. Habt bitte etwas Geduld. Ähneln sich Kai und Toi nicht, wenn man sie nebeneinanderstellt? Fast zum Verwechseln, oder? Es ist schwierig, die Charaktere unterscheidbar zu zeichnen. (*schwitz*) Übrigens, Toi ist sein Nachname. Sein voller Name lautet Hyoga Toi.

Es klingt etwas kühl* ...

*Der Name wird mit dem Schriftzeichen für »Winter« und »Eis« geschrieben.

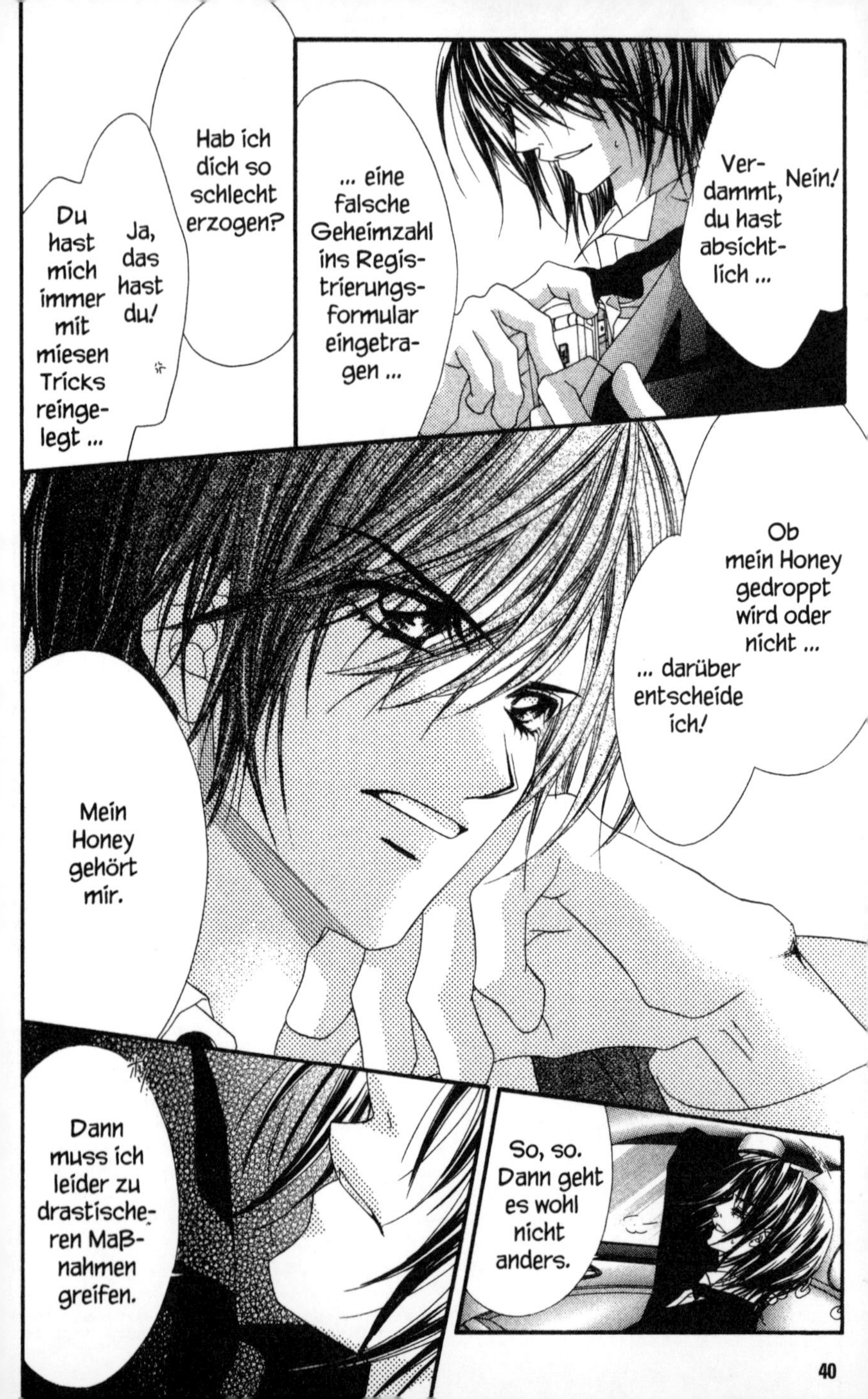
Verdammt, du hast absichtlich ...
Nein!
... eine falsche Geheimzahl ins Registrierungsformular eingetragen ...
Hab ich dich so schlecht erzogen?
Ja, das hast du!
Du hast mich immer mit miesen Tricks reingelegt ...
Ob mein Honey gedroppt wird oder nicht ...
... darüber entscheide ich!
Mein Honey gehört mir.
So, so. Dann geht es wohl nicht anders.
Dann muss ich leider zu drastischeren Maßnahmen greifen.

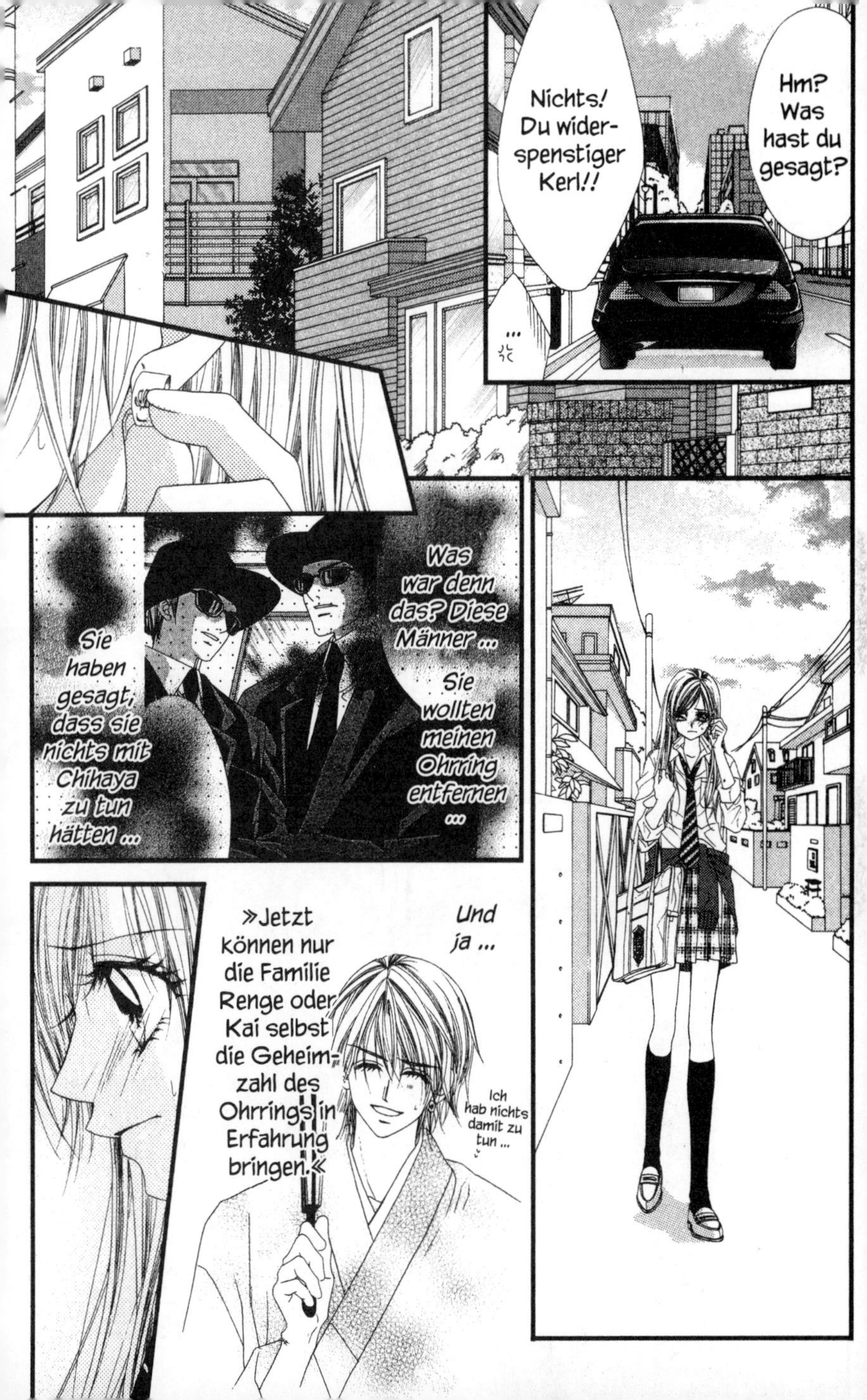
Hm? Was hast du gesagt?
Nichts! Du wider-spenstiger Kerl!!
...
Was war denn das? Diese Männer ...
Sie wollten meinen Ohrring entfernen ...
Sie haben gesagt, dass sie nichts mit Chihaya zu tun hätten ...
Und ja ...
»Jetzt können nur die Familie Renge oder Kai selbst die Geheimzahl des Ohrrings in Erfahrung bringen.«
Ich hab nichts damit zu tun ...

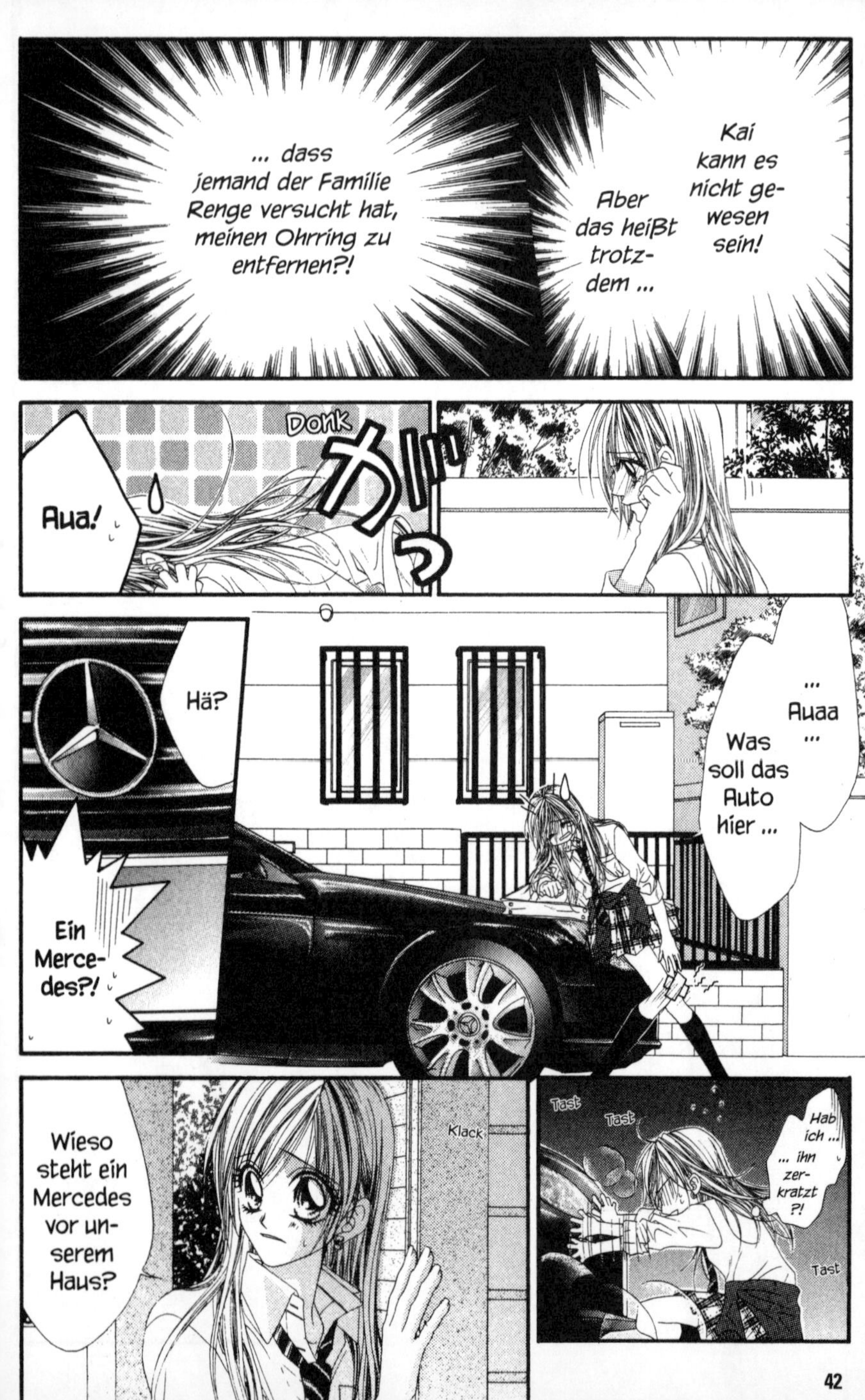

Kai kann es nicht gewesen sein!
Aber das heißt trotzdem ...
... dass jemand der Familie Renge versucht hat, meinen Ohrring zu entfernen?!
Donk
Aua!
... Auaa ...
Was soll das Auto hier ...
Hä?
Ein Mercedes?!
Hab ich ... ... ihn zerkratzt?!
Tast
Tast
Tast
Klack
Wieso steht ein Mercedes vor unserem Haus?

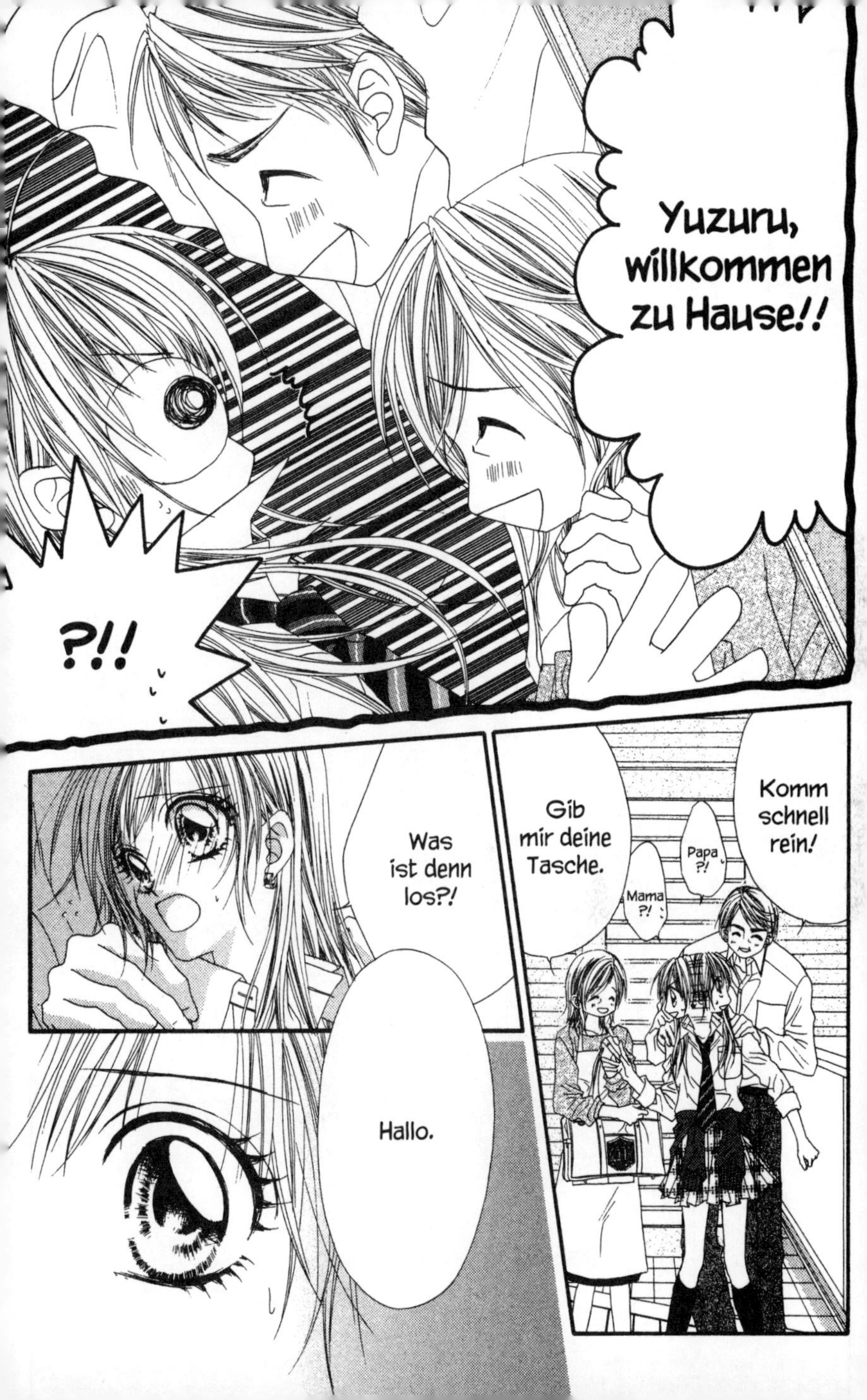

Yuzuru, willkommen zu Hause!!
?!!
Komm schnell rein!
Papa ?!
Gib mir deine Tasche.
Mama ?!
Was ist denn los?!
Hallo.

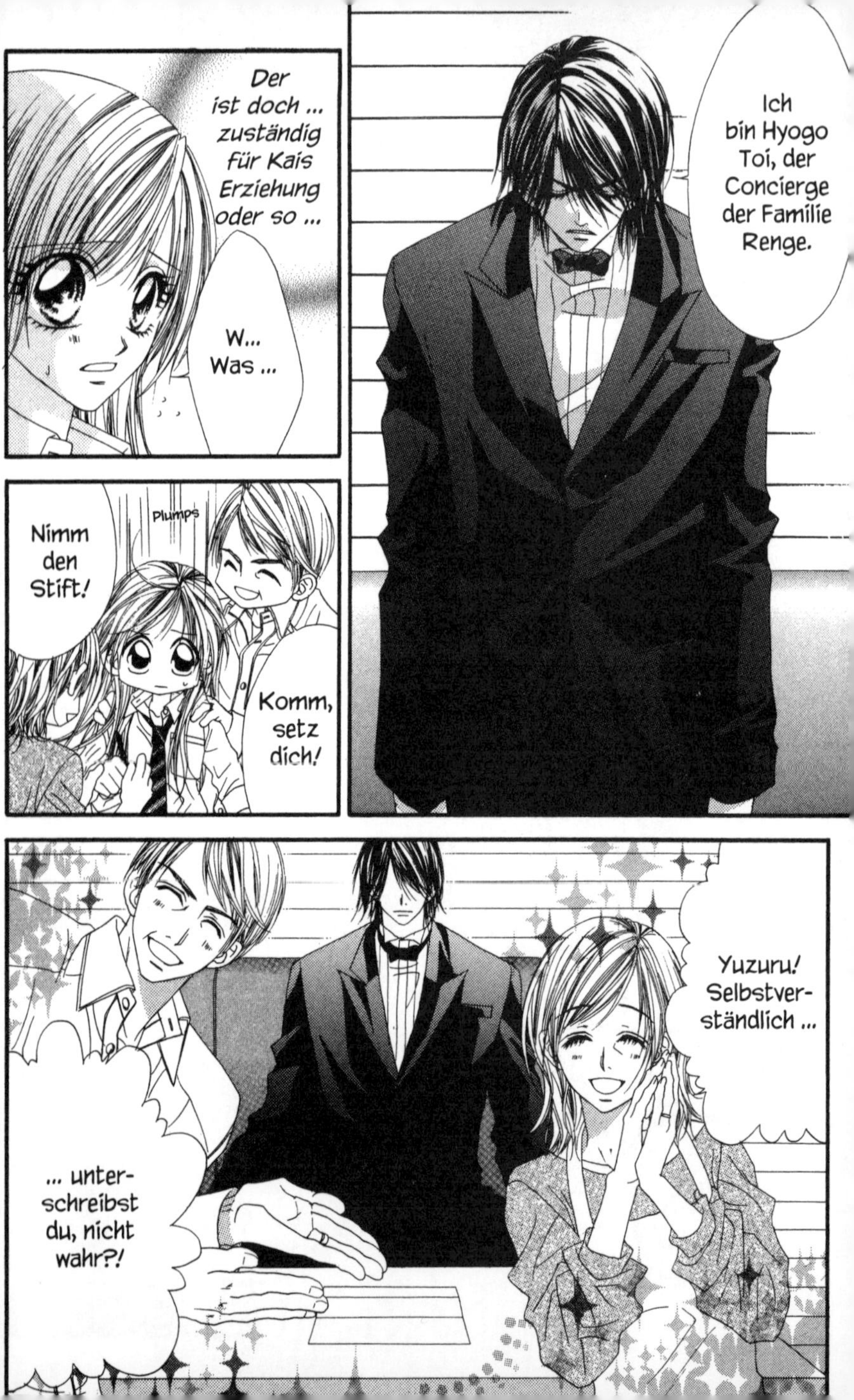

Ich bin Hyogo Toi, der Concierge der Familie Renge.

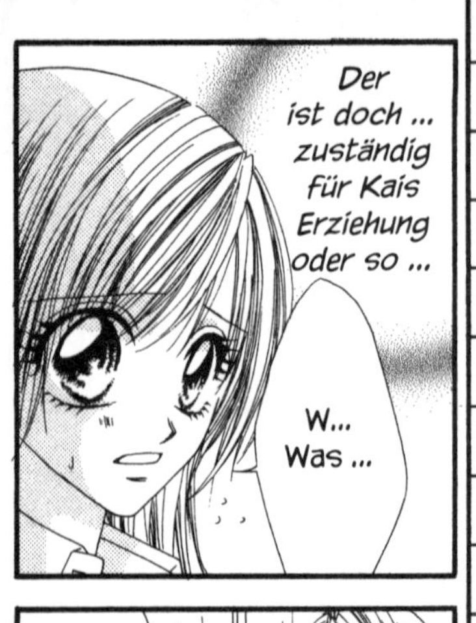

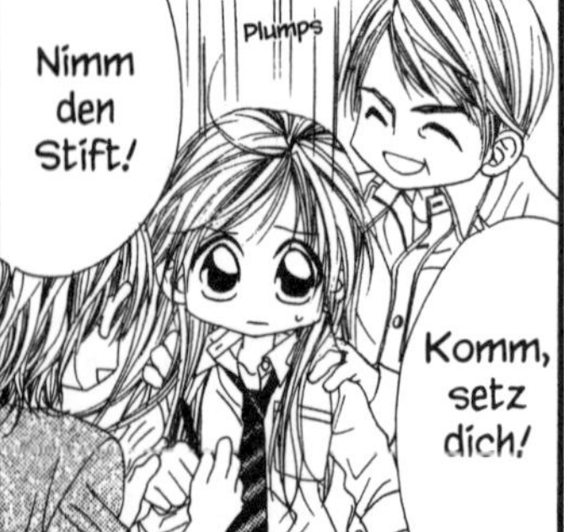

Yuzuru! Selbstverständlich ...

... unterschreibst du, nicht wahr?!

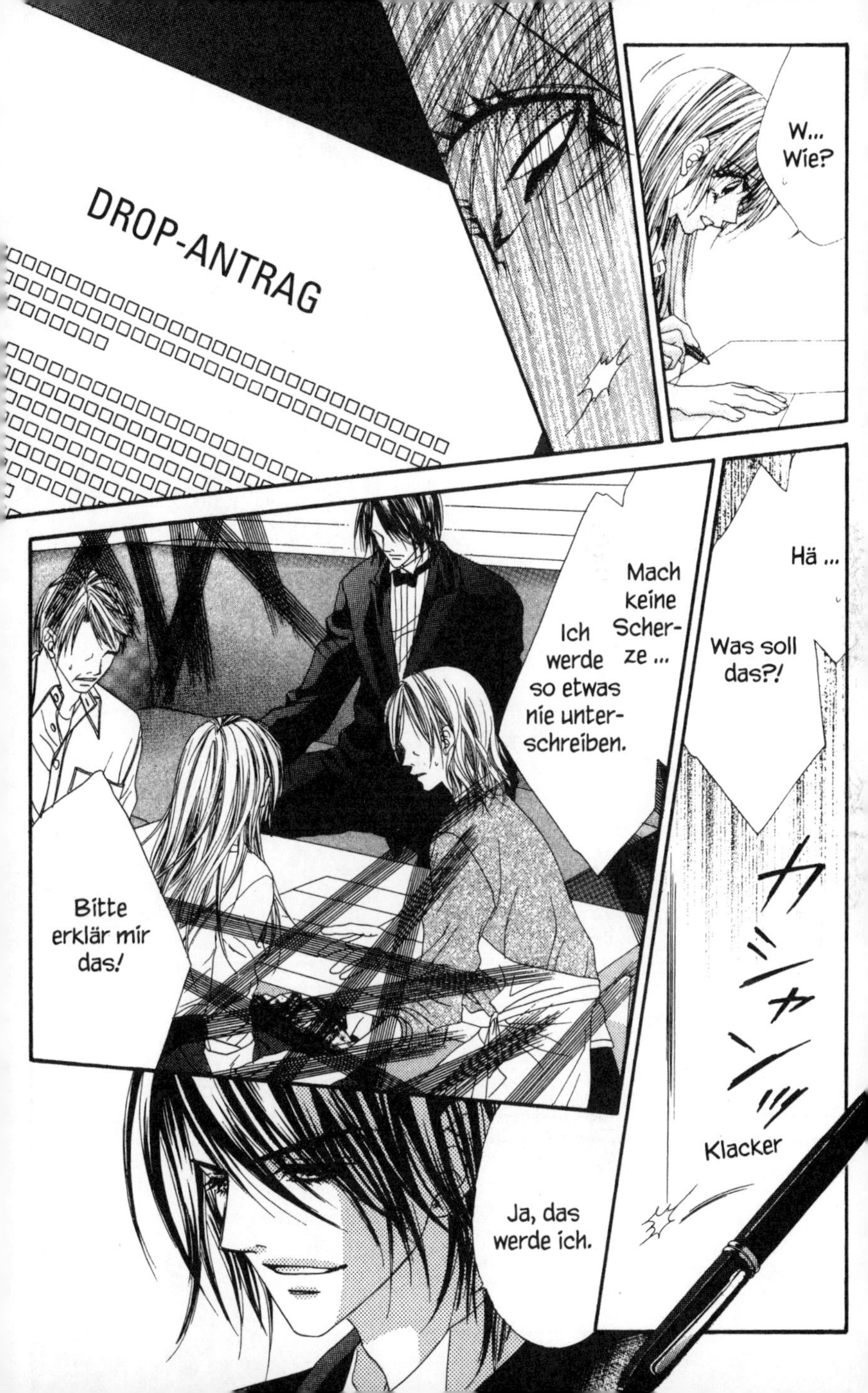
W... Wie?
DROP-ANTRAG
Hä ...
Was soll das?!
Mach keine Scherze ...
Ich werde so etwas nie unterschreiben.
Bitte erklär mir das!
Klacker
Ja, das werde ich.

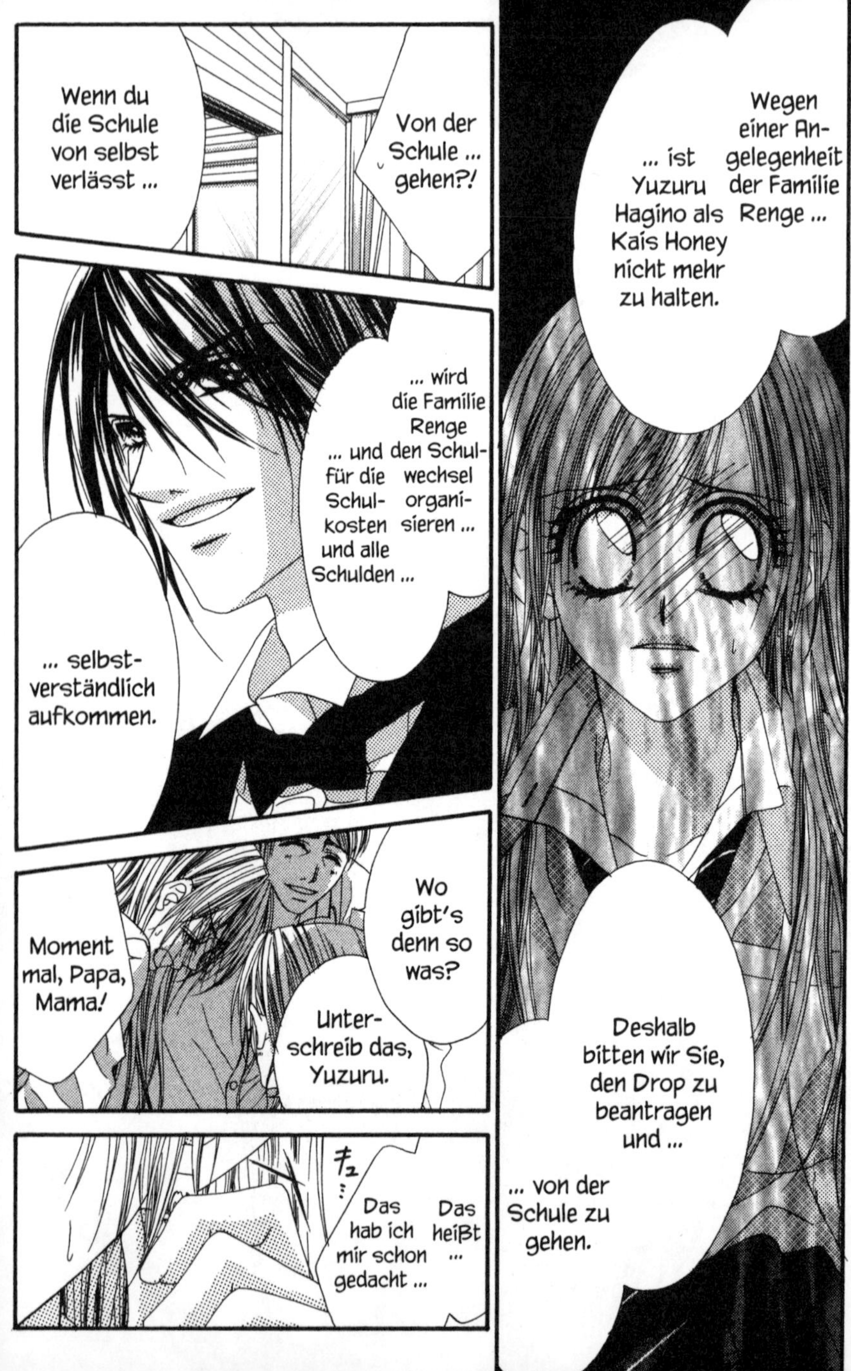

Wegen einer Angelegenheit der Familie Renge ...
... ist Yuzuru Hagino als Kais Honey nicht mehr zu halten.
Deshalb bitten wir Sie, den Drop zu beantragen und ...
... von der Schule zu gehen.
Von der Schule ... gehen?!
Wenn du die Schule von selbst verlässt ...
... wird die Familie Renge
... und den Schulwechsel organisieren ...
für die Schulkosten
und alle Schulden ...
... selbstverständlich aufkommen.
Wo gibt's denn so was?
Unterschreib das, Yuzuru.
Moment mal, Papa, Mama!
Das heißt ...
Das hab ich mir schon gedacht ...

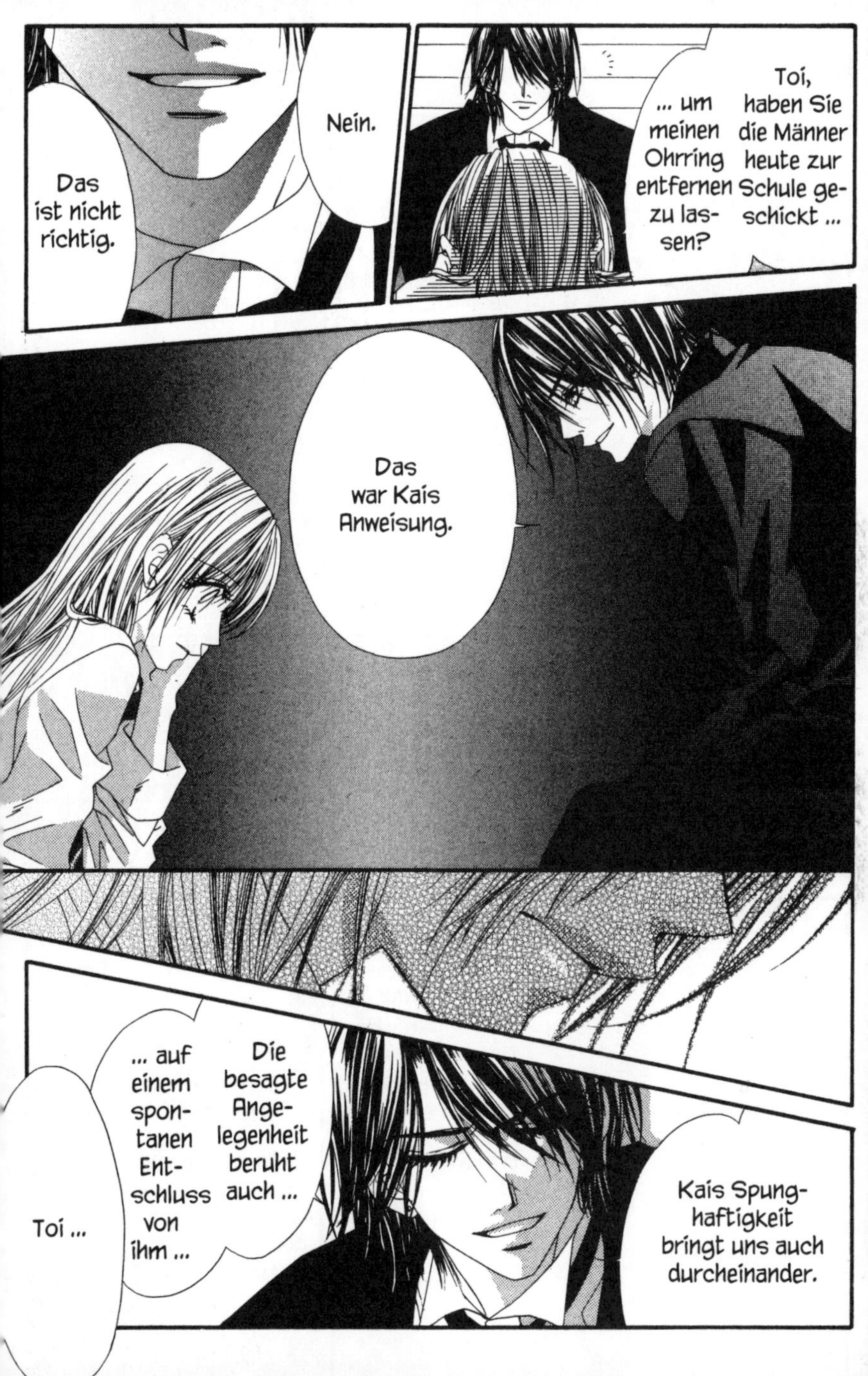
Toi, haben Sie die Männer heute zur Schule geschickt ...
... um meinen Ohrring entfernen zu lassen?
Nein.
Das ist nicht richtig.
Das war Kais Anweisung.
Kais Spunghaftigkeit bringt uns auch durcheinander.
Die besagte Angelegenheit beruht auch ...
... auf einem spontanen Entschluss von ihm ...
Toi ...

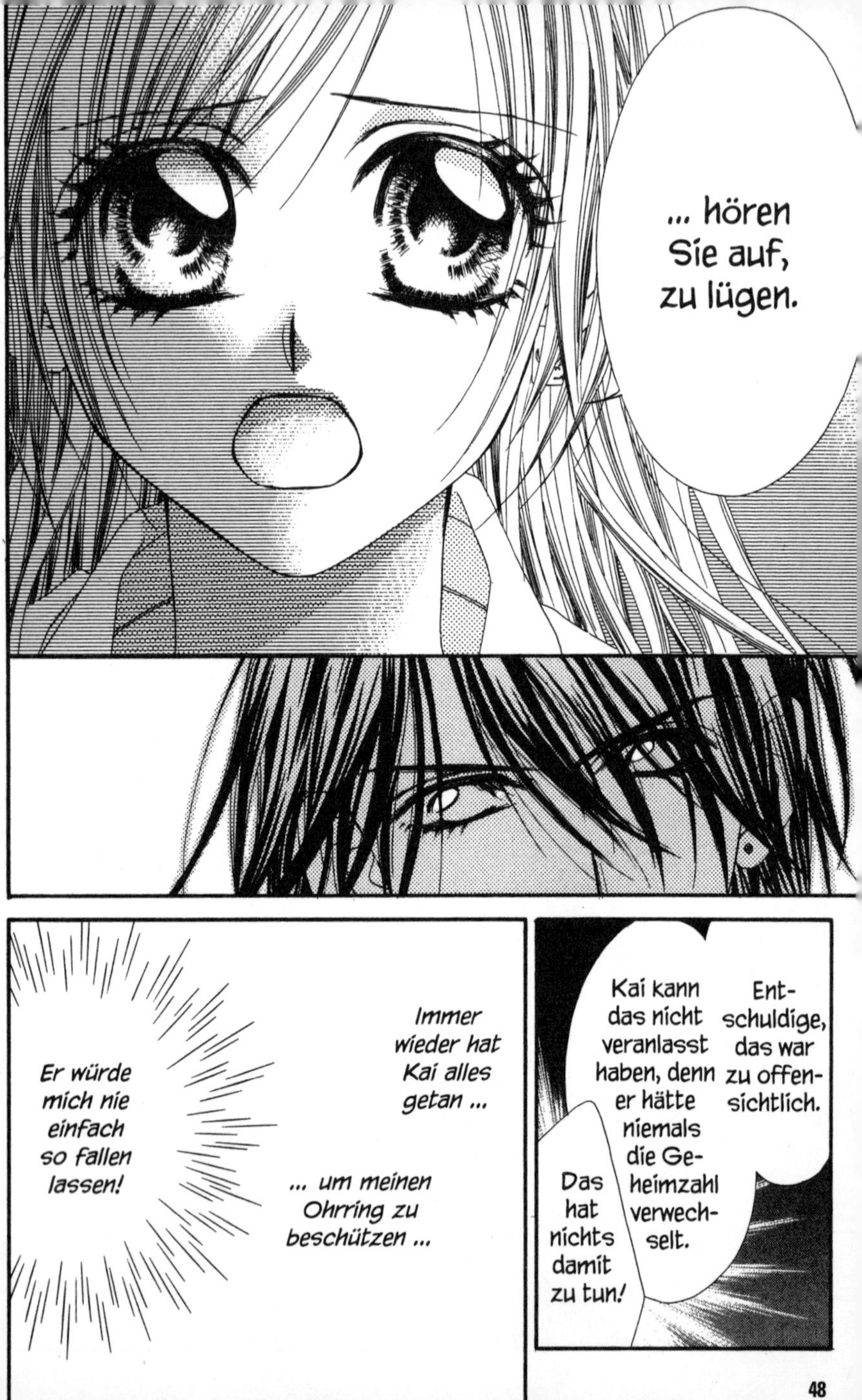

... hören Sie auf, zu lügen.

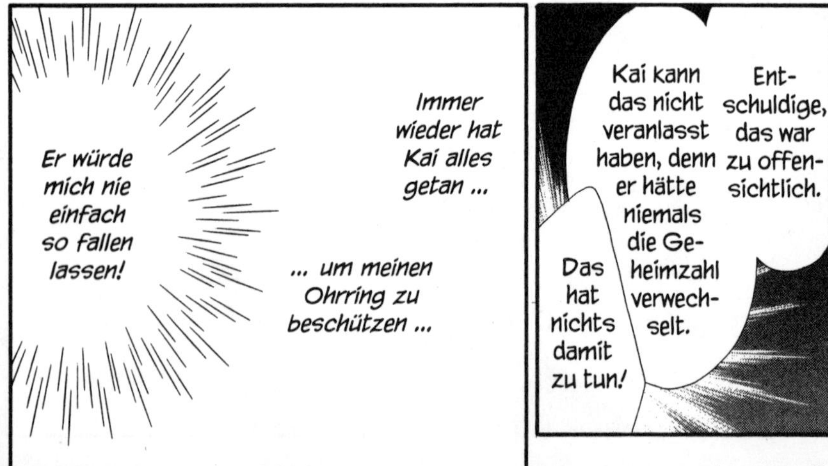

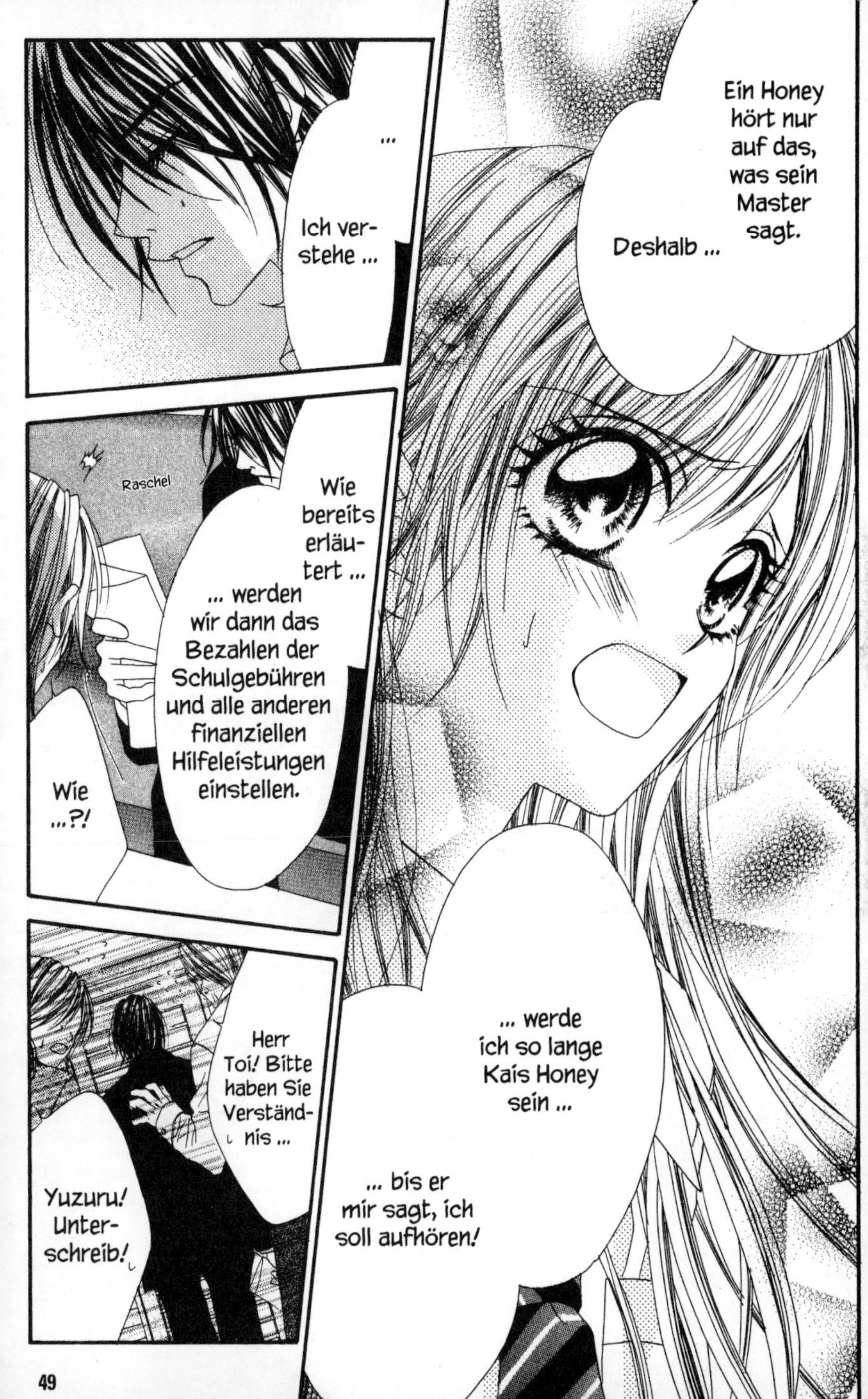
Ein Honey hört nur auf das, was sein Master sagt.
Deshalb ...
... werde ich so lange Kais Honey sein ...
... bis er mir sagt, ich soll aufhören!
...
Ich verstehe ...
Raschel
Wie bereits erläutert ...
... werden wir dann das Bezahlen der Schulgebühren und alle anderen finanziellen Hilfeleistungen einstellen.
Wie ...?!
Herr Toi! Bitte haben Sie Verständnis ...
Yuzuru! Unterschreib!

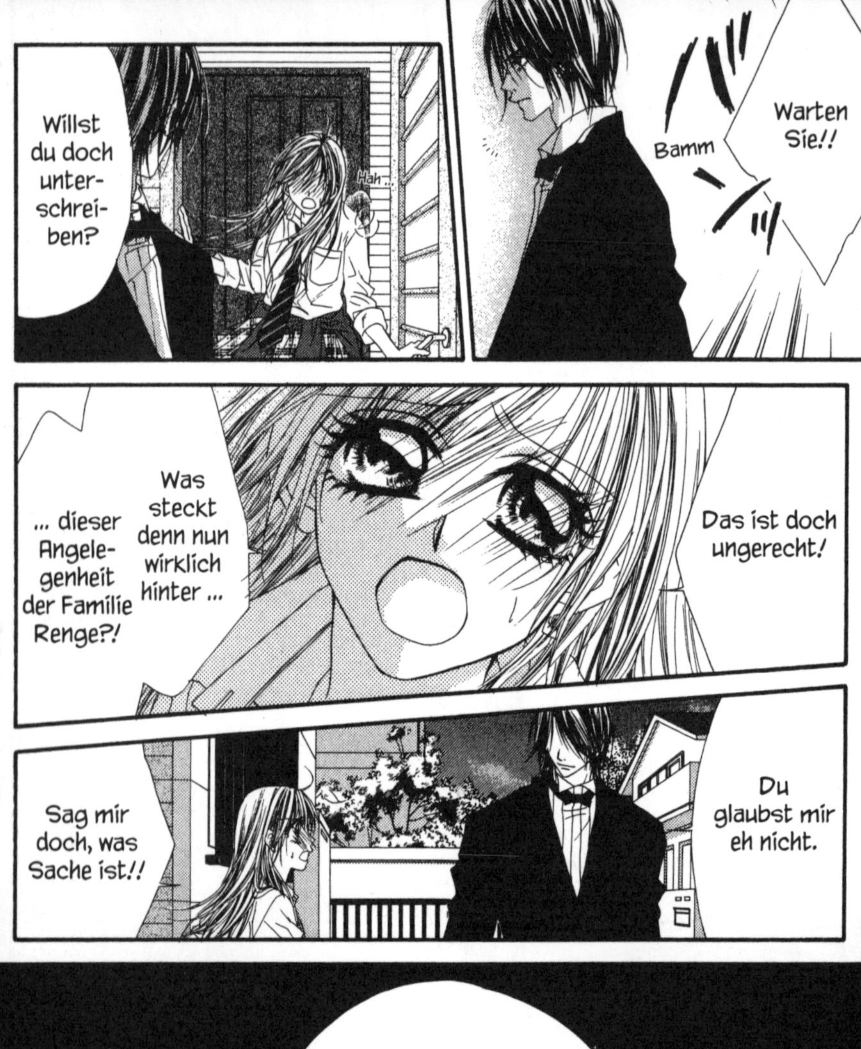

Kai und Kayaka werden sich offiziell verloben.

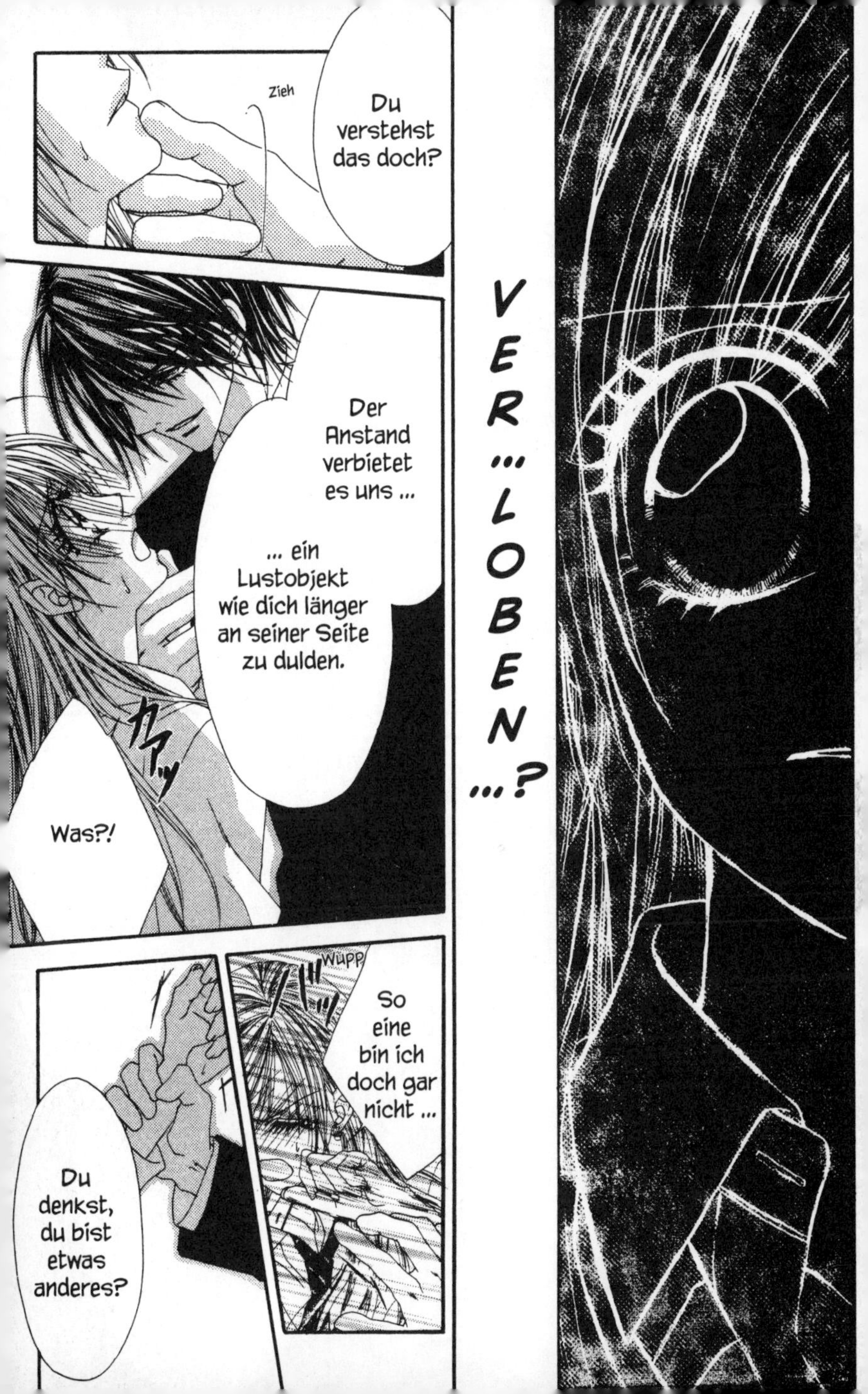

VER ... LOBEN ...?

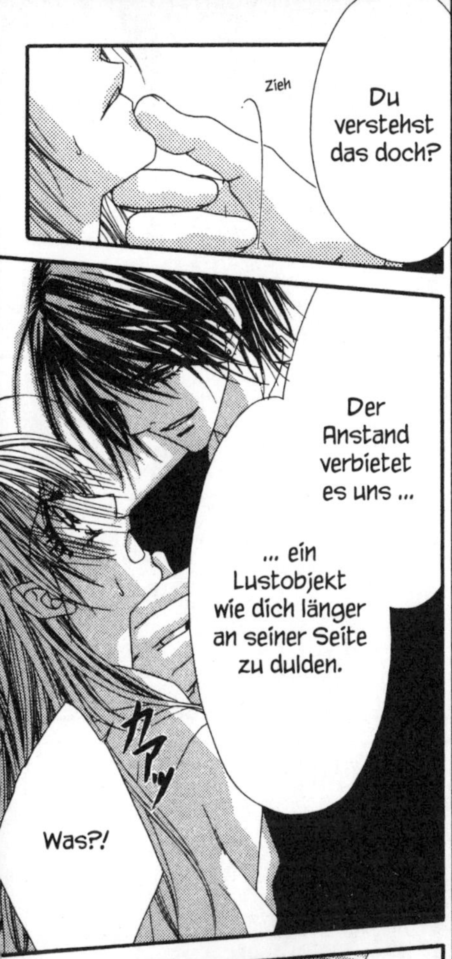
Du verstehst das doch?
Zieh
Der Anstand verbietet es uns ...
... ein Lustobjekt wie dich länger an seiner Seite zu dulden.
Was?!

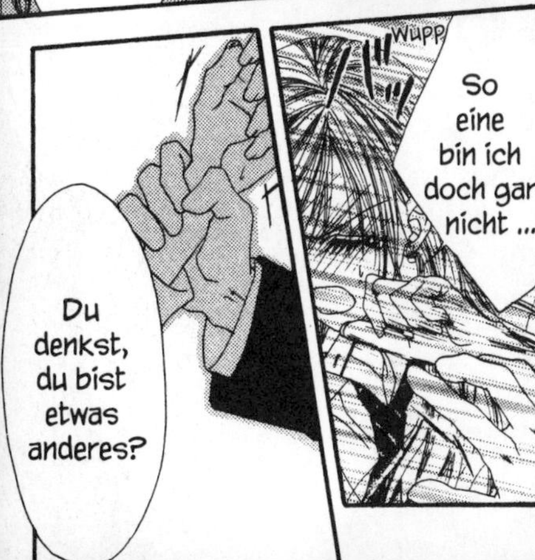
Wupp
So eine bin ich doch gar nicht ...
Du denkst, du bist etwas anderes?

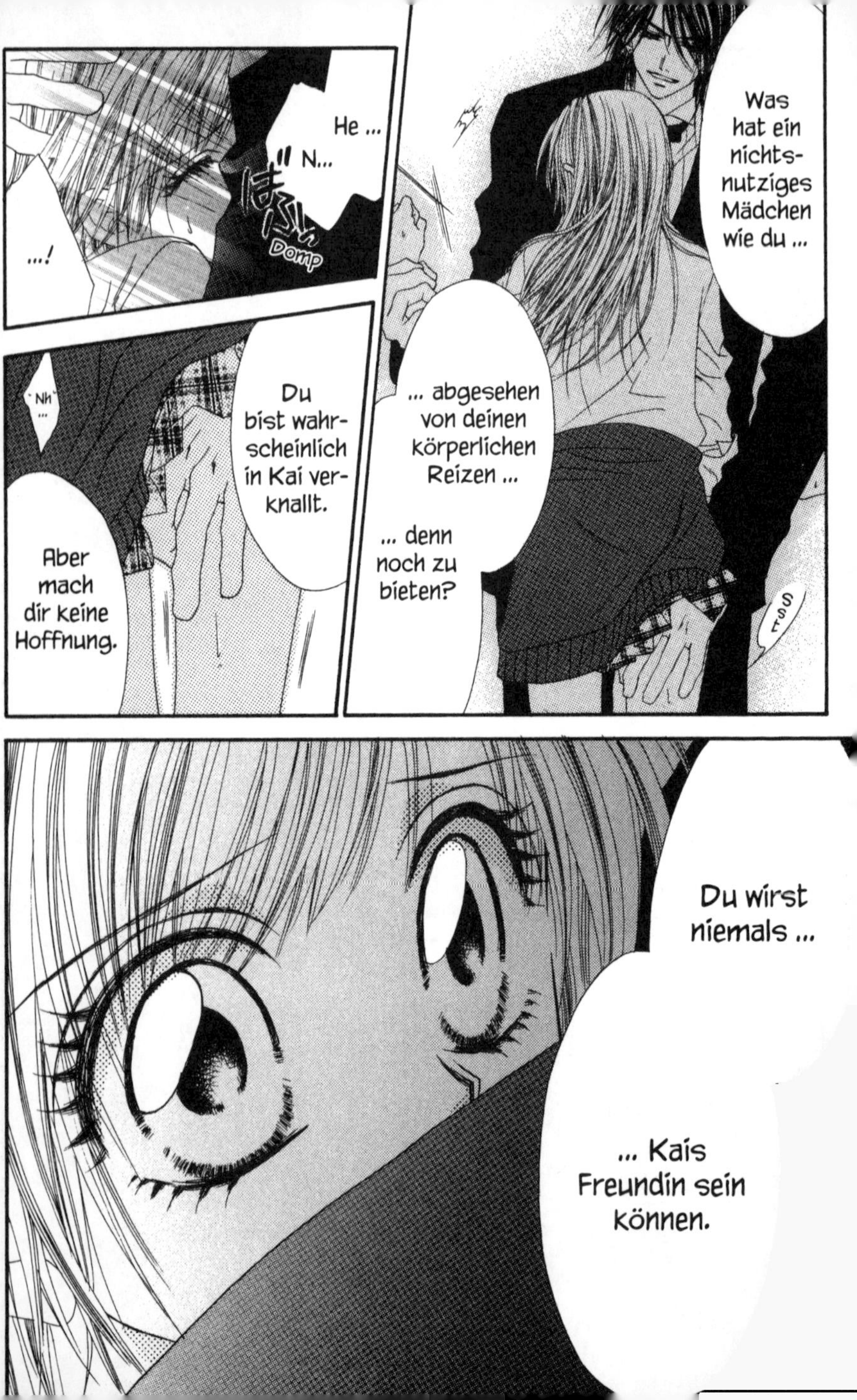

Was hat ein nichtsnutziges Mädchen wie du ...

... abgesehen von deinen körperlichen Reizen ...

... denn noch zu bieten?

Ssst

He ...

N...

Domp

...!

Du bist wahrscheinlich in Kai verknallt.

Nh ...

Aber mach dir keine Hoffnung.

Du wirst niemals ...

... Kais Freundin sein können.

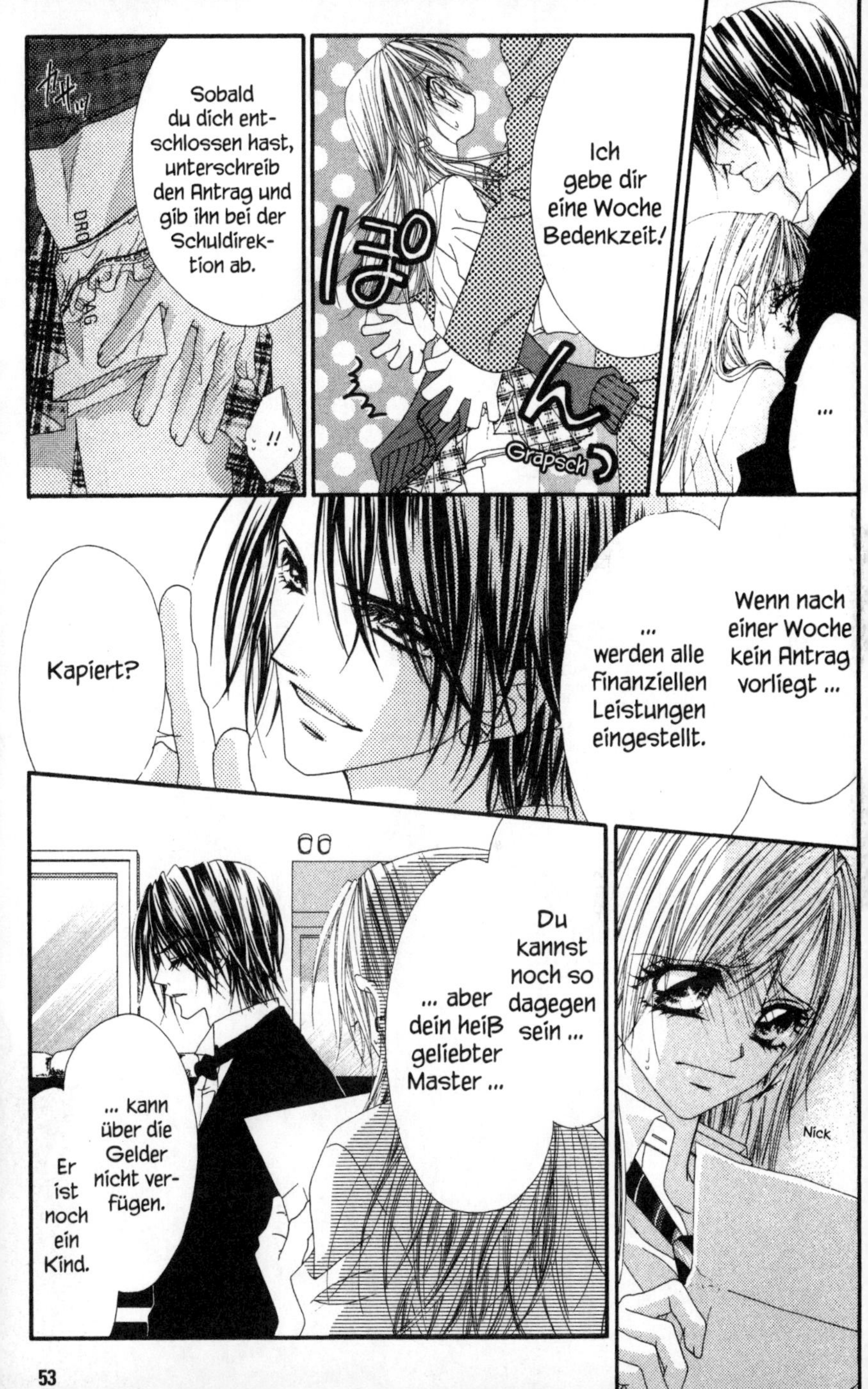
...
Ich gebe dir eine Woche Bedenkzeit!
ぽ
ん
Grapsch
Sobald du dich entschlossen hast, unterschreib den Antrag und gib ihn bei der Schuldirektion ab.
!!
Wenn nach einer Woche kein Antrag vorliegt ...
... werden alle finanziellen Leistungen eingestellt.
Kapiert?
Nick
Du kannst noch so dagegen sein ...
... aber dein heiß geliebter Master ...
... kann über die Gelder nicht verfügen.
Er ist noch ein Kind.

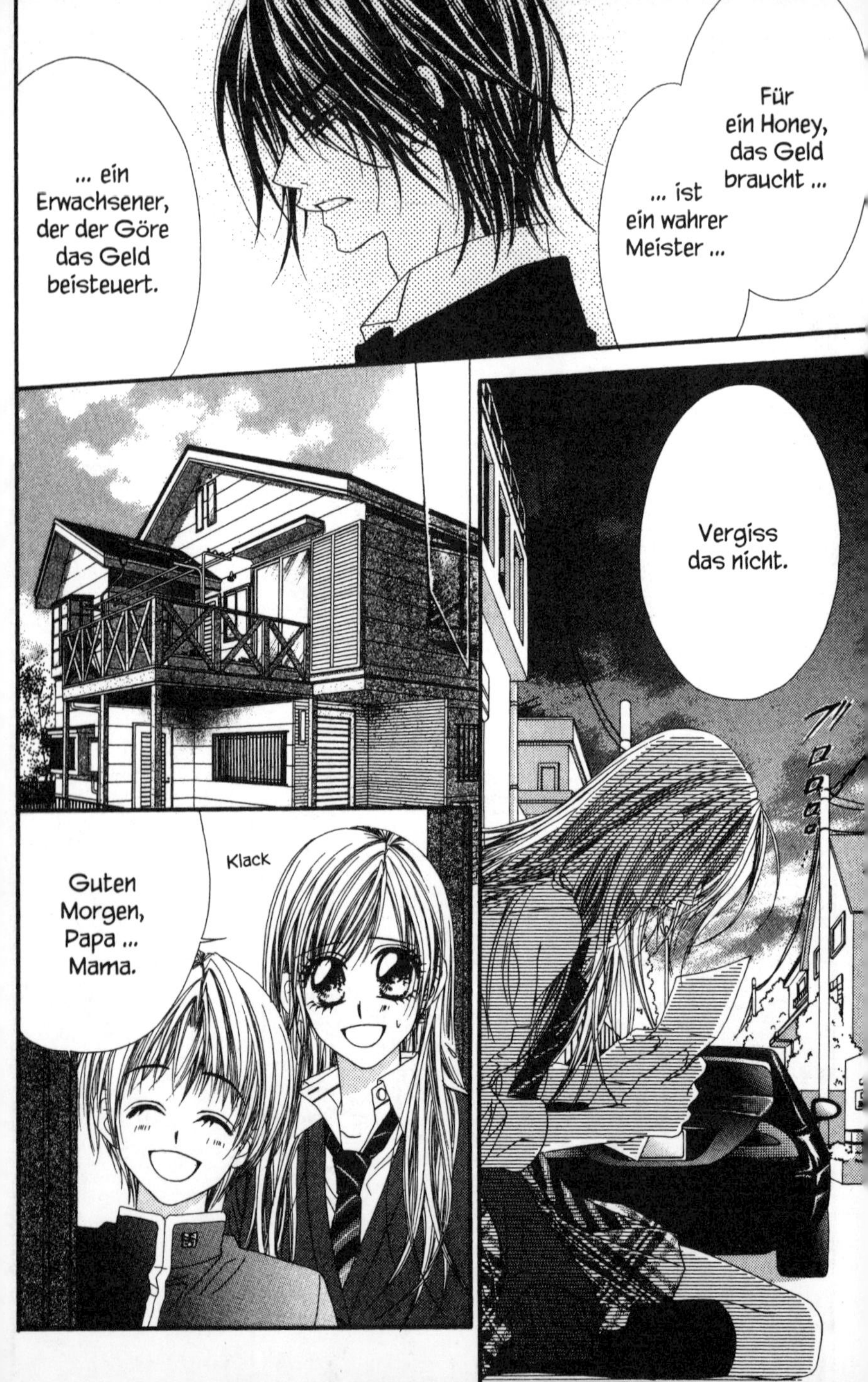
Für ein Honey, das Geld braucht ...
... ist ein wahrer Meister ...
... ein Erwachsener, der der Göre das Geld beisteuert.
Vergiss das nicht.
Klack
Guten Morgen, Papa ... Mama.

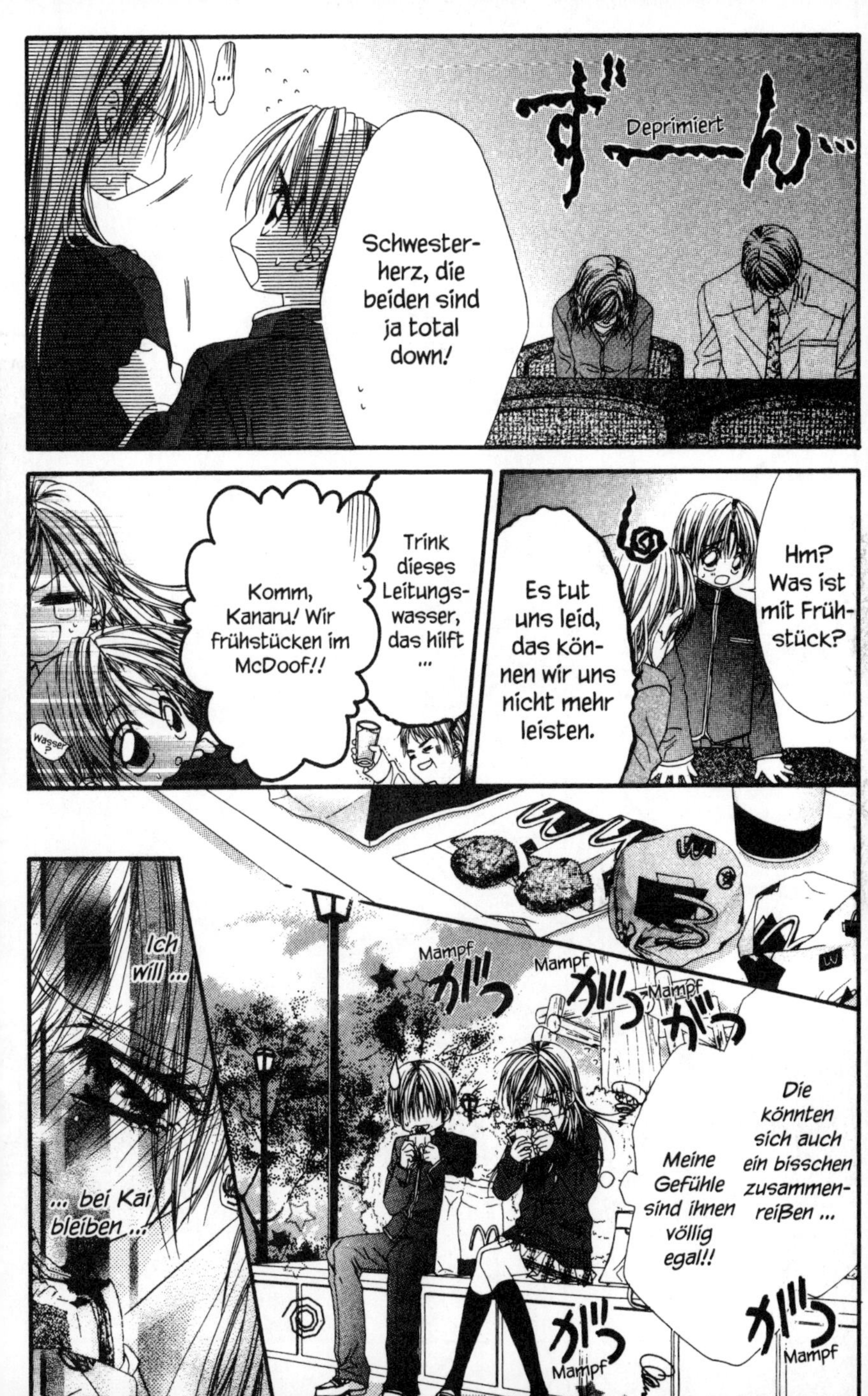

Deprimiert
...
Schwester-herz, die beiden sind ja total down!
Hm? Was ist mit Früh-stück?
Es tut uns leid, das kön-nen wir uns nicht mehr leisten.
Trink dieses Leitungs-wasser, das hilft ...
Komm, Kanaru! Wir frühstücken im McDoof!!
Wasser?
Mampf
Mampf
Mampf
Die könnten sich auch ein bisschen zusammen-reißen ...
Meine Gefühle sind ihnen völlig egal!!
Ich will ...
... bei Kai bleiben ...
Mampf
Mampf

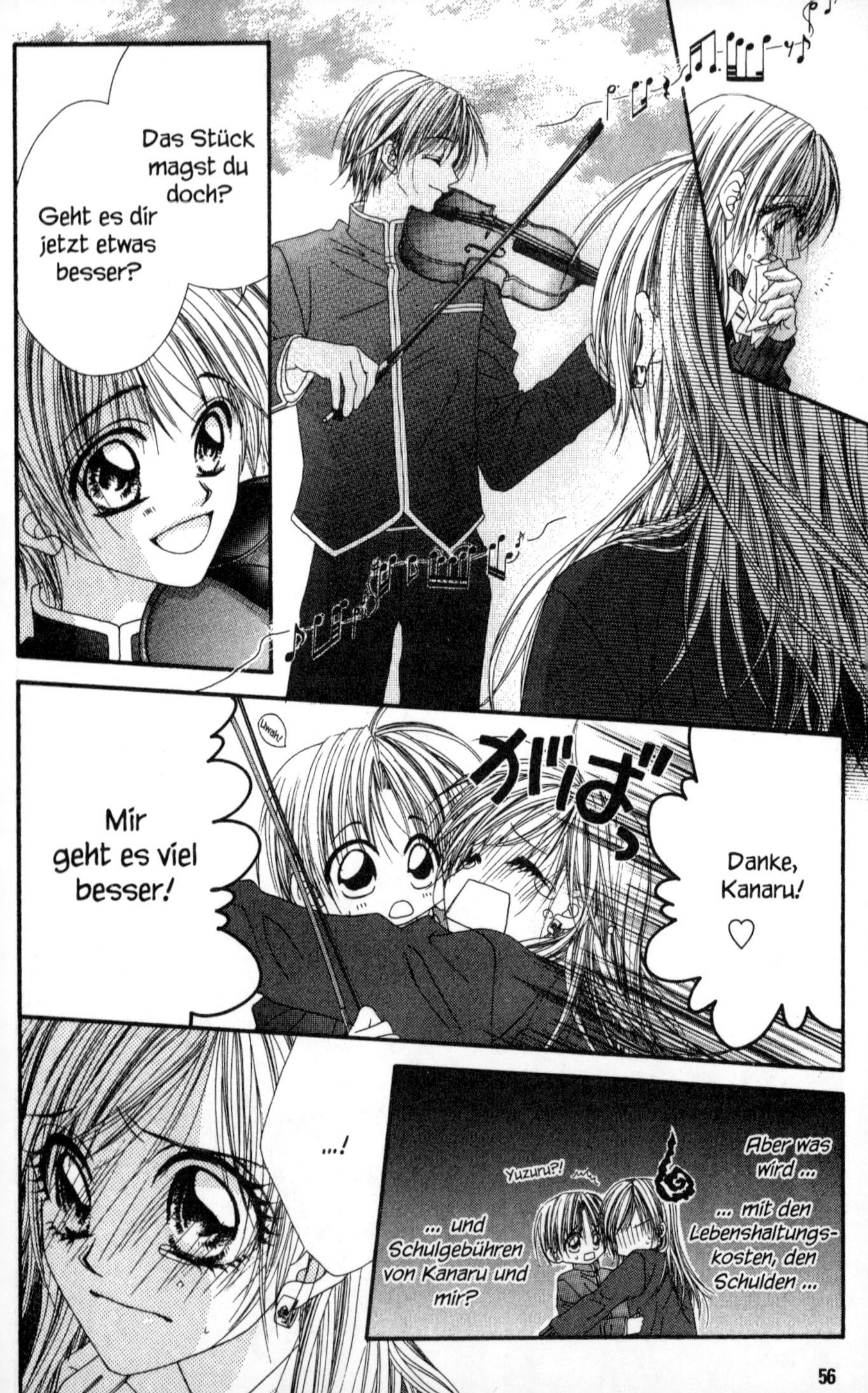
Das Stück magst du doch?
Geht es dir jetzt etwas besser?
Danke, Kanaru! ♡
Uwah!
Mir geht es viel besser!
Aber was wird ...
... mit den Lebenshaltungskosten, den Schulden ...
... und Schulgebühren von Kanaru und mir?
Yuzuru?!
...!

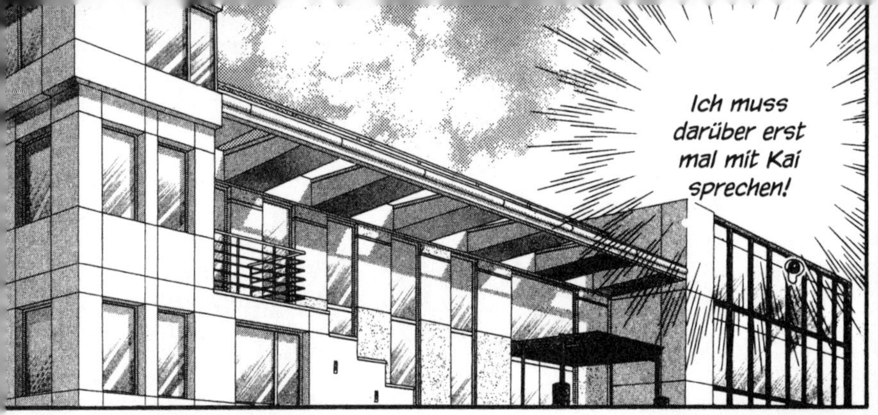
Ich muss darüber erst mal mit Kai sprechen!

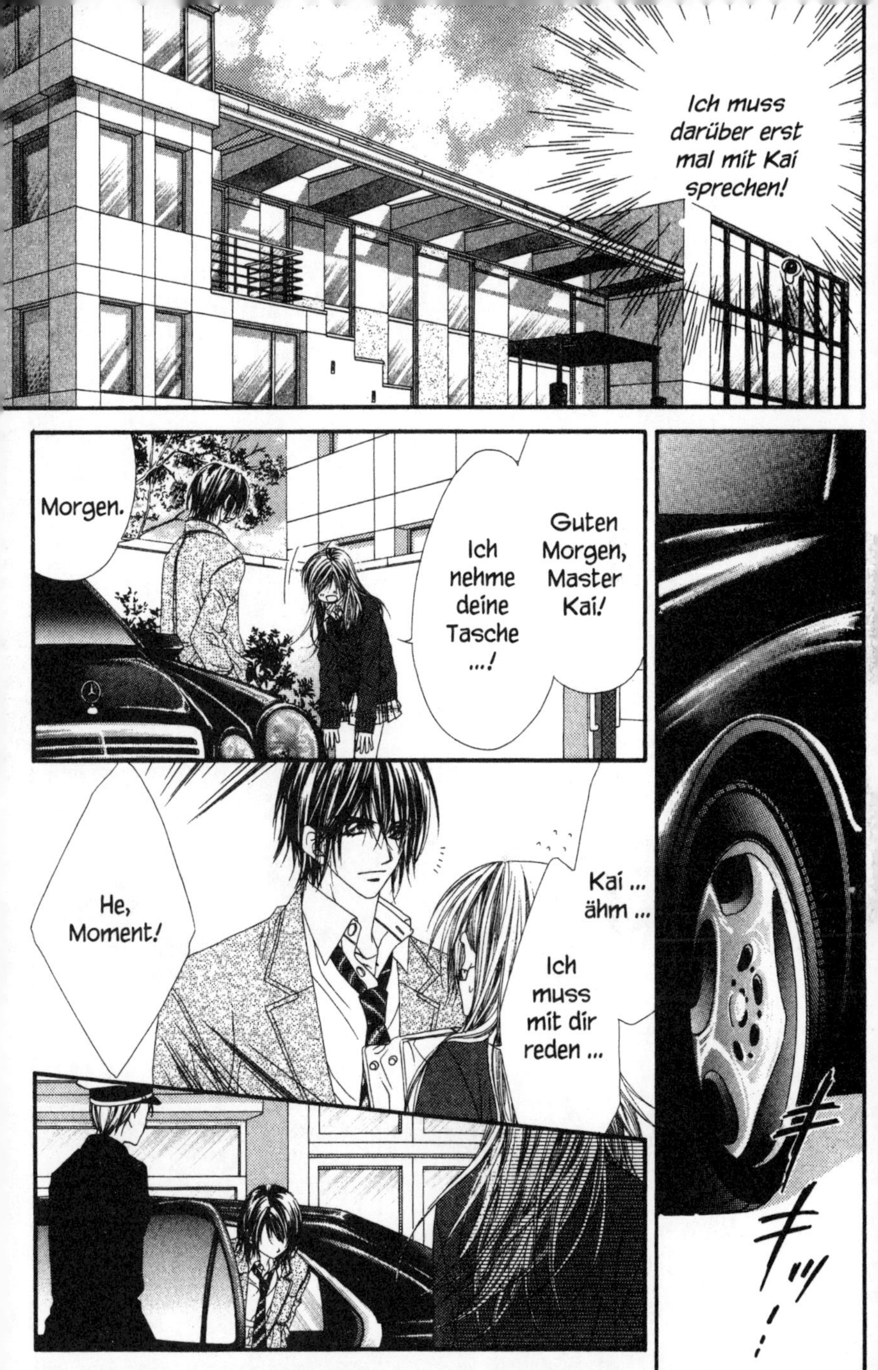

Guten Morgen, Master Kai!
Ich nehme deine Tasche ...!
Morgen.
Kai ... ähm ...
Ich muss mit dir reden ...
He, Moment!

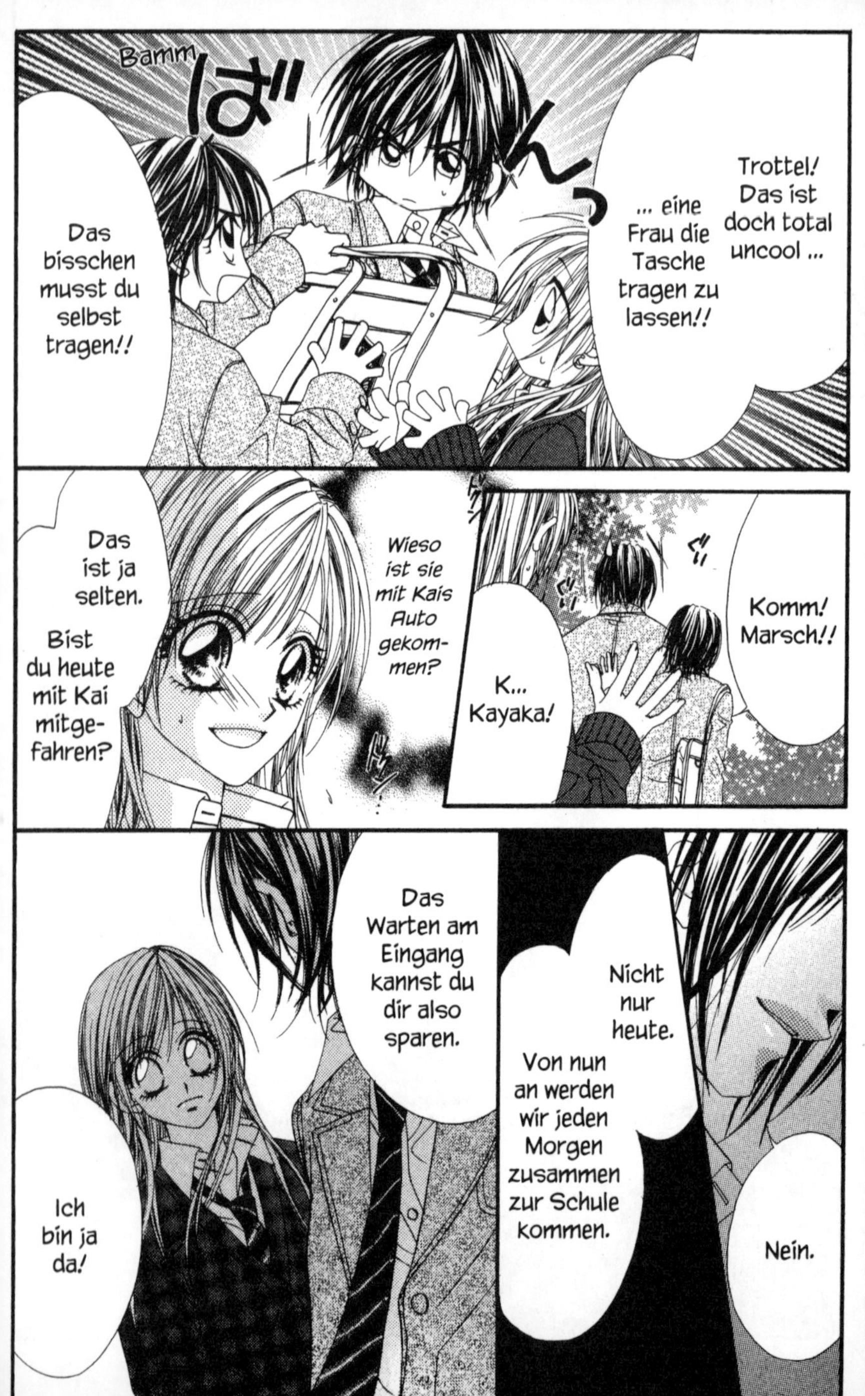
Bamm
ばん
Trottel! Das ist doch total uncool ...
... eine Frau die Tasche tragen zu lassen!!
Das bisschen musst du selbst tragen!!
Komm! Marsch!!
K... Kayaka!
Wieso ist sie mit Kais Auto gekommen?
Das ist ja selten.
Bist du heute mit Kai mitgefahren?
Nein.
Nicht nur heute.
Von nun an werden wir jeden Morgen zusammen zur Schule kommen.
Das Warten am Eingang kannst du dir also sparen.
Ich bin ja da!

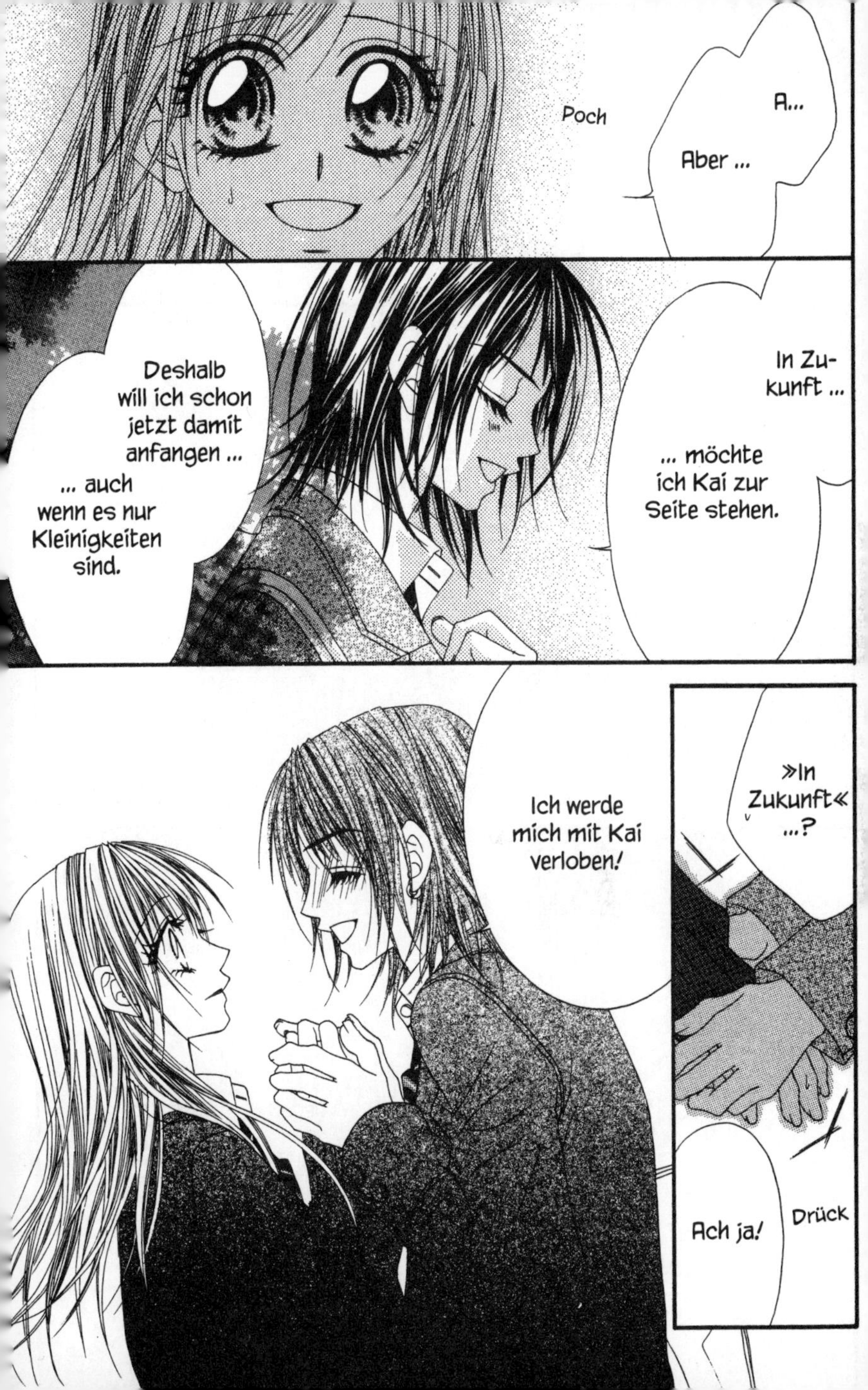
A...
Aber ...
Poch
In Zukunft ...
... möchte ich Kai zur Seite stehen.
Deshalb will ich schon jetzt damit anfangen ...
... auch wenn es nur Kleinigkeiten sind.
»In Zukunft« ...?
Ich werde mich mit Kai verloben!
Drück
Ach ja!

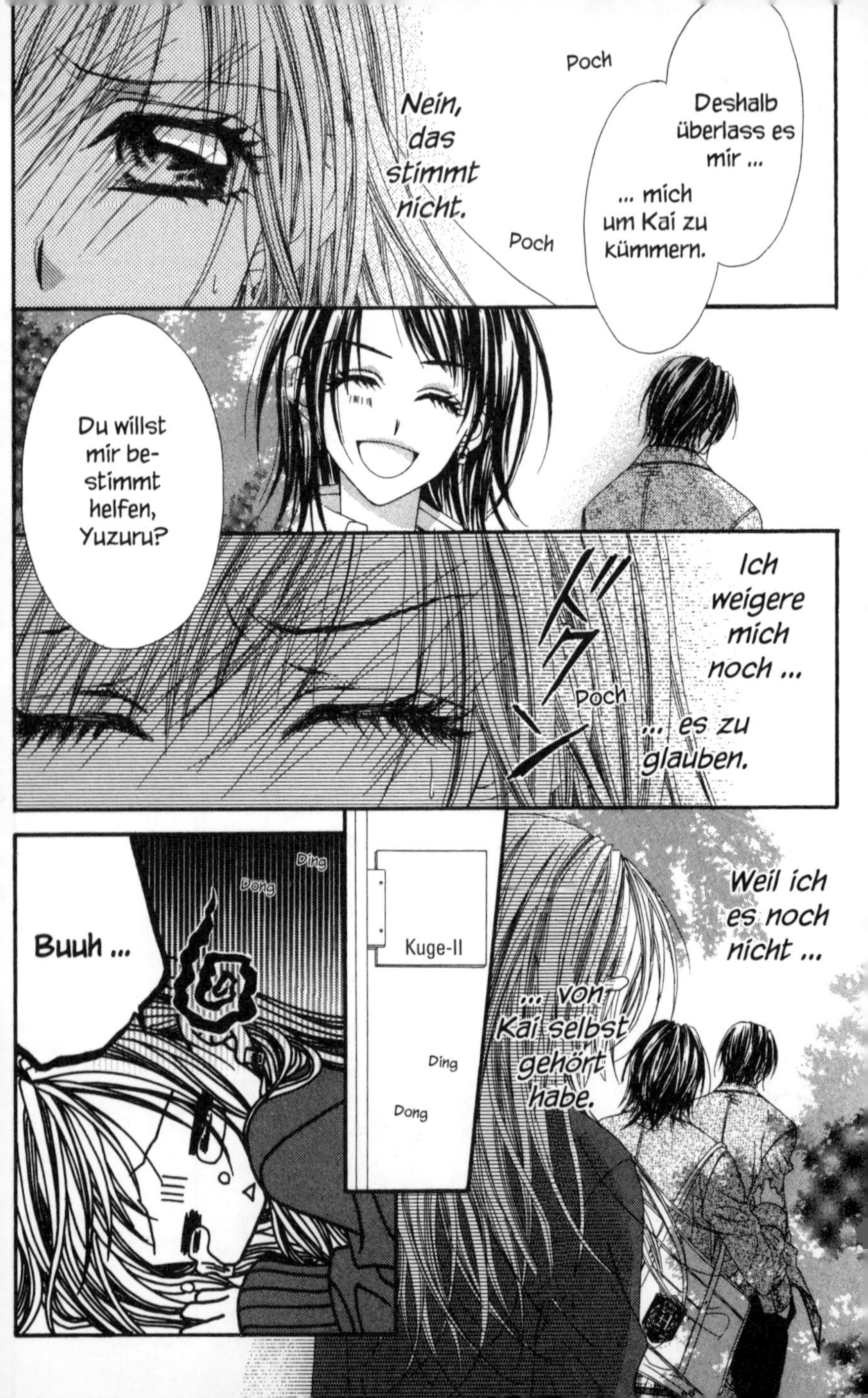
Deshalb überlass es mir ...
... mich um Kai zu kümmern.
Poch
Nein, das stimmt nicht.
Poch
Du willst mir bestimmt helfen, Yuzuru?
Ich weigere mich noch ...
Poch
... es zu glauben.
Weil ich es noch nicht ...
... von Kai selbst gehört habe.
Kuge-II
Ding
Dong
Ding
Dong
Buuh ...

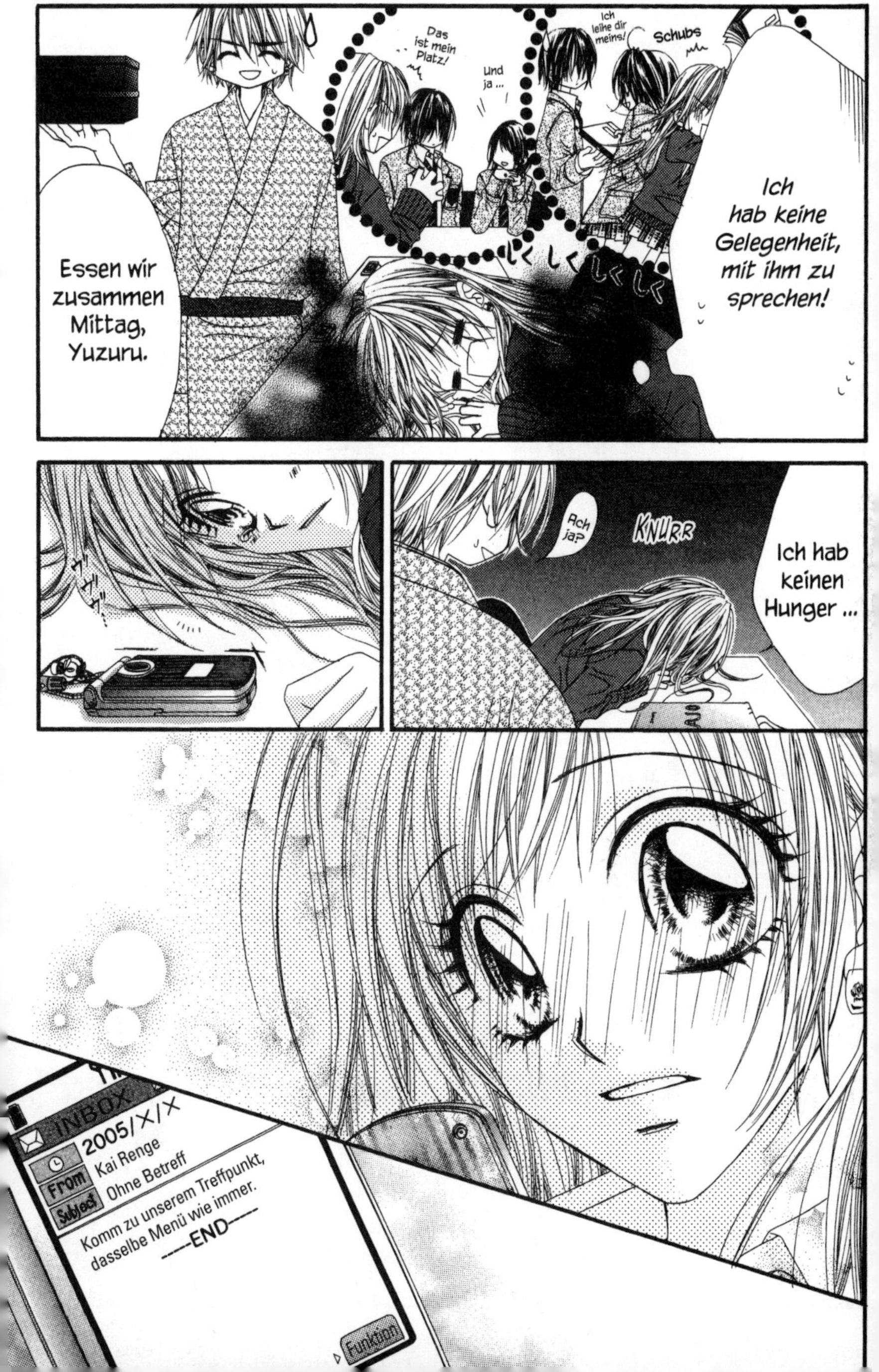

Ich hab keine Gelegenheit, mit ihm zu sprechen!

Schubs

Ich leihe dir meins!

Und ja ...

Das ist mein Platz!

しくしくしくしく

Essen wir zusammen Mittag, Yuzuru.

Ich hab keinen Hunger ...

KNURR

Ach ja?

INBOX
2005/X/X
Kai Renge
From
Ohne Betreff
Subject
Komm zu unserem Treffpunkt, dasselbe Menü wie immer.
----END----
Funktion

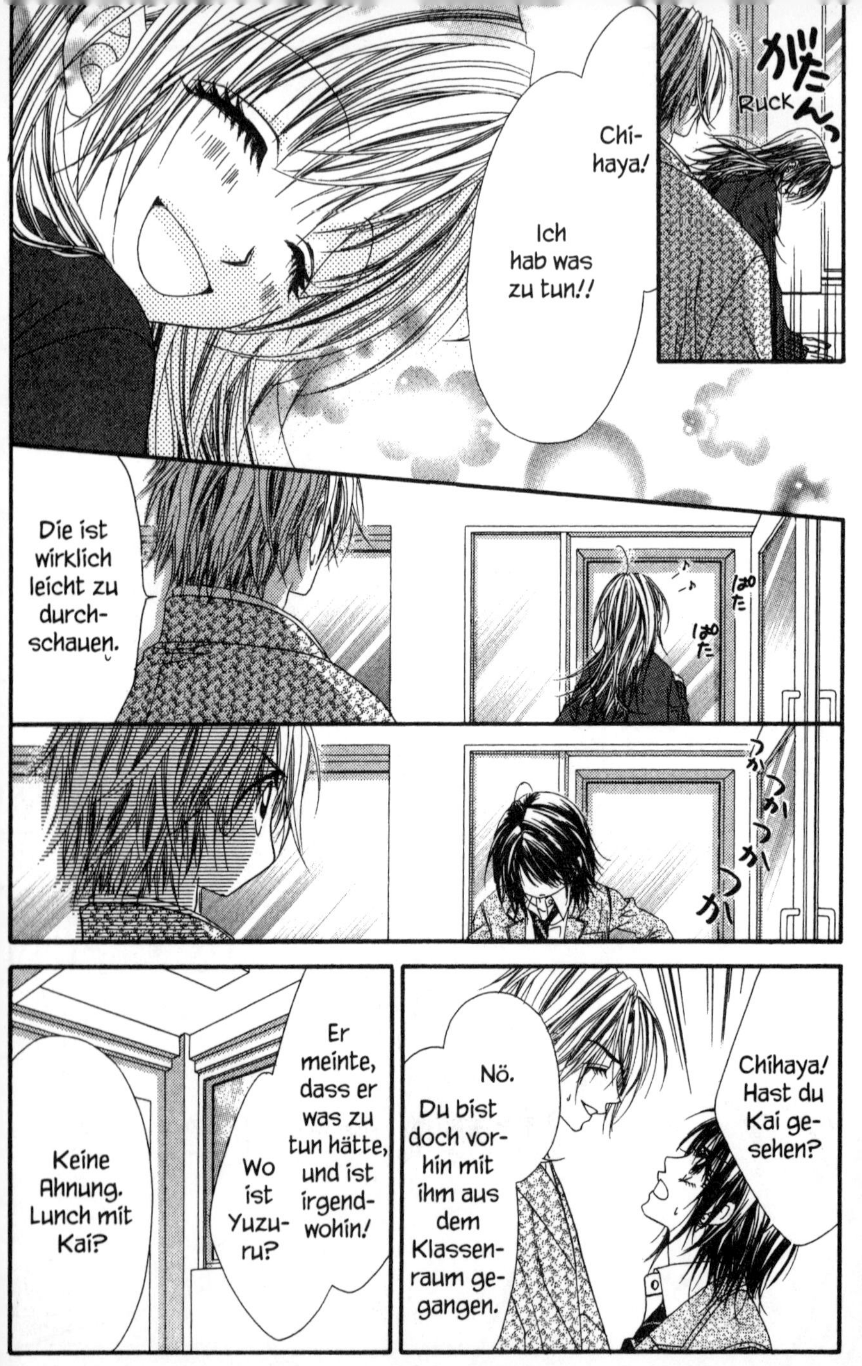
Ruck
Chi-haya!
Ich hab was zu tun!!
Die ist wirklich leicht zu durchschauen.
Chihaya! Hast du Kai gesehen?
Nö. Du bist doch vorhin mit ihm aus dem Klassenraum gegangen.
Er meinte, dass er was zu tun hätte, und ist irgendwohin!
Wo ist Yuzuru?
Keine Ahnung. Lunch mit Kai?

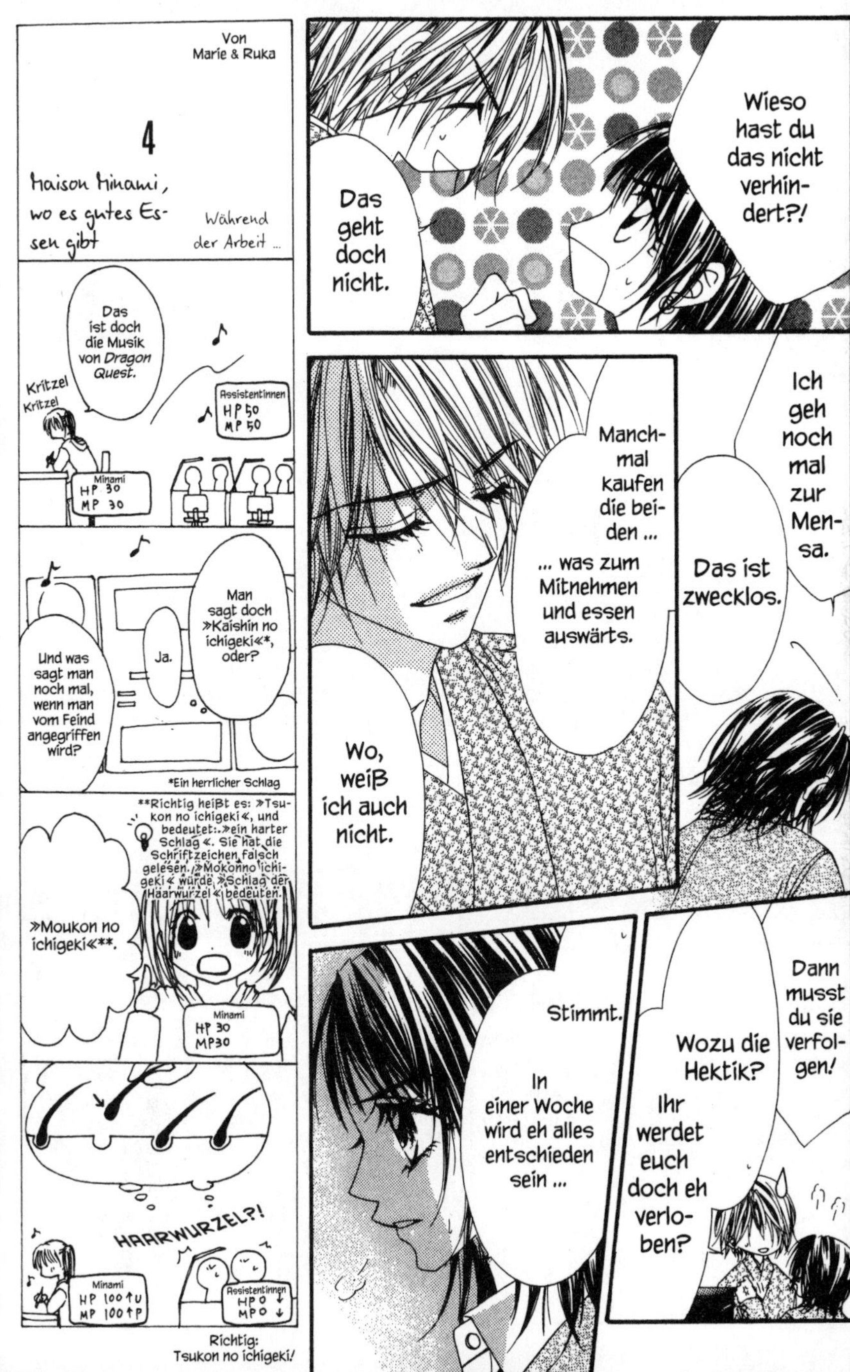

Von Marie & Ruka
4
Maison Minami, wo es gutes Essen gibt
Während der Arbeit ...
Das ist doch die Musik von Dragon Quest.
Kritzel Kritzel
Assistentinnen HP 50 MP 50
Minami HP 30 MP 30
Man sagt doch »Kaishin no ichigeki«*, oder?
Ja.
Und was sagt man noch mal, wenn man vom Feind angegriffen wird?
*Ein herrlicher Schlag
**Richtig heißt es: »Tsukon no ichigeki«, und bedeutet: »ein harter Schlag«. Sie hat die Schriftzeichen falsch gelesen. »Mokonno ichigeki« würde »Schlag der Haarwurzel« bedeuten.
»Moukon no ichigeki«**.
Minami HP 30 MP30
HAARWURZEL?!
Minami HP 100↑U MP 100↑P
Assistentinnen HP 0 ↓ MP 0 ↓
Richtig: Tsukon no ichigeki!
Wieso hast du das nicht verhindert?!
Das geht doch nicht.
Ich geh noch mal zur Mensa.
Das ist zwecklos.
Manchmal kaufen die beiden ...
... was zum Mitnehmen und essen auswärts.
Wo, weiß ich auch nicht.
Dann musst du sie verfolgen!
Wozu die Hektik?
Ihr werdet euch doch eh verloben?
Stimmt.
In einer Woche wird eh alles entschieden sein ...

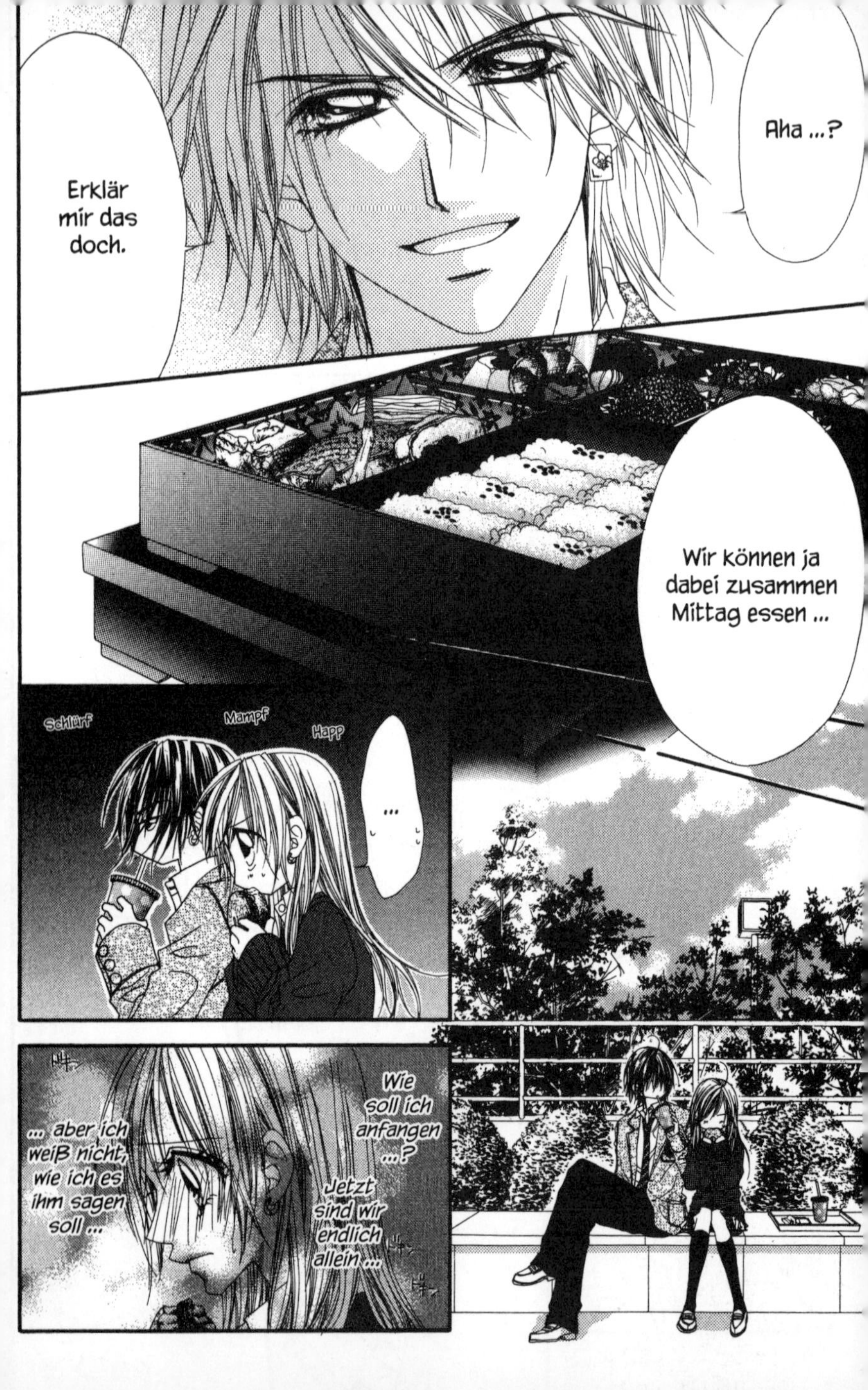
Aha ...?
Erklär mir das doch.
Wir können ja dabei zusammen Mittag essen ...
Happ
Mampf
Schlürf
...
Wie soll ich anfangen ...?
Jetzt sind wir endlich allein ...
... aber ich weiß nicht, wie ich es ihm sagen soll ...

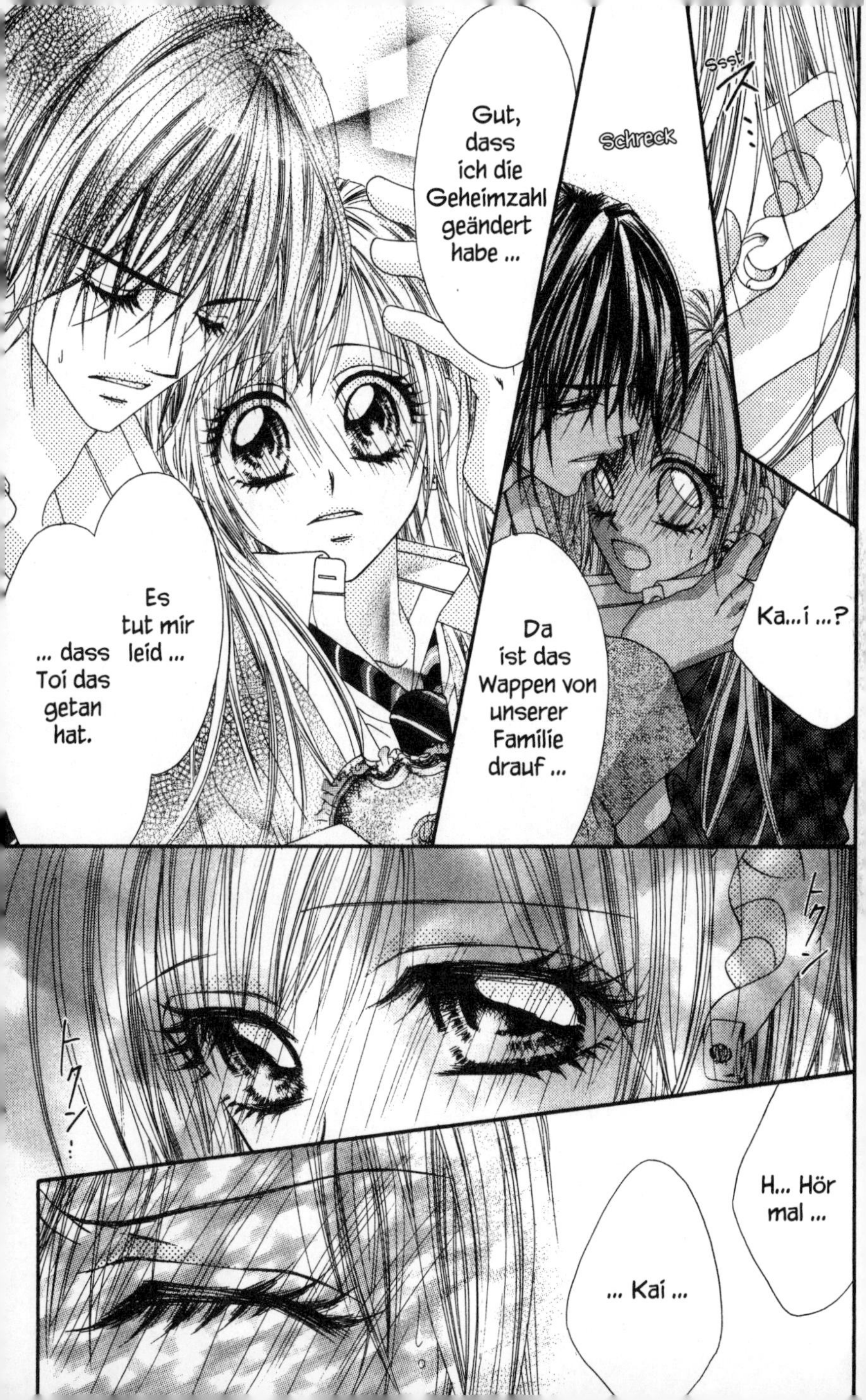

Ssst
Schreck
Gut, dass ich die Geheimzahl geändert habe ...
Ka...i ...?
Da ist das Wappen von unserer Familie drauf ...
Es tut mir leid ...
... dass Toi das getan hat.
H... Hör mal ...
... Kai ...

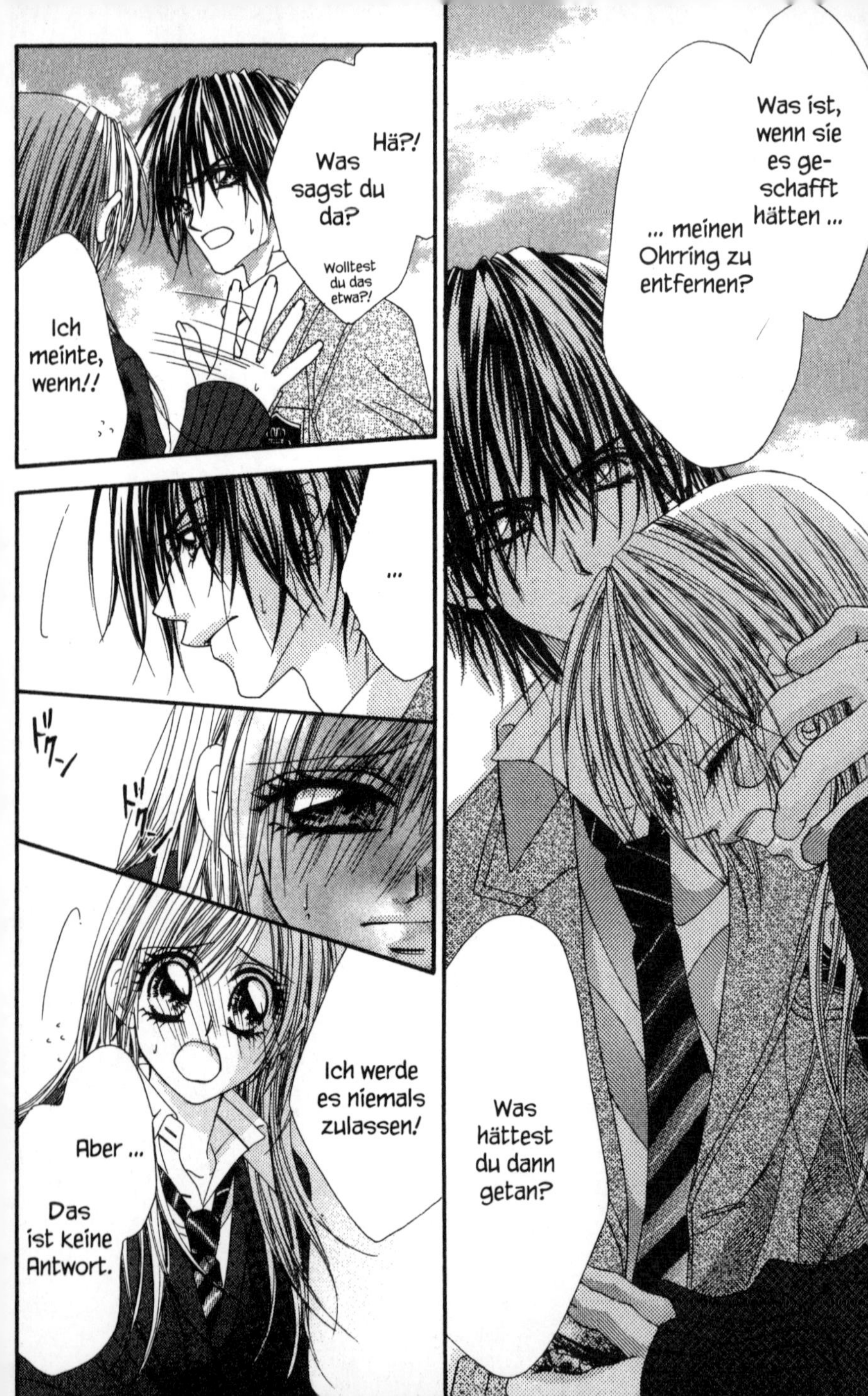
Was ist, wenn sie es geschafft hätten ...
... meinen Ohrring zu entfernen?
Was hättest du dann getan?
Hä?!
Was sagst du da?
Wolltest du das etwa?!
Ich meinte, wenn!!
...
Ich werde es niemals zulassen!
Aber ...
Das ist keine Antwort.

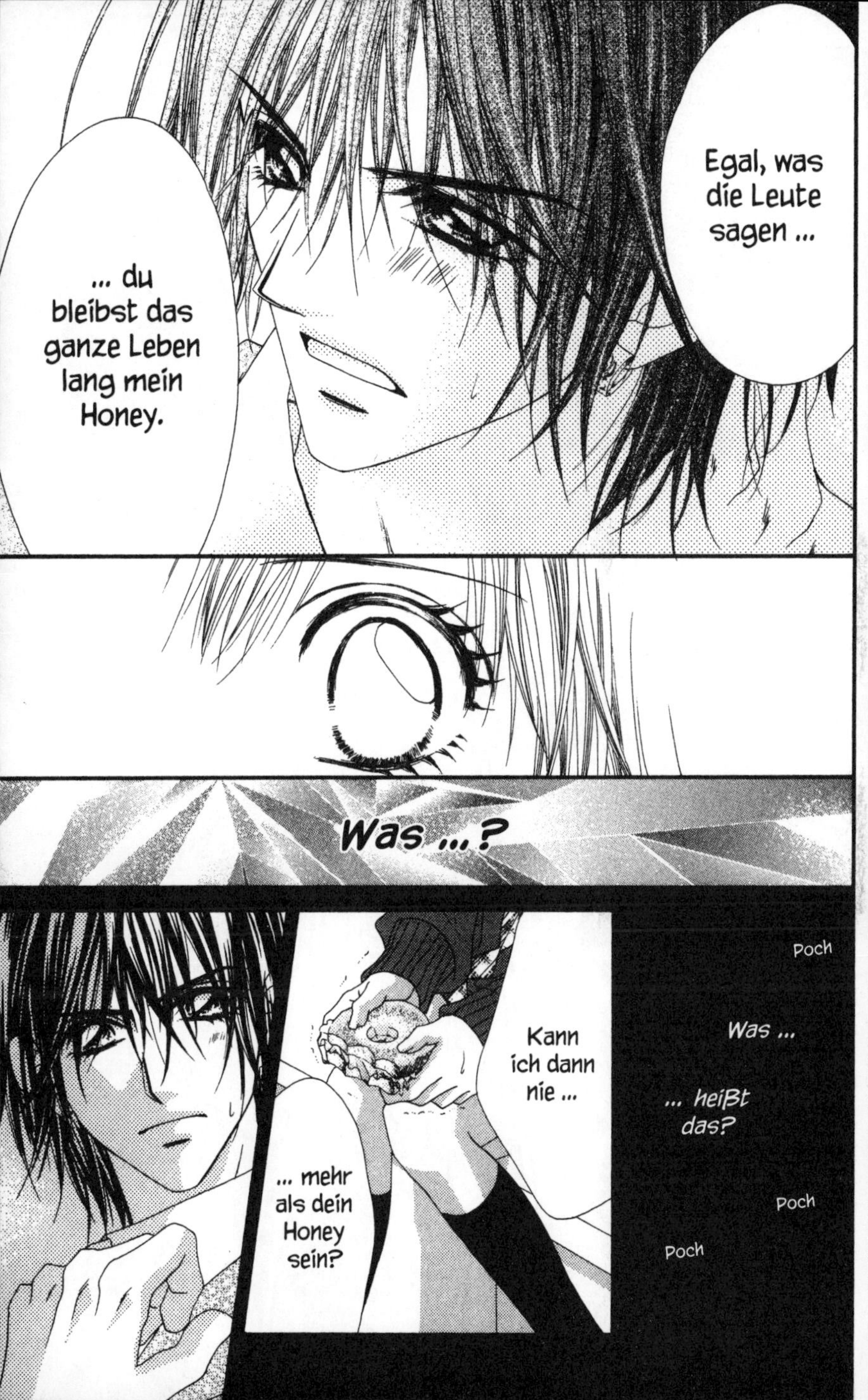

Egal, was die Leute sagen ...
... du bleibst das ganze Leben lang mein Honey.
Was ...?
Poch
Was ...
... heißt das?
Poch
Poch
Kann ich dann nie ...
... mehr als dein Honey sein?

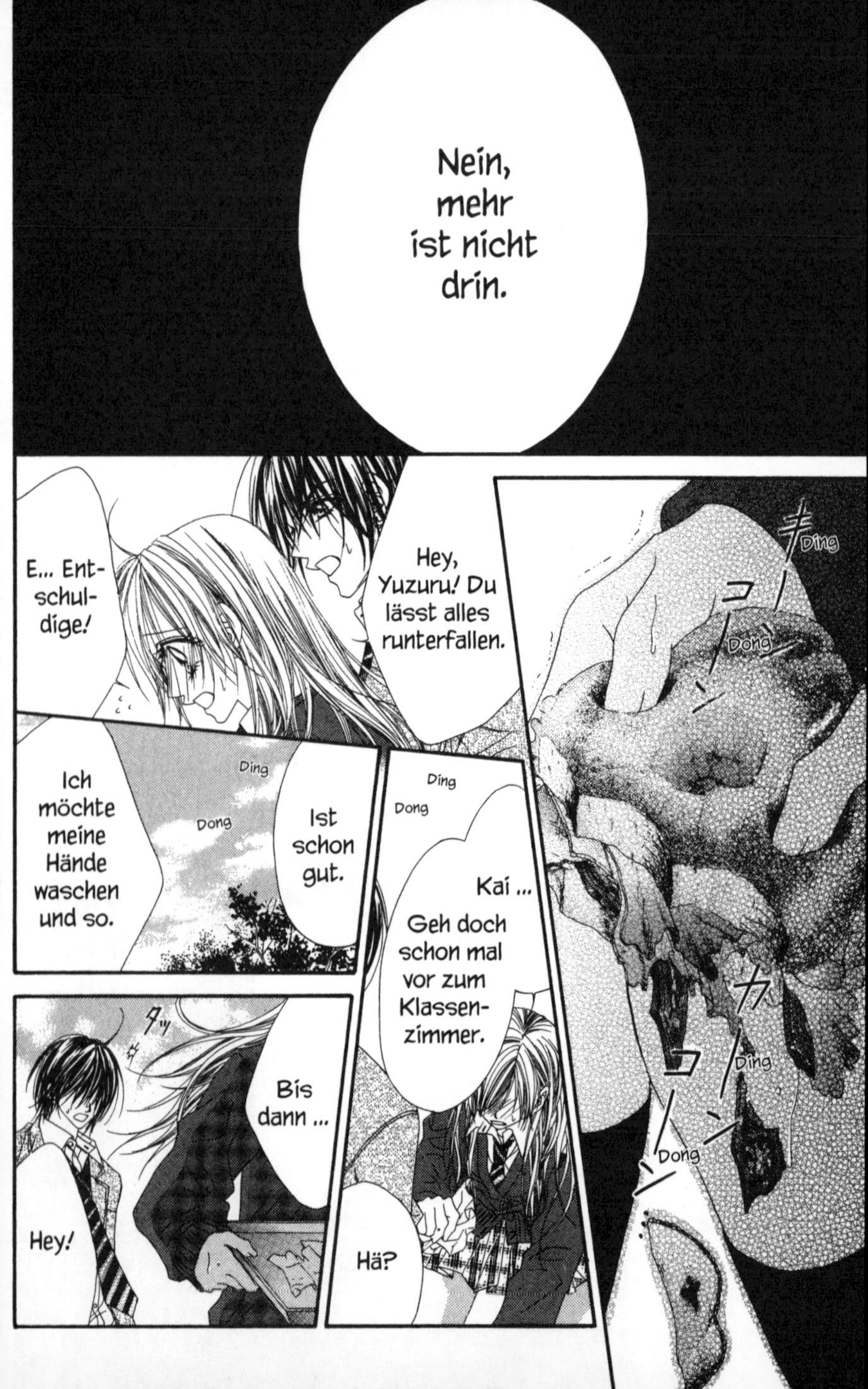
Nein, mehr ist nicht drin.
Ding
Dong
Hey, Yuzuru! Du lässt alles runterfallen.
E... Ent-schul-dige!
Ding
Dong
Kai ...
Geh doch schon mal vor zum Klassen-zimmer.
Ding
Dong
Ist schon gut.
Ich möchte meine Hände waschen und so.
Ding
Dong
Hä?
Bis dann ...
Hey!

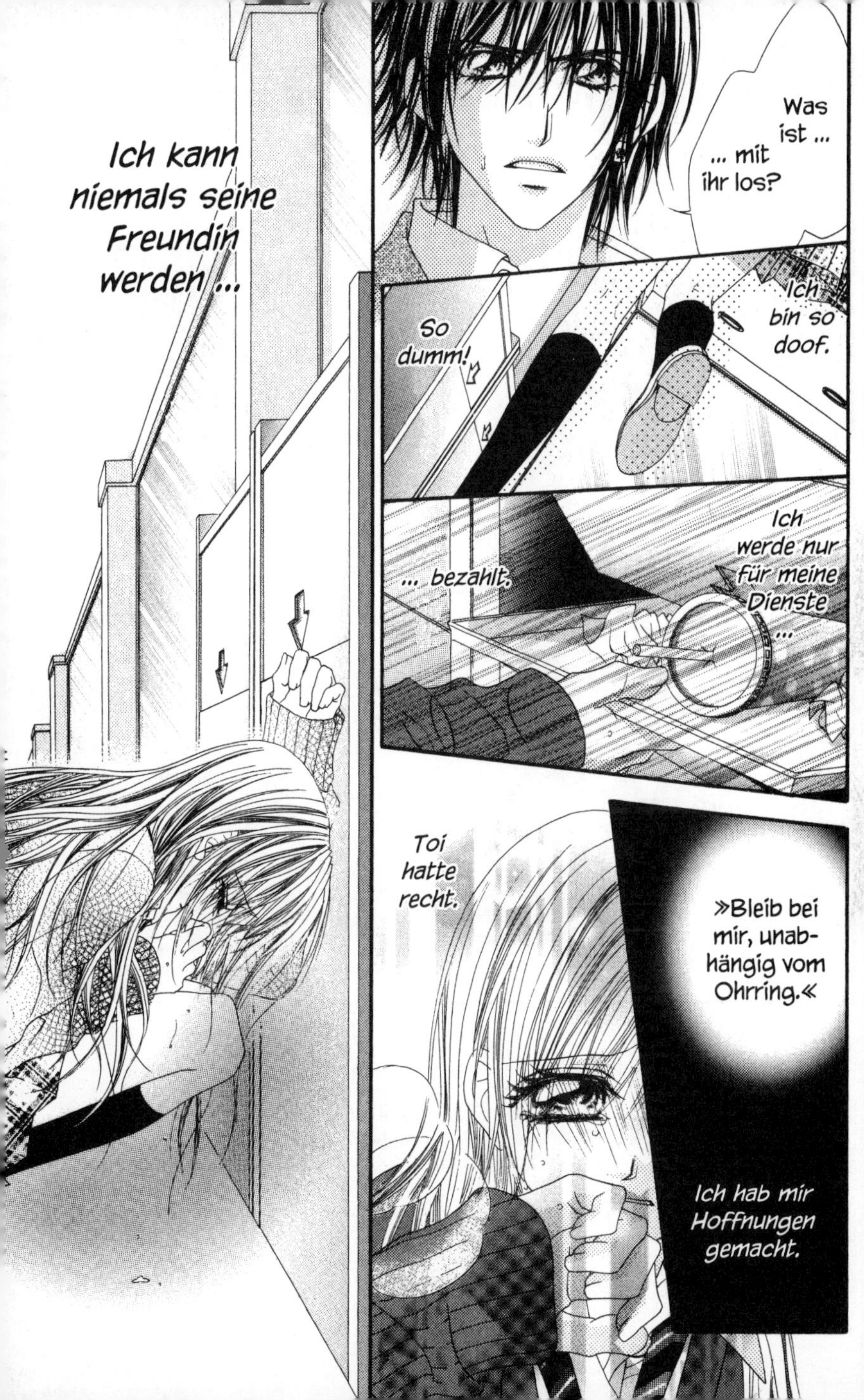
Was ist ...
... mit ihr los?
Ich bin so doof.
So dumm!
Ich werde nur für meine Dienste ...
... bezahlt.
Toi hatte recht.
»Bleib bei mir, unabhängig vom Ohrring.«
Ich hab mir Hoffnungen gemacht.
Ich kann niemals seine Freundin werden ...

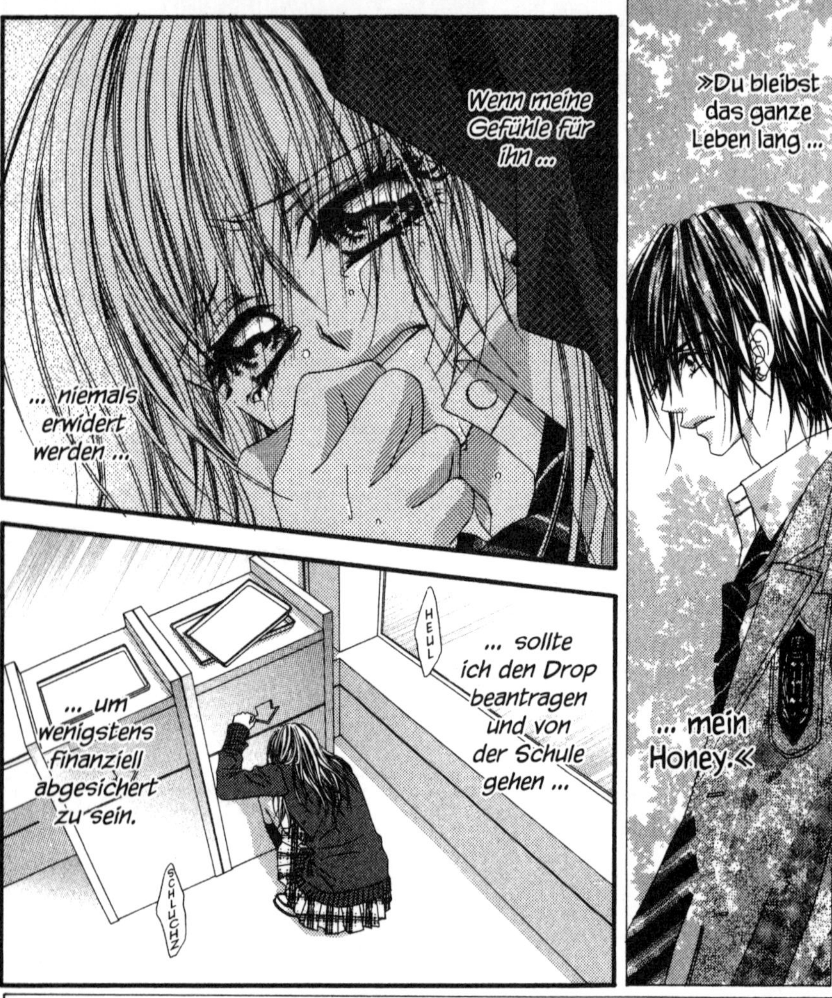

5 In der Folge zeigt sich Kayakas von Grund auf böser Charakter ... Nanu? So war das eigentlich nicht geplant, denn ich hatte ihre Rolle am Anfang ganz anders konzipiert. (Das kennen wir doch schon ...?) Die neue Kayaka ... gefällt mir ... weniger. (*gequält lächel*) Eigentlich wollte ich ein faires Liebesduell zwischen den beiden. Aber diese Art der Storyentwicklung ist typisch für meine Manga, könnte man sagen. Chihaya gefällt mir ja besser nach seiner Verwandlung. Und die Wiederkehr von »Love-Lovers-Park« war auch ungeplant! Wer hätte gedacht, dass Yuzuru das Engelskostüm von der Rezeption anziehen wird ... Viele Leser schrieben, dass das Kostüm süß sei, aber ich finde es grenzwertig. Irgendwie sieht es ... hohl aus? (*gequält lächel*) Wahrscheinlich nur wegen des mickrigen Engelsrings. (*lach*) Übrigens, im Hörspiel *Honey x Honey Drops II* plätschert die kitschige Hintergrundmusik dieses Themenparks dahin. Bitte hört es euch unbedingt an! Klingt ziemlich obskur.

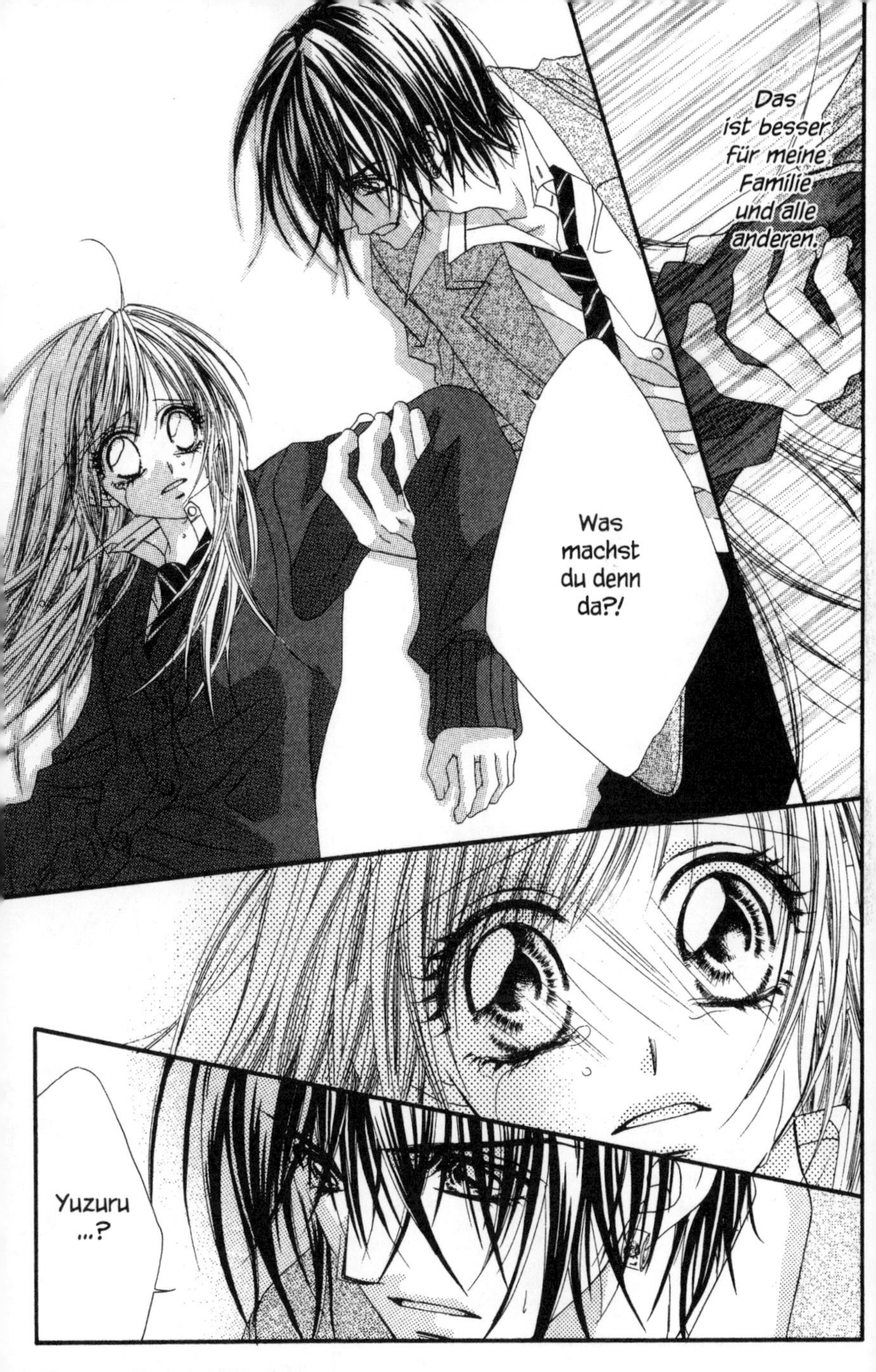
Das ist besser für meine Familie und alle anderen.
Was machst du denn da?!
Yuzuru ...?

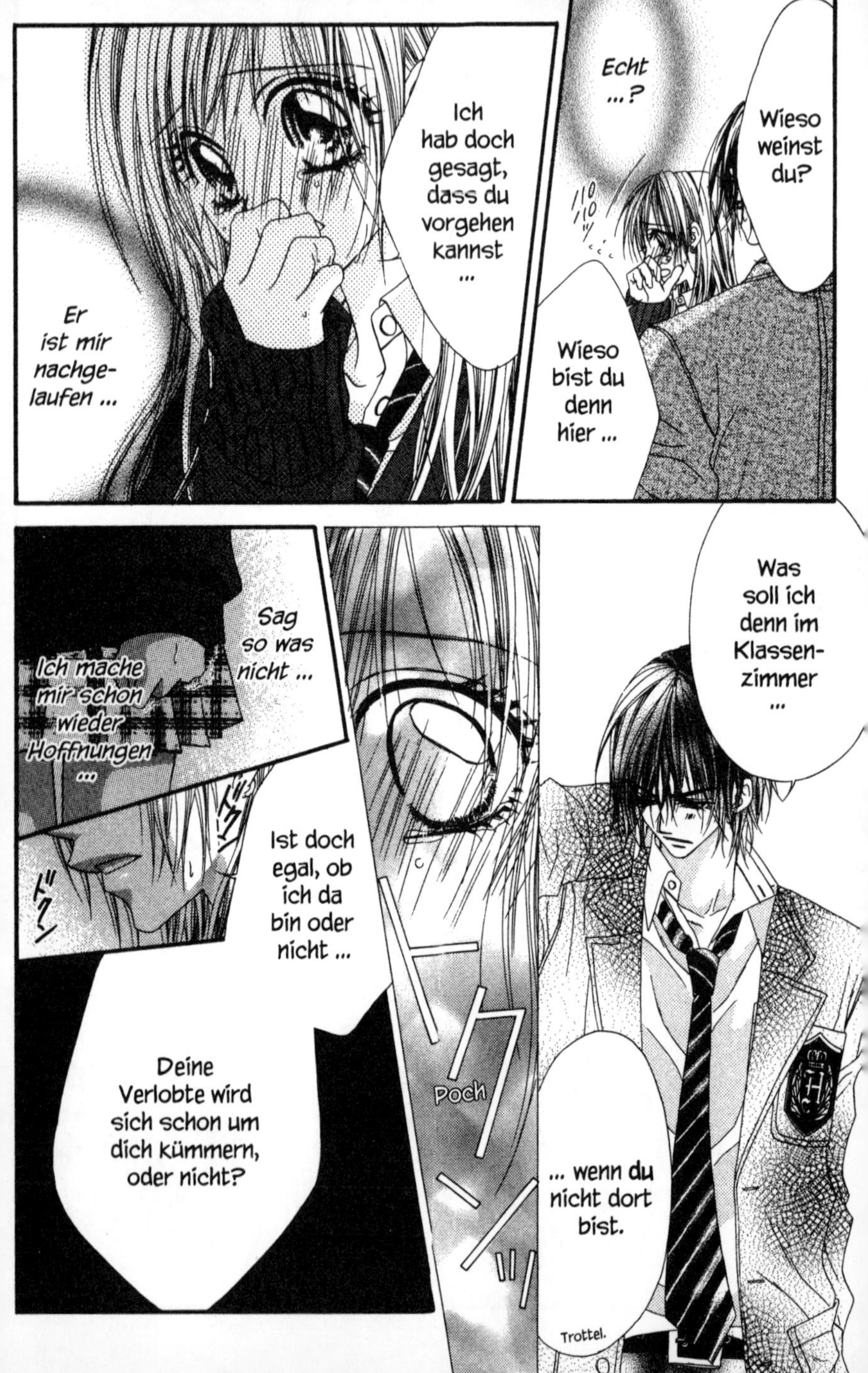

Echt ...?
Wieso weinst du?
Wieso bist du denn hier ...
Ich hab doch gesagt, dass du vorgehen kannst ...
Er ist mir nachgelaufen ...
Was soll ich denn im Klassenzimmer ...
... wenn du nicht dort bist.
Trottel.
Poch
Sag so was nicht ...
Ich mache mir schon wieder Hoffnungen ...
Ist doch egal, ob ich da bin oder nicht ...
Deine Verlobte wird sich schon um dich kümmern, oder nicht?

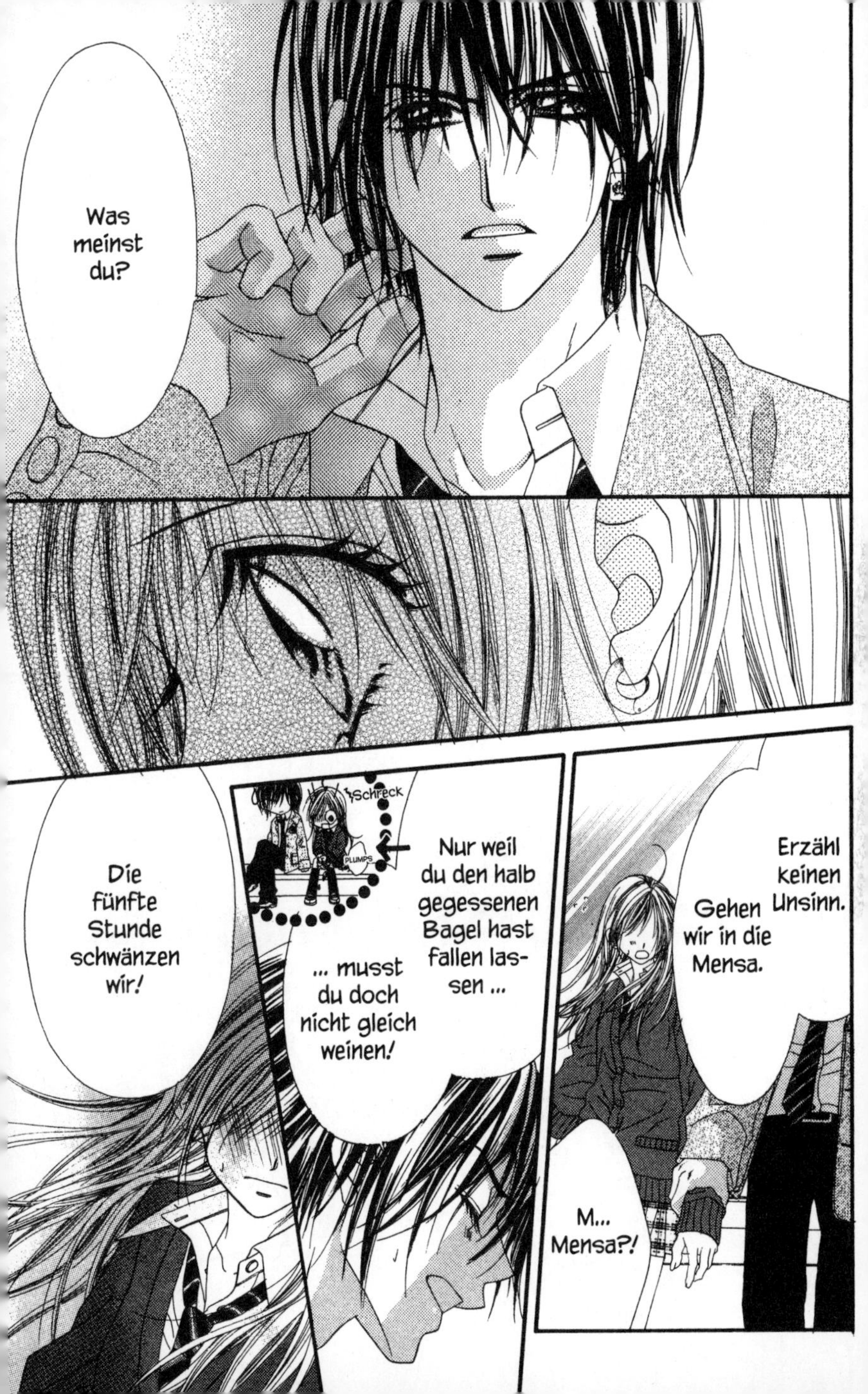
Was meinst du?
Erzähl keinen Unsinn.
Gehen wir in die Mensa.
M... Mensa?!
Schreck
PLUMPS
Nur weil du den halb gegessenen Bagel hast fallen lassen ...
... musst du doch nicht gleich weinen!
Die fünfte Stunde schwänzen wir!

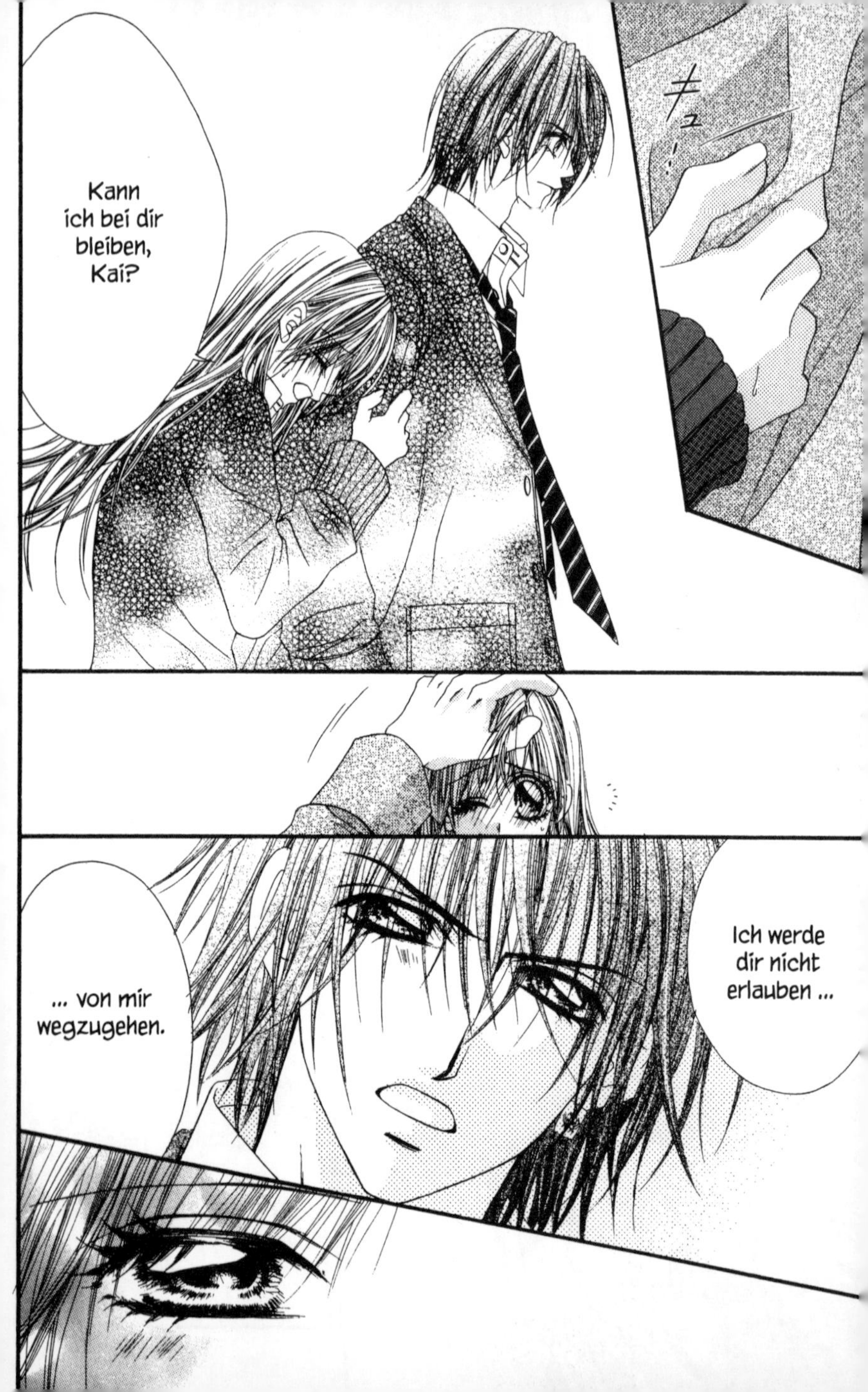
キュ
Kann ich bei dir bleiben, Kai?
Ich werde dir nicht erlauben ...
... von mir wegzugehen.

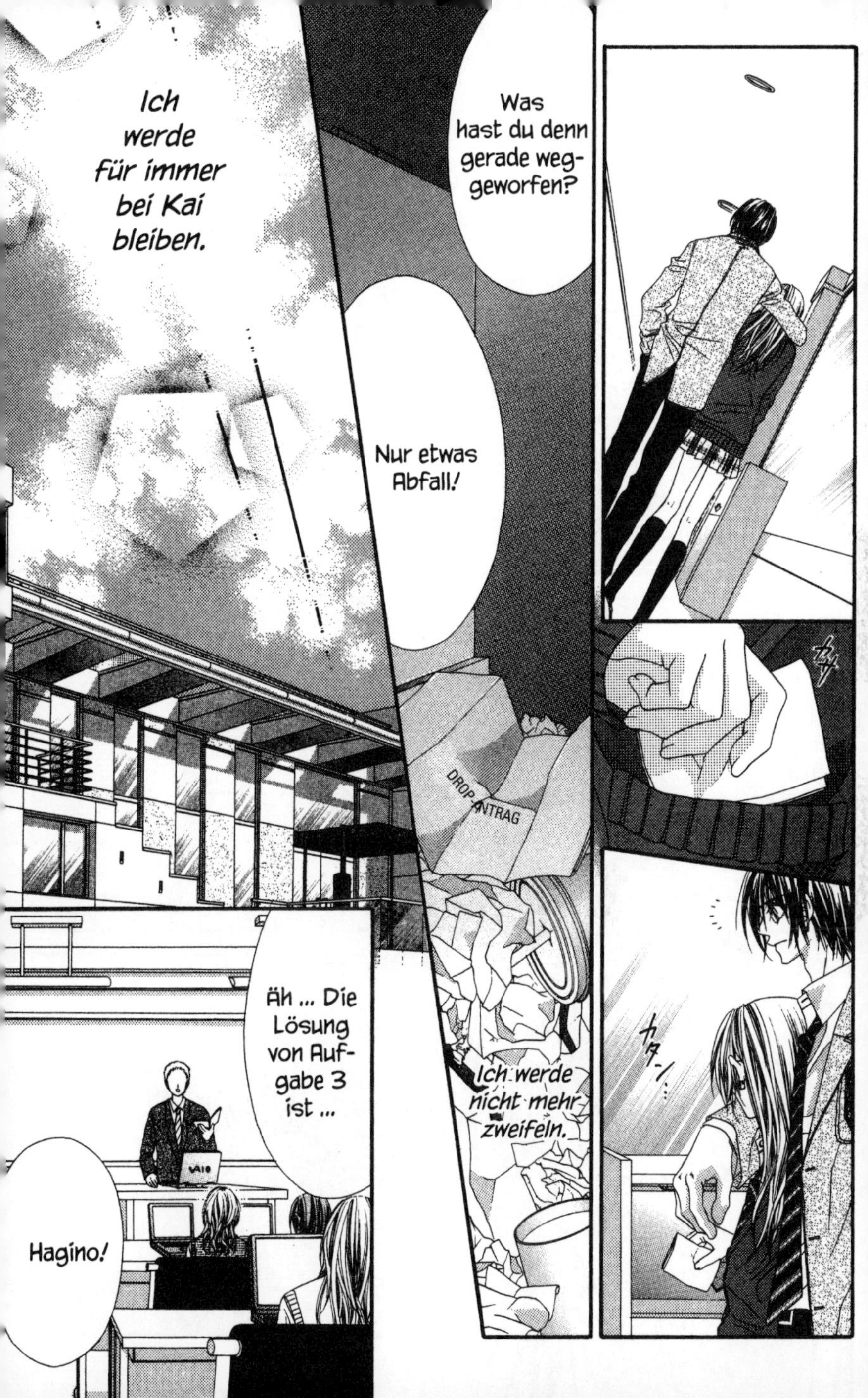

Was hast du denn gerade weggeworfen?
Nur etwas Abfall!
DROP ANTRAG
Ich werde nicht mehr zweifeln.
Ich werde für immer bei Kai bleiben.
Äh ... Die Lösung von Aufgabe 3 ist ...
Hagino!

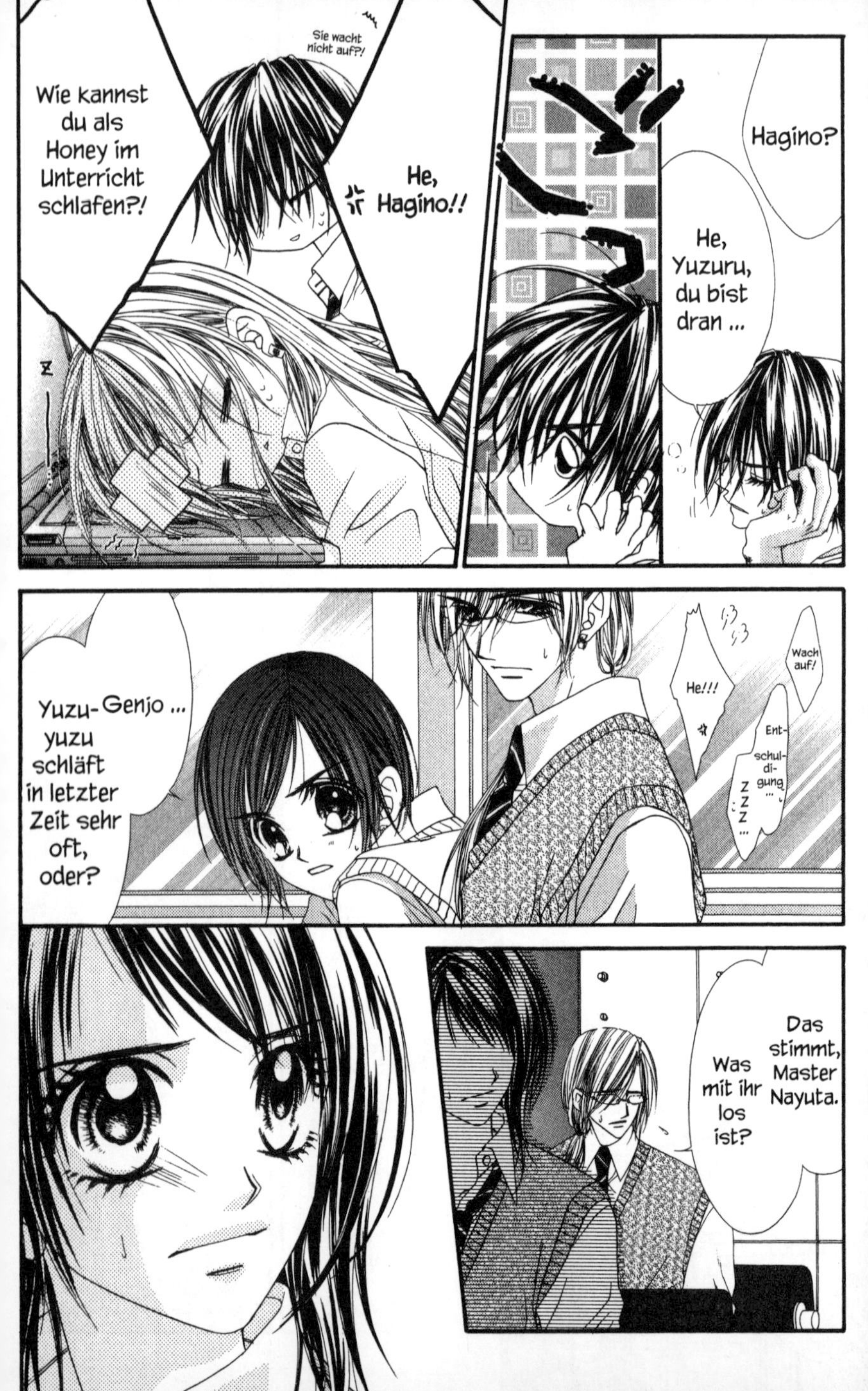

Hagino?
He, Yuzuru, du bist dran ...
He, Hagino!!
Sie wacht nicht auf?!
Wie kannst du als Honey im Unterricht schlafen?!
Z
Wach auf!
Ent-schul-di-gung ...
Z Z Z ...
He!!!
Yuzu-Genjo ... yuzu schläft in letzter Zeit sehr oft, oder?
Das stimmt, Master Nayuta.
Was mit ihr los ist?

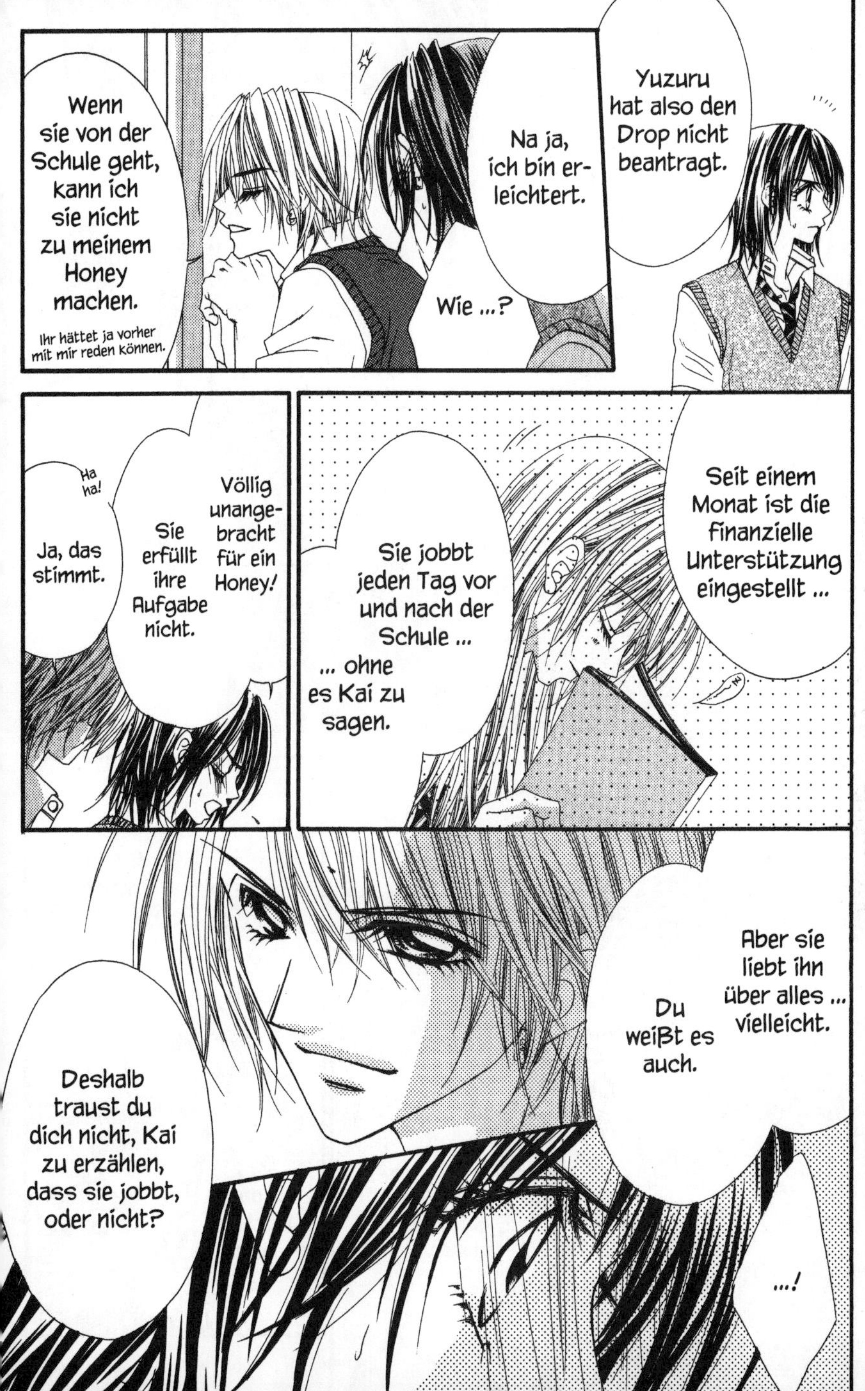
Yuzuru hat also den Drop nicht beantragt.
Na ja, ich bin erleichtert.
Wie ...?
Wenn sie von der Schule geht, kann ich sie nicht zu meinem Honey machen.
Ihr hättet ja vorher mit mir reden können.
Seit einem Monat ist die finanzielle Unterstützung eingestellt ...
Sie jobbt jeden Tag vor und nach der Schule ...
... ohne es Kai zu sagen.
Völlig unangebracht für ein Honey!
Sie erfüllt ihre Aufgabe nicht.
Ha ha!
Ja, das stimmt.
Aber sie liebt ihn über alles ... vielleicht.
Du weißt es auch.
Deshalb traust du dich nicht, Kai zu erzählen, dass sie jobbt, oder nicht?
...!

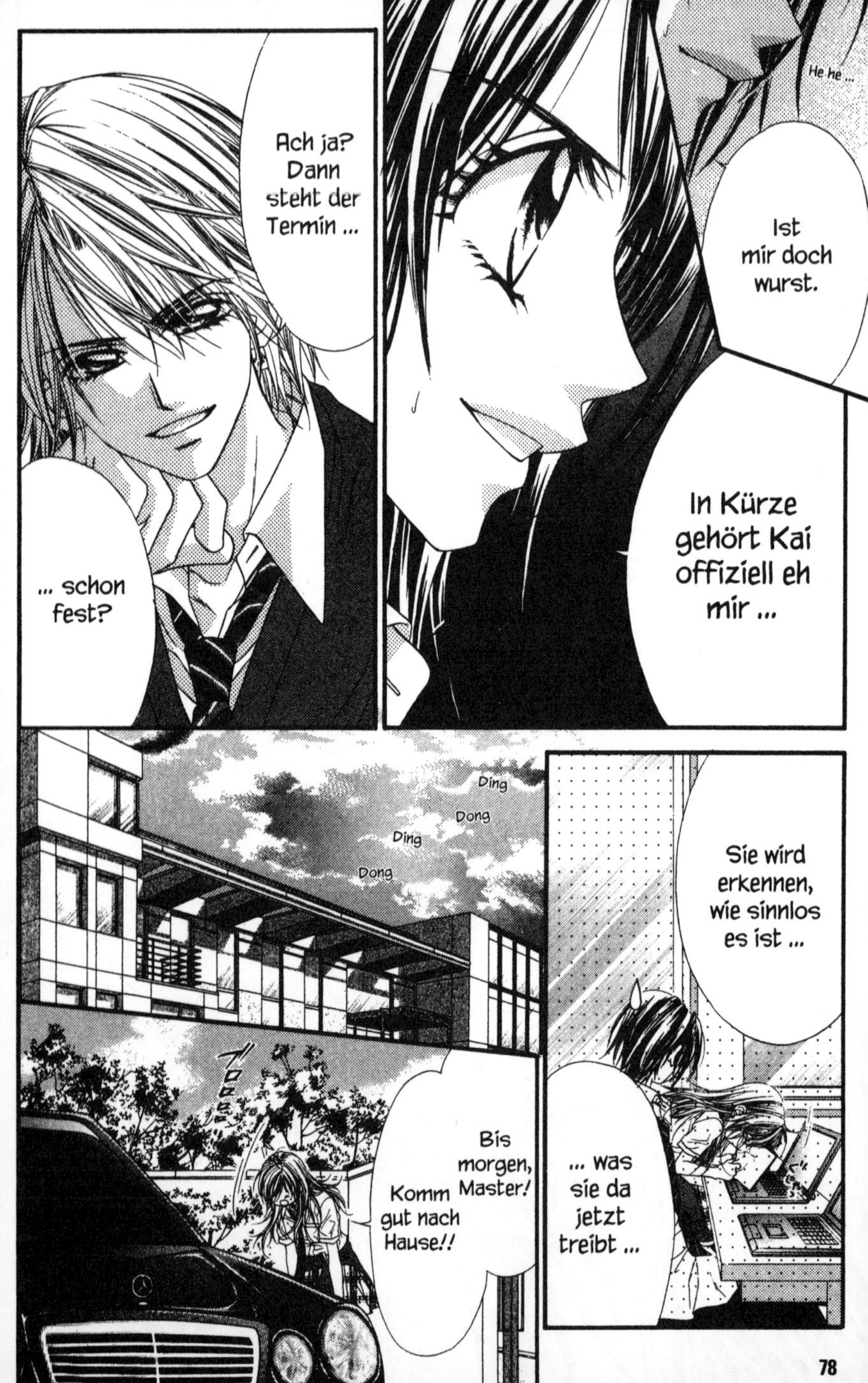
He he ...
Ist mir doch wurst.
In Kürze gehört Kai offiziell eh mir ...
Ach ja? Dann steht der Termin ...
... schon fest?
Sie wird erkennen, wie sinnlos es ist ...
... was sie da jetzt treibt ...
Ding
Dong
Ding
Dong
Bis morgen, Master!
Komm gut nach Hause!!

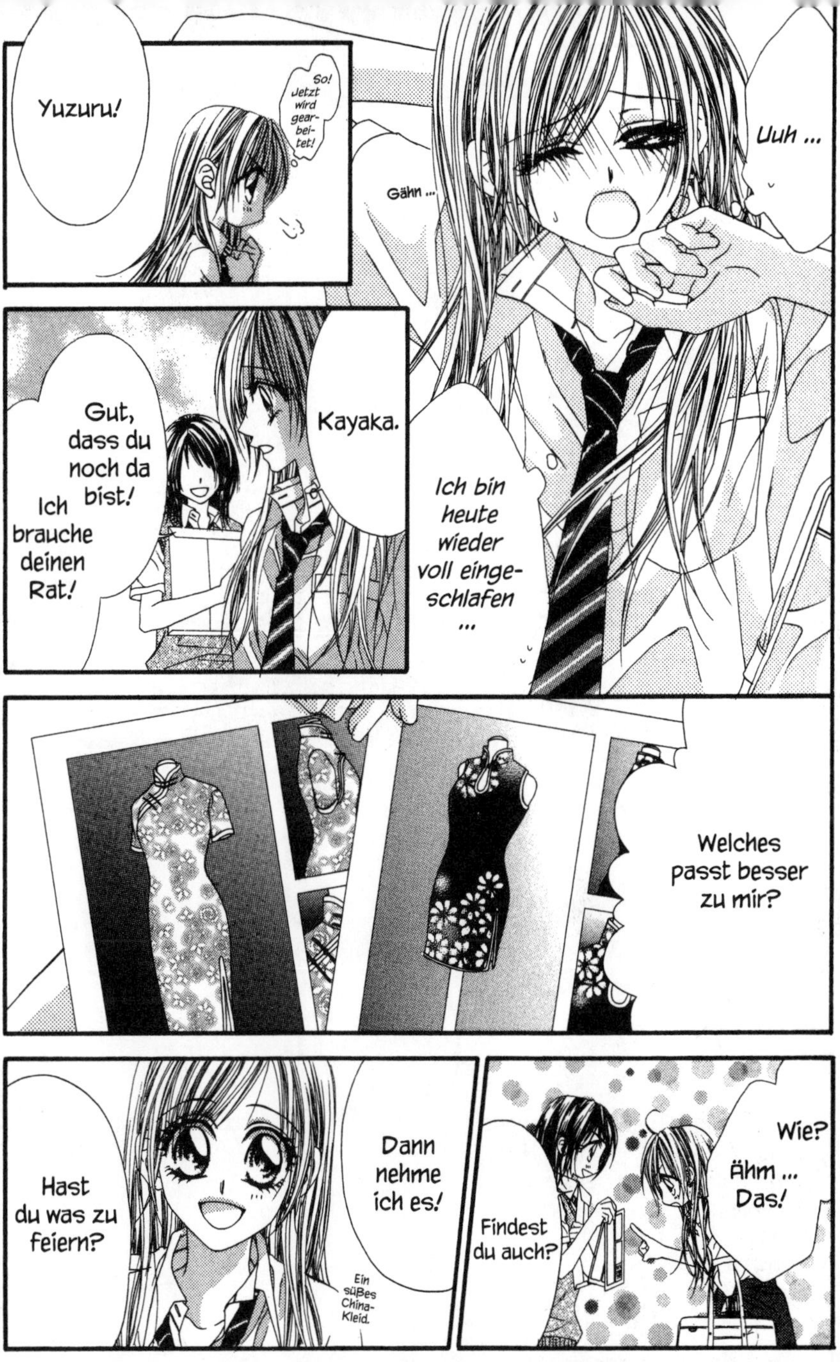

Uuh ...

Gähn ...

Ich bin heute wieder voll eingeschlafen ...

So! Jetzt wird gearbeitet!

Yuzuru!

Kayaka.

Gut, dass du noch da bist! Ich brauche deinen Rat!

Welches passt besser zu mir?

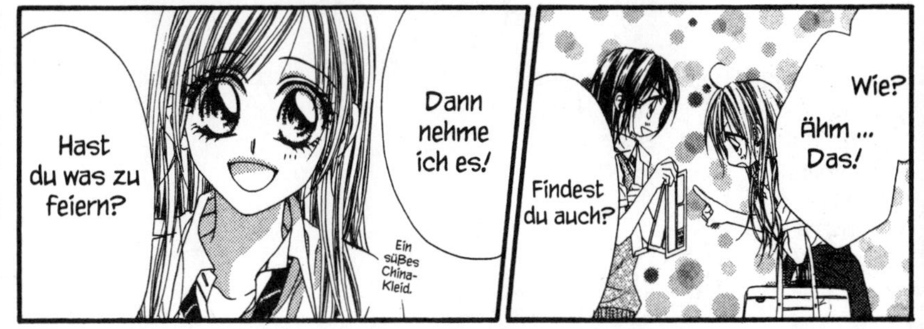

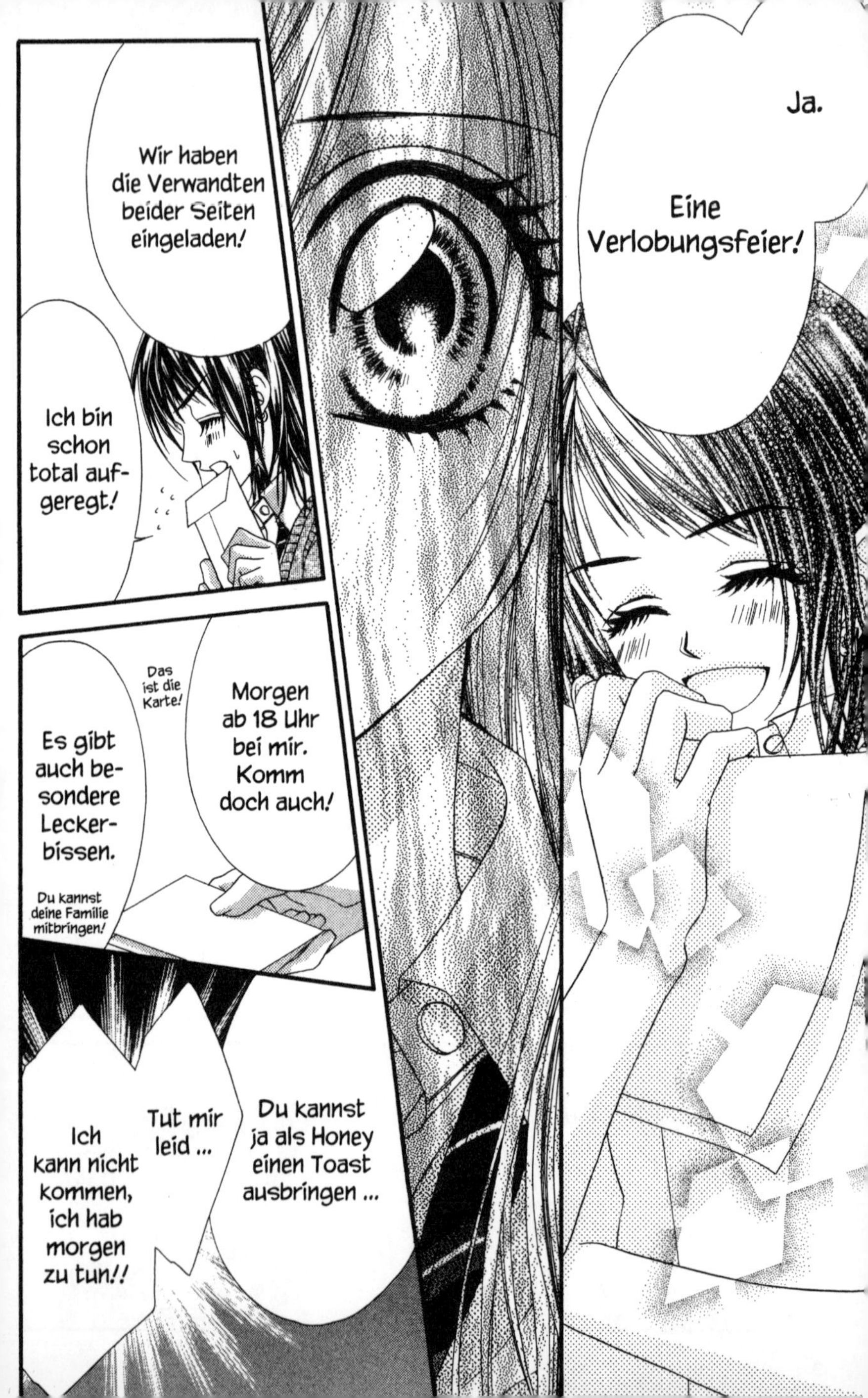
Ja.
Eine Verlobungsfeier!
Wir haben die Verwandten beider Seiten eingeladen!
Ich bin schon total aufgeregt!
Morgen ab 18 Uhr bei mir. Komm doch auch!
Das ist die Karte!
Es gibt auch besondere Leckerbissen.
Du kannst deine Familie mitbringen!
Du kannst ja als Honey einen Toast ausbringen ...
Tut mir leid ...
Ich kann nicht kommen, ich hab morgen zu tun!!

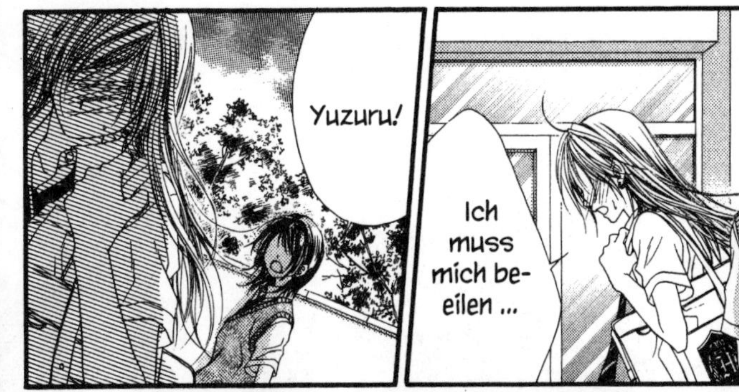

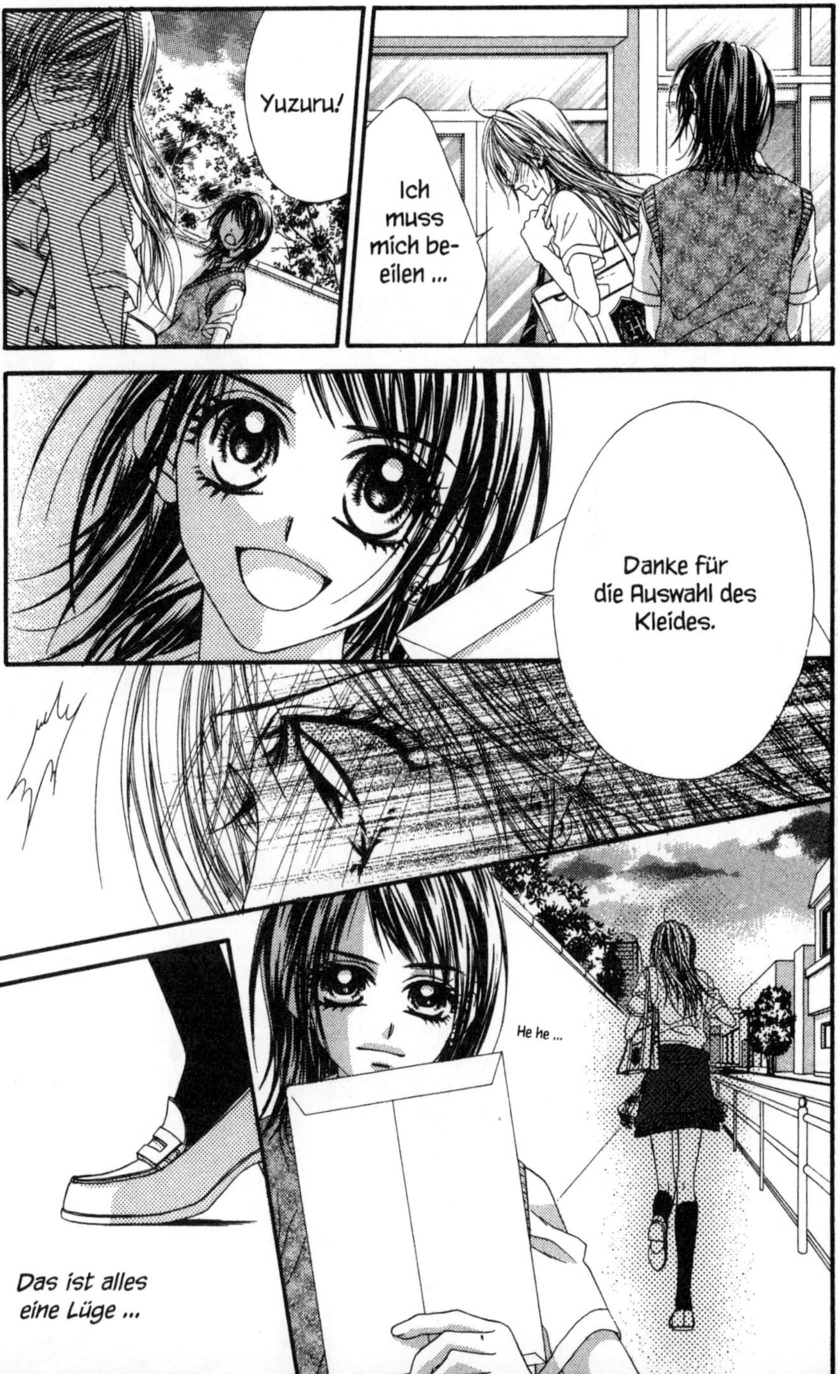

Danke für die Auswahl des Kleides.

He he ...

Das ist alles eine Lüge ...

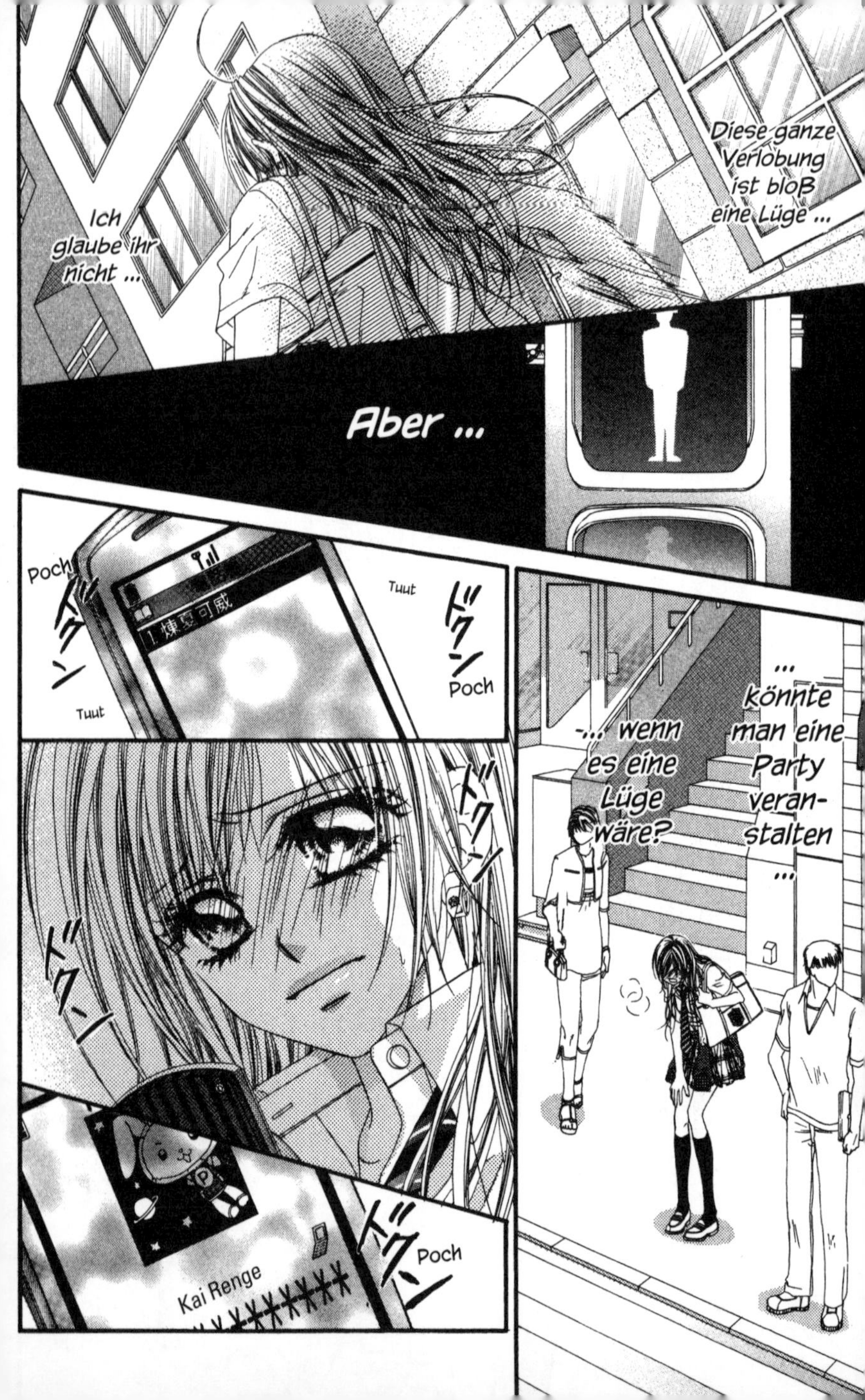
Diese ganze Verlobung ist bloß eine Lüge ...
Ich glaube ihr nicht ...
Aber ...
... könnte man eine Party veranstalten ...
... wenn es eine Lüge wäre?
ドクン
Poch
Tuut
ドクン
Poch
1. 煉夏可威
Tuut
ドクン
ドクーン
ドクン
Poch
Kai Renge

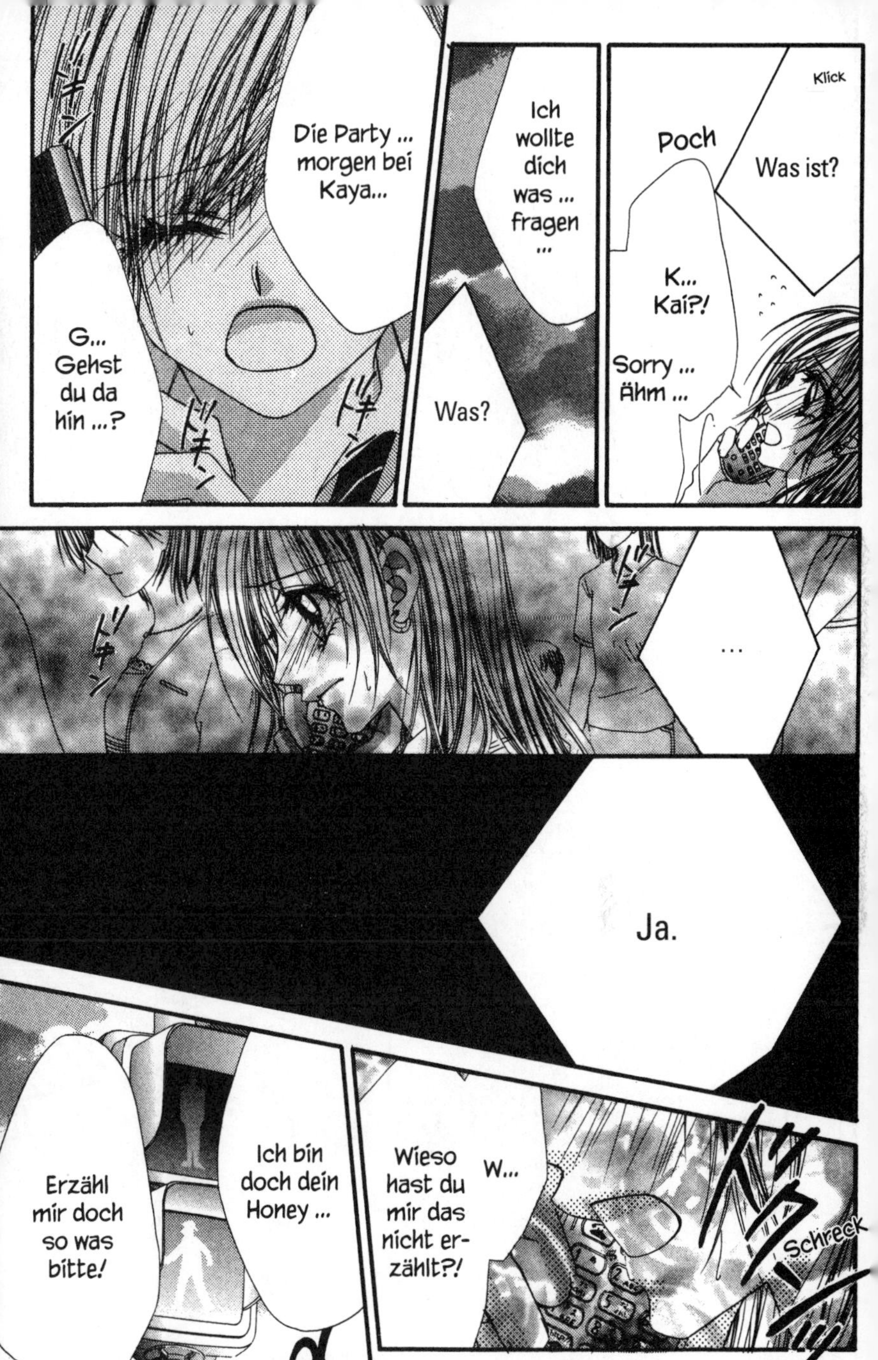
Klick
Poch
Was ist?
K... Kai?!
Sorry ... Ähm ...
Ich wollte dich was ... fragen ...
Was?
Die Party ... morgen bei Kaya...
G... Gehst du da hin ...?
...
Ja.
Schreck
W...
Wieso hast du mir das nicht erzählt?!
Ich bin doch dein Honey ...
Erzähl mir doch so was bitte!

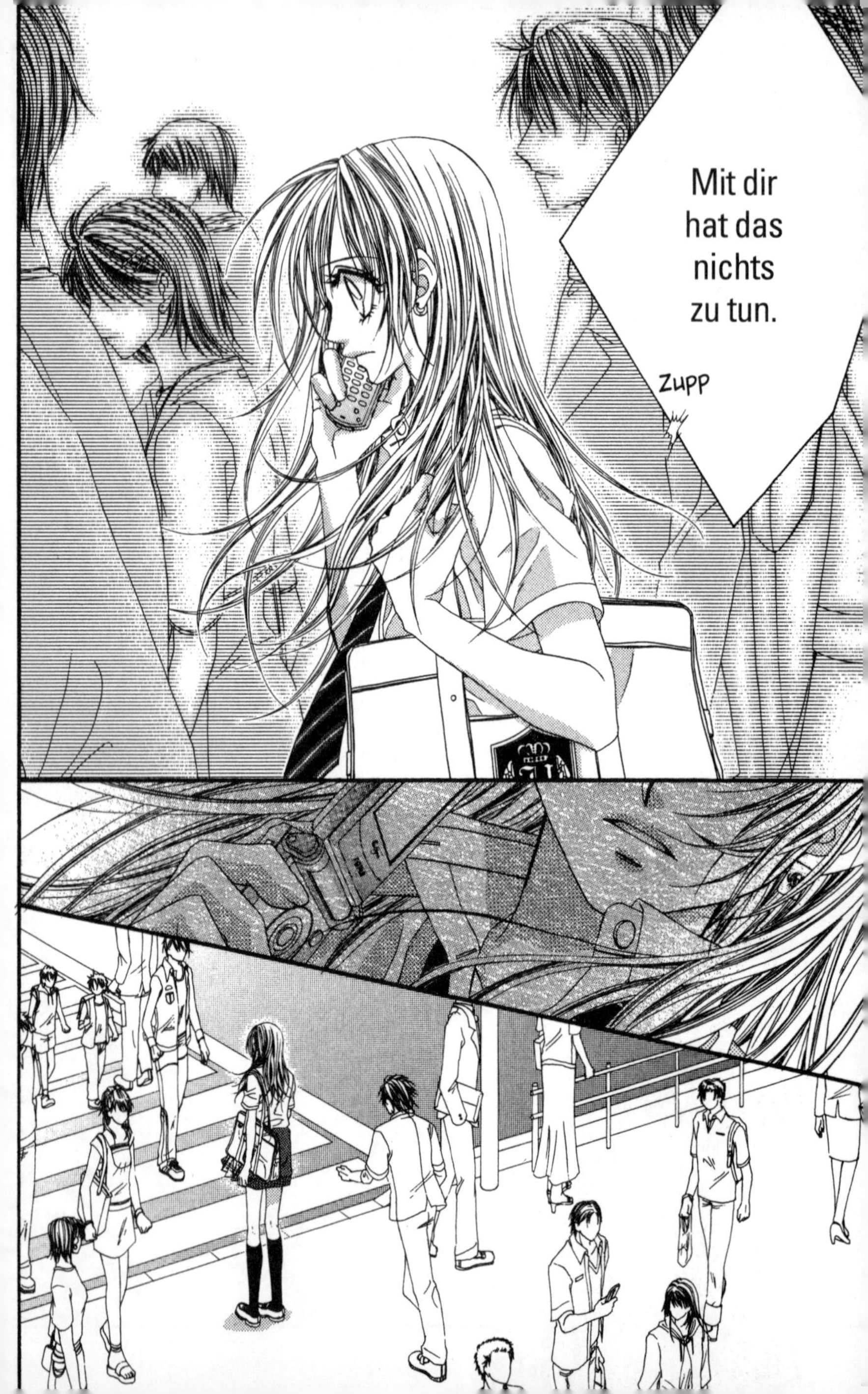
Mit dir hat das nichts zu tun.
Zupp

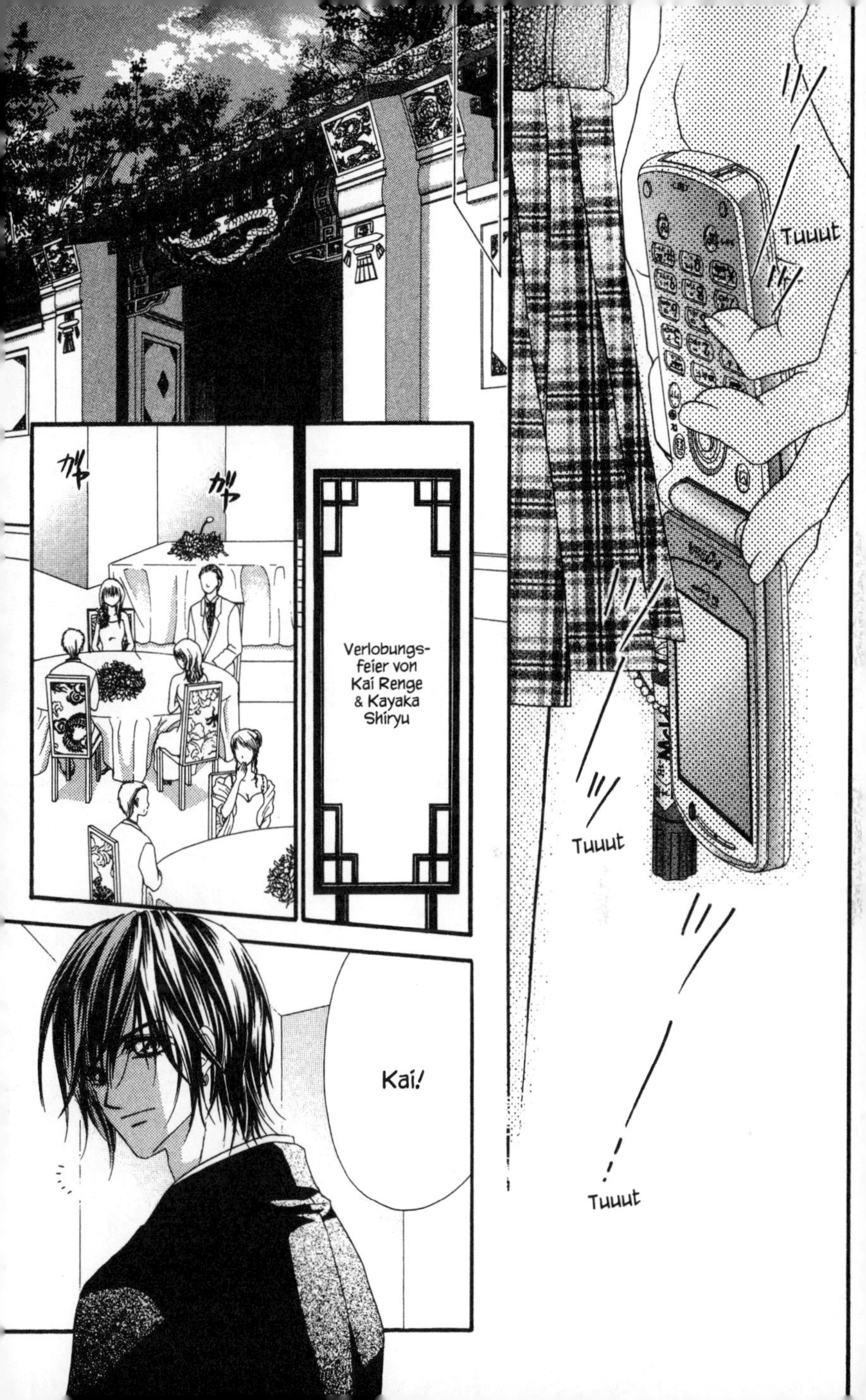
Tuuut
Tuuut
Tuuut
Verlobungs-
feier von
Kai Renge
& Kayaka
Shiryu
Kai!

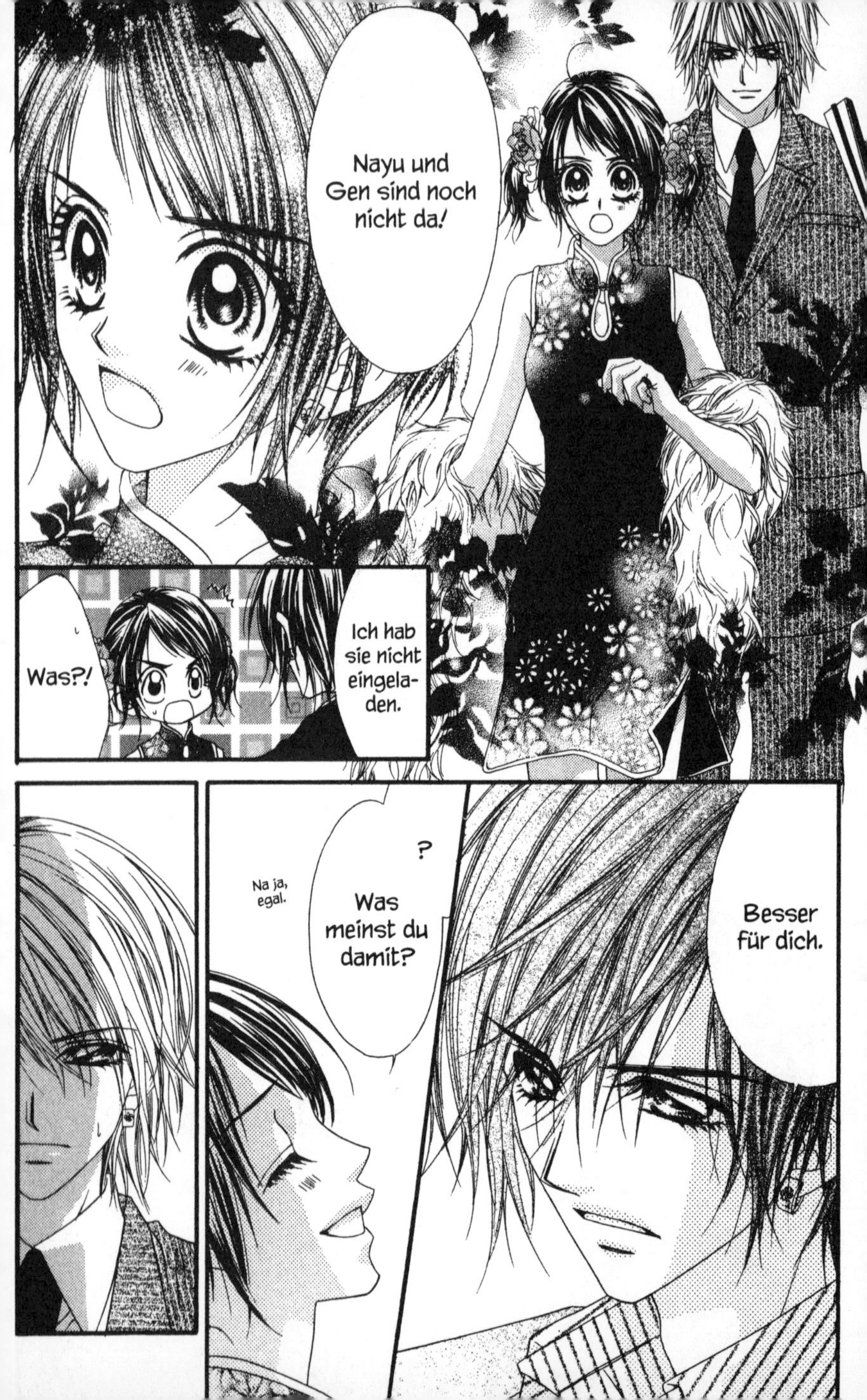

Nayu und Gen sind noch nicht da!
Ich hab sie nicht eingela-den.
Was?!
Besser für dich.
?
Was meinst du damit?
Na ja, egal.

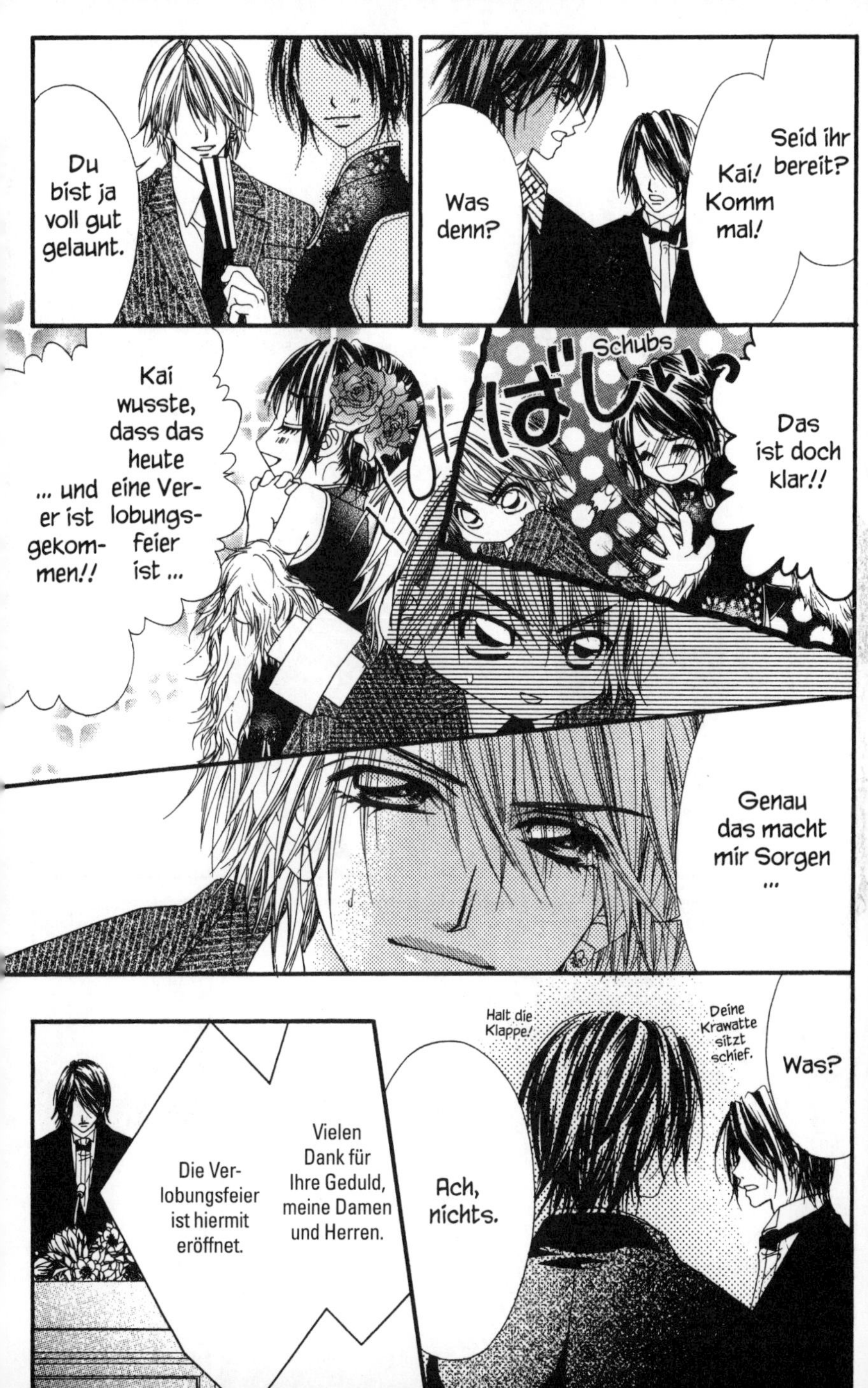
Seid ihr bereit?
Kai! Komm mal!
Was denn?
Du bist ja voll gut gelaunt.
Schubs
ばしいっ
Das ist doch klar!!
Kai wusste, dass das heute eine Verlobungsfeier ist ...
... und er ist gekommen!!
Genau das macht mir Sorgen ...
Was?
Deine Krawatte sitzt schief.
Halt die Klappe!
Ach, nichts.
Vielen Dank für Ihre Geduld, meine Damen und Herren.
Die Verlobungsfeier ist hiermit eröffnet.

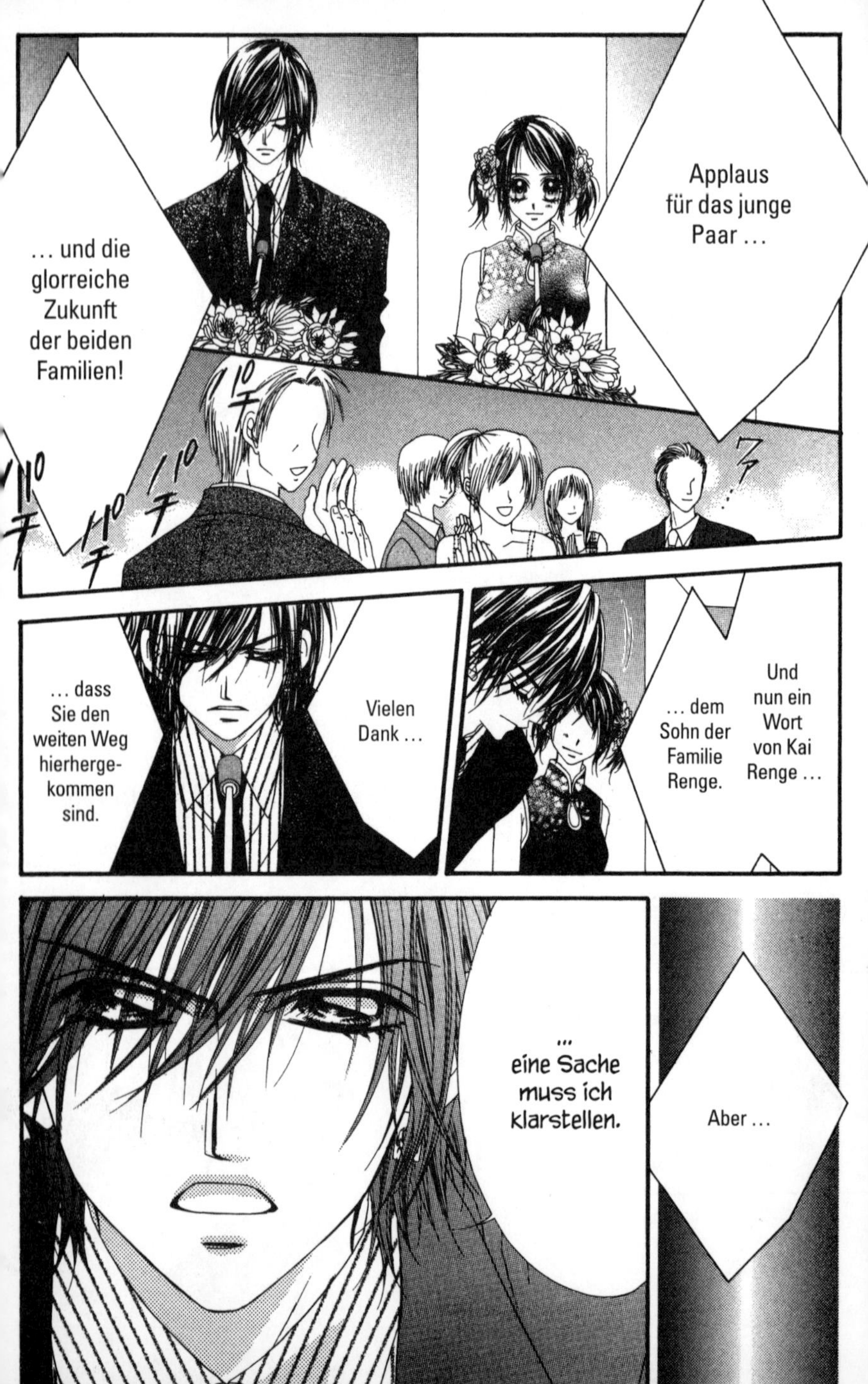
Applaus für das junge Paar …
… und die glorreiche Zukunft der beiden Familien!
パチ
パチ
パチ
パチ
ワ…
Und nun ein Wort von Kai Renge …
… dem Sohn der Familie Renge.
Vielen Dank …
… dass Sie den weiten Weg hierhergekommen sind.
Aber …
… eine Sache muss ich klarstellen.

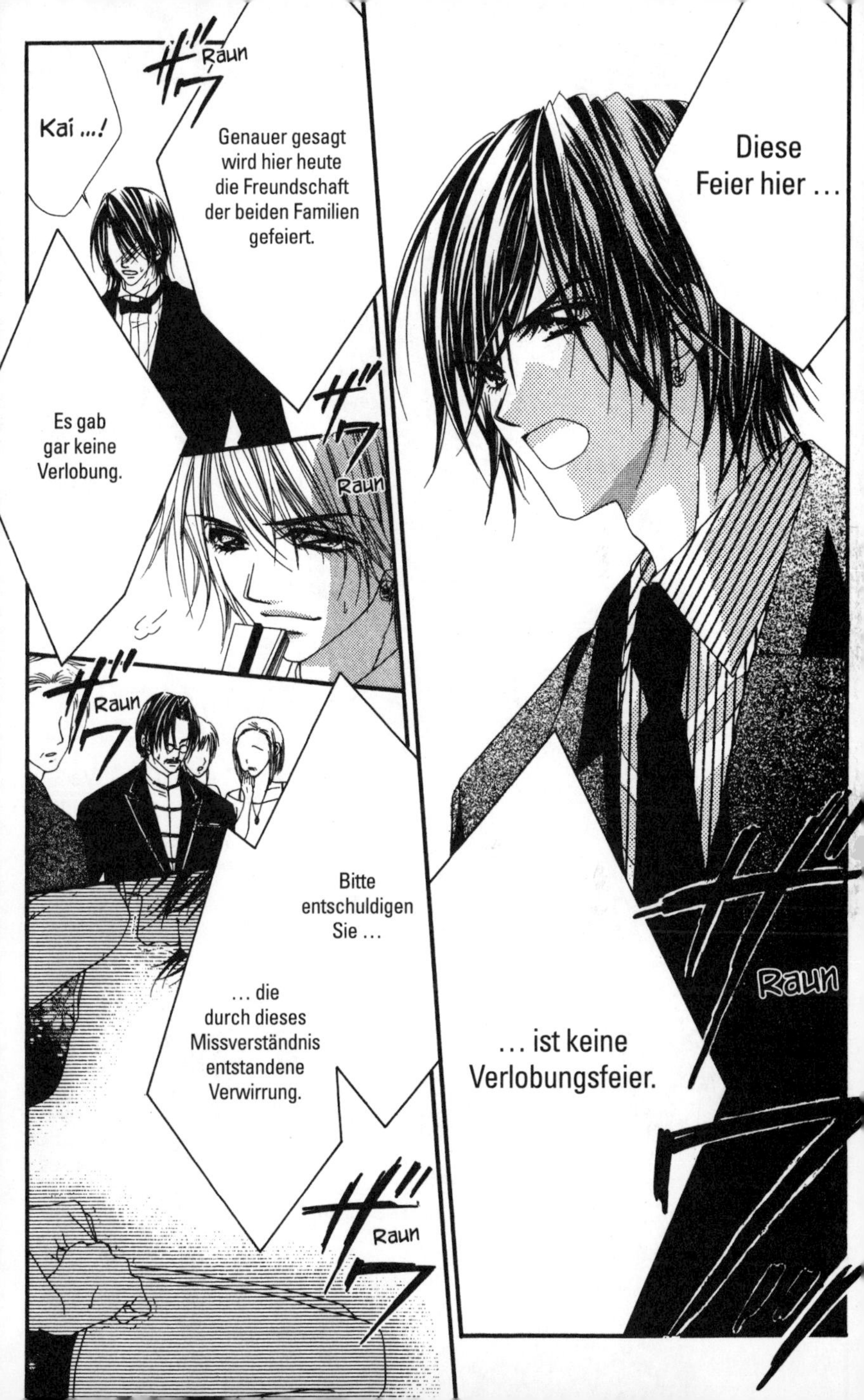
Diese Feier hier …
… ist keine Verlobungsfeier.
Raun
Raun
Genauer gesagt wird hier heute die Freundschaft der beiden Familien gefeiert.
Kai …!
Raun
Es gab gar keine Verlobung.
Raun
Bitte entschuldigen Sie …
… die durch dieses Missverständnis entstandene Verwirrung.
Raun

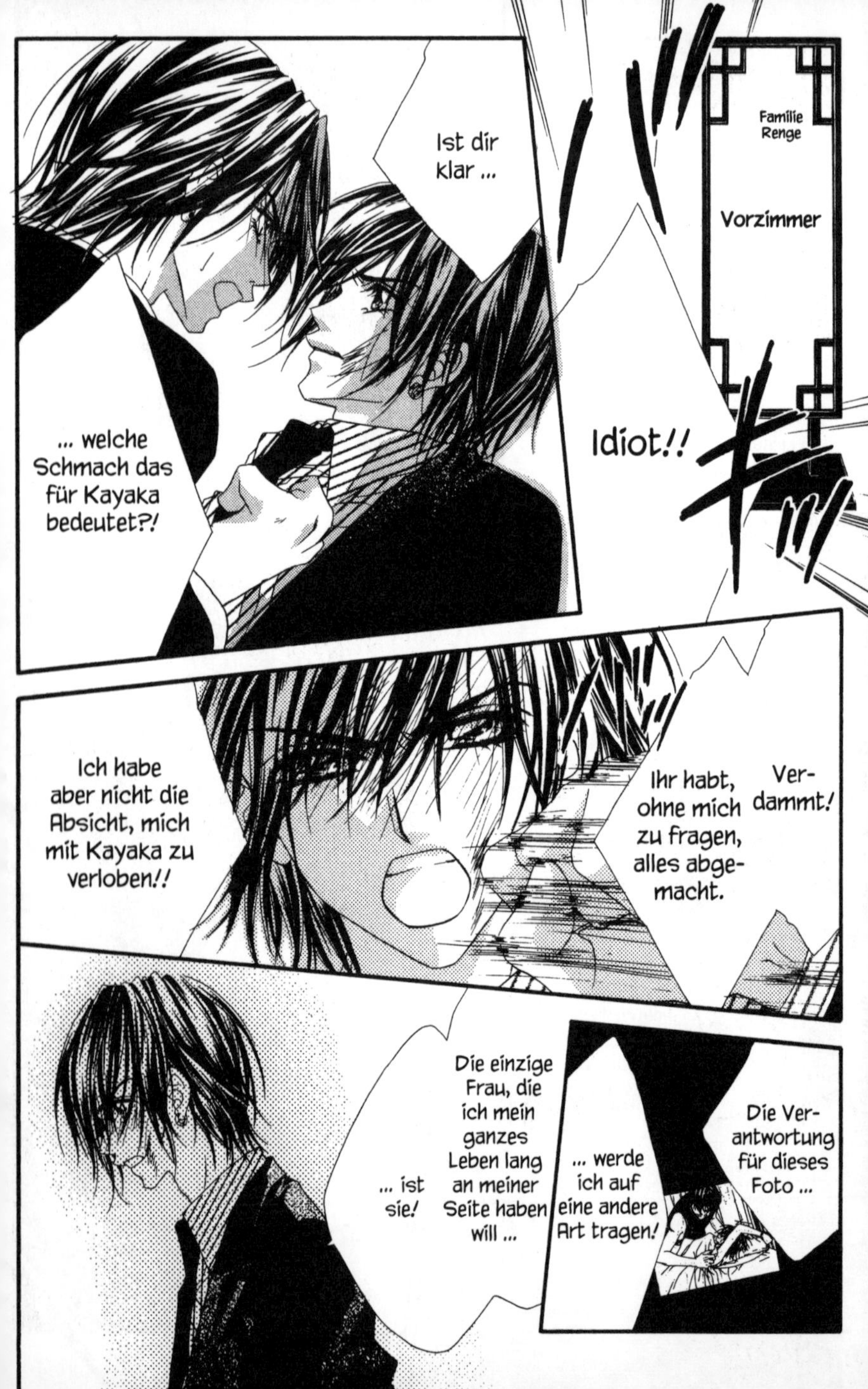
Familie Renge
Vorzimmer
Ist dir klar ...
... welche Schmach das für Kayaka bedeutet?!
Idiot!!
Verdammt!
Ihr habt, ohne mich zu fragen, alles abgemacht.
Ich habe aber nicht die Absicht, mich mit Kayaka zu verloben!!
Die Verantwortung für dieses Foto ...
... werde ich auf eine andere Art tragen!
Die einzige Frau, die ich mein ganzes Leben lang an meiner Seite haben will ...
... ist sie!

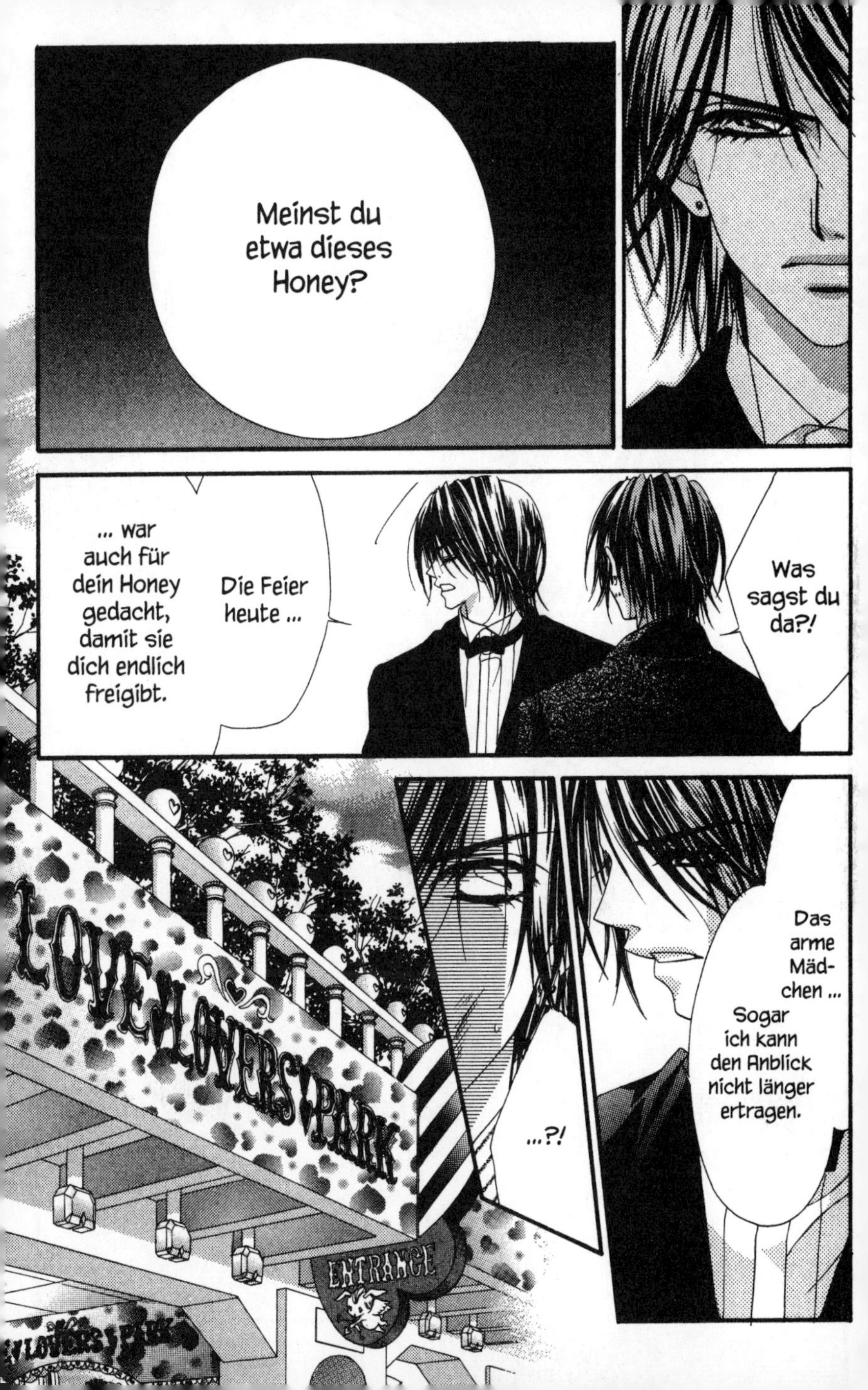

Meinst du etwa dieses Honey?

Was sagst du da?!

Die Feier heute ...

... war auch für dein Honey gedacht, damit sie dich endlich freigibt.

Das arme Mädchen ...

Sogar ich kann den Anblick nicht länger ertragen.

...?!

LOVE♥LOVERS♥PARK

ENTRANCE

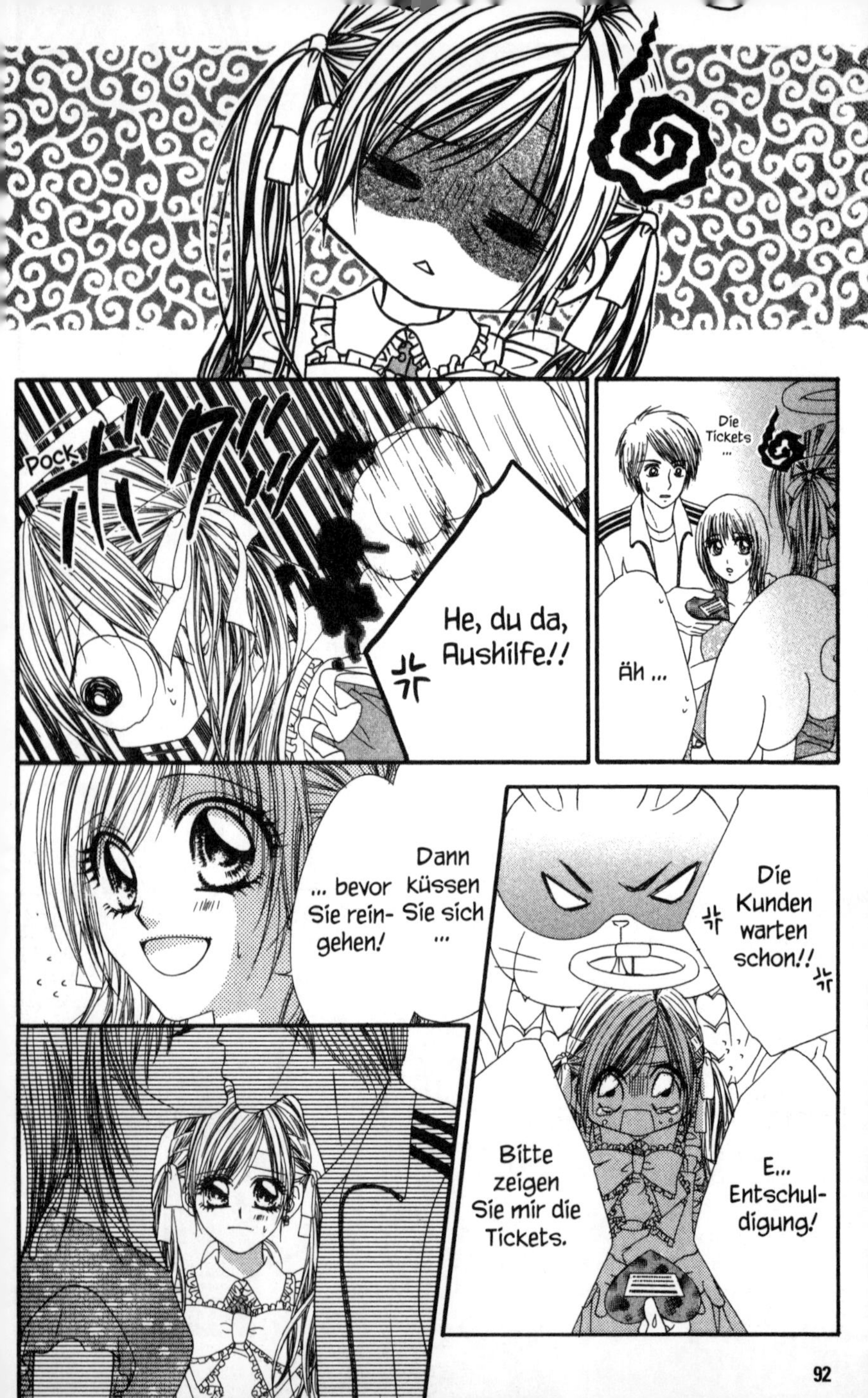
Die Tickets ...
Äh ...
He, du da, Aushilfe!!
POCK
Die Kunden warten schon!!
Dann küssen Sie sich ...
... bevor Sie rein-gehen!
E... Entschul-digung!
Bitte zeigen Sie mir die Tickets.

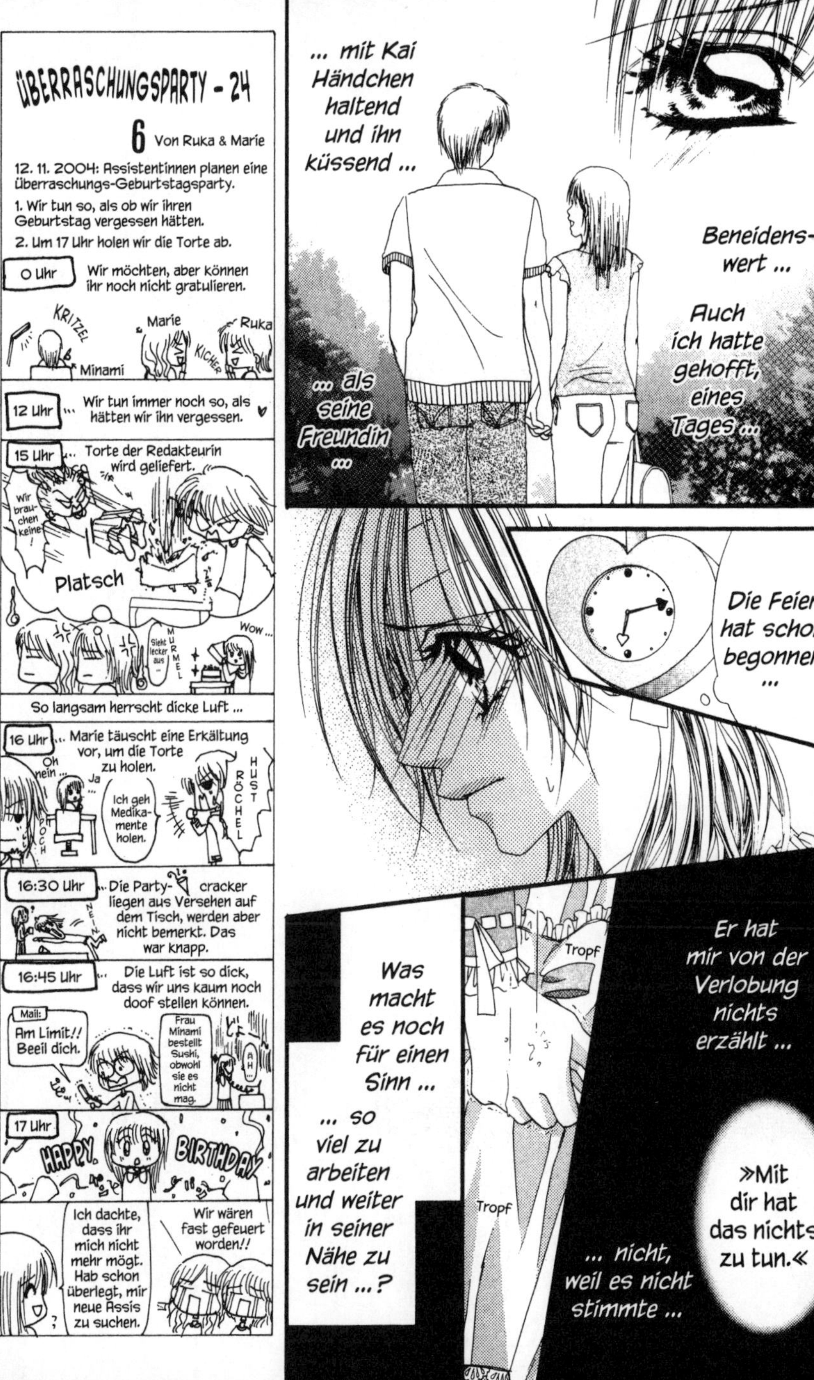

ÜBERRASCHUNGSPARTY - 24
6 Von Ruka & Marie
12. 11. 2004: Assistentinnen planen eine überraschungs-Geburtstagsparty.
1. Wir tun so, als ob wir ihren Geburtstag vergessen hätten.
2. Um 17 Uhr holen wir die Torte ab.
0 Uhr
Wir möchten, aber können ihr noch nicht gratulieren.
KRITZEL
Minami
Marie
KICHER
Ruka
12 Uhr
... Wir tun immer noch so, als hätten wir ihn vergessen.
15 Uhr
... Torte der Redakteurin wird geliefert.
Wir brauchen keine!
Platsch
Sieht lecker aus ...
MURMEL
Wow ...
So langsam herrscht dicke Luft ...
16 Uhr
... Marie täuscht eine Erkältung vor, um die Torte zu holen.
Oh nein ...
Ja ...
Ich geh Medikamente holen.
POCH
HUST
RÖCHEL
16:30 Uhr
... Die Party-cracker liegen aus Versehen auf dem Tisch, werden aber nicht bemerkt. Das war knapp.
NEIN
16:45 Uhr
... Die Luft ist so dick, dass wir uns kaum noch doof stellen können.
Mail:
Am Limit!! Beeil dich.
Frau Minami bestellt Sushi, obwohl sie es nicht mag.
AH ...
17 Uhr
HAPPY BIRTHDAY
Ich dachte, dass ihr mich nicht mehr mögt. Hab schon überlegt, mir neue Assis zu suchen.
Wir wären fast gefeuert worden!!
... mit Kai Händchen haltend und ihn küssend ...
... als seine Freundin ...
Beneidens-wert ...
Auch ich hatte gehofft, eines Tages ...
Die Feier hat schon begonnen ...
Er hat mir von der Verlobung nichts erzählt ...
Tropf
Was macht es noch für einen Sinn ...
... so viel zu arbeiten und weiter in seiner Nähe zu sein ...?
»Mit dir hat das nichts zu tun.«
... nicht, weil es nicht stimmte ...
Tropf

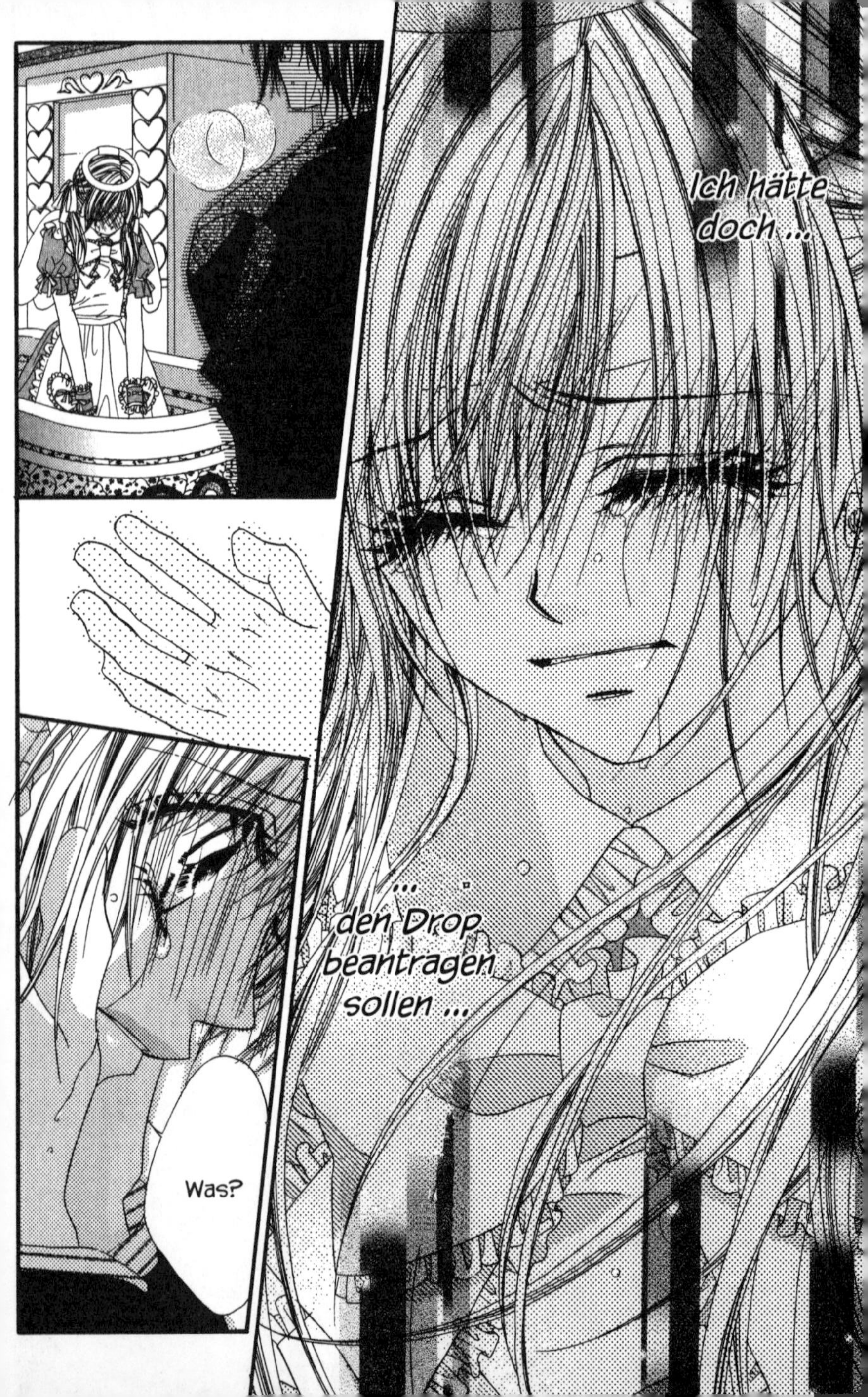
Ich hätte doch ...
... den Drop beantragen sollen ...
Was?

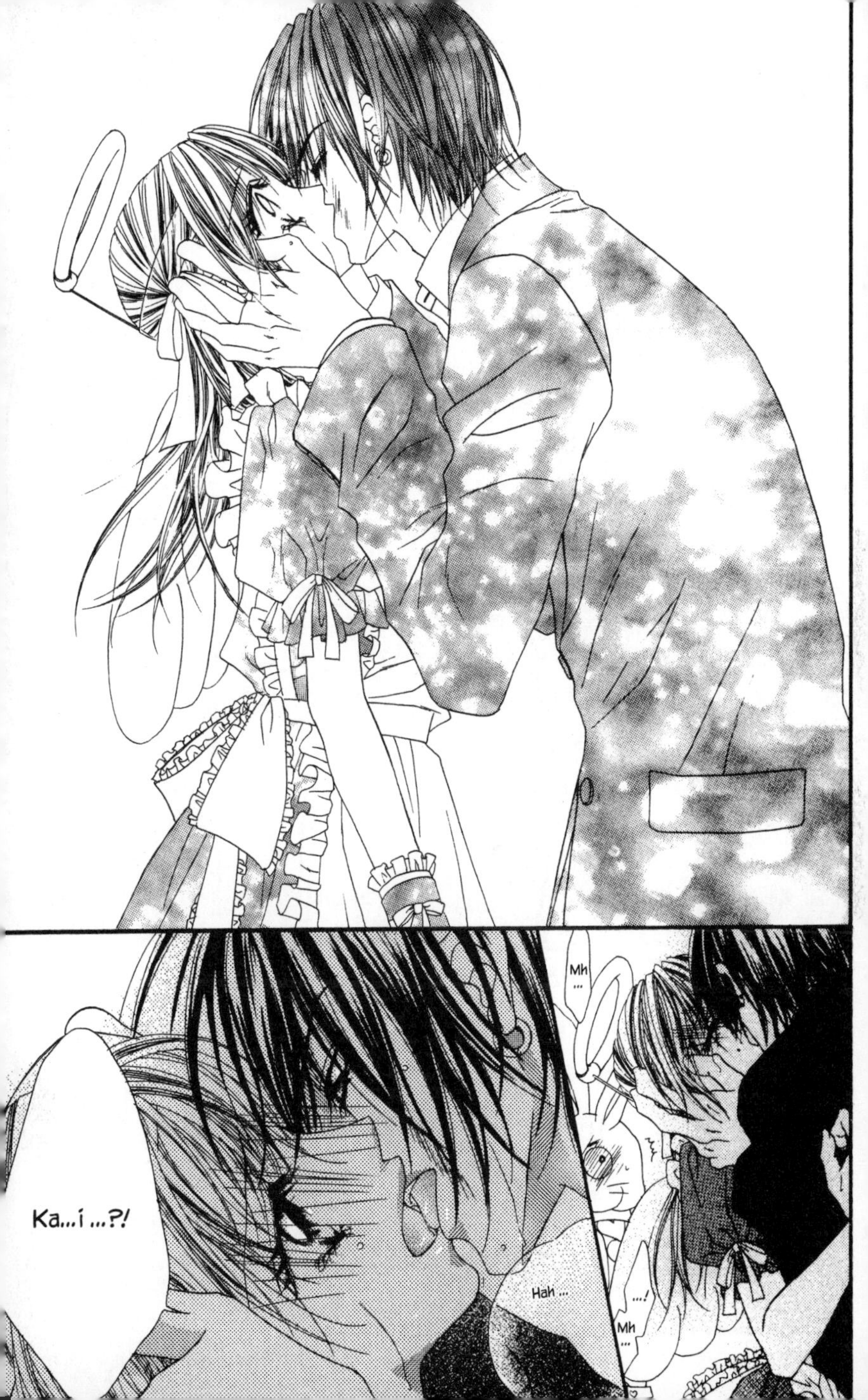
Mh ...
...!
Mh ...
Hah ...
Ka...i ...?!

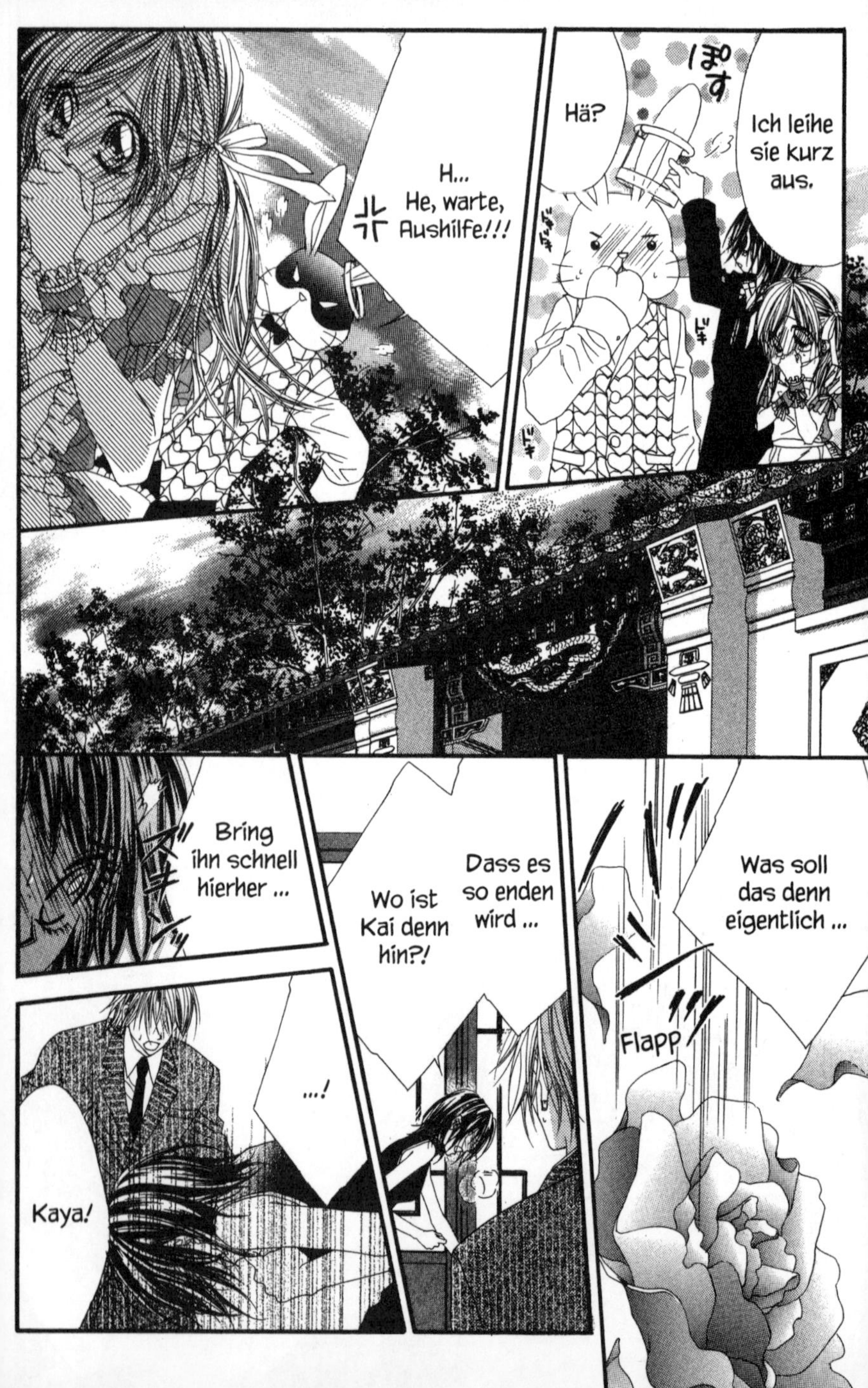

Ich leihe sie kurz aus.
ぽす
Hä?
H... He, warte, Aushilfe!!!
Was soll das denn eigentlich ...
Flapp
Dass es so enden wird ...
Wo ist Kai denn hin?!
Bring ihn schnell hierher ...
...!
Kaya!

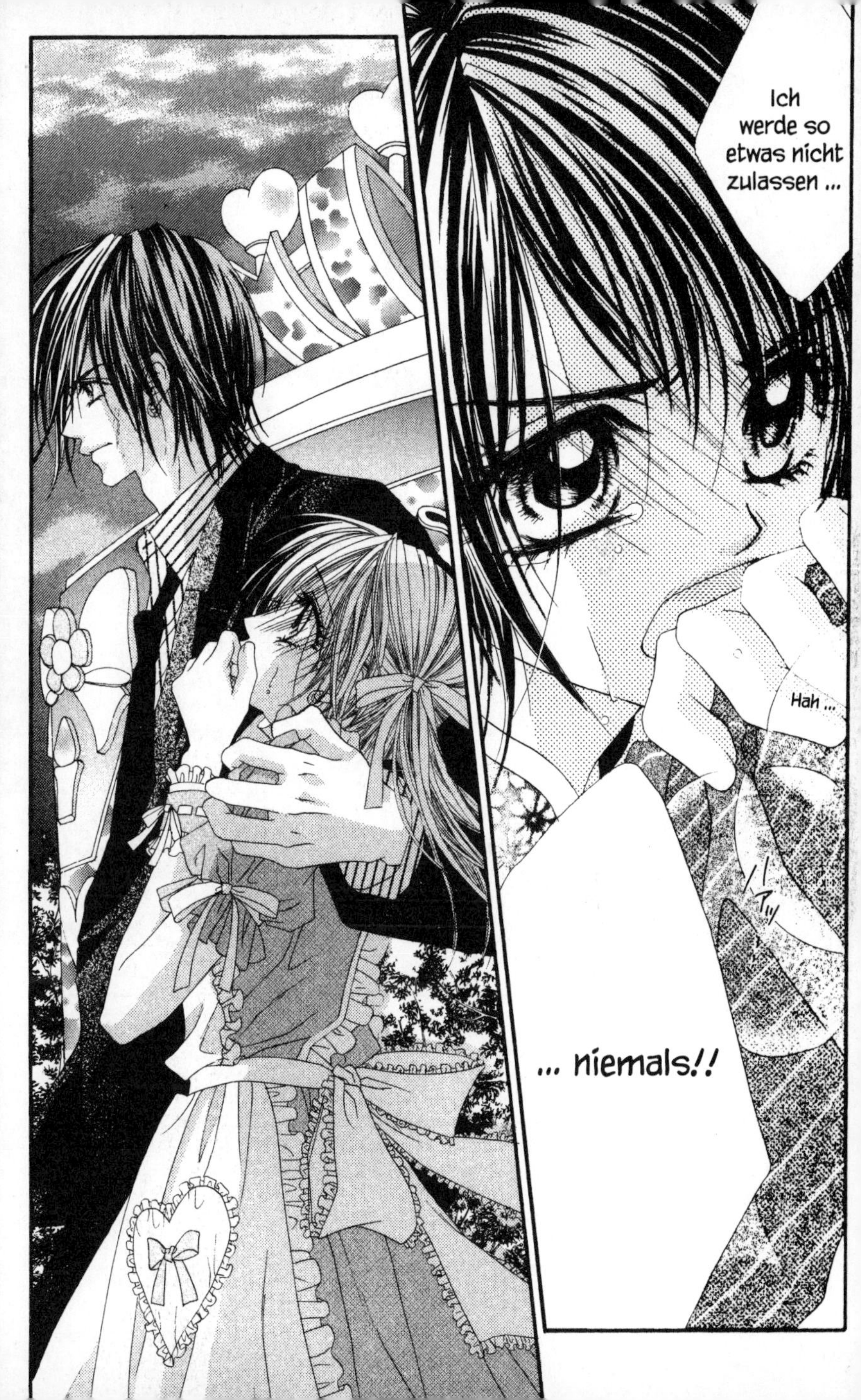
Ich werde so etwas nicht zulassen ...
Hah ...
... niemals!!

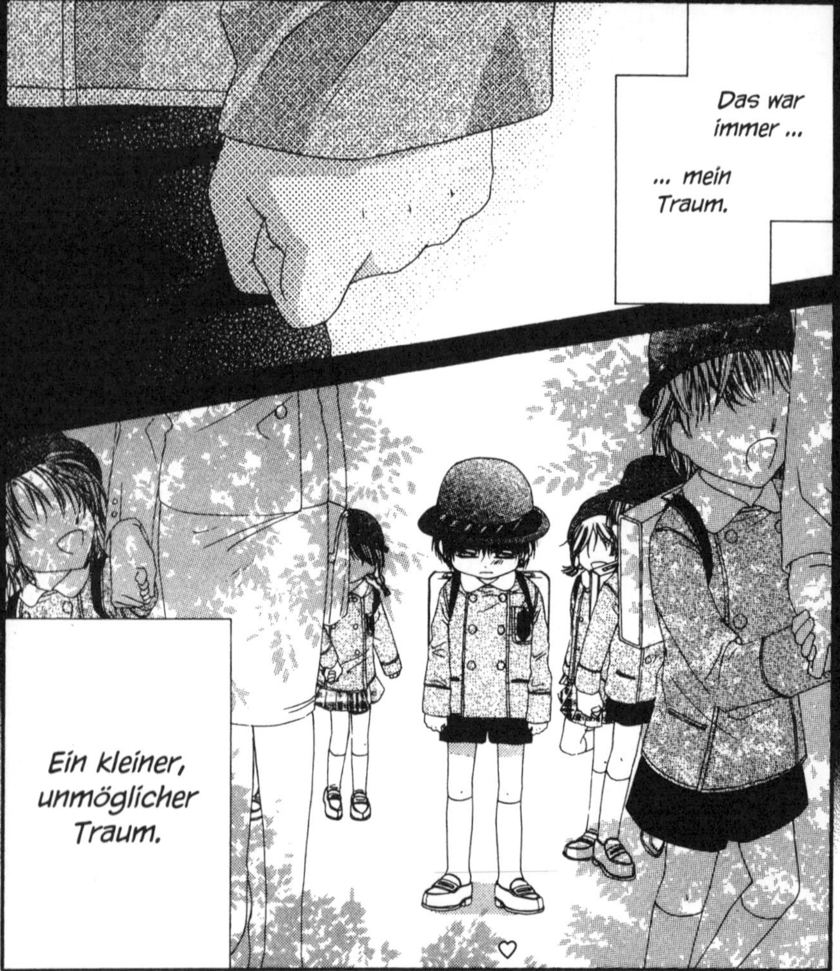

7 Diese Folge hab ich aus der Perspektive von Kai erzählt. Über Kais Gefühle habe ich ja noch gar nichts geschrieben. Die Erzählstruktur gefällt mir ganz gut, es war allerdings wirklich viel Arbeit, diese Folge zu zeichnen. (*heul*) Die Rüschen des Arbeitskostüms von Yuzuru waren einfach viel zu viel!! Aber Kostüme in dieser Art sehen gar nicht süß aus, wenn man aus Faulheit an den Rüschen spart. Also stattete ich das Kleid mit vielen Rüschen aus. Das Reinzeichnen hat unfassbar lange gedauert. Eine nicht enden wollende Arbeit. Die komplexe Stoffstruktur war echt die Hölle, vor allem, wenn Kai dazukam. Meine Assistentinnen litten vermutlich darunter, die Folien für Kais gestreiftes Hemd richtig zu zerschneiden und zu kleben.

Es tut mir leid ... Und ja, dieses Riesenrad ... Was hab ich da nur fabriziert? Die Botschaft vom »Love-Lovers-Park« ist: »Stoppt die Kinderlosigkeit!« (*grins*) Oder so ...

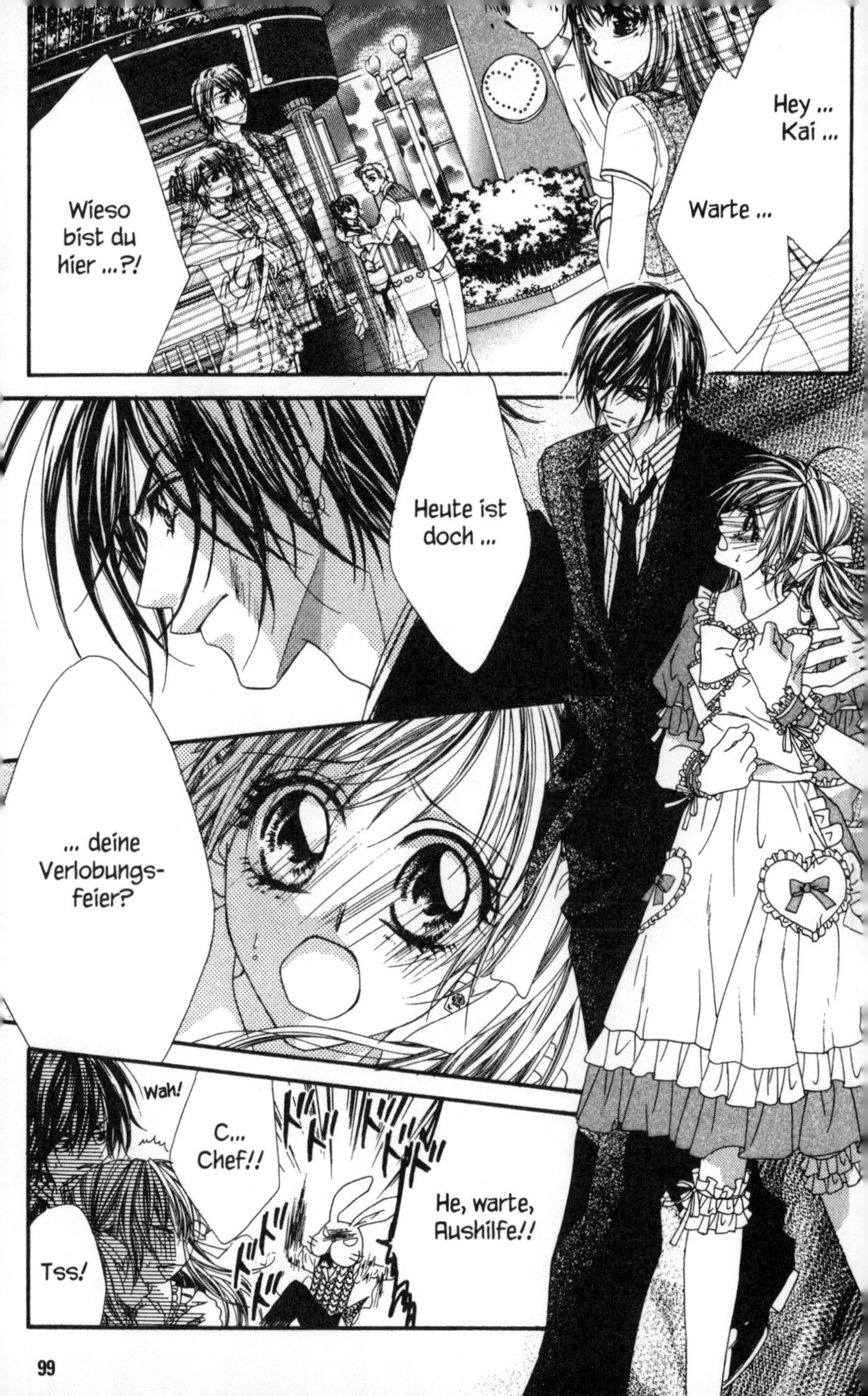
Hey ... Kai ...
Warte ...
Wieso bist du hier ...?!
Heute ist doch ...
... deine Verlobungsfeier?
He, warte, Aushilfe!!
C... Chef!!
Wah!
Tss!

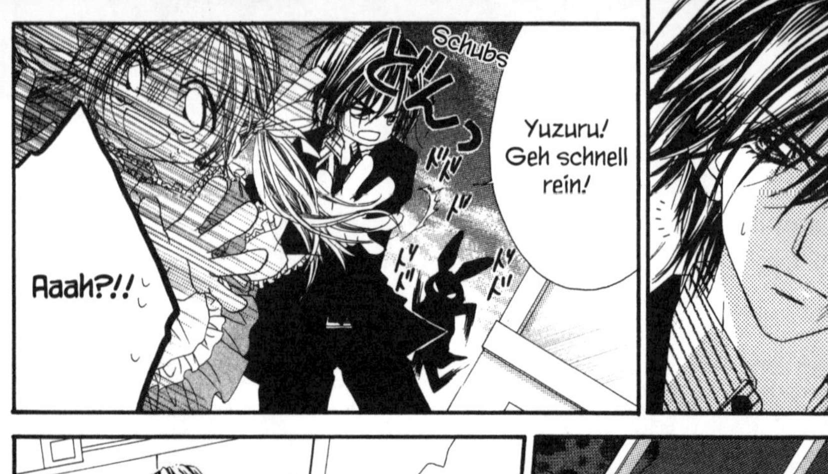
Schubs
Yuzuru! Geh schnell rein!
Aaah?!!
D... Das ist ...
... ein Riesenrad?
Mit Sofas?
Gute Fahrt!
Hallo?! Zurück an die Arbeit
Schreck
HIMMLISCHER LUSTGARTEN
Riesenrad, 1 Runde 30 Min.

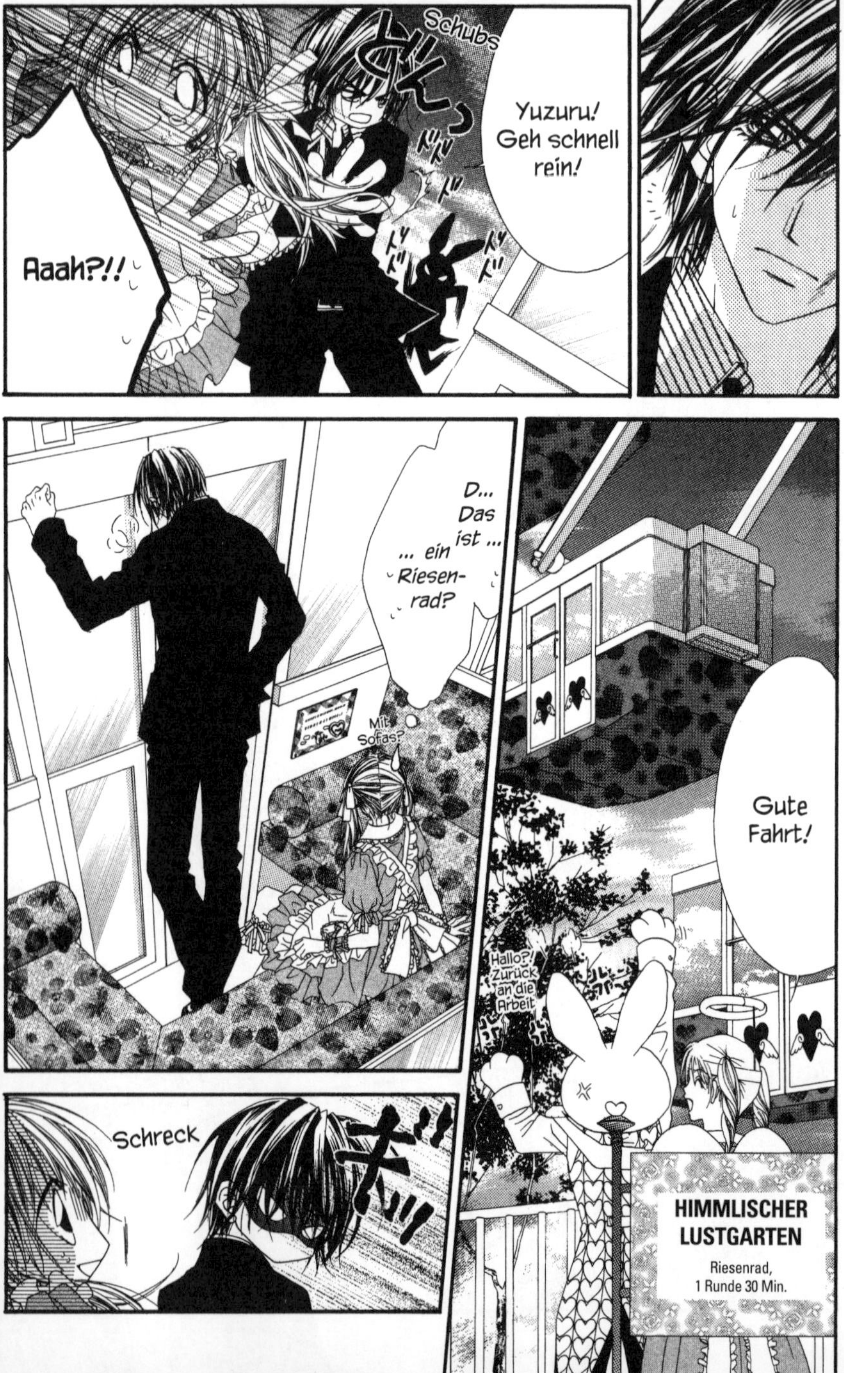

*Bitte lest diese Kolumne nach der Lektüre der Kolumnen Nr. 4 & 6.

8

Wie fandet ihr sie?
Zur Kolumne Nr. 4: So eine Verwechslung mache ich aber nur ganz selten! Nur manchmal. Wenn die Musik von Dragon Quest läuft, machen sie sich immer noch über mich lustig. (*schäm*) Ich meinte eigentlich »Mokon« mit dem Zeichen für »rasend«, obgleich es so ein Wort nicht gibt.
Zu Kolumne Nr. 6: Wenn ich an die Überraschungsparty zurückdenke, wird mir ganz warm ums Herz. (*lach*) Das war meine erste dieser Art. Ich habe überhaupt nix mitbekommen. Die Überraschung war ein voller Erfolg! Aber wie soll ich sagen ... Diesmal ist die Story aus der Perspektive der Assistentinnen erzählt. In Band 6 werde ich erzählen, wie ich den 12.11. erlebt habe. (*lach*) Ist bestimmt interessant, zu vergleichen. (Na ja ...)

Wenn ich an 2004 zurückdenke (Magenschmerzen), haben mir die Assistentinnen 2005 zu meinem Geburtstag »offen« gratuliert. ♡ Obwohl ich es nicht verdiene ... Ich danke ihnen von Herzen. Entschuldigt, dass ihr so viel Stress habt. Weil ihr so fleißig seid, kann ich als Mangaka überleben! Yagurin! Danke, dass du mir auf der Geige etwas vorgespielt hast. Ruka, Shisshi, Marie, Moricchi!!

Danke fürs Singen von Happy Birthday im Chor. Ich fühlte mich wie Yuzuru in Band 3. (Wenn ich 2004 und 2005 zusammenaddiere!!!)

(*lach*) Ich bin glücklich!

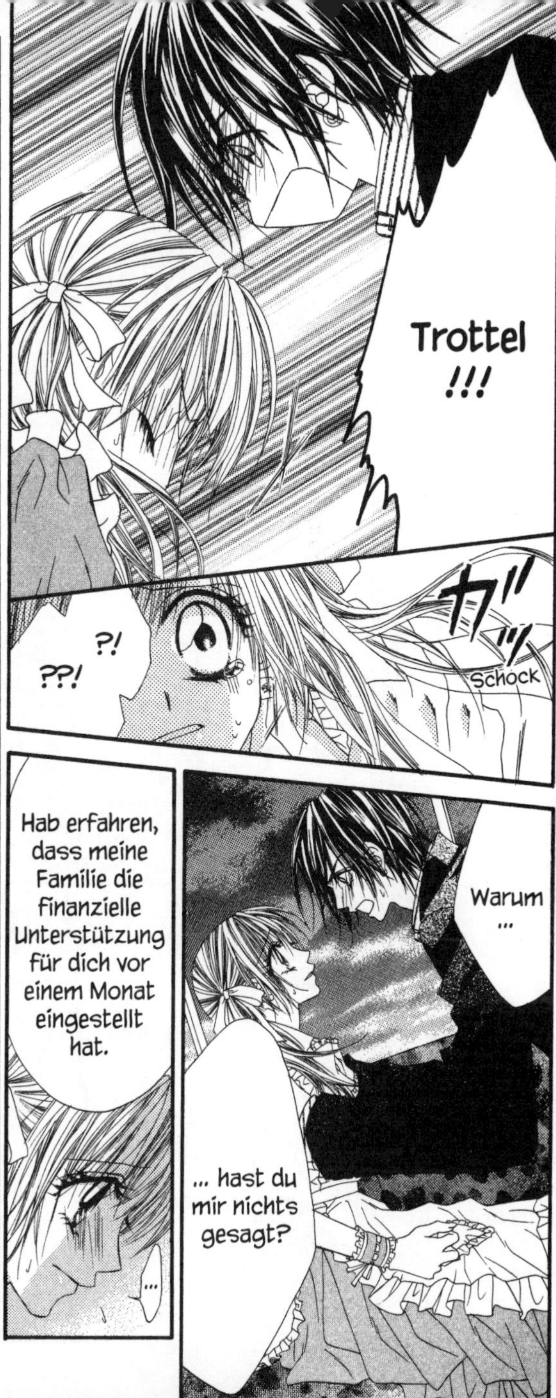

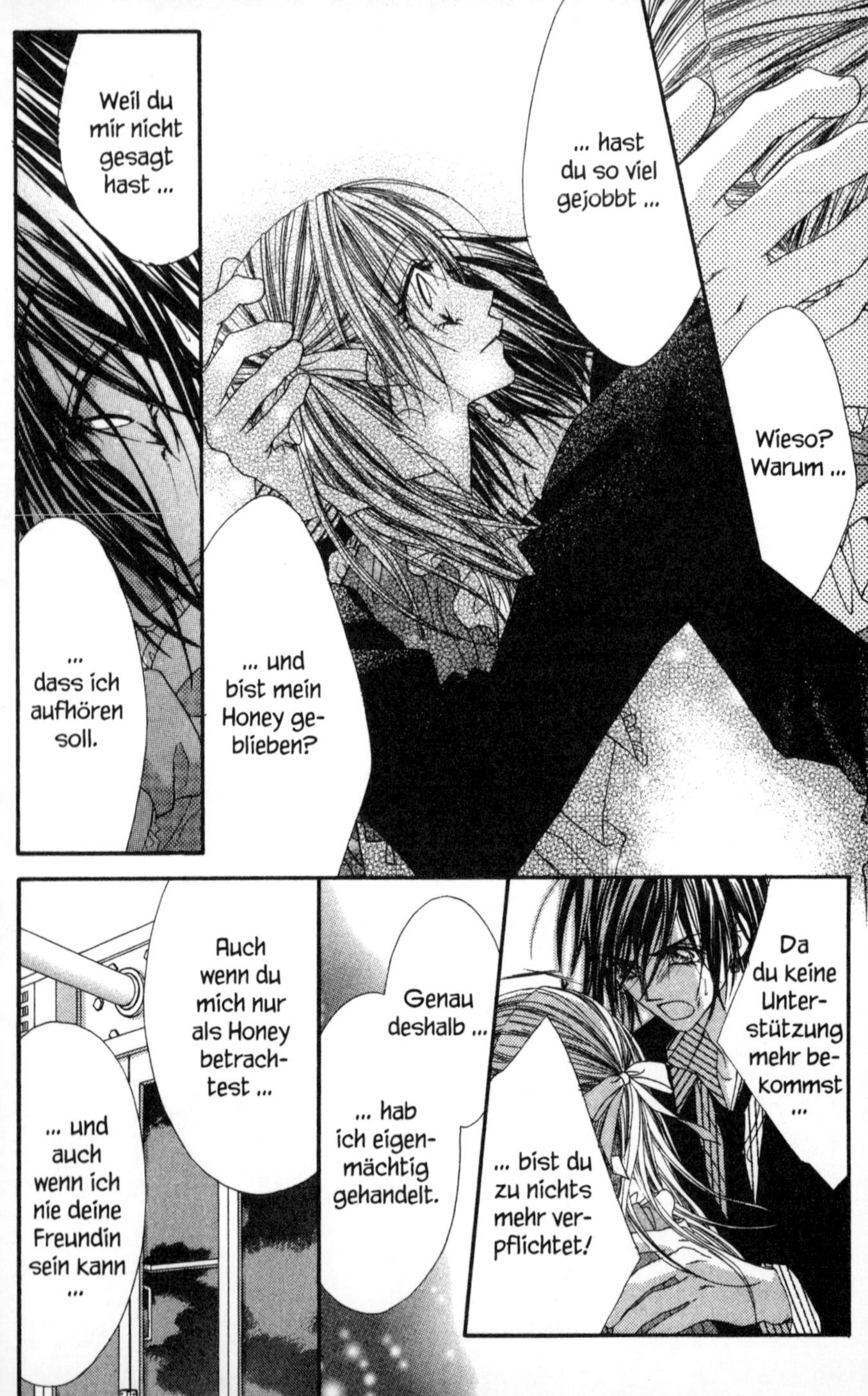
Wieso? Warum ...
... hast du so viel gejobbt ...
... und bist mein Honey geblieben?
Weil du mir nicht gesagt hast ...
... dass ich aufhören soll.
Da du keine Unterstützung mehr bekommst ...
... bist du zu nichts mehr verpflichtet!
Genau deshalb ...
... hab ich eigenmächtig gehandelt.
Auch wenn du mich nur als Honey betrachtest ...
... und auch wenn ich nie deine Freundin sein kann ...

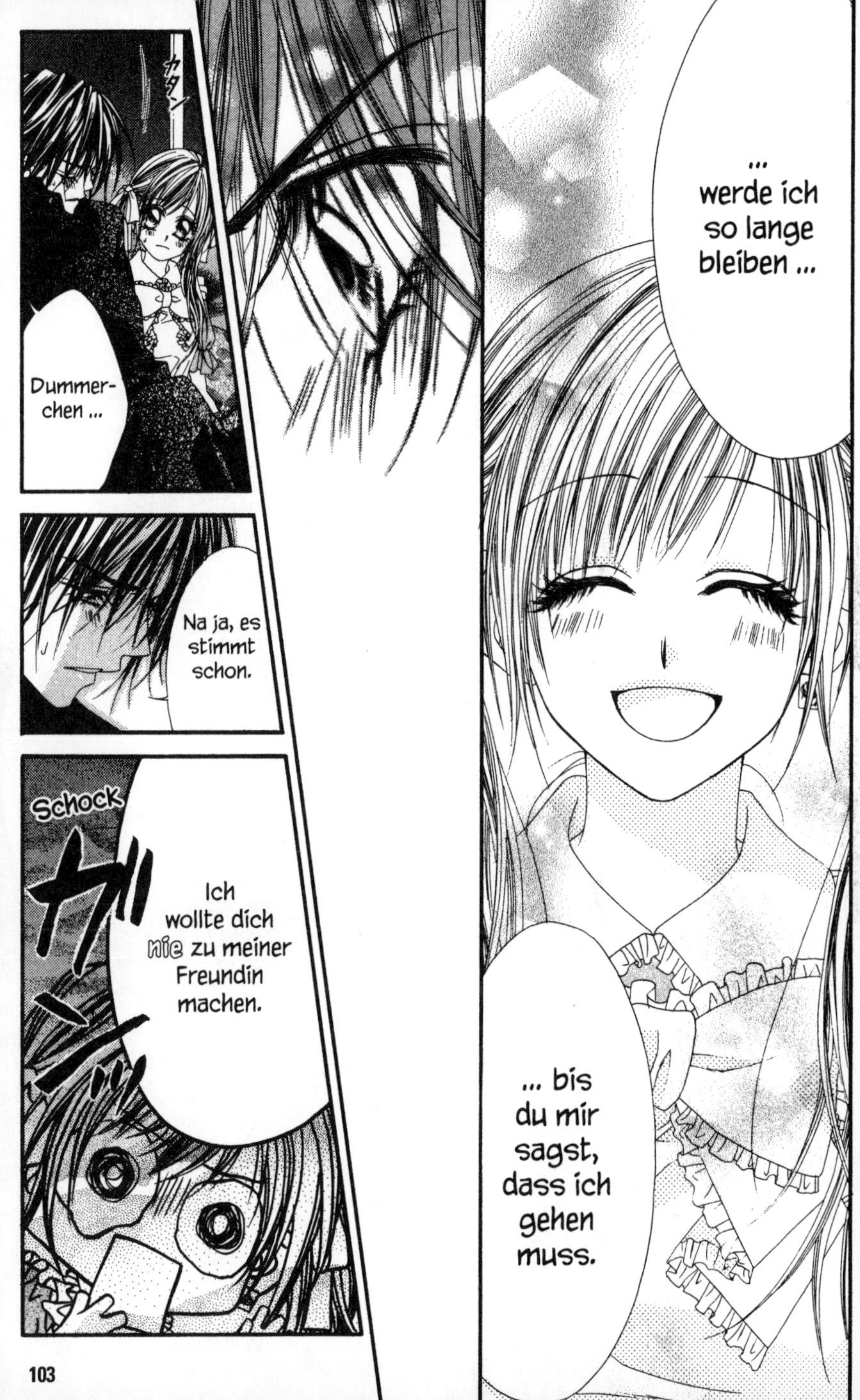
... werde ich so lange bleiben ...
... bis du mir sagst, dass ich gehen muss.
カタン
Dummerchen ...
Na ja, es stimmt schon.
Schock
Ich wollte dich nie zu meiner Freundin machen.

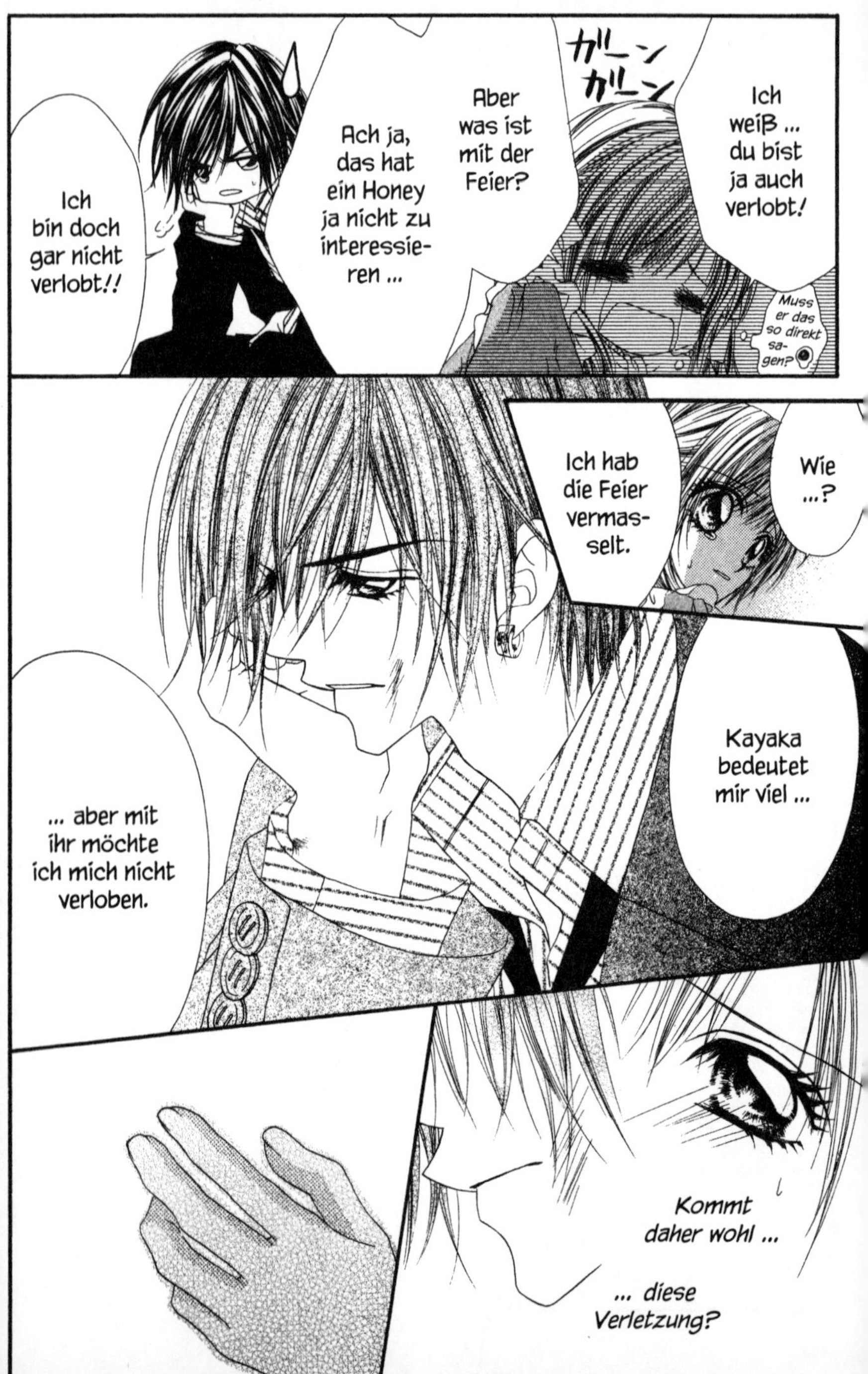
Ich weiß ... du bist ja auch verlobt!
Muss er das so direkt sagen?
ガーン ガーン
Aber was ist mit der Feier?
Ach ja, das hat ein Honey ja nicht zu interessieren ...
Ich bin doch gar nicht verlobt!!
Wie ...?
Ich hab die Feier vermasselt.
Kayaka bedeutet mir viel ...
... aber mit ihr möchte ich mich nicht verloben.
Kommt daher wohl ...
... diese Verletzung?

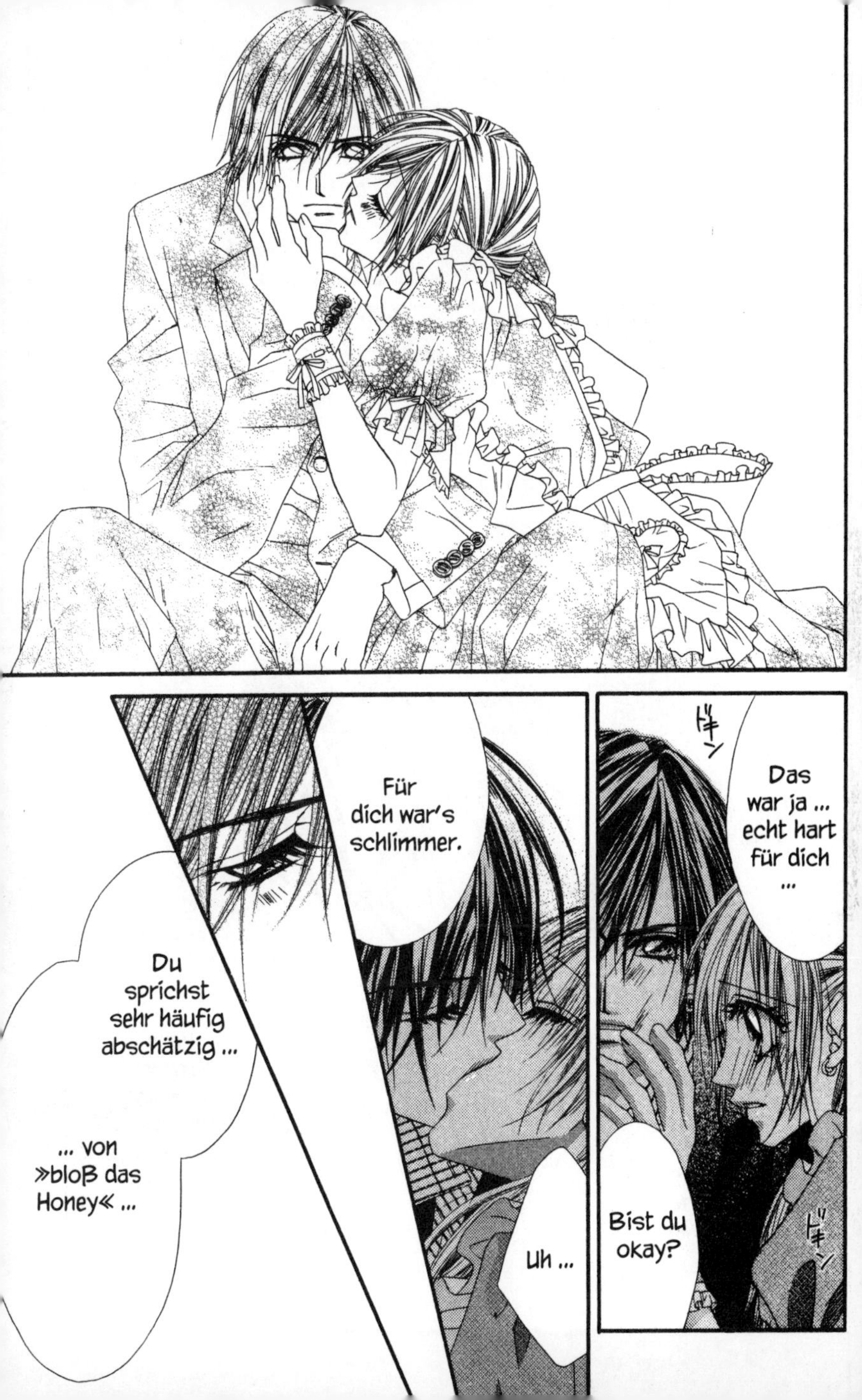

ドキン
Das war ja ... echt hart für dich ...
ドキン
Bist du okay?
Für dich war's schlimmer.
Uh ...
Du sprichst sehr häufig abschätzig ...
... von »bloß das Honey« ...

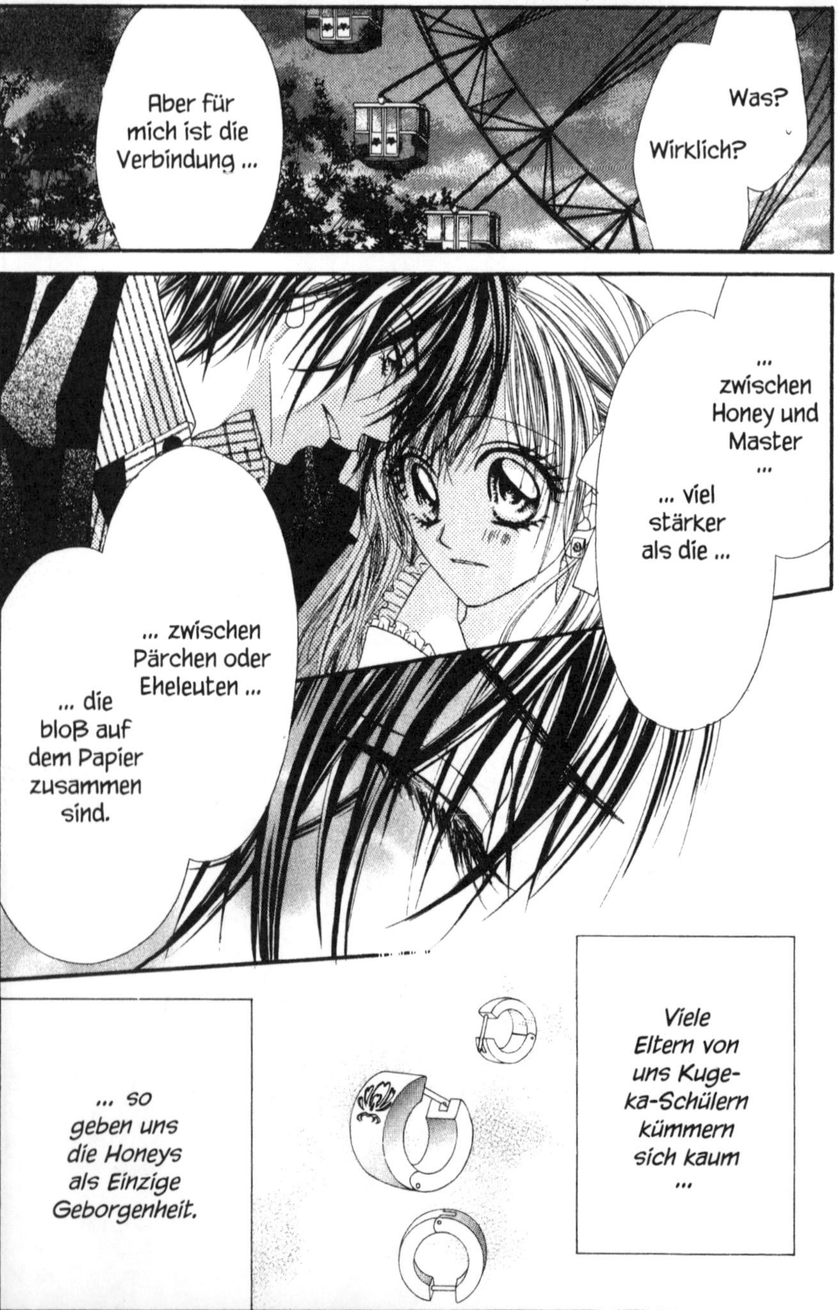

Was?
Wirklich?
Aber für mich ist die Verbindung ...
... zwischen Honey und Master ...
... viel stärker als die ...
... zwischen Pärchen oder Eheleuten ...
... die bloß auf dem Papier zusammen sind.
Viele Eltern von uns Kuge-ka-Schülern kümmern sich kaum ...

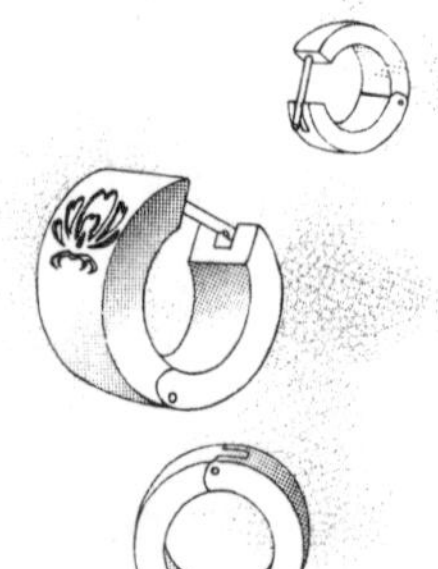

... so geben uns die Honeys als Einzige Geborgenheit.

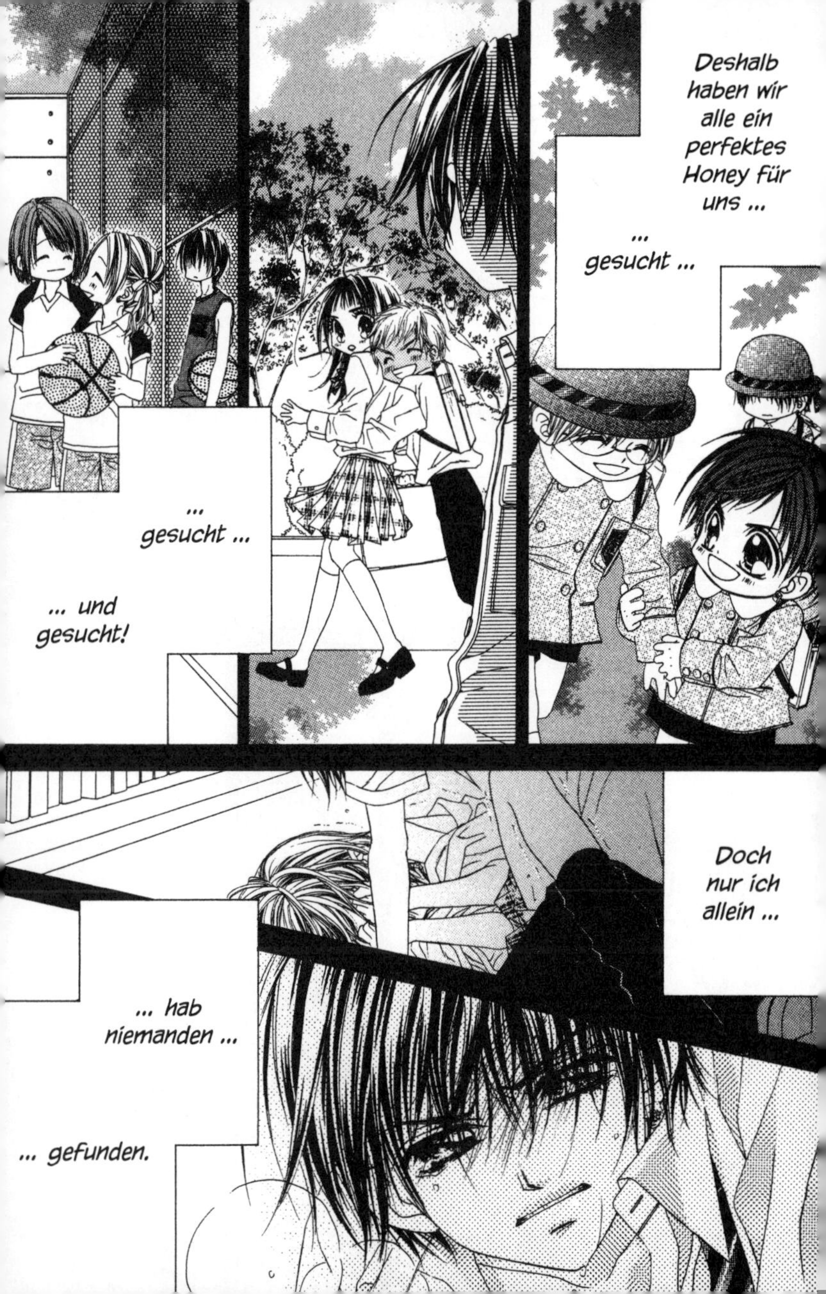
Deshalb haben wir alle ein perfektes Honey für uns ...
... gesucht ...
... gesucht ...
... und gesucht!
Doch nur ich allein ...
... hab niemanden ...
... gefunden.

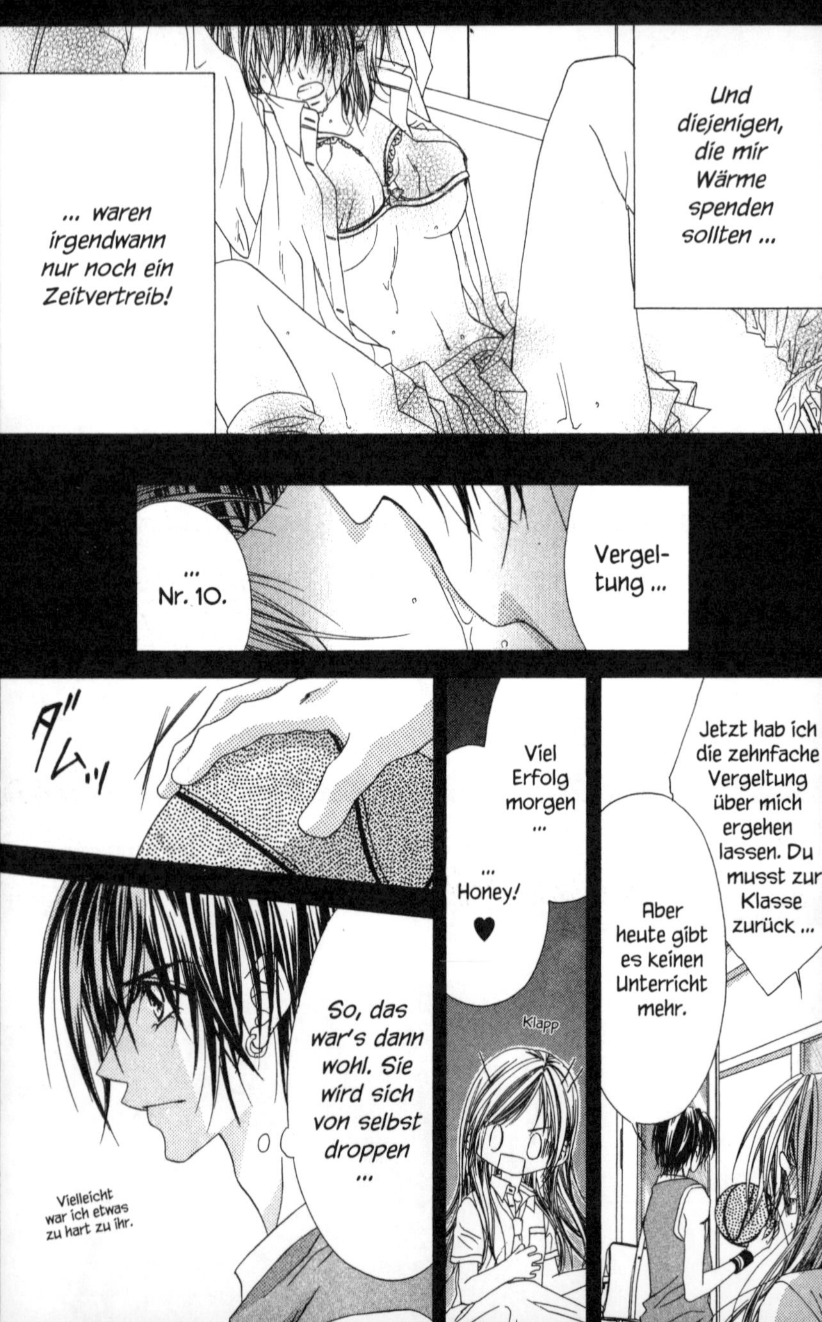
Und diejenigen, die mir Wärme spenden sollten ...
... waren irgendwann nur noch ein Zeitvertreib!
Vergel-tung ...
... Nr. 10.
Jetzt hab ich die zehnfache Vergeltung über mich ergehen lassen. Du musst zur Klasse zurück ...
Aber heute gibt es keinen Unterricht mehr.
Viel Erfolg morgen ...
... Honey! ♥
Klapp
So, das war's dann wohl. Sie wird sich von selbst droppen ...
Vielleicht war ich etwas zu hart zu ihr.

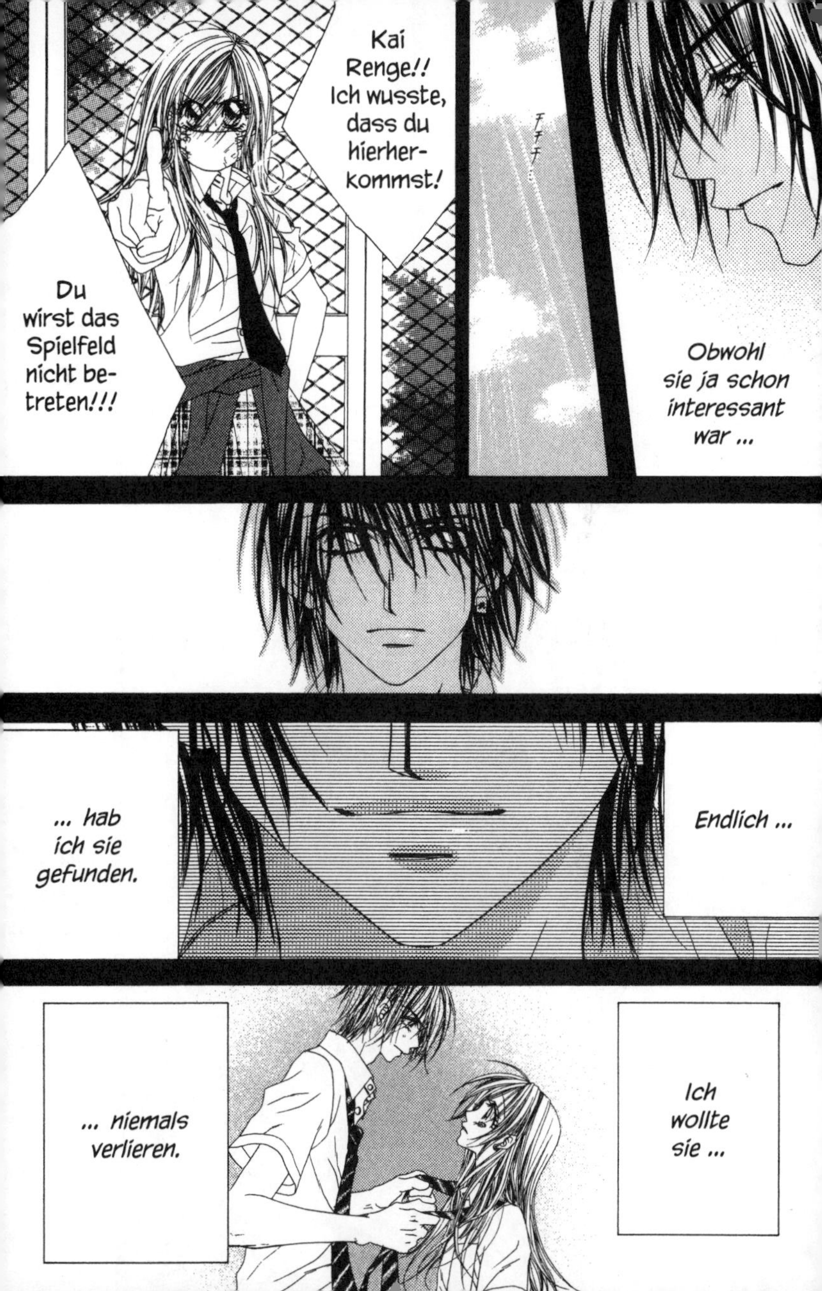
Obwohl sie ja schon interessant war ...
Kai Renge!! Ich wusste, dass du hierher-kommst!
Du wirst das Spielfeld nicht betreten!!!
Endlich ...
... hab ich sie gefunden.
Ich wollte sie ...
... niemals verlieren.

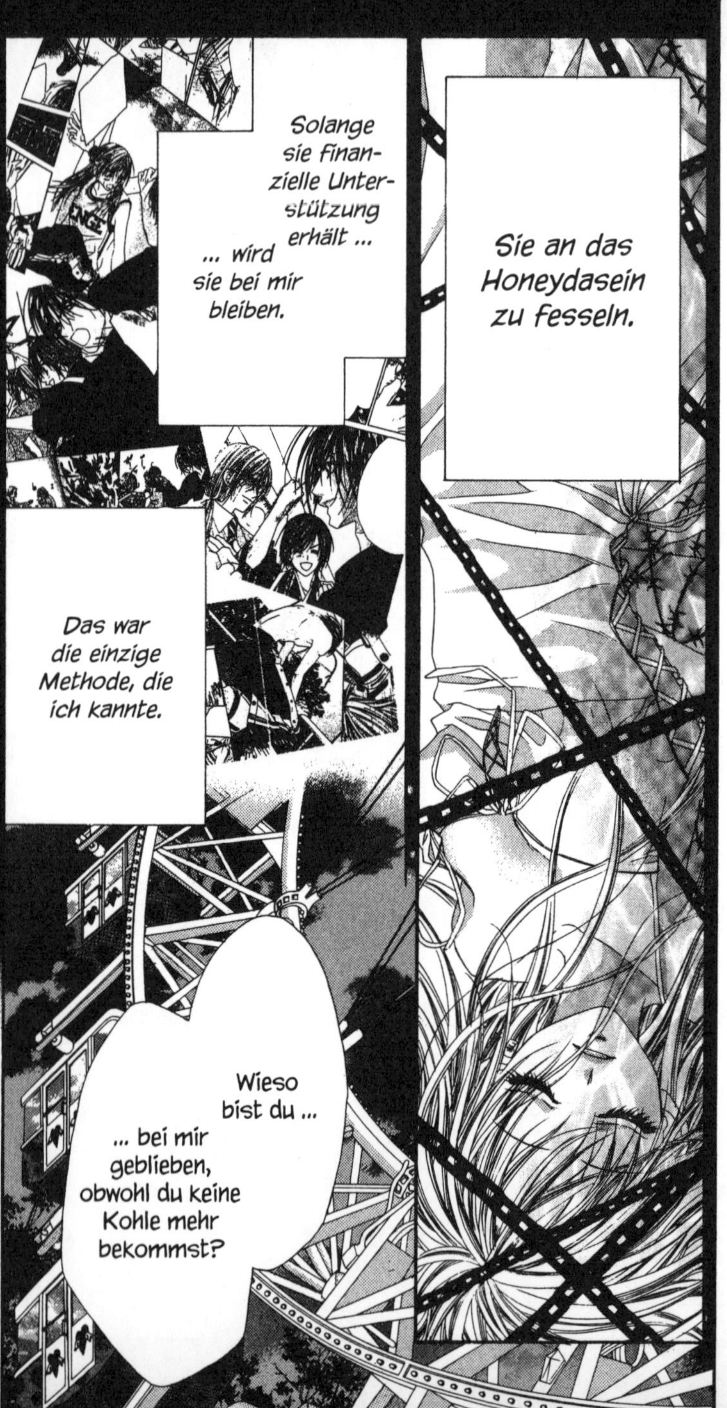

Für mich gab es nur einen Weg ...

... dies zu ermöglichen:

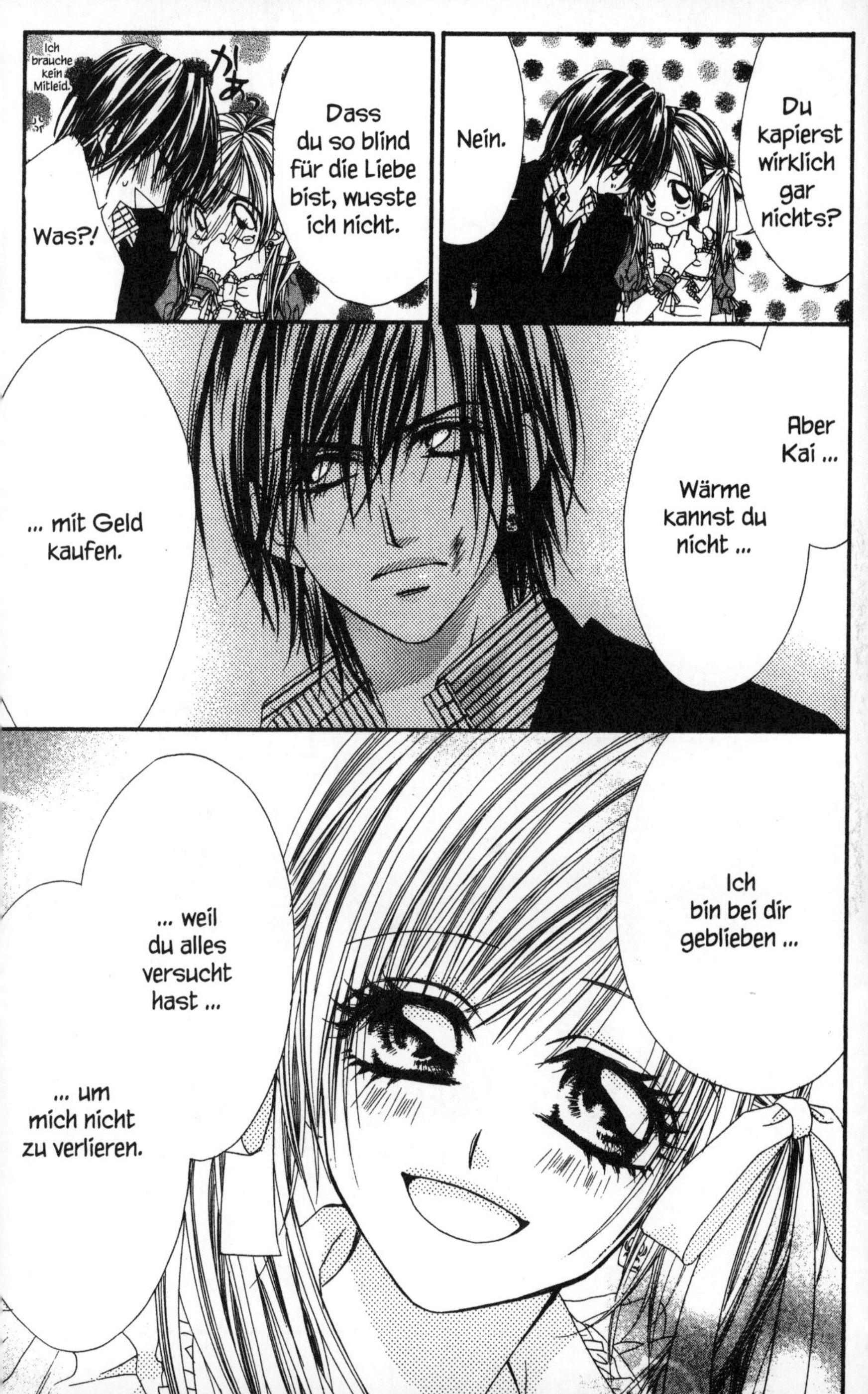
Du kapierst wirklich gar nichts?
Nein.
Dass du so blind für die Liebe bist, wusste ich nicht.
Was?!
Ich brauche kein Mitleid.
Aber Kai ...
Wärme kannst du nicht ...
... mit Geld kaufen.
Ich bin bei dir geblieben ...
... weil du alles versucht hast ...
... um mich nicht zu verlieren.

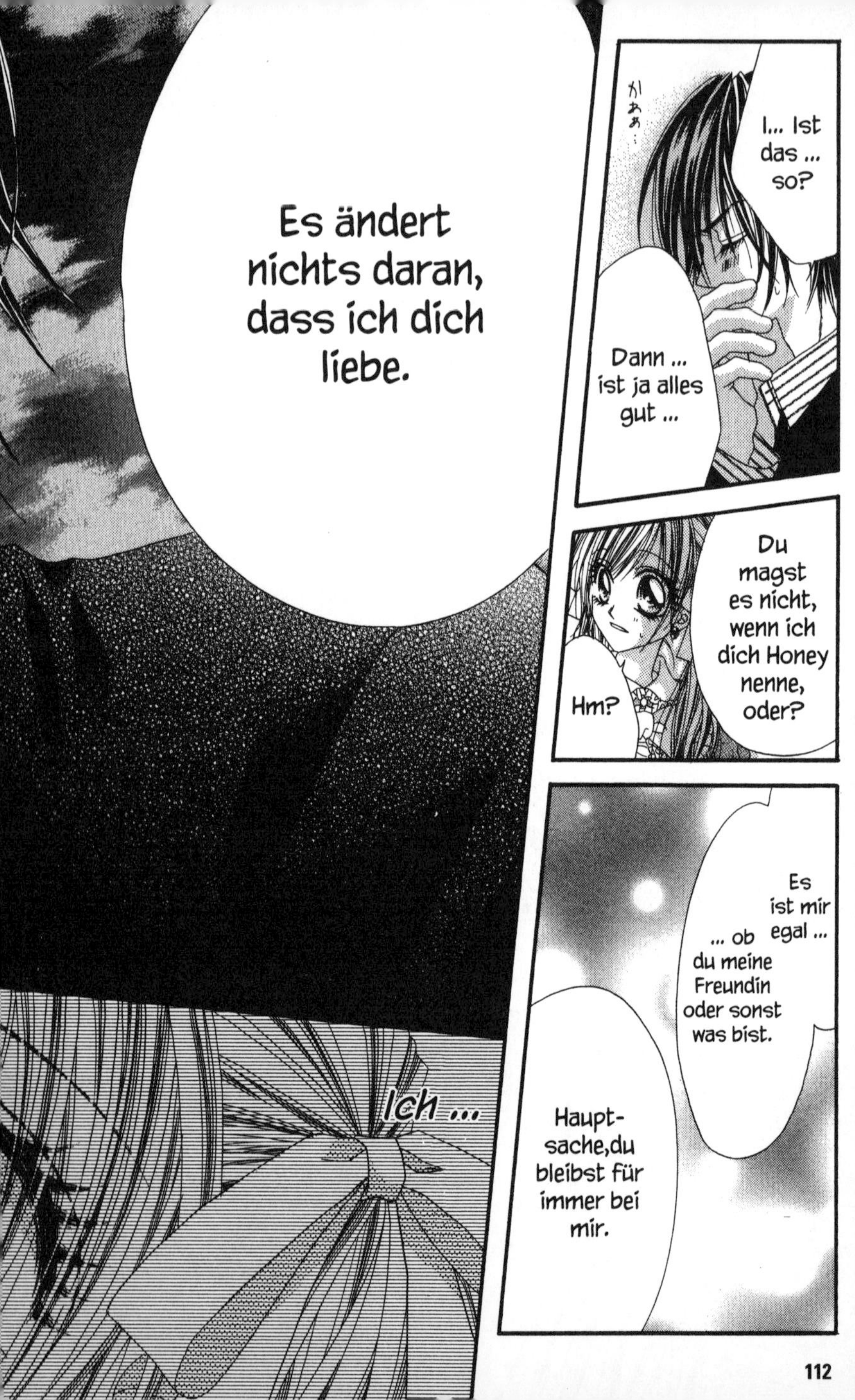
かぁぁ…
I... Ist das ... so?
Dann ... ist ja alles gut ...
Du magst es nicht, wenn ich dich Honey nenne, oder?
Hm?
Es ist mir egal ...
... ob du meine Freundin oder sonst was bist.
Haupt-sache,du bleibst für immer bei mir.
Es ändert nichts daran, dass ich dich liebe.
Ich ...

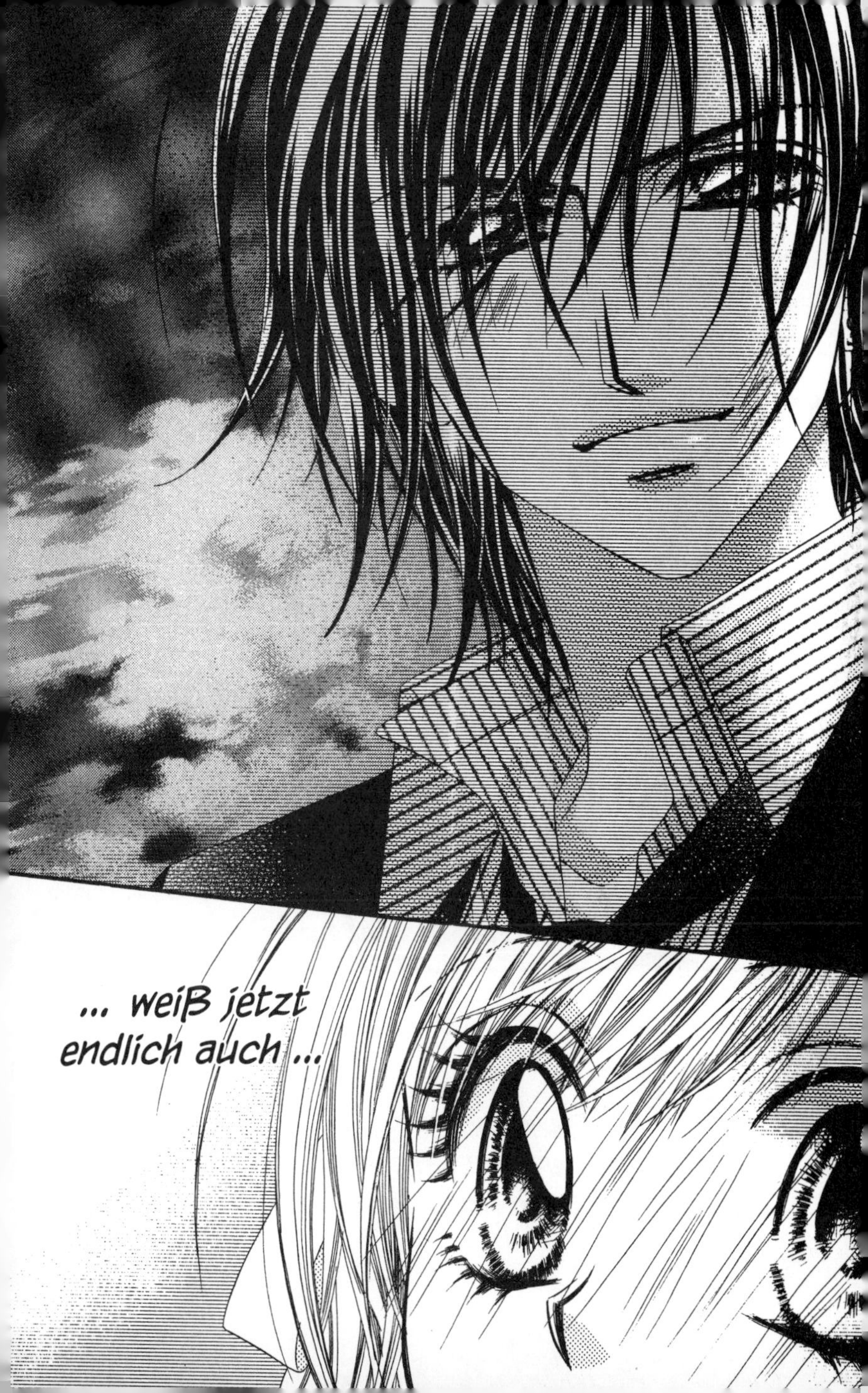
... weiß jetzt
endlich auch ...

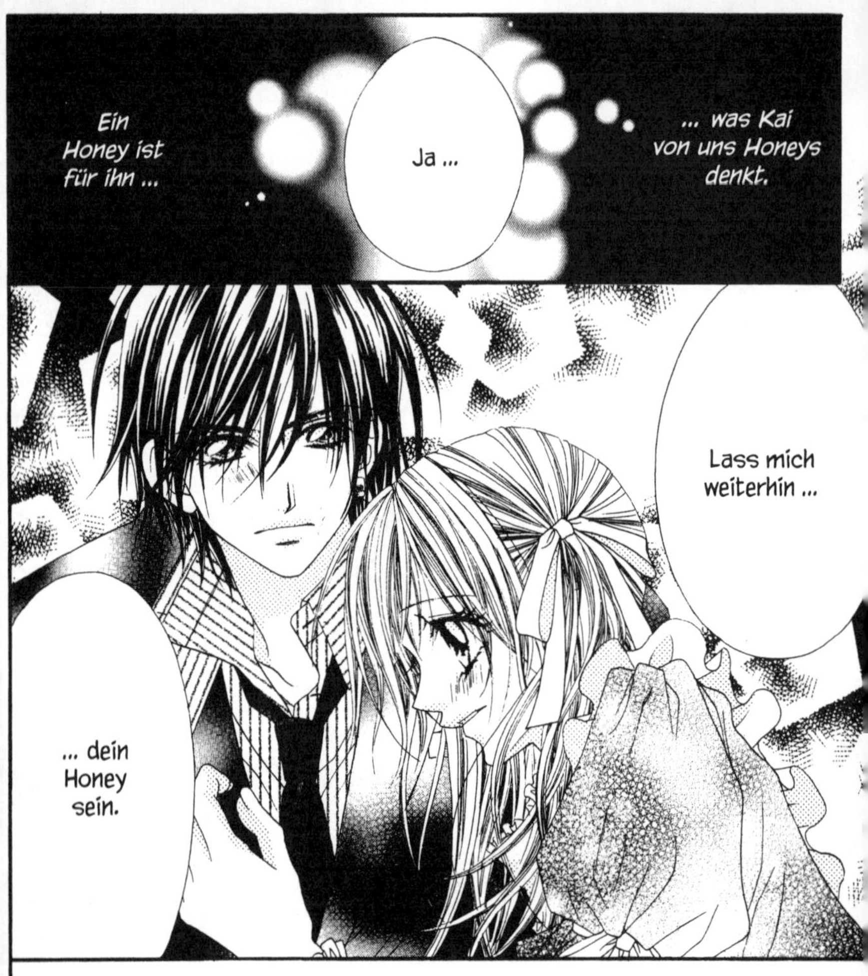

... jemand Besonderes, den er für immer an seiner Seite haben möchte.

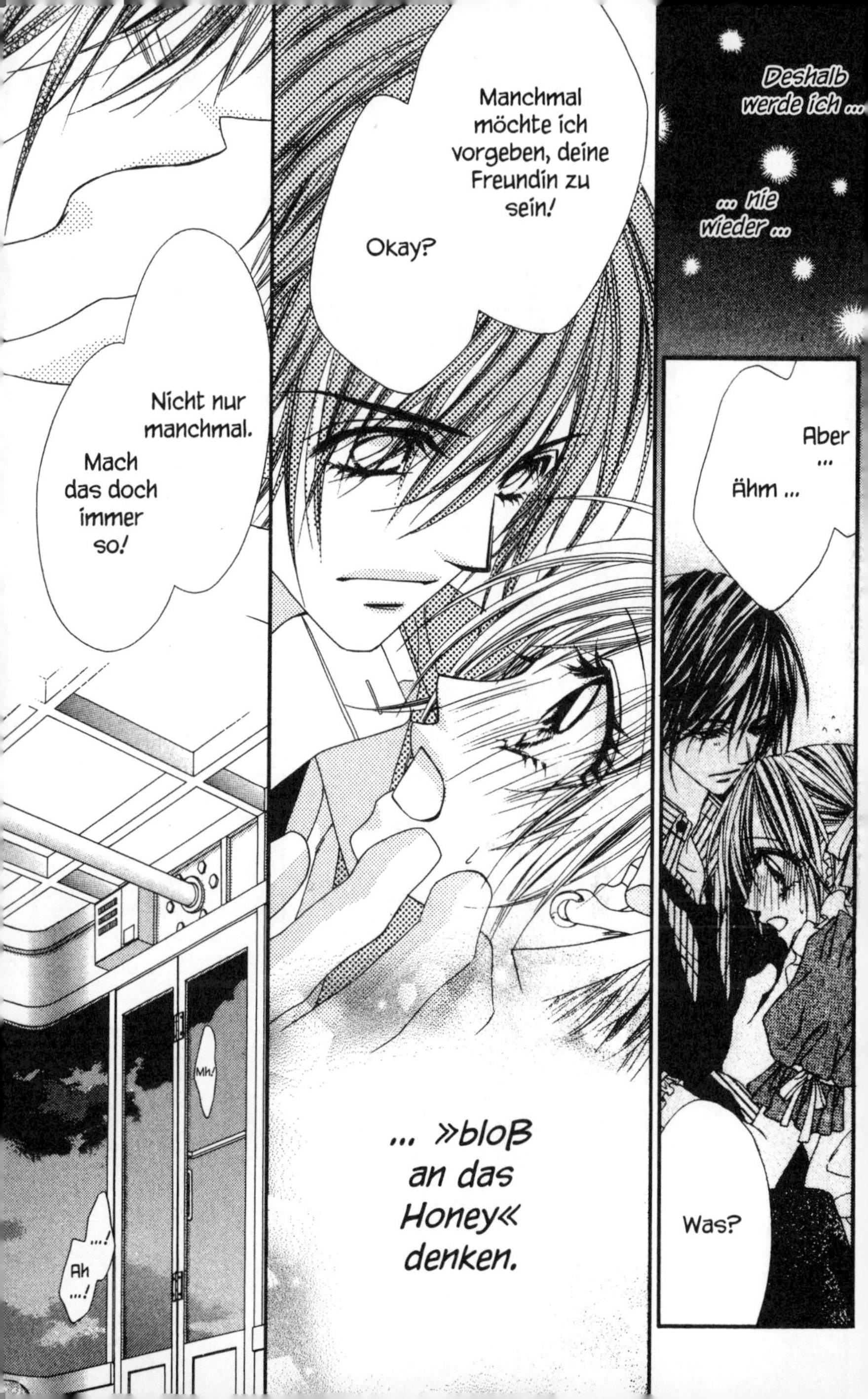

Deshalb werde ich ...
... nie wieder ...
Aber ...
Ähm ...
Was?
Manchmal möchte ich vorgeben, deine Freundin zu sein!
Okay?
... »bloß an das Honey« denken.
Nicht nur manchmal.
Mach das doch immer so!
Mh!
...!
Ah ...!

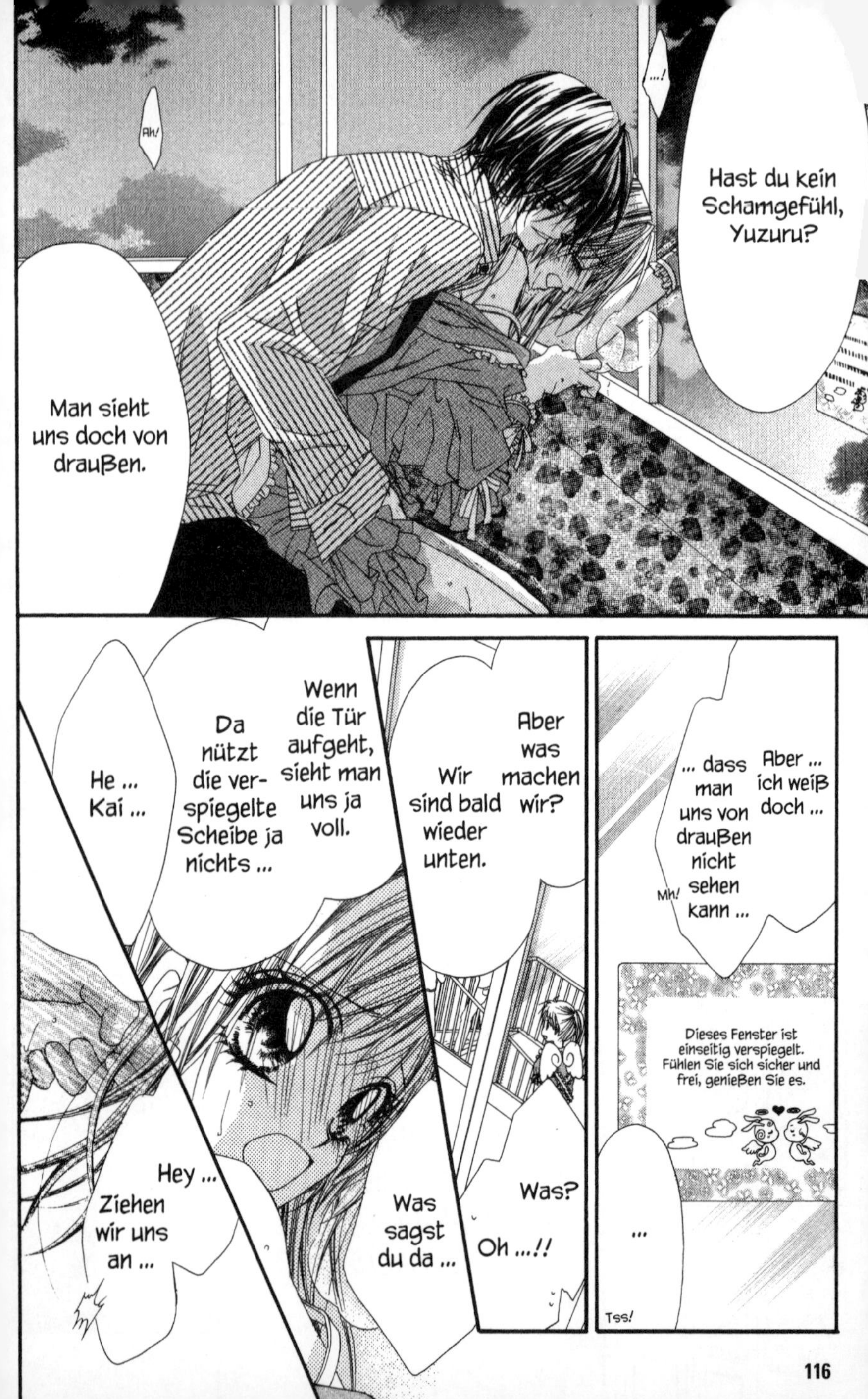

Hast du kein Schamgefühl, Yuzuru?
...!
Ah!
Man sieht uns doch von draußen.
Aber ... ich weiß doch ...
... dass man uns von draußen nicht sehen kann ...
Mh!
Dieses Fenster ist einseitig verspiegelt. Fühlen Sie sich sicher und frei, genießen Sie es.
...
Tss!
Aber was machen wir?
Wir sind bald wieder unten.
Was?
Oh ...!!
Wenn die Tür aufgeht, sieht man uns ja voll.
Da nützt die verspiegelte Scheibe ja nichts ...
He ... Kai ...
Was sagst du da ...
Hey ... Ziehen wir uns an ...

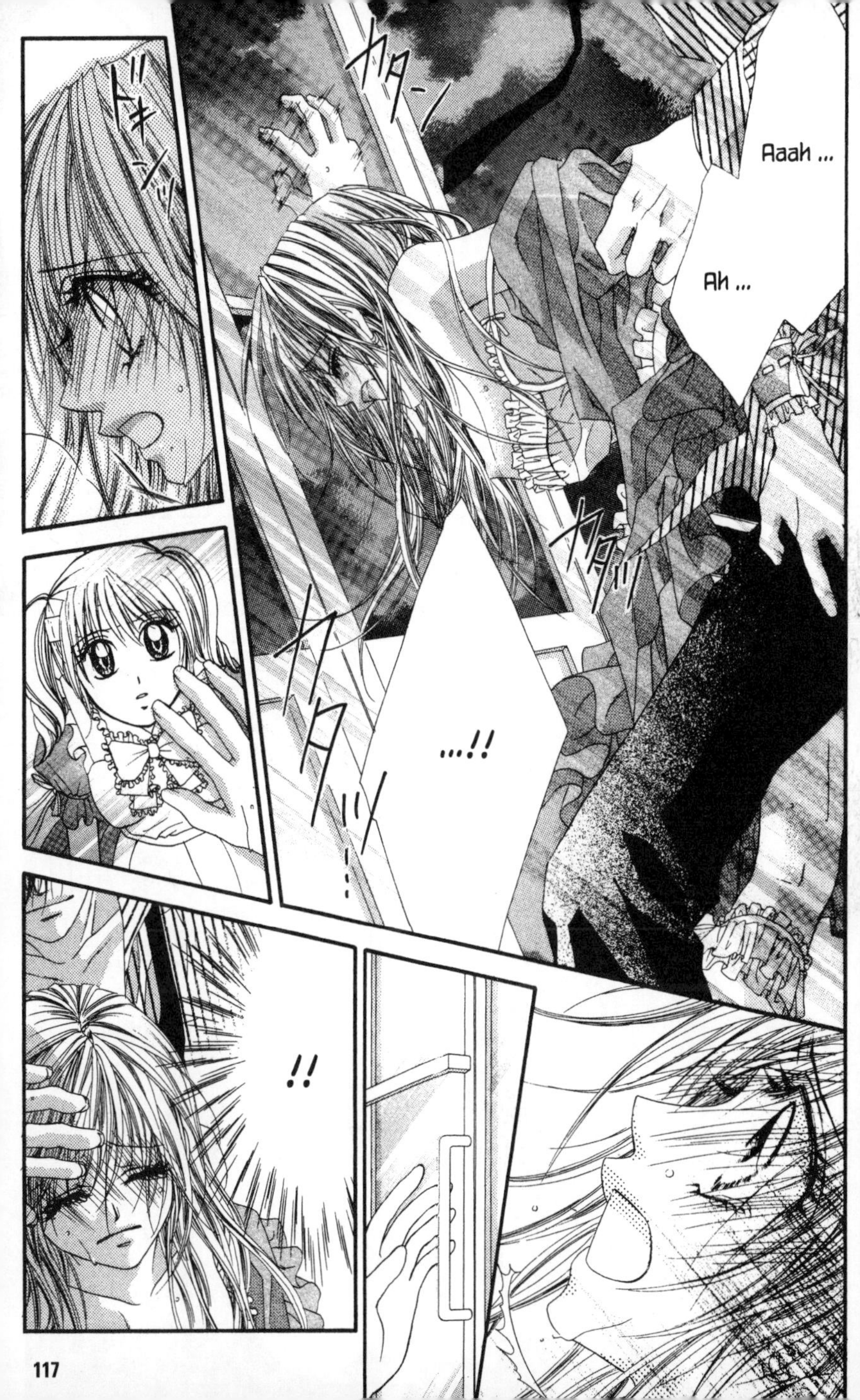

ドキンッ
カターン
Aaah ...
Ah ...
カタッ
カタンッ
...!!
!!

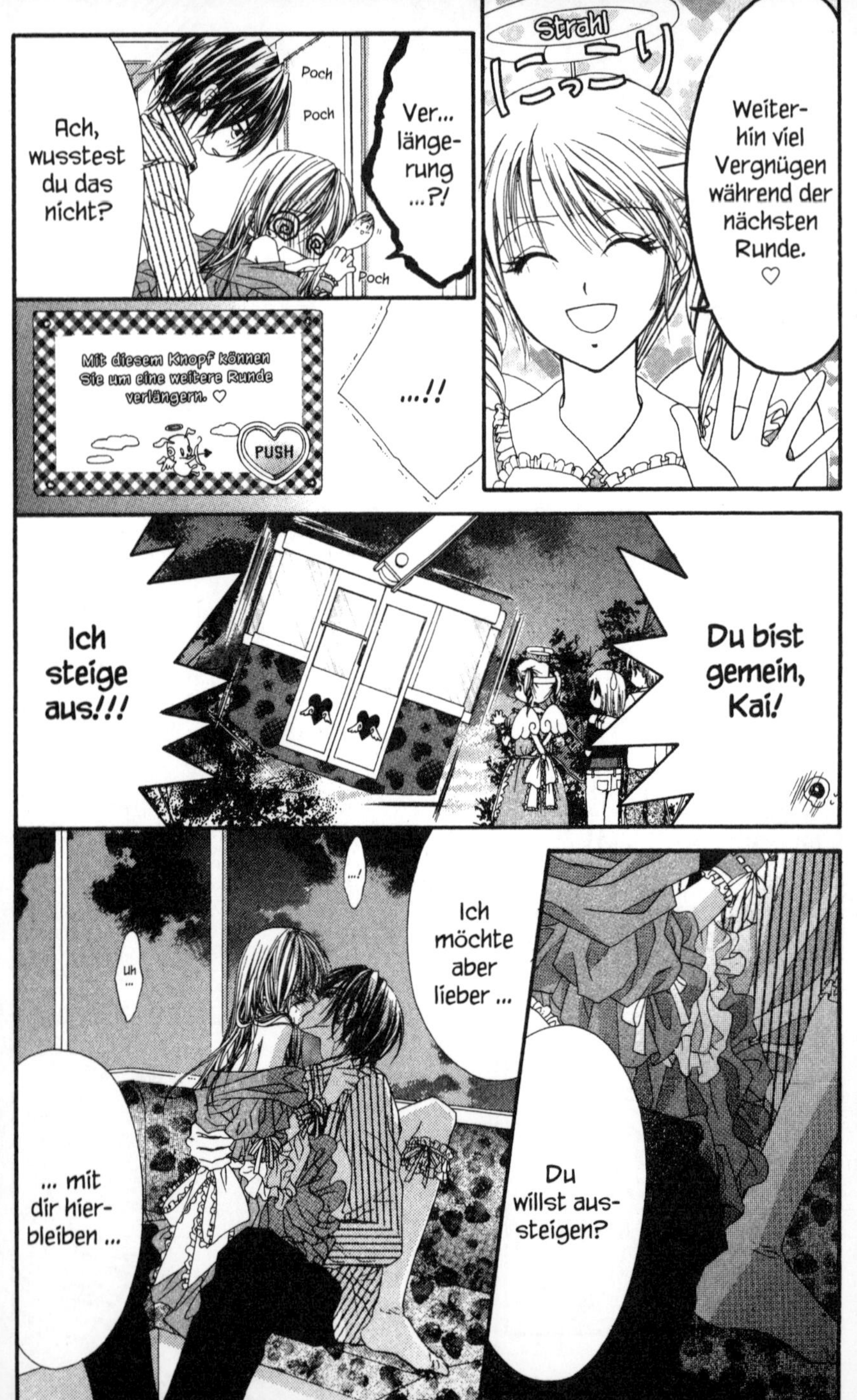
Strahl
Weiterhin viel Vergnügen während der nächsten Runde. ♡
Ver... längerung ...?!
Poch
Poch
Poch
Ach, wusstest du das nicht?
...!!
Mit diesem Knopf können Sie um eine weitere Runde verlängern. ♡
PUSH
Du bist gemein, Kai!
Ich steige aus!!!
Du willst aussteigen?
Ich möchte aber lieber ...
...!
... mit dir hierbleiben ...
Uh ...

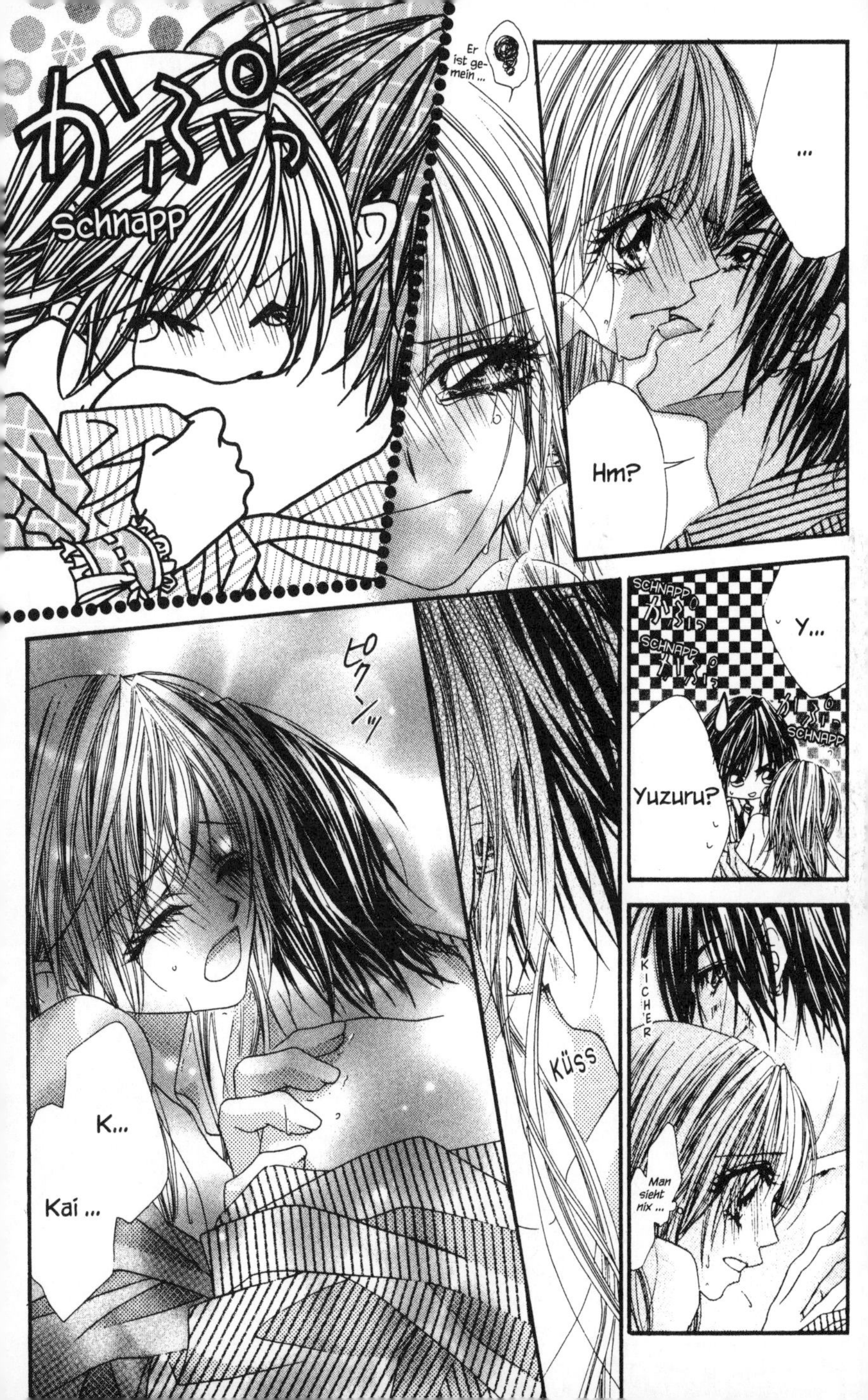
かぷっ
Schnapp
Er ist gemein ...
...
Hm?
Y...
Yuzuru?
SCHNAPP
SCHNAPP
SCHNAPP
ピクーンッ
Küss
K...
Kai ...
KICHER
Man sieht nix ...

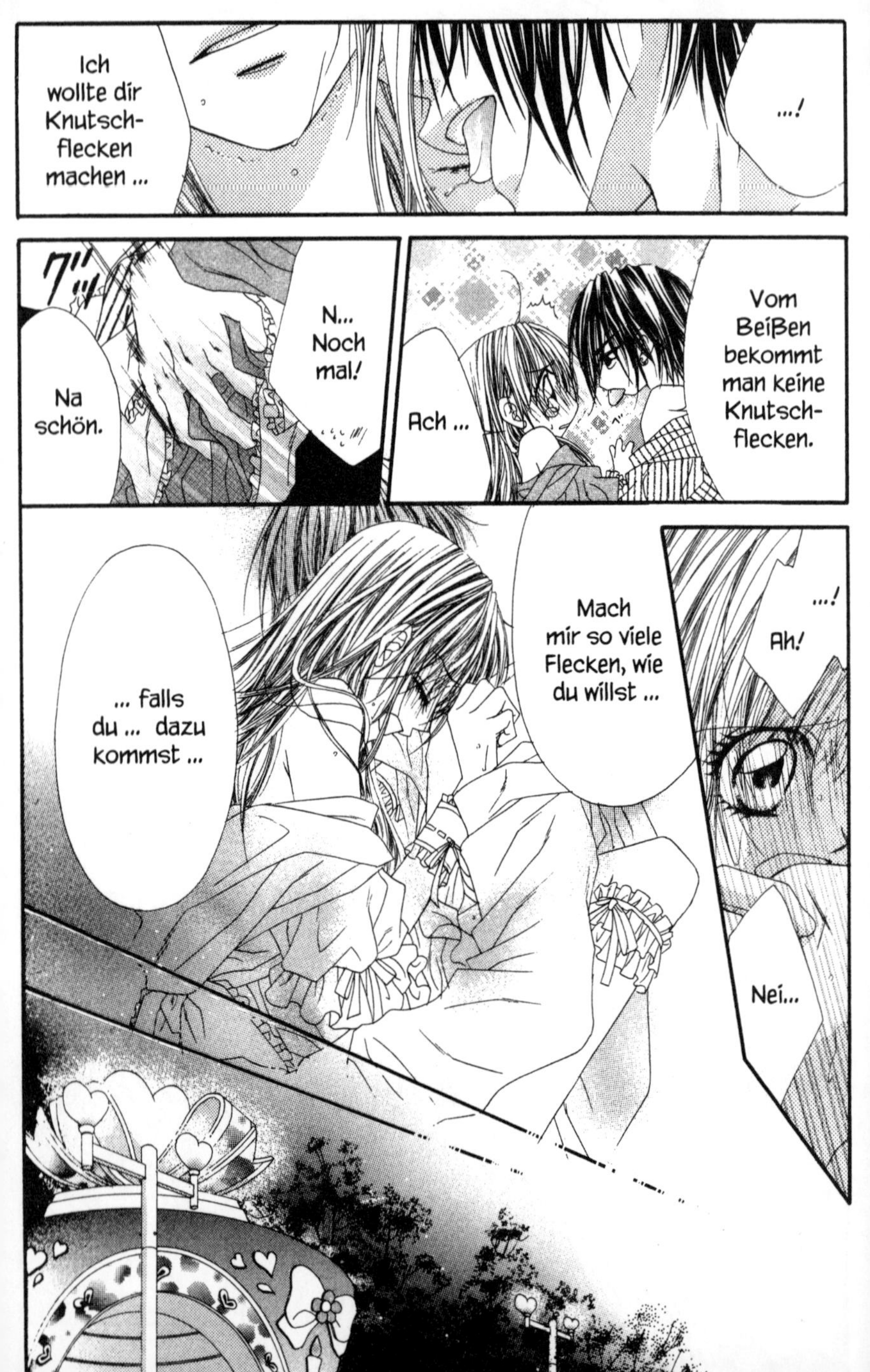
...!
Ich wollte dir Knutschflecken machen ...
N... Noch mal!
Na schön.
Vom Beißen bekommt man keine Knutschflecken.
Ach ...
...!
Ah!
Mach mir so viele Flecken, wie du willst ...
... falls du ... dazu kommst ...
Nei...

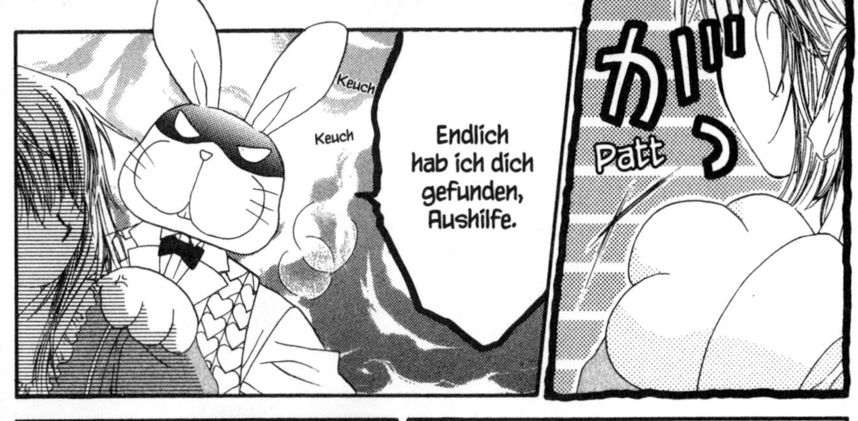
Patt
Keuch
Keuch
Endlich hab ich dich gefunden, Aushilfe.

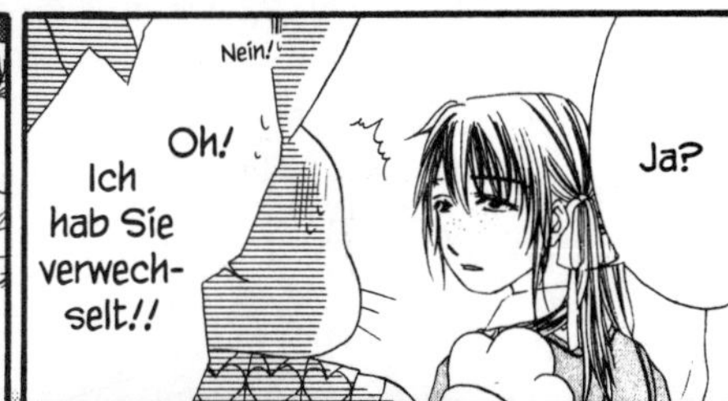
Ja?
Nein!
Oh!
Ich hab Sie verwechselt!!

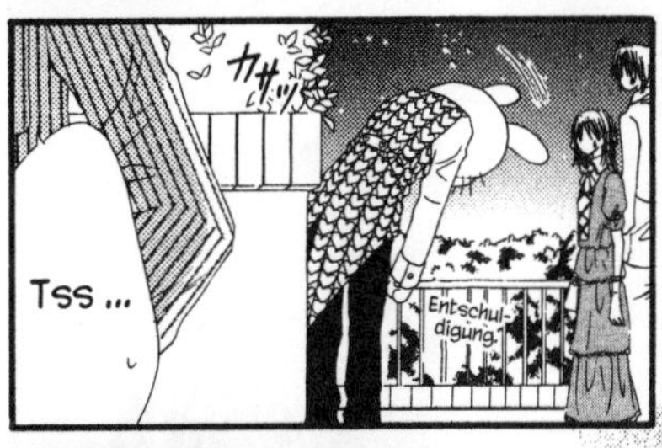
Entschuldigung.
Tss ...

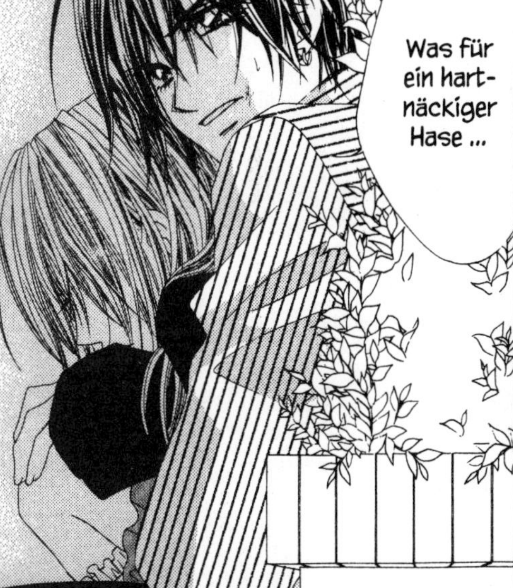
Was für ein hartnäckiger Hase ...

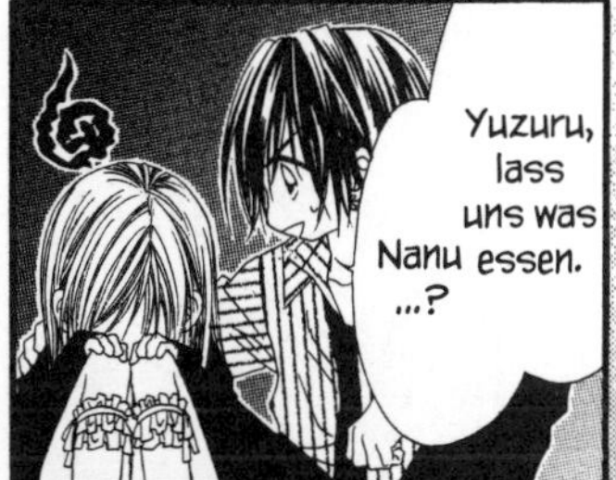
Yuzuru, lass uns was essen.
Nanu ...?

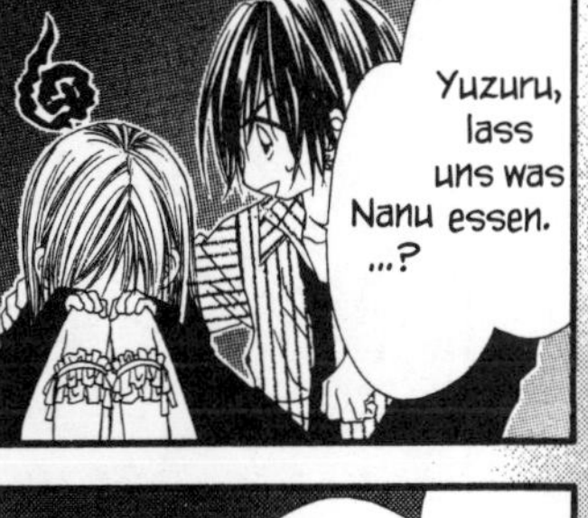
Ärgerst du dich immer noch?
Knutschflecken kannst du mir doch ein andermal machen.
Aber ...

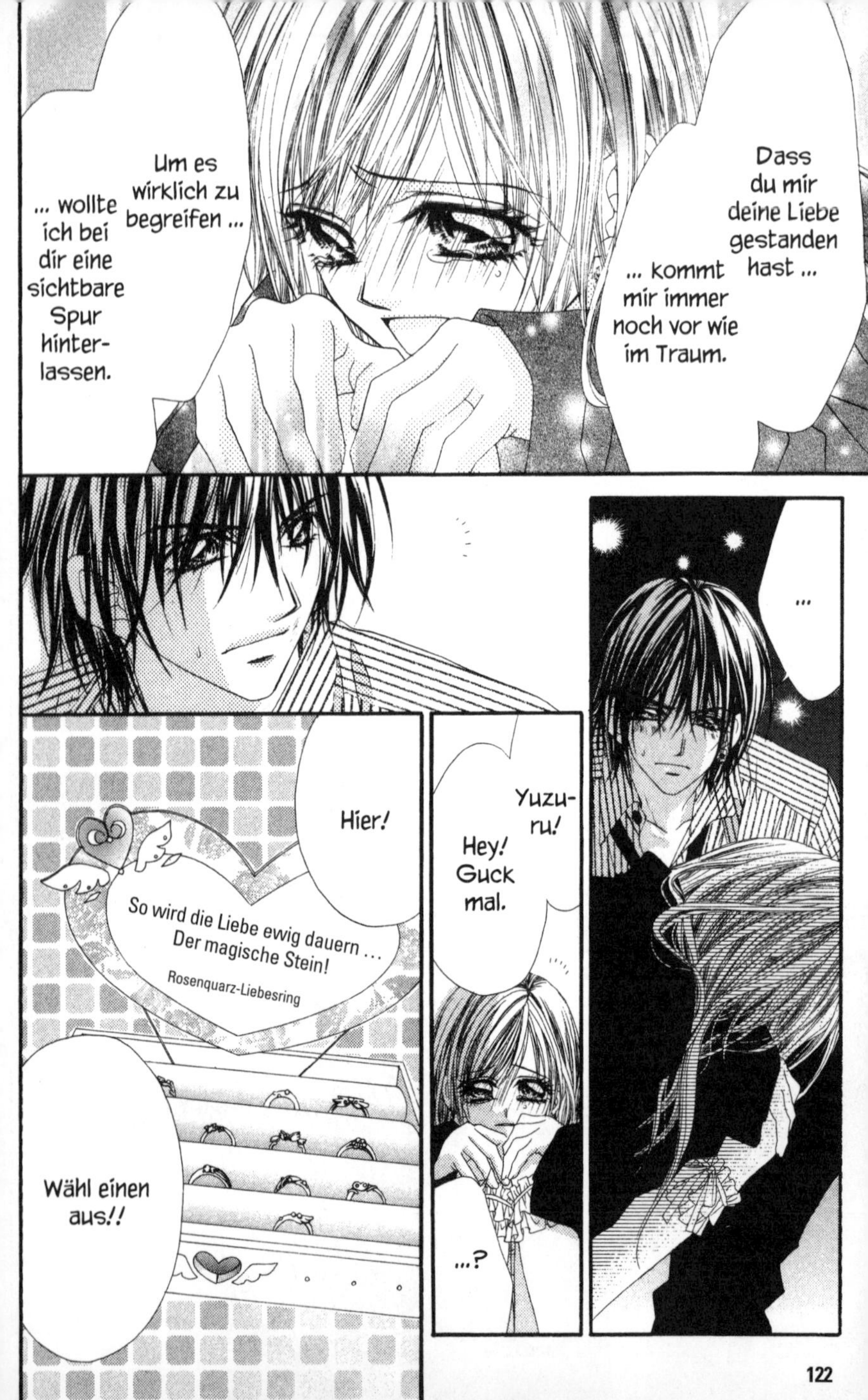
Dass du mir deine Liebe gestanden hast ...
... kommt mir immer noch vor wie im Traum.
Um es wirklich zu begreifen ...
... wollte ich bei dir eine sichtbare Spur hinter-lassen.
...
Yuzu-ru!
Hey! Guck mal.
...?
Hier!
So wird die Liebe ewig dauern ... Der magische Stein!
Rosenquarz-Liebesring
Wähl einen aus!!

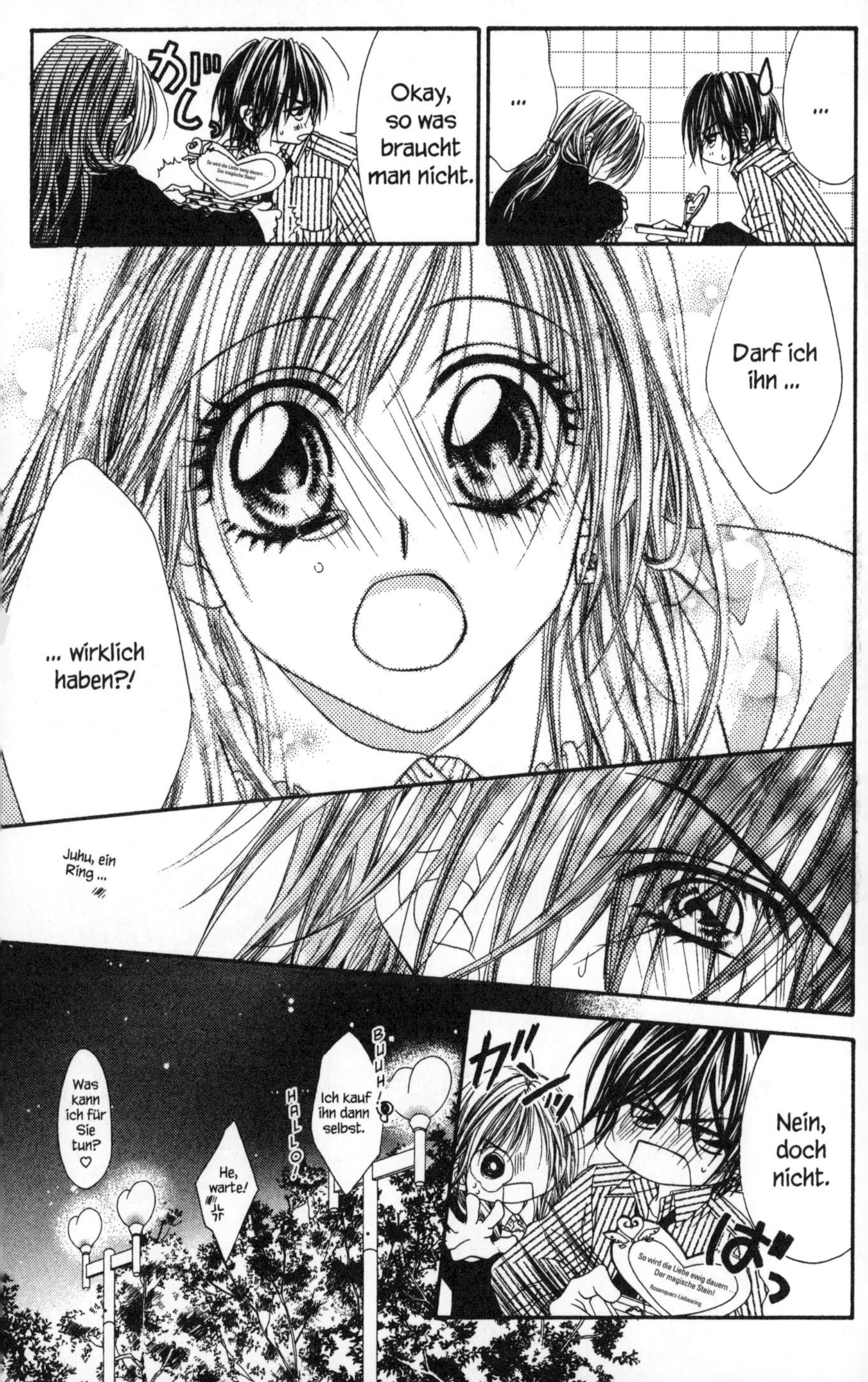
...
...
Okay, so was braucht man nicht.
So wird die Liebe ewig dauern ... Der magische Stein!
Rosenquarz-Liebesring
Darf ich ihn ...
... wirklich haben?!
Juhu, ein Ring ...
Nein, doch nicht.
So wird die Liebe ewig dauern ... Der magische Stein!
Rosenquarz-Liebesring
BUUH!
Ich kauf ihn dann selbst.
HALLO!
He, warte!
Was kann ich für Sie tun? ♡

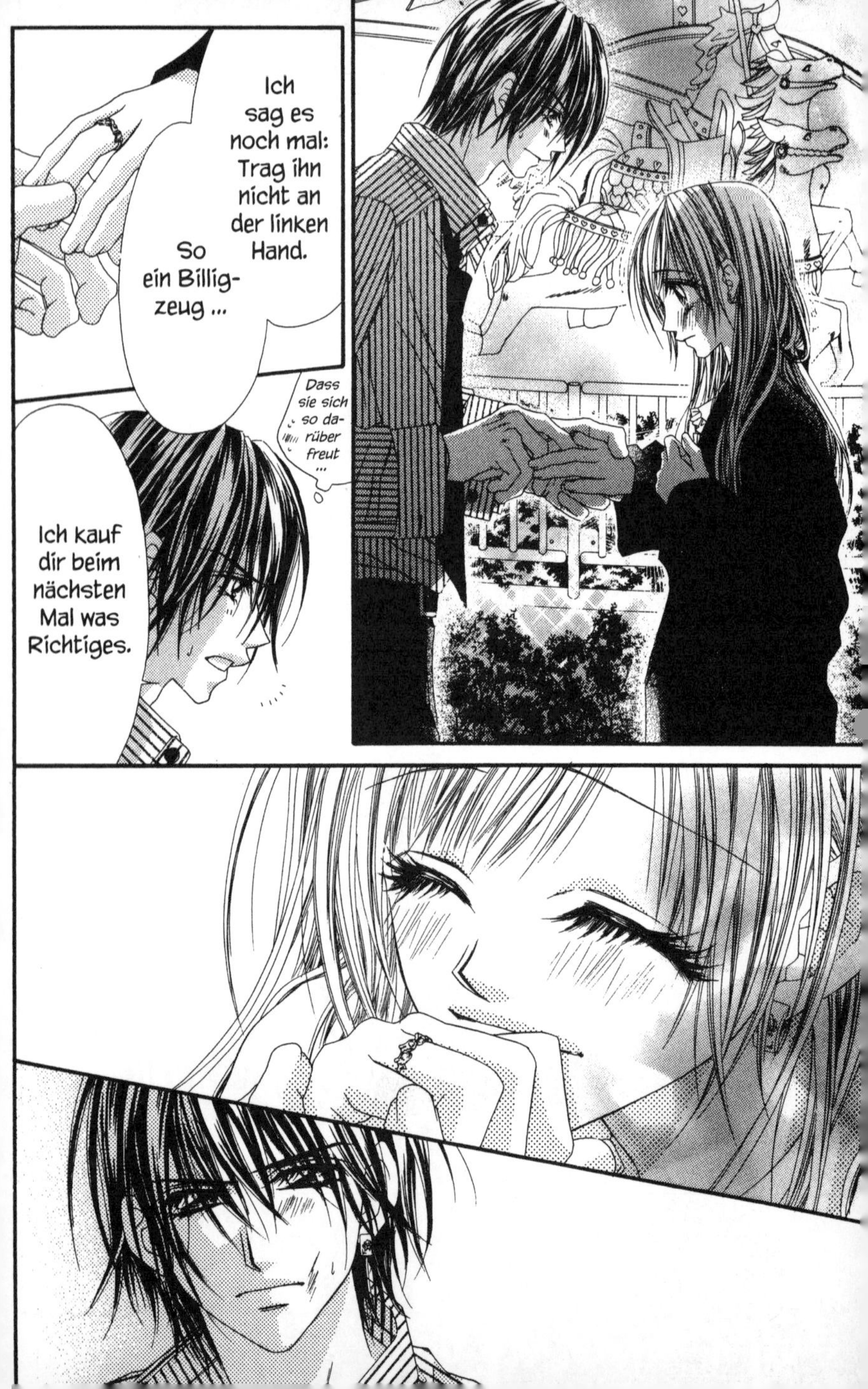
Ich sag es noch mal: Trag ihn nicht an der linken Hand.
So ein Billig-zeug ...
Dass sie sich so da-rüber freut ...
Ich kauf dir beim nächsten Mal was Richtiges.

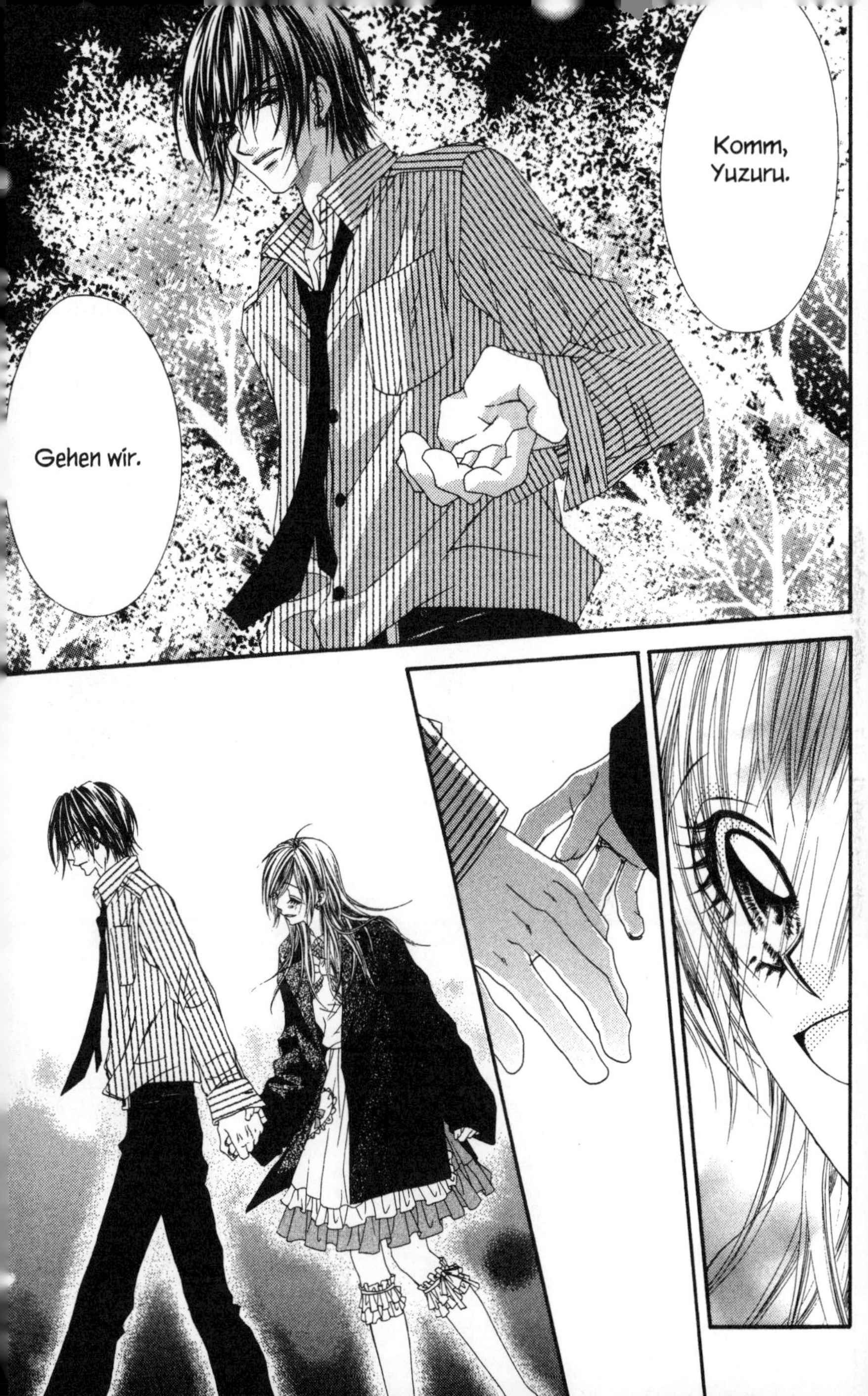
Komm, Yuzuru.
Gehen wir.

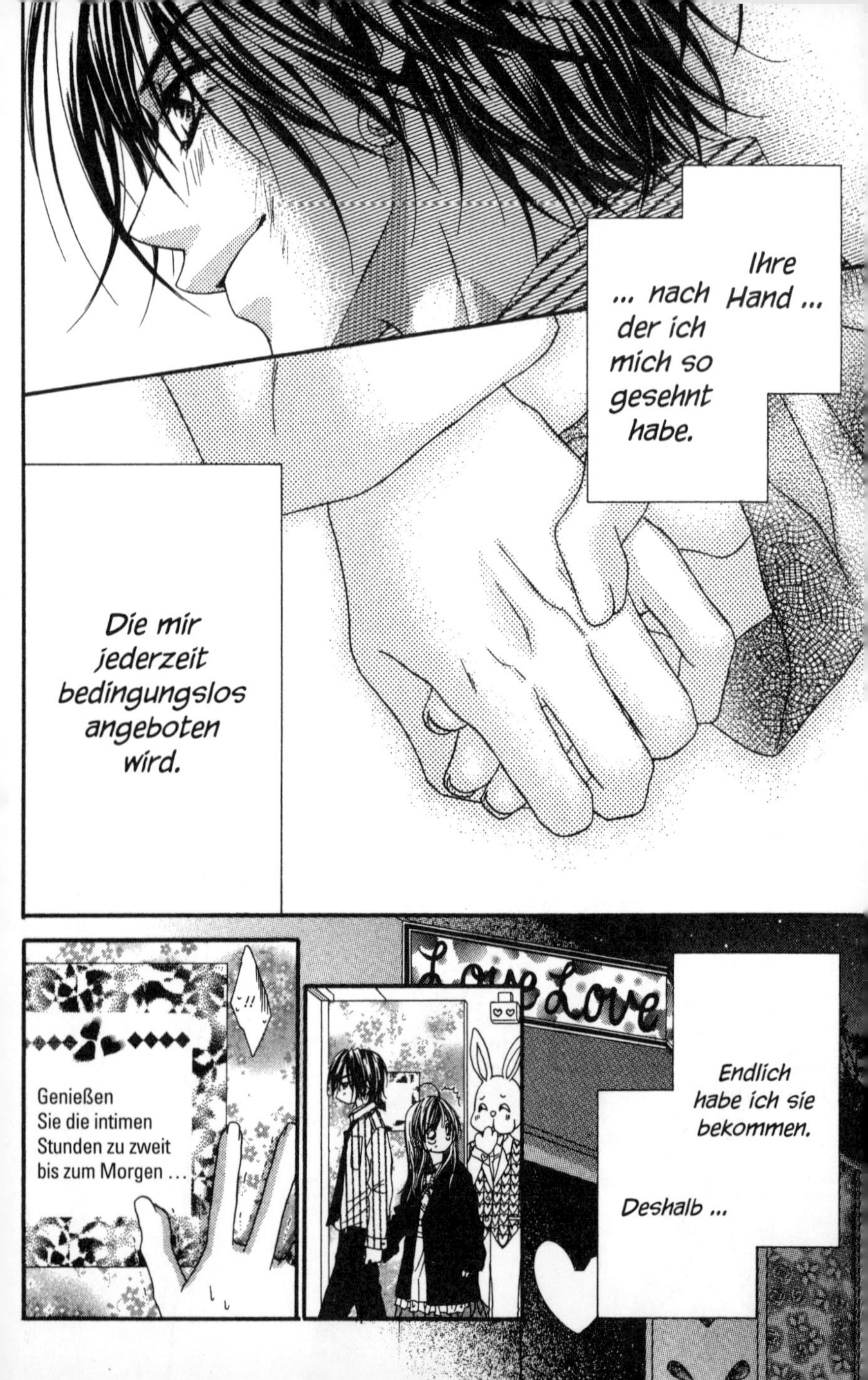
Ihre Hand ...
... nach der ich mich so gesehnt habe.
Die mir jederzeit bedingungslos angeboten wird.
Endlich habe ich sie bekommen.
Deshalb ...
Love Love
!!
Genießen Sie die intimen Stunden zu zweit bis zum Morgen ...

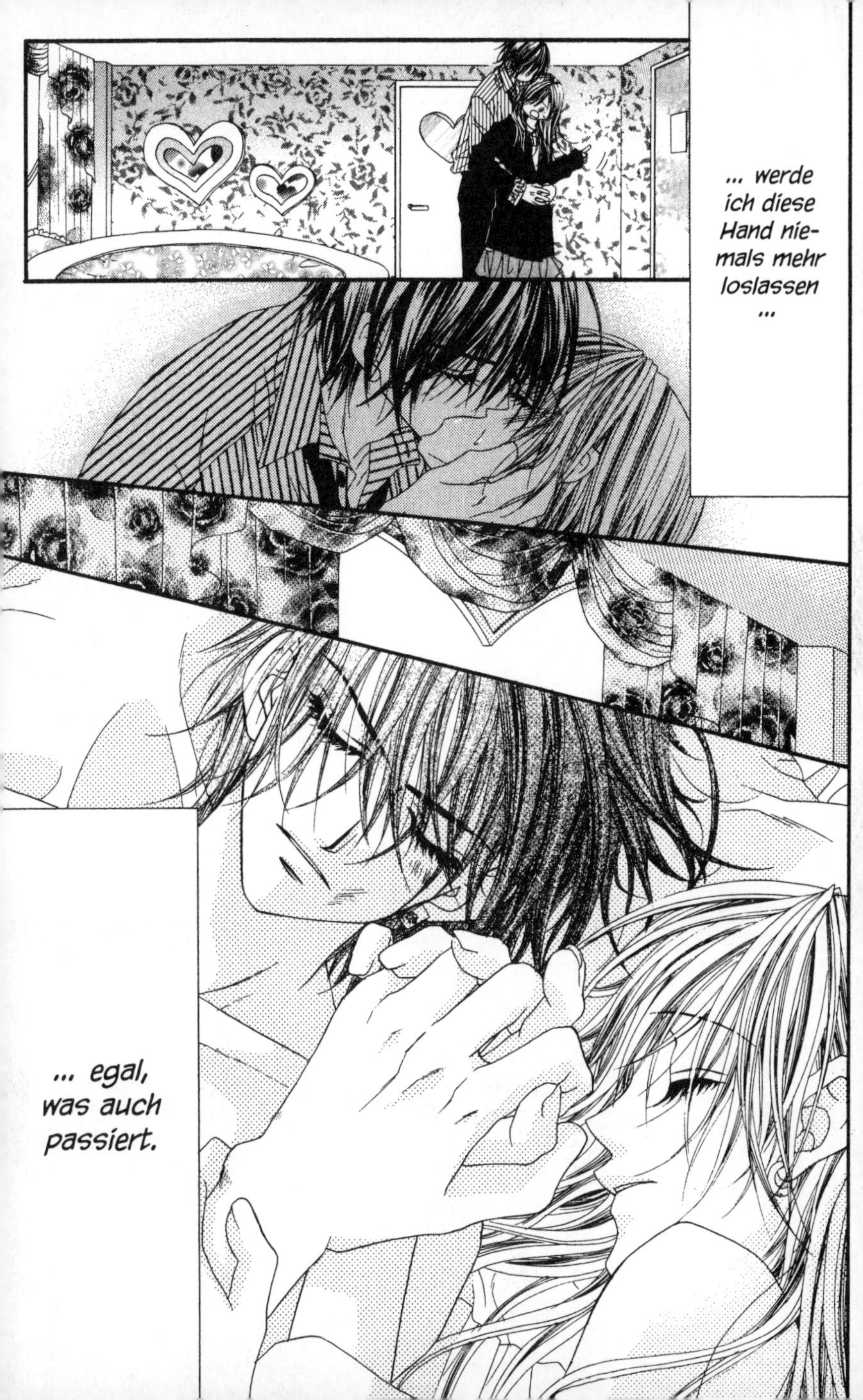
... werde ich diese Hand nie-mals mehr loslassen ...
... egal, was auch passiert.

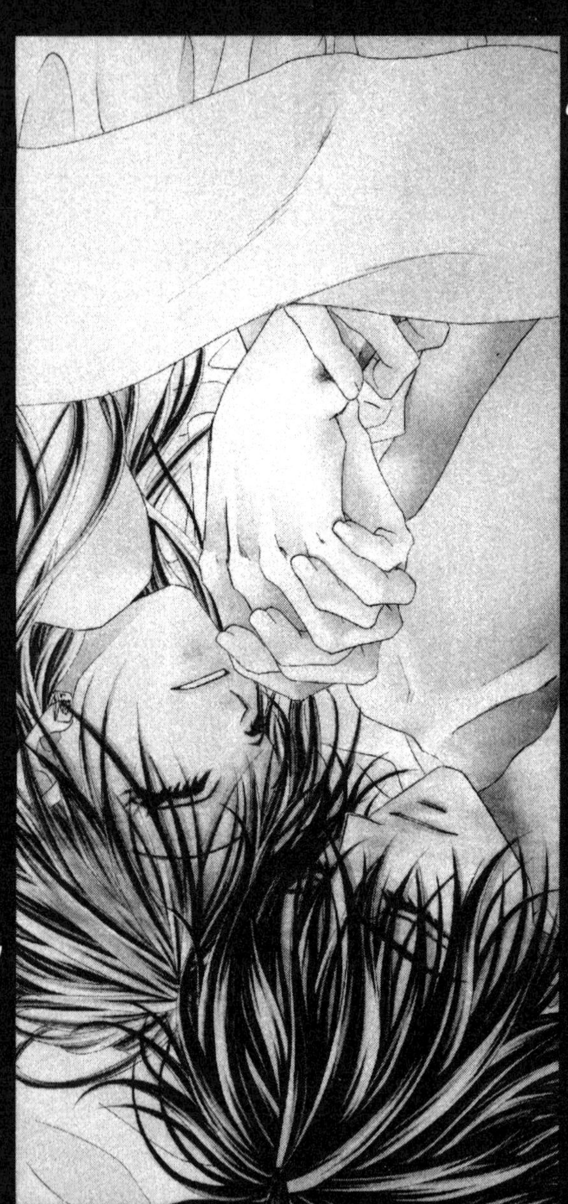
Deshalb werde ich diese Hand niemals mehr los- lassen ...
... egal, was auch passiert.

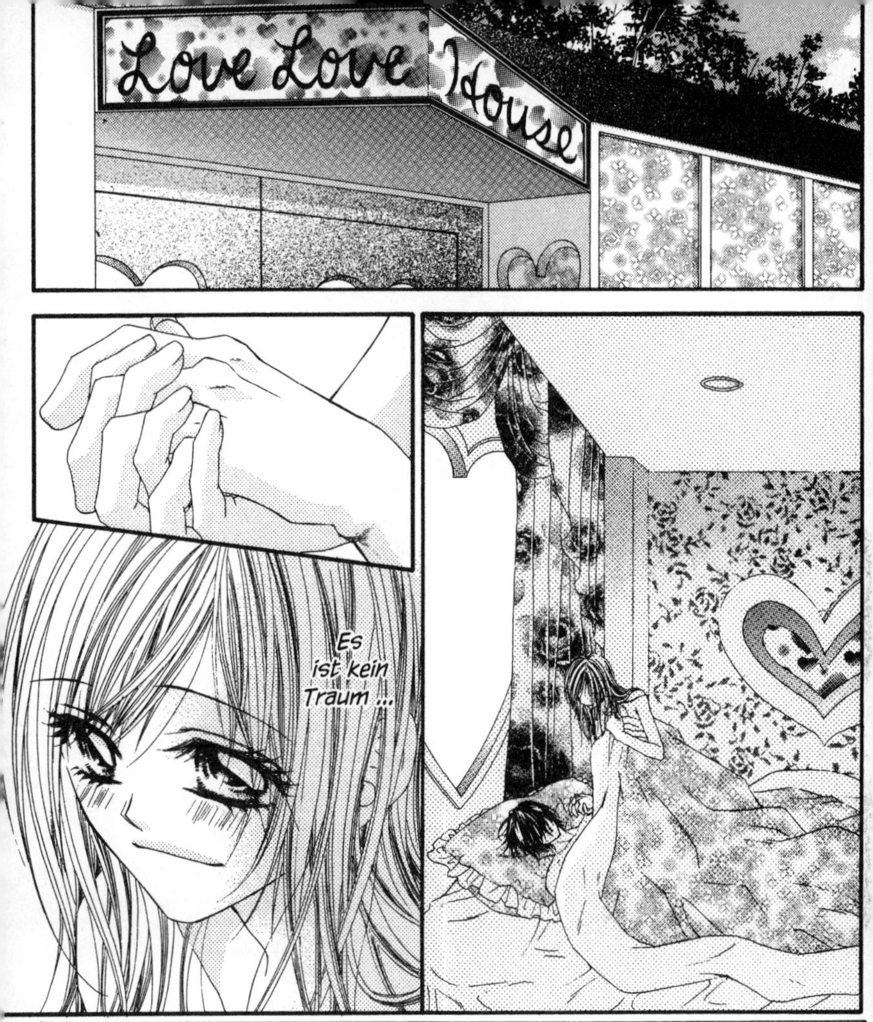

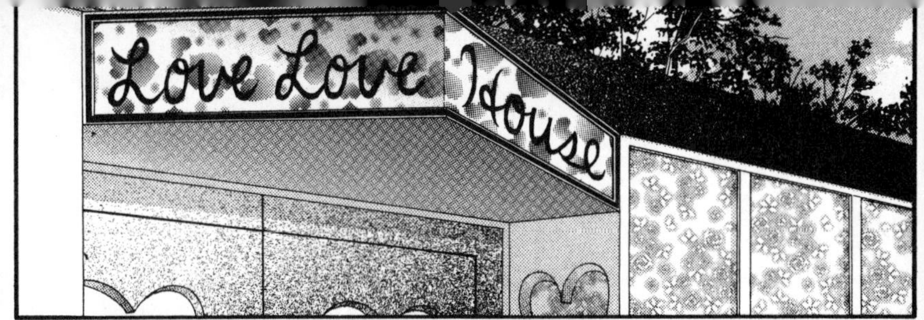

Es ist kein Traum ...

9

Ha ha! In dieser Folge muss man sich fragen, ob man Kai noch liebenswerter finden oder desillusioniert von ihm sein soll. Der verwöhnte Prinz jobbt! Die Schürze vom Supermarkt an ihm zu sehen, tut schon fast weh. (*lach*)

Natürlich hilft er auch im *Love-Lovers-Park* aus. Beim Zeichnen von Kai im Pandakostüm musste ich mir das Lachen verkneifen.

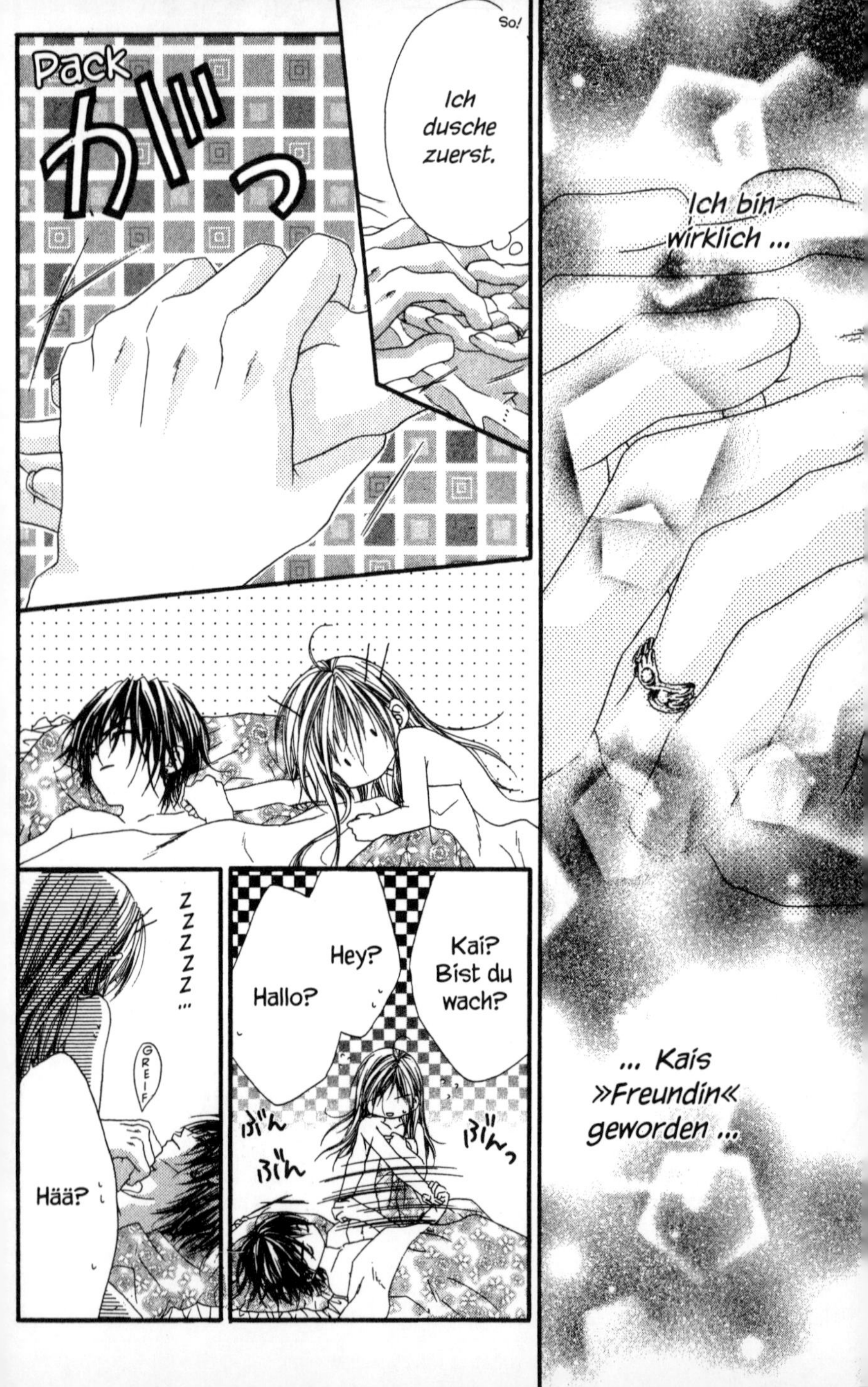

Ich bin wirklich ...
... Kais »Freundin« geworden ...
So!
Ich dusche zuerst.
Pack
わじっ
Kai? Bist du wach?
Hey?
Hallo?
ぶん
ぶん
ぶんっ
ZZZZZ ...
GREIF
Hää?

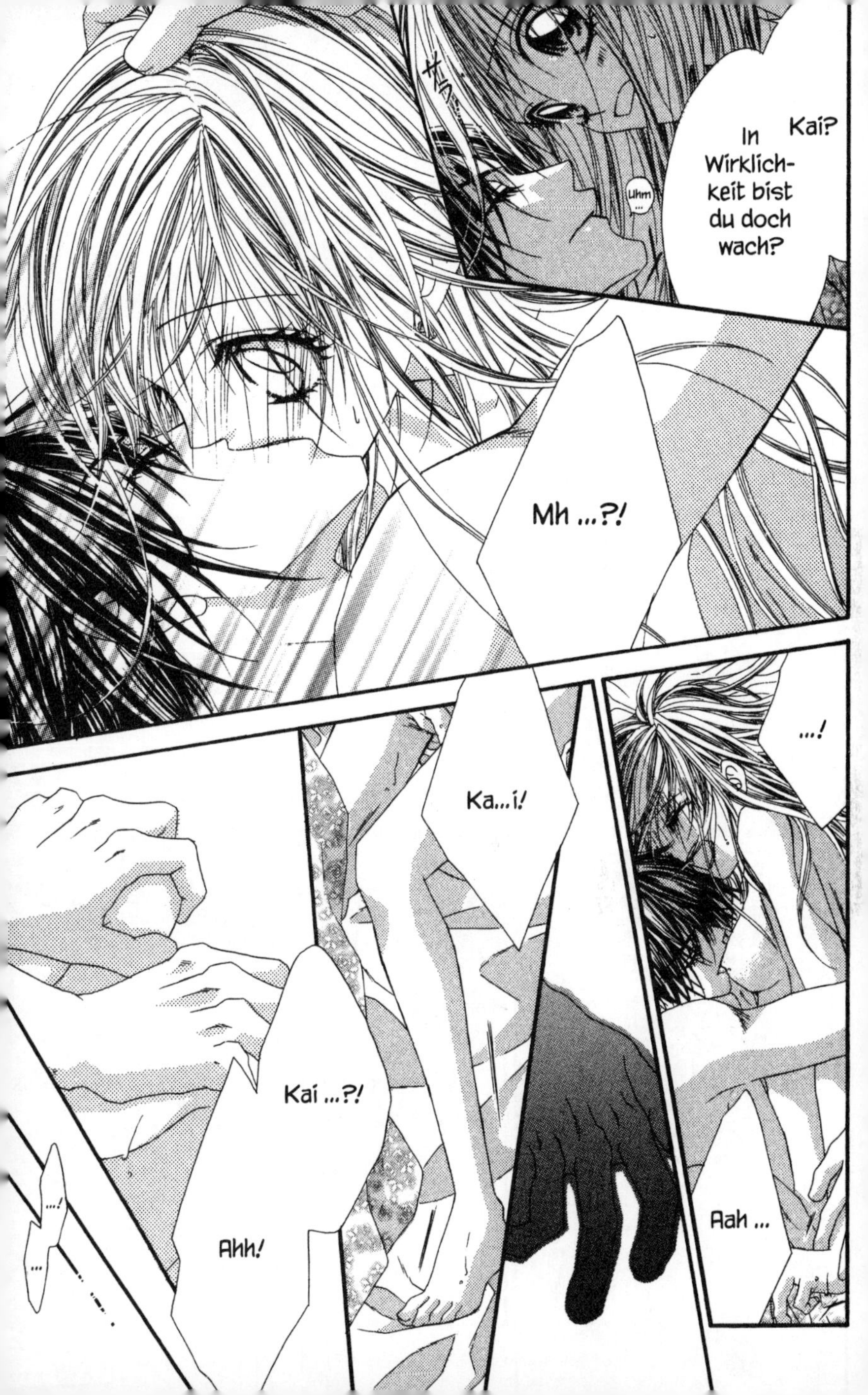
Kai?
In Wirklichkeit bist du doch wach?
Uhm ...
Mh ...?!
...!
Ka...i!
Aah ...
Kai ...?!
Ahh!
...!
...

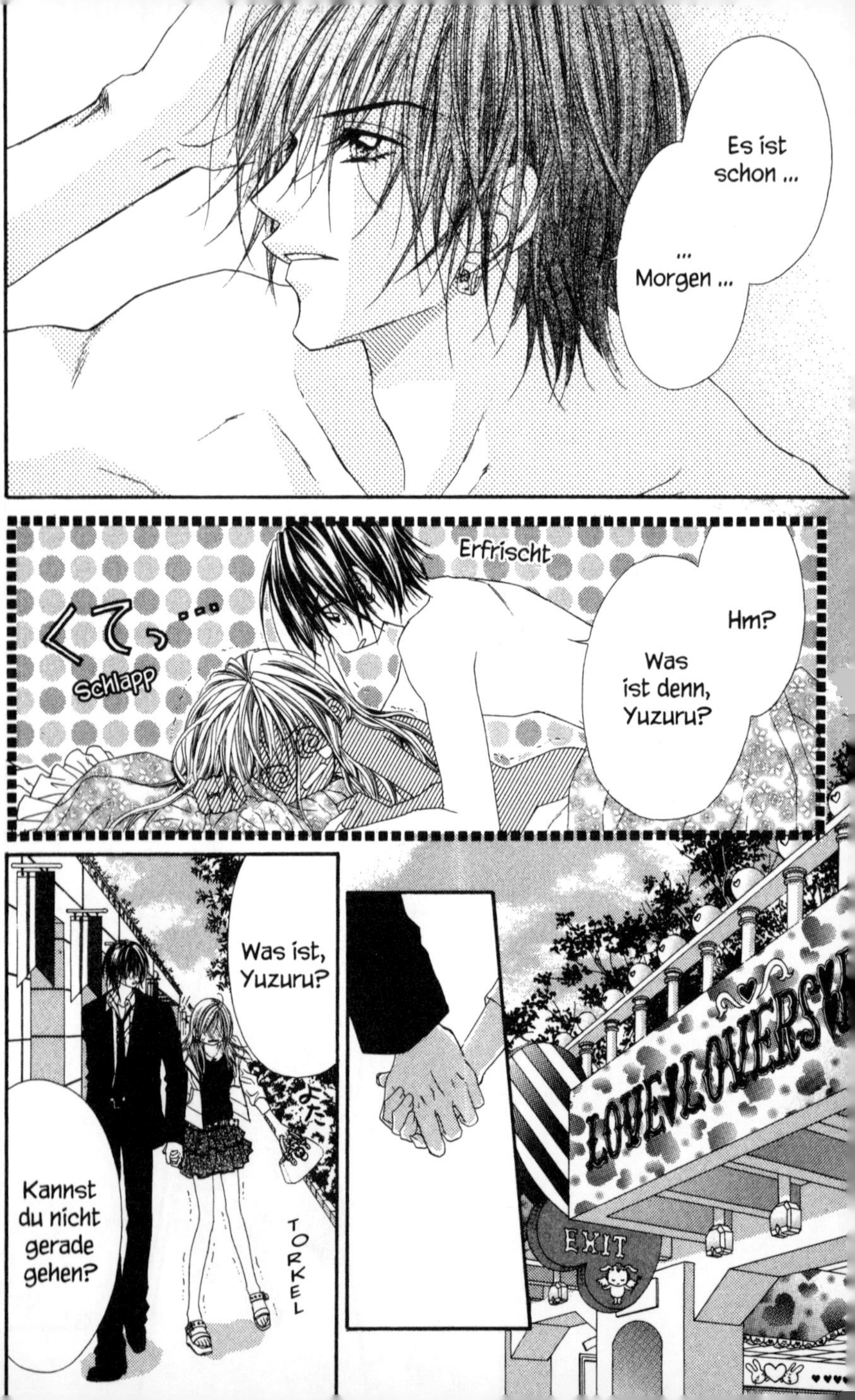

Es ist schon ...

... Morgen ...

Hm?

Was ist denn, Yuzuru?

Erfrischt

くてっ…

Schlapp

EXIT

Was ist, Yuzuru?

よた

TORKEL

Kannst du nicht gerade gehen?

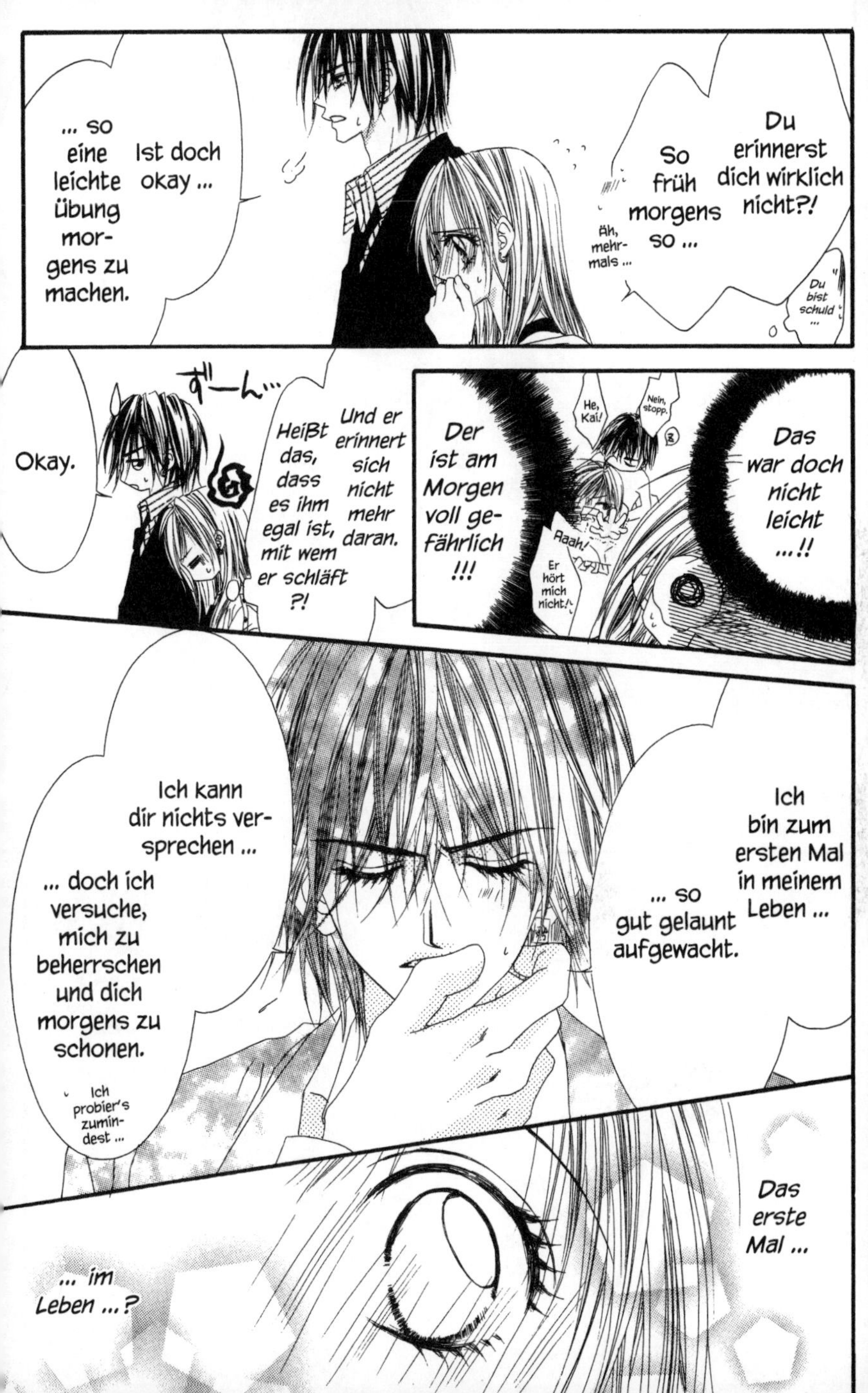
Du erinnerst dich wirklich nicht?!
So früh morgens so ...
Äh, mehr-mals ...
Du bist schuld ...
Ist doch okay ...
... so eine leichte Übung morgens zu machen.
Das war doch nicht leicht ...!!
Der ist am Morgen voll ge-fährlich !!!
Nein, stopp.
He, Kai!
Aaah!
Er hört mich nicht!
ずーん…
Und er erinnert sich nicht mehr daran.
Heißt das, dass es ihm egal ist, mit wem er schläft ?!
Okay.
Ich bin zum ersten Mal in meinem Leben ...
... so gut gelaunt aufgewacht.
Ich kann dir nichts ver-sprechen ...
... doch ich versuche, mich zu beherrschen und dich morgens zu schonen.
Ich probier's zumin-dest ...
Das erste Mal ...
... im Leben ...?

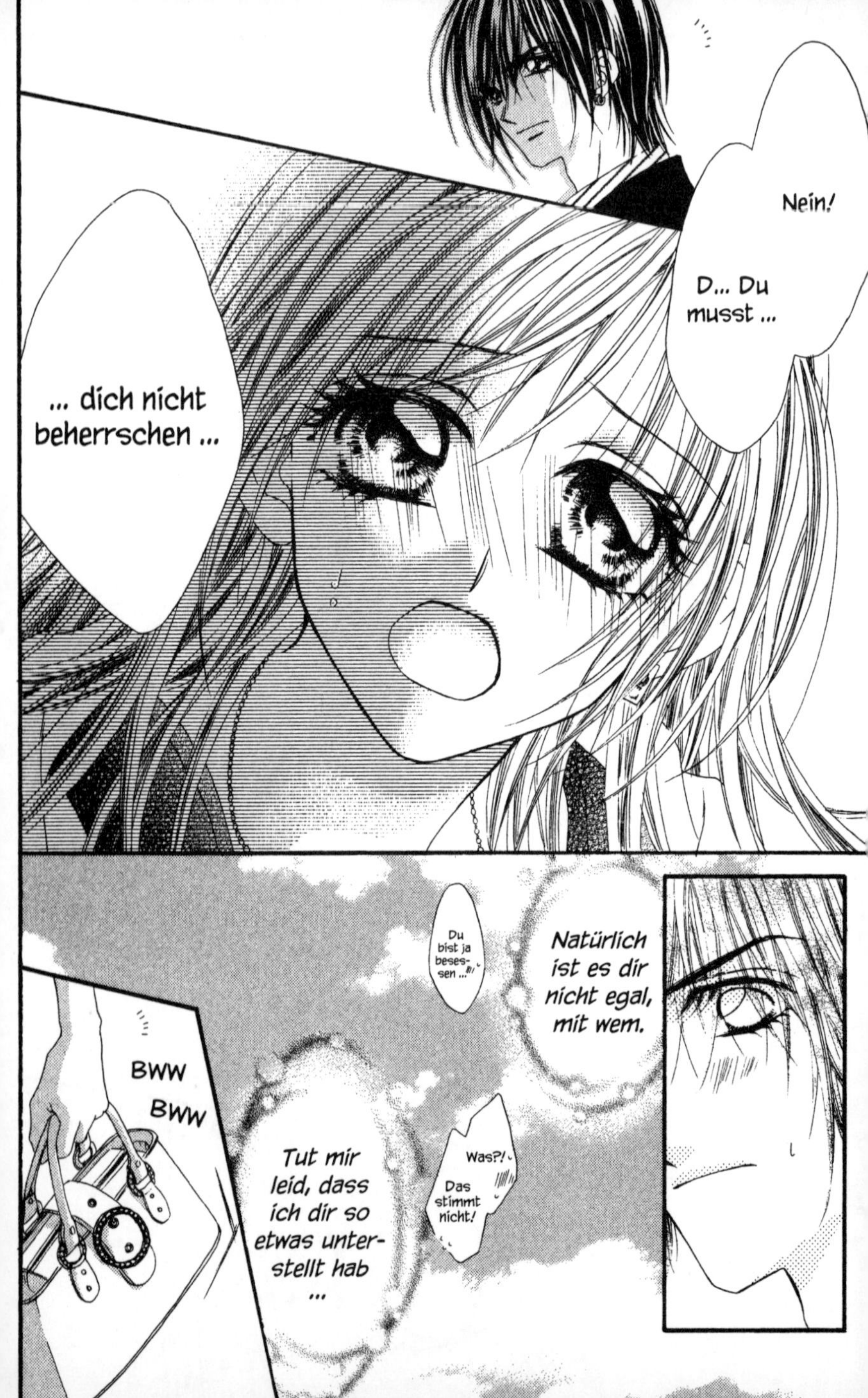
Nein!
D... Du musst ...
... dich nicht beherrschen ...
Natürlich ist es dir nicht egal, mit wem.
Du bist ja beses-sen ...
Was?!
Das stimmt nicht!
Tut mir leid, dass ich dir so etwas unter-stellt hab ...
BWW
BWW

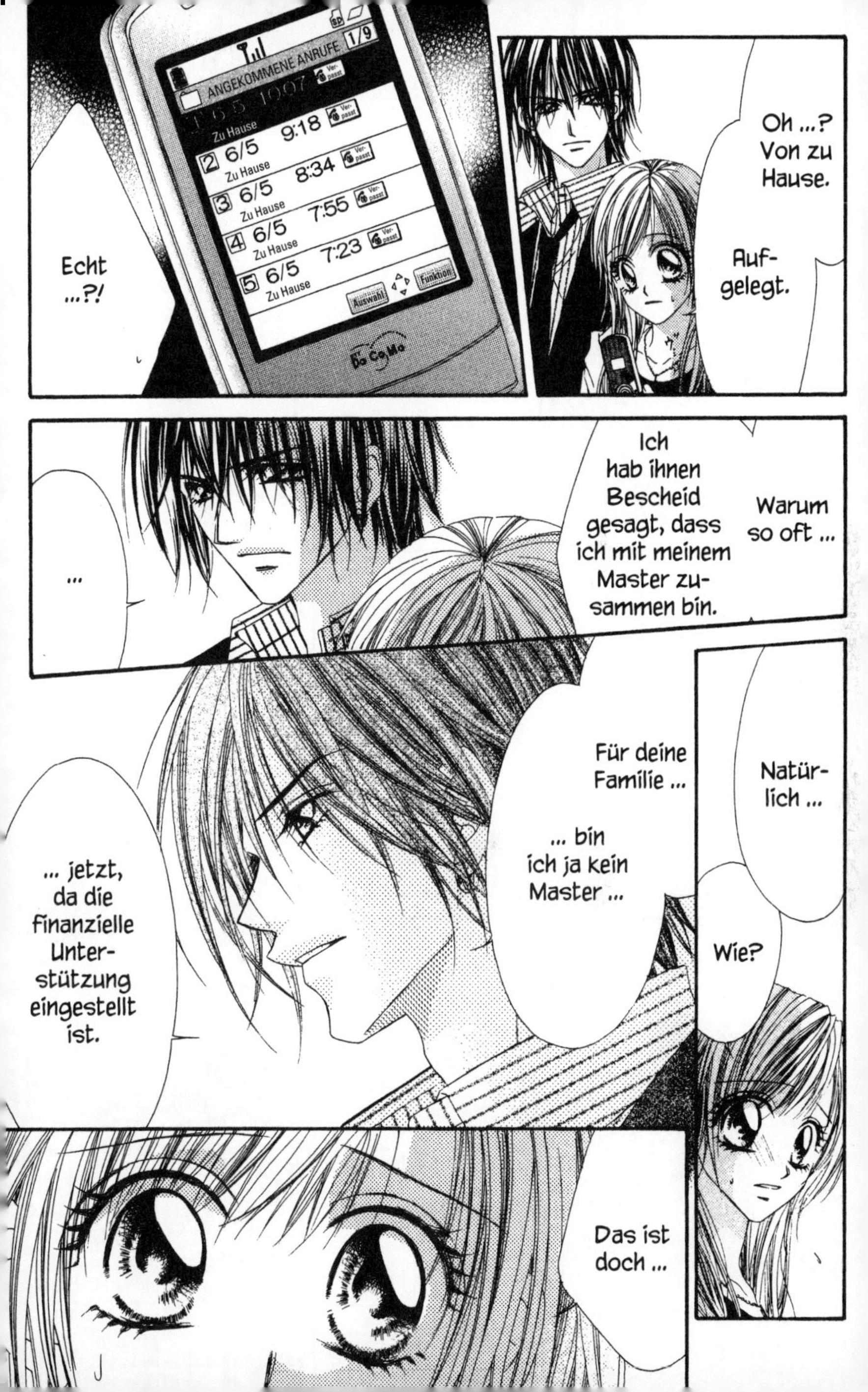

Oh ...? Von zu Hause.

Auf-gelegt.

ANGEKOMMENE ANRUFE

Zu Hause 9:18

2 6/5 Zu Hause 8:34

3 6/5 Zu Hause 7:55

4 6/5 Zu Hause 7:23

5 6/5 Zu Hause

Echt ...?!

Warum so oft ...

Ich hab ihnen Bescheid gesagt, dass ich mit meinem Master zusammen bin.

...

Natürlich ...

Für deine Familie ...

... bin ich ja kein Master ...

Wie?

... jetzt, da die finanzielle Unterstützung eingestellt ist.

Das ist doch ...

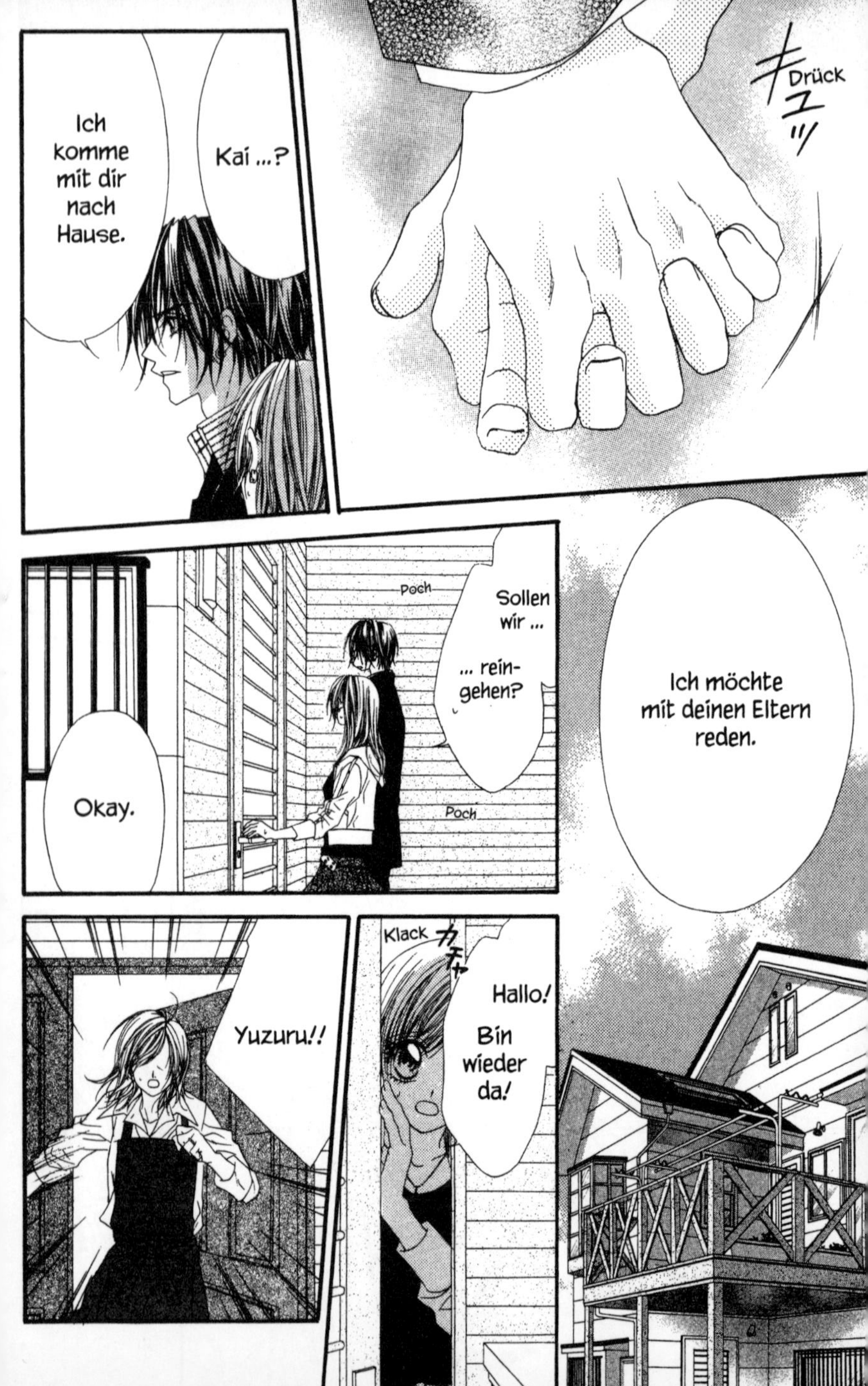

Drück
Kai ...?
Ich komme mit dir nach Hause.
Ich möchte mit deinen Eltern reden.
Poch
Sollen wir ...
... rein-gehen?
Poch
Okay.
Klack
Hallo!
Bin wieder da!
Yuzuru!!

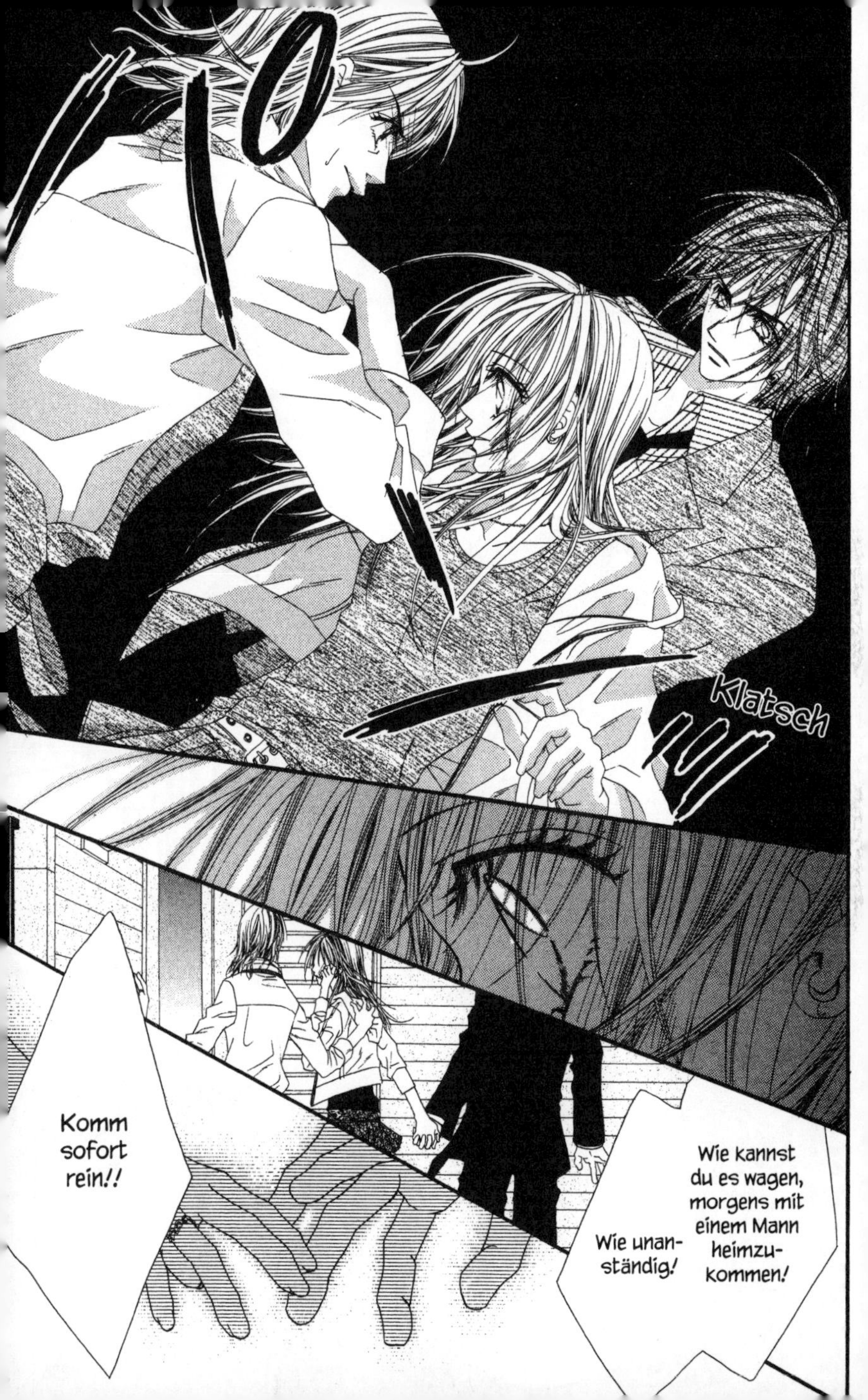
Klatsch
Komm sofort rein!!
Wie kannst du es wagen, morgens mit einem Mann heimzukommen!
Wie unanständig!

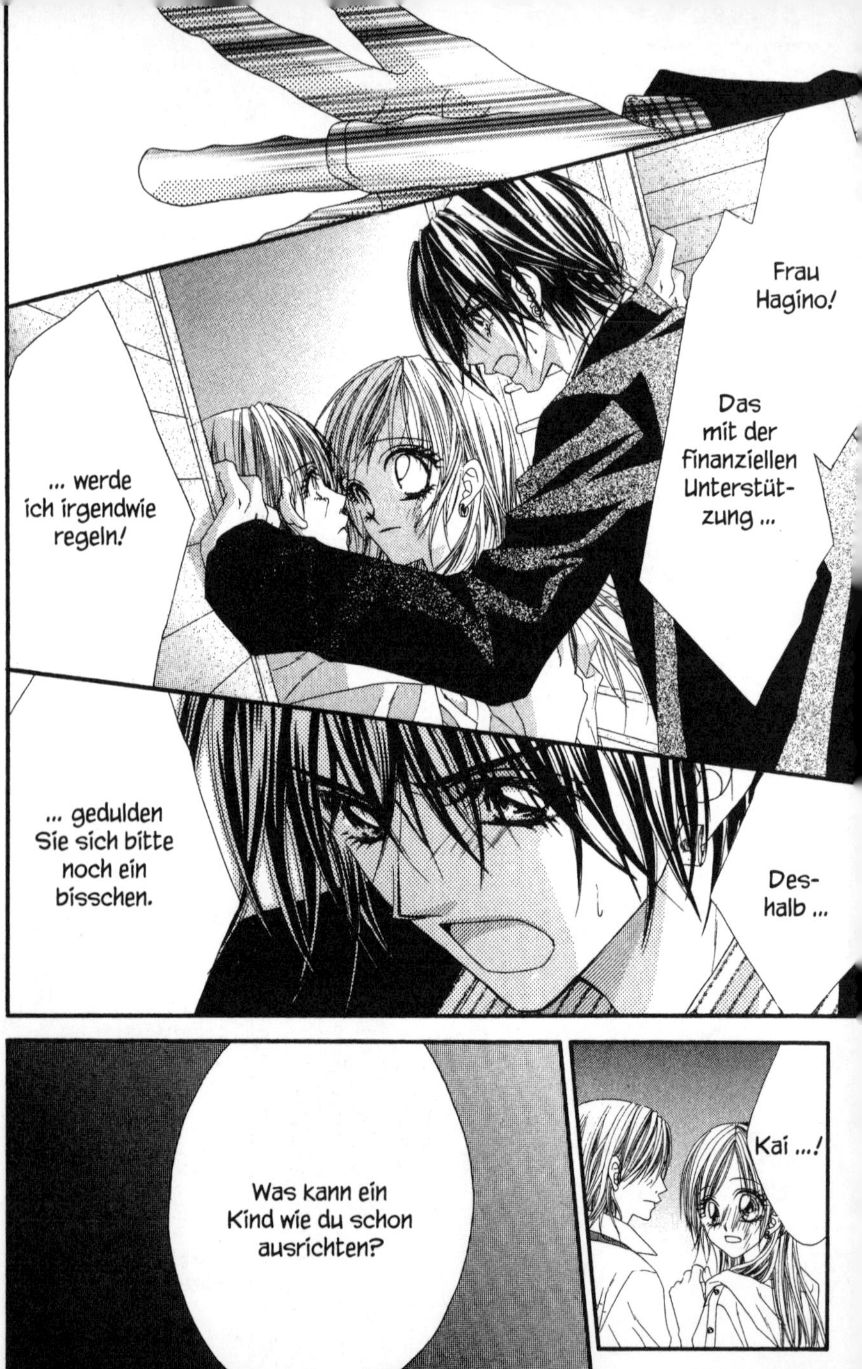

Frau Hagino!

Das mit der finanziellen Unterstützung ...

... werde ich irgendwie regeln!

Deshalb ...

... gedulden Sie sich bitte noch ein bisschen.

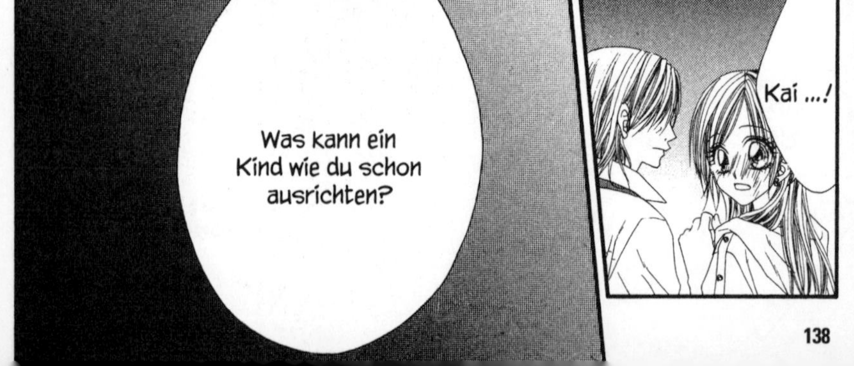

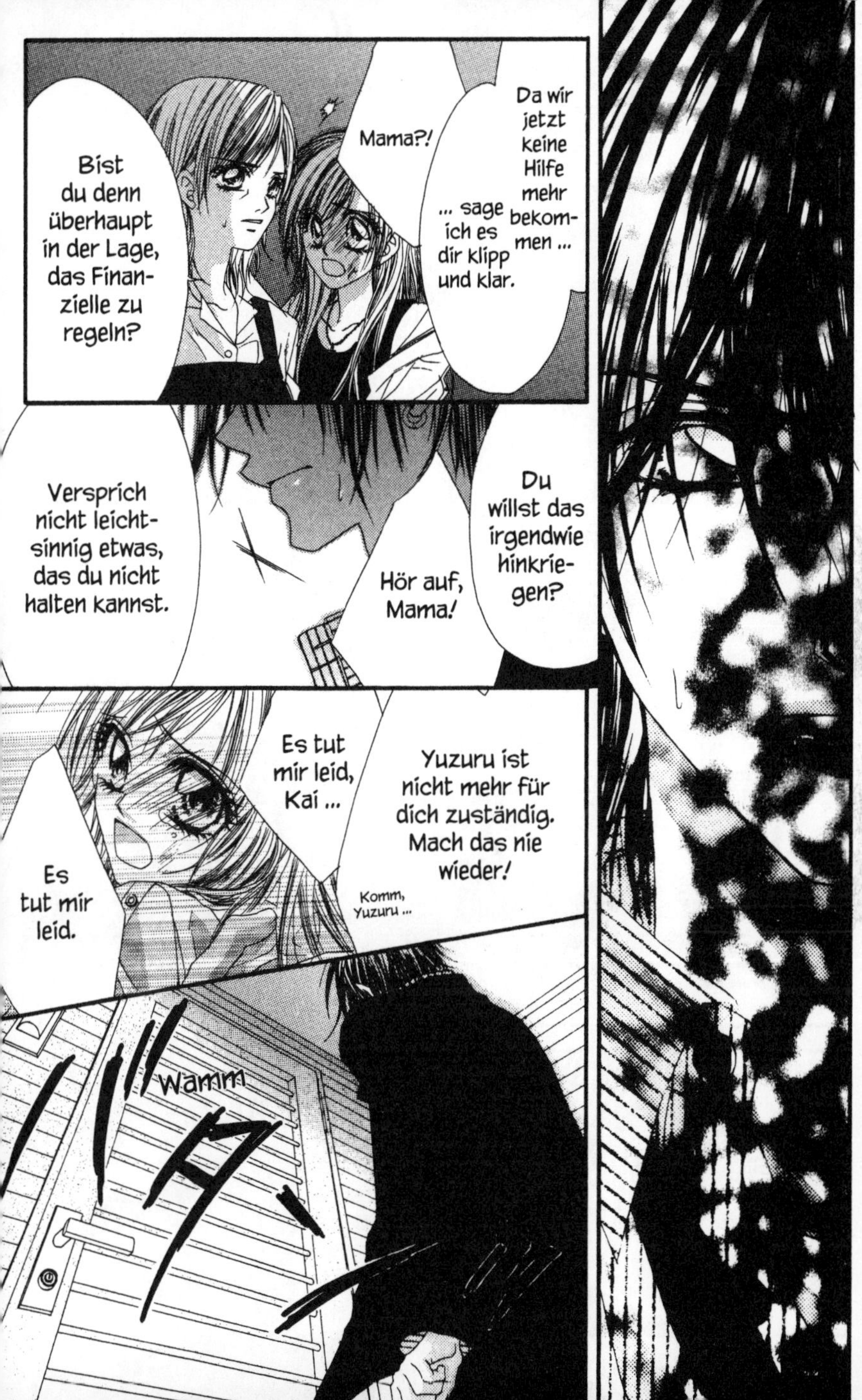
Da wir jetzt keine Hilfe mehr bekommen ...
... sage ich es dir klipp und klar.
Mama?!
Bist du denn überhaupt in der Lage, das Finanzielle zu regeln?
Du willst das irgendwie hinkriegen?
Hör auf, Mama!
Versprich nicht leichtsinnig etwas, das du nicht halten kannst.
Yuzuru ist nicht mehr für dich zuständig. Mach das nie wieder!
Es tut mir leid, Kai ...
Es tut mir leid.
Komm, Yuzuru ...
Wamm

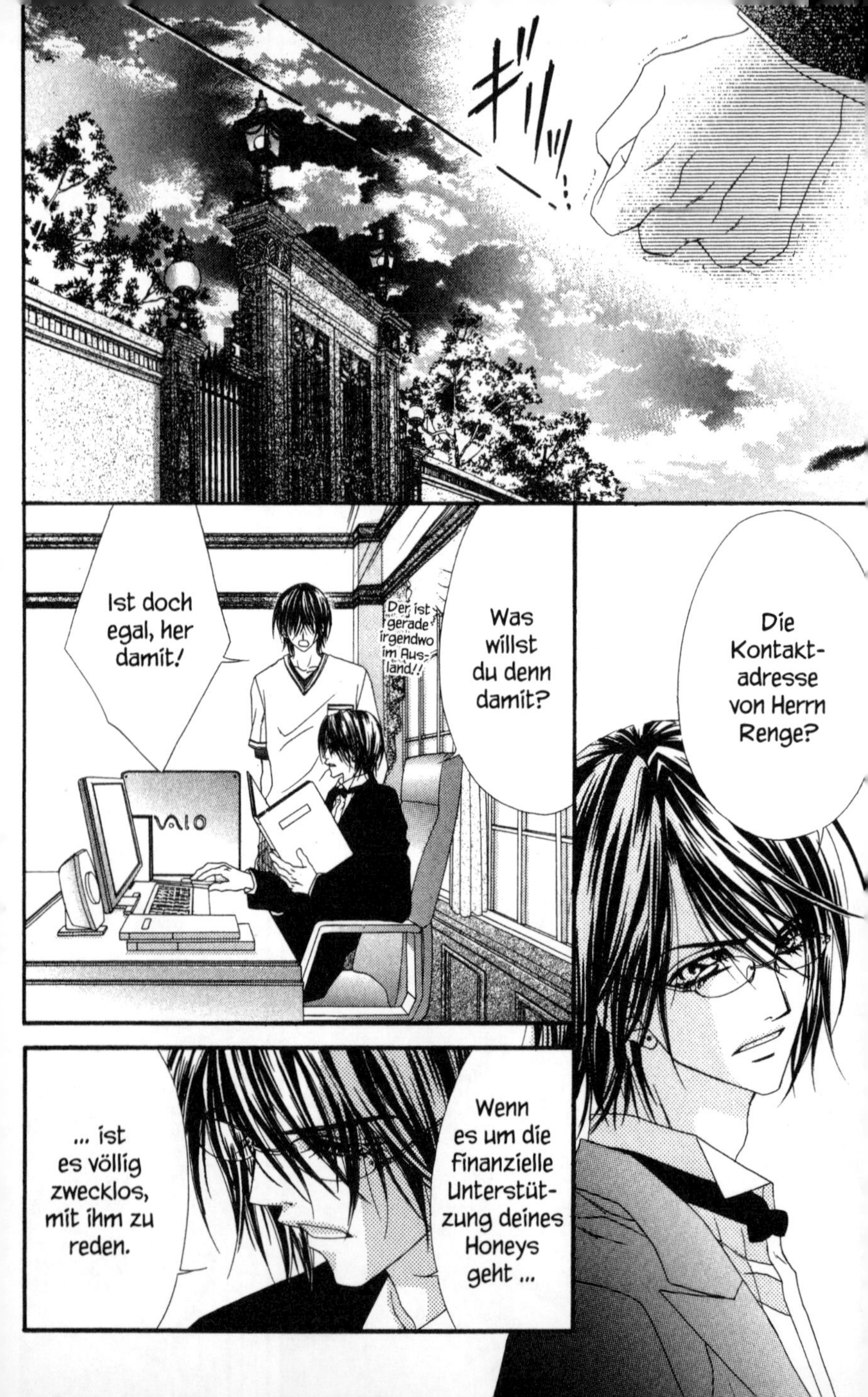
ギリッ
Die Kontakt-adresse von Herrn Renge?
Was willst du denn damit?
Der ist gerade irgendwo im Aus-land!!
Ist doch egal, her damit!
Wenn es um die finanzielle Unterstüt-zung deines Honeys geht ...
... ist es völlig zwecklos, mit ihm zu reden.

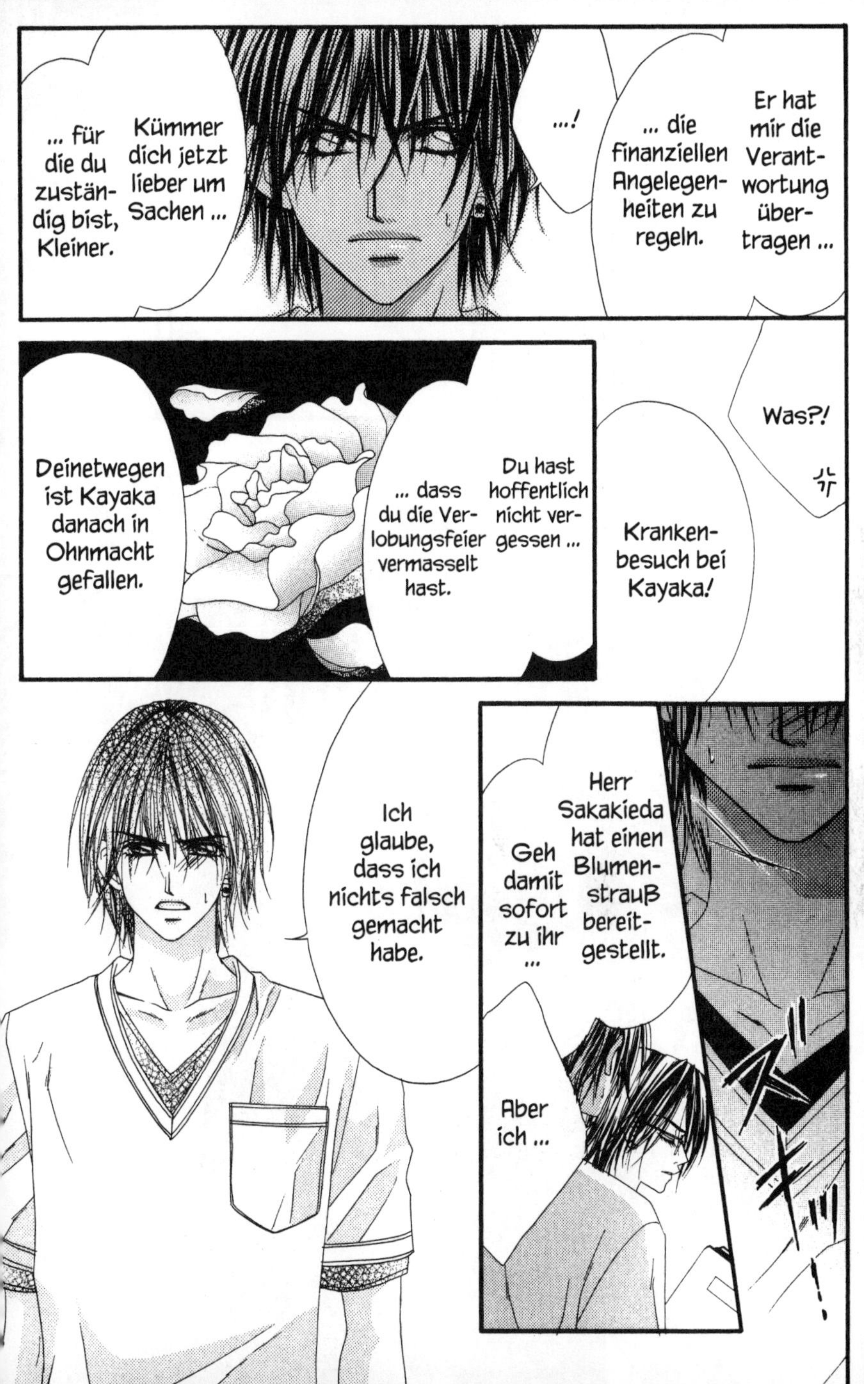
Er hat mir die Verantwortung übertragen ...
... die finanziellen Angelegenheiten zu regeln.
...!
Kümmer dich jetzt lieber um Sachen ...
... für die du zuständig bist, Kleiner.
Was?!
Krankenbesuch bei Kayaka!
Du hast hoffentlich nicht vergessen ...
... dass du die Verlobungsfeier vermasselt hast.
Deinetwegen ist Kayaka danach in Ohnmacht gefallen.
Herr Sakakieda hat einen Blumenstrauß bereitgestellt.
Geh damit sofort zu ihr ...
Aber ich ...
Ich glaube, dass ich nichts falsch gemacht habe.

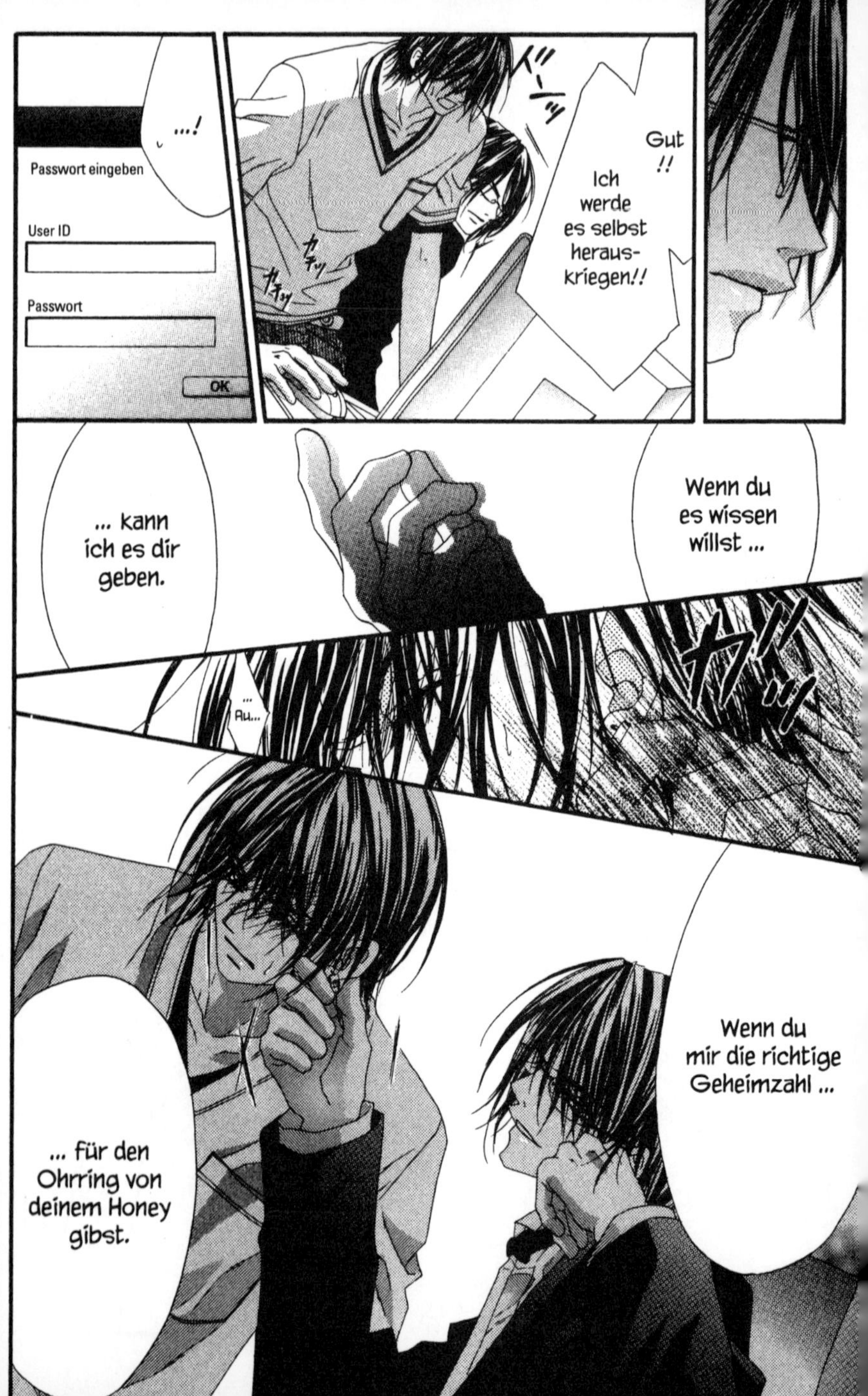

Gut!!
Ich werde es selbst heraus-kriegen!!
...!
Passwort eingeben
User ID
Passwort
OK
Wenn du es wissen willst ...
... kann ich es dir geben.
... Au...
Wenn du mir die richtige Geheimzahl ...
... für den Ohrring von deinem Honey gibst.

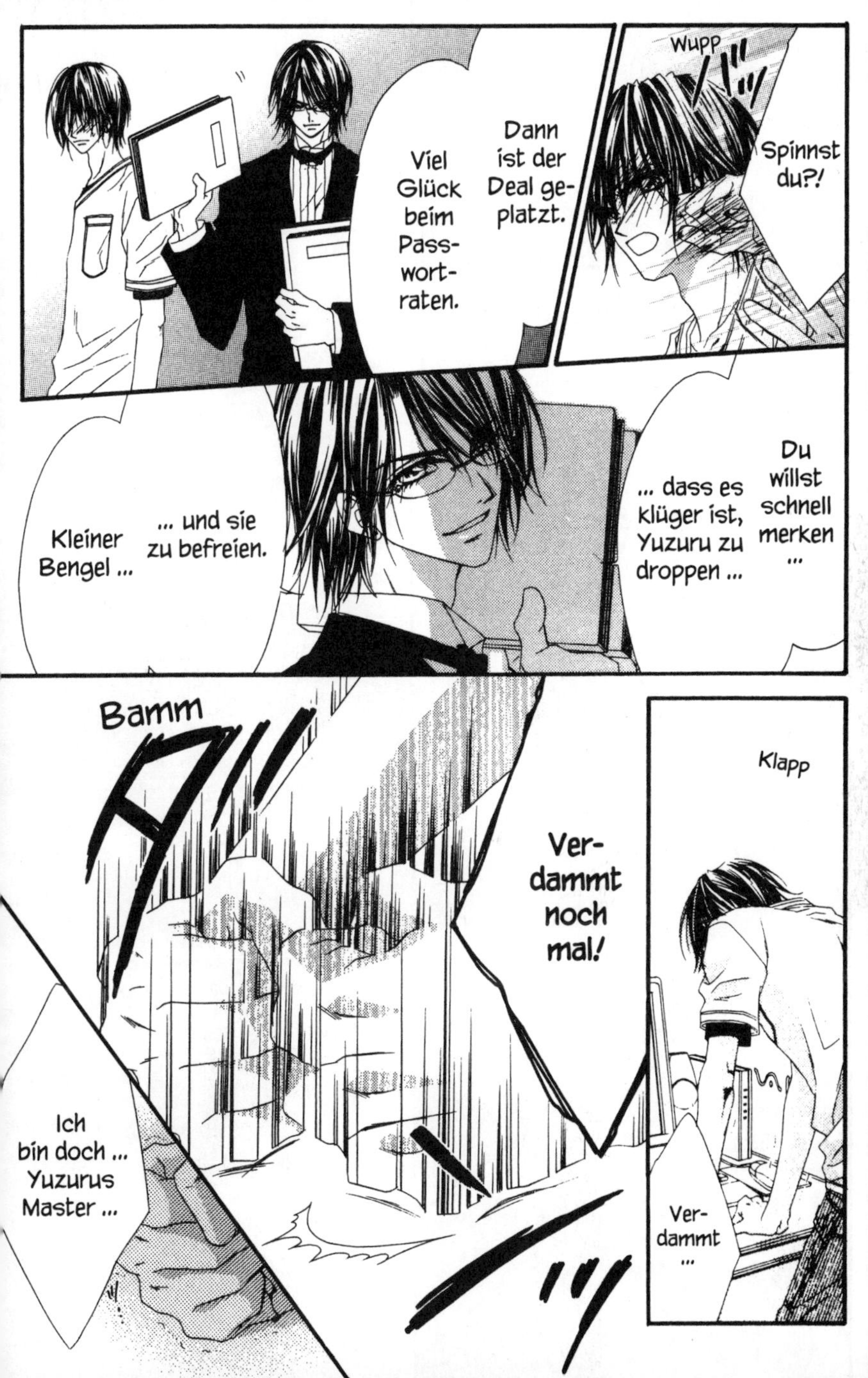
Wupp
Spinnst du?!
Dann ist der Deal geplatzt.
Viel Glück beim Passwortraten.
Du willst schnell merken ...
... dass es klüger ist, Yuzuru zu droppen ...
... und sie zu befreien.
Kleiner Bengel ...
Klapp
Bamm
Verdammt noch mal!
Verdammt ...
Ich bin doch ... Yuzurus Master ...

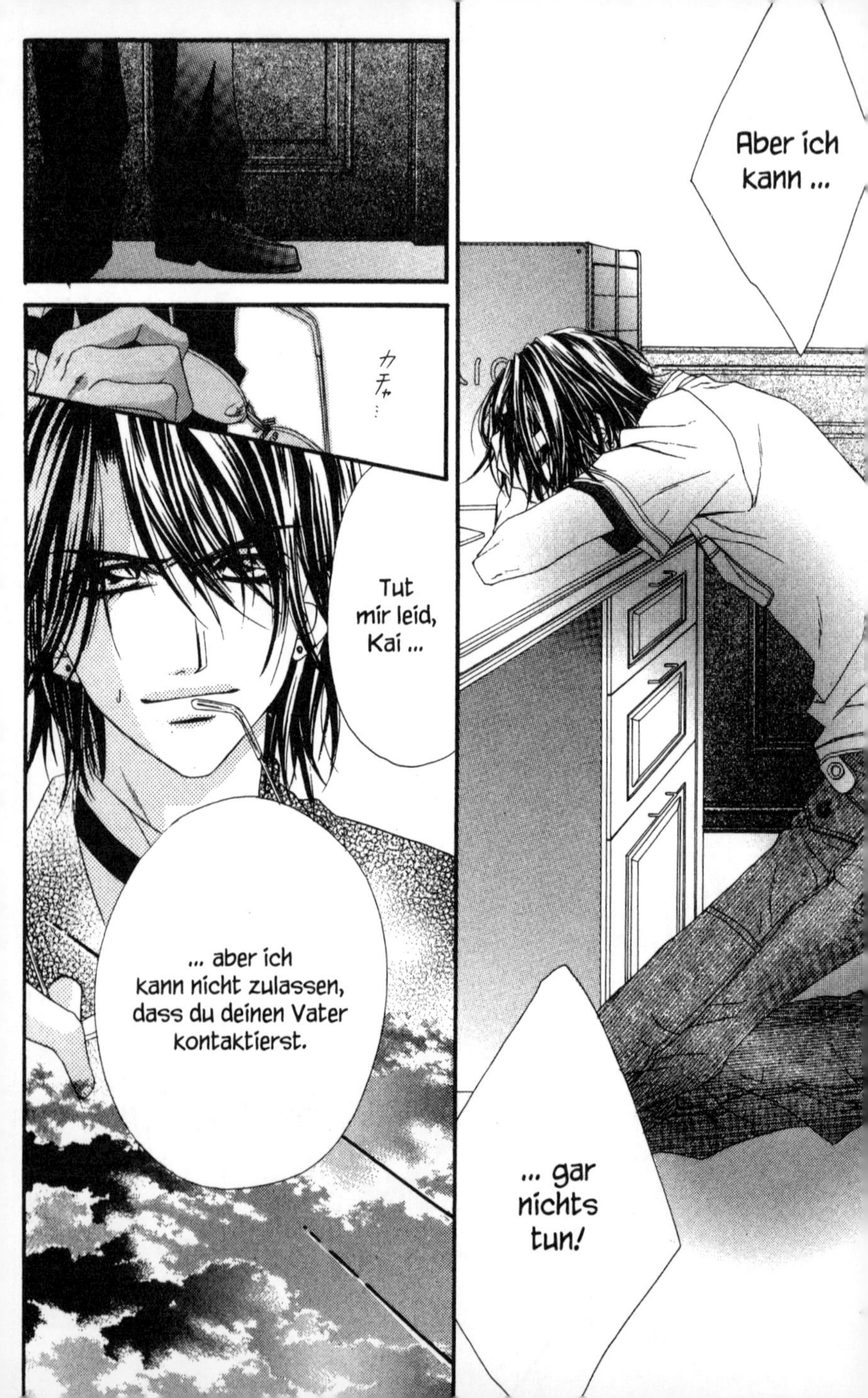
Aber ich kann ...
... gar nichts tun!
カチャ…
Tut mir leid, Kai ...
... aber ich kann nicht zulassen, dass du deinen Vater kontaktierst.

10

PS2

»PS2« ist die Abkürzung von Playstation 2.

Genau.
Honey x Honey Drops kommt als Game raus, großartig!!! Wow! Ist das wirklich wahr? Das ist ein Wunder!!

Man könnte es als »Mädchen-Game«(?) bezeichnen. Man kämpft darin um die Liebe von einem der *Honey x Honey*-Charaktere ...! Glaube ich. Mit Games kenne ich mich gar nicht aus! Ich bin in jedem Fall gespannt auf das Ergebnis. ♡ Ich persönlich möchte auf jeden Fall Chihaya erobern. (*lach*) Mit diesem Spiel könnt ihr erleben, wie es ist, Yuzuru zu sein. ♡ Wann es erscheinen wird, weiß ich noch nicht. Weitere Infos in Kürze.

Honey x Honey Drops ist voll beladen mit solchen für mich als Mangaka traumhaften Projekten. Ich bin wirklich dankbar für diesen glücklichen Zufall, dass dieser Manga entstehen konnte. Danke! Schnief.

Aber ... in letzter Zeit musste ich bedauerlicherweise so oft feststellen, wie unfähig ich bin. Ich wünsche mir mehr seelische Stärke, mit der ich die Fürsorge meiner Mitmenschen mit Dankbarkeit erwidern kann. Ich muss noch daran arbeiten ...

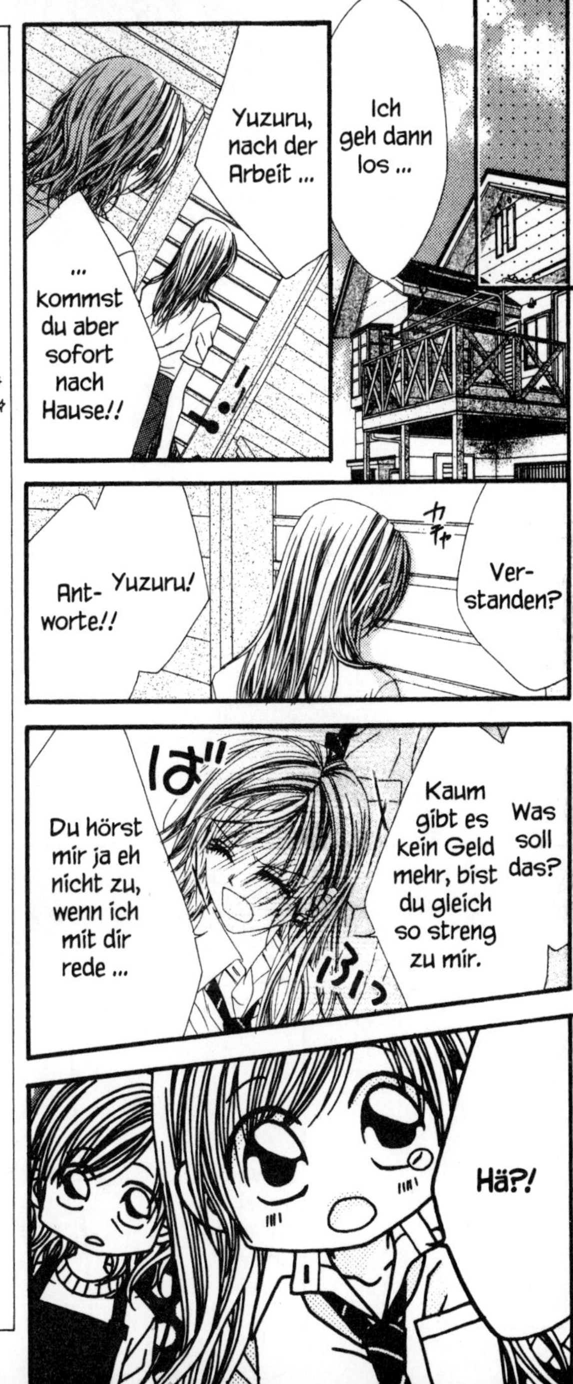

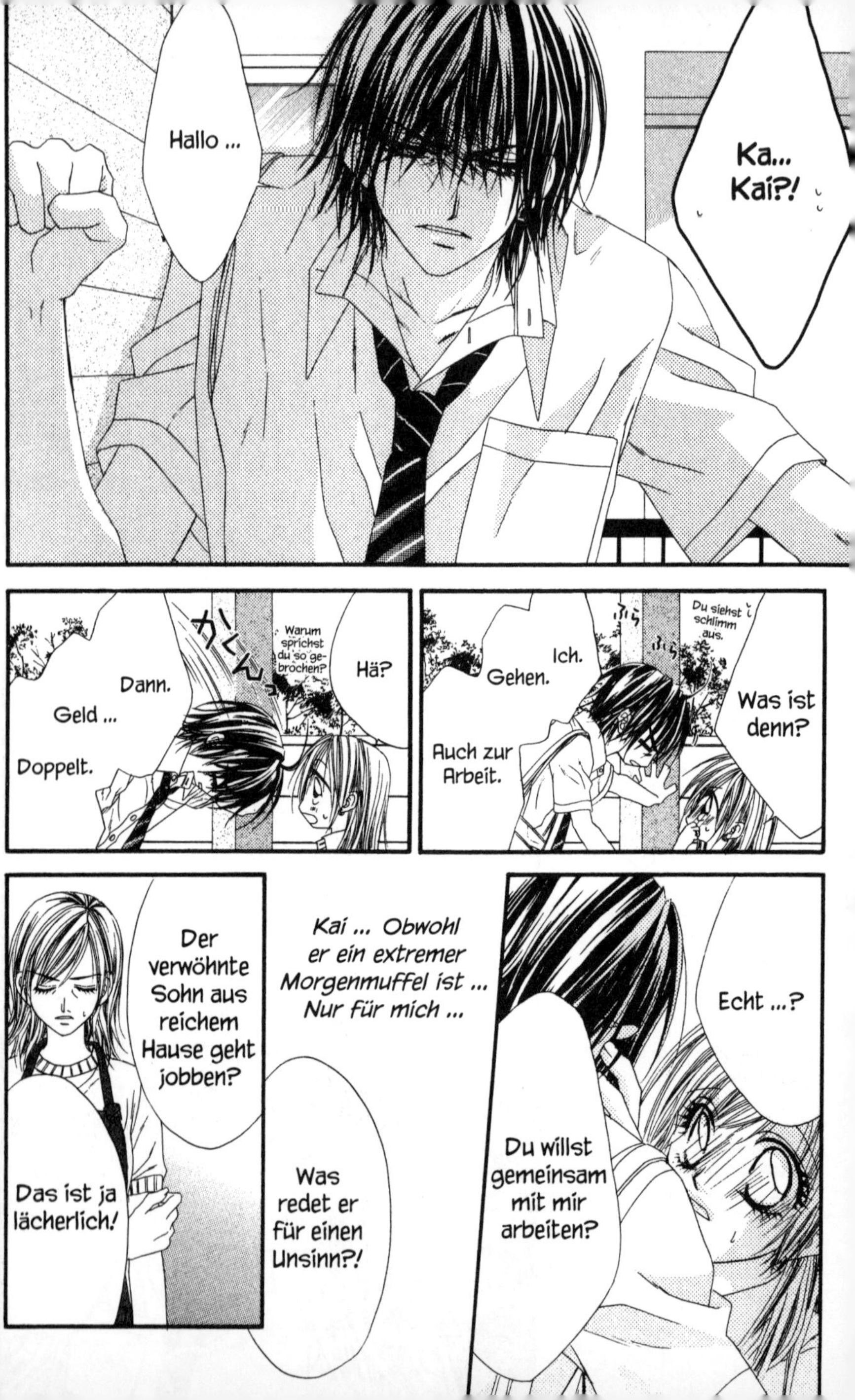

Ka... Kai?!

Hallo ...

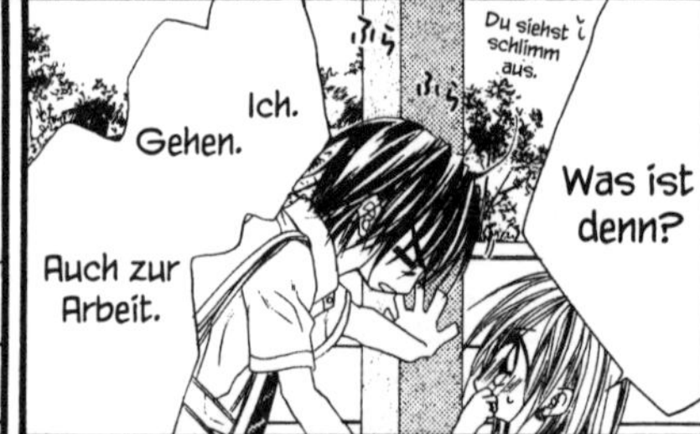

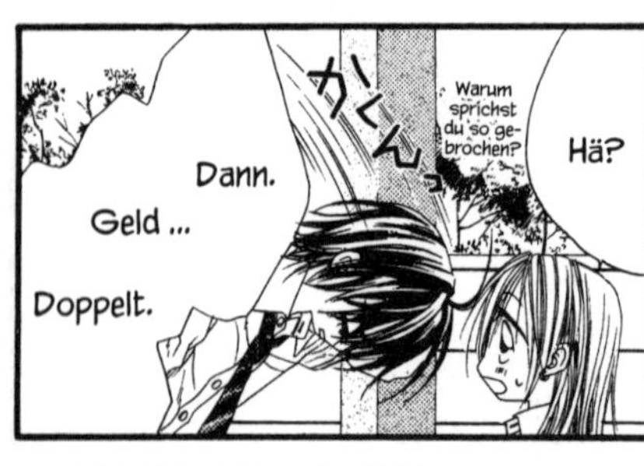

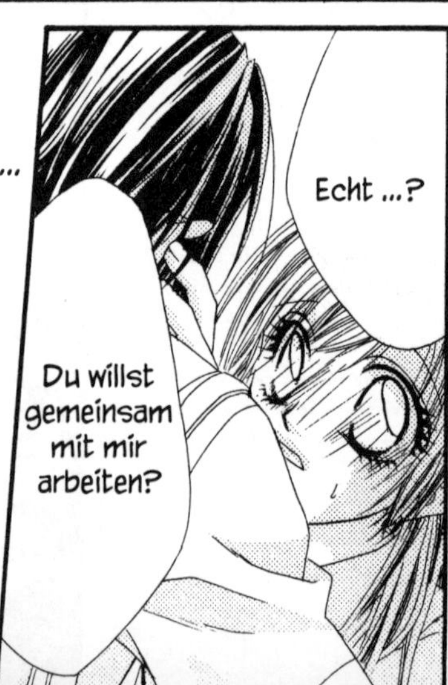

Kai ... Obwohl er ein extremer Morgenmuffel ist ... Nur für mich ...

Was redet er für einen Unsinn?!

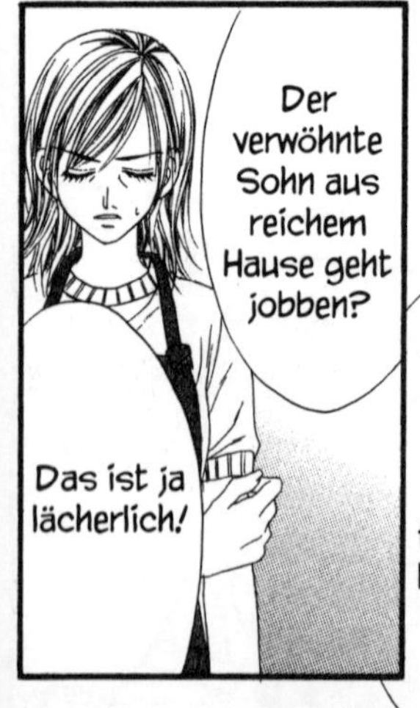

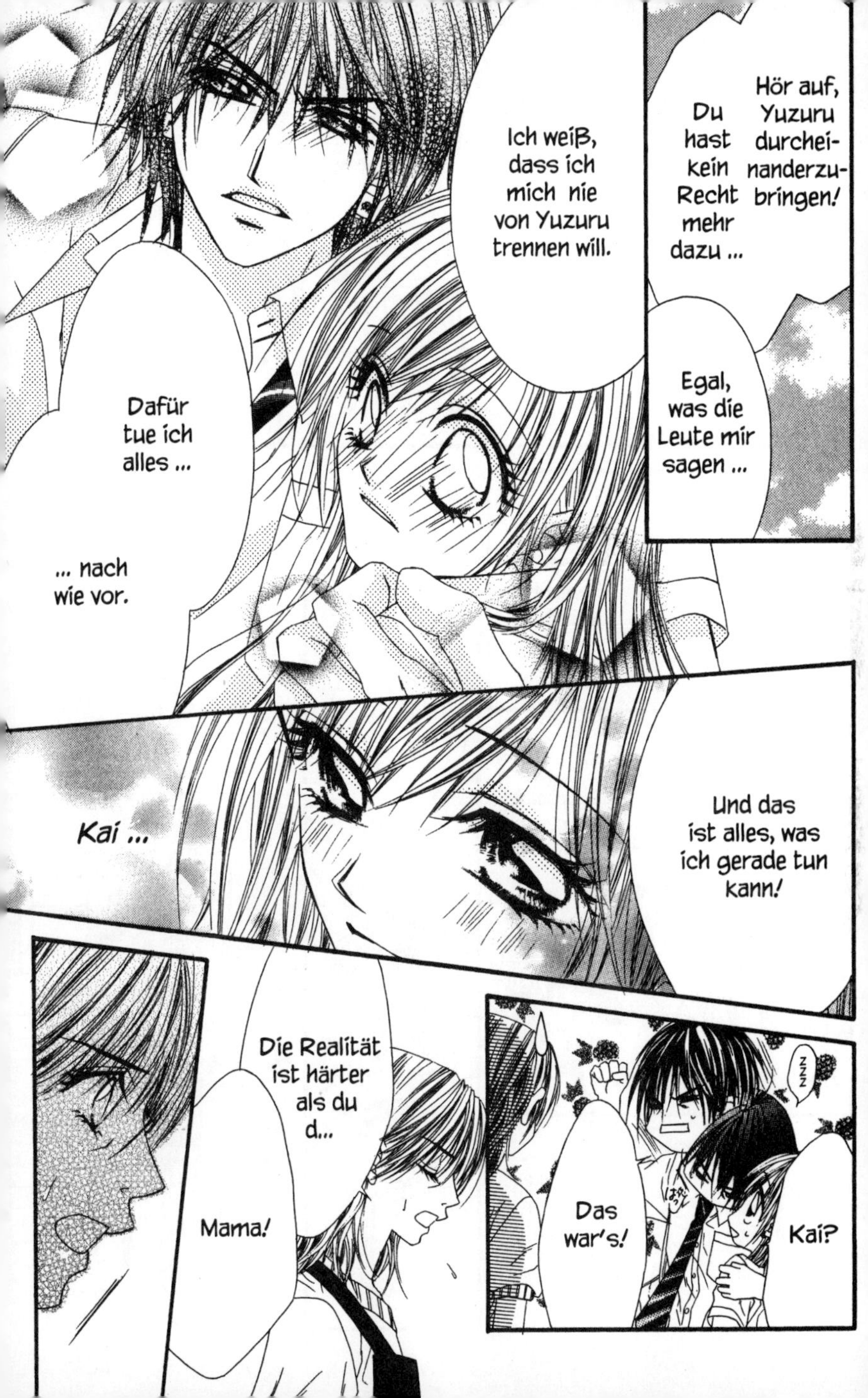
Hör auf, Yuzuru durchei-nanderzu-bringen!
Du hast kein Recht mehr dazu ...
Ich weiß, dass ich mich nie von Yuzuru trennen will.
Egal, was die Leute mir sagen ...
Dafür tue ich alles ...
... nach wie vor.
Und das ist alles, was ich gerade tun kann!
Kai ...
Kai?
Das war's!
Die Realität ist härter als du d...
Mama!

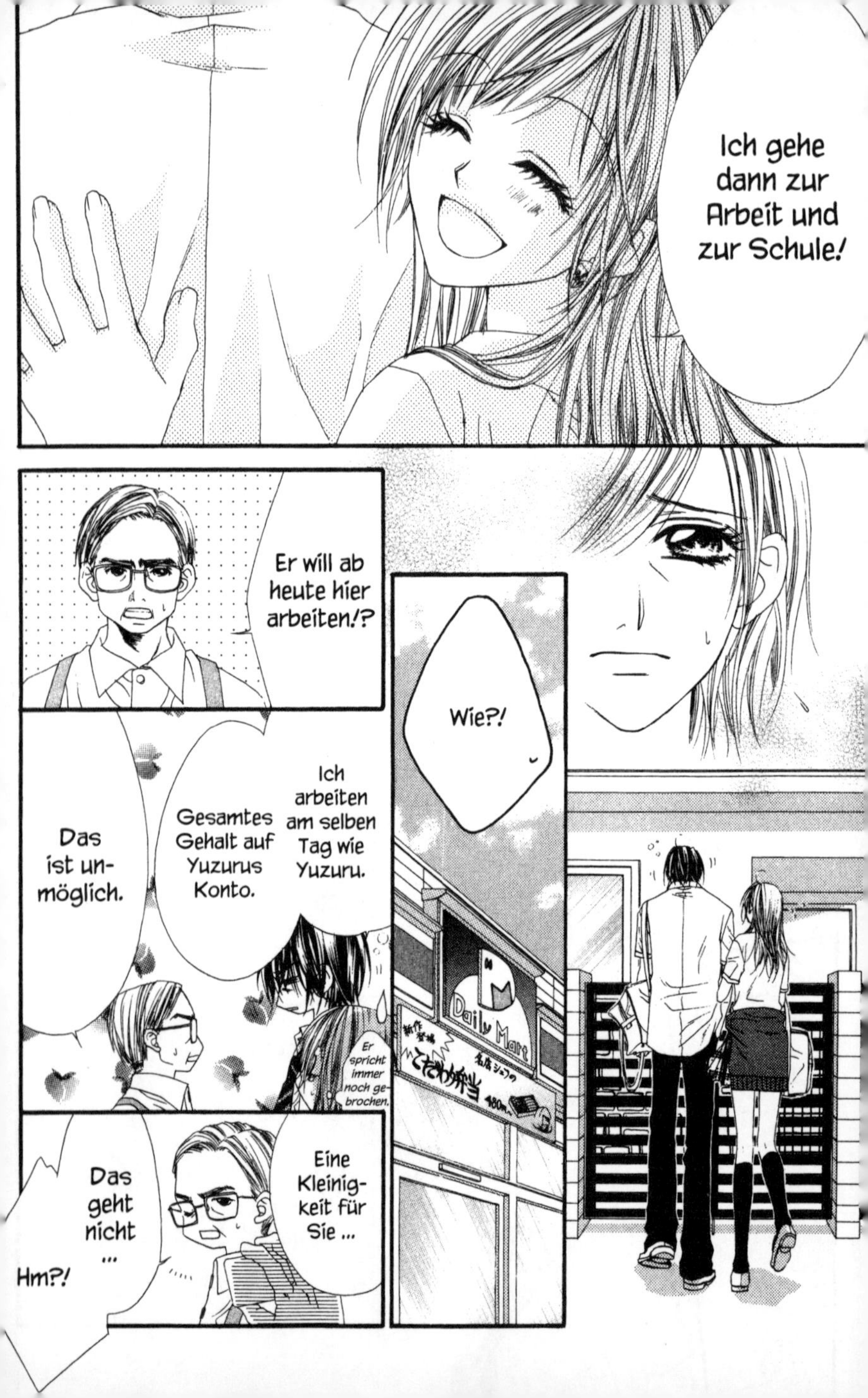
Ich gehe dann zur Arbeit und zur Schule!
Wie?!
Daily Mart
Er will ab heute hier arbeiten!?
Ich arbeiten am selben Tag wie Yuzuru.
Gesamtes Gehalt auf Yuzurus Konto.
Das ist unmöglich.
Er spricht immer noch gebrochen.
Eine Kleinigkeit für Sie ...
Das geht nicht ...
Hm?!

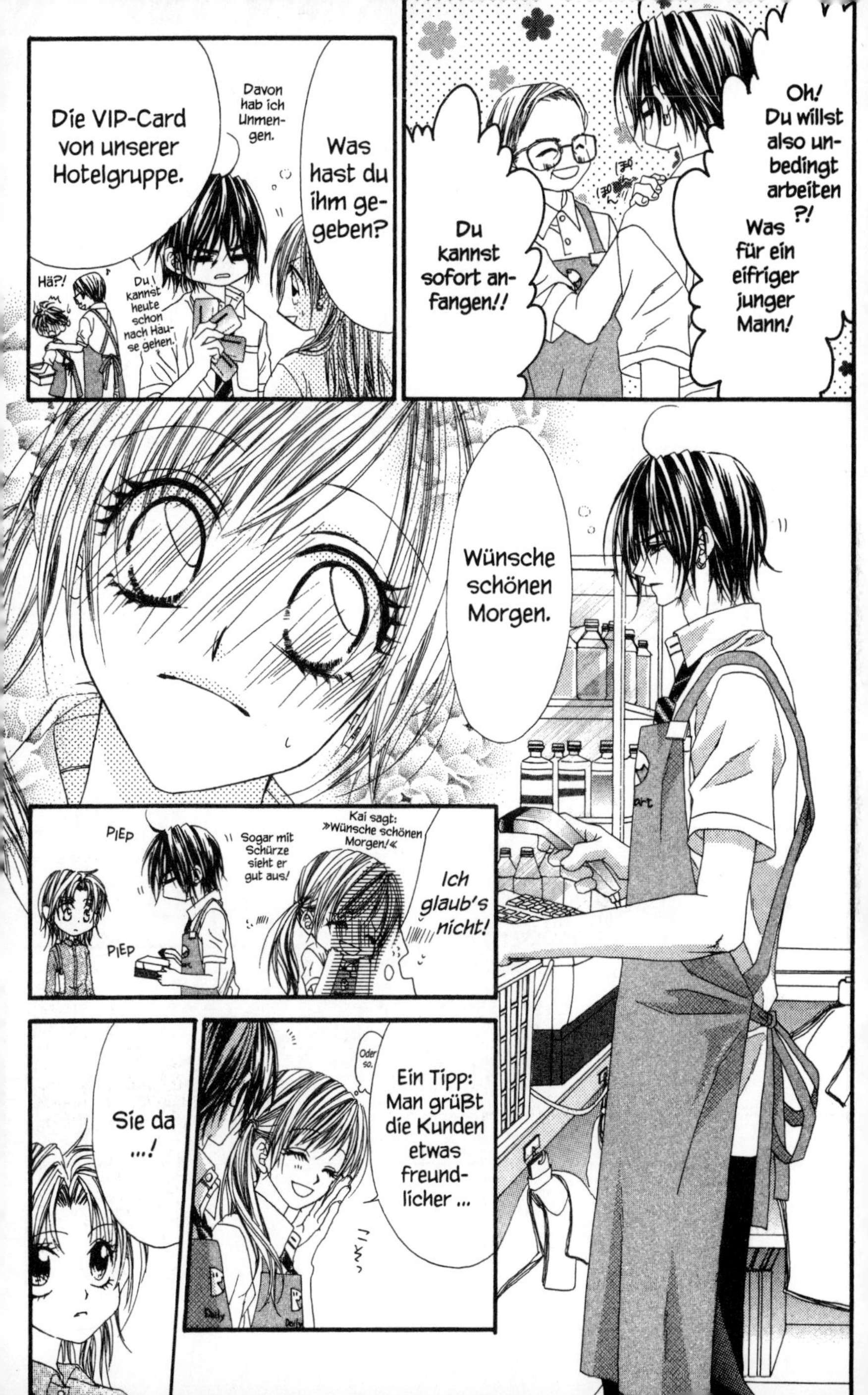
Oh! Du willst also unbedingt arbeiten?!
Was für ein eifriger junger Mann!
Du kannst sofort anfangen!!
Was hast du ihm gegeben?
Davon hab ich Unmengen.
Die VIP-Card von unserer Hotelgruppe.
Du kannst heute schon nach Hause gehen.
Hä?!
Wünsche schönen Morgen.
Ich glaub's nicht!
Kai sagt: »Wünsche schönen Morgen!«
Sogar mit Schürze sieht er gut aus!
PIEP
PIEP
Ein Tipp: Man grüßt die Kunden etwas freundlicher ...
Oder so.
Sie da ...!

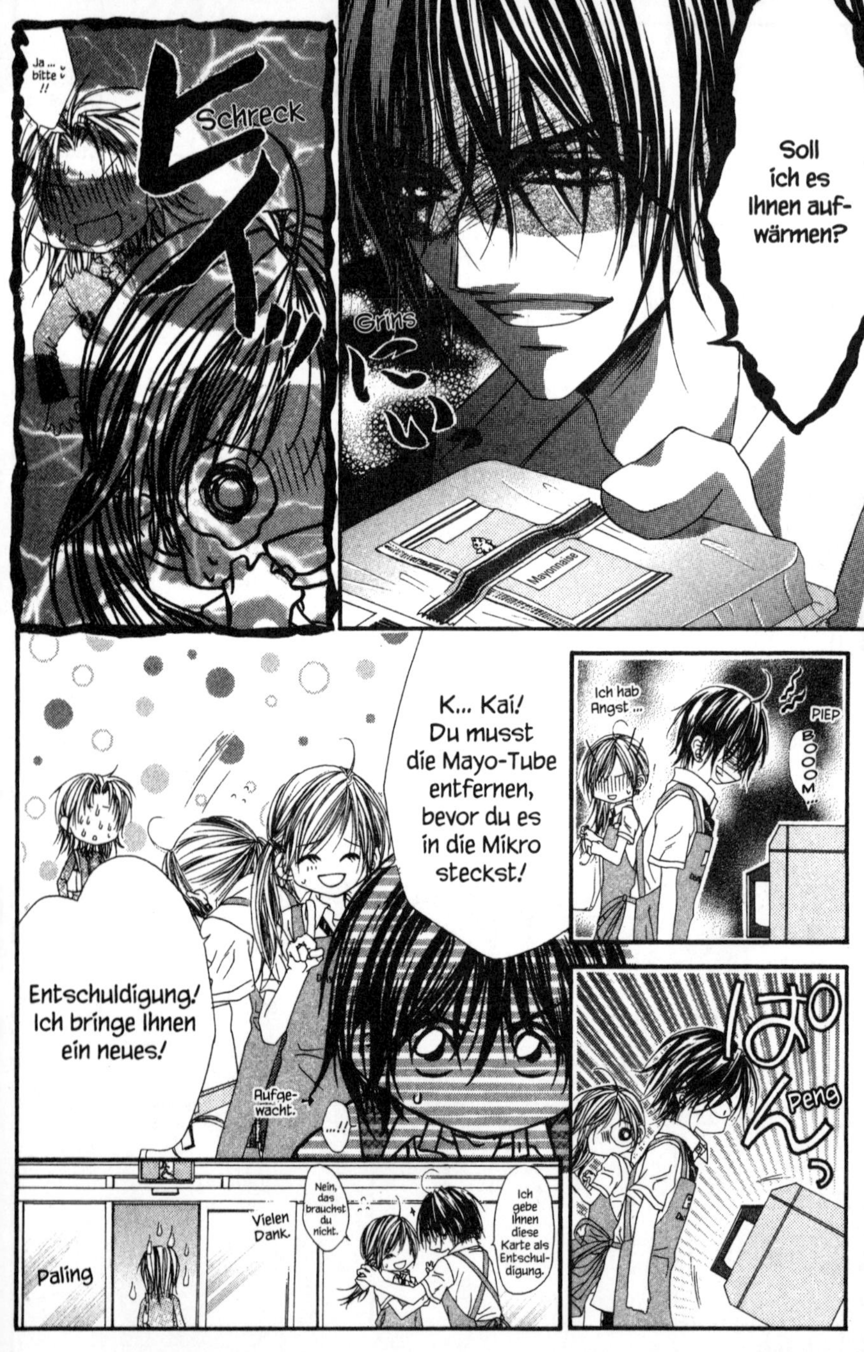

Soll ich es Ihnen aufwärmen?
Grins
Mayonnaise
Schreck
Ja ... bitte !!
Ich hab Angst ...
PIEP
BOOOM...
K... Kai! Du musst die Mayo-Tube entfernen, bevor du es in die Mikro steckst!
Peng
Aufgewacht.
...!!
Entschuldigung! Ich bringe Ihnen ein neues!
Ich gebe Ihnen diese Karte als Entschuldigung.
Nein, das brauchst du nicht.
Vielen Dank.
Paling

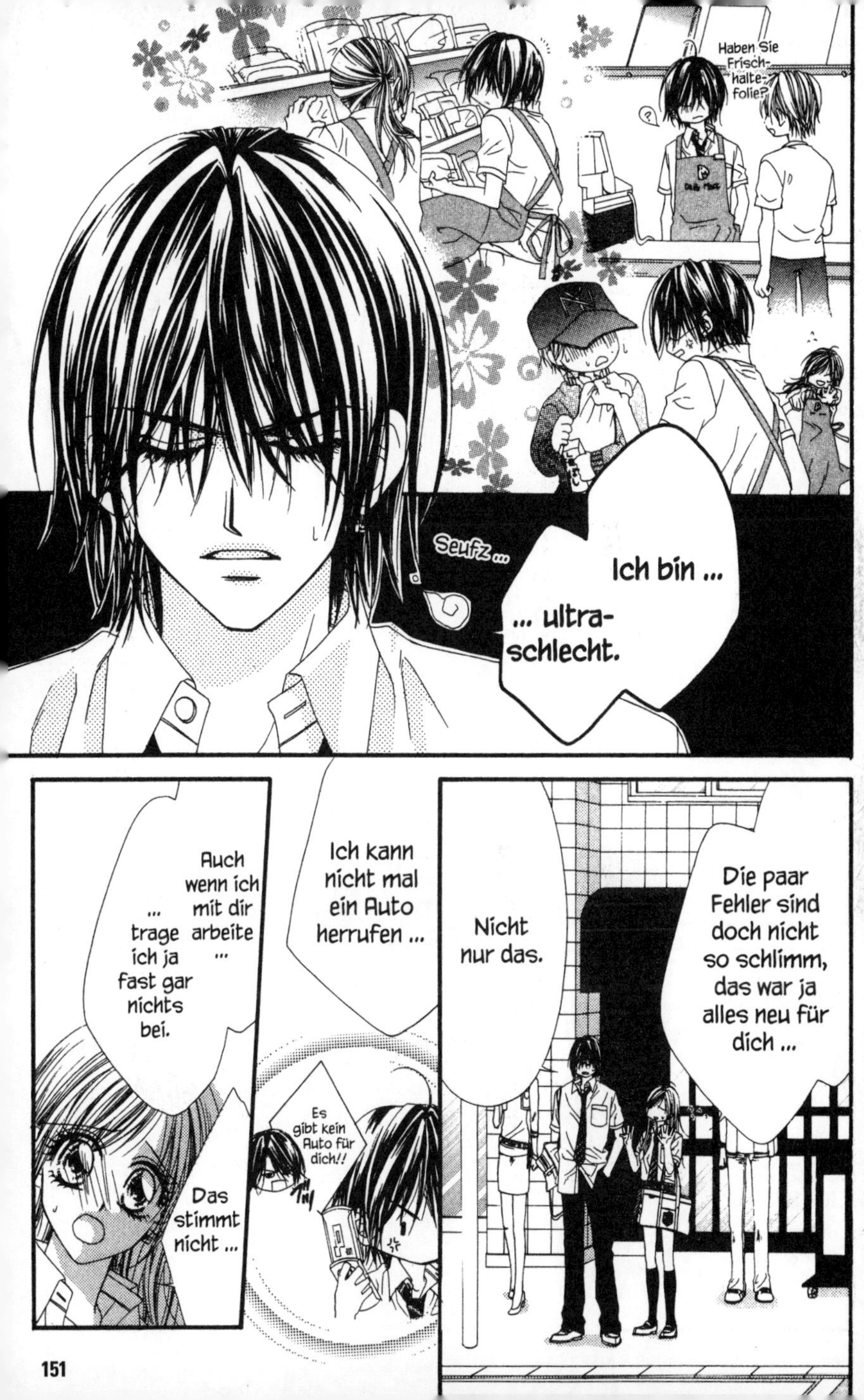

Haben Sie Frischhaltefolie?

Ich bin ...

... ultraschlecht.

Seufz ...

Die paar Fehler sind doch nicht so schlimm, das war ja alles neu für dich ...

Nicht nur das.

Ich kann nicht mal ein Auto herrufen ...

Es gibt kein Auto für dich!!

Auch wenn ich mit dir arbeite ...

... trage ich ja fast gar nichts bei.

Das stimmt nicht ...

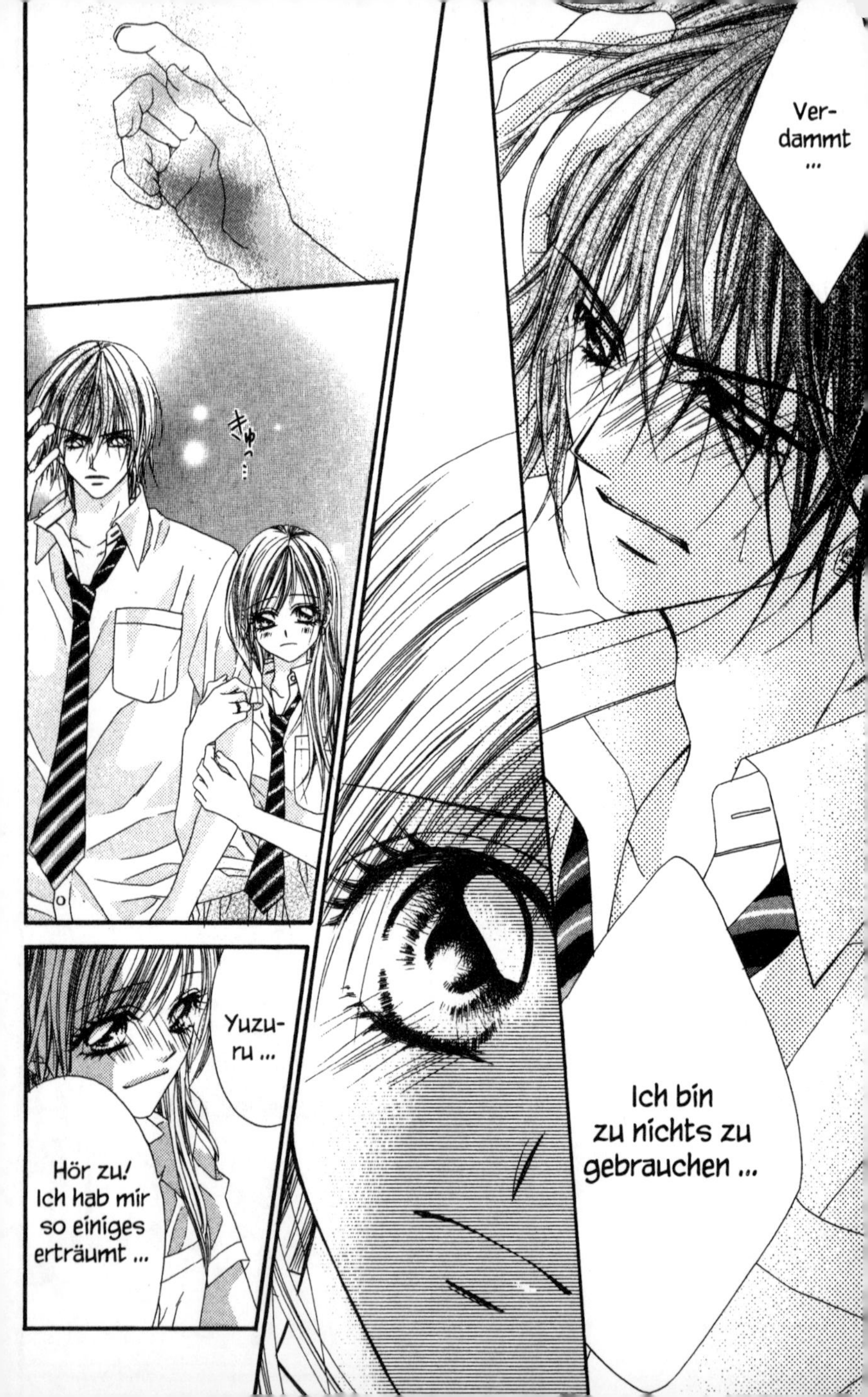

Ver-
dammt
...
Ich bin
zu nichts zu
gebrauchen ...
きゅっ…
Yuzu-
ru ...
Hör zu!
Ich hab mir
so einiges
erträumt ...

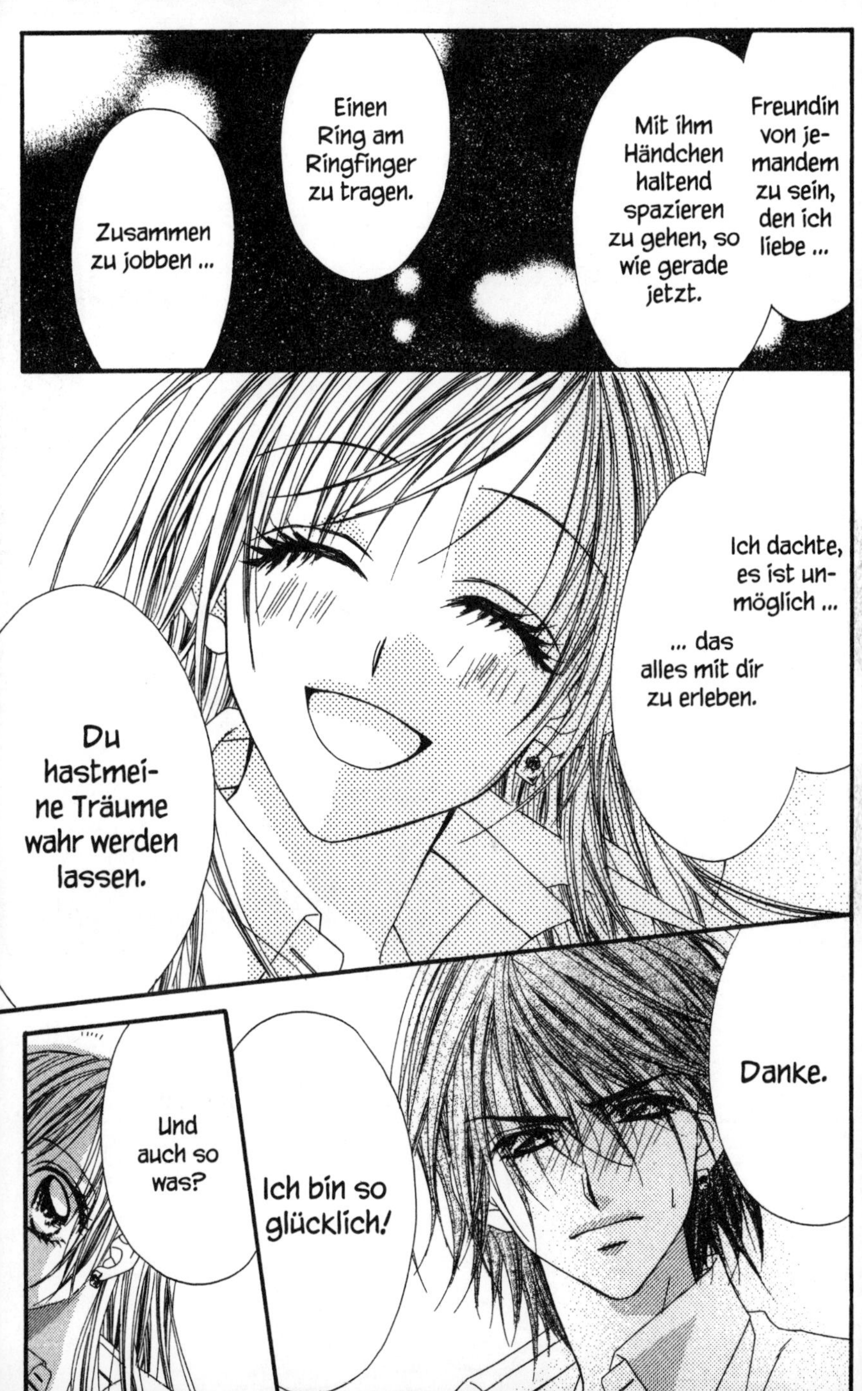
Freundin von jemandem zu sein, den ich liebe ...
Mit ihm Händchen haltend spazieren zu gehen, so wie gerade jetzt.
Einen Ring am Ringfinger zu tragen.
Zusammen zu jobben ...
Ich dachte, es ist unmöglich ...
... das alles mit dir zu erleben.
Du hastmeine Träume wahr werden lassen.
Danke.
Ich bin so glücklich!
Und auch so was?

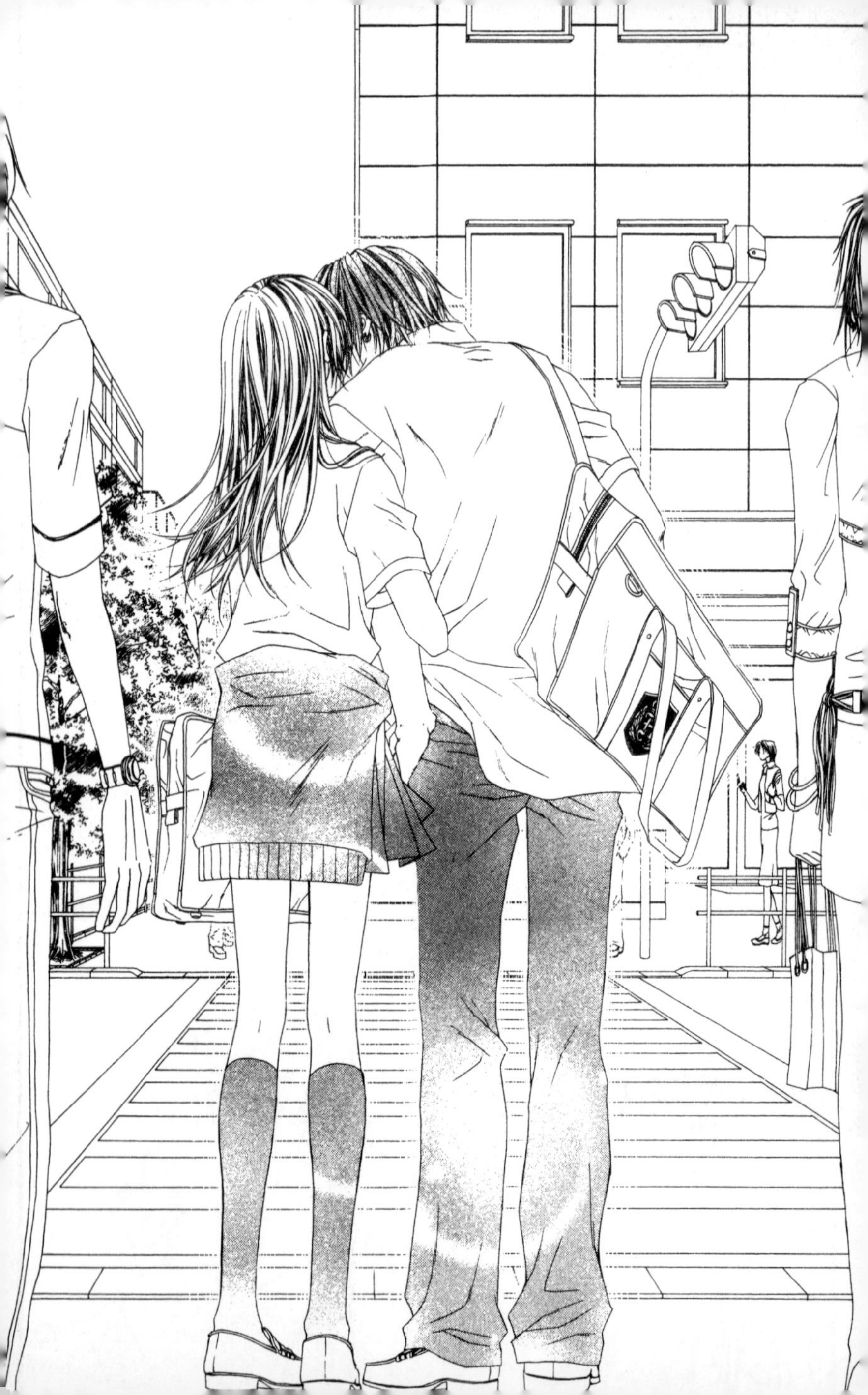

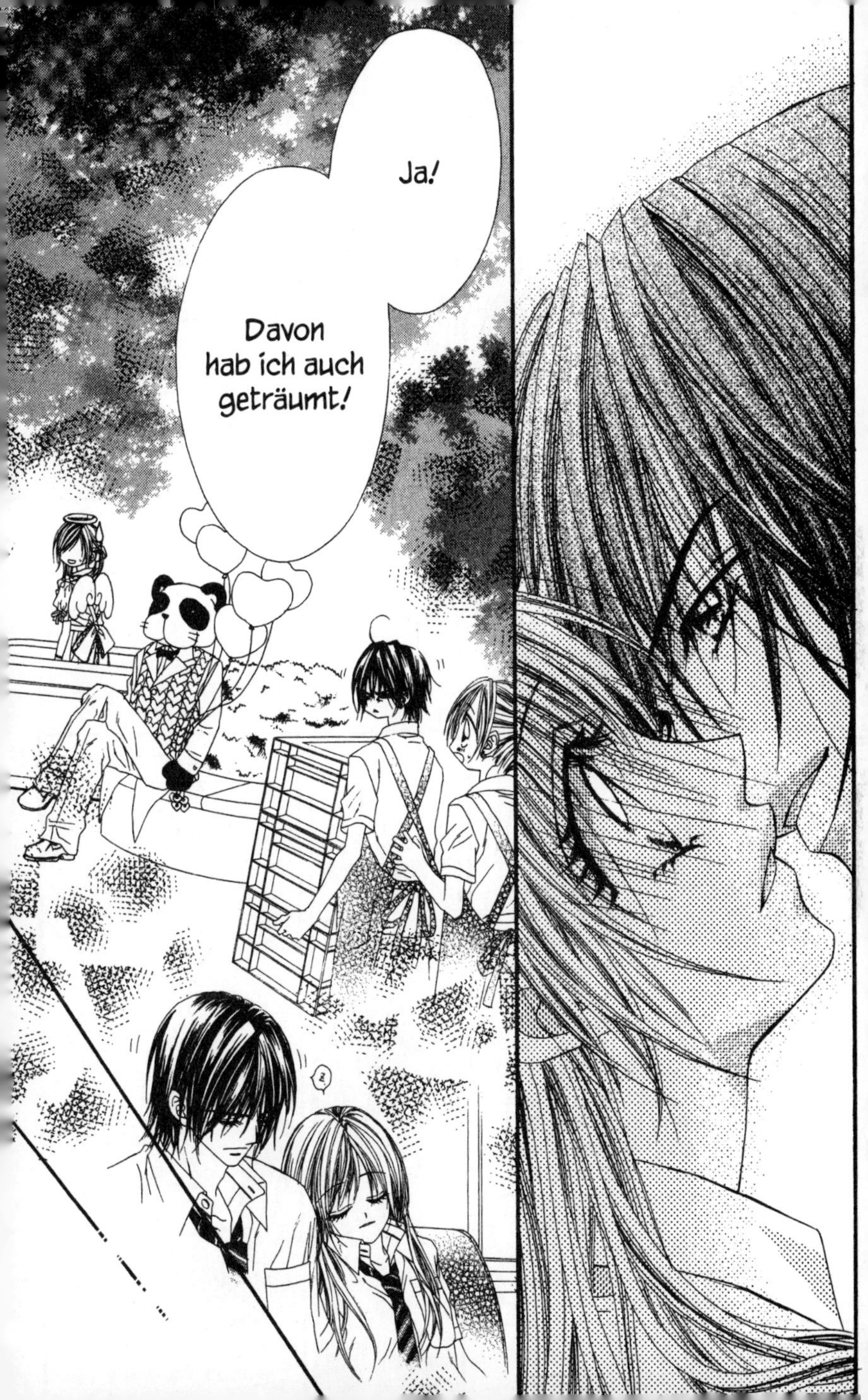
Ja!
Davon hab ich auch geträumt!

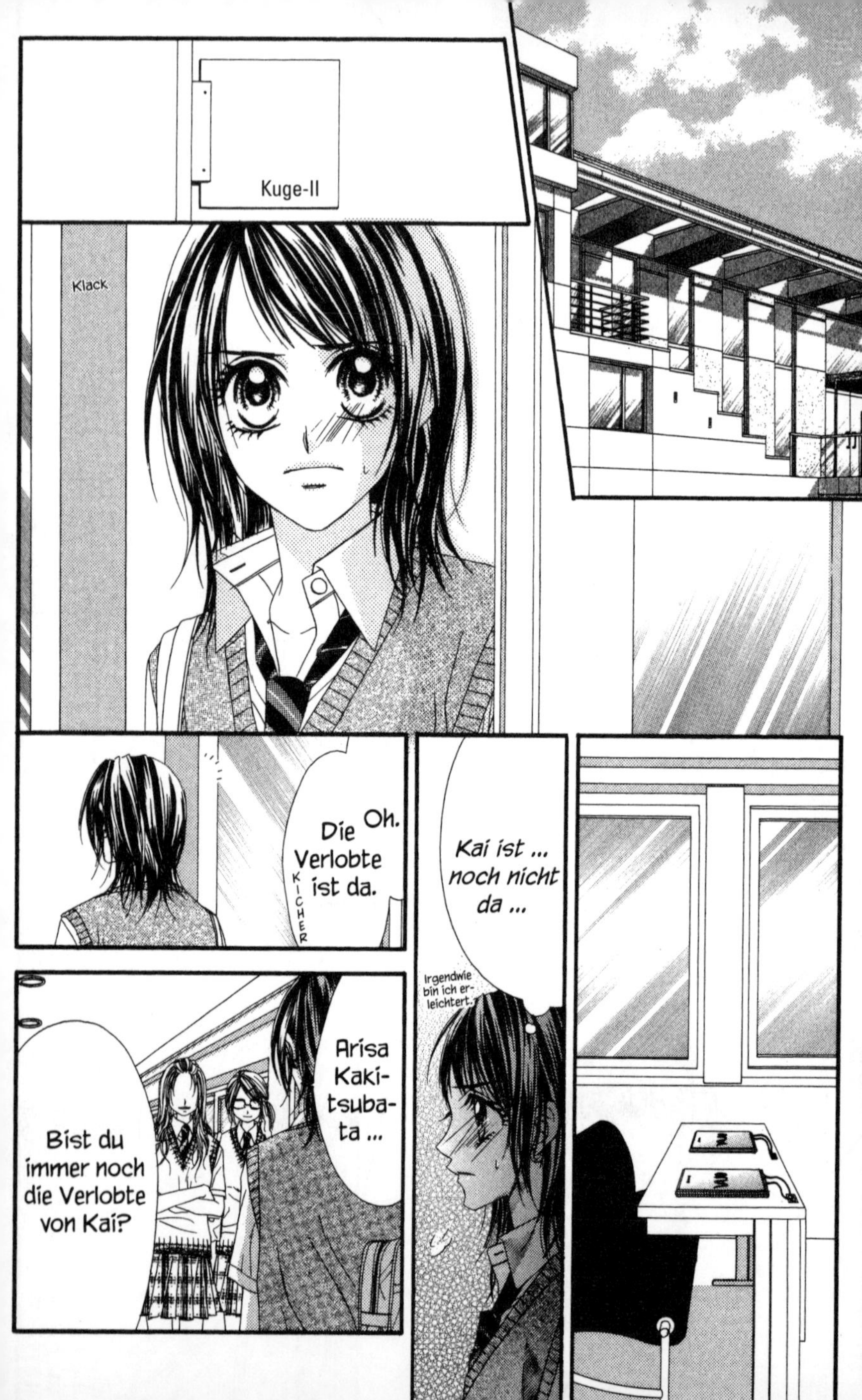
Kuge-II
Klack
Oh.
Die Verlobte ist da.
KICHER
Kai ist ... noch nicht da ...
Irgendwie bin ich erleichtert.
Arisa Kaki-tsuba-ta ...
Bist du immer noch die Verlobte von Kai?

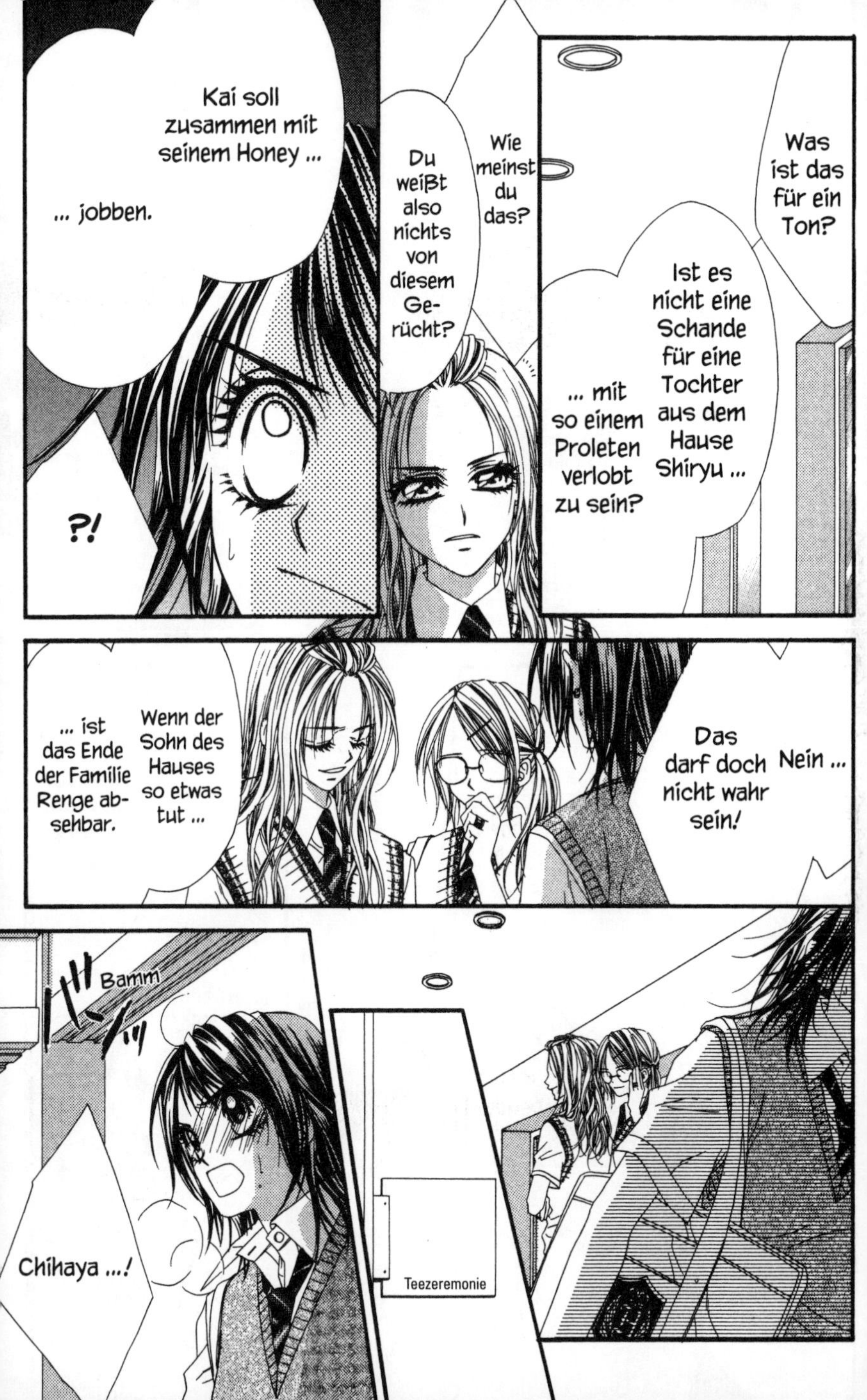

Was ist das für ein Ton?
Ist es nicht eine Schande für eine Tochter aus dem Hause Shiryu ...
... mit so einem Proleten verlobt zu sein?
Wie meinst du das?
Du weißt also nichts von diesem Gerücht?
Kai soll zusammen mit seinem Honey ...
... jobben.
?!
Nein ...
Das darf doch nicht wahr sein!
Wenn der Sohn des Hauses so etwas tut ...
... ist das Ende der Familie Renge absehbar.
Bamm
Teezeremonie
Chihaya ...!

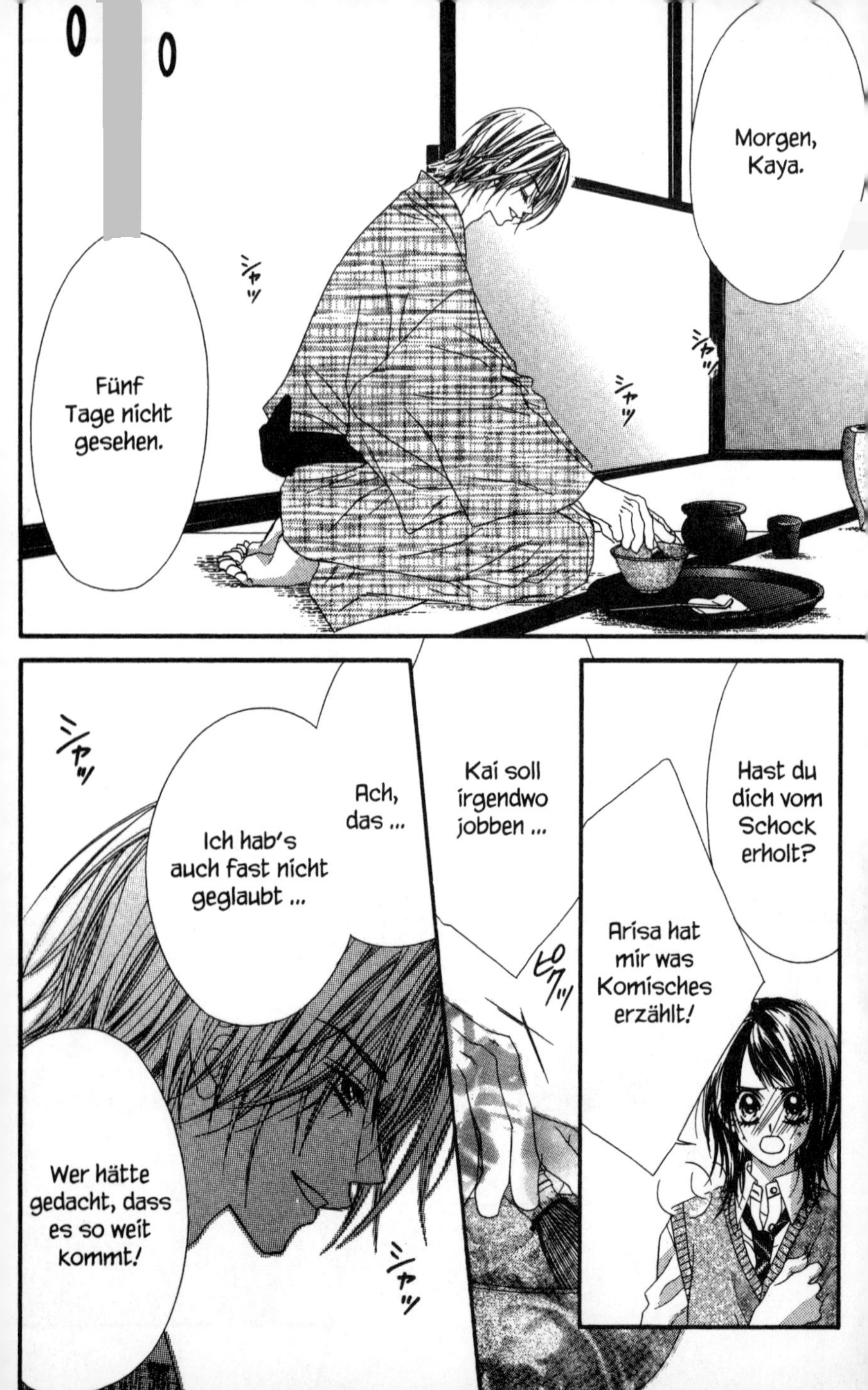
Morgen, Kaya.
シャッ
シャッ
シャッ
Fünf Tage nicht gesehen.
Hast du dich vom Schock erholt?
Arisa hat mir was Komisches erzählt!
ピクッ
Kai soll irgendwo jobben ...
Ach, das ...
Ich hab's auch fast nicht geglaubt ...
シャッ
Wer hätte gedacht, dass es so weit kommt!
シャッ

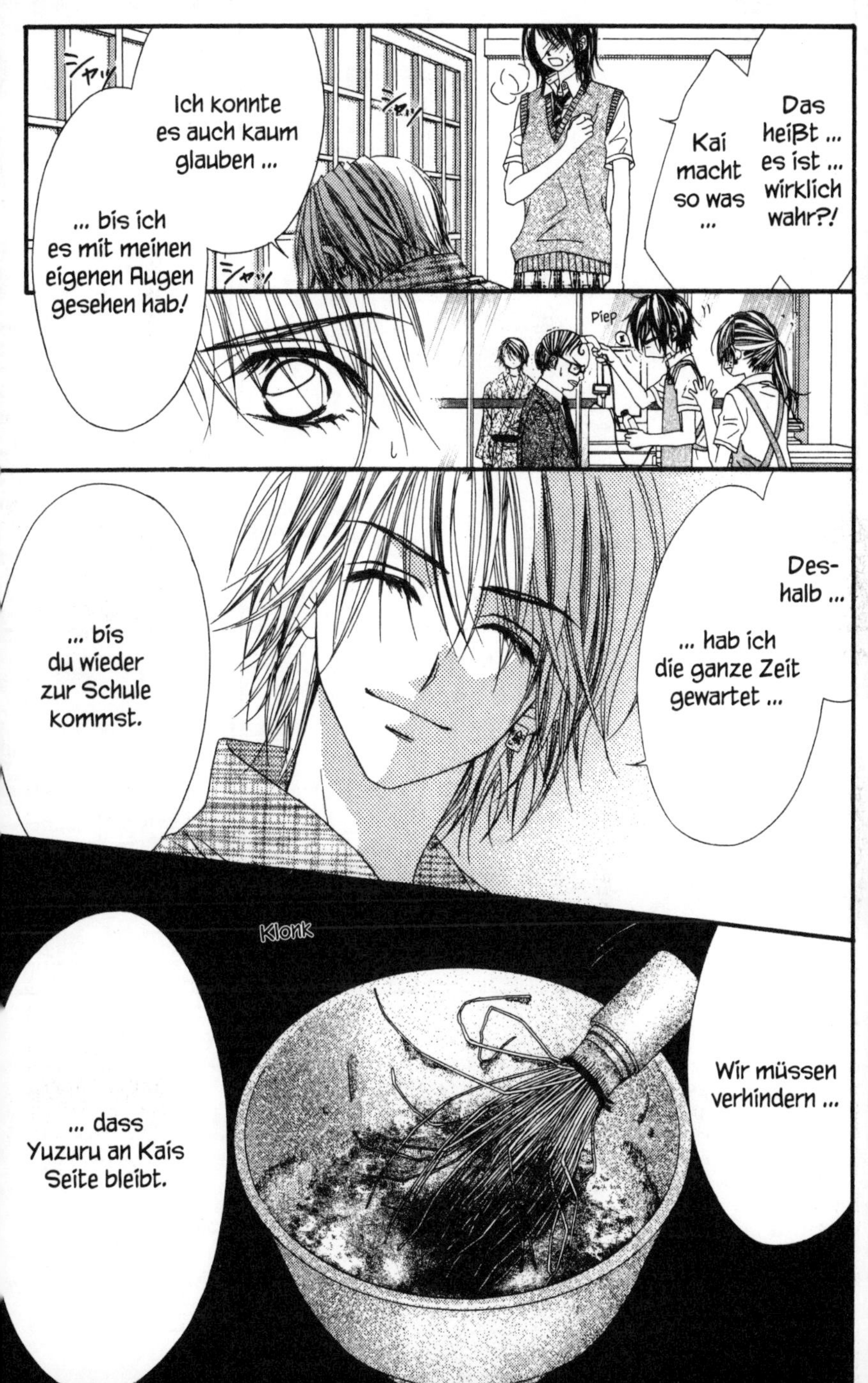
Das heißt ... es ist ... wirklich wahr?!
Kai macht so was ...
Ich konnte es auch kaum glauben ...
... bis ich es mit meinen eigenen Augen gesehen hab!
Piep
Des-halb ...
... hab ich die ganze Zeit gewartet ...
... bis du wieder zur Schule kommst.
Klonk
Wir müssen verhindern ...
... dass Yuzuru an Kais Seite bleibt.

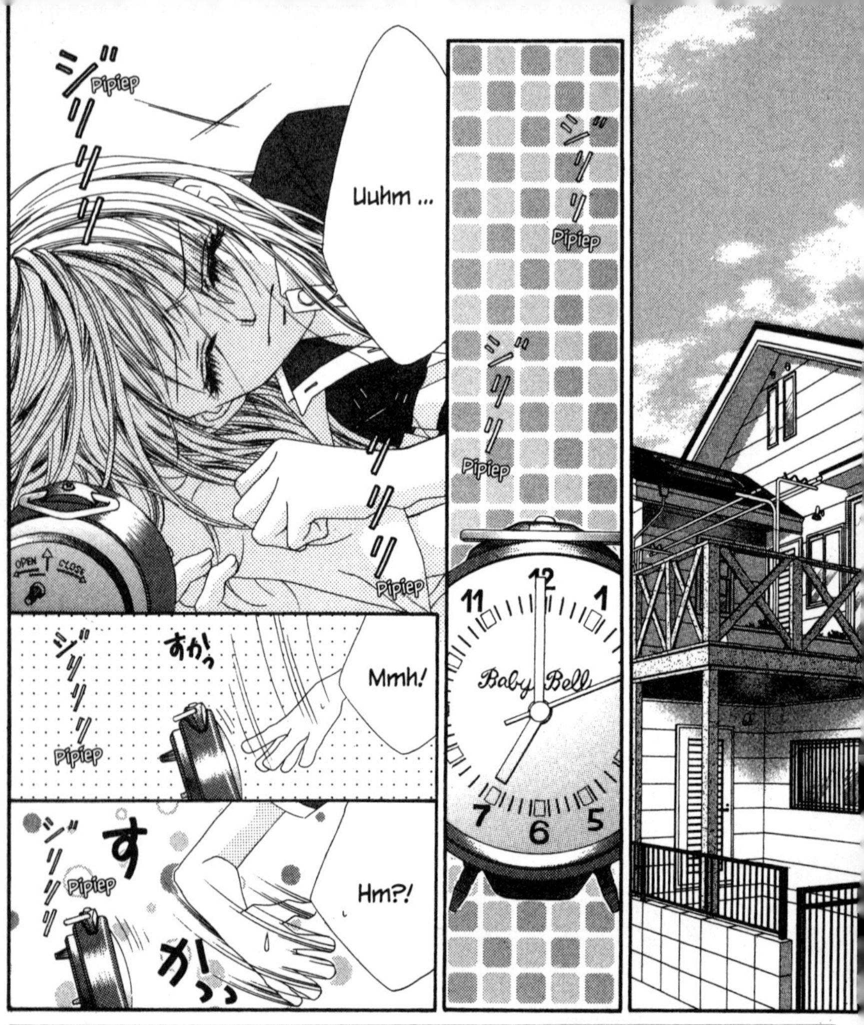

11

Über die Folge »Mit der Rikscha zur Schule« ... (*lach*) Chihaya geht normalerweise zu Fuß zur Schule, aber diesmal wollte ich ihn Yuzuru in einem Gefährt abholen lassen. Weil ein teurer ausländischer Wagen zu banal ist, habe ich mich für die Rikscha entschieden! Ha ha! Von Chihayas japanischer Aufmachung her denkt man vielleicht, dass sein Haus auch im japanischen Stil wäre – aber so ist es nicht. Chihayas Familie ist eine von diesen Neureichen und wohnt in einem modernen Haus. Ein Bereich davon ist nach Chihayas Geschmack japanisch gestaltet.

Mit dieser Folge endet Band 5. In Band 6 wird Chihaya wieder Unheil anrichten. Und Kayaka ebenso! Mit den Waffen einer Frau wird sie intensiv um Kai werben. Im Kontrast dazu wird die romantische Stimmung zwischen Kai und Yuzuru ihren Höhepunkt erreichen. ♡ Kai wird sooo süß zu ihr sein! (*lach*)

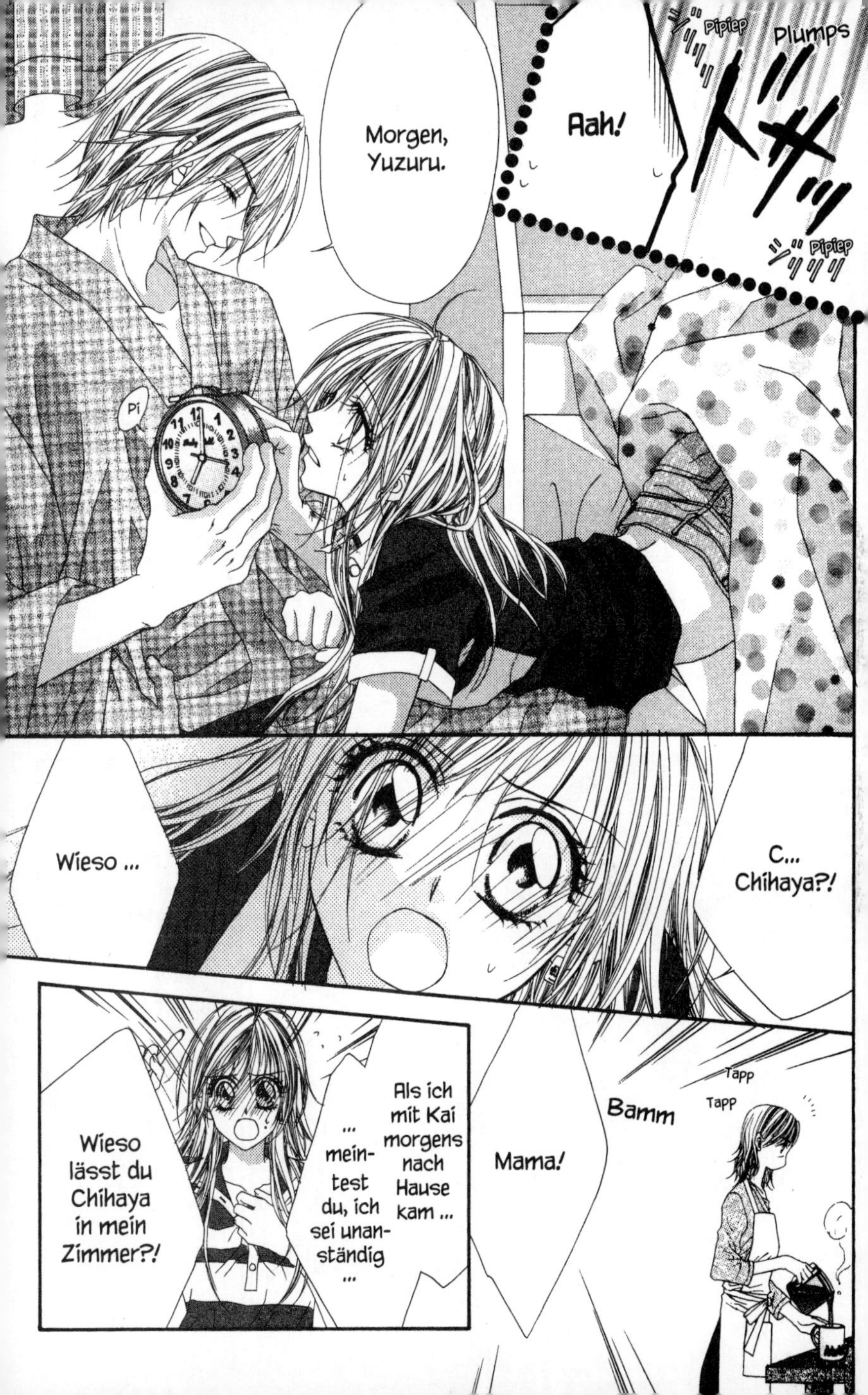
Pipiep
Plumps
Aah!
Pipiep
Morgen, Yuzuru.
Pi
C... Chihaya?!
Wieso ...
Tapp
Tapp
Bamm
Mama!
Als ich mit Kai morgens nach Hause kam ...
... meintest du, ich sei unanständig ...
Wieso lässt du Chihaya in mein Zimmer?!

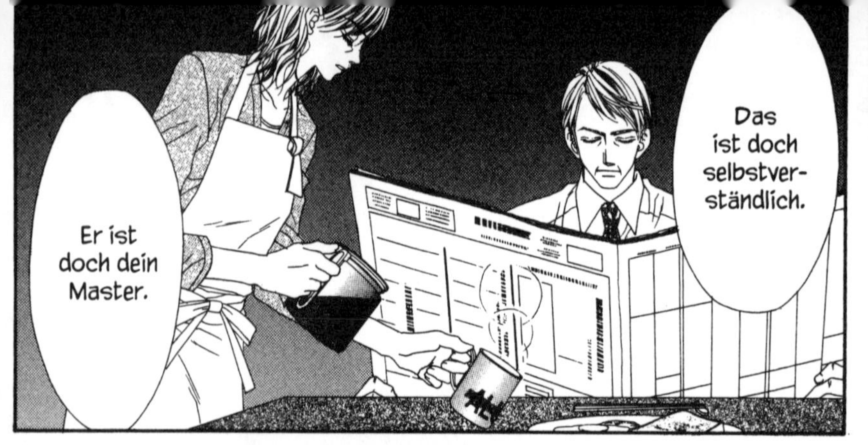

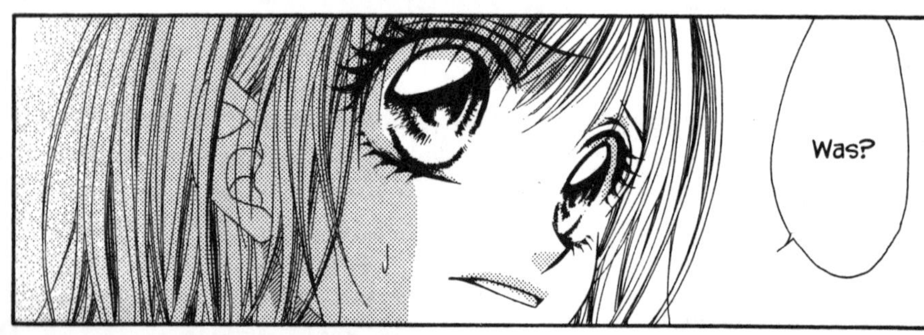

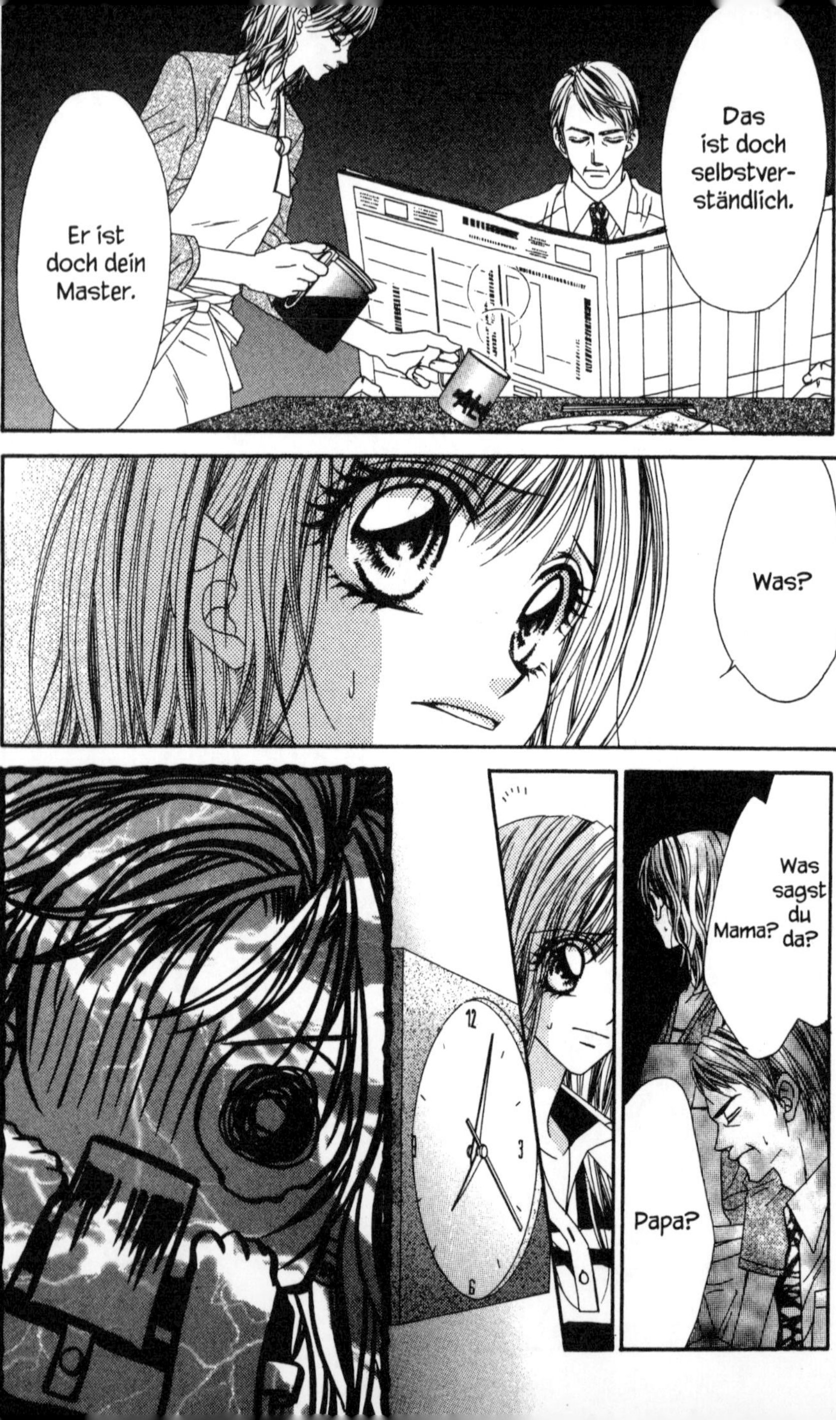

Was sagst du da?
Mama?
Papa?

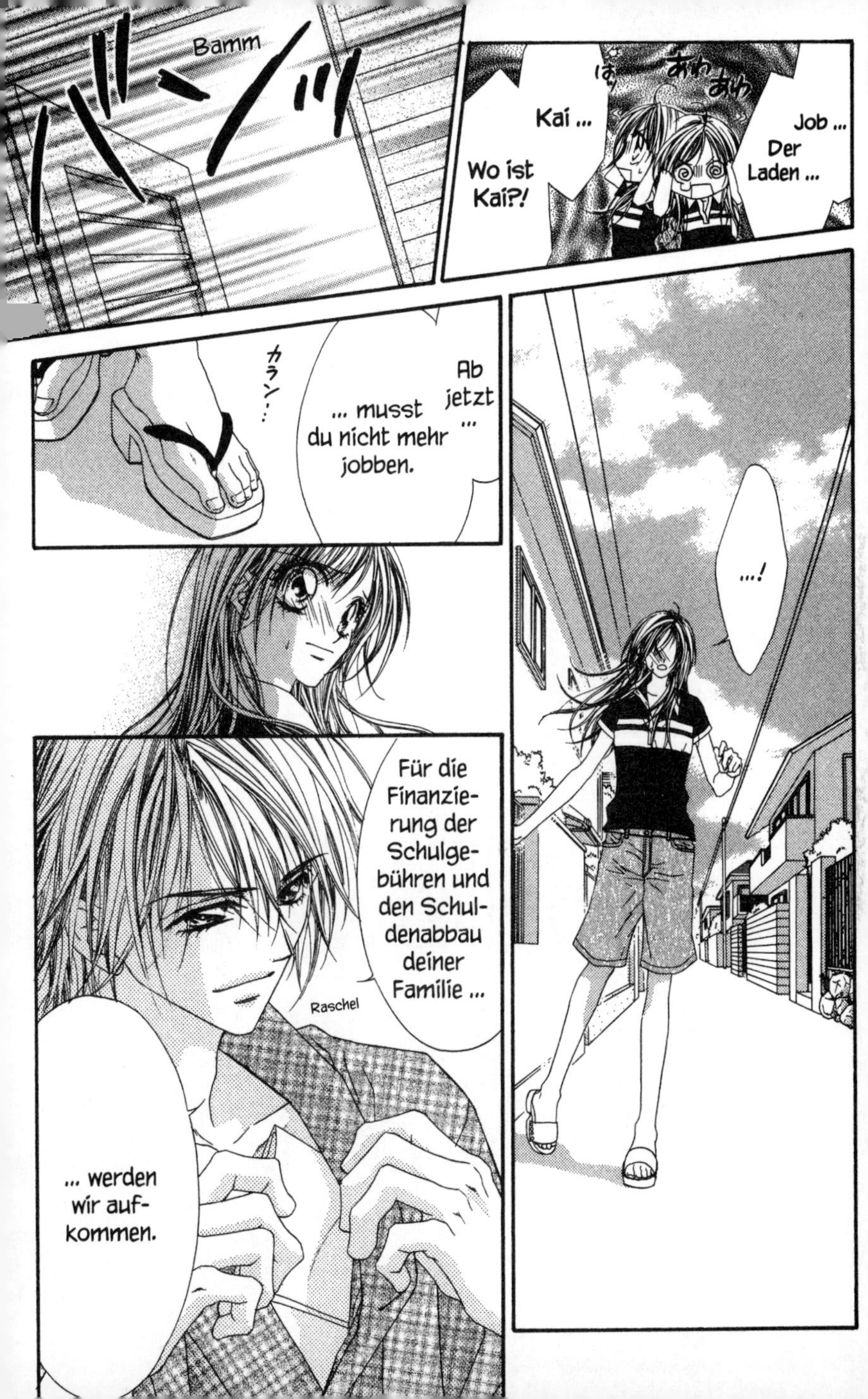
あわあわ
Job ... Der Laden ...
Kai ... Wo ist Kai?!
Bamm
...!
Ab jetzt ...
... musst du nicht mehr jobben.
カラン…
Für die Finanzierung der Schulgebühren und den Schuldenabbau deiner Familie ...
Raschel
... werden wir aufkommen.

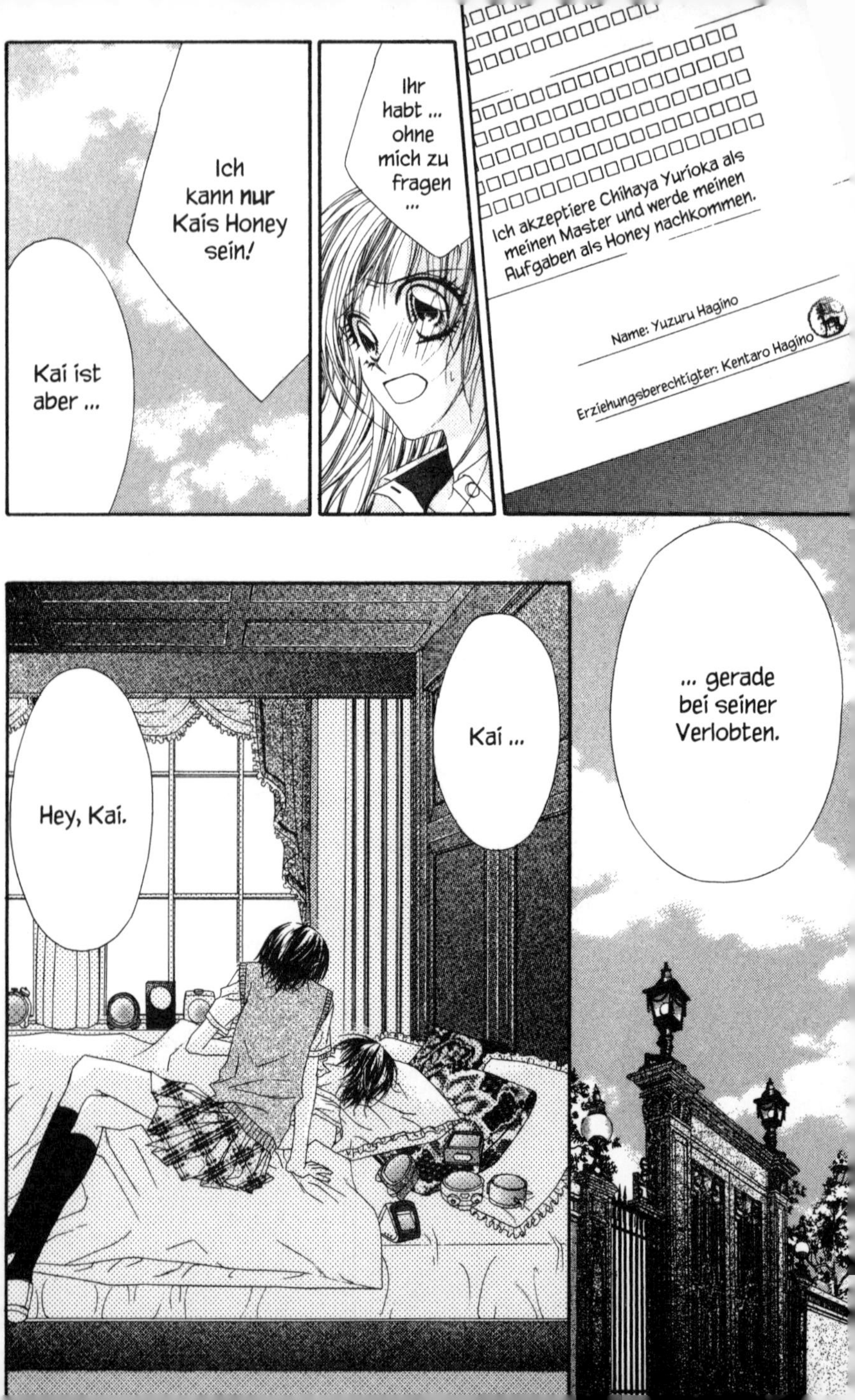

Ich akzeptiere Chihaya Yurioka als meinen Master und werde meinen Aufgaben als Honey nachkommen.

Name: Yuzuru Hagino

Erziehungsberechtigter: Kentaro Hagino

Ihr habt ... ohne mich zu fragen ...

Ich kann nur Kais Honey sein!

Kai ist aber ...

... gerade bei seiner Verlobten.

Kai ...

Hey, Kai.

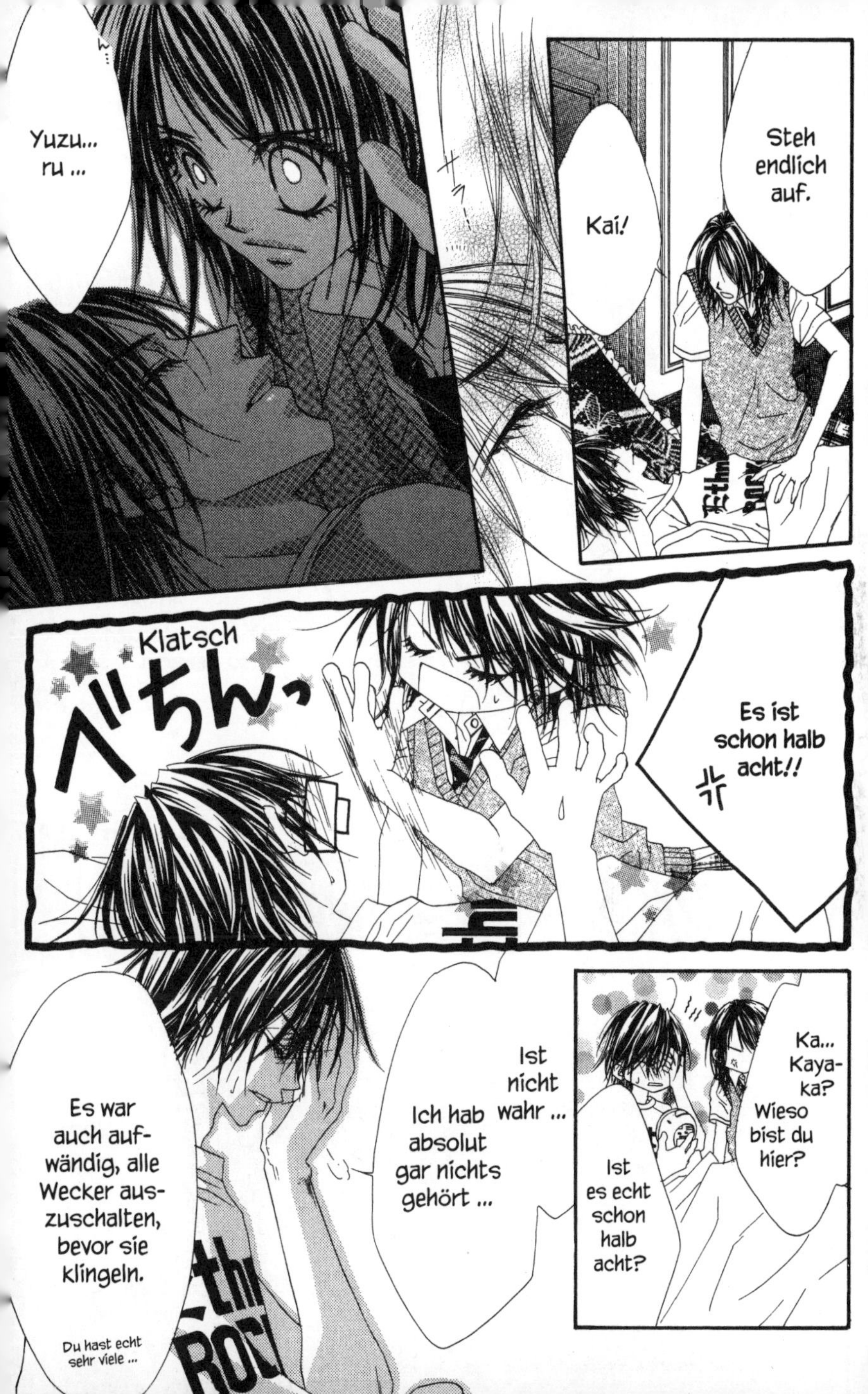

Steh endlich auf.
Kai!
Yuzu... ru ...
Es ist schon halb acht!!
Klatsch
べちんっ
Ka... Kaya-ka? Wieso bist du hier?
Ist es echt schon halb acht?
Ist nicht wahr ...
Ich hab absolut gar nichts gehört ...
Es war auch aufwändig, alle Wecker auszuschalten, bevor sie klingeln.
Du hast echt sehr viele ...

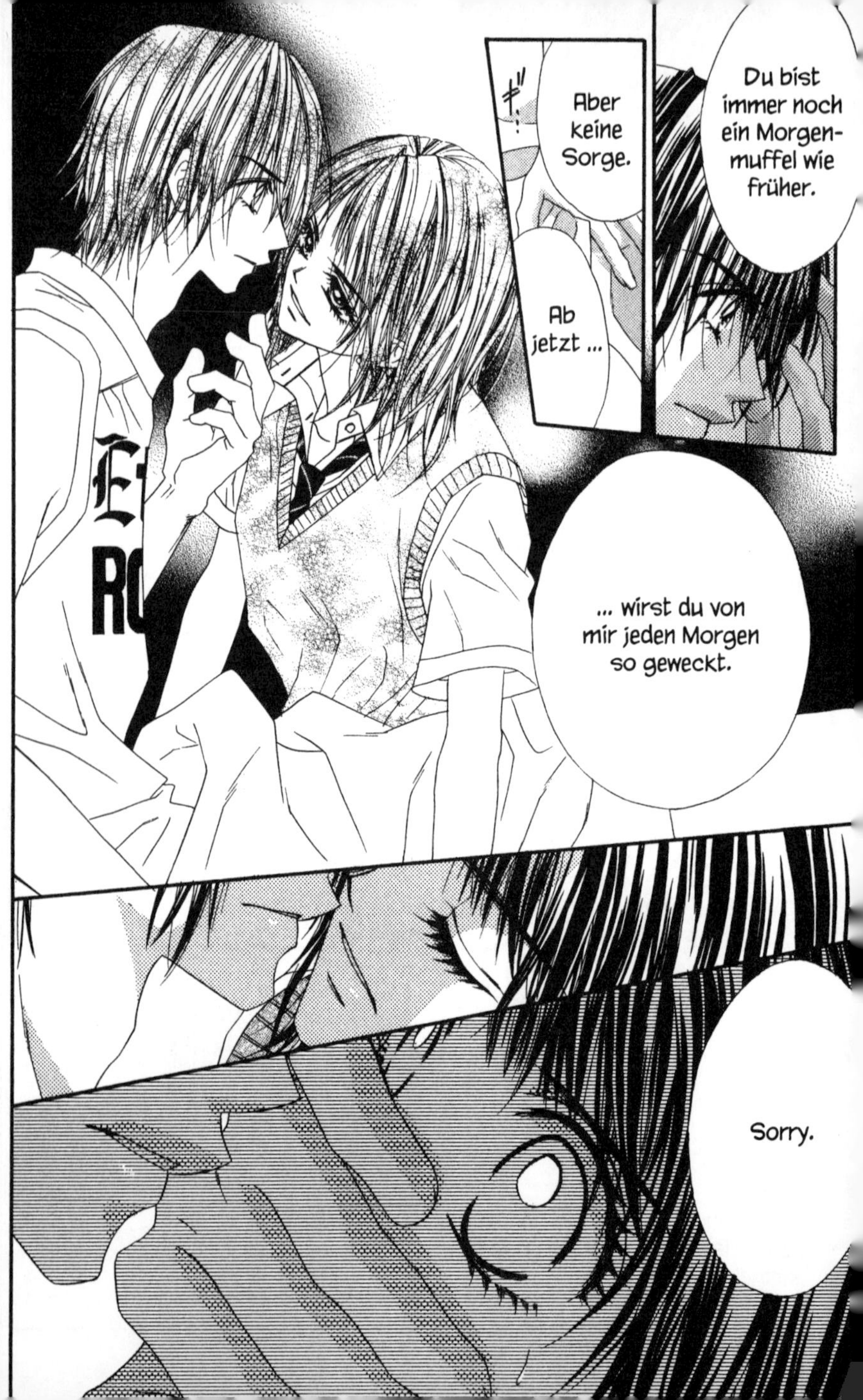
Du bist immer noch ein Morgenmuffel wie früher.
Aber keine Sorge.
Ab jetzt ...
... wirst du von mir jeden Morgen so geweckt.
Sorry.

12

Ultra Thanks! ♡

* Haruka Tomioka

* Ichigo Komatsu

* Yukari Amano

* Momoe Nishida

* Nashina Taniguchi

* Marie Ikeda

* Masako Shishido

* Mea Sakisaka

* Redakteurin Frau Maeda

* Grafik-Designerin Kae Murofushi

* Meinen Eltern

* Allen, die am Verkauf von CD und DVD beteiligt waren.

* Meinen verehrten Lesern!

Meinungen, Kommentare und Zeichnungen bitte an folgende Adresse:

Shogakukan Shojo Comic,
Ms Kanan Minami
2-3-1 Hitotsubashi,
Chiyoda-ku,
101-8001 Tokyo, Japan

Kanan Minami

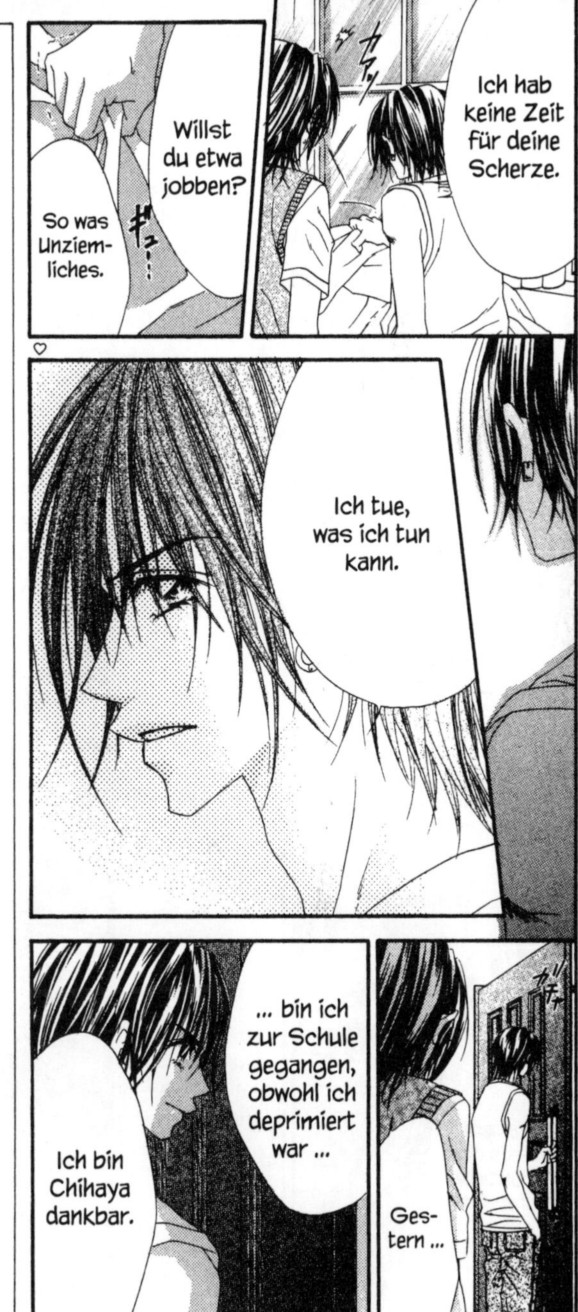

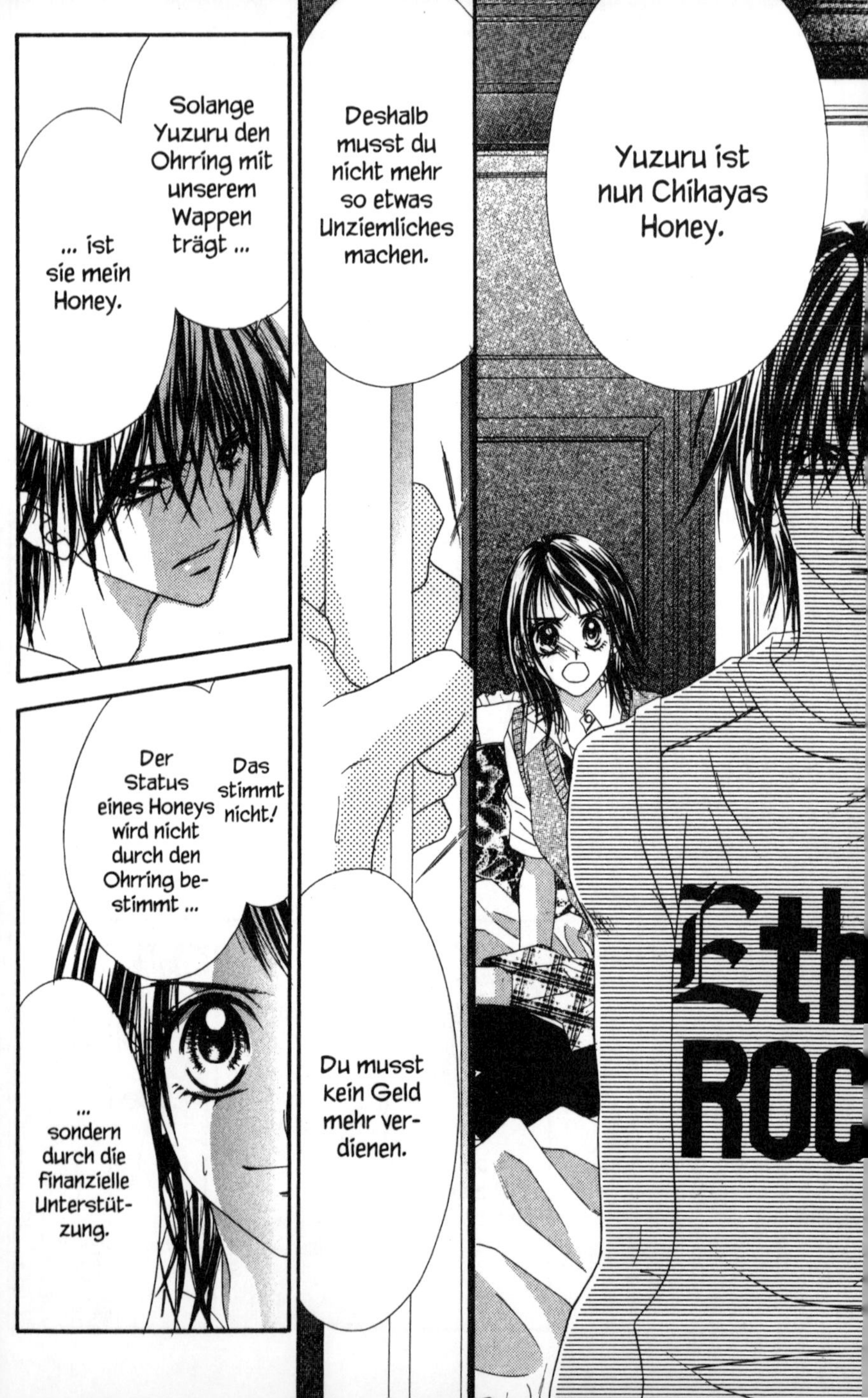

Yuzuru ist nun Chihayas Honey.
Deshalb musst du nicht mehr so etwas Unziemliches machen.
Du musst kein Geld mehr verdienen.
Solange Yuzuru den Ohrring mit unserem Wappen trägt ...
... ist sie mein Honey.
Das stimmt nicht!
Der Status eines Honeys wird nicht durch den Ohrring bestimmt ...
... sondern durch die finanzielle Unterstützung.
Eth ROC

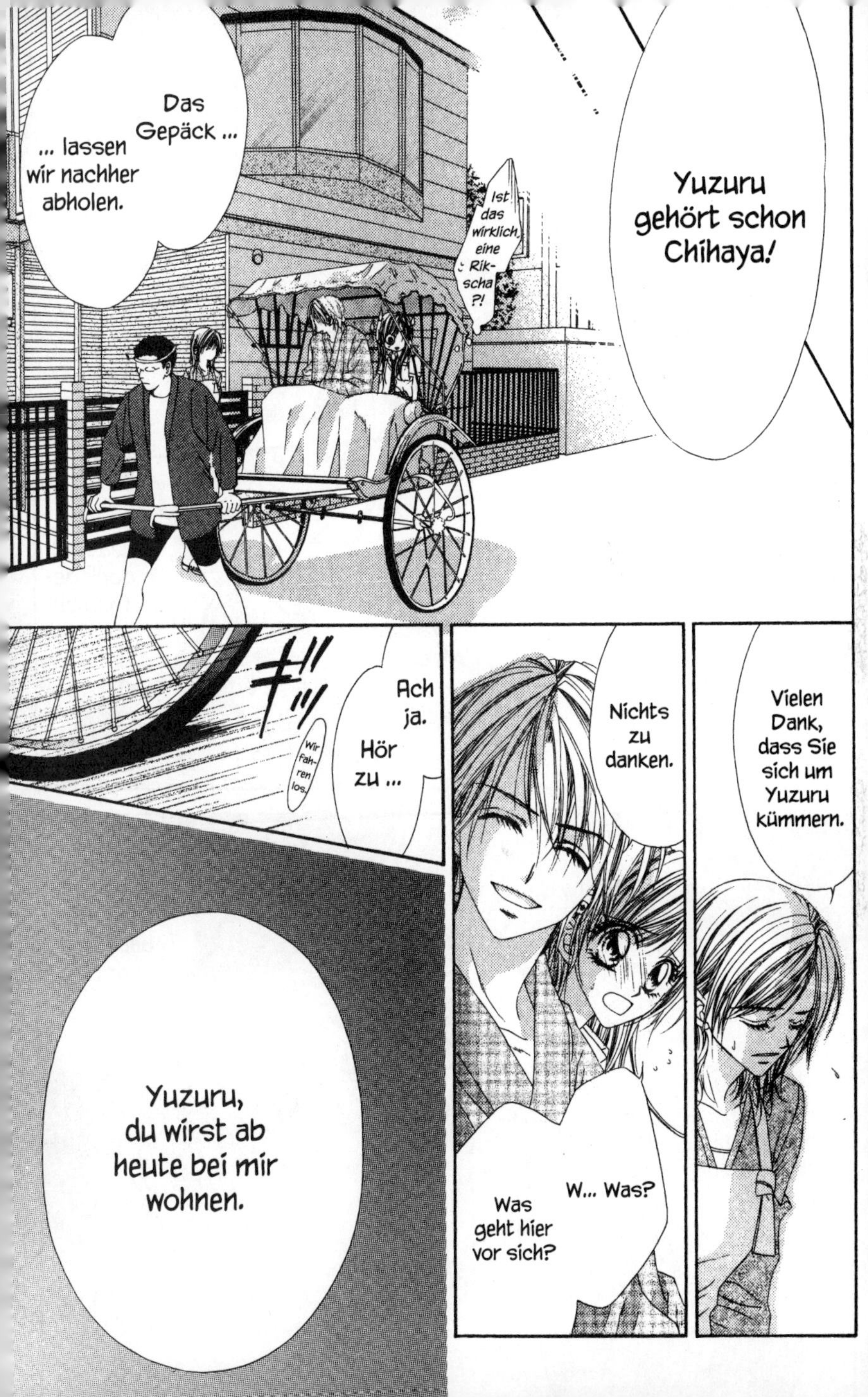
Yuzuru gehört schon Chihaya!
Ist das wirklich eine Rik-scha ?!
Das Gepäck ...
... lassen wir nachher abholen.
Vielen Dank, dass Sie sich um Yuzuru kümmern.
Nichts zu danken.
Ach ja. Hör zu ...
Wir Fah-ren los.
W... Was?
Was geht hier vor sich?
Yuzuru, du wirst ab heute bei mir wohnen.

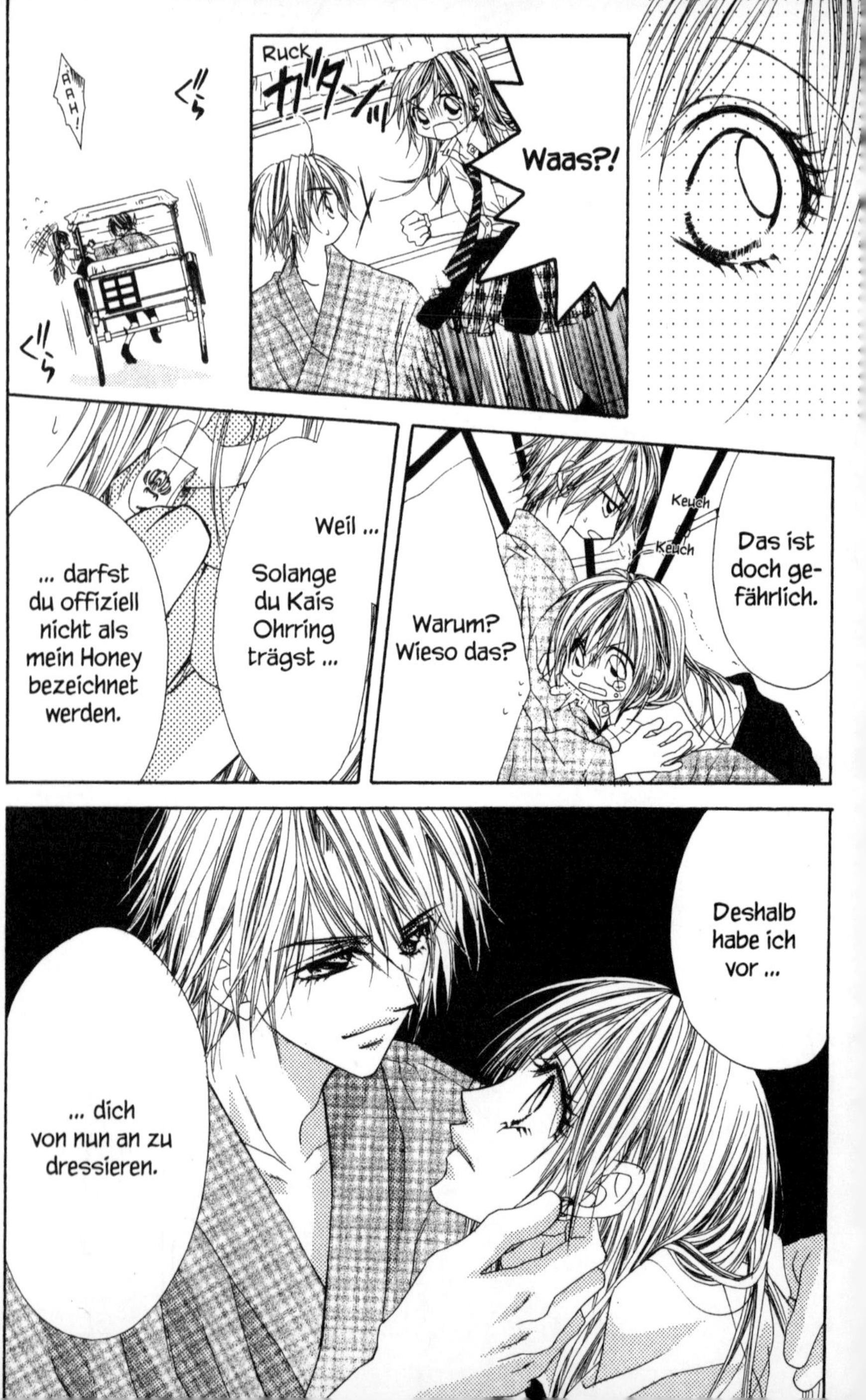

Ruck
Waas?!
AAH!
Keuch
Keuch
Das ist doch gefährlich.
Warum? Wieso das?
Weil ...
Solange du Kais Ohrring trägst ...
... darfst du offiziell nicht als mein Honey bezeichnet werden.
Deshalb habe ich vor ...
... dich von nun an zu dressieren.

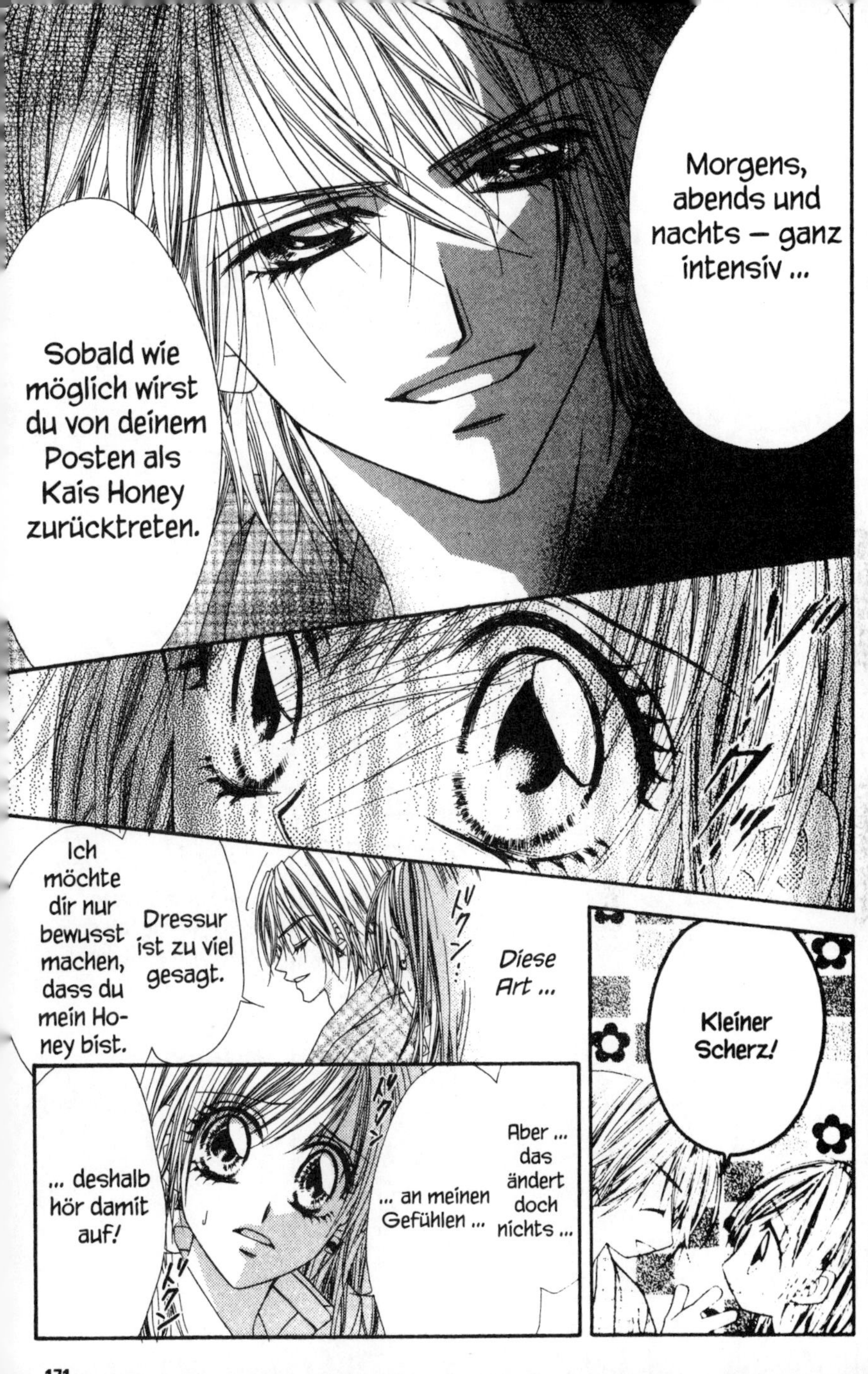
Morgens, abends und nachts – ganz intensiv ...
Sobald wie möglich wirst du von deinem Posten als Kais Honey zurücktreten.
Kleiner Scherz!
Diese Art ...
Dressur ist zu viel gesagt.
Ich möchte dir nur bewusst machen, dass du mein Honey bist.
Aber ... das ändert doch nichts ...
... an meinen Gefühlen ...
... deshalb hör damit auf!

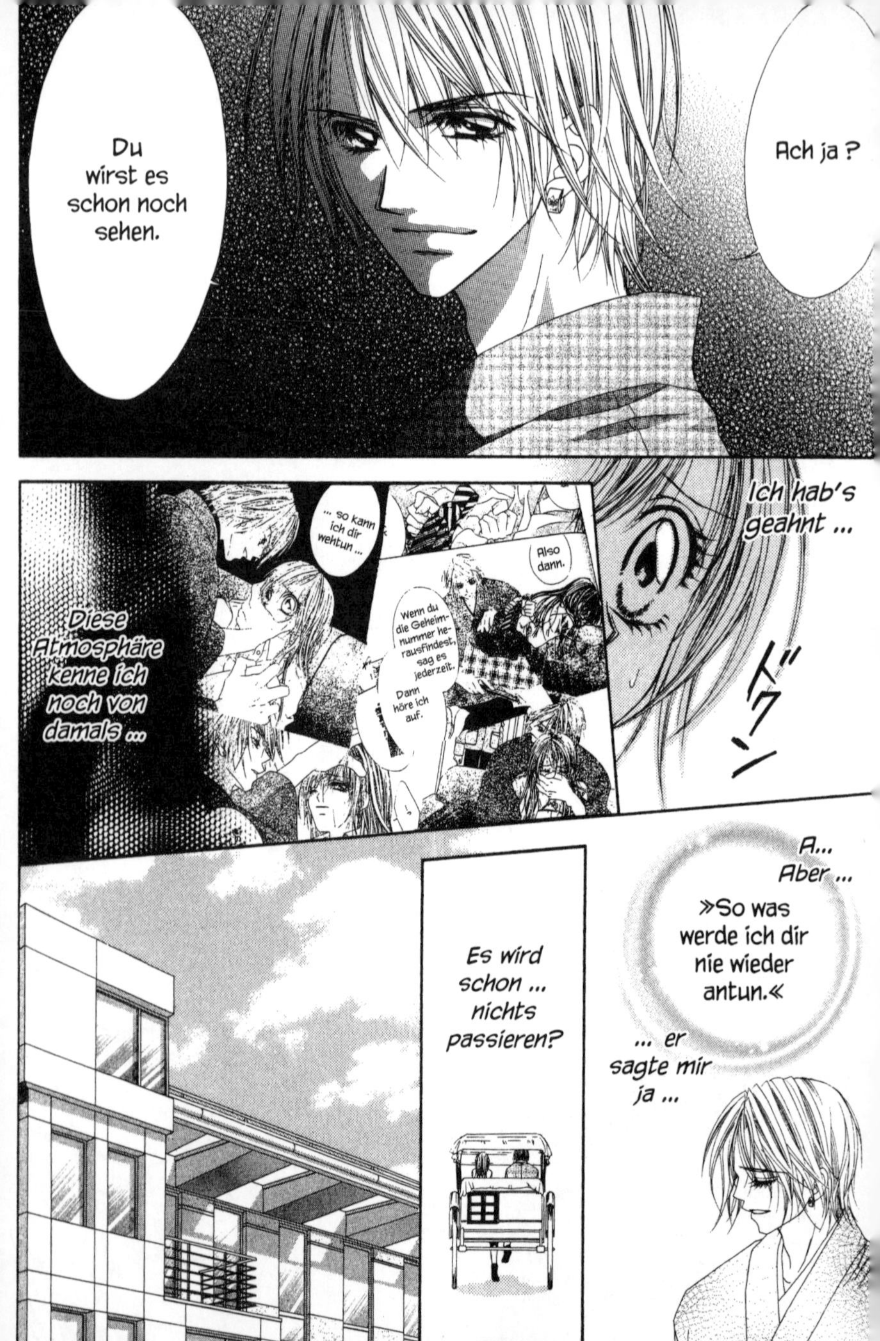

Ach ja ?
Du wirst es schon noch sehen.
Ich hab's geahnt ...
Also dann.
... so kann ich dir wehtun ...
Wenn du die Geheimnummer herausfindest, sag es jederzeit.
Dann höre ich auf.
Diese Atmosphäre kenne ich noch von damals ...
A... Aber ...
»So was werde ich dir nie wieder antun.«
... er sagte mir ja ...
Es wird schon ... nichts passieren?

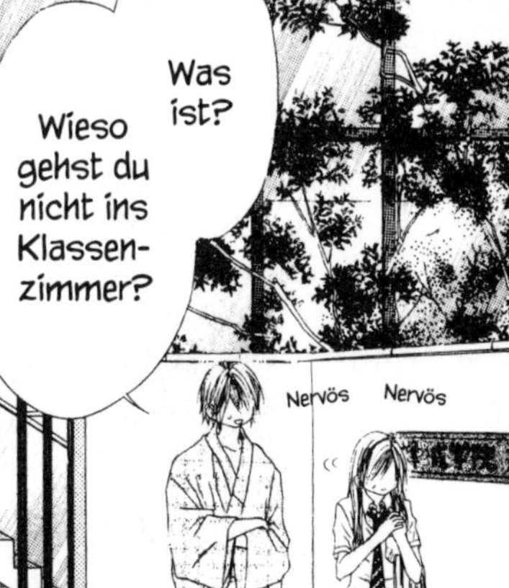
Was ist?
Wieso gehst du nicht ins Klassenzimmer?
Nervös Nervös

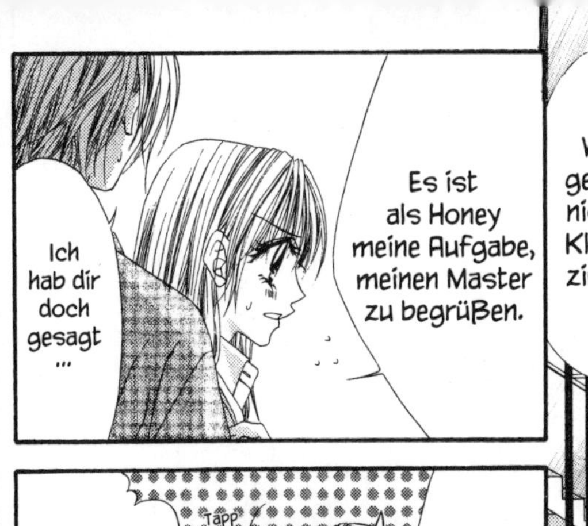
Es ist als Honey meine Aufgabe, meinen Master zu begrüßen.
Ich hab dir doch gesagt ...

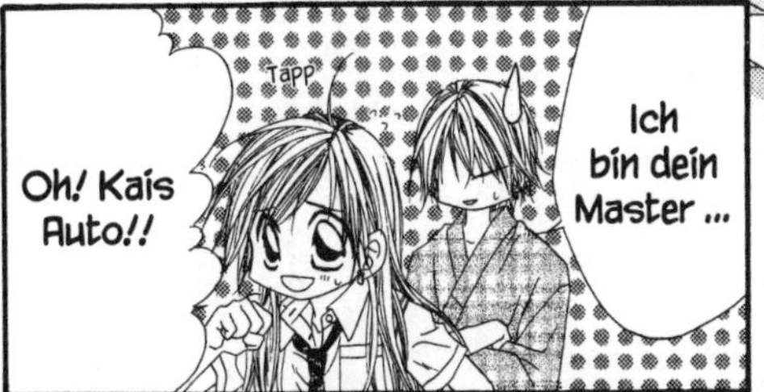
Ich bin dein Master ...
Tapp
Oh! Kais Auto!!

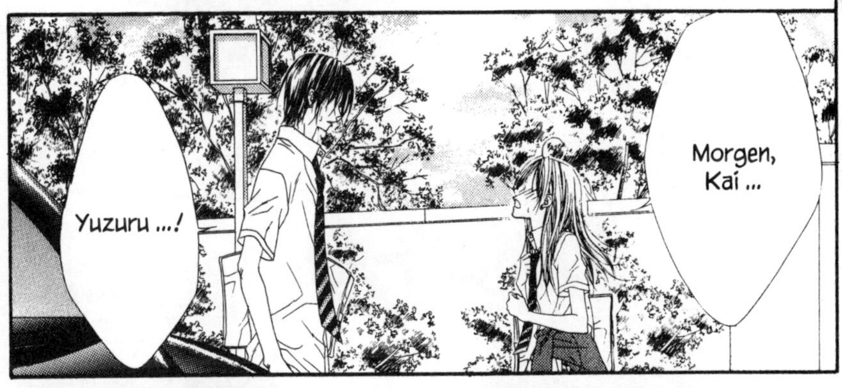
Morgen, Kai ...
Yuzuru ...!

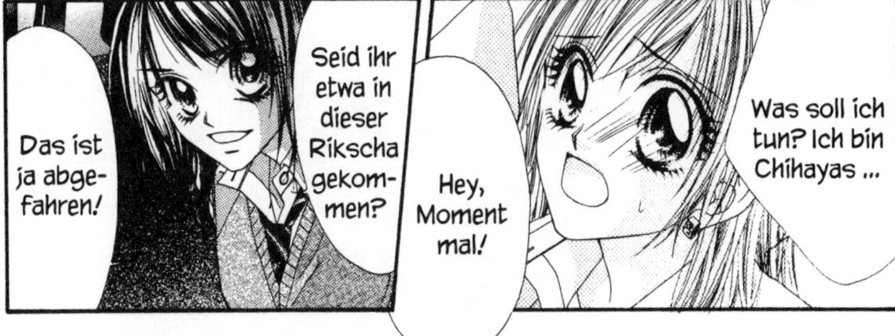
Was soll ich tun? Ich bin Chihayas ...
Hey, Moment mal!
Seid ihr etwa in dieser Rikscha gekommen?
Das ist ja abgefahren!

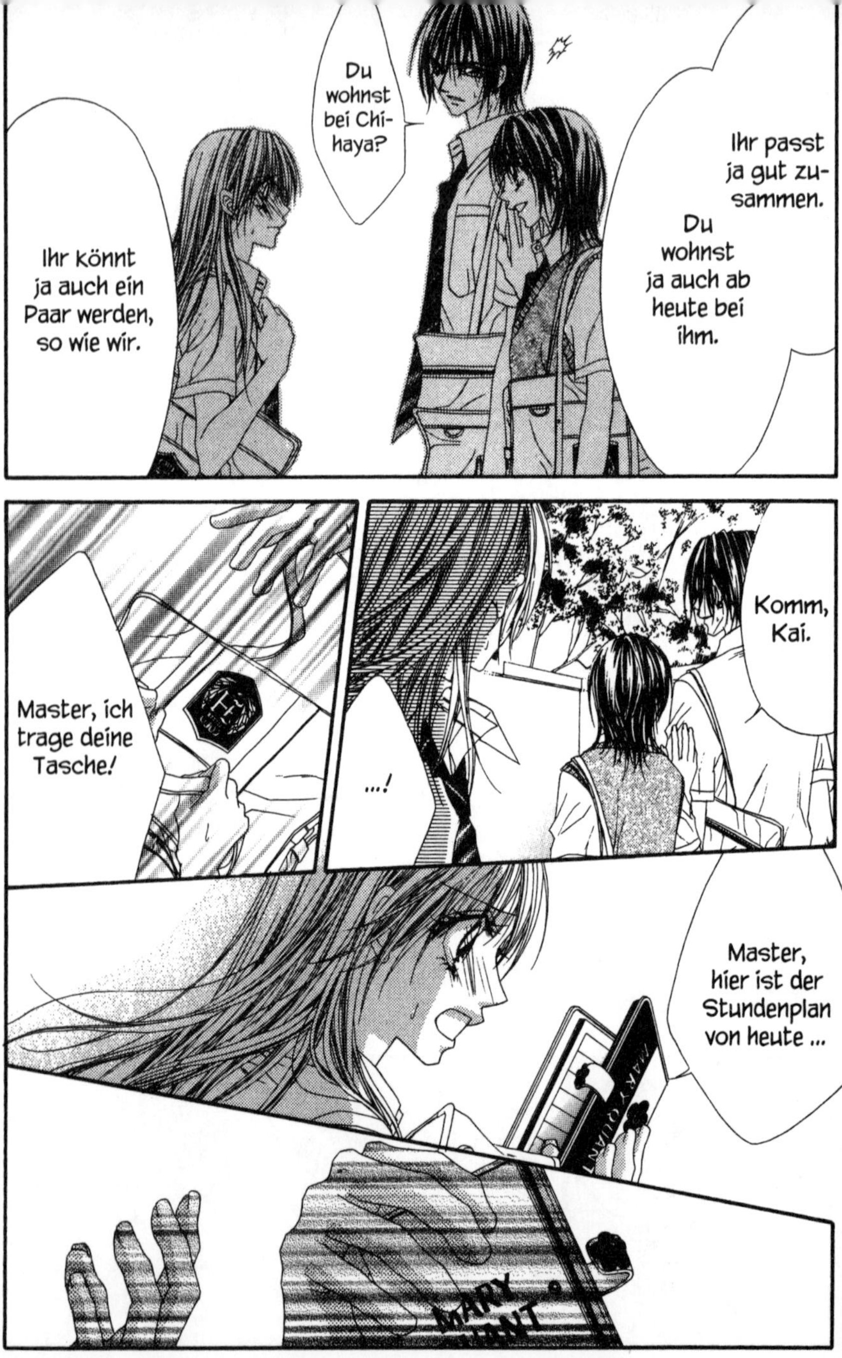

Ihr passt ja gut zusammen.

Du wohnst ja auch ab heute bei ihm.

Du wohnst bei Chihaya?

Ihr könnt ja auch ein Paar werden, so wie wir.

Komm, Kai.

...!

Master, ich trage deine Tasche!

Master, hier ist der Stundenplan von heute ...

MARY QUANT

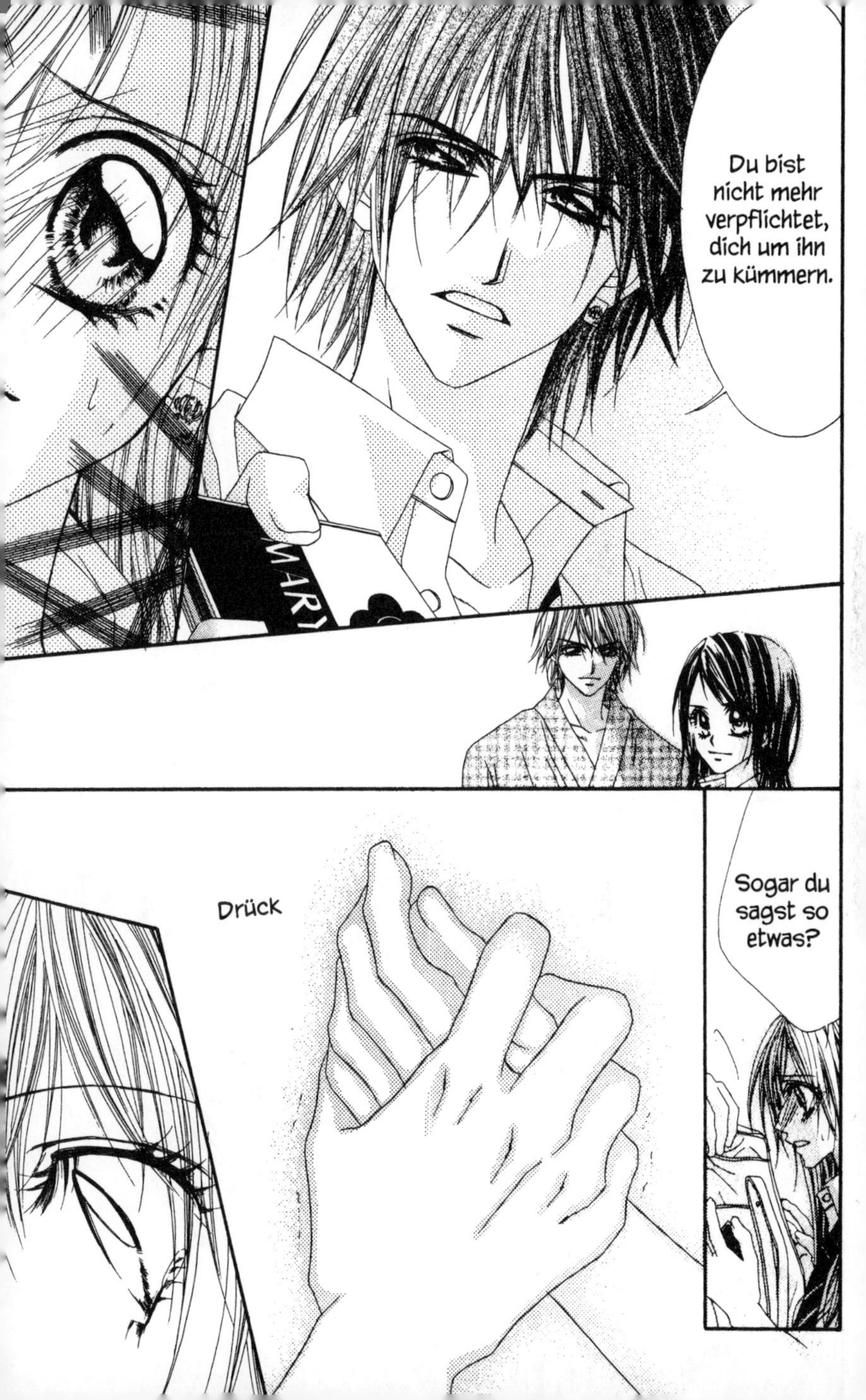
Du bist nicht mehr verpflichtet, dich um ihn zu kümmern.
Sogar du sagst so etwas?
Drück

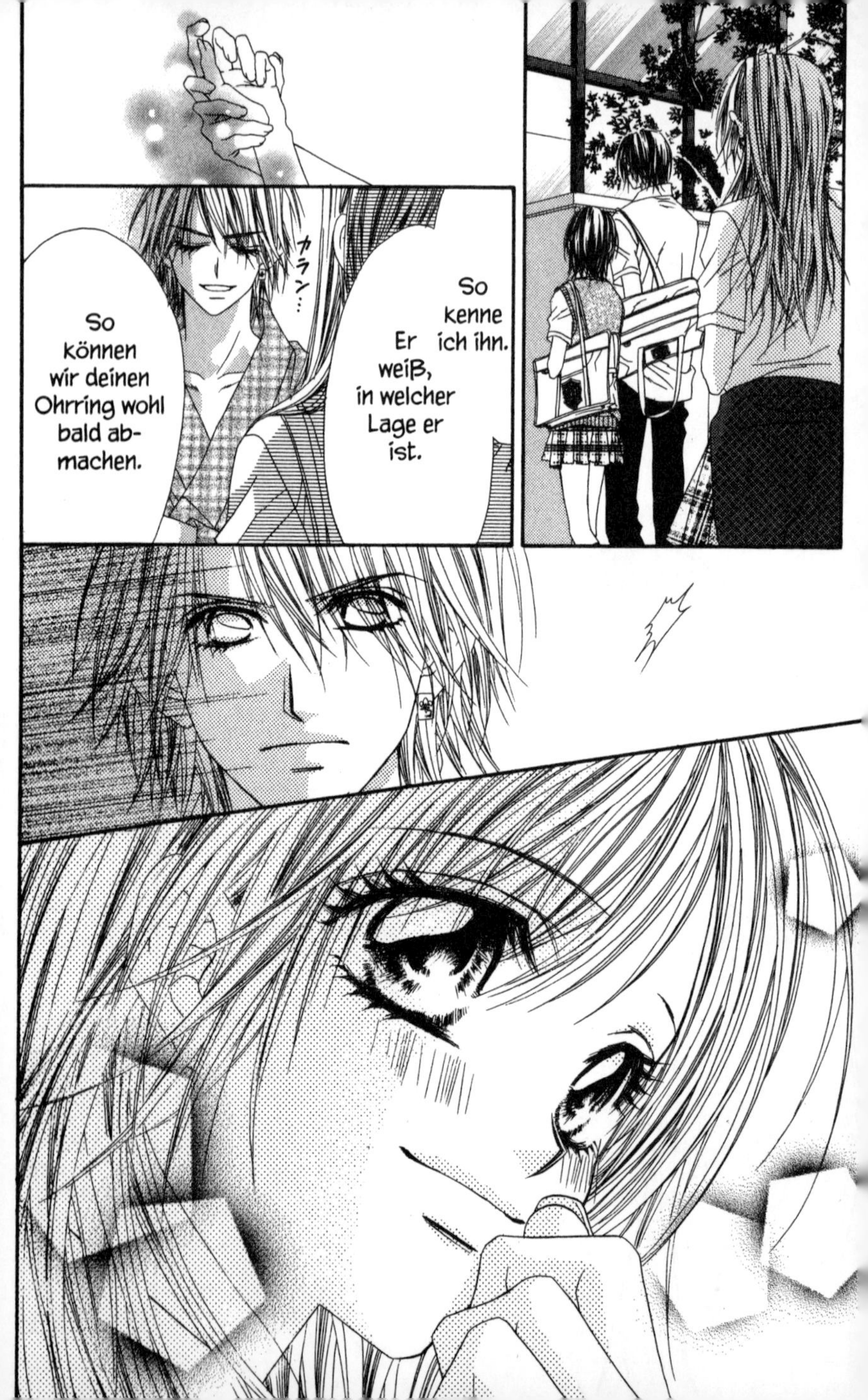
So kenne ich ihn.
Er weiß, in welcher Lage er ist.
カラン…
So können wir deinen Ohrring wohl bald ab-machen.

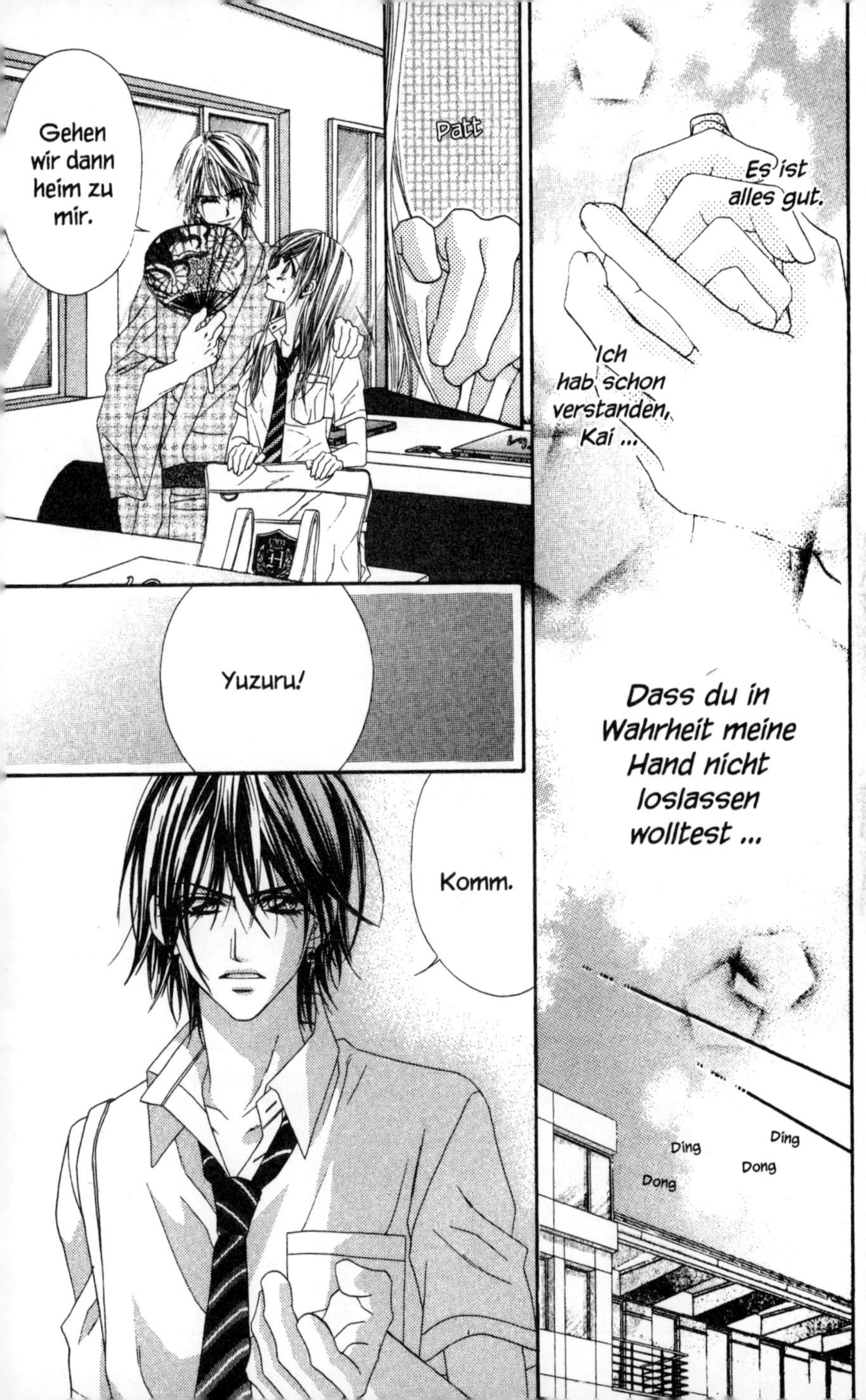
Es ist alles gut.
Ich hab schon verstanden, Kai ...
Dass du in Wahrheit meine Hand nicht loslassen wolltest ...
Ding Dong
Ding Dong
Patt
Gehen wir dann heim zu mir.
Yuzuru!
Komm.

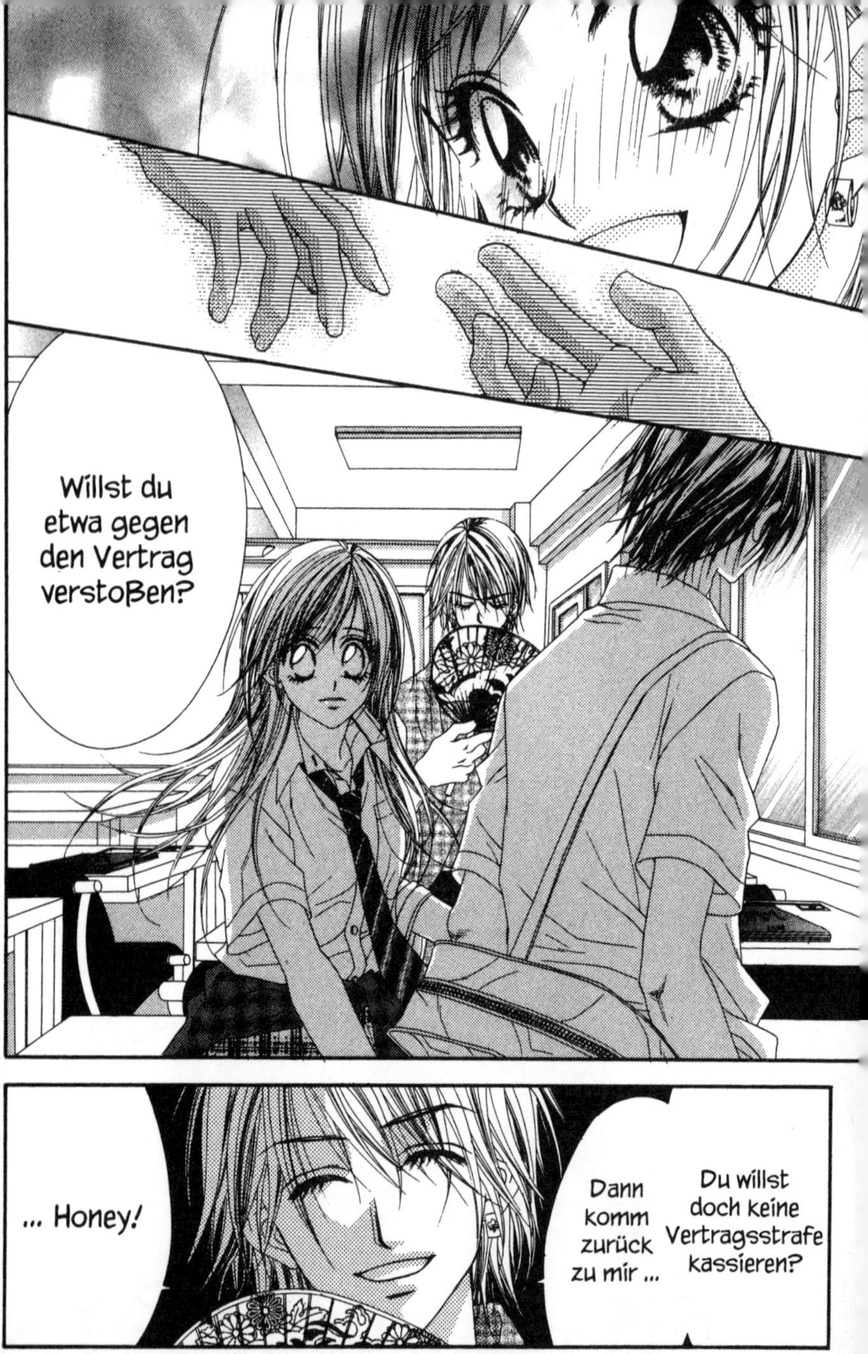

Willst du etwa gegen den Vertrag verstoßen?

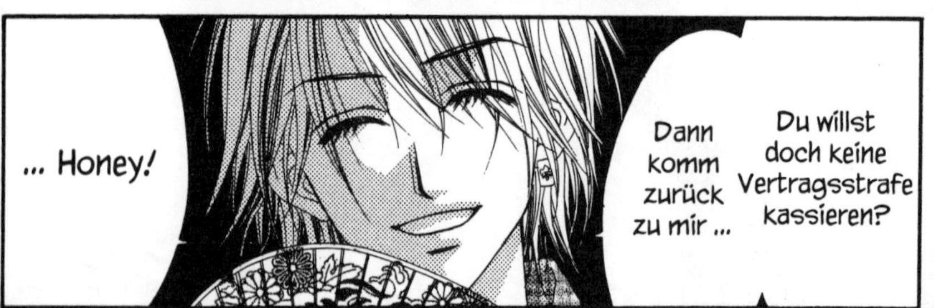

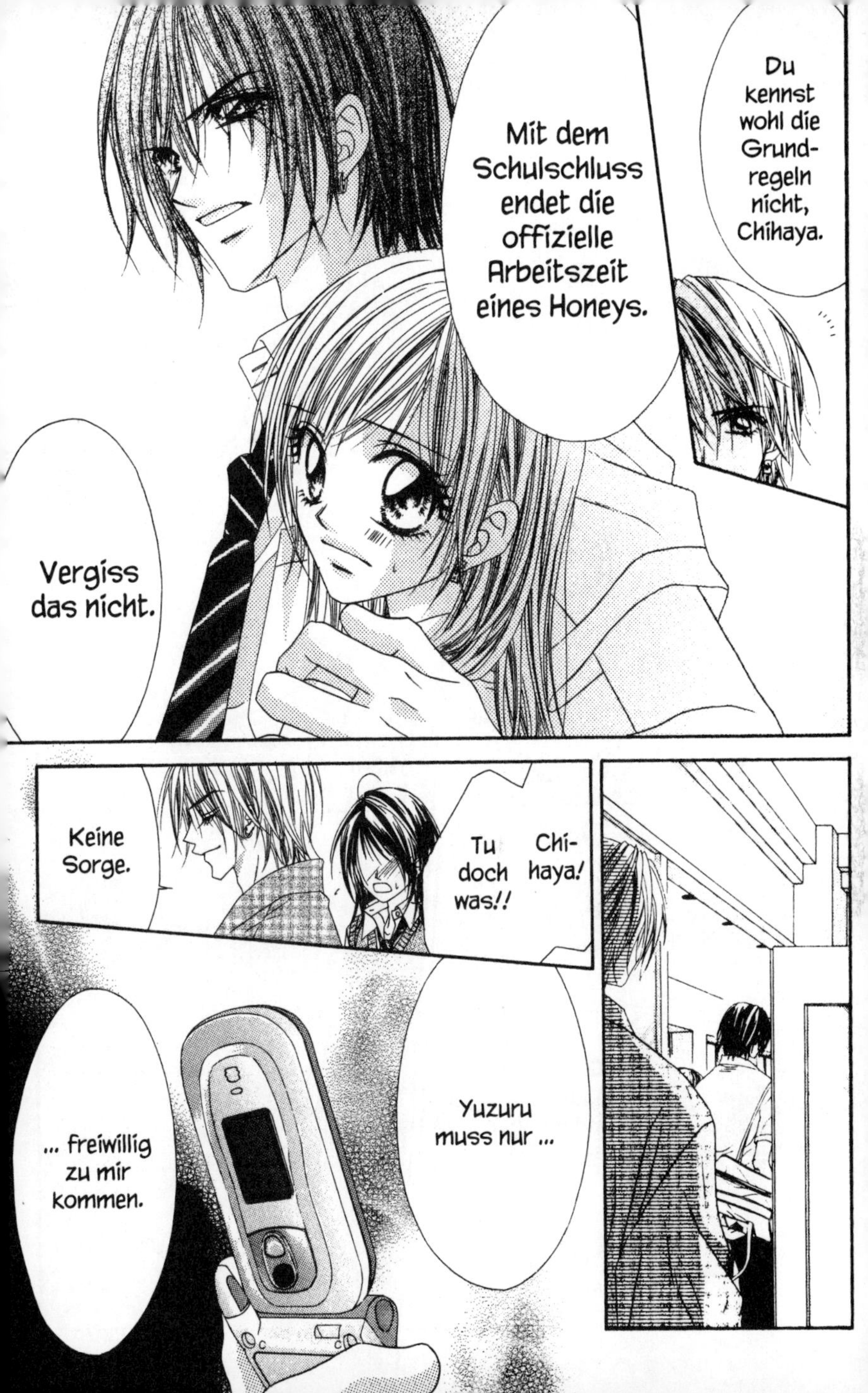
Du kennst wohl die Grund-regeln nicht, Chihaya.
Mit dem Schulschluss endet die offizielle Arbeitszeit eines Honeys.
Vergiss das nicht.
Chi-haya!
Tu doch was!!
Keine Sorge.
Yuzuru muss nur ...
... freiwillig zu mir kommen.

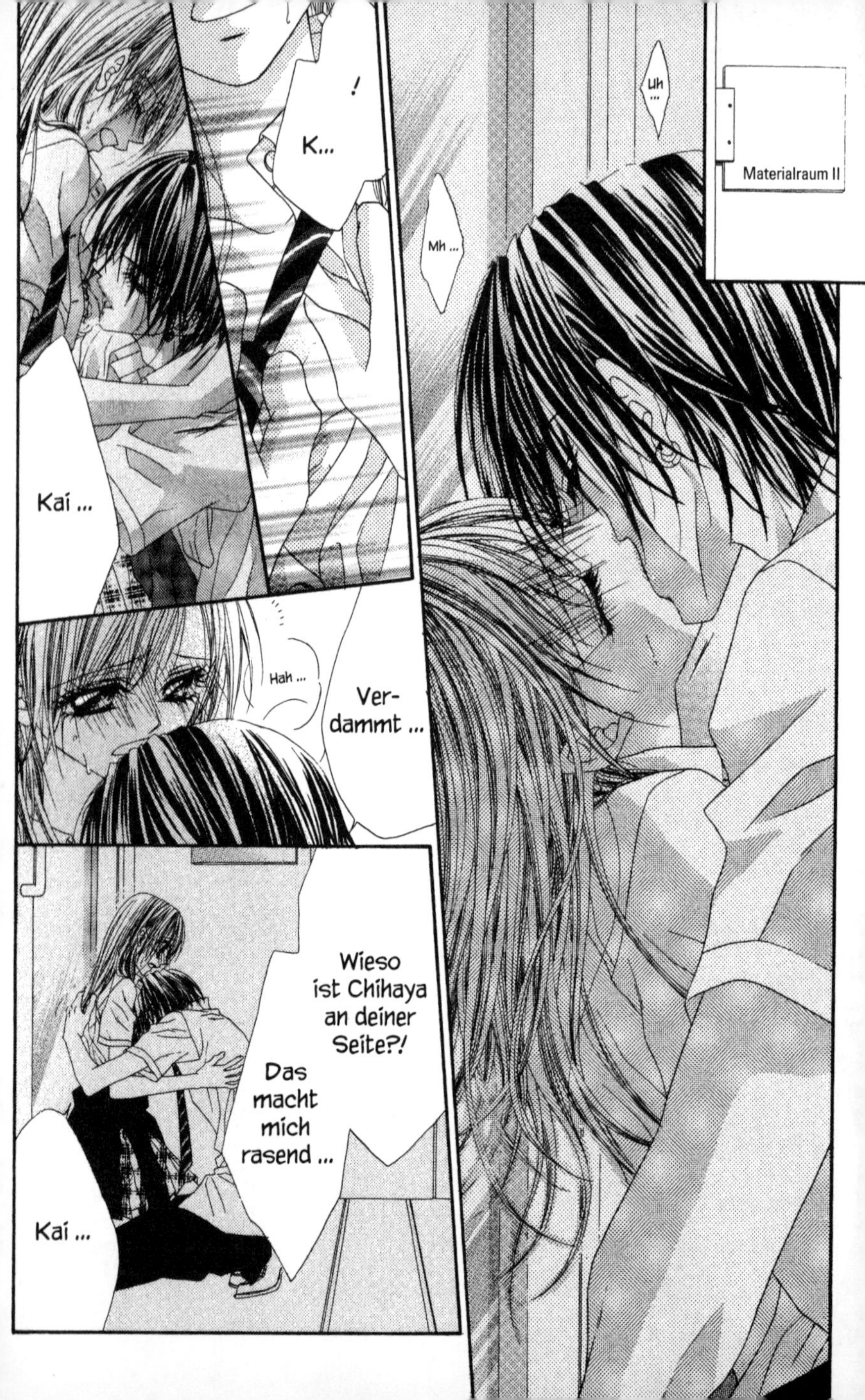
Materialraum II
Uh ...
Mh ...
!
K...
Kai ...
Hah ...
Ver-
dammt ...
Wieso ist Chihaya an deiner Seite?!
Das macht mich rasend ...
Kai ...

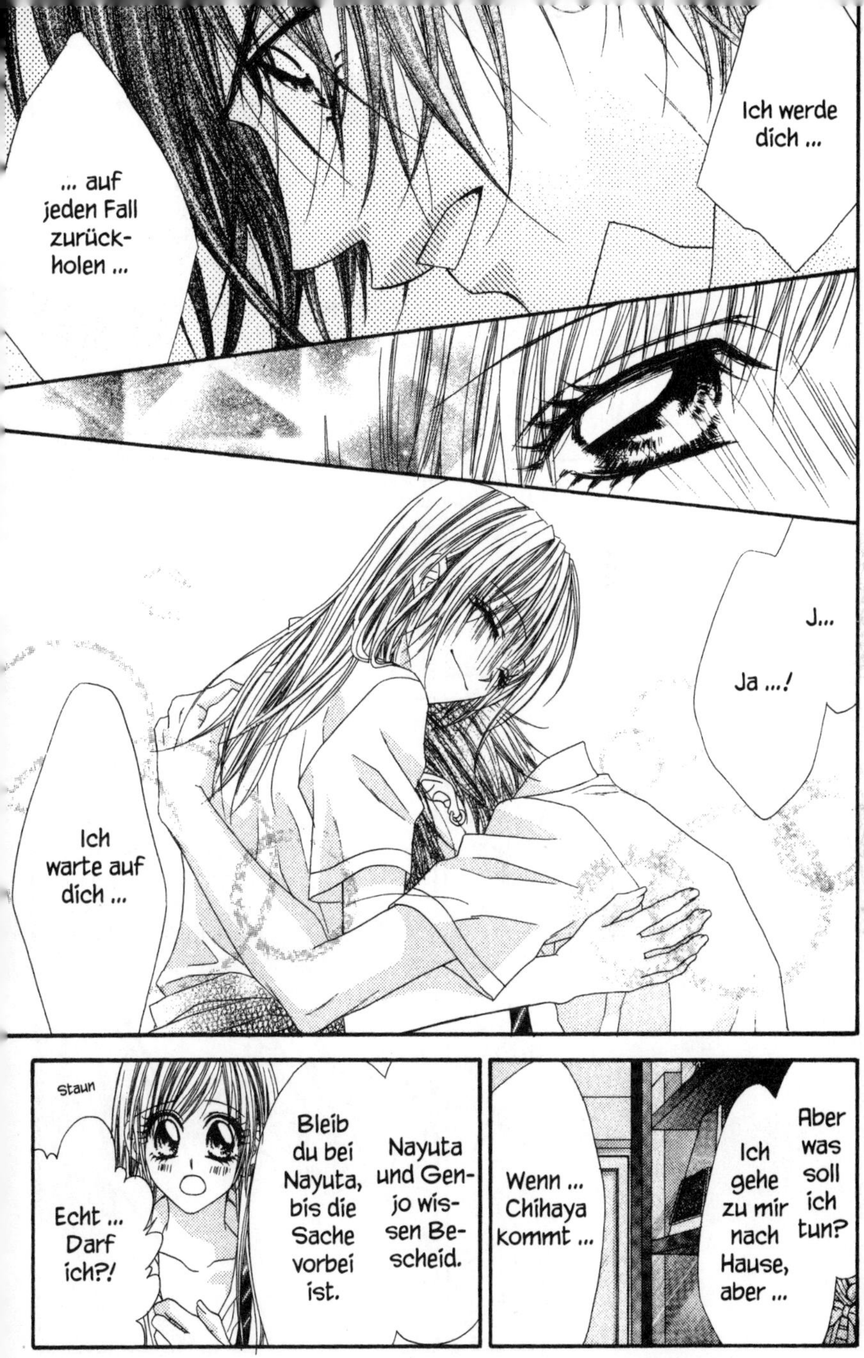

Ich werde dich ...

... auf jeden Fall zurückholen ...

J...

Ja ...!

Ich warte auf dich ...

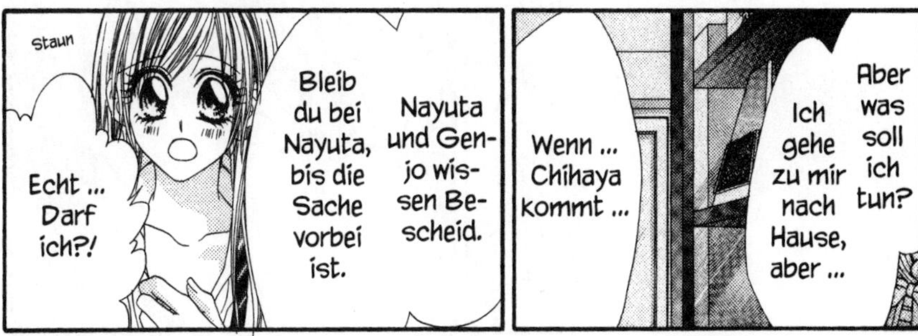

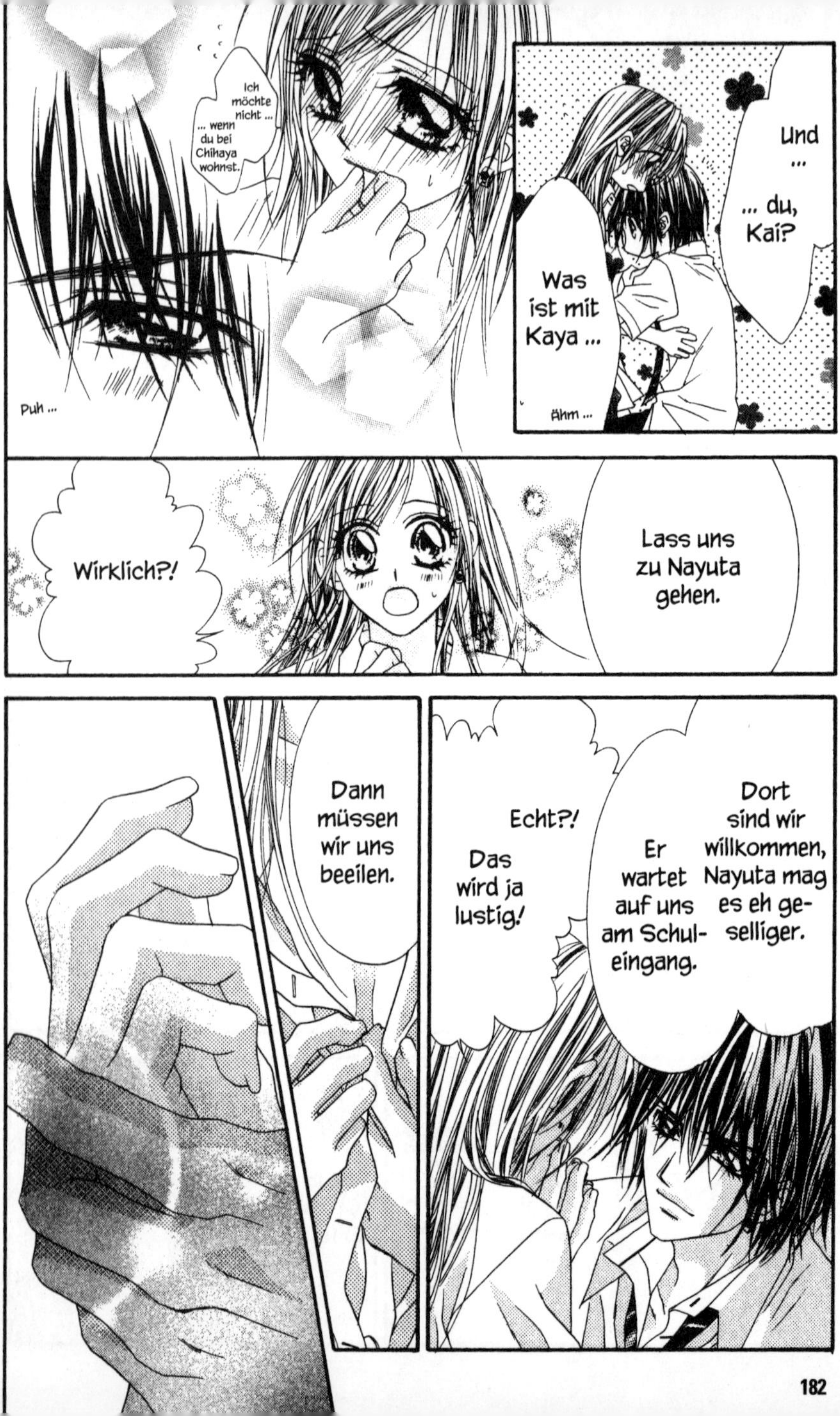

Und ...

... du, Kai?

Was ist mit Kaya ...

Ähm ...

Ich möchte nicht ...

... wenn du bei Chihaya wohnst.

Puh ...

Lass uns zu Nayuta gehen.

Wirklich?!

Dort sind wir willkommen, Nayuta mag es eh geselliger.

Er wartet auf uns am Schuleingang.

Echt?!

Das wird ja lustig!

Dann müssen wir uns beeilen.

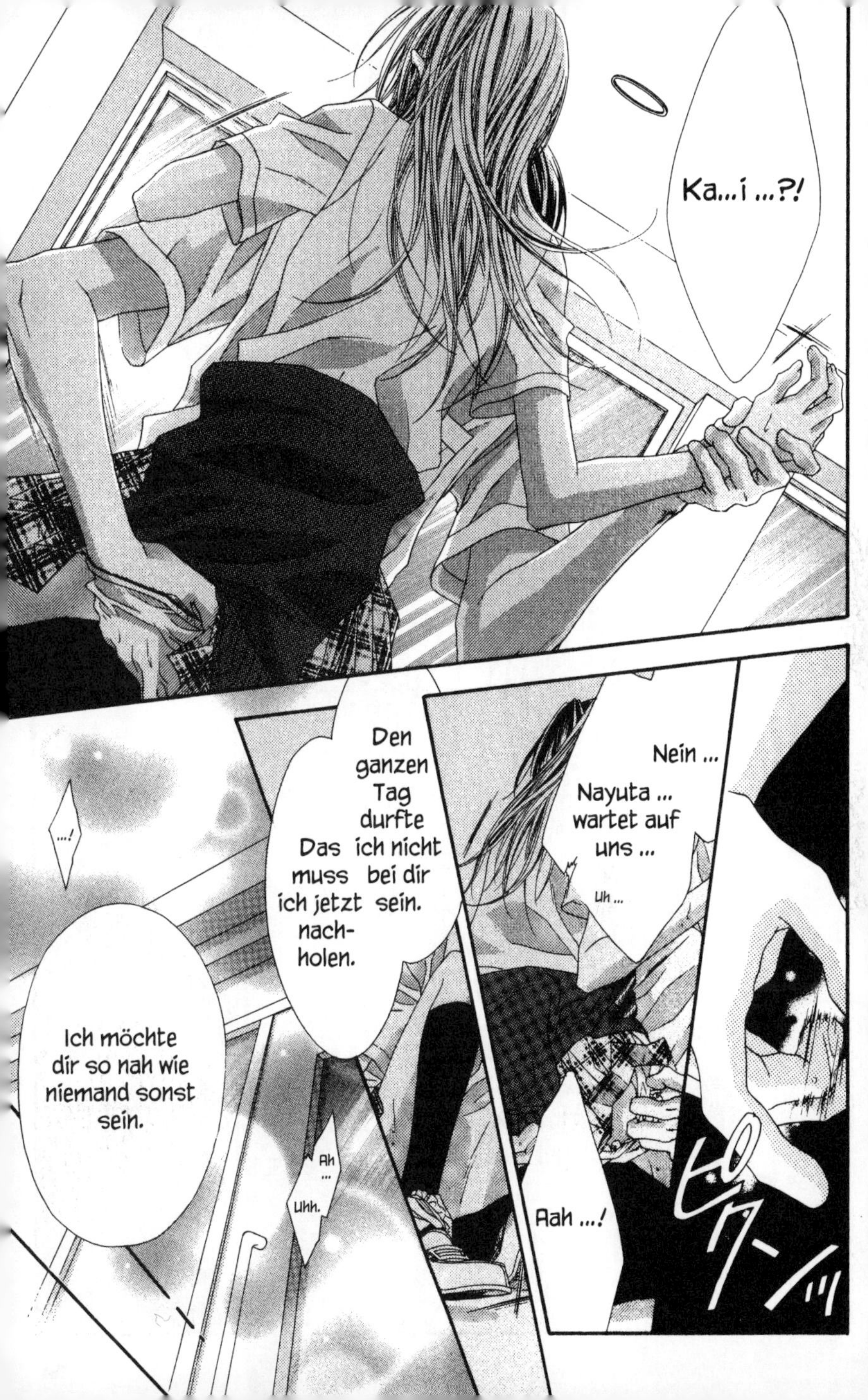
Ka...i ...?!
Nein ...
Nayuta ... wartet auf uns ...
Uh ...
Aah ...!
ピクーンッ
Den ganzen Tag durfte ich nicht bei dir sein.
Das muss ich jetzt nachholen.
...!
Ich möchte dir so nah wie niemand sonst sein.
Ah ...
Uhh.

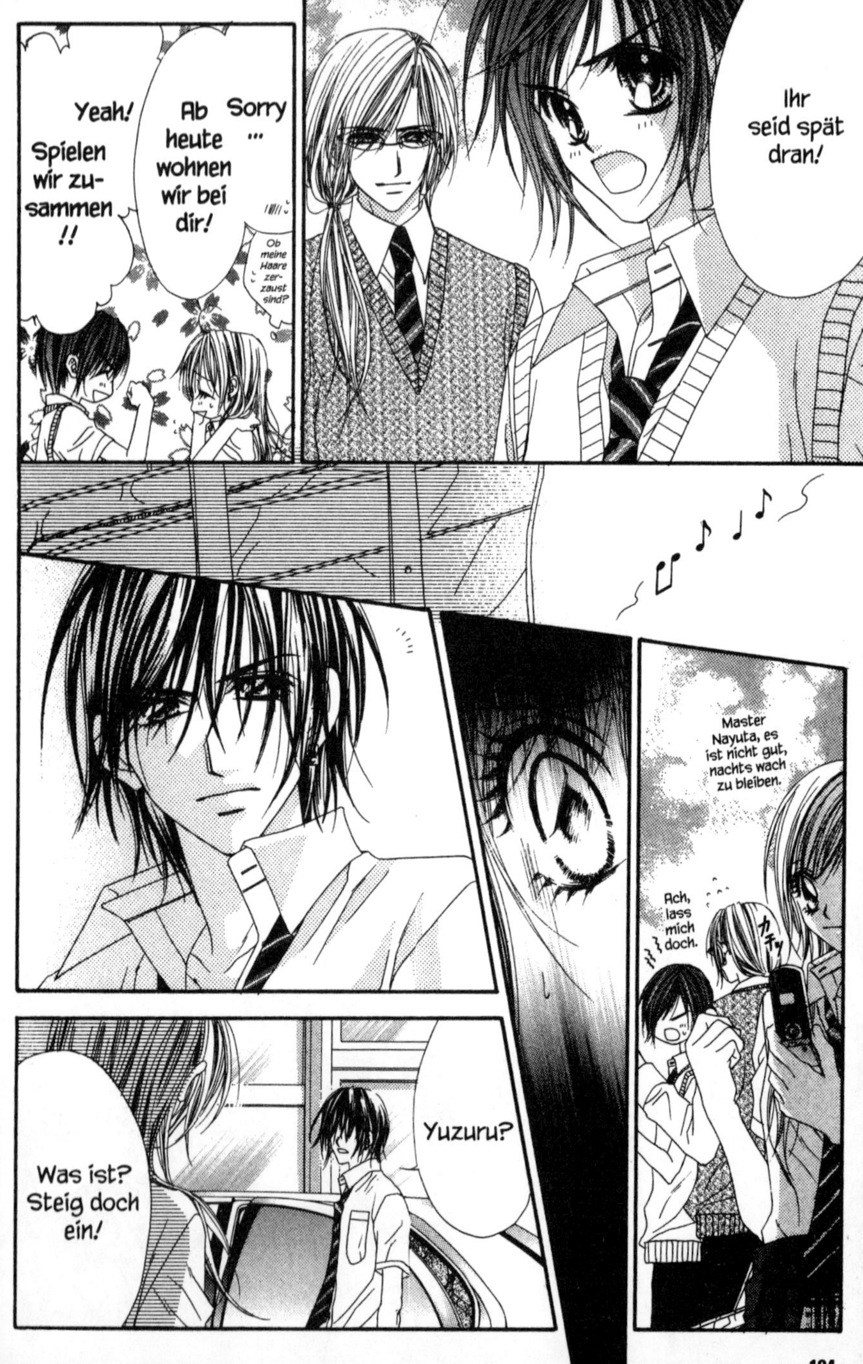
Ihr seid spät dran!
Sorry ...
Ab heute wohnen wir bei dir!
Yeah! Spielen wir zusammen!!
Ob meine Haare zerzaust sind?
Master Nayuta, es ist nicht gut, nachts wach zu bleiben.
Ach, lass mich doch.
Yuzuru?
Was ist? Steig doch ein!

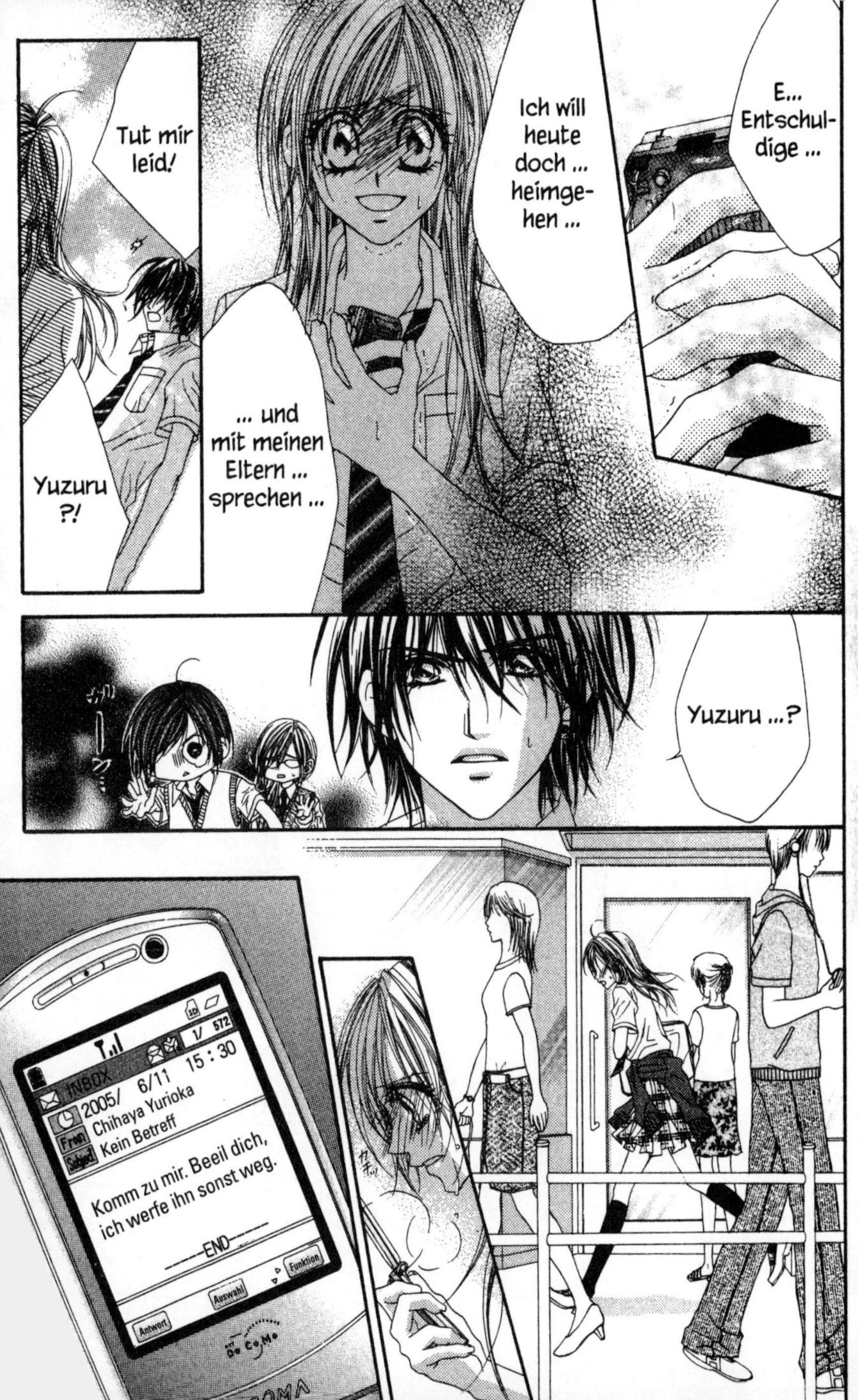
E... Entschuldige ...
Ich will heute doch ... heimgehen ...
... und mit meinen Eltern ... sprechen ...
Tut mir leid!
Yuzuru ?!
Yuzuru ...?
INBOX
2005/ 6/11 15 : 30
Chihaya Yurioka
Kein Betreff
Komm zu mir. Beeil dich, ich werfe ihn sonst weg.
END
Funktion
Auswahl
Antwort

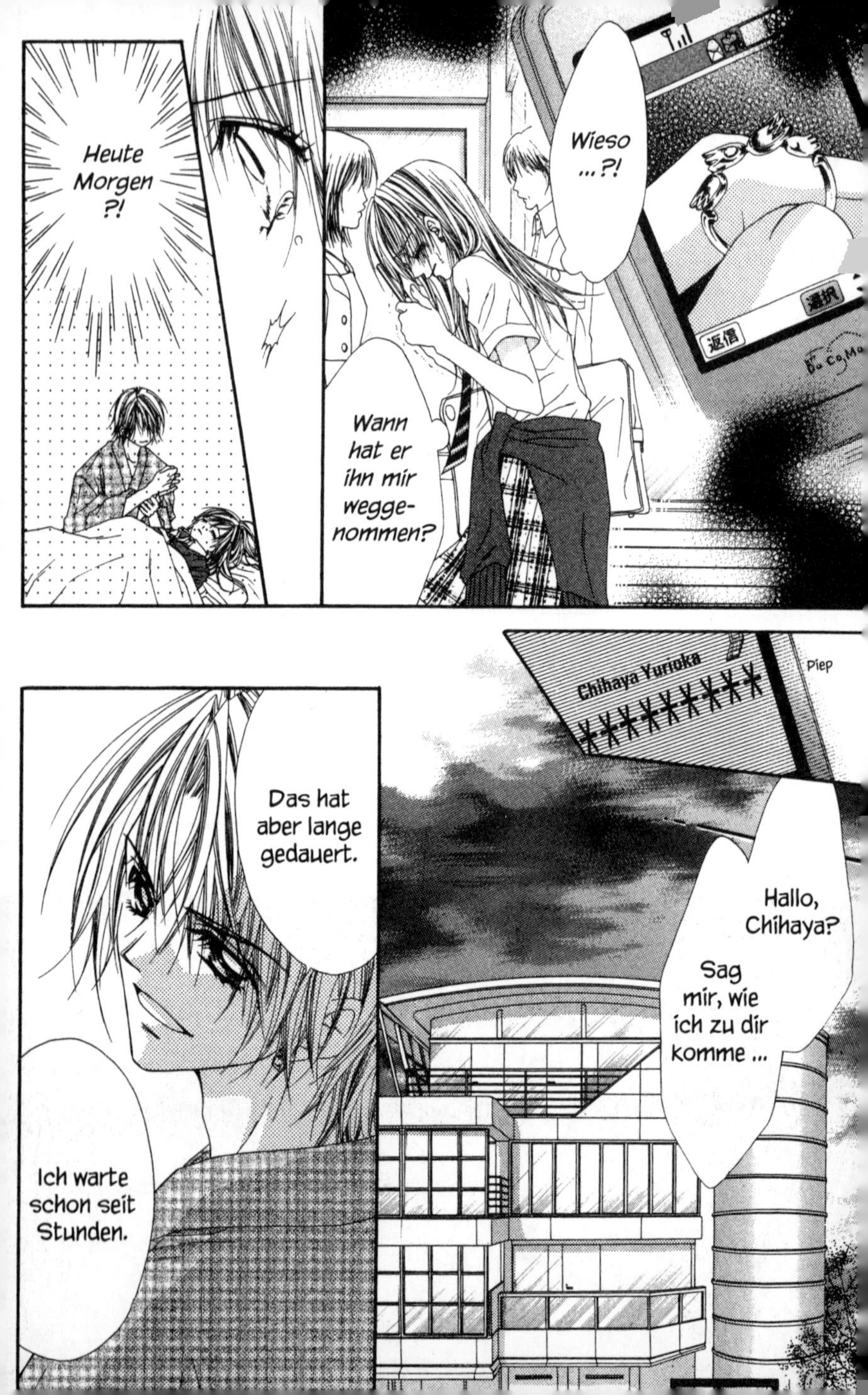

Wieso ...?!

Wann hat er ihn mir weggenommen?

Heute Morgen ?!

Piep

Chihaya Yurioka

Hallo, Chihaya?

Sag mir, wie ich zu dir komme ...

Das hat aber lange gedauert.

Ich warte schon seit Stunden.

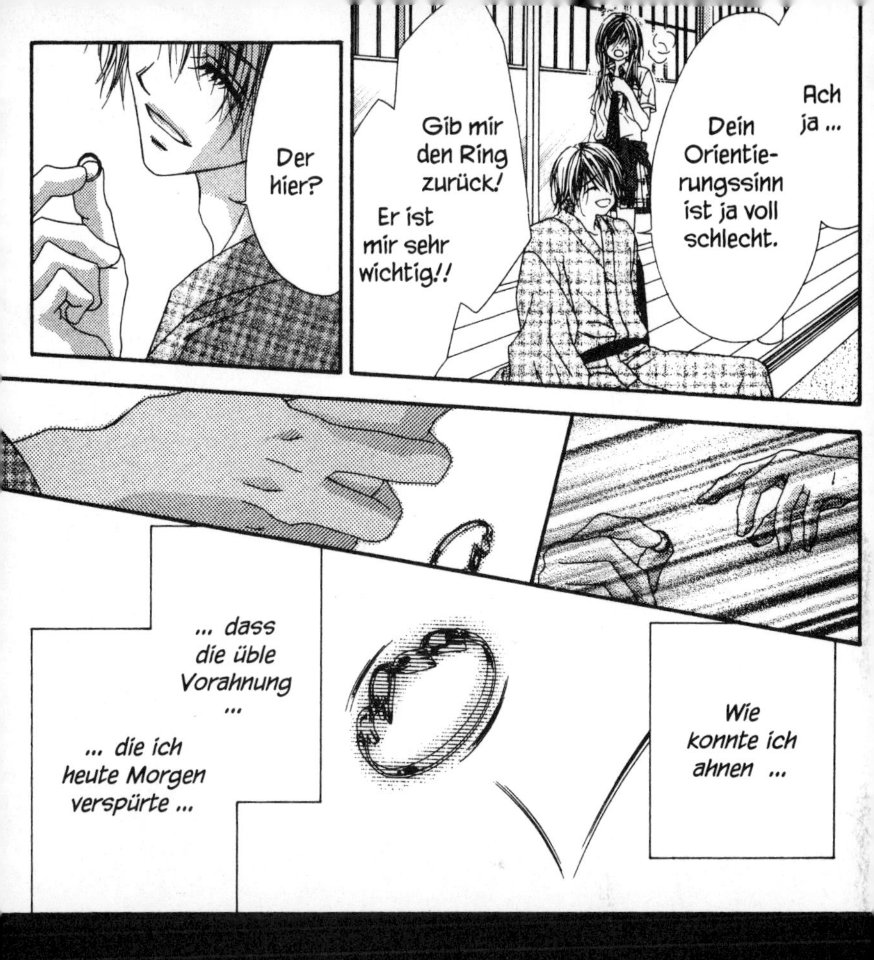

... keine Täuschung war ...?

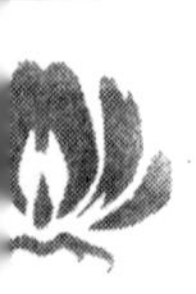
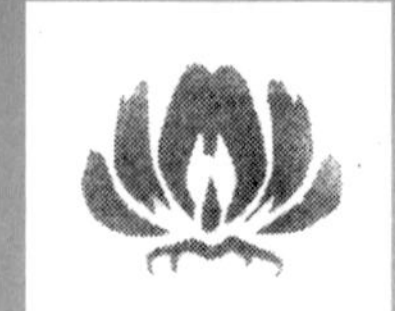

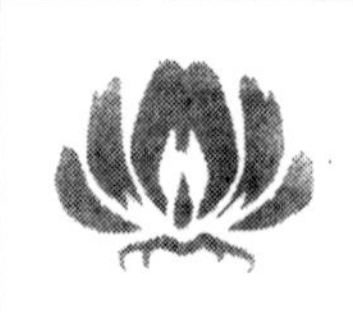

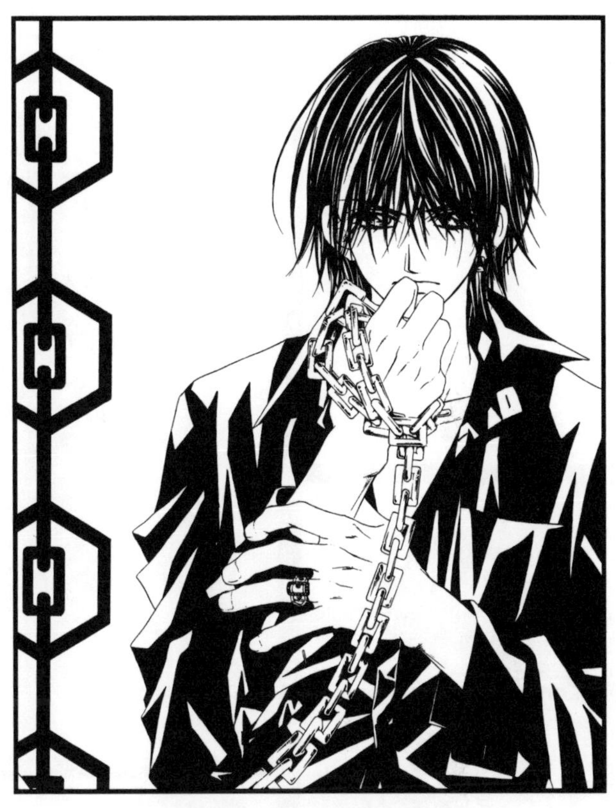

Honey x Honey Drops

KANAN MINAMI

6

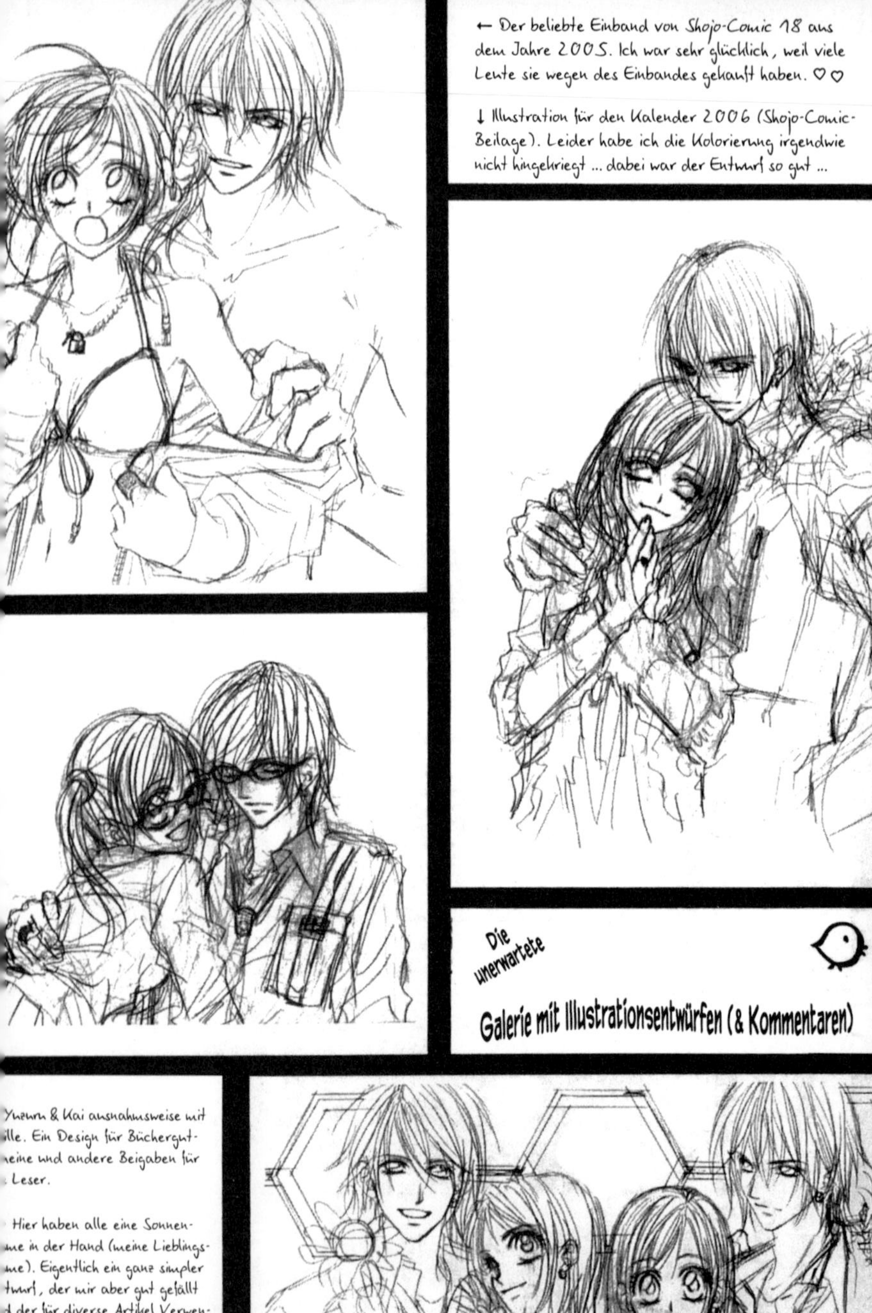
← Der beliebte Einband von Shojo-Comic 18 aus dem Jahre 2005. Ich war sehr glücklich, weil viele Leute sie wegen des Einbandes gekauft haben. ♡♡
↓ Illustration für den Kalender 2006 (Shojo-Comic-Beilage). Leider habe ich die Kolorierung irgendwie nicht hingekriegt ... dabei war der Entwurf so gut ...
Die unerwartete
Galerie mit Illustrationsentwürfen (& Kommentaren)
Yuzuru & Kai ausnahmsweise mit
ille. Ein Design für Büchergut-
neine und andere Beigaben für
Leser.
Hier haben alle eine Sonnen-
me in der Hand (meine Lieblings-
me). Eigentlich ein ganz simpler
twurf, der mir aber gut gefällt
d der für diverse Artikel Verwen-
ng gefunden hat. Dank an alle,
entsprechende Artikel gekauft
ben!!!

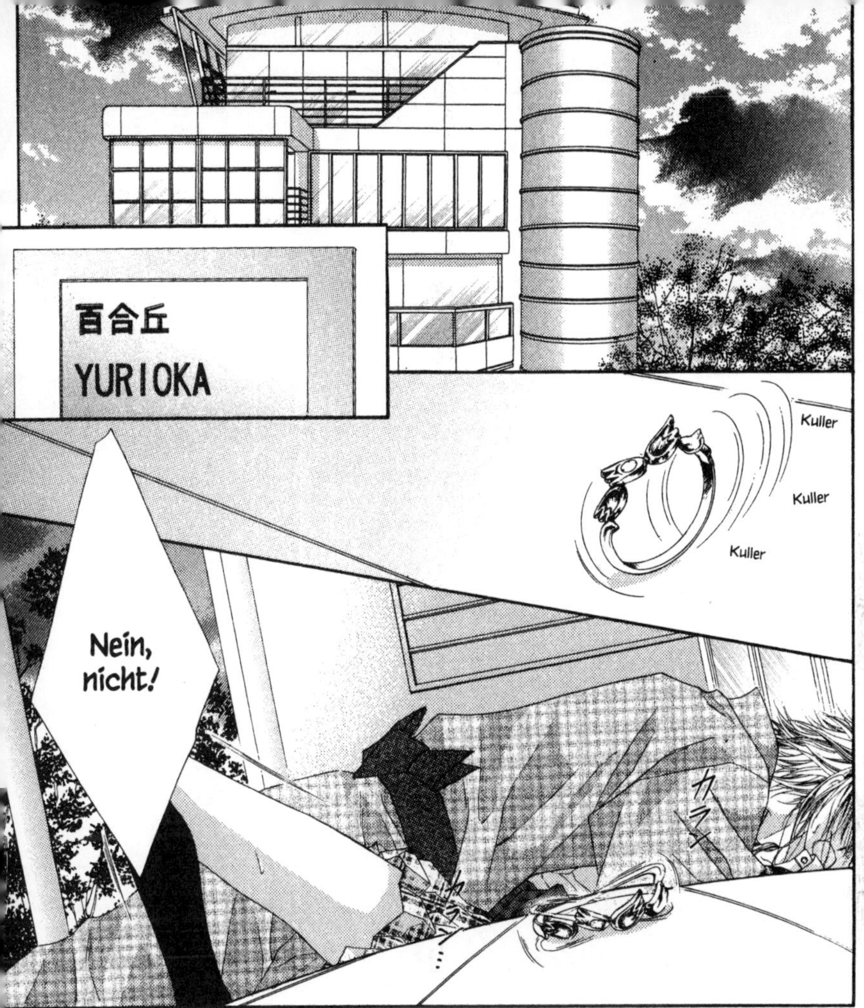

1 Da ist er wieder, der düstere Chihaya. (*lach*) Hach, macht das Spaß! In letzter Zeit war das einfach zu viel von dem süßen Kai. Manchmal muss man dem Ganzen dann mal wieder etwas Schwung verleihen. Chihaya hat wegen Kayaka eine Zeit lang kaum japanische Kleidung getragen. Doch habe ich vielfach gehört, dass er in japanischer Kleidung viel besser aussehe. Da sich zwischen Chihaya und Kayaka ja nun einiges getan hat, lasse ich ihn jetzt fast ausschließlich japanische Kleidung tragen. Das steht ihm vielleicht wirklich besser ...

Diesmal kommen auch Nayuta und Genjo häufiger vor. Und wenn man von Nayuta spricht, darf man auch Sakakieda nicht vergessen, der nun seinen Spitznamen »Edapi« weghat.

Ach ja ... und dann kommen Kais Eltern in jungen Jahren vor. Sein Vater heißt Ei und erinnert irgendwie an Ko Takarai aus *Gib mir Liebe!*. Vielleicht ähnelt er ihm auch ein bisschen.

Bitte lest diese Kolumne erst nach der Lektüre der Story!

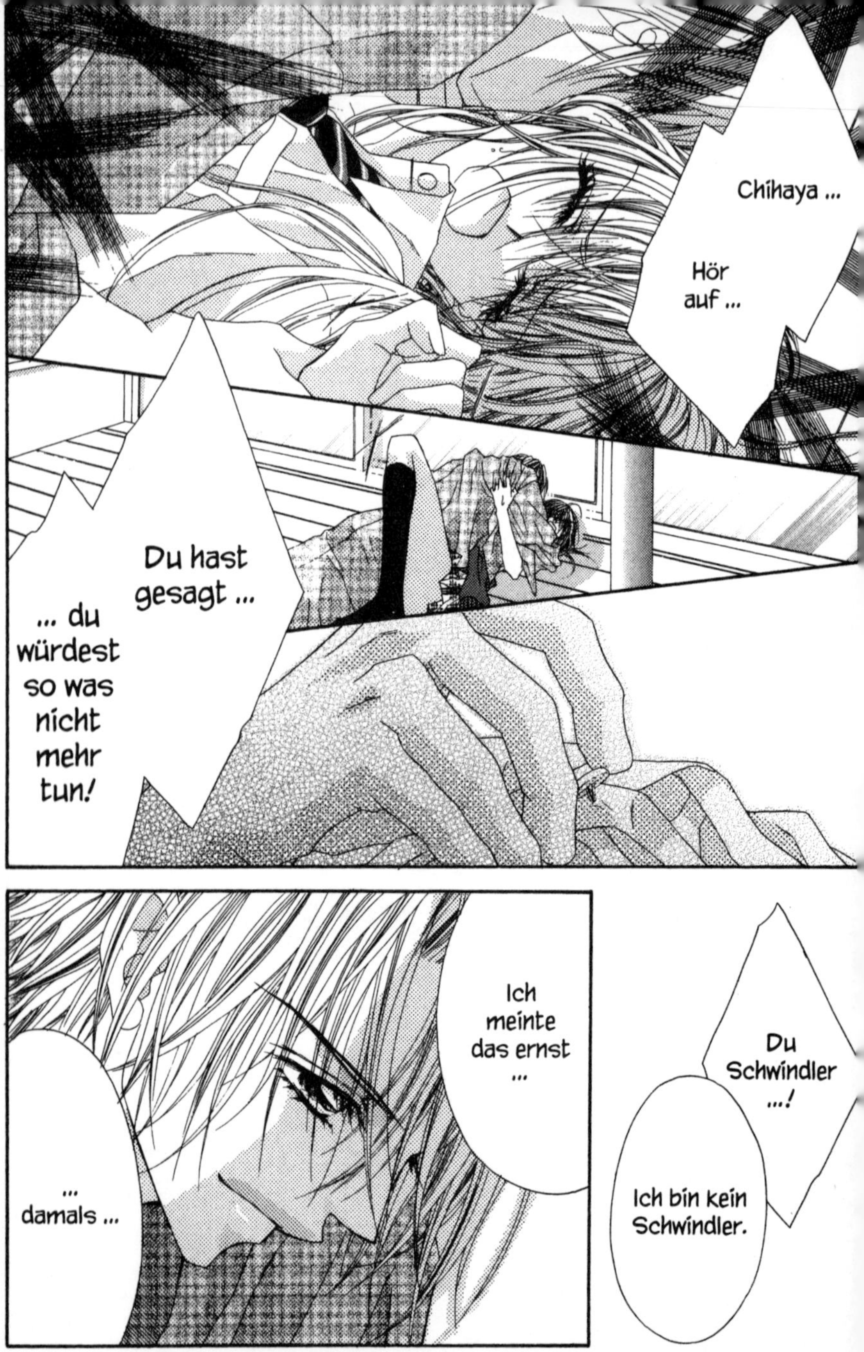

Chihaya ...

Hör auf ...

Du hast gesagt ...

... du würdest so was nicht mehr tun!

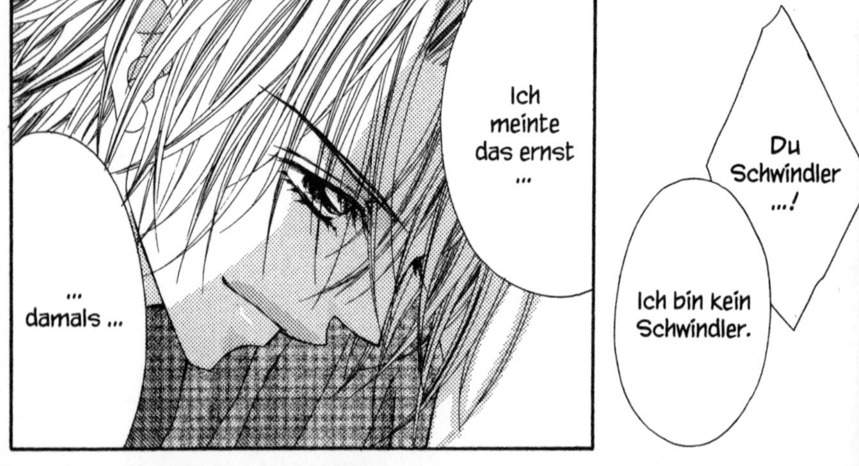

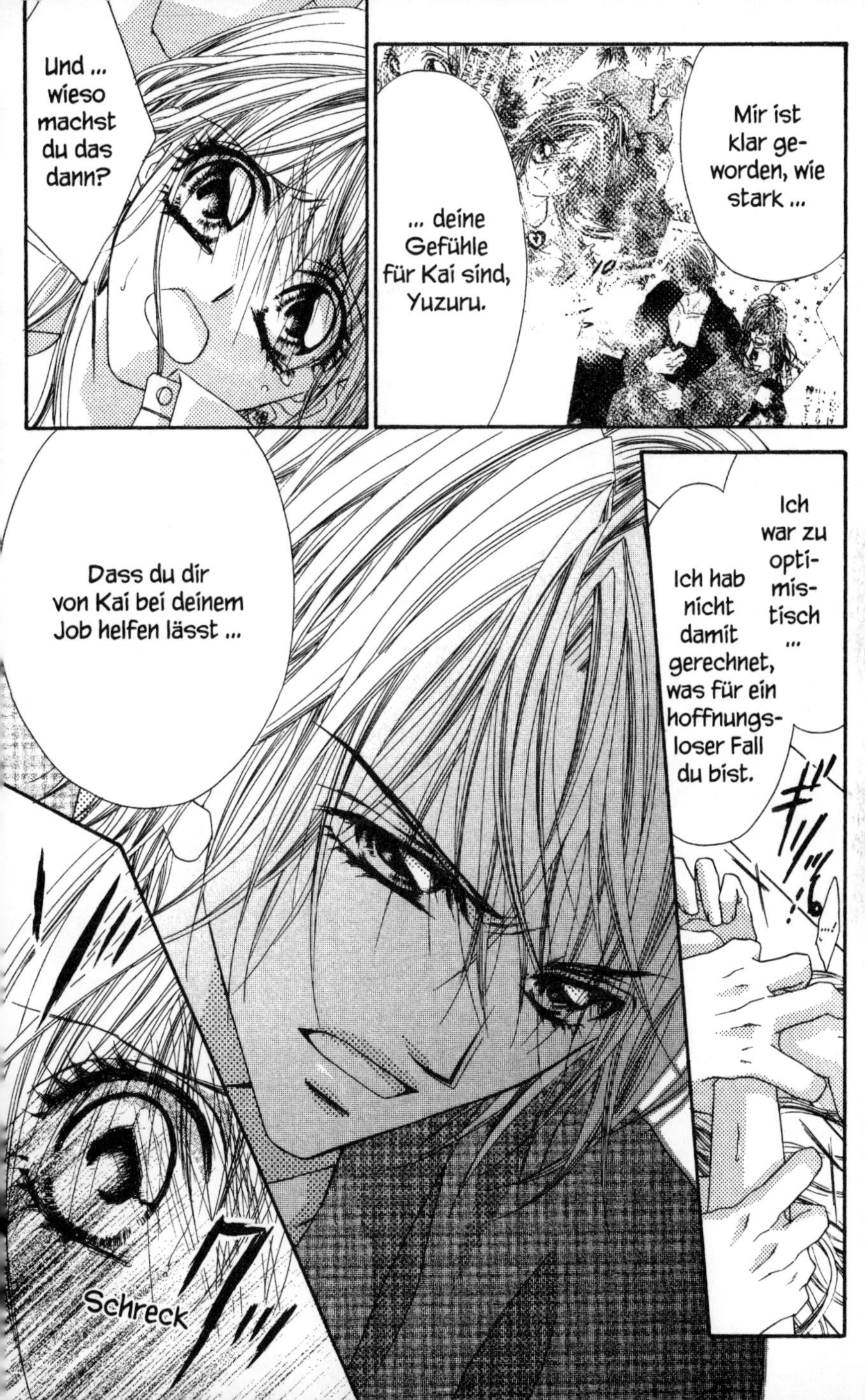
Mir ist klar geworden, wie stark ...
... deine Gefühle für Kai sind, Yuzuru.
Und ... wieso machst du das dann?
Ich war zu optimistisch ...
Ich hab nicht damit gerechnet, was für ein hoffnungsloser Fall du bist.
Dass du dir von Kai bei deinem Job helfen lässt ...
Schreck

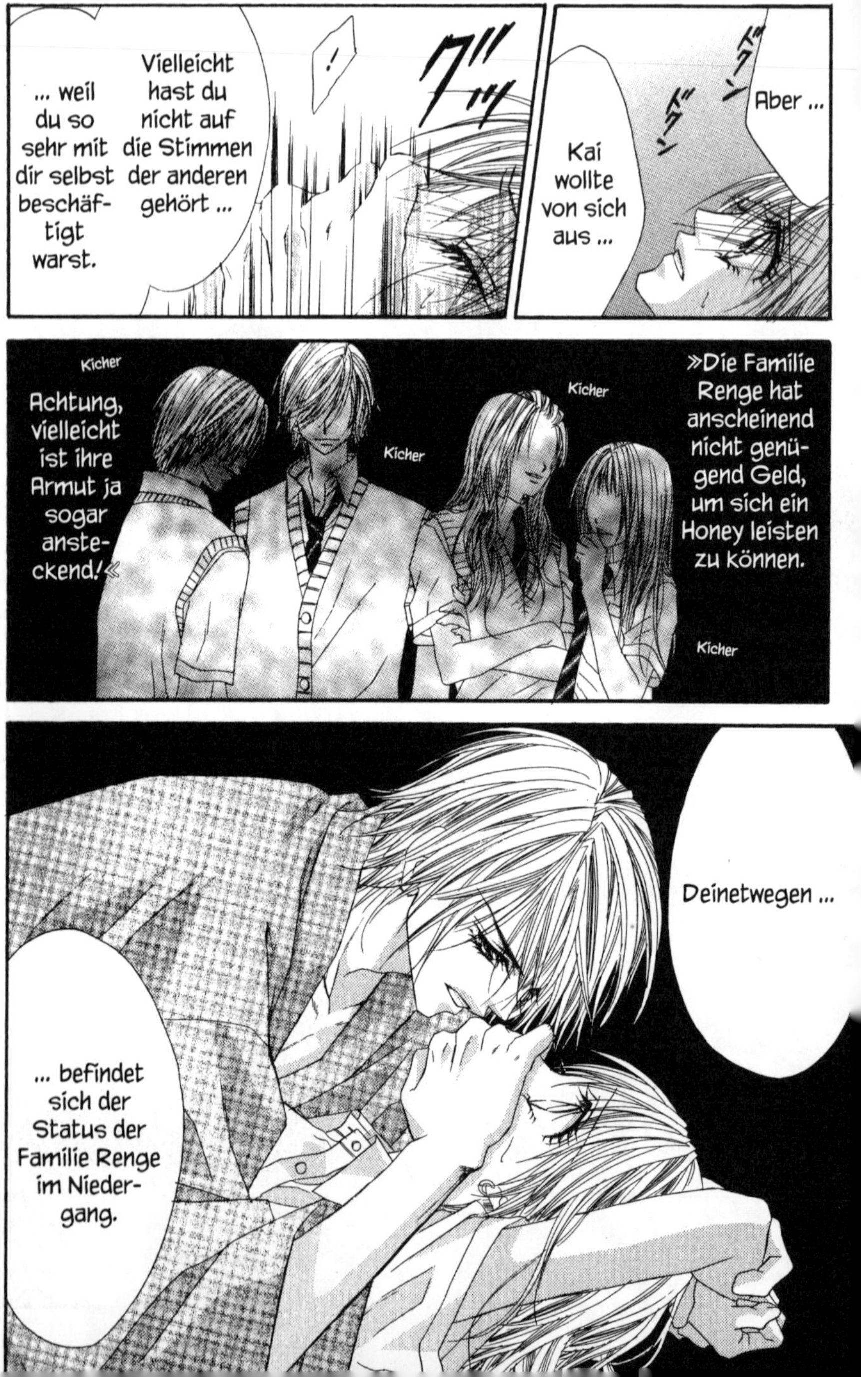

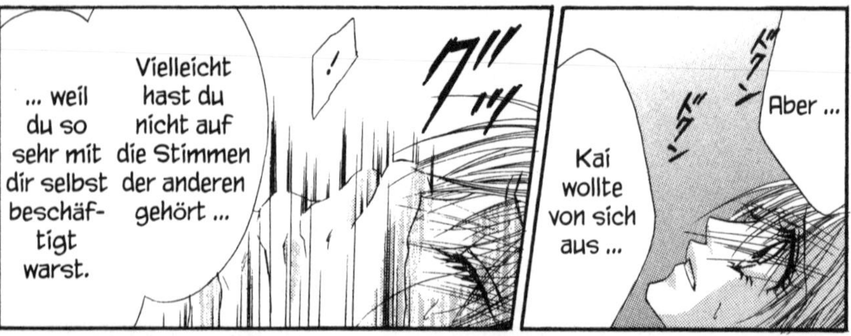

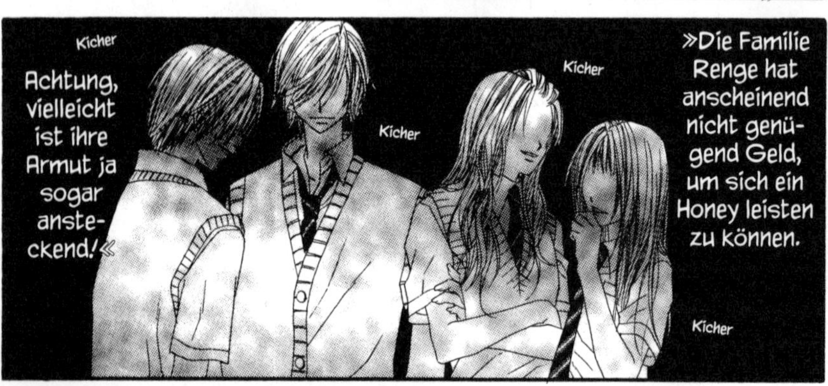

Deinetwegen ...

... befindet sich der Status der Familie Renge im Niedergang.

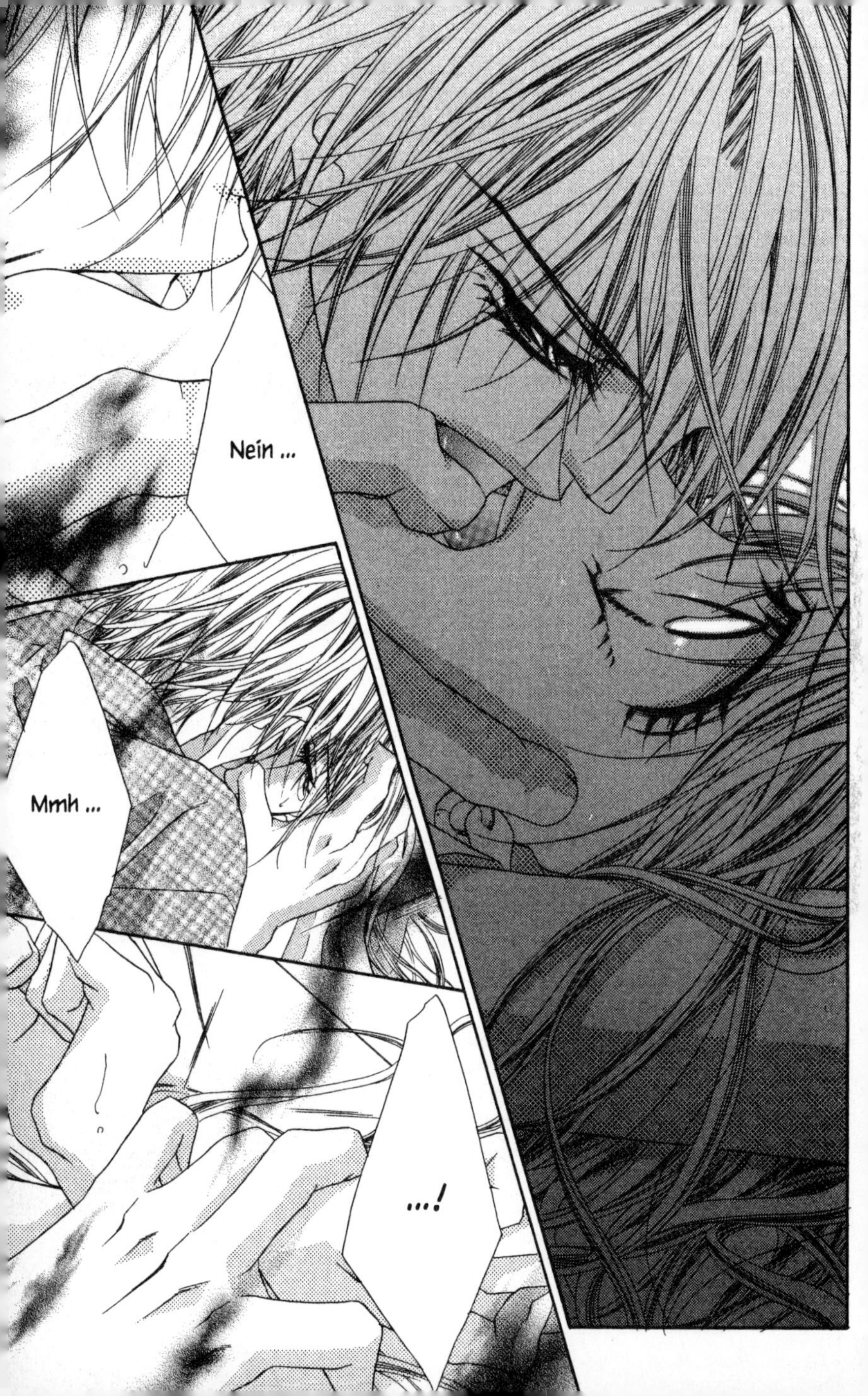
Nein ...
Mmh ...
...!

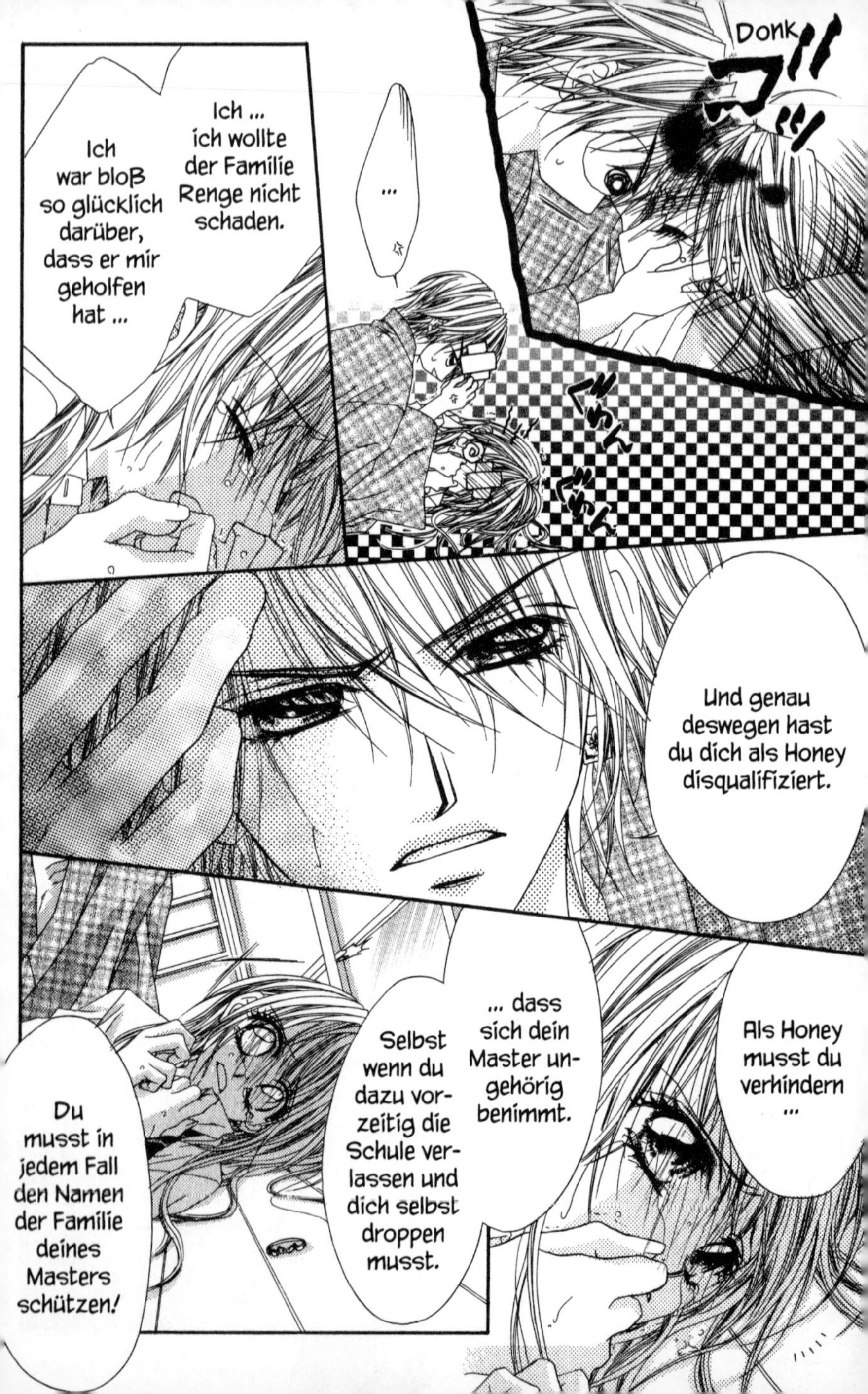
Donk
Ich ... ich wollte der Familie Renge nicht schaden.
Ich war bloß so glücklich darüber, dass er mir geholfen hat ...
...
Und genau deswegen hast du dich als Honey disqualifiziert.
Als Honey musst du verhindern ...
... dass sich dein Master ungehörig benimmt.
Selbst wenn du dazu vorzeitig die Schule verlassen und dich selbst droppen musst.
Du musst in jedem Fall den Namen der Familie deines Masters schützen!

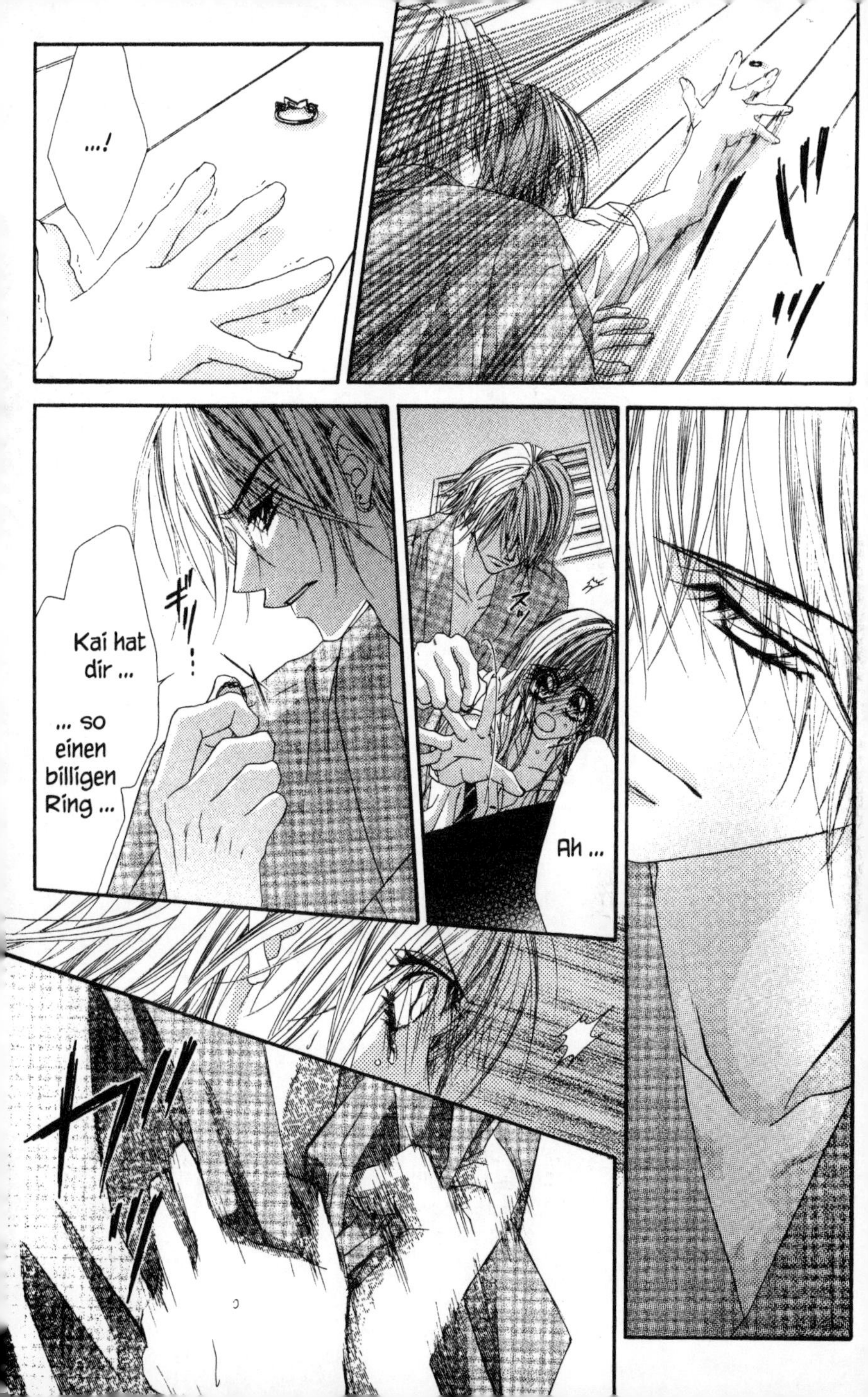
...!
Kai hat dir ...
... so einen billigen Ring ...
Ah ...

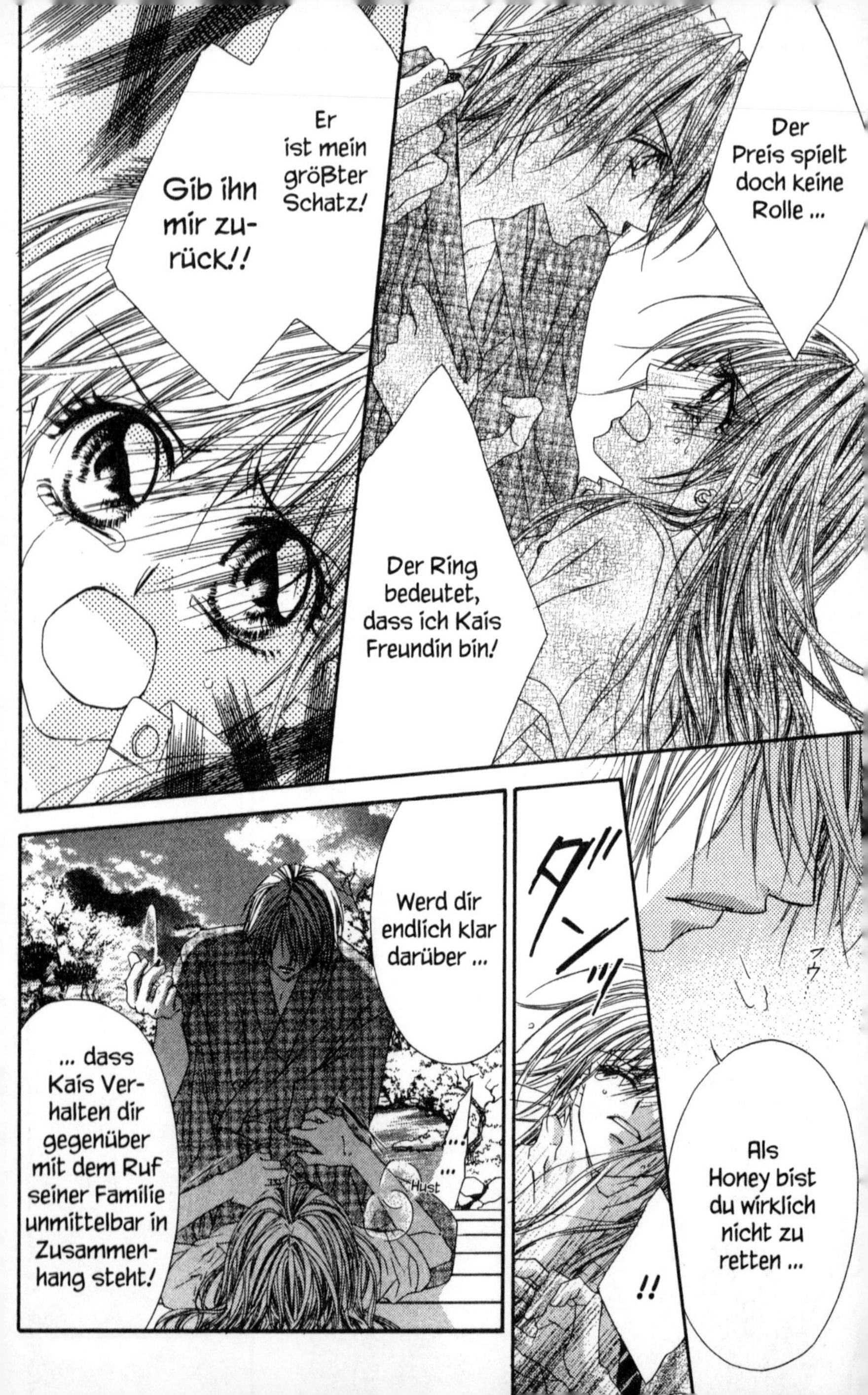
Der Preis spielt doch keine Rolle ...
Der Ring bedeutet, dass ich Kais Freundin bin!
Er ist mein größter Schatz!
Gib ihn mir zurück!!
Als Honey bist du wirklich nicht zu retten ...
!!
Werd dir endlich klar darüber ...
... dass Kais Verhalten dir gegenüber mit dem Ruf seiner Familie unmittelbar in Zusammenhang steht!
...
...
Hust

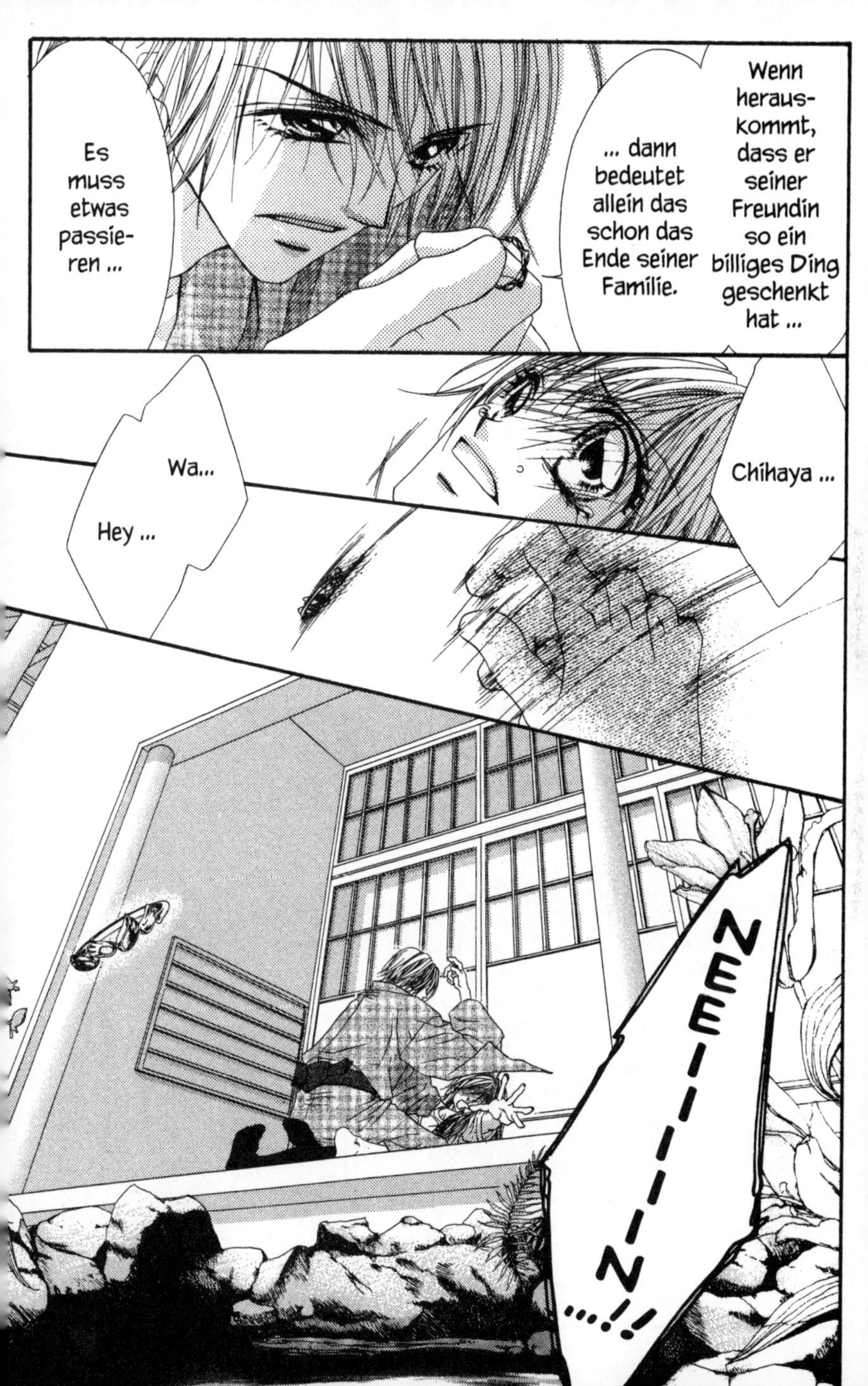
Wenn herauskommt, dass er seiner Freundin so ein billiges Ding geschenkt hat ...
... dann bedeutet allein das schon das Ende seiner Familie.
Es muss etwas passieren ...
Chihaya ...
Wa...
Hey ...
NEE-I-I-I-IN...!!

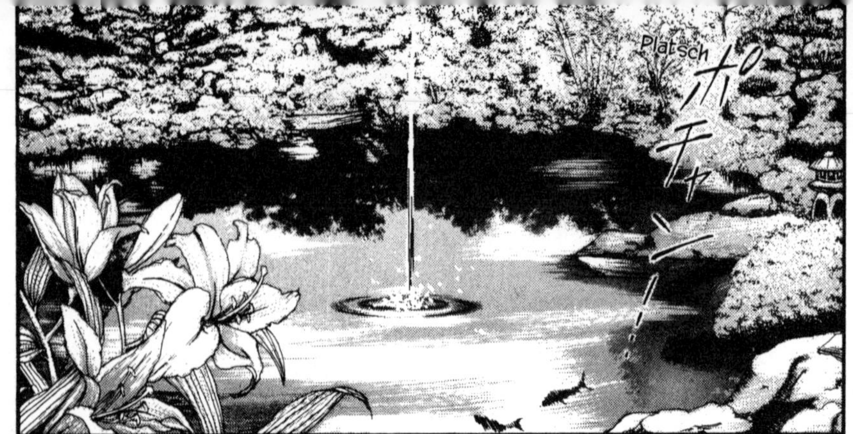

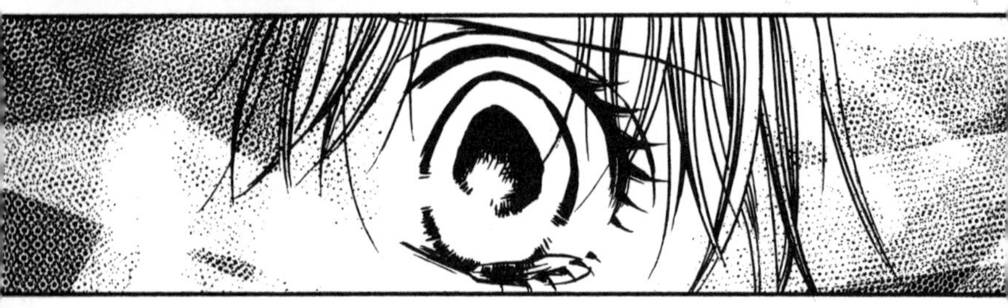

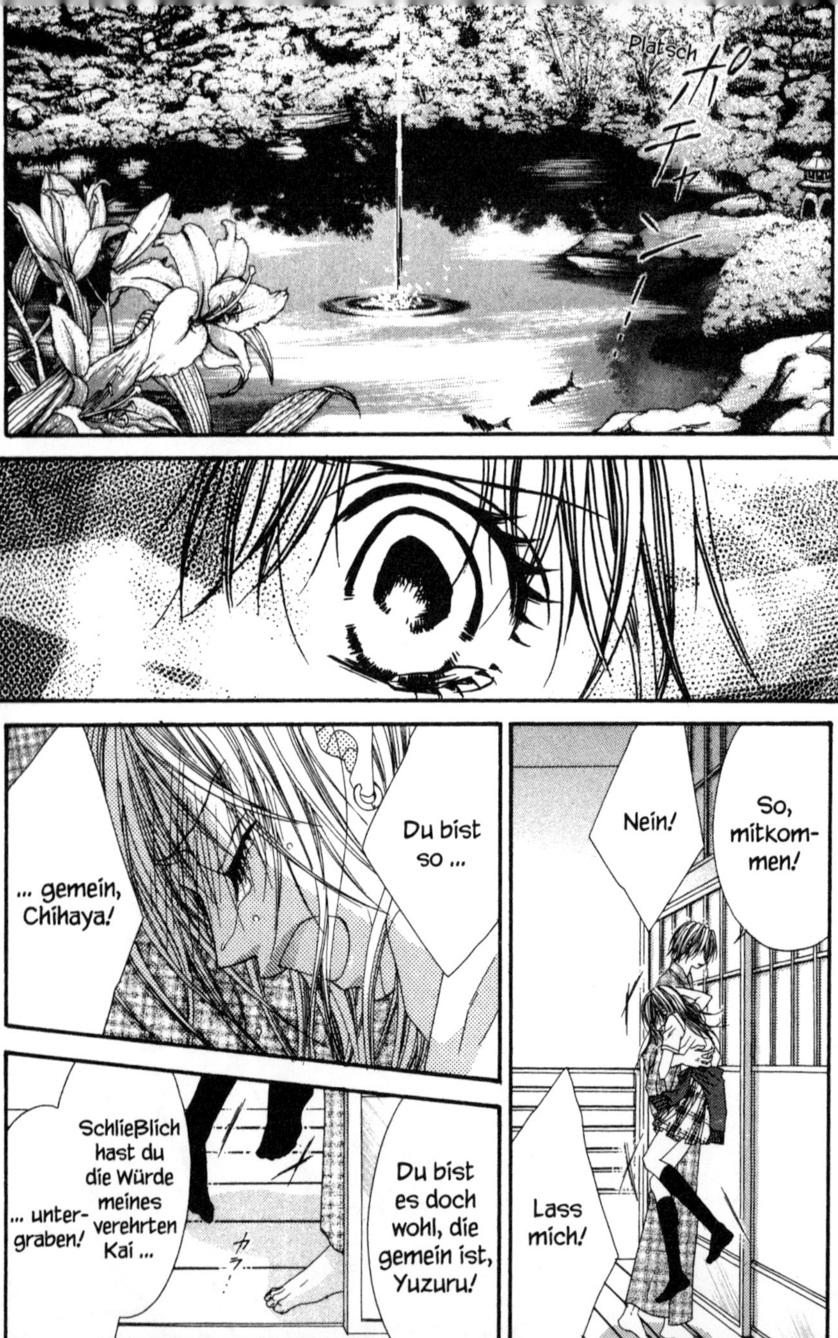

So, mitkom-men!

Nein!

Lass mich!

Du bist so ...

... gemein, Chihaya!

Du bist es doch wohl, die gemein ist, Yuzuru!

Schließlich hast du die Würde meines verehrten Kai ...

... unter-graben!

2

Willkommen

Tag auch, ich bin's, Kanan Minami!

Wow, nun sind wir schon bei Band 6 von Honey x Honey Drops, große Klasse!

Dann will ich euch mal darauf aufmerksam machen, dass es jetzt einen Anime zur Serie gibt, und zwar eine normale Edition und eine Sonderedition mit vielen Extras.

Also, ein Anime! Ein Anime! Da bewegen sich die Charaktere! Und sie hören gar nicht mehr auf, sich zu bewegen!
Ich durfte ihn mir ansehen und bin begeistert.
Ich hätte nie zu träumen gewagt, dass aus meinen Zeichnungen jemals ein Anime entstehen würde. Denn erstens dachte ich, Anime würden nur aus Superhits gemacht und zweitens dürfte es in Anime keine Sex-Szenen geben.
Da war mir klar: »Mit mir hat Anime nix zu tun.«

Ein Hörspiel oder ein Comic auf dem Handy hätte meine kühnsten Träume bereits übertroffen, und dann so etwas: ein Anime ...

Ob das alles wirklich wahr ist, weiß ich eigentlich selbst noch nicht. Zwar gab es schon lange vorher Pläne für einen Anime, aber ich dachte immer, irgendwann würden die wieder gekippt werden.

→ weiter geht's bei 4

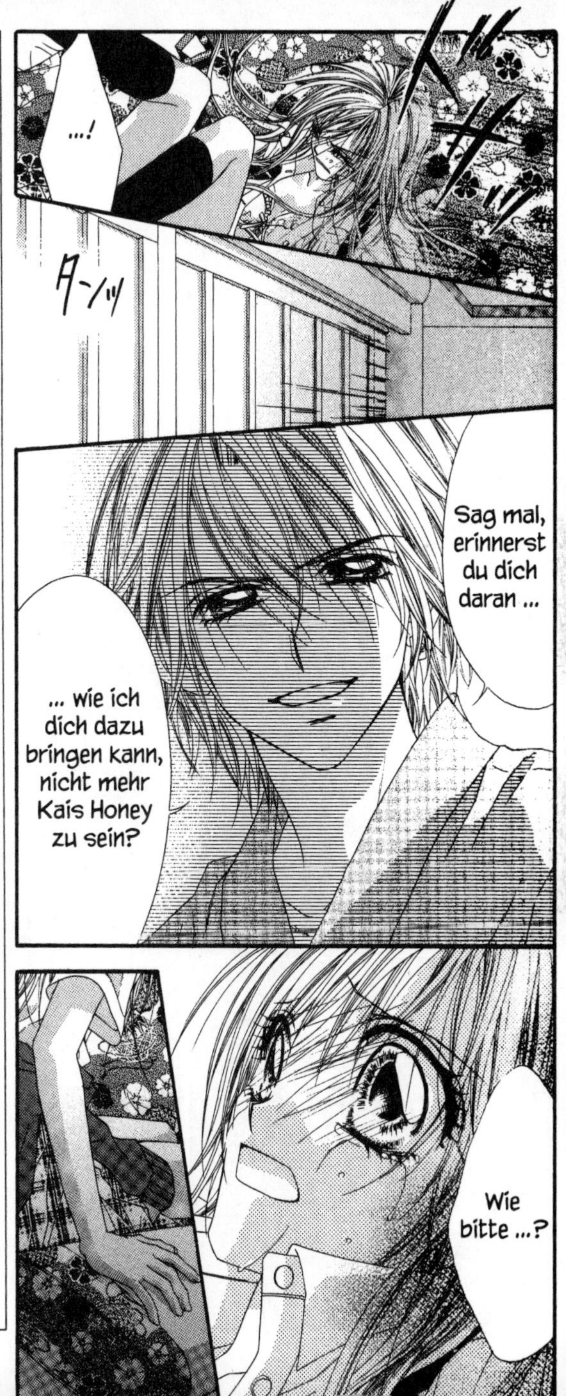

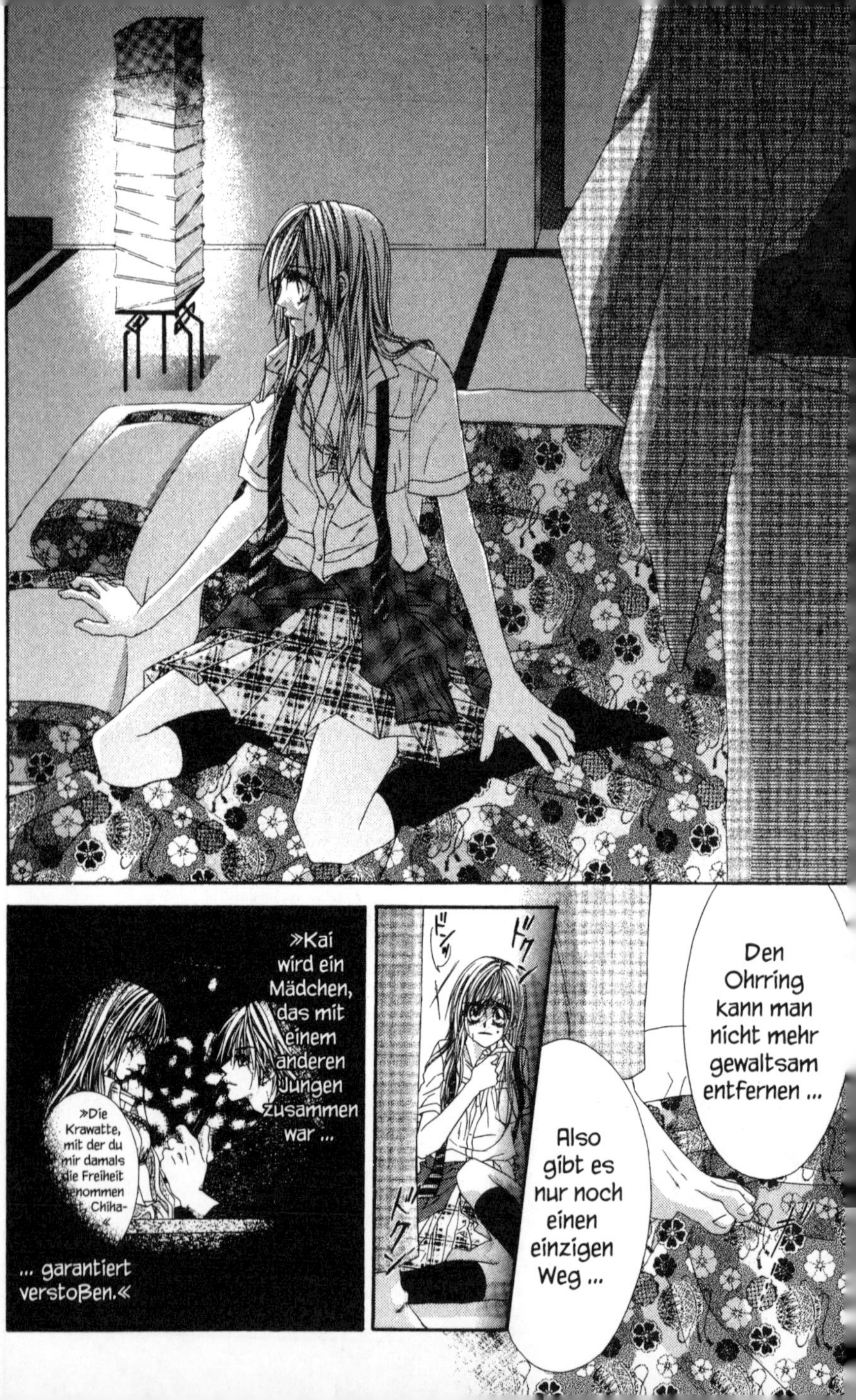

Den Ohrring kann man nicht mehr gewaltsam entfernen ...

Also gibt es nur noch einen einzigen Weg ...

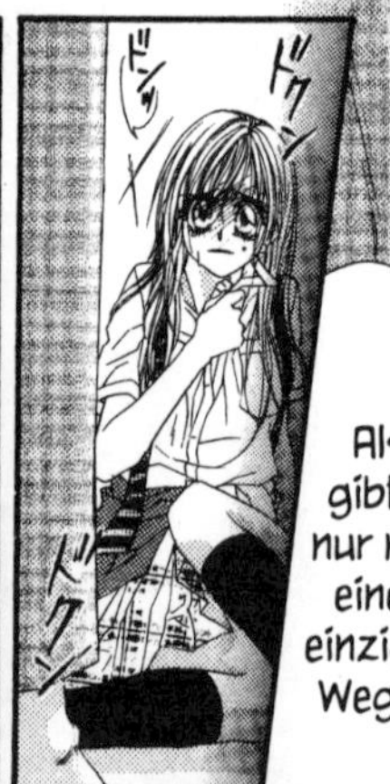

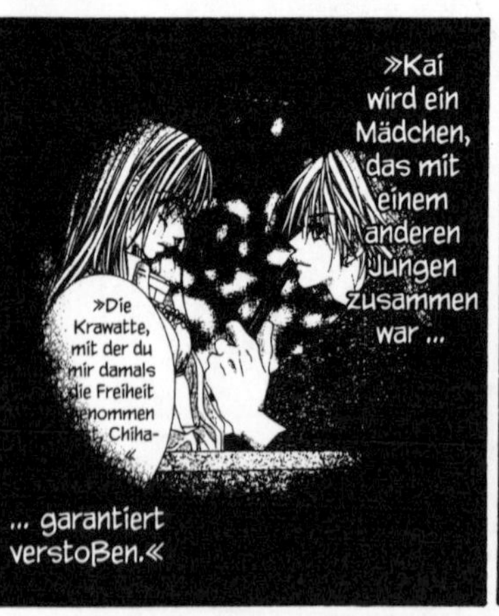

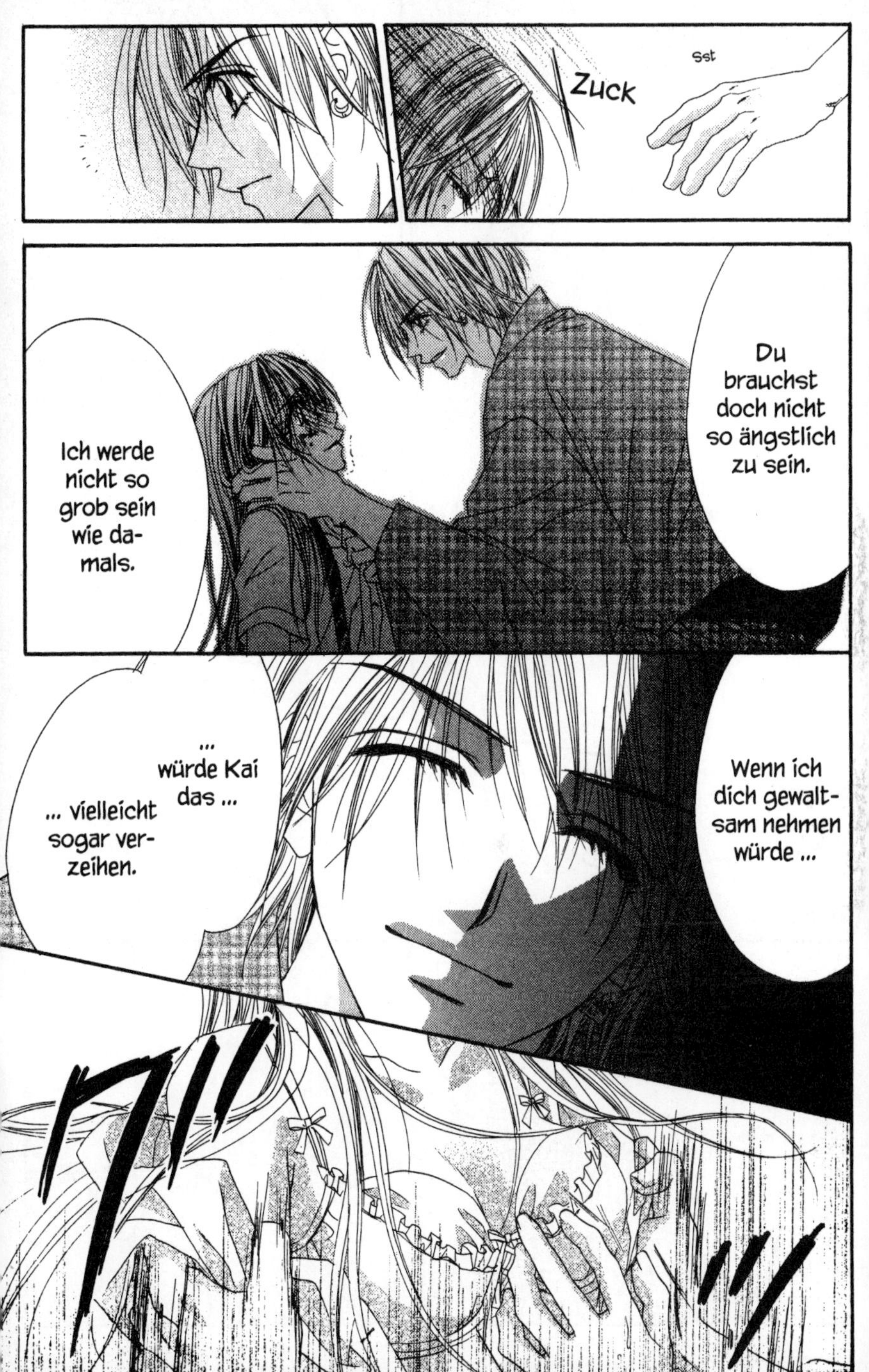
Sst
Zuck
Du brauchst doch nicht so ängstlich zu sein.
Ich werde nicht so grob sein wie damals.
Wenn ich dich gewaltsam nehmen würde ...
... würde Kai das ...
... vielleicht sogar verzeihen.

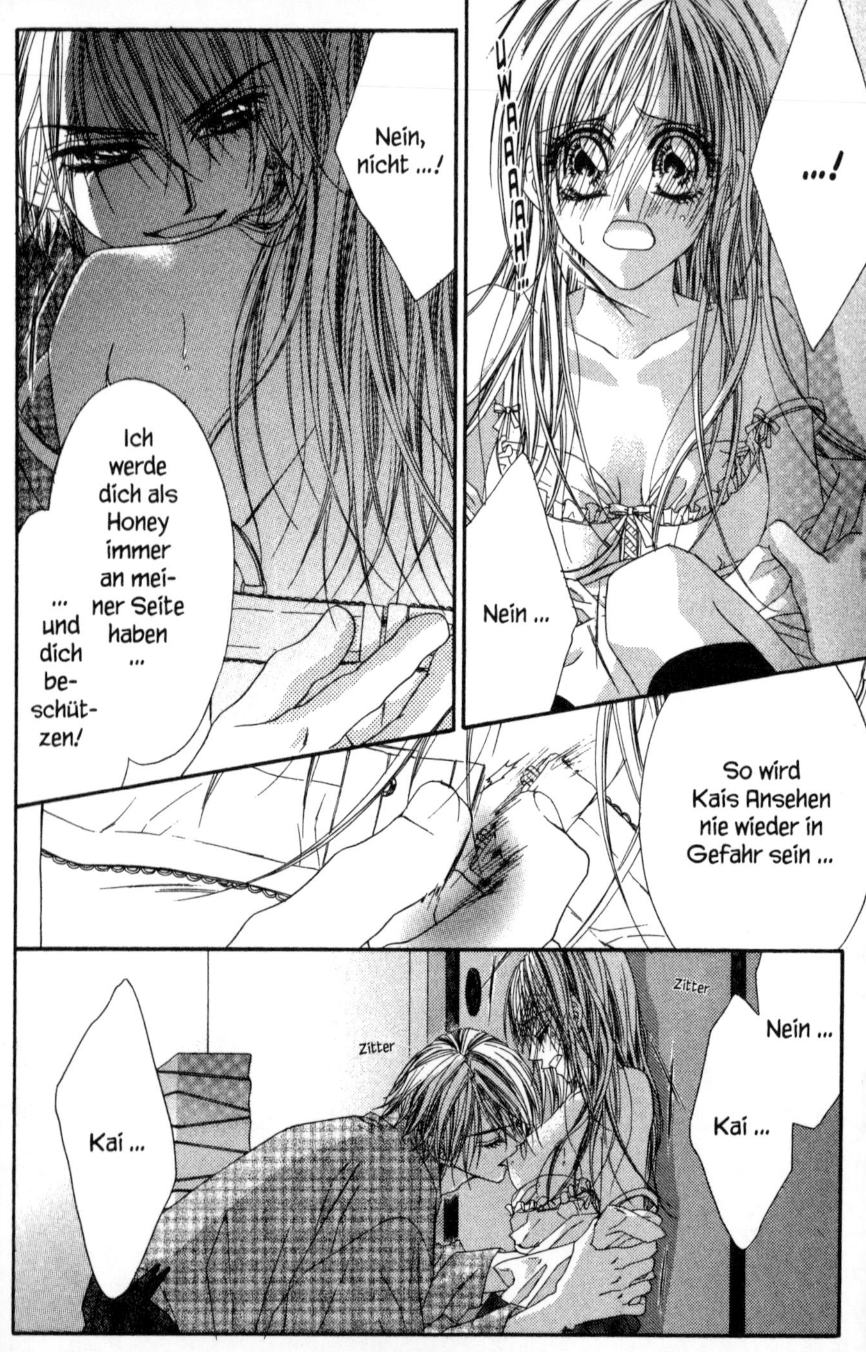

...!
UWAAAAAH!!
Nein, nicht ...!
Nein ...
Ich werde dich als Honey immer an meiner Seite haben ...
... und dich beschützen!
So wird Kais Ansehen nie wieder in Gefahr sein ...
Zitter
Nein ...
Kai ...
Zitter
Kai ...

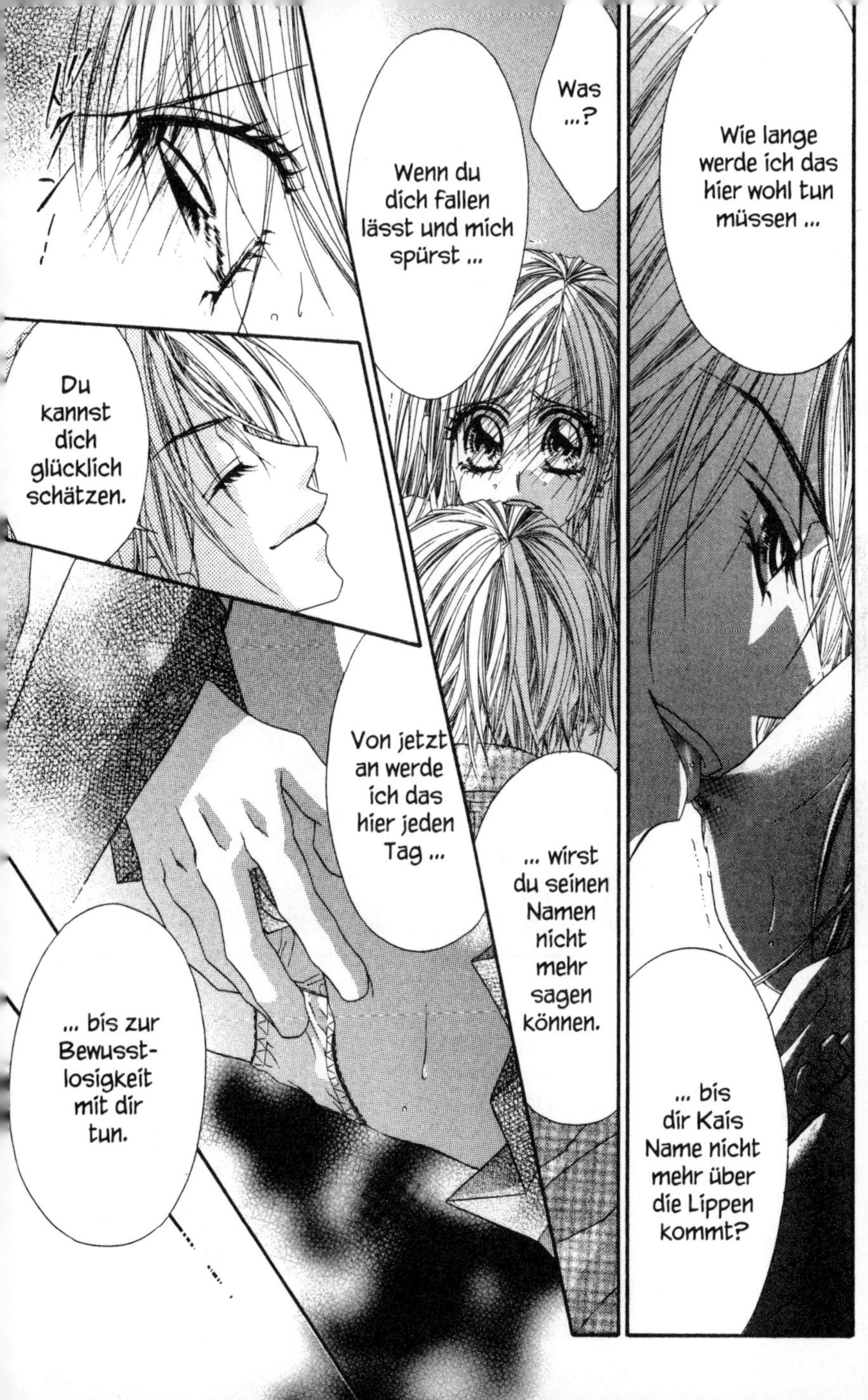

Wie lange werde ich das hier wohl tun müssen ...
... bis dir Kais Name nicht mehr über die Lippen kommt?
Was ...?
Wenn du dich fallen lässt und mich spürst ...
... wirst du seinen Namen nicht mehr sagen können.
Du kannst dich glücklich schätzen.
Von jetzt an werde ich das hier jeden Tag ...
... bis zur Bewusst-losigkeit mit dir tun.

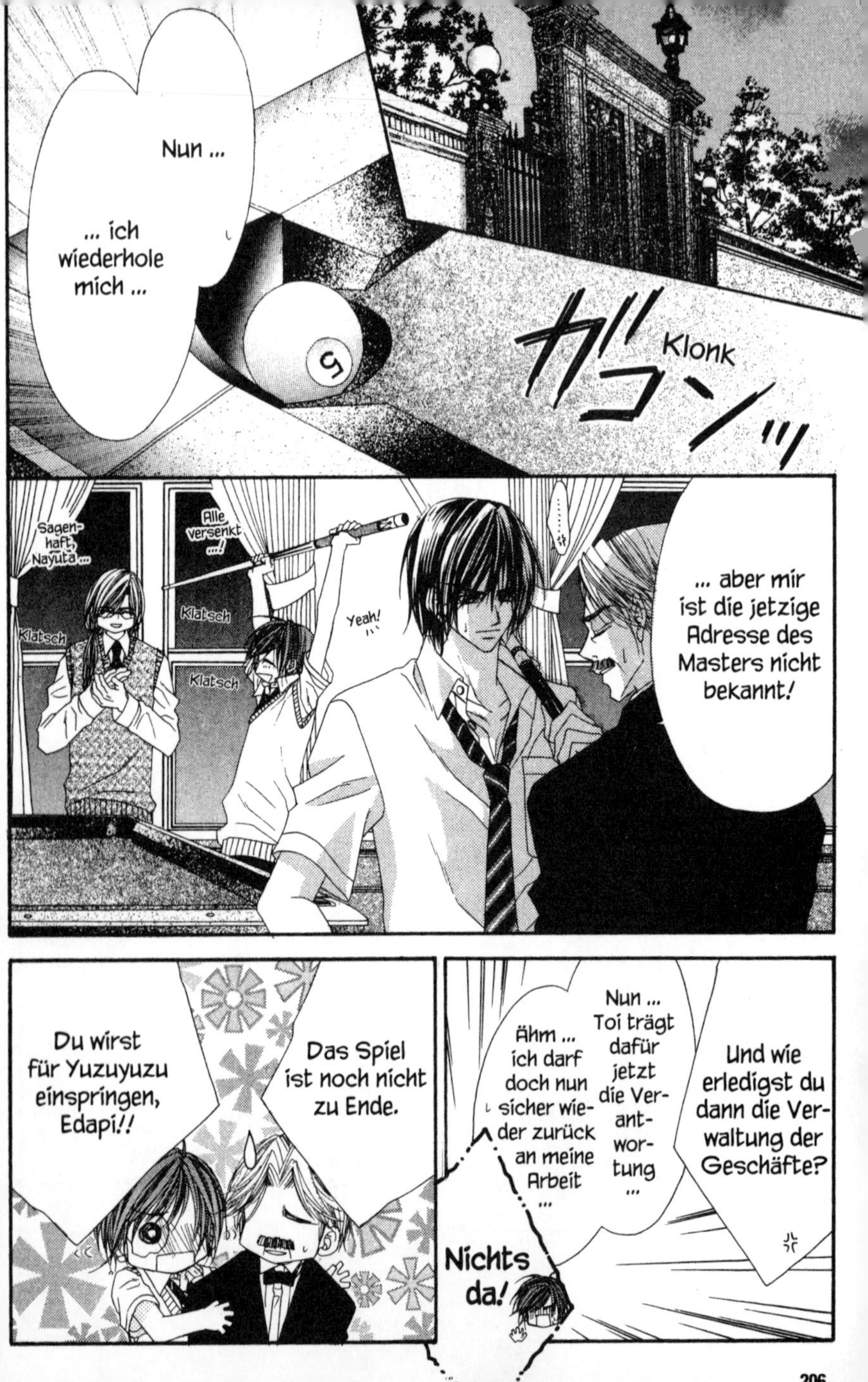

Nun ...

... ich wiederhole mich ...

Klonk

... aber mir ist die jetzige Adresse des Masters nicht bekannt!

Alle versenkt ...!

Sagenhaft, Nayuta ...

Yeah!

Klatsch

Klatsch

Klatsch

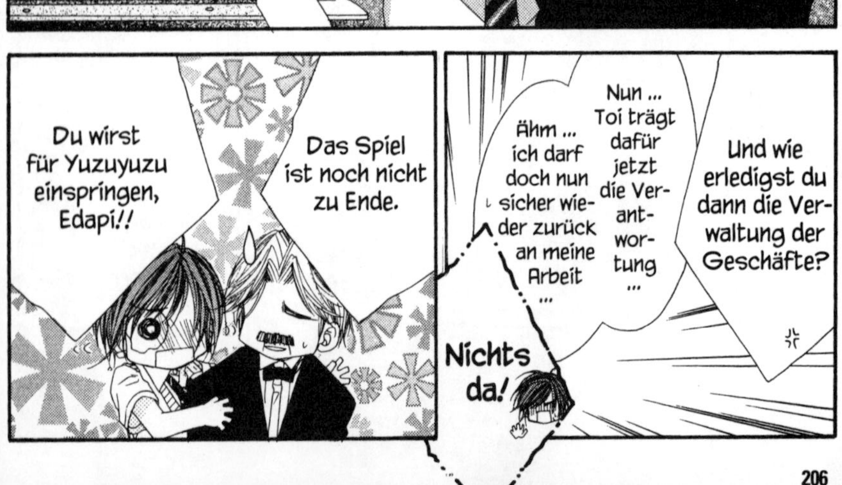

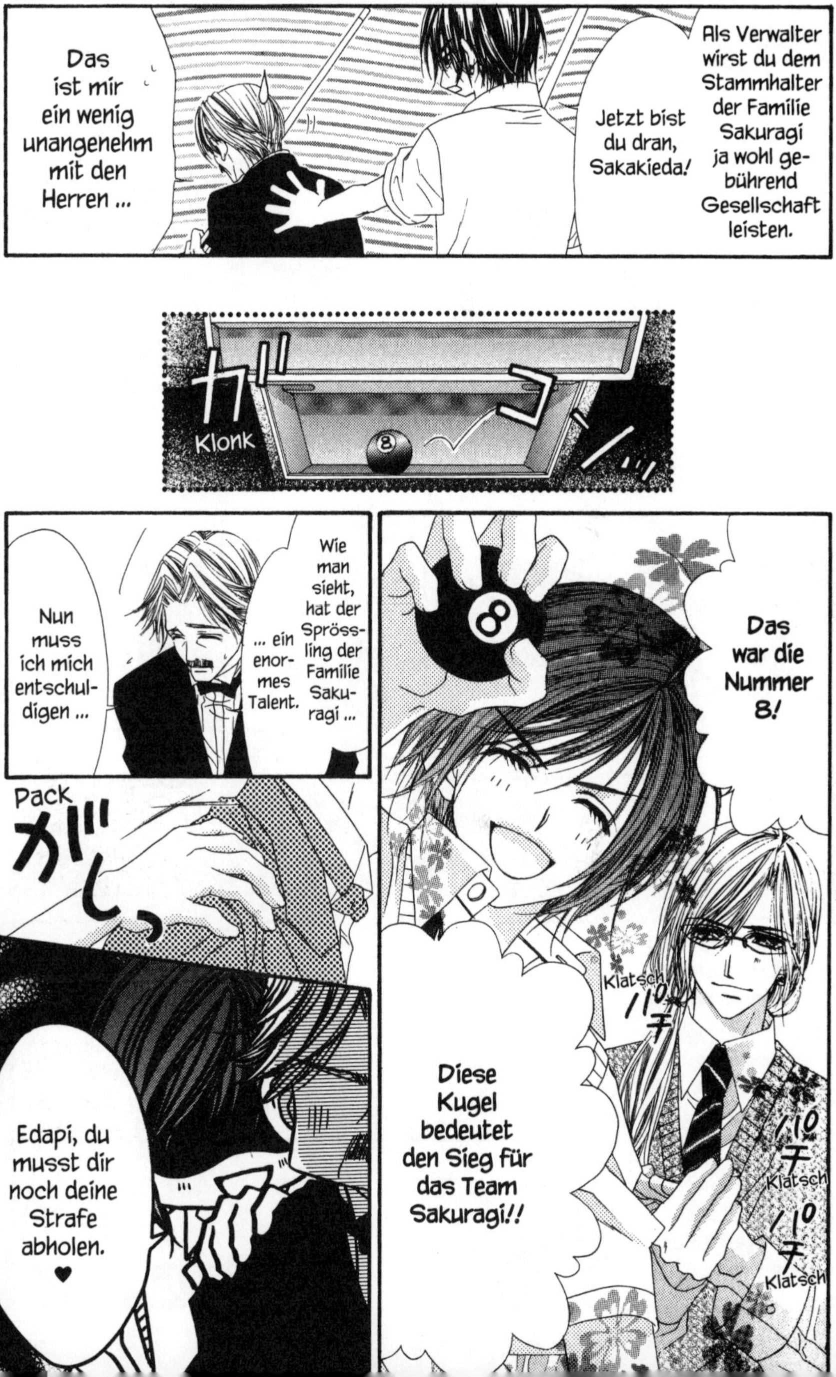

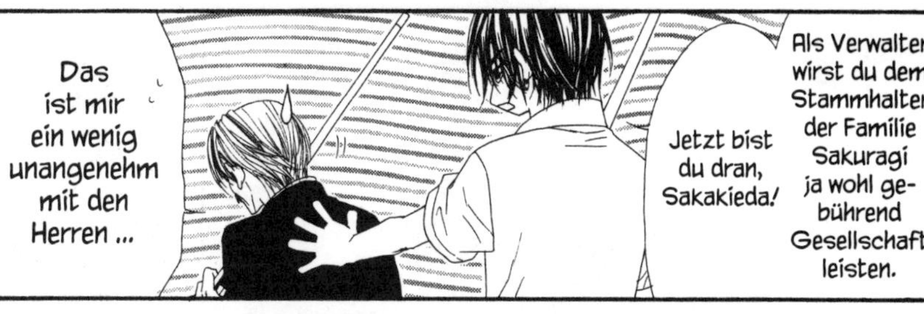

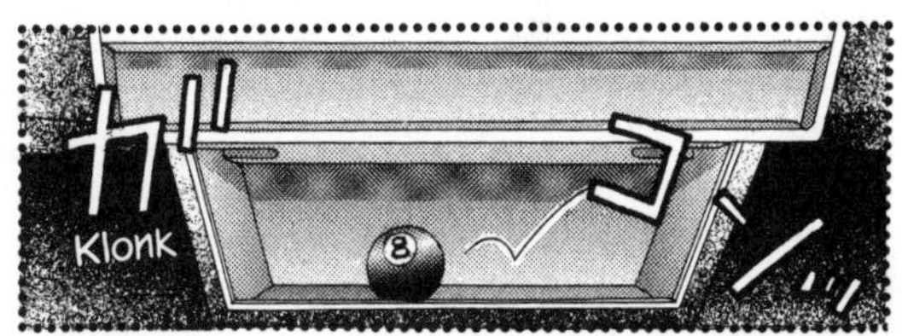

Das war die Nummer 8!
Diese Kugel bedeutet den Sieg für das Team Sakuragi!!
Klatsch
Klatsch
Klatsch
Wie man sieht, hat der Sprössling der Familie Sakuragi ...
... ein enormes Talent.
Nun muss ich mich entschuldigen ...
Pack
Edapi, du musst dir noch deine Strafe abholen. ♥

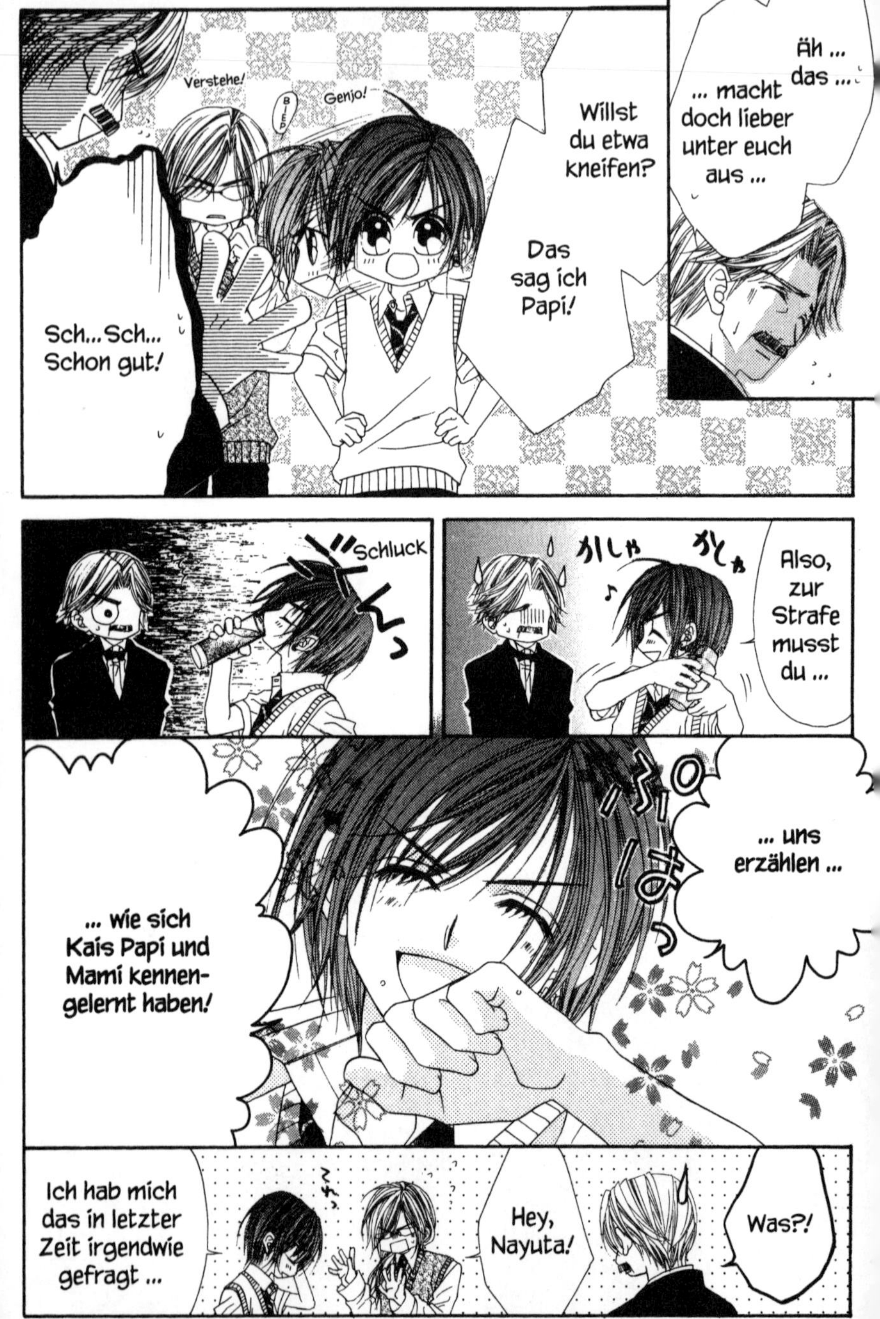
Äh ... das ...
... macht doch lieber unter euch aus ...
Willst du etwa kneifen?
Das sag ich Papi!
Genjo!
BIEP
Verstehe!
Sch...Sch... Schon gut!
Also, zur Strafe musst du ...
Schluck
... uns erzählen ...
... wie sich Kais Papi und Mami kennengelernt haben!
Was?!
Hey, Nayuta!
Ich hab mich das in letzter Zeit irgendwie gefragt ...

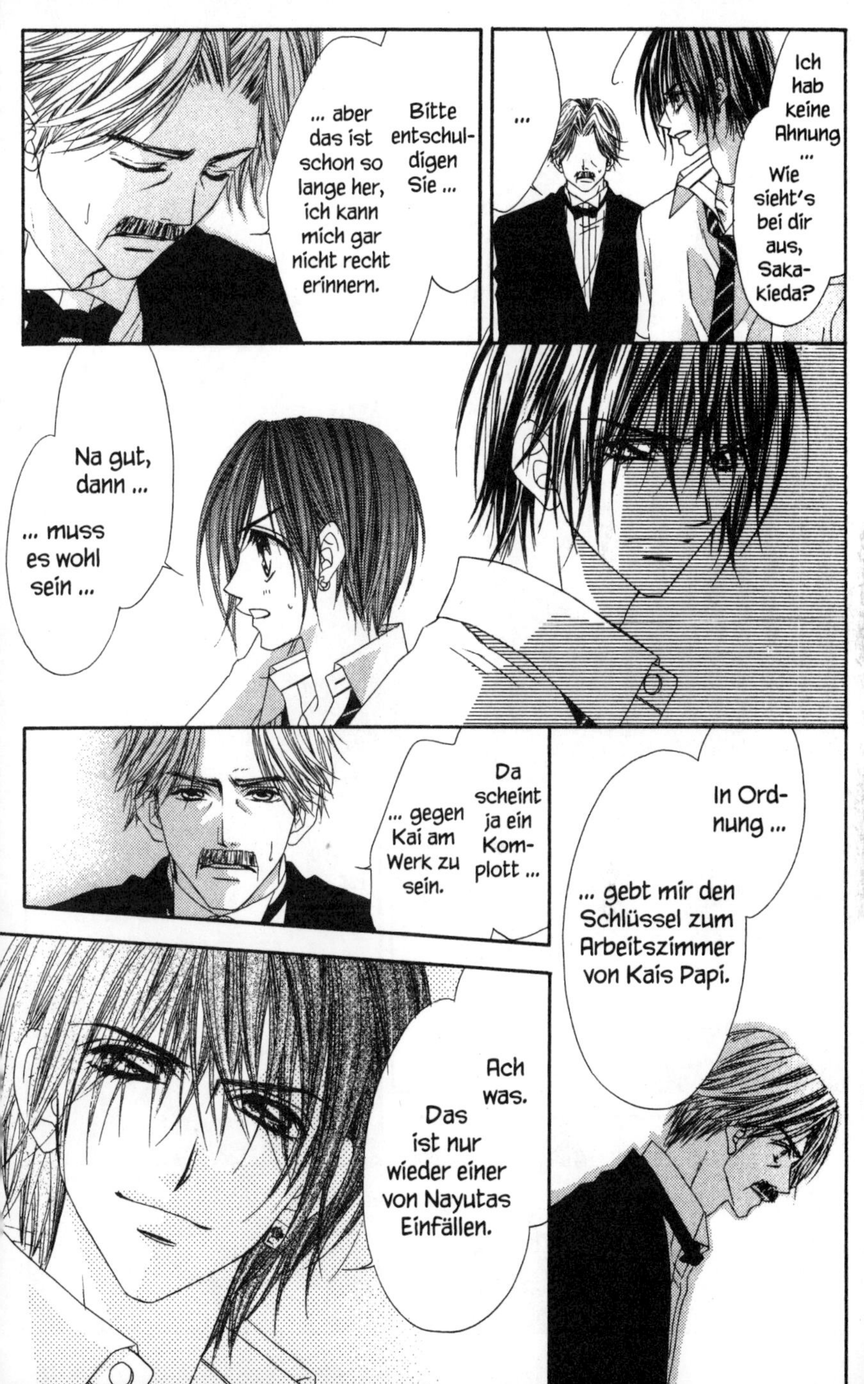

Ich hab keine Ahnung ... Wie sieht's bei dir aus, Sakakieda?
...
Bitte entschuldigen Sie ...
... aber das ist schon so lange her, ich kann mich gar nicht recht erinnern.
Na gut, dann ...
... muss es wohl sein ...
In Ordnung ...
... gebt mir den Schlüssel zum Arbeitszimmer von Kais Papi.
Da scheint ja ein Komplott ...
... gegen Kai am Werk zu sein.
Ach was.
Das ist nur wieder einer von Nayutas Einfällen.

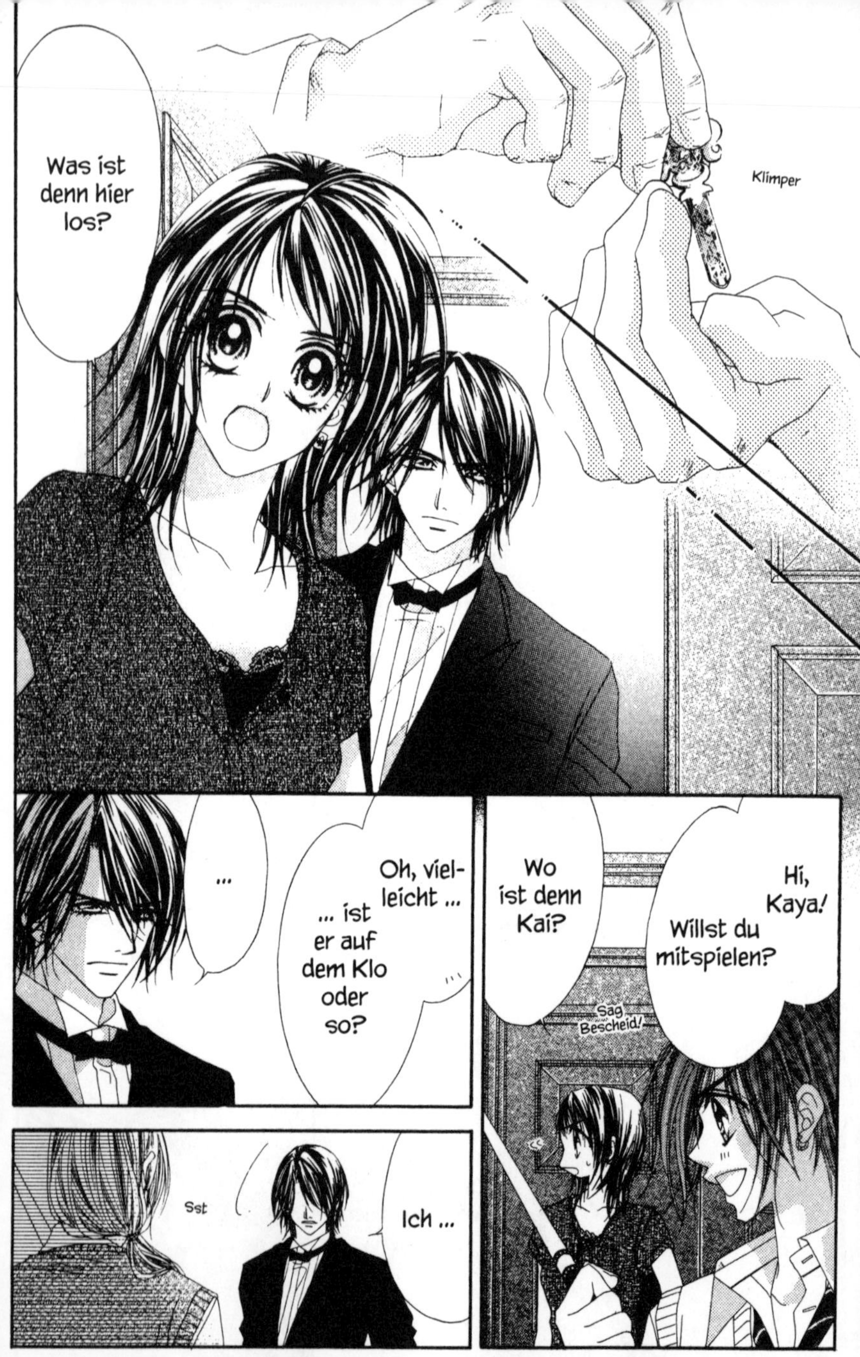
Was ist denn hier los?
Klimper
Hi, Kaya! Willst du mitspielen?
Wo ist denn Kai?
Sag Bescheid!
Oh, vielleicht ...
... ist er auf dem Klo oder so?
...
Ich ...
Sst

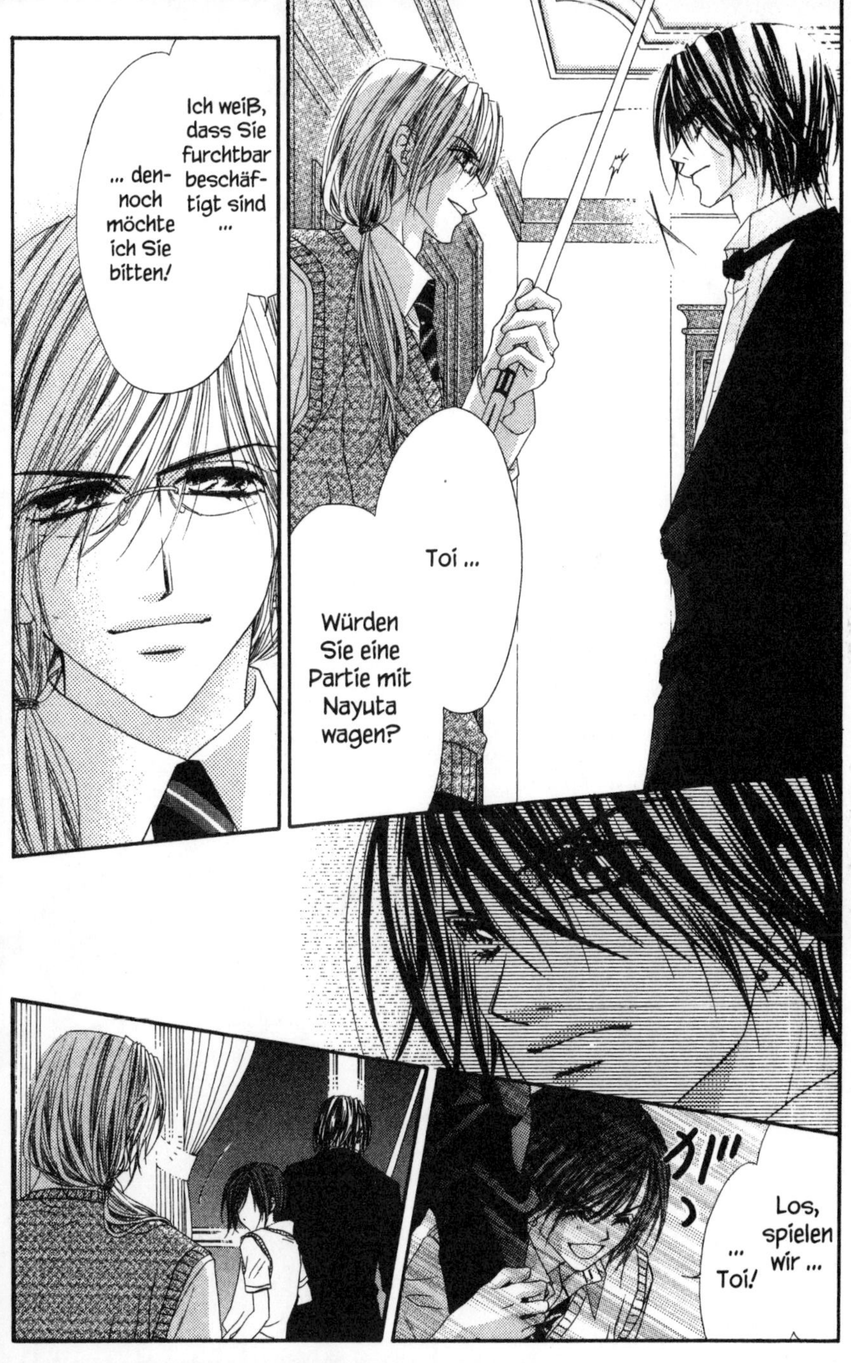
Ich weiß, dass Sie furchtbar beschäftigt sind ...
... dennoch möchte ich Sie bitten!
Toi ...
Würden Sie eine Partie mit Nayuta wagen?
Los, spielen wir ...
... Toi!

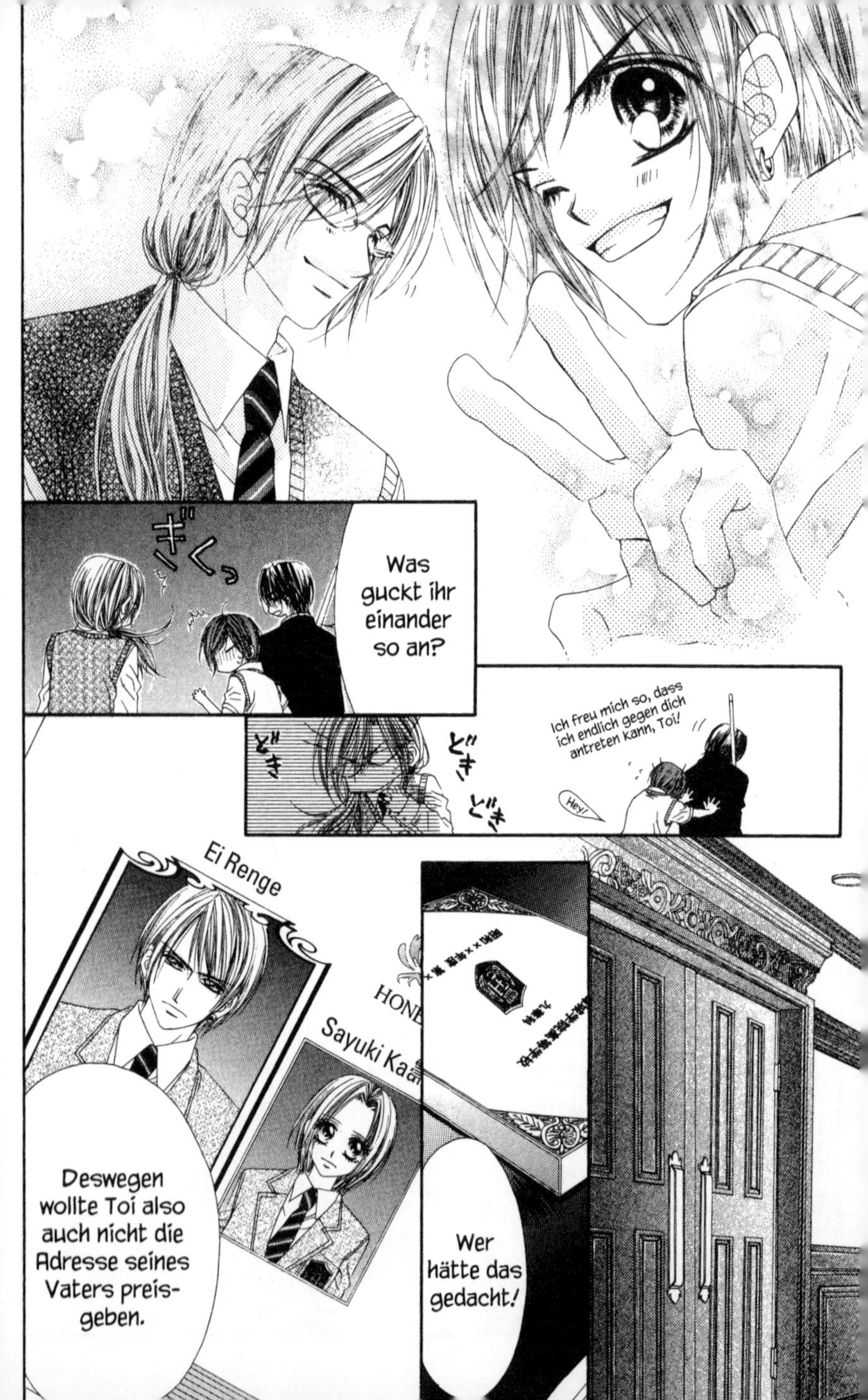
Was guckt ihr einander so an?
Ich freu mich so, dass ich endlich gegen dich antreten kann, Toi!
Hey!
Ei Renge
HONE
Sayuki Kaa
Wer hätte das gedacht!
Deswegen wollte Toi also auch nicht die Adresse seines Vaters preisgeben.

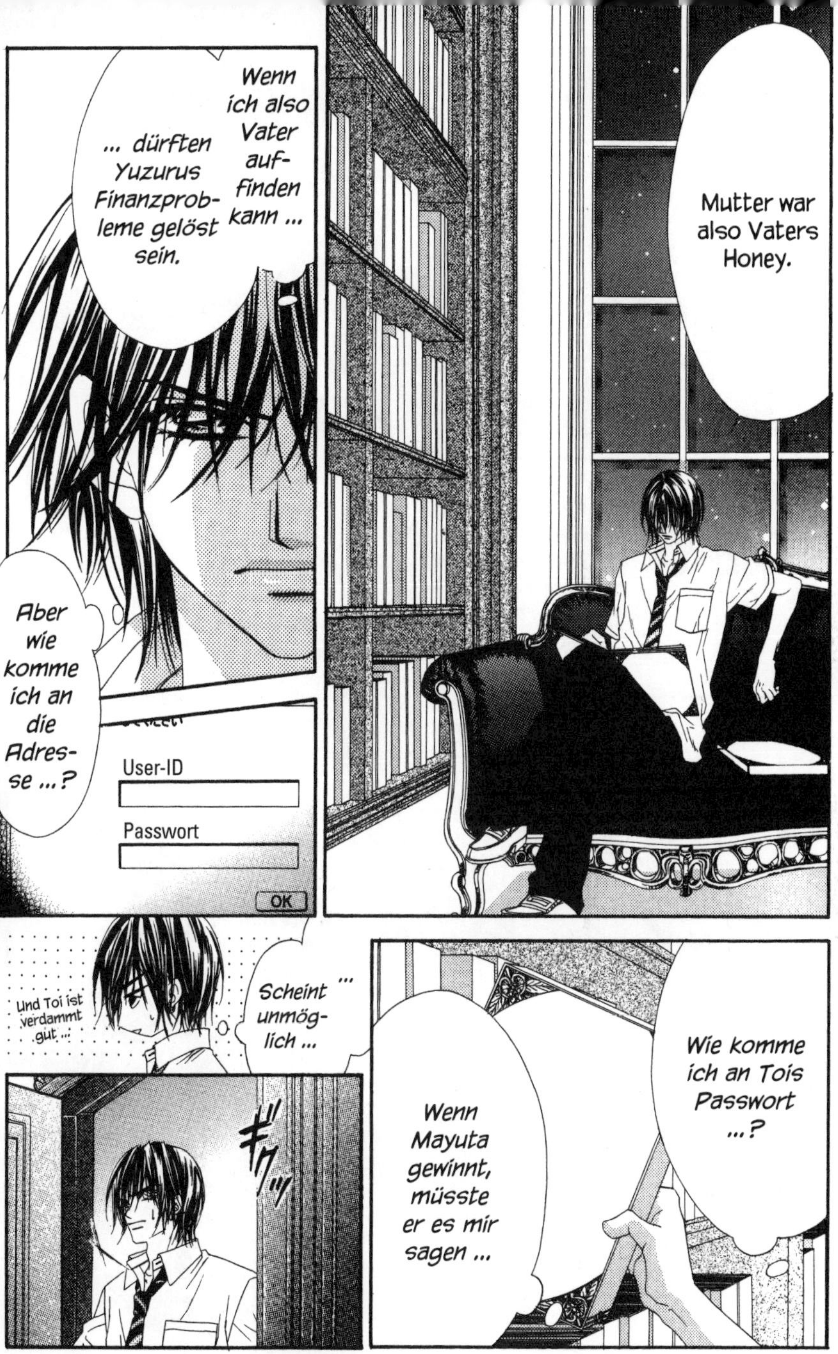

Mutter war also Vaters Honey.

Wenn ich also Vater auffinden kann ...

... dürften Yuzurus Finanzprobleme gelöst sein.

Aber wie komme ich an die Adresse ...?

User-ID

Passwort

OK

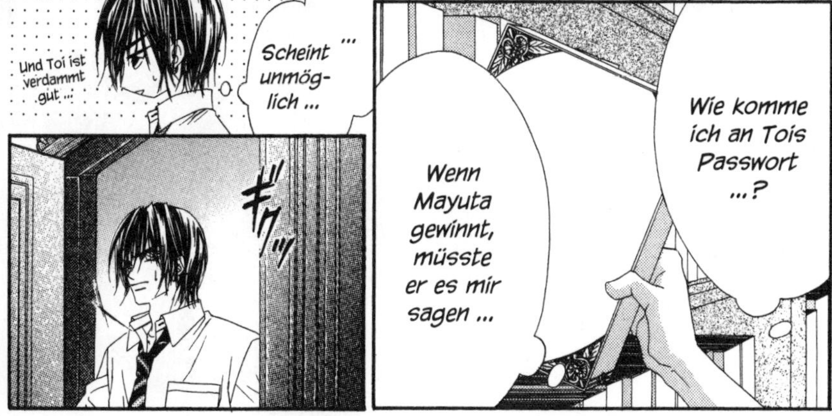

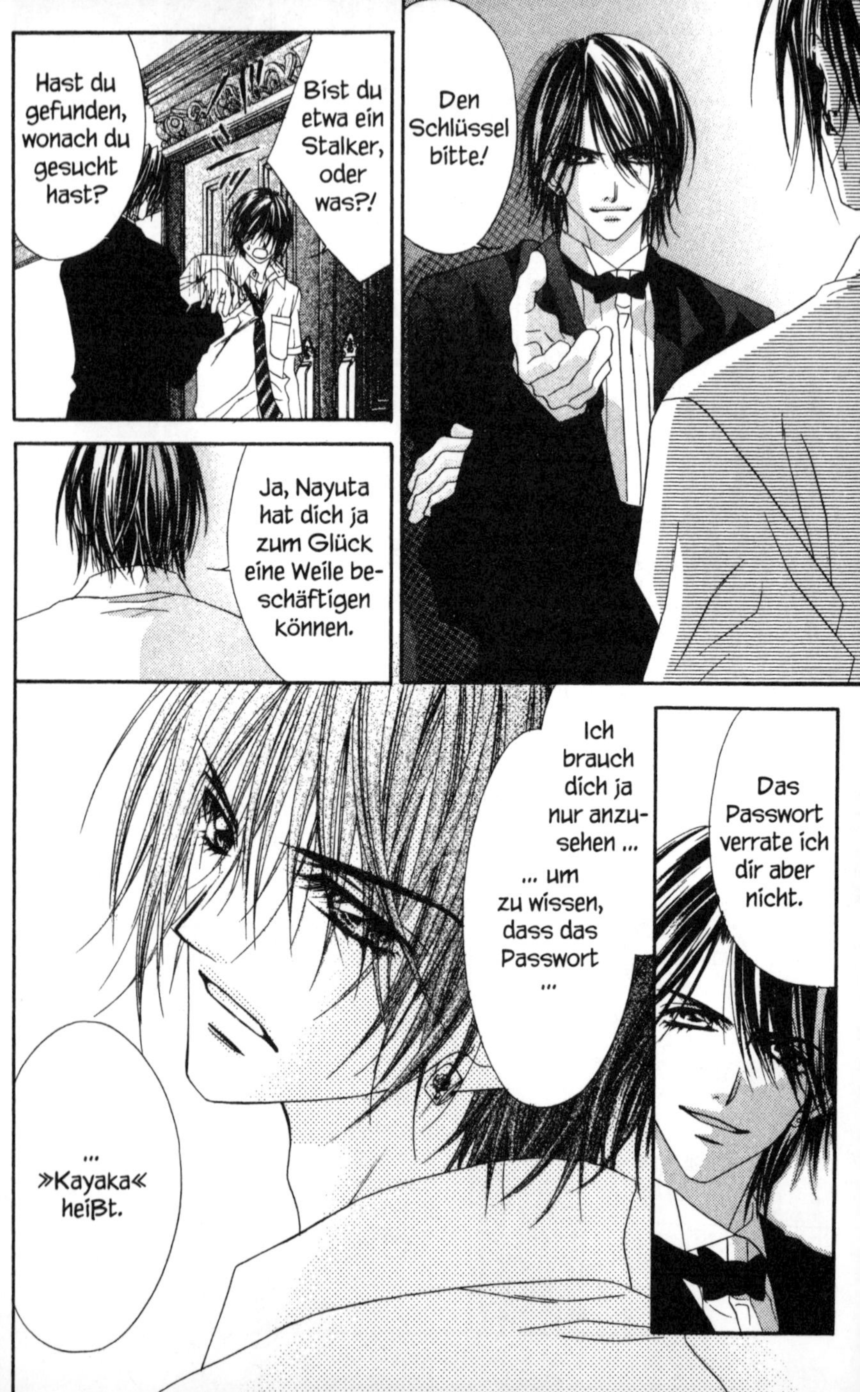
Den Schlüssel bitte!
Bist du etwa ein Stalker, oder was?!
Hast du gefunden, wonach du gesucht hast?
Ja, Nayuta hat dich ja zum Glück eine Weile beschäftigen können.
Das Passwort verrate ich dir aber nicht.
Ich brauch dich ja nur anzusehen ...
... um zu wissen, dass das Passwort ...
... »Kayaka« heißt.

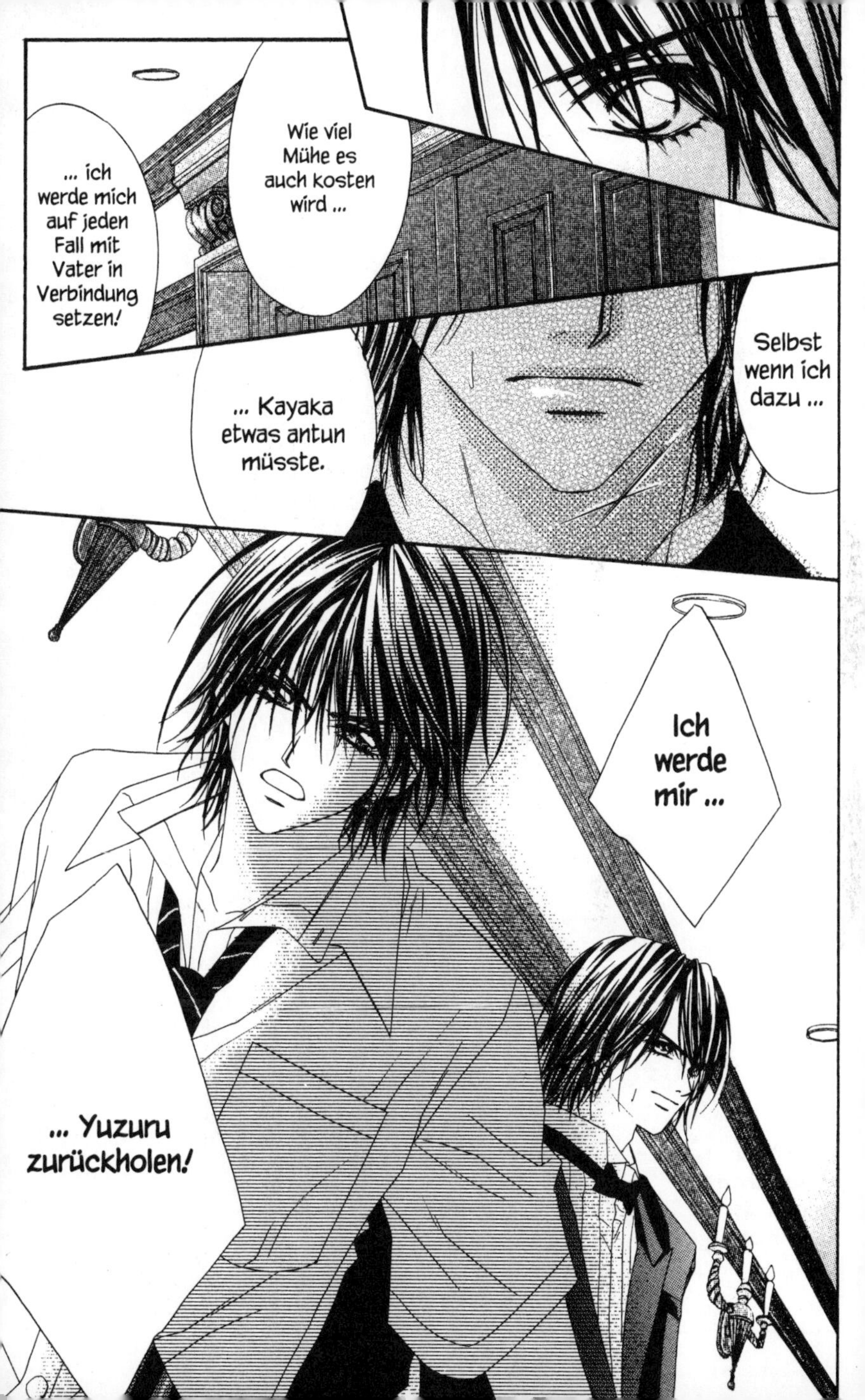
Wie viel Mühe es auch kosten wird ...
... ich werde mich auf jeden Fall mit Vater in Verbindung setzen!
Selbst wenn ich dazu ...
... Kayaka etwas antun müsste.
Ich werde mir ...
... Yuzuru zurückholen!

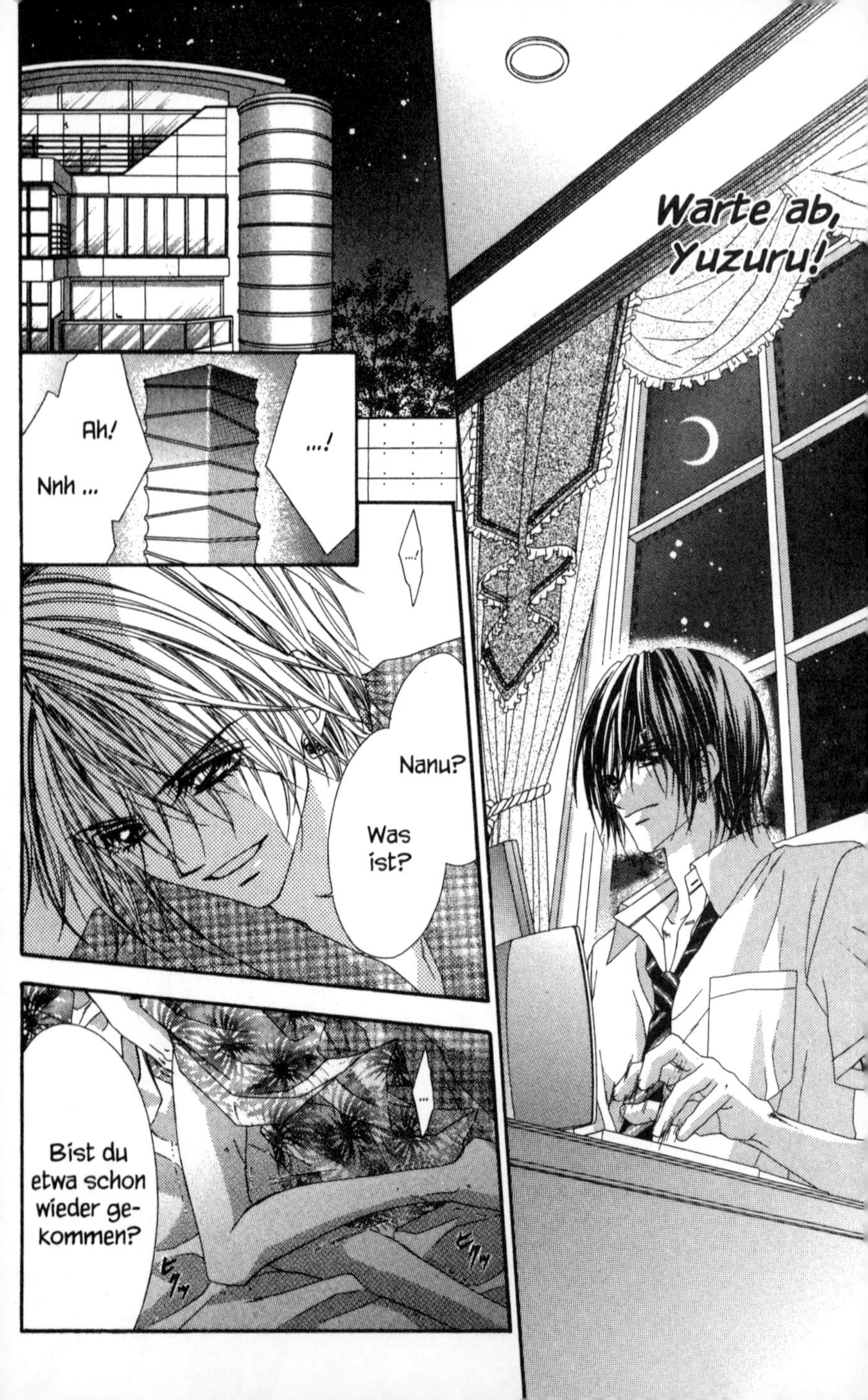
Warte ab, Yuzuru!
...!
Ah!
Nnh ...
...!
Nanu?
Was ist?
...
Bist du etwa schon wieder ge-kommen?

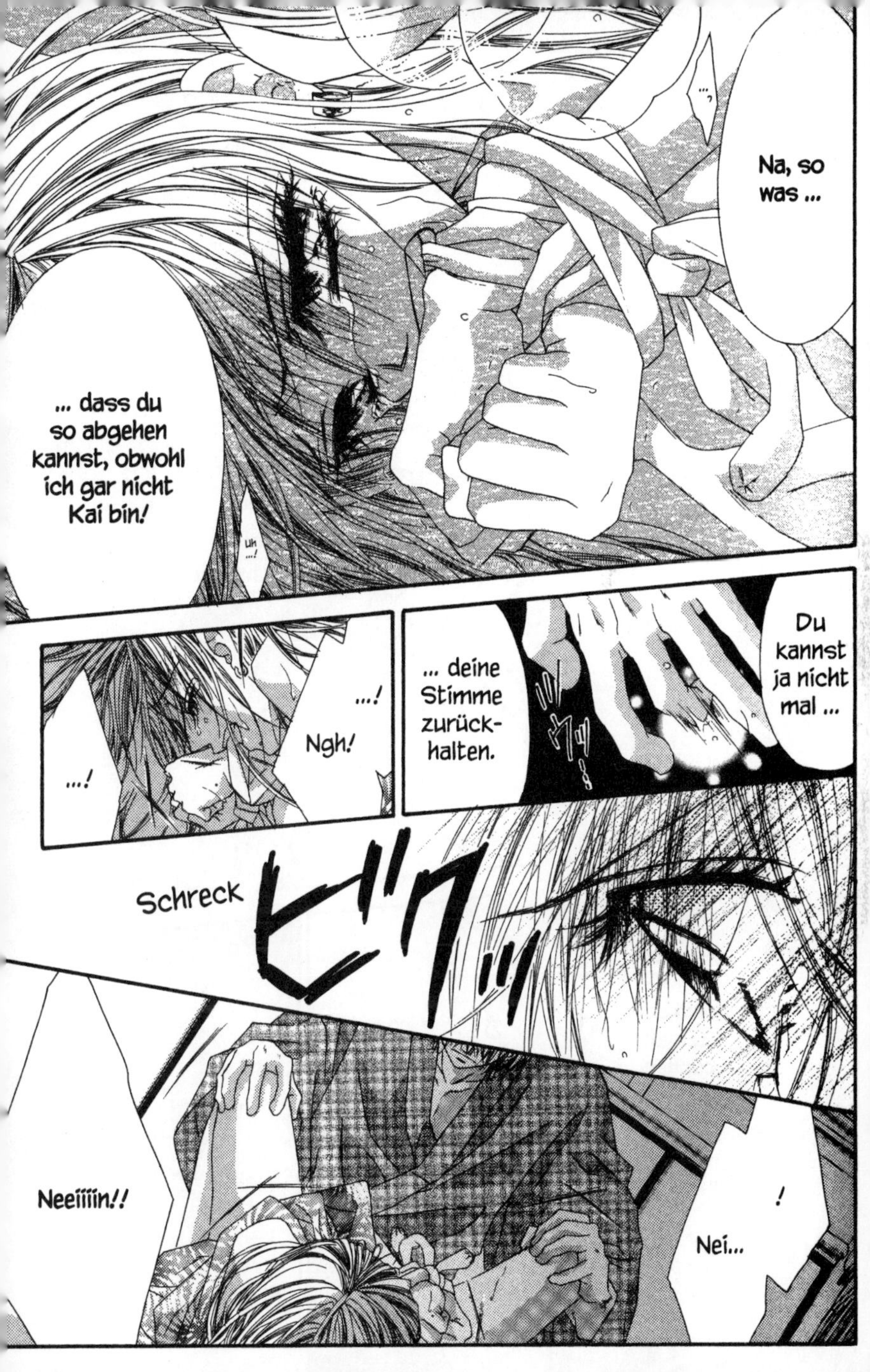
...?
Na, so was ...
... dass du so abgehen kannst, obwohl ich gar nicht Kai bin!
uh ...!
Du kannst ja nicht mal ...
... deine Stimme zurück-halten.
...!
Ngh!
...!
Schreck
!
Nei...
Neeiiiin!!

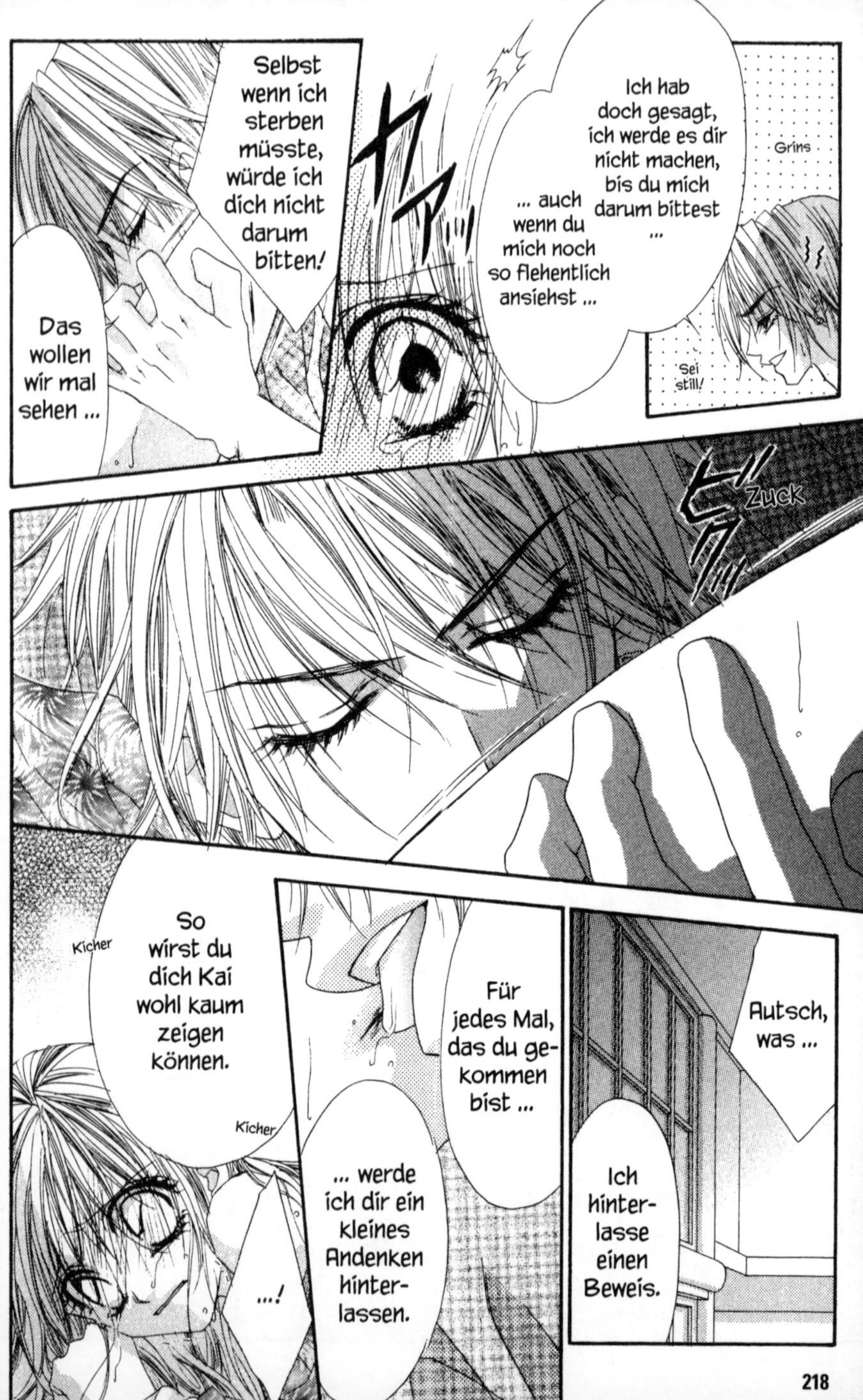
Ich hab doch gesagt, ich werde es dir nicht machen, bis du mich darum bittest ...
... auch wenn du mich noch so flehentlich ansiehst ...
Grins
Sei still!
Selbst wenn ich sterben müsste, würde ich dich nicht darum bitten!
Das wollen wir mal sehen ...
Zuck
Autsch, was ...
Ich hinterlasse einen Beweis.
Für jedes Mal, das du gekommen bist ...
... werde ich dir ein kleines Andenken hinterlassen.
So wirst du dich Kai wohl kaum zeigen können.
Kicher
Kicher
...!

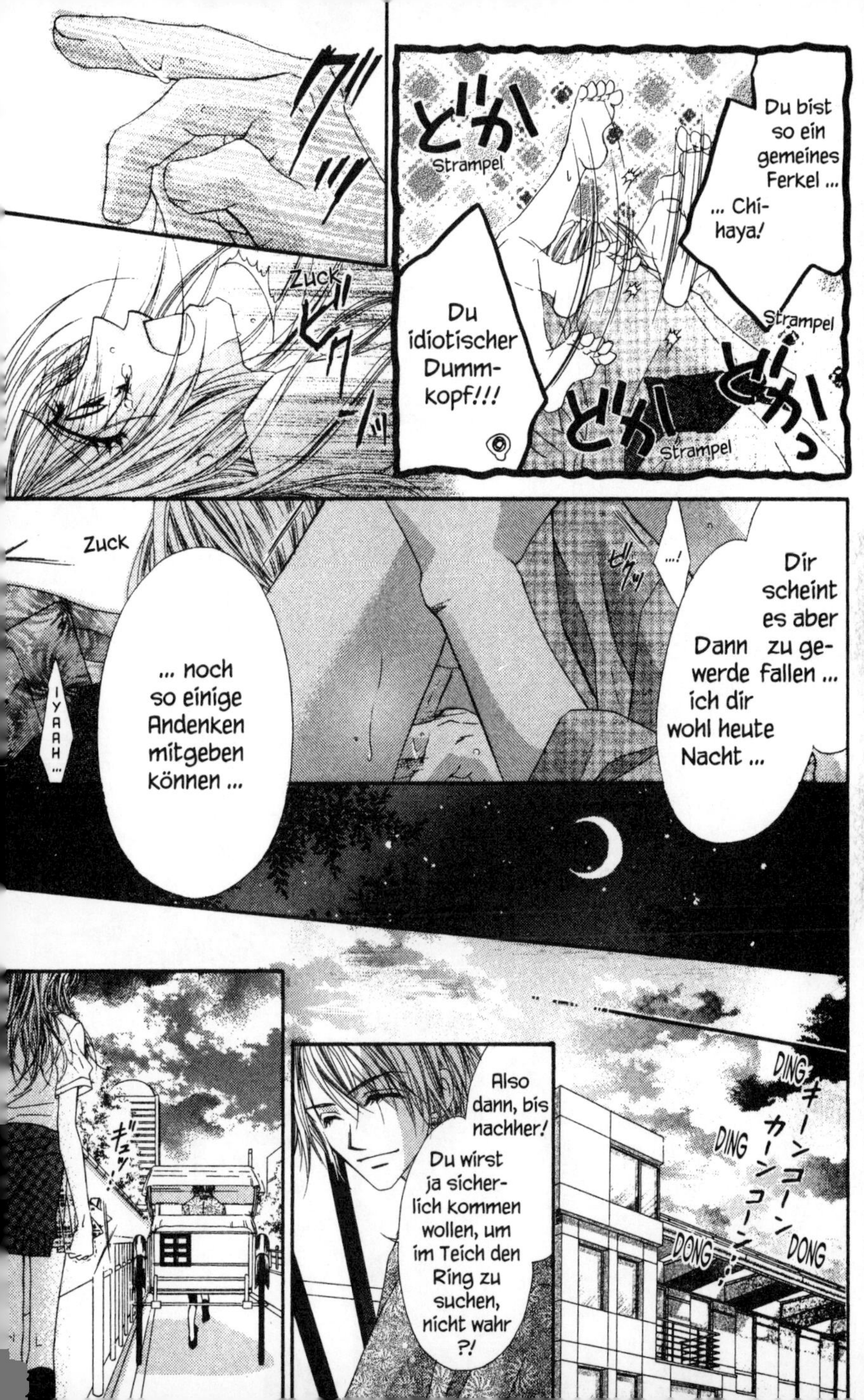

Du bist so ein gemeines Ferkel ...
... Chihaya!
Strampel
Du idiotischer Dummkopf!!!
Strampel
Strampel
Zuck
Zuck
Dir scheint es aber zu gefallen ...
...!
Dann werde ich dir wohl heute Nacht ...
... noch so einige Andenken mitgeben können ...
IYAAAH ...
DING
DING
DONG
DONG
Also dann, bis nachher!
Du wirst ja sicherlich kommen wollen, um im Teich den Ring zu suchen, nicht wahr?!

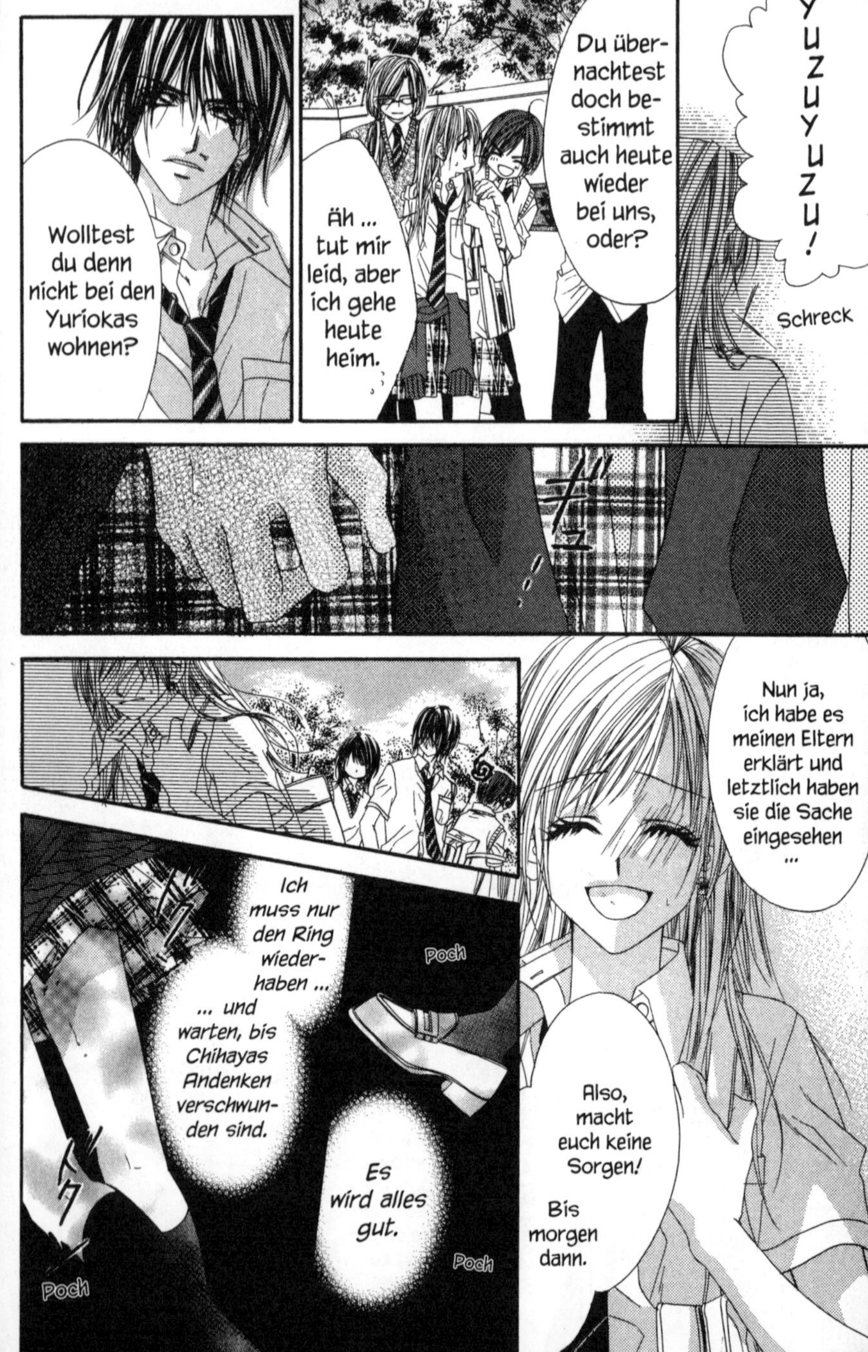
YUZUYUZU!
Schreck
Du übernachtest doch bestimmt auch heute wieder bei uns, oder?
Äh ... tut mir leid, aber ich gehe heute heim.
Wolltest du denn nicht bei den Yuriokas wohnen?
Nun ja, ich habe es meinen Eltern erklärt und letztlich haben sie die Sache eingesehen ...
Also, macht euch keine Sorgen!
Bis morgen dann.
Ich muss nur den Ring wiederhaben ...
... und warten, bis Chihayas Andenken verschwunden sind.
Poch
Es wird alles gut.
Poch
Poch

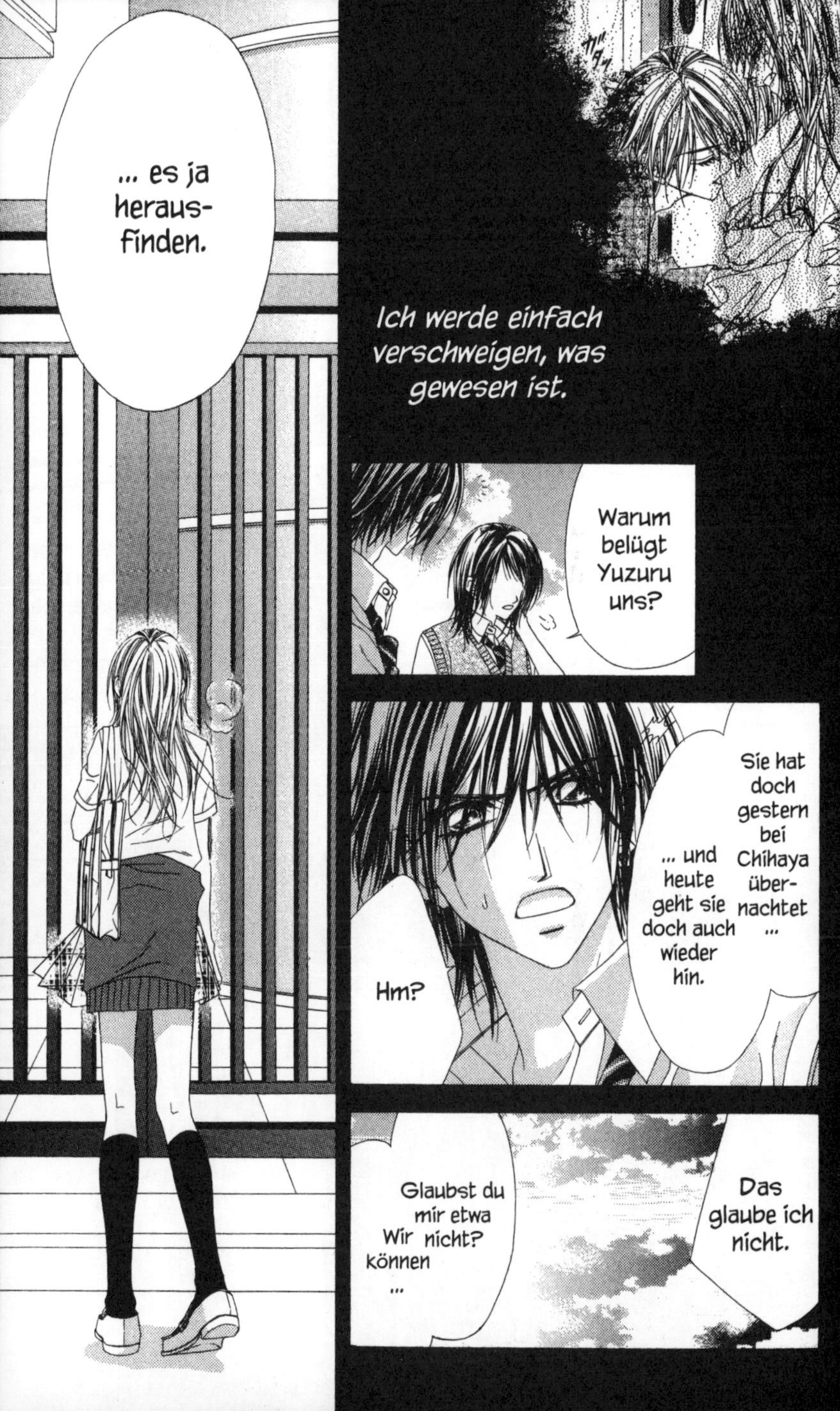

Ich werde einfach verschweigen, was gewesen ist.
Warum belügt Yuzuru uns?
Sie hat doch gestern bei Chihaya über-nachtet ...
... und heute geht sie doch auch wieder hin.
Hm?
Das glaube ich nicht.
Glaubst du mir etwa nicht?
Wir können ...
... es ja heraus-finden.

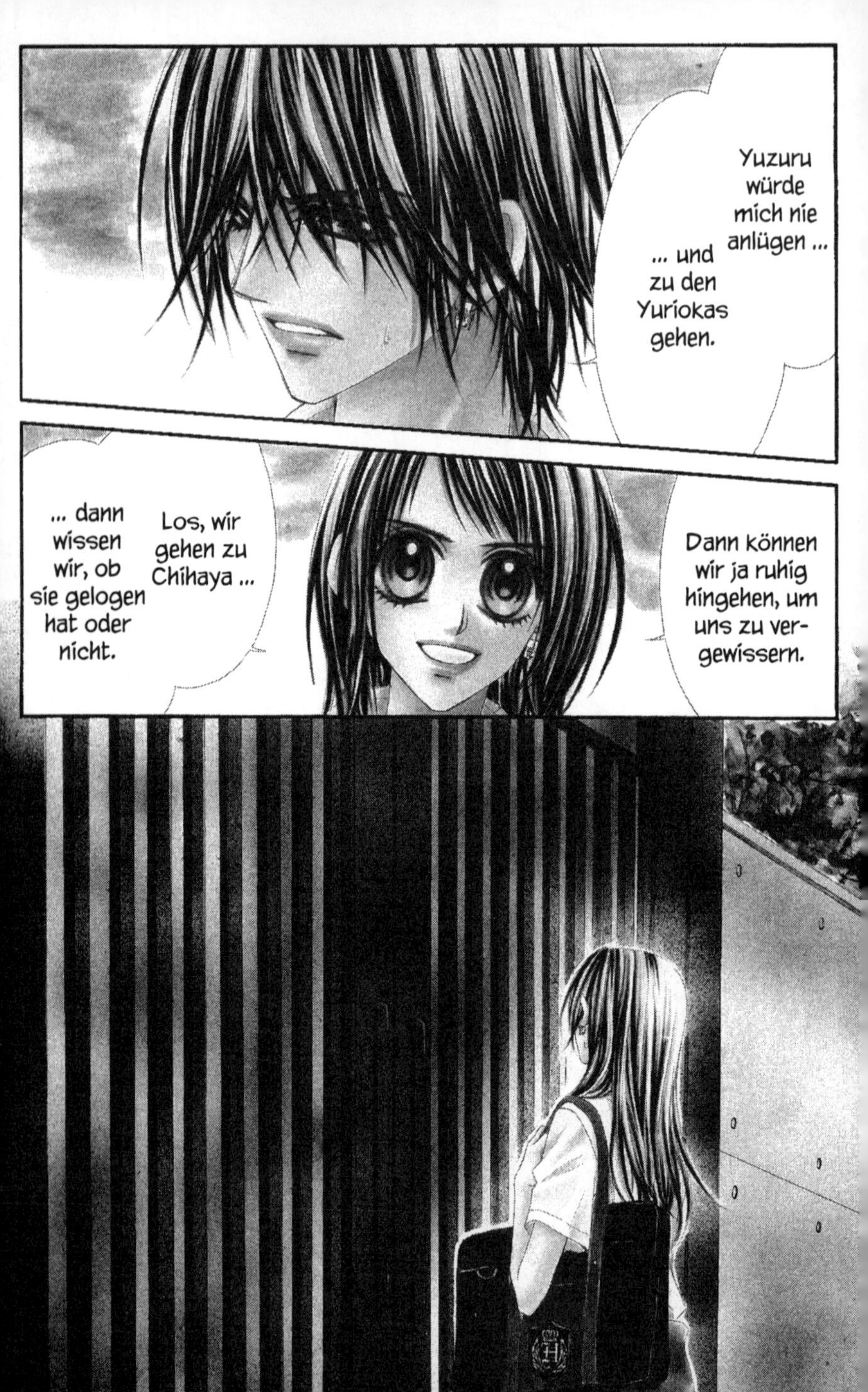
Yuzuru würde mich nie anlügen ...
... und zu den Yuriokas gehen.
Dann können wir ja ruhig hingehen, um uns zu vergewissern.
Los, wir gehen zu Chihaya ...
... dann wissen wir, ob sie gelogen hat oder nicht.

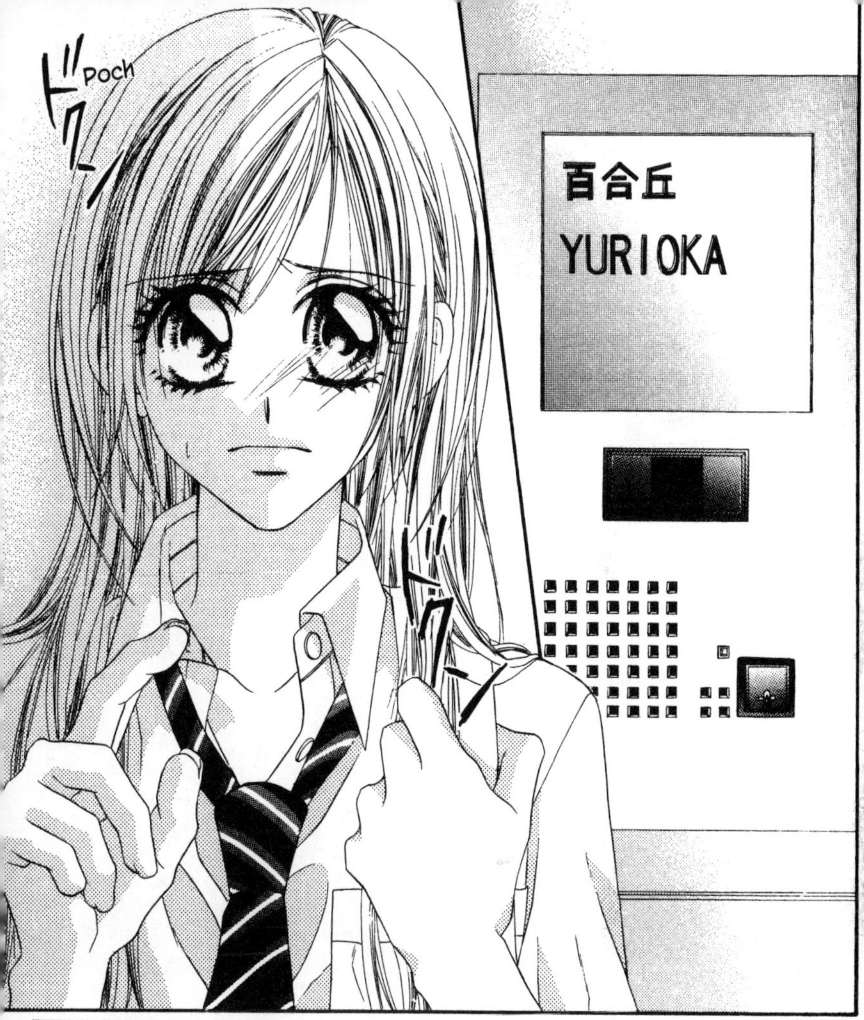

Oh nein, Kai ist wirklich blind vor Liebe. Aber er scheint bei euch Lesern ja wirklich gut anzukommen. Ich habe viele Zuschriften bekommen nach dem Motto:
»Seit ich Band 5 gelesen habe, bin ich in Kai verliebt.«

3 Aber da frage ich mich, was denn das für ein Held ist, wenn er bis Band 5 braucht, damit die Mädchen ihn mögen ...?

Beim Anime und beim Game ist die Story ja von Anfang an ziemlich gut aufgebaut, aber wenn ich mir Kai so am Anfang ansehe (als er gerade Yuzuru kennengelernt hat), ist er ja eigentlich nicht gerade sympathisch. (*gequält lächel*) Ich habe natürlich beim Zeichnen auch seine inneren Werte vor Augen gehabt, deswegen habe ich gar nicht bemerkt, wie unsympathisch er ist. Aber wenn ich ihn mir jetzt so von außen betrachte ... hm ... Yuzuru hält da schon ganz schön viel aus. Sie ist eben durch und durch »M« ...

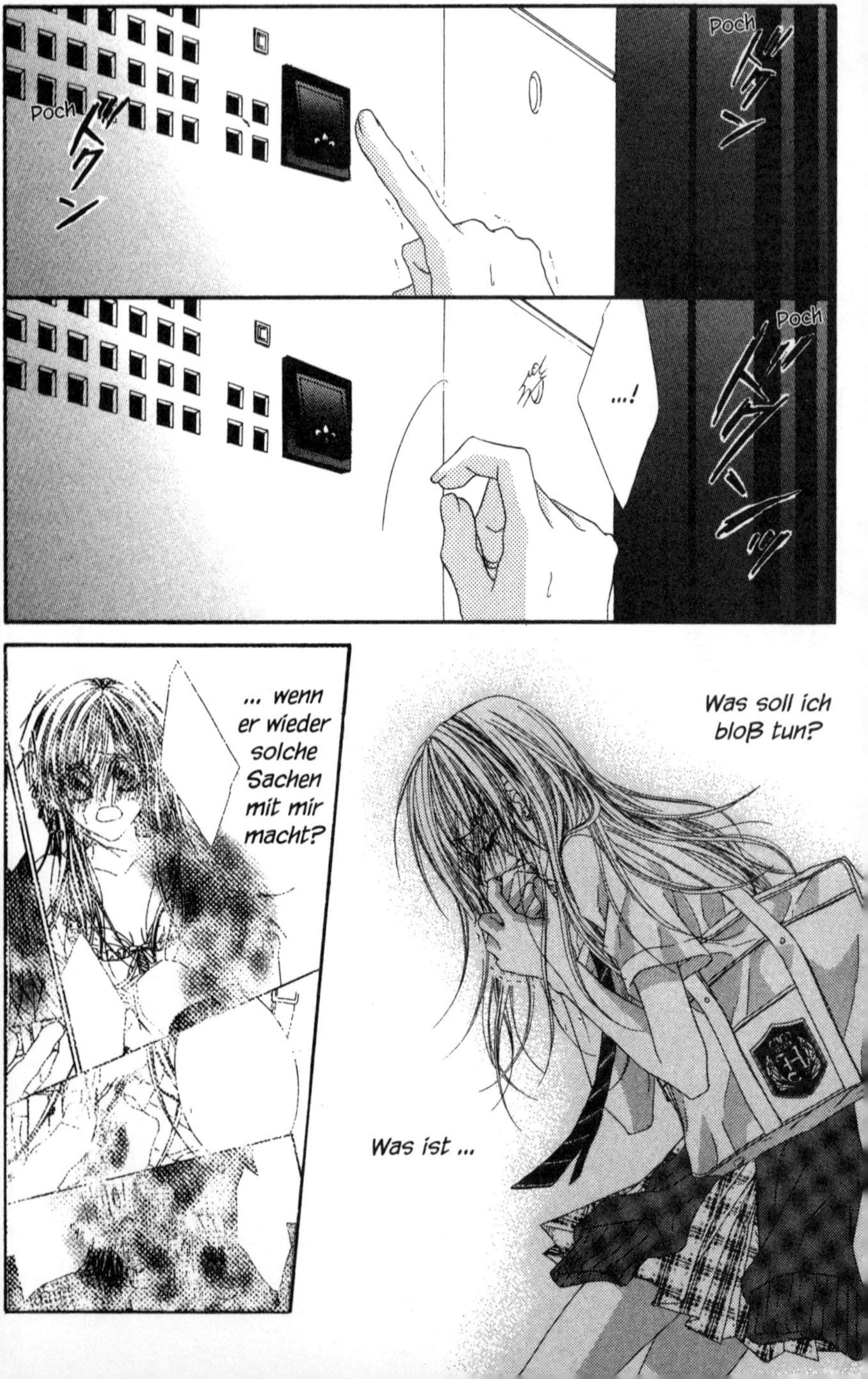

Poch
Poch
Poch
...!

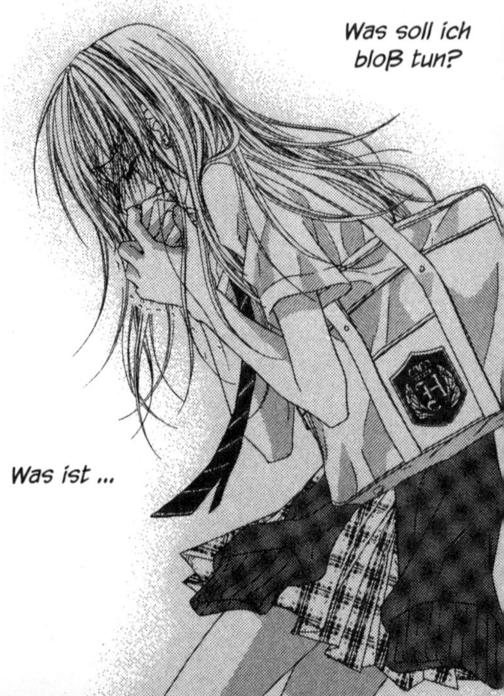

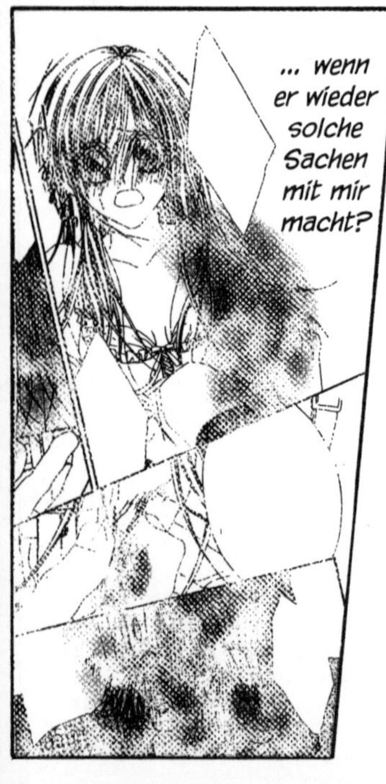

4

→ Fortsetzung von 2

Jedenfalls wurde mir die Zeit des Wartens ganz schön lang. Aber nun ist der Anime endlich fertig und ich bin total glücklich.

Für alle, die die Special-Edition gesehen haben und sie mochten und für alle, die die Special-Edition nicht ergattern konnten, gibt es seit 28.4.2006 auch noch die OVA zu kaufen, und da ist auch noch ein Hörspiel dabei. Falls ihr die noch nicht kennt, solltet ihr sie euch unbedingt besorgen!!

Ach so, es gibt auch das PS2-Game *Honey x Honey Drops*. Und in Japan gibt es für die werten Käufer auch noch allerhand Bonusgeschenke. Ich hoffe, sie gefallen euch!!

→ Weiter geht's bei 6

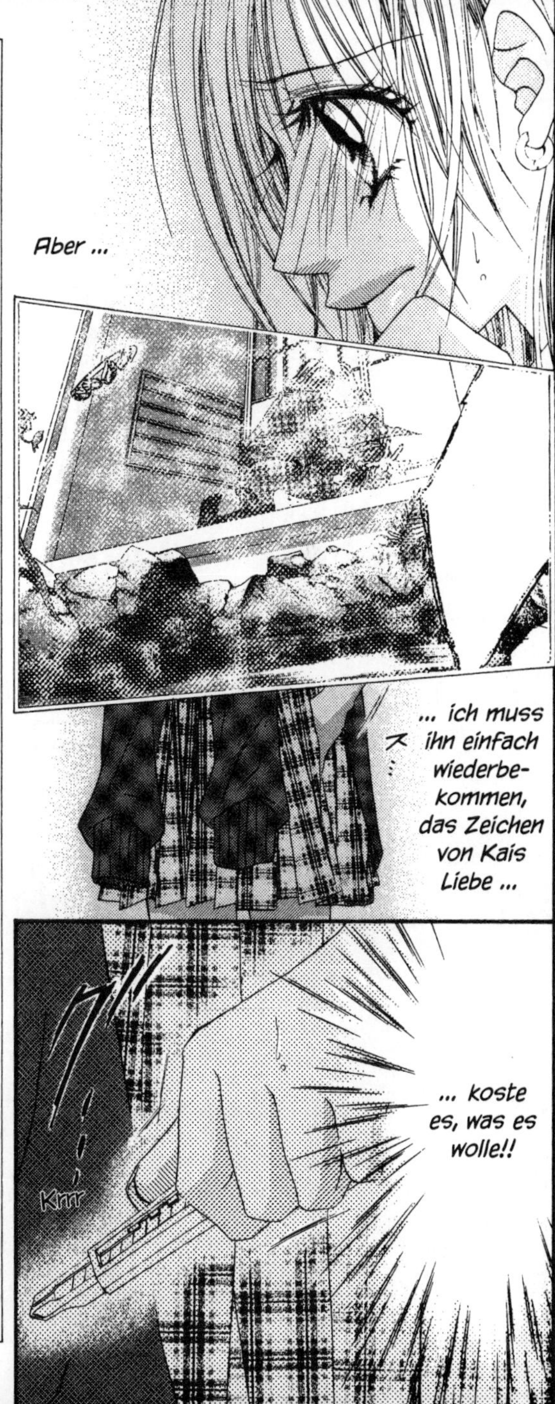

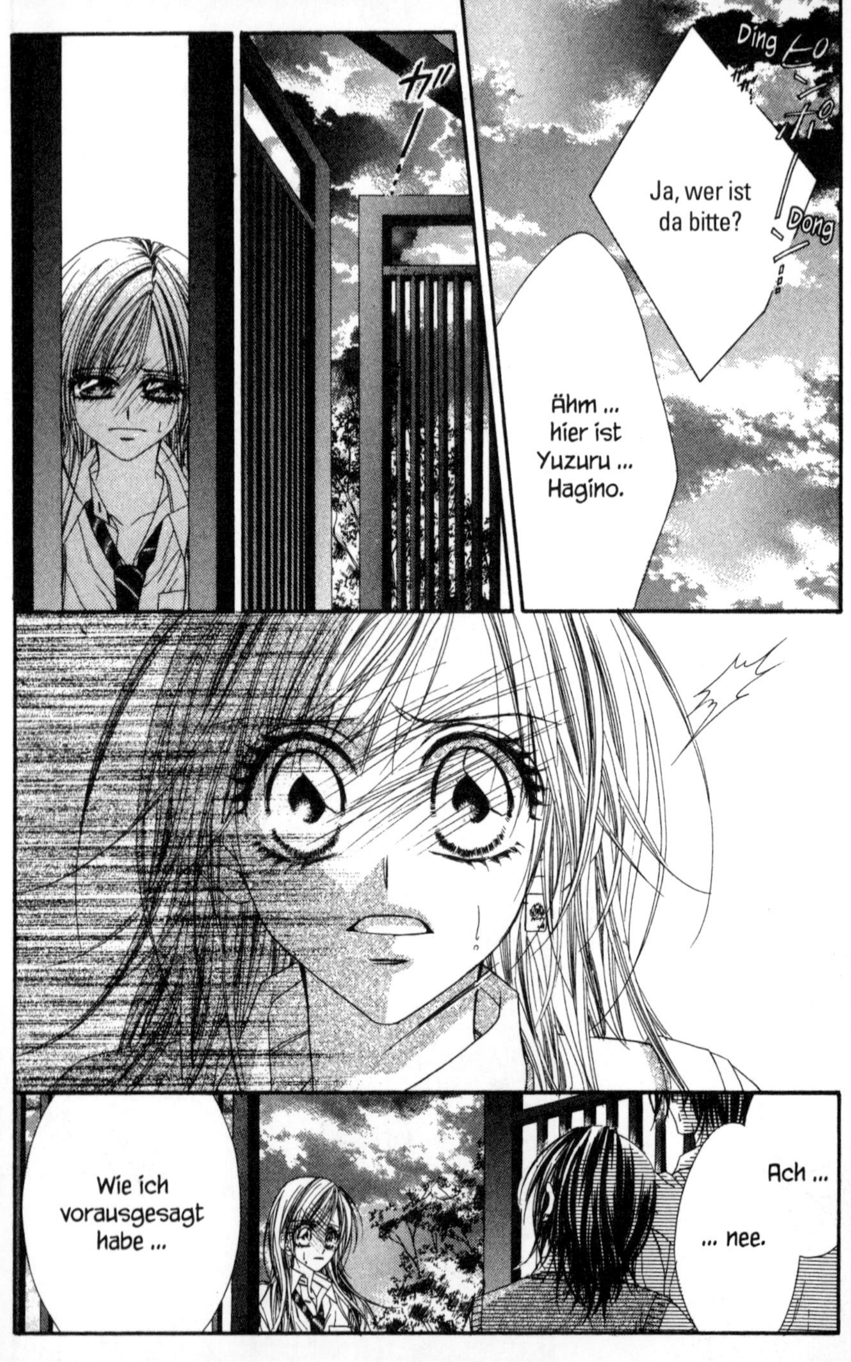
Ding
Dong
Ja, wer ist da bitte?
Ähm ... hier ist Yuzuru ... Hagino.
Ach ...
... nee.
Wie ich vorausgesagt habe ...

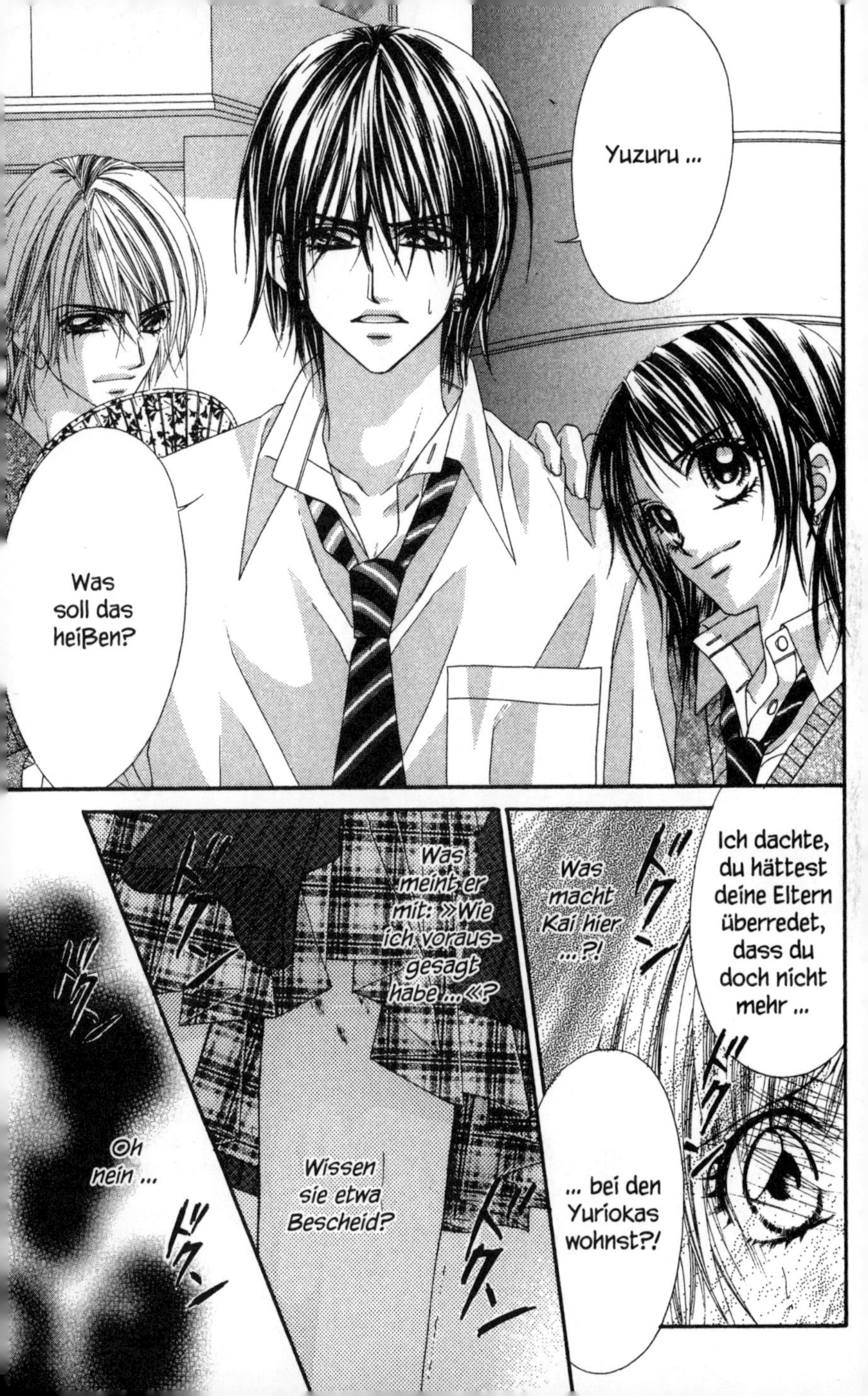

Yuzuru ...

Was soll das heißen?

Ich dachte, du hättest deine Eltern überredet, dass du doch nicht mehr ...

... bei den Yuriokas wohnst?!

Was macht Kai hier ...?!

Was meint er mit: »Wie ich vorausgesagt habe ...«?

Wissen sie etwa Bescheid?

Oh nein ...

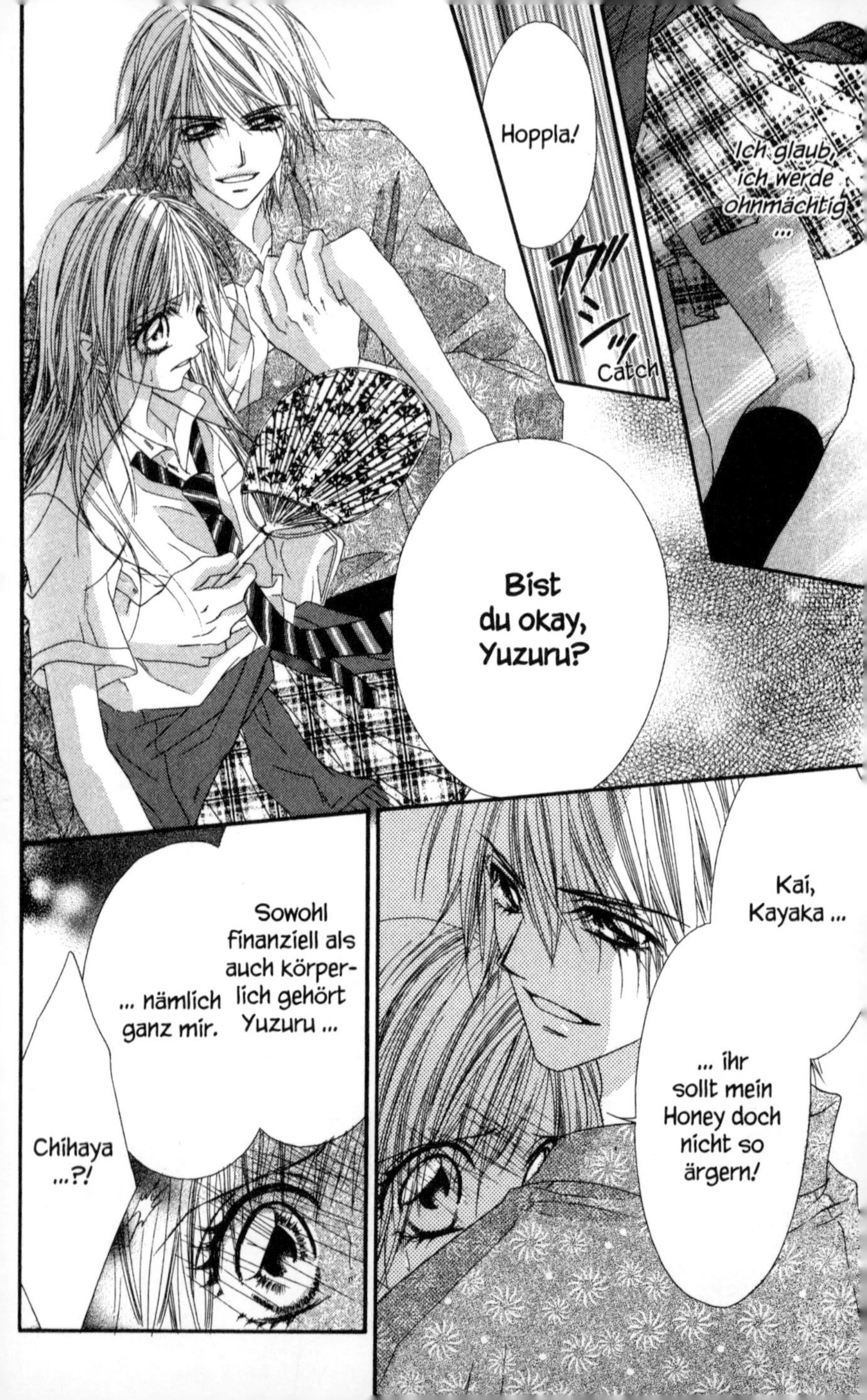
Ich glaub, ich werde ohnmächtig ...
Hoppla!
ガシッ
Catch
Bist du okay, Yuzuru?
Kai, Kayaka ...
... ihr sollt mein Honey doch nicht so ärgern!
Sowohl finanziell als auch körperlich gehört Yuzuru ...
... nämlich ganz mir.
Chihaya ...?!

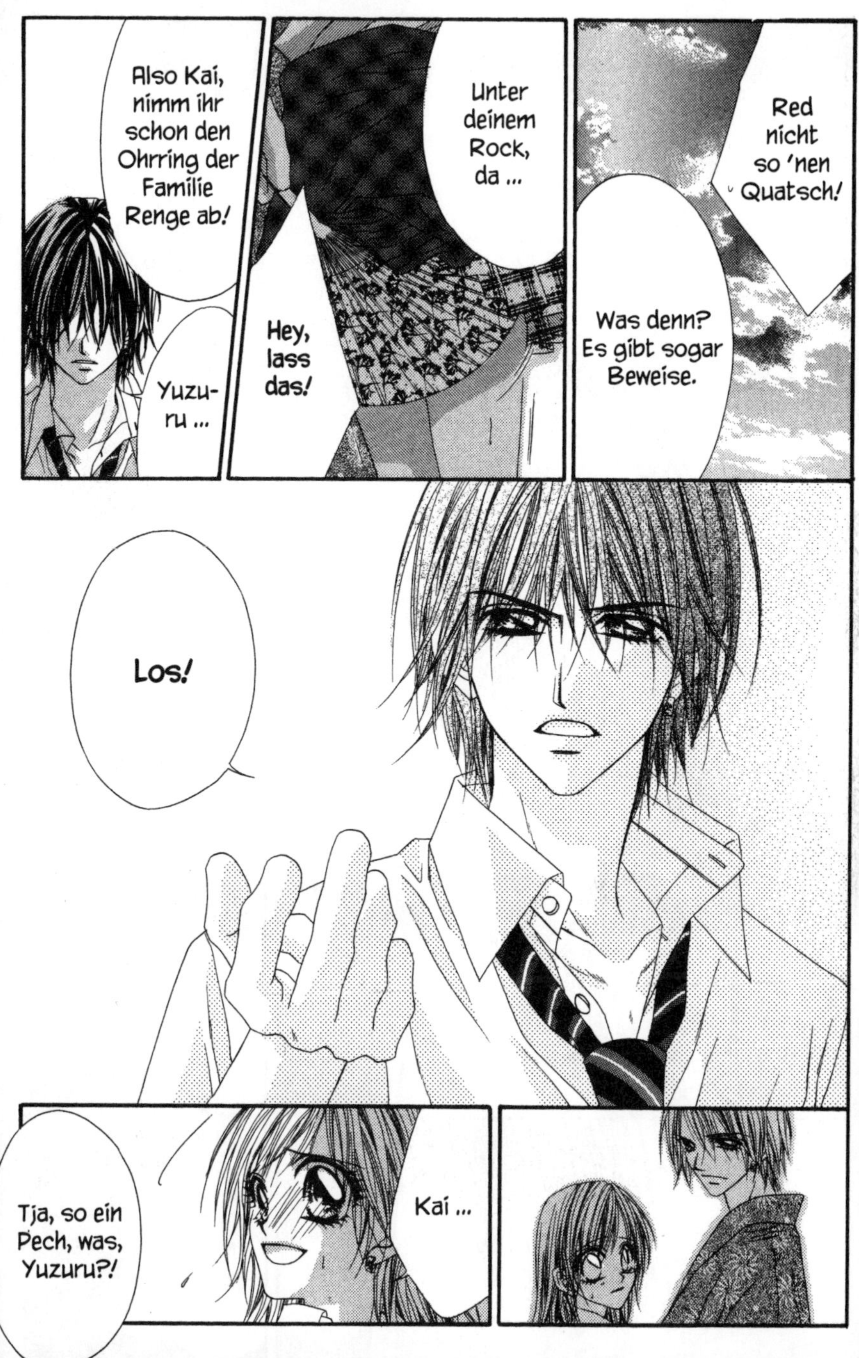
Red nicht so 'nen Quatsch!
Was denn? Es gibt sogar Beweise.
Unter deinem Rock, da ...
Hey, lass das!
Also Kai, nimm ihr schon den Ohrring der Familie Renge ab!
Yuzuru ...
Los!
Kai ...
Tja, so ein Pech, was, Yuzuru?!

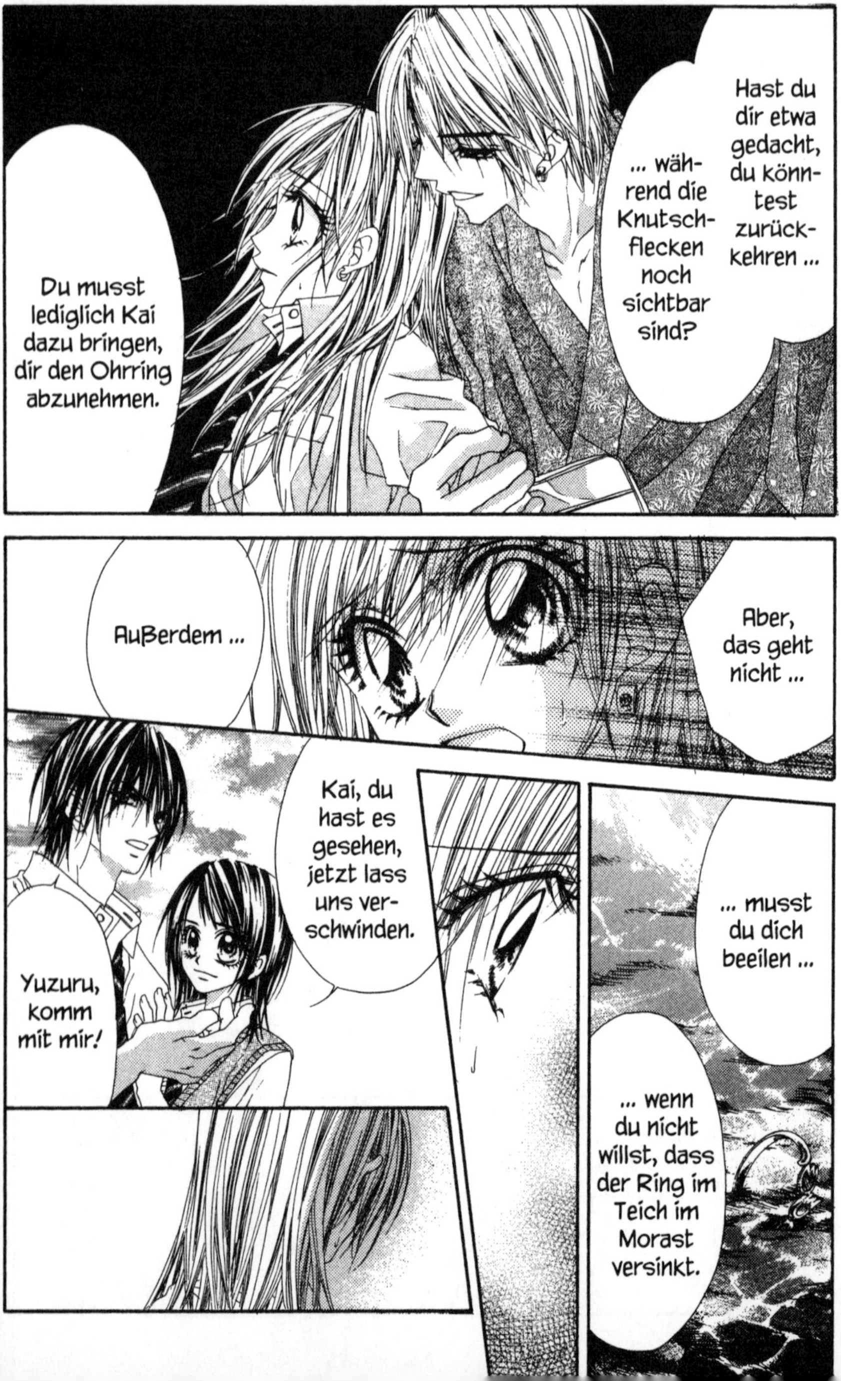

Hast du dir etwa gedacht, du könntest zurückkehren ...

... während die Knutschflecken noch sichtbar sind?

Du musst lediglich Kai dazu bringen, dir den Ohrring abzunehmen.

Aber, das geht nicht ...

Außerdem ...

... musst du dich beeilen ...

... wenn du nicht willst, dass der Ring im Teich im Morast versinkt.

Kai, du hast es gesehen, jetzt lass uns verschwinden.

Yuzuru, komm mit mir!

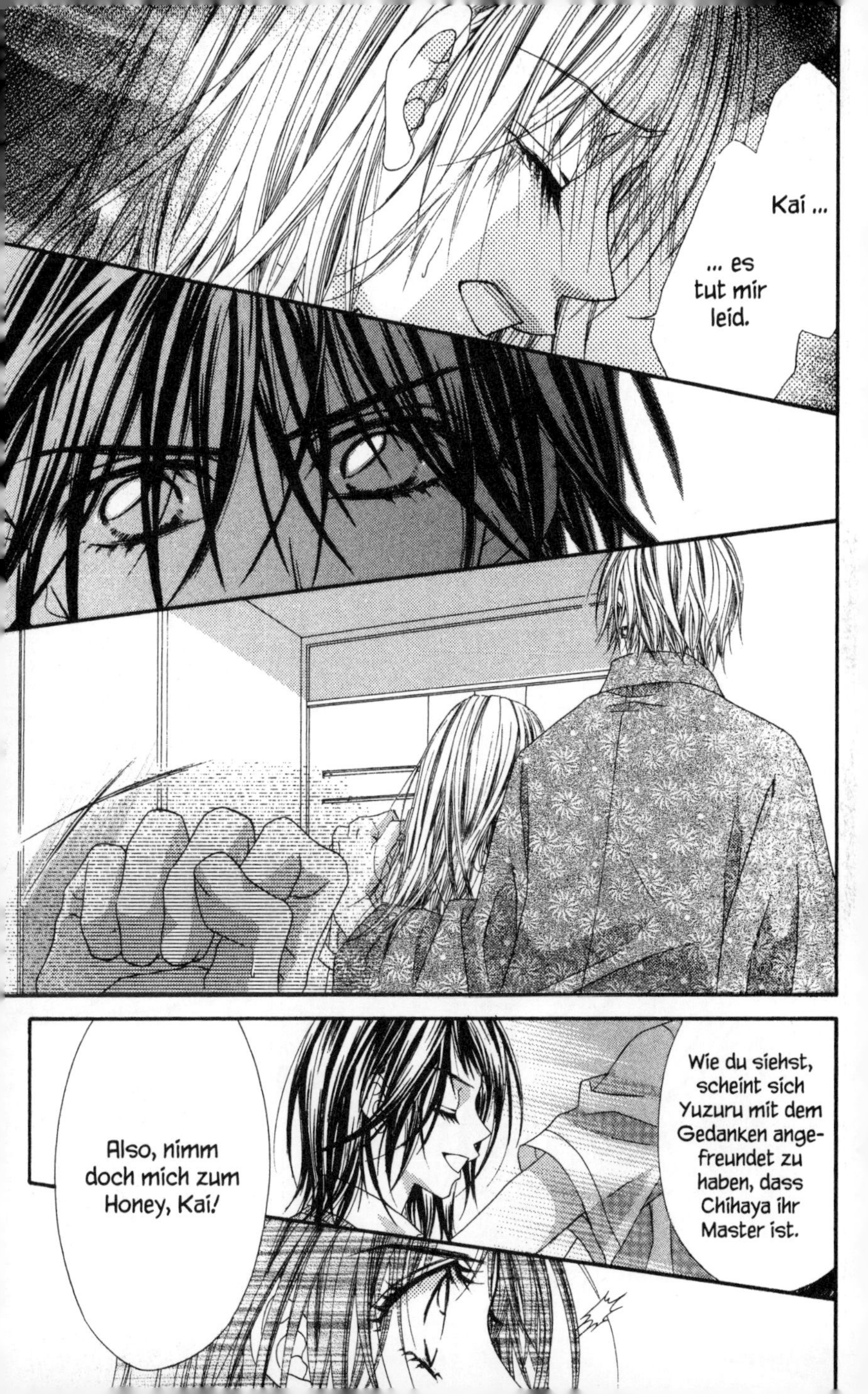

Kai ...

... es tut mir leid.

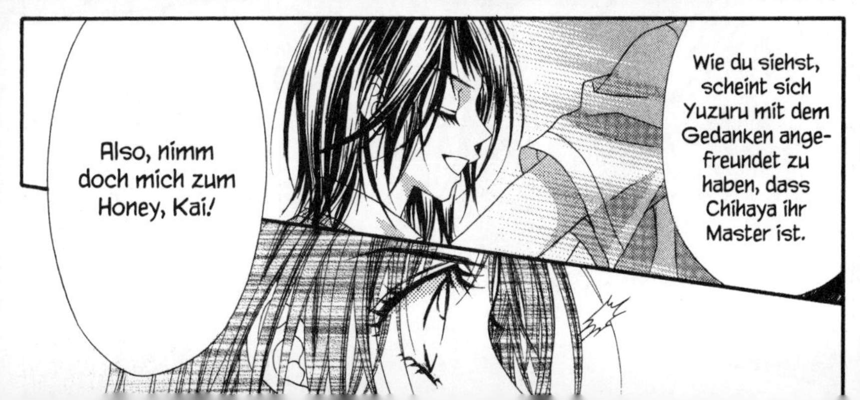

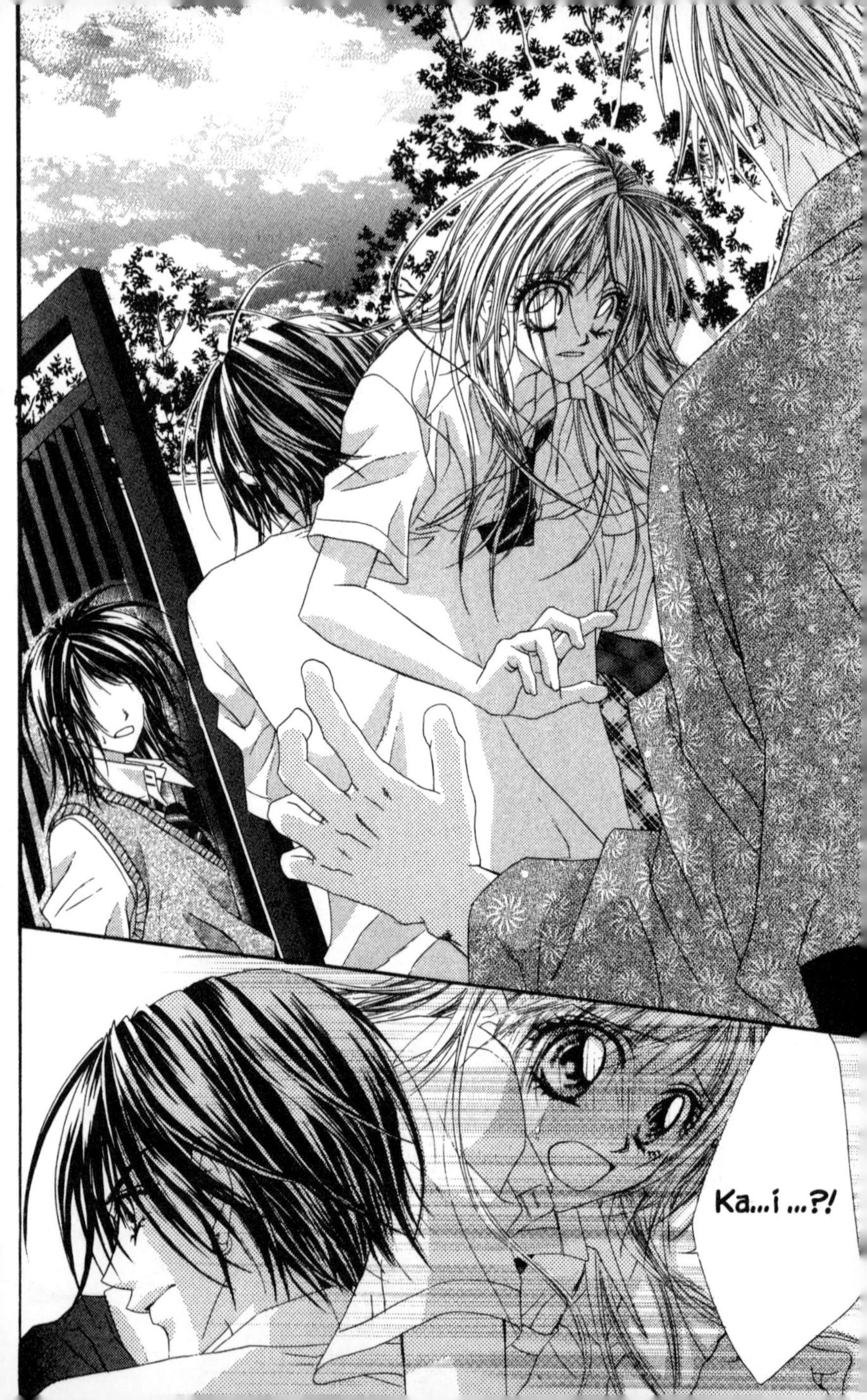
Ka...i ...?!

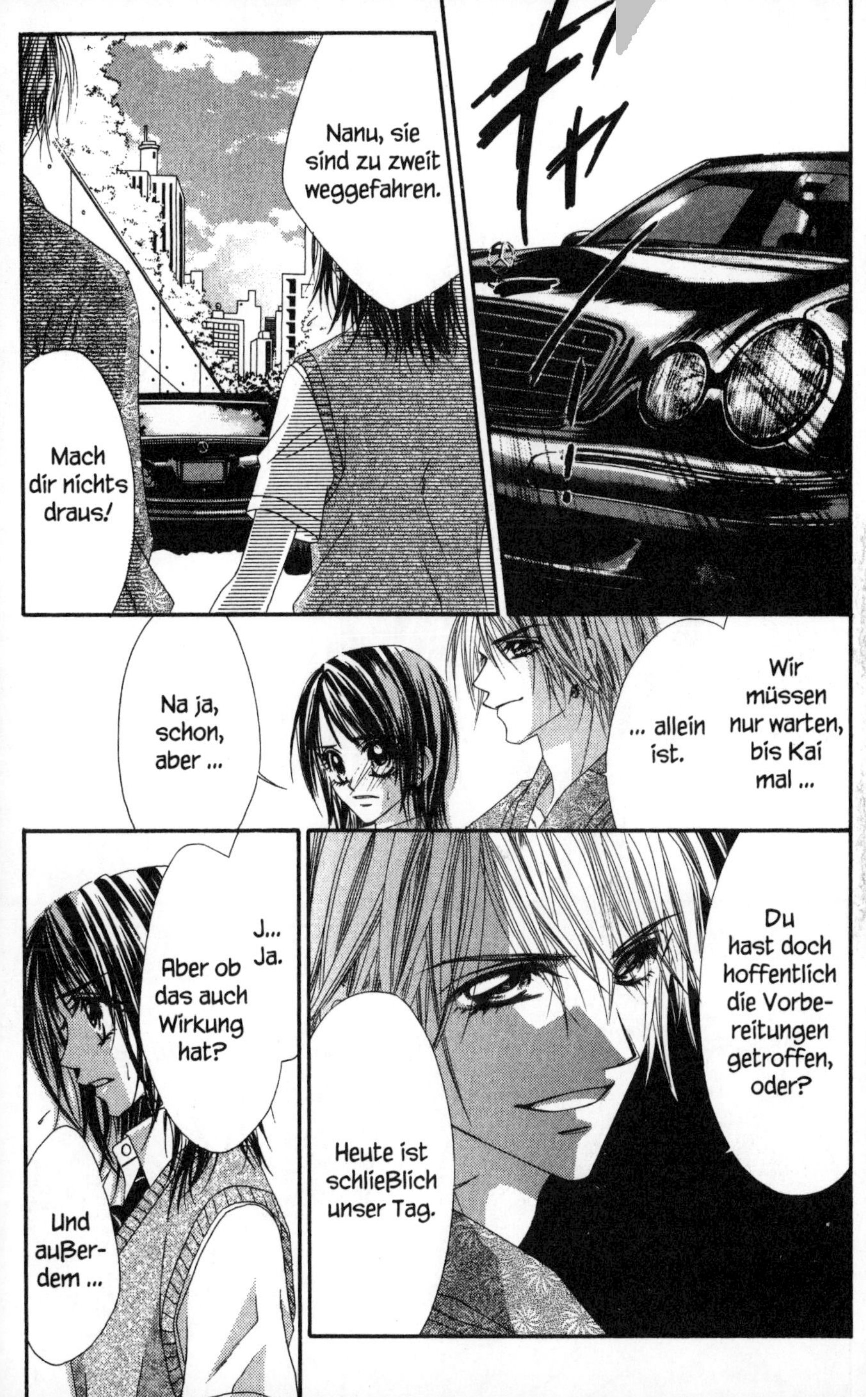
Nanu, sie sind zu zweit weggefahren.
Mach dir nichts draus!
Wir müssen nur warten, bis Kai mal ...
... allein ist.
Na ja, schon, aber ...
Du hast doch hoffentlich die Vorbereitungen getroffen, oder?
J... Ja.
Aber ob das auch Wirkung hat?
Heute ist schließlich unser Tag.
Und außerdem ...

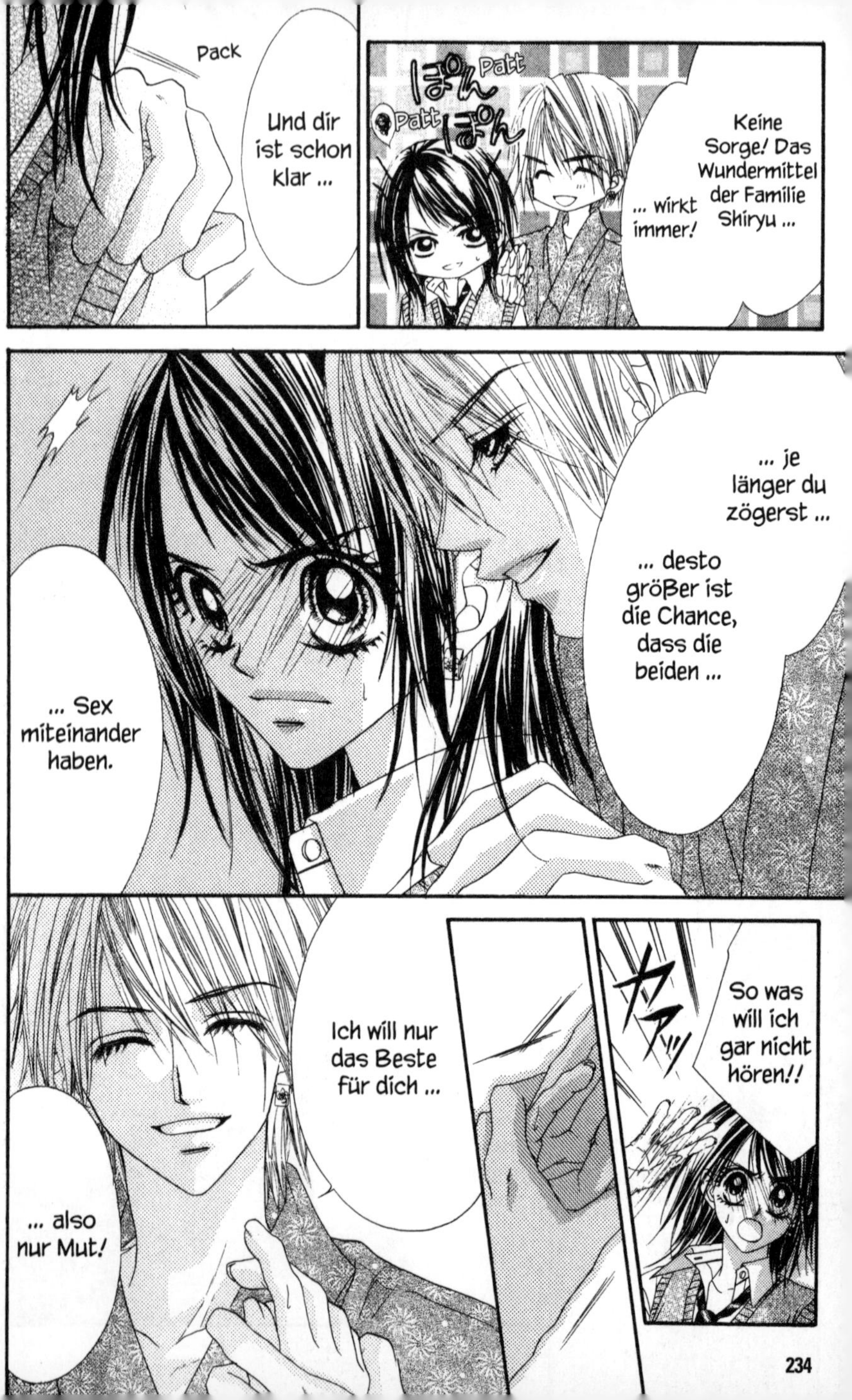

Keine Sorge! Das Wundermittel der Familie Shiryu ...

... wirkt immer!

ぽんぽん Patt Patt

Und dir ist schon klar ...

Pack

... je länger du zögerst ...

... desto größer ist die Chance, dass die beiden ...

... Sex miteinander haben.

So was will ich gar nicht hören!!

カアッ

Ich will nur das Beste für dich ...

... also nur Mut!

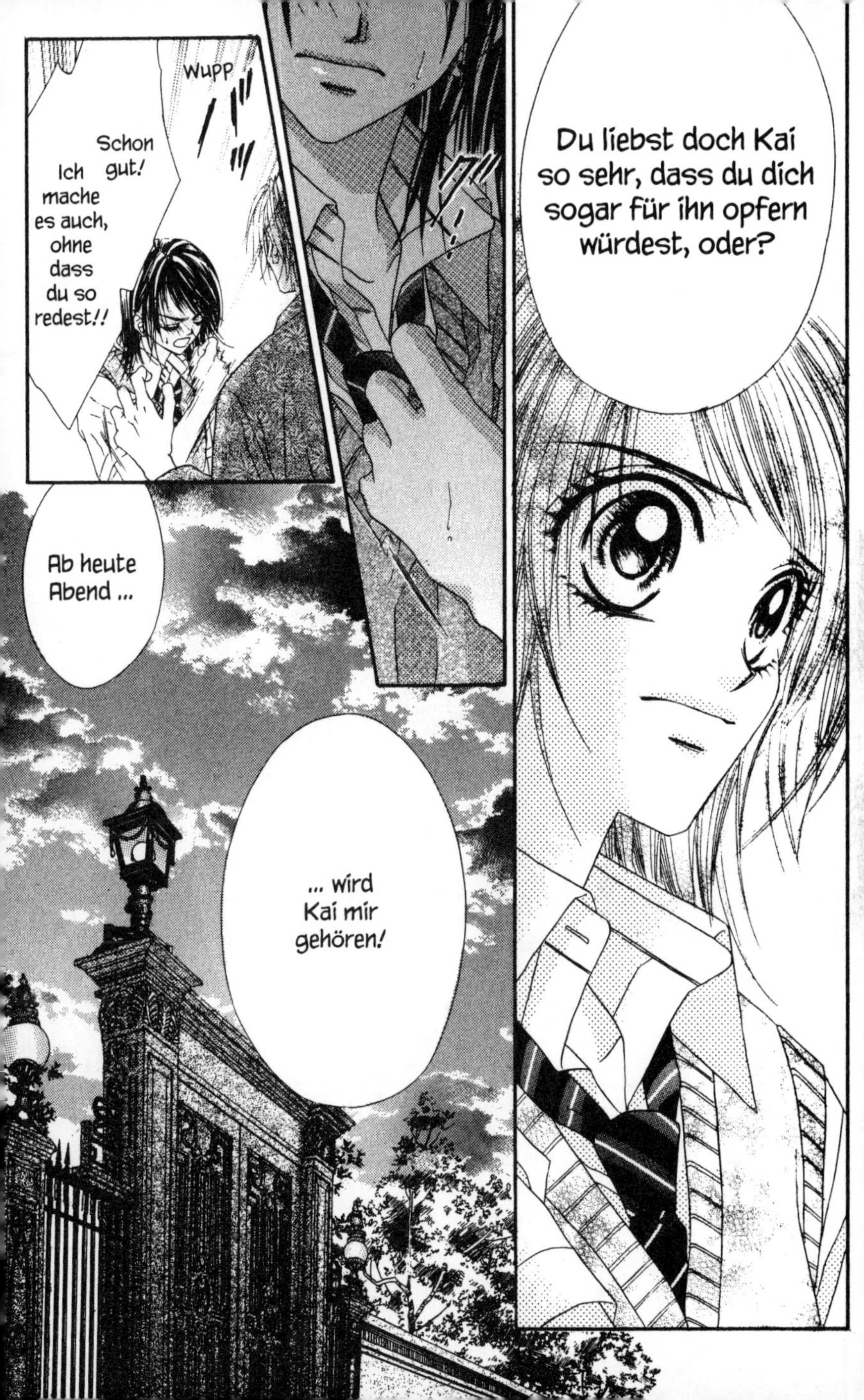
Du liebst doch Kai so sehr, dass du dich sogar für ihn opfern würdest, oder?
Wupp
Schon gut!
Ich mache es auch, ohne dass du so redest!!
Ab heute Abend ...
... wird Kai mir gehören!

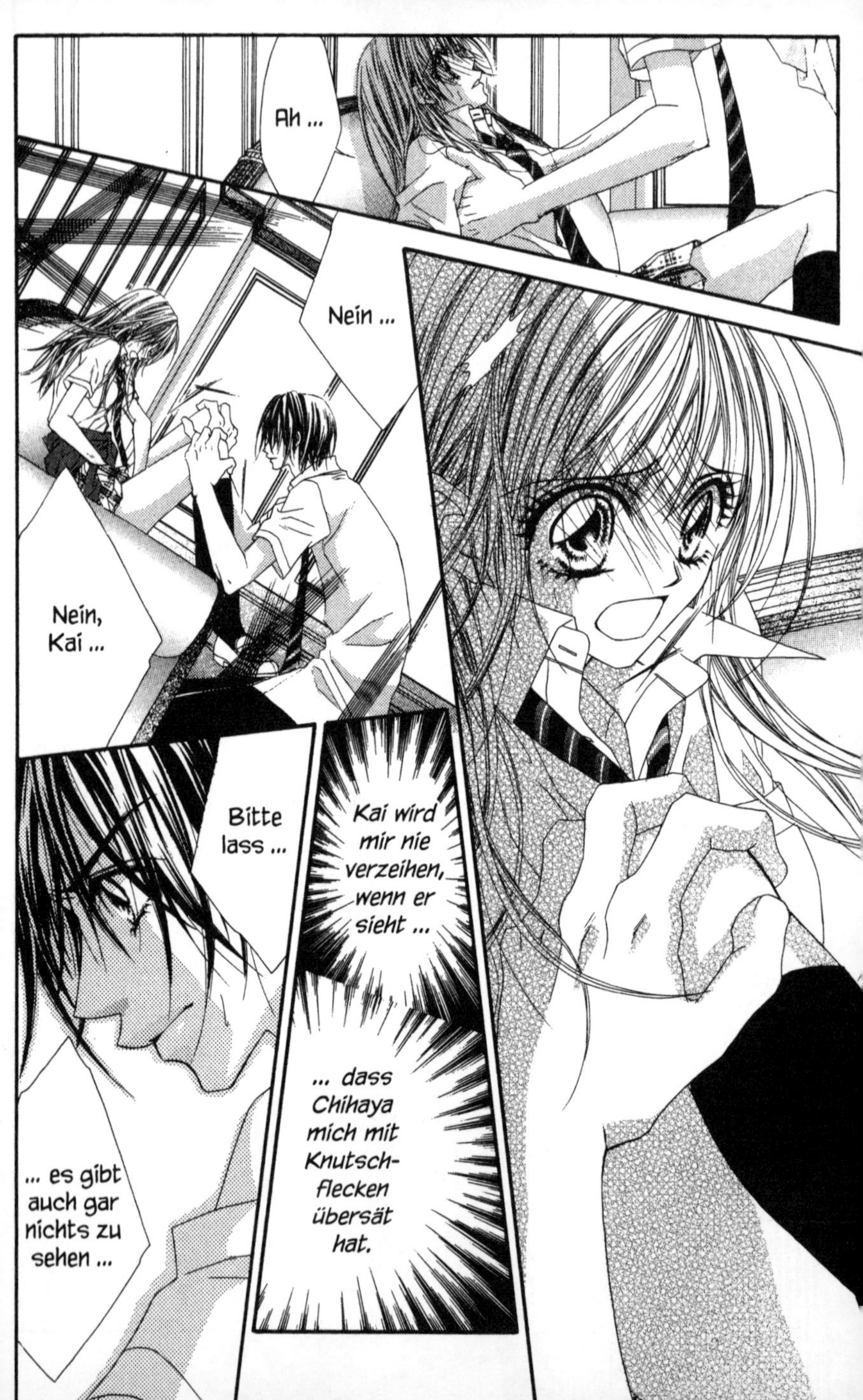

Ah ...
Nein ...
Nein, Kai ...
Bitte lass ...
Kai wird mir nie verzeihen, wenn er sieht ...
... dass Chihaya mich mit Knutschflecken übersät hat.
... es gibt auch gar nichts zu sehen ...

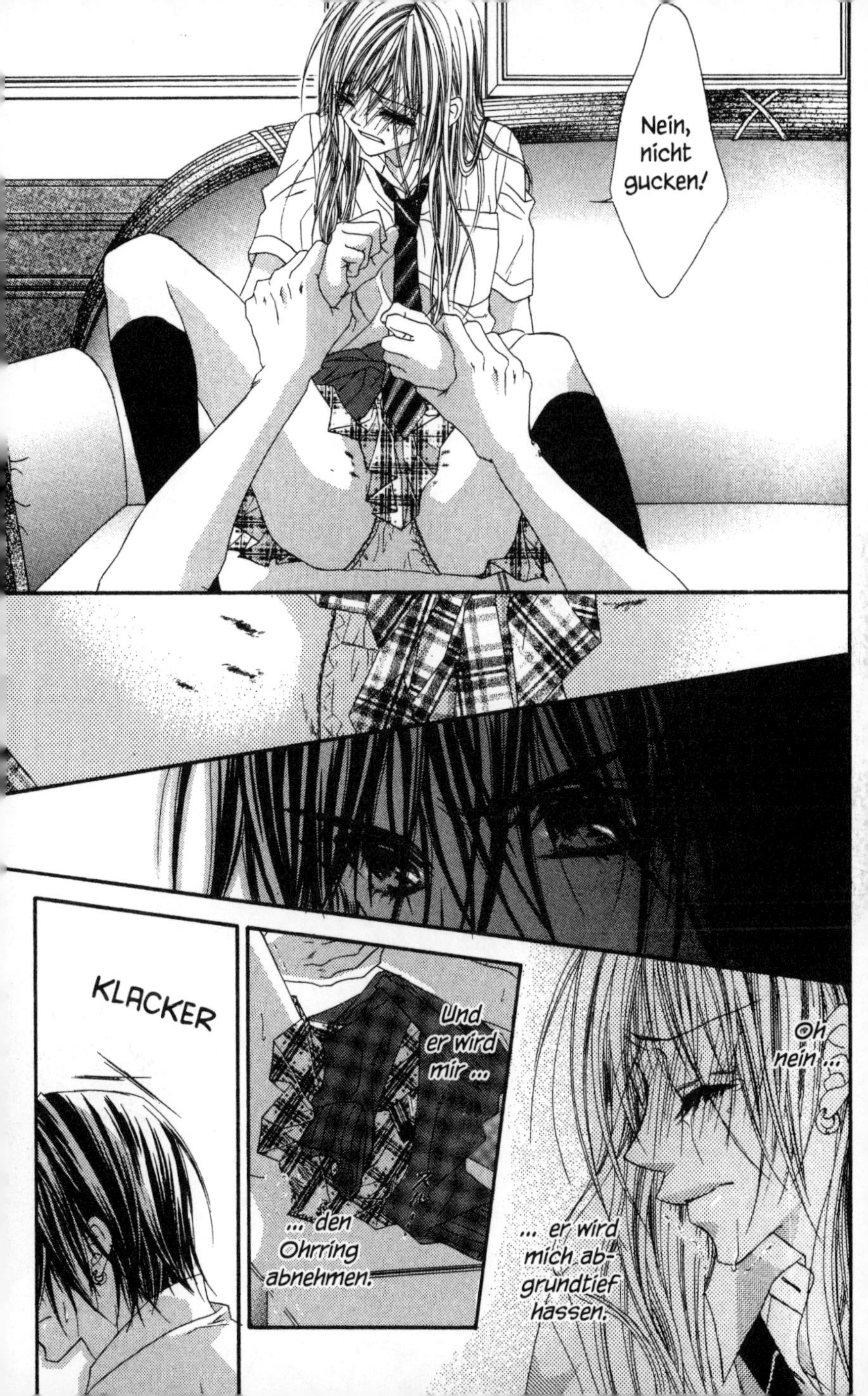
Nein, nicht gucken!
KLACKER
Oh nein ...
... er wird mich abgrundtief hassen.
Und er wird mir ...
... den Ohrring abnehmen.

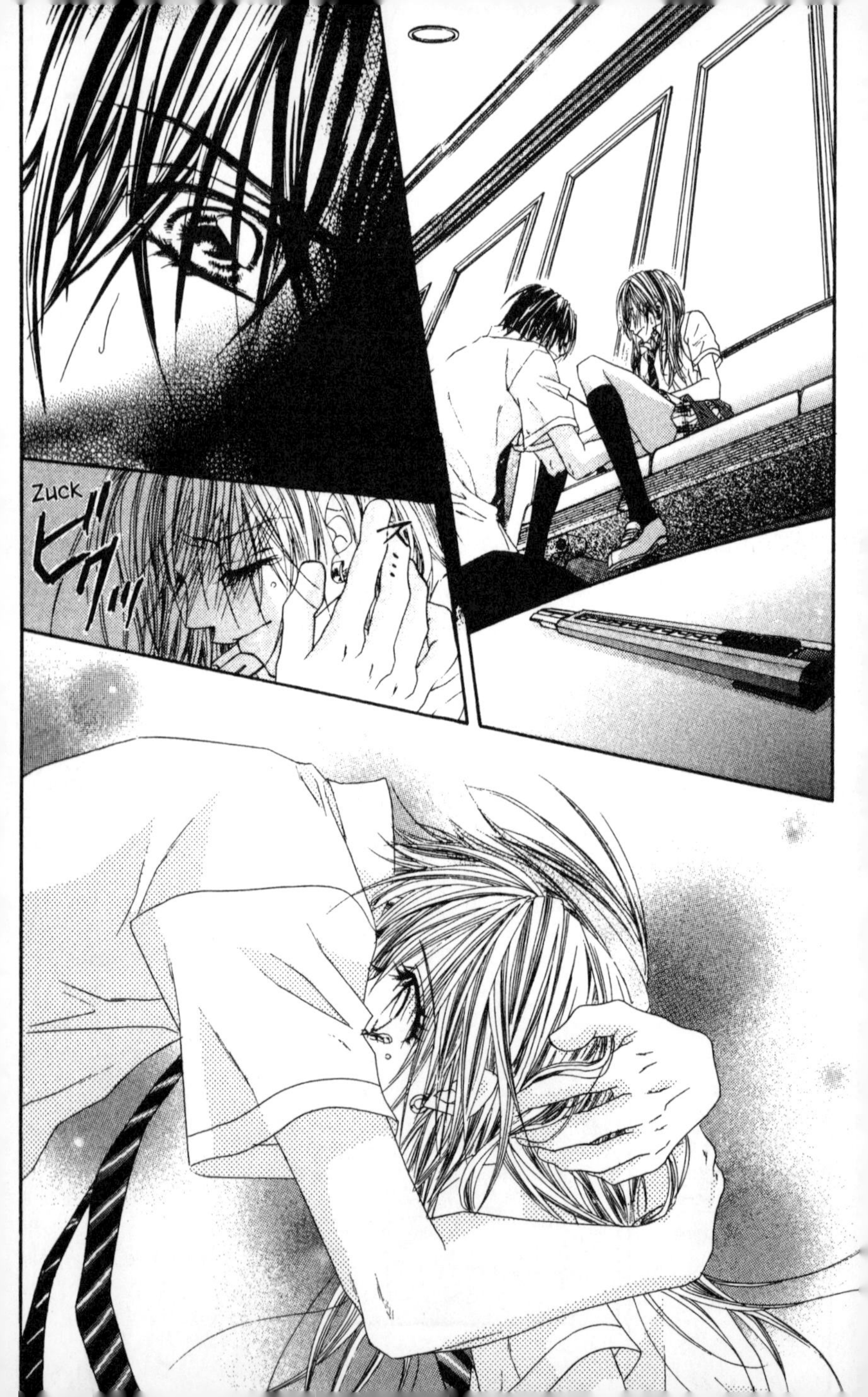
Zuck
ビクッ

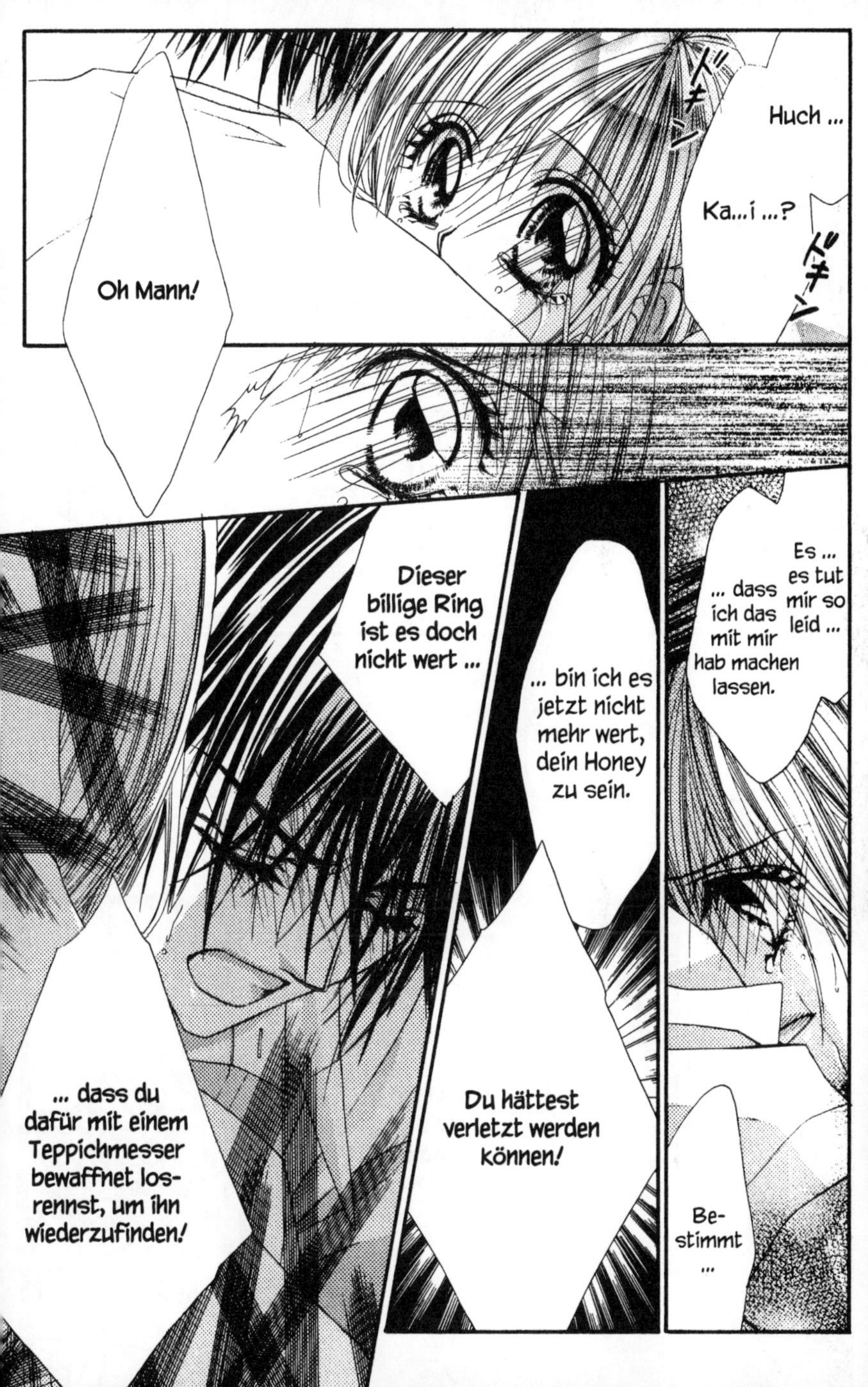

ドキン
Huch ...
Ka...i ...?
ドキン
Oh Mann!
Es ... es tut mir so leid ...
... dass ich das mit mir hab machen lassen.
Be-stimmt ...
... bin ich es jetzt nicht mehr wert, dein Honey zu sein.
Du hättest verletzt werden können!
Dieser billige Ring ist es doch nicht wert ...
... dass du dafür mit einem Teppichmesser bewaffnet los-rennst, um ihn wiederzufinden!

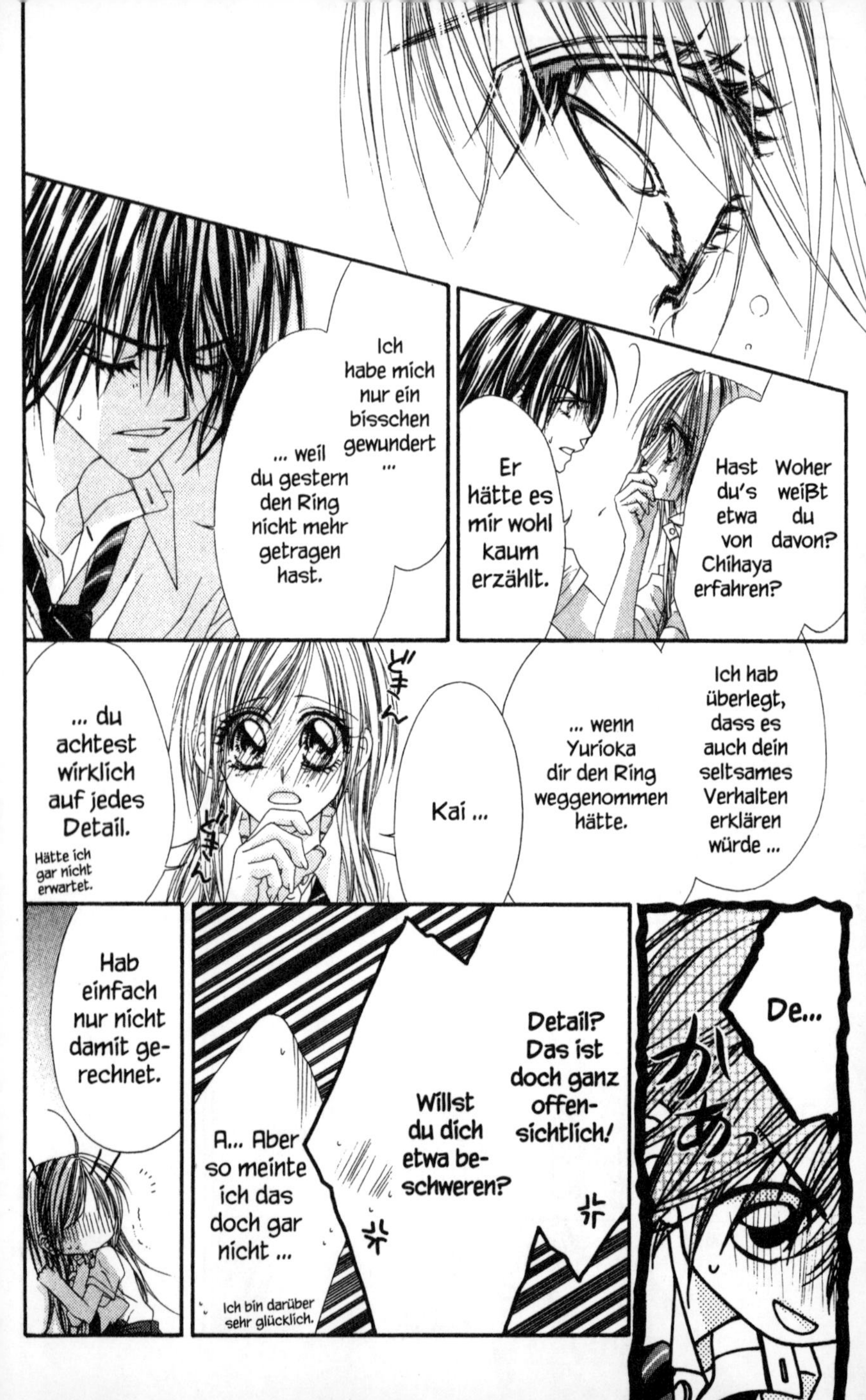

Woher weißt du davon?
Hast du's etwa von Chihaya erfahren?
Er hätte es mir wohl kaum erzählt.
Ich habe mich nur ein bisschen gewundert ...
... weil du gestern den Ring nicht mehr getragen hast.
Ich hab überlegt, dass es auch dein seltsames Verhalten erklären würde ...
... wenn Yurioka dir den Ring weggenommen hätte.
Kai ...
... du achtest wirklich auf jedes Detail.
Hätte ich gar nicht erwartet.
De...
Detail? Das ist doch ganz offensichtlich!
Willst du dich etwa beschweren?
A... Aber so meinte ich das doch gar nicht ...
Ich bin darüber sehr glücklich.
Hab einfach nur nicht damit gerechnet.

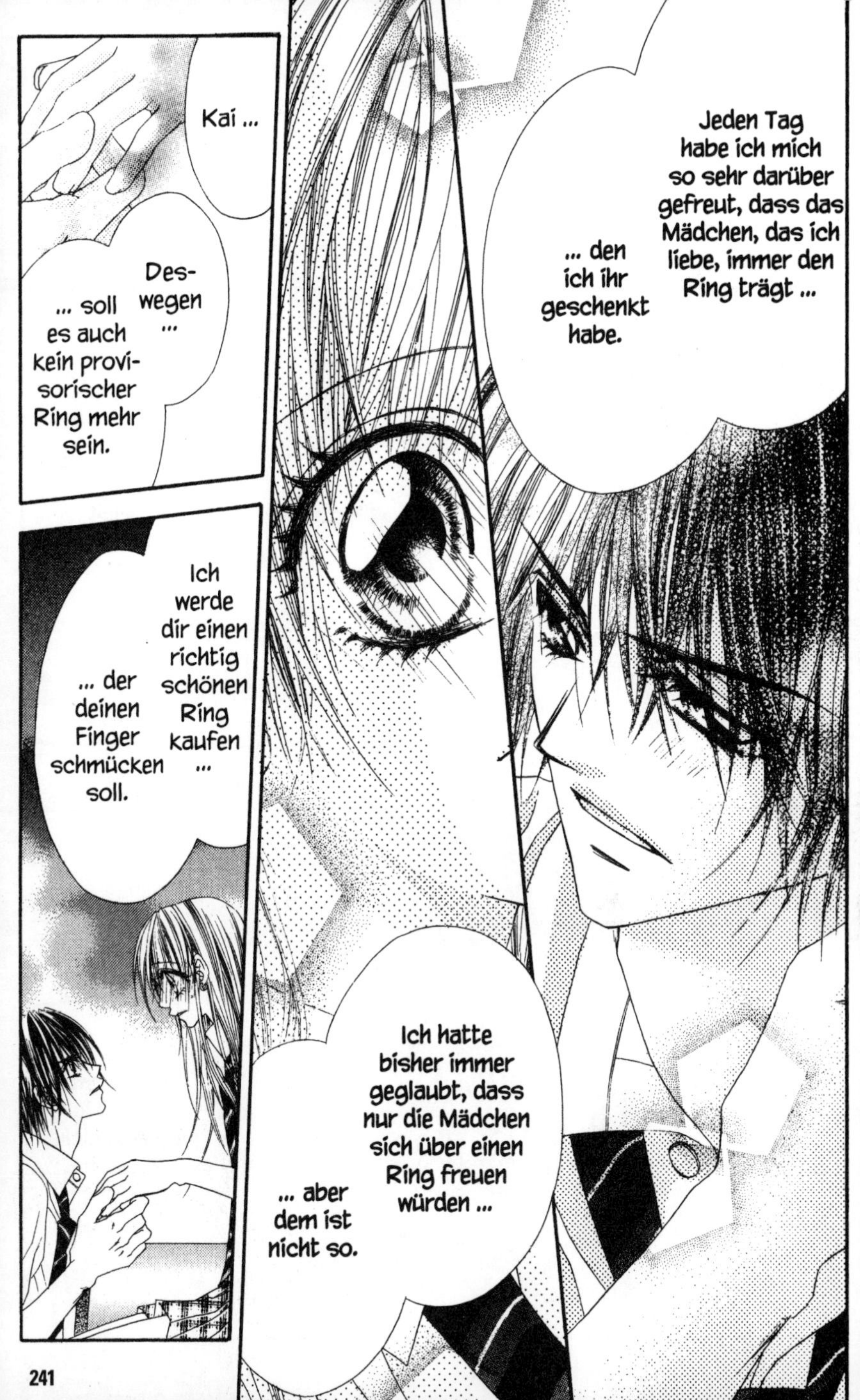
Jeden Tag habe ich mich so sehr darüber gefreut, dass das Mädchen, das ich liebe, immer den Ring trägt ...
... den ich ihr geschenkt habe.
Kai ...
Des-wegen ...
... soll es auch kein provi-sorischer Ring mehr sein.
Ich werde dir einen richtig schönen Ring kaufen ...
... der deinen Finger schmücken soll.
Ich hatte bisher immer geglaubt, dass nur die Mädchen sich über einen Ring freuen würden ...
... aber dem ist nicht so.

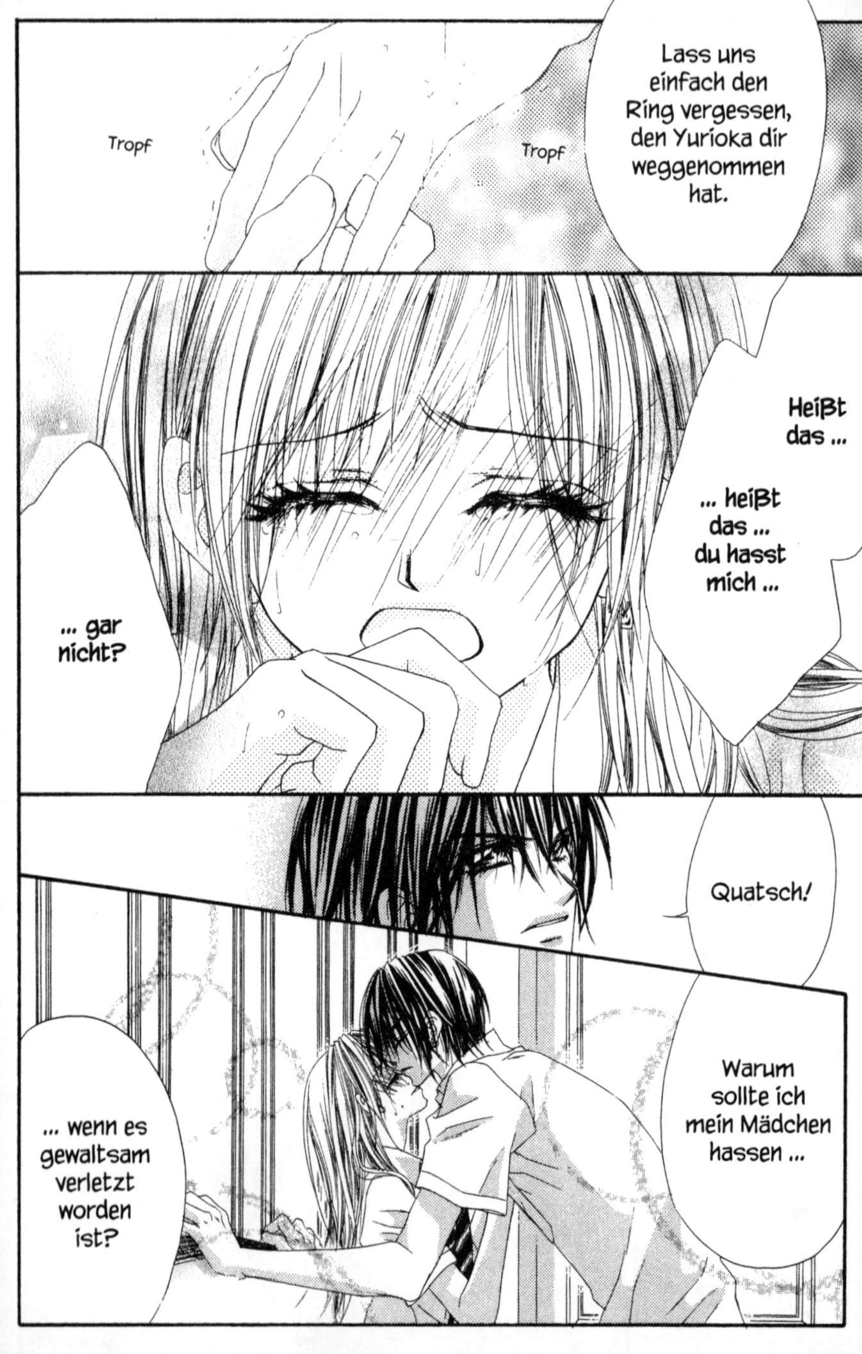

Lass uns einfach den Ring vergessen, den Yurioka dir weggenommen hat.
Tropf
Tropf
Heißt das ...
... heißt das ... du hasst mich ...
... gar nicht?
Quatsch!
Warum sollte ich mein Mädchen hassen ...
... wenn es gewaltsam verletzt worden ist?

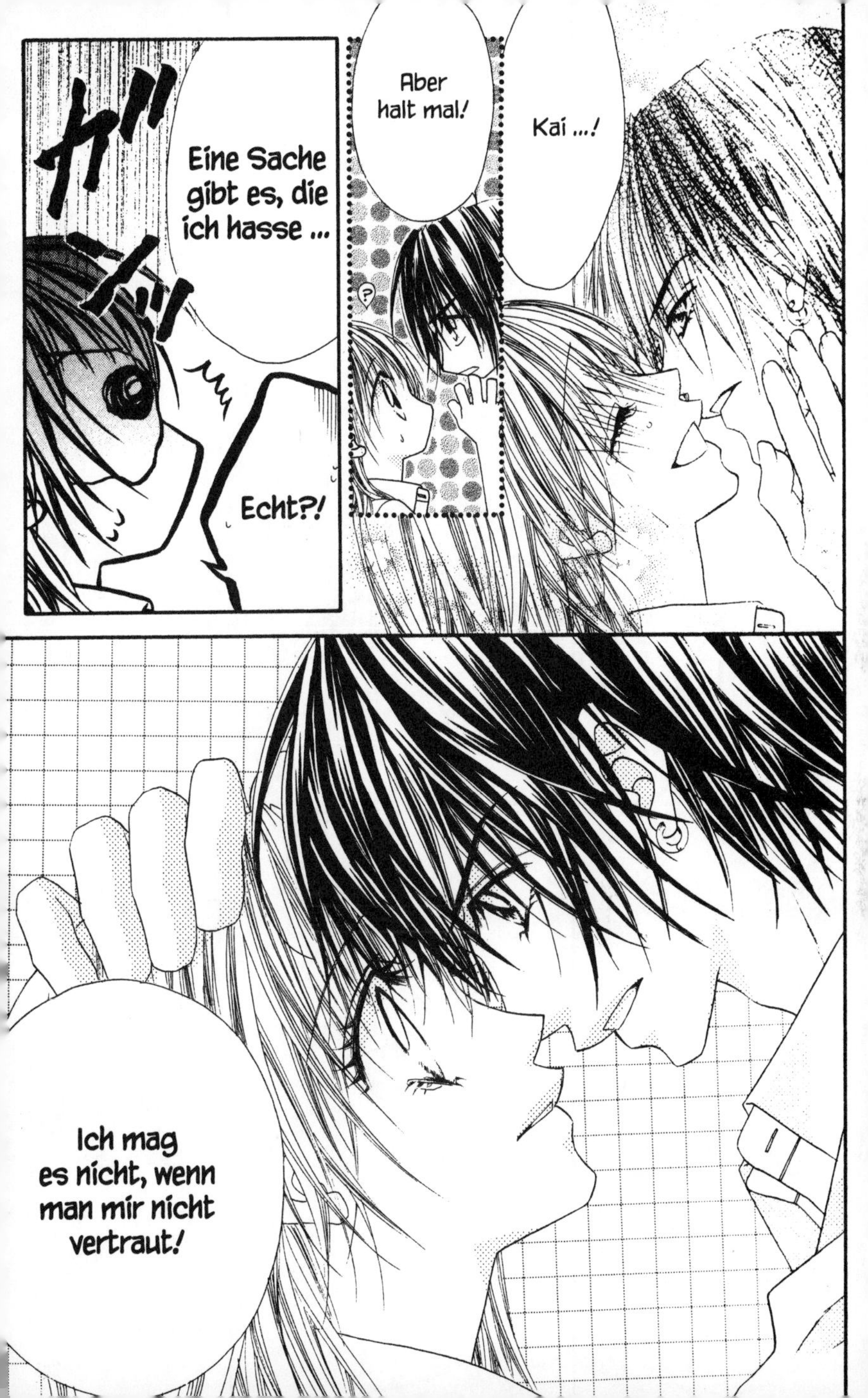
Kai ...!
Aber halt mal!
Eine Sache gibt es, die ich hasse ...
Echt?!
Ich mag es nicht, wenn man mir nicht vertraut!

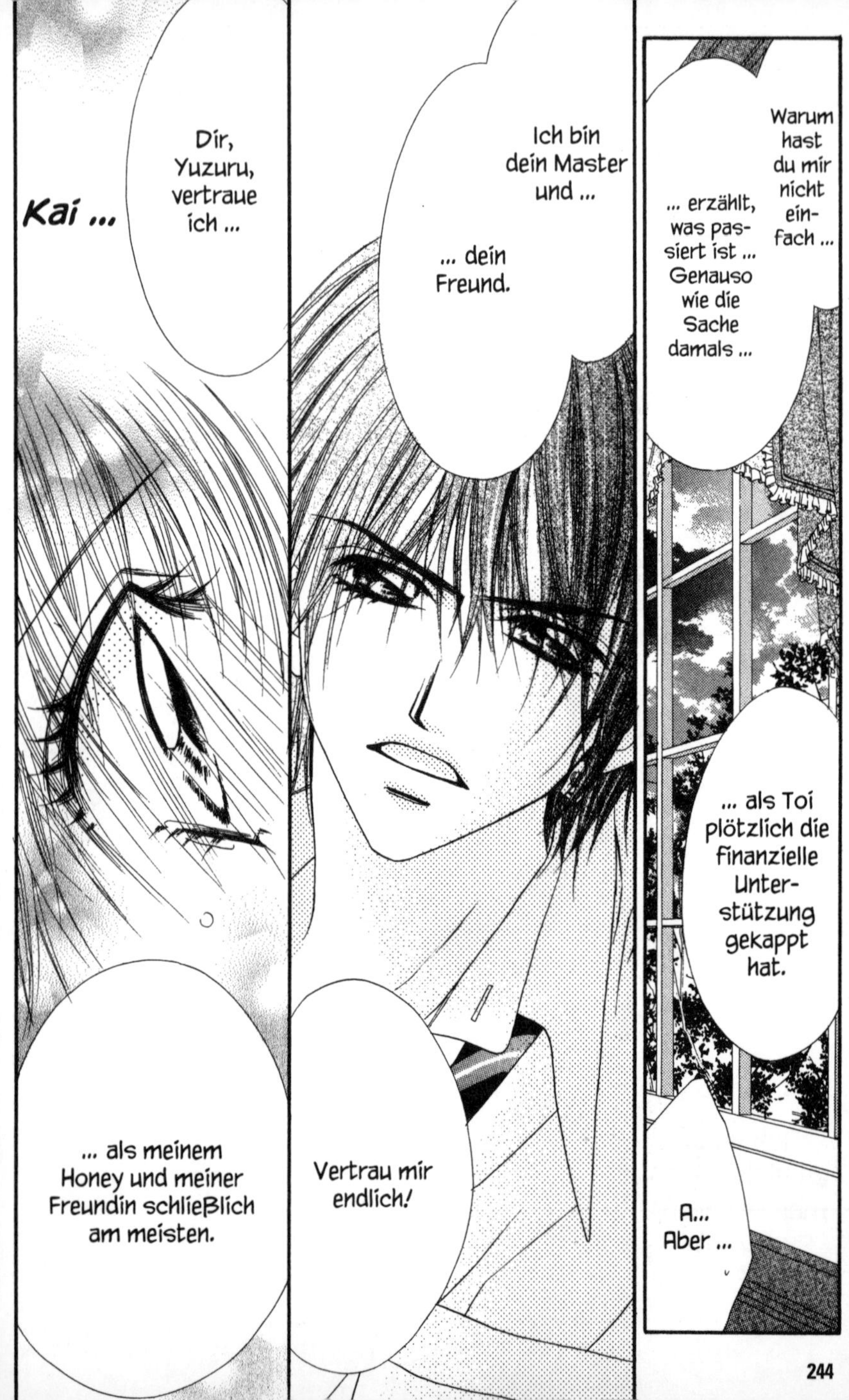
Warum hast du mir nicht einfach ...
... erzählt, was passiert ist ... Genauso wie die Sache damals ...
... als Toi plötzlich die finanzielle Unterstützung gekappt hat.
A... Aber ...
Ich bin dein Master und ...
... dein Freund.
Vertrau mir endlich!
Kai ...
Dir, Yuzuru, vertraue ich ...
... als meinem Honey und meiner Freundin schließlich am meisten.

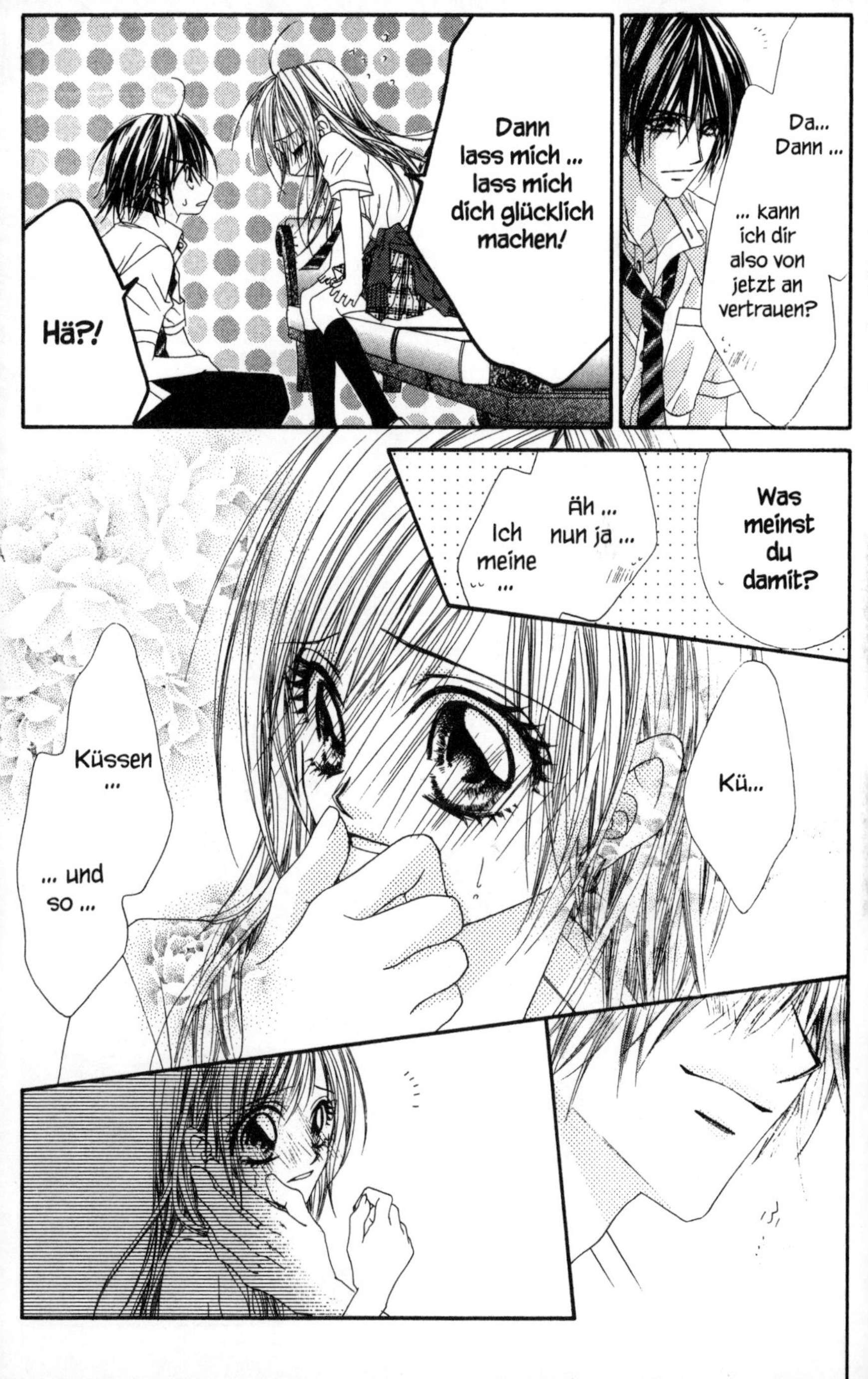
Da... Dann ...
... kann ich dir also von jetzt an vertrauen?
Dann lass mich ... lass mich dich glücklich machen!
Hä?!
Was meinst du damit?
Äh ... nun ja ...
Ich meine ...
Kü...
Küssen ...
... und so ...

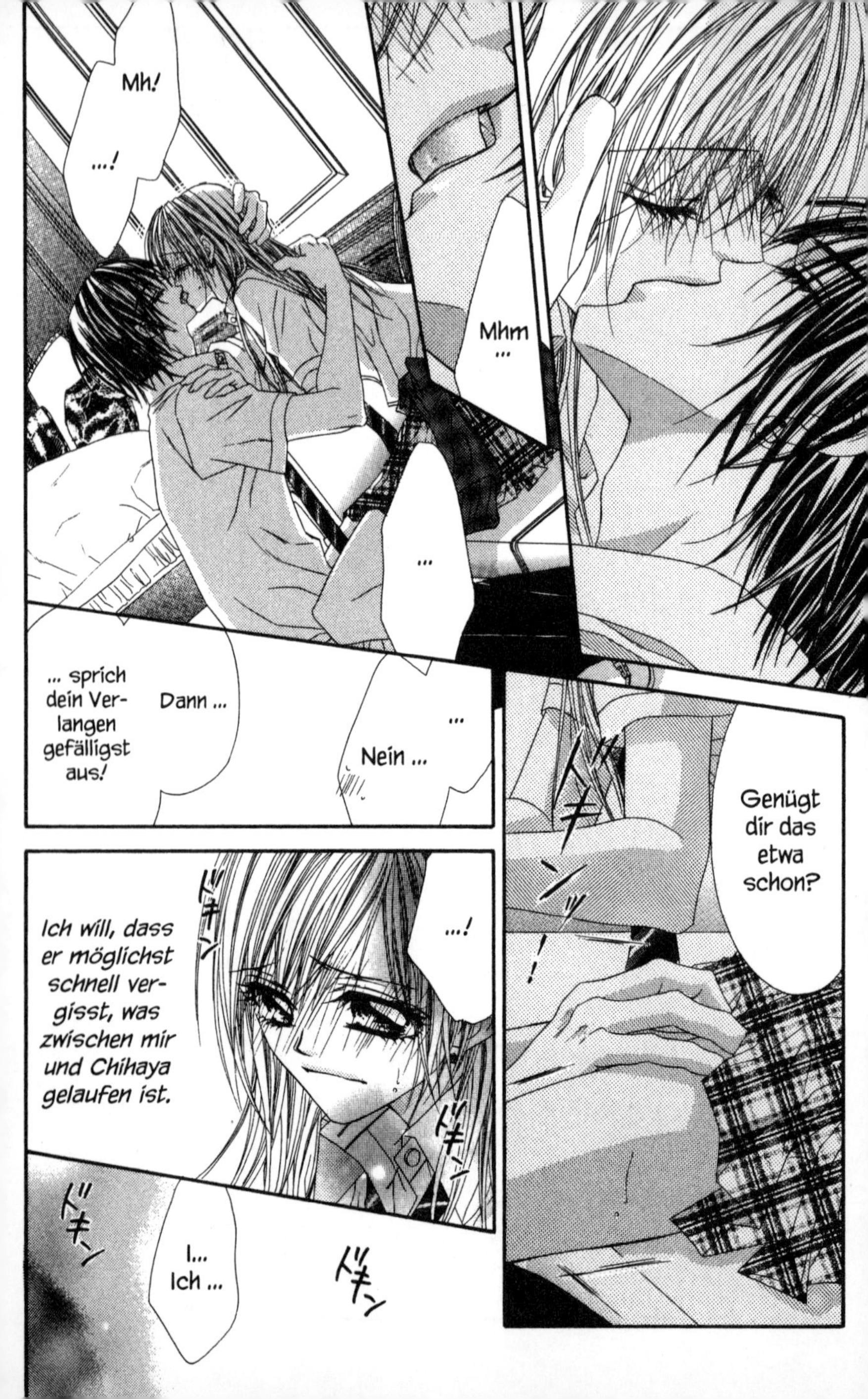
Mh!
...!
Mhm ...
...
Dann ...
... sprich dein Verlangen gefälligst aus!
...
Nein ...
Genügt dir das etwa schon?
...!
Ich will, dass er möglichst schnell vergisst, was zwischen mir und Chihaya gelaufen ist.
I... Ich ...

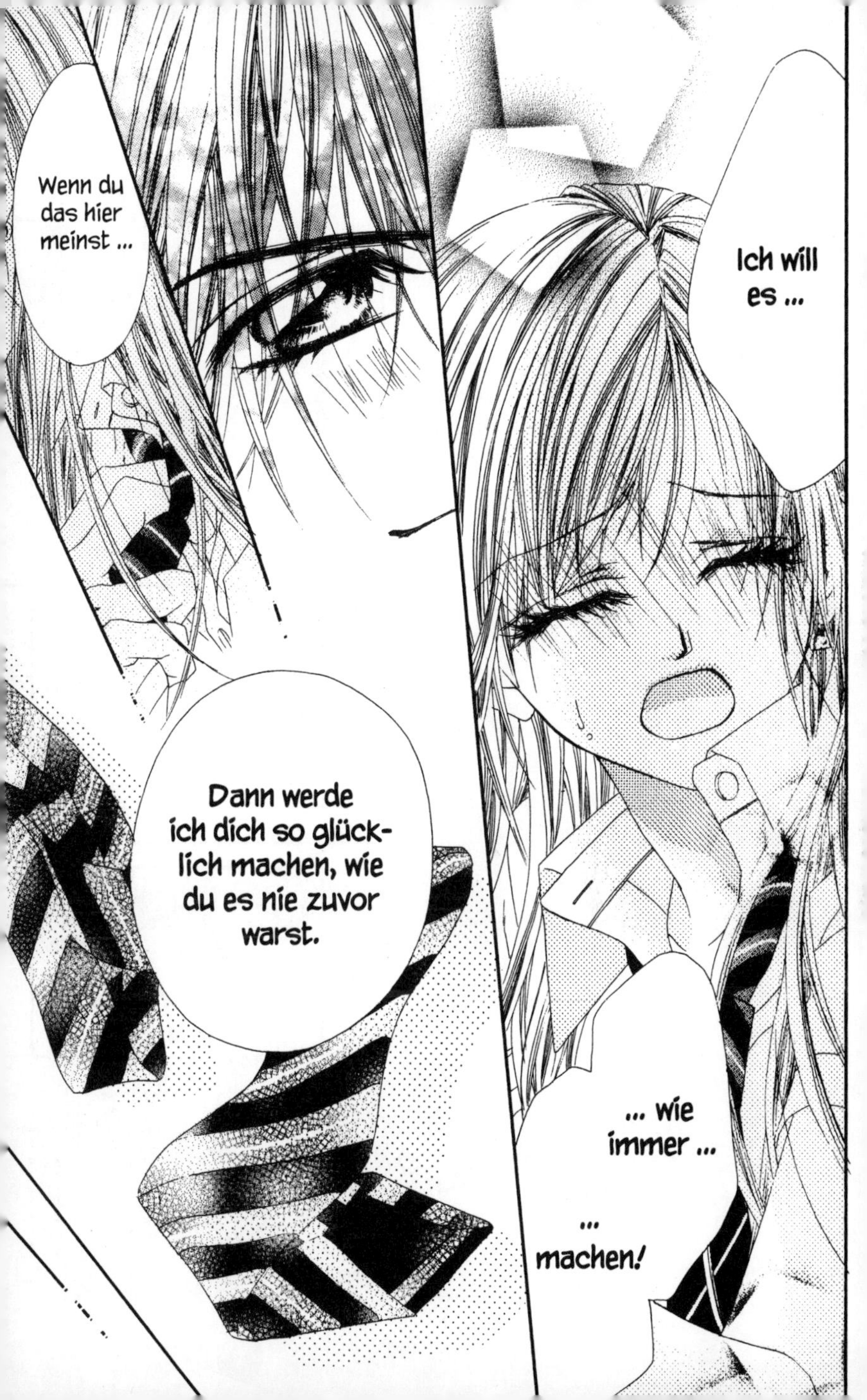
Ich will es ...
Wenn du das hier meinst ...
... wie immer ...
... machen!
Dann werde ich dich so glücklich machen, wie du es nie zuvor warst.

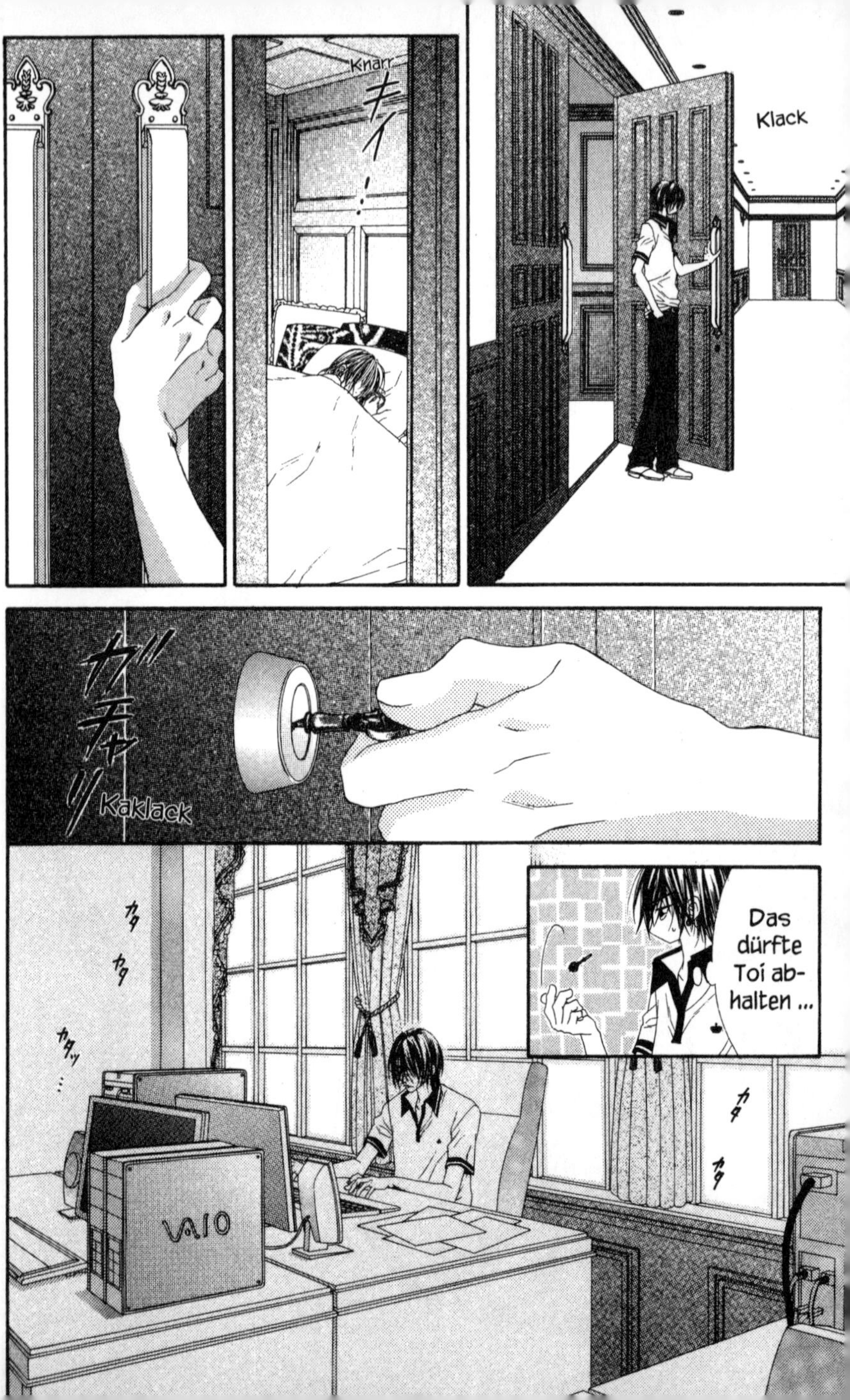

Klack

Knarr

Kaklack

Das dürfte Toi abhalten ...

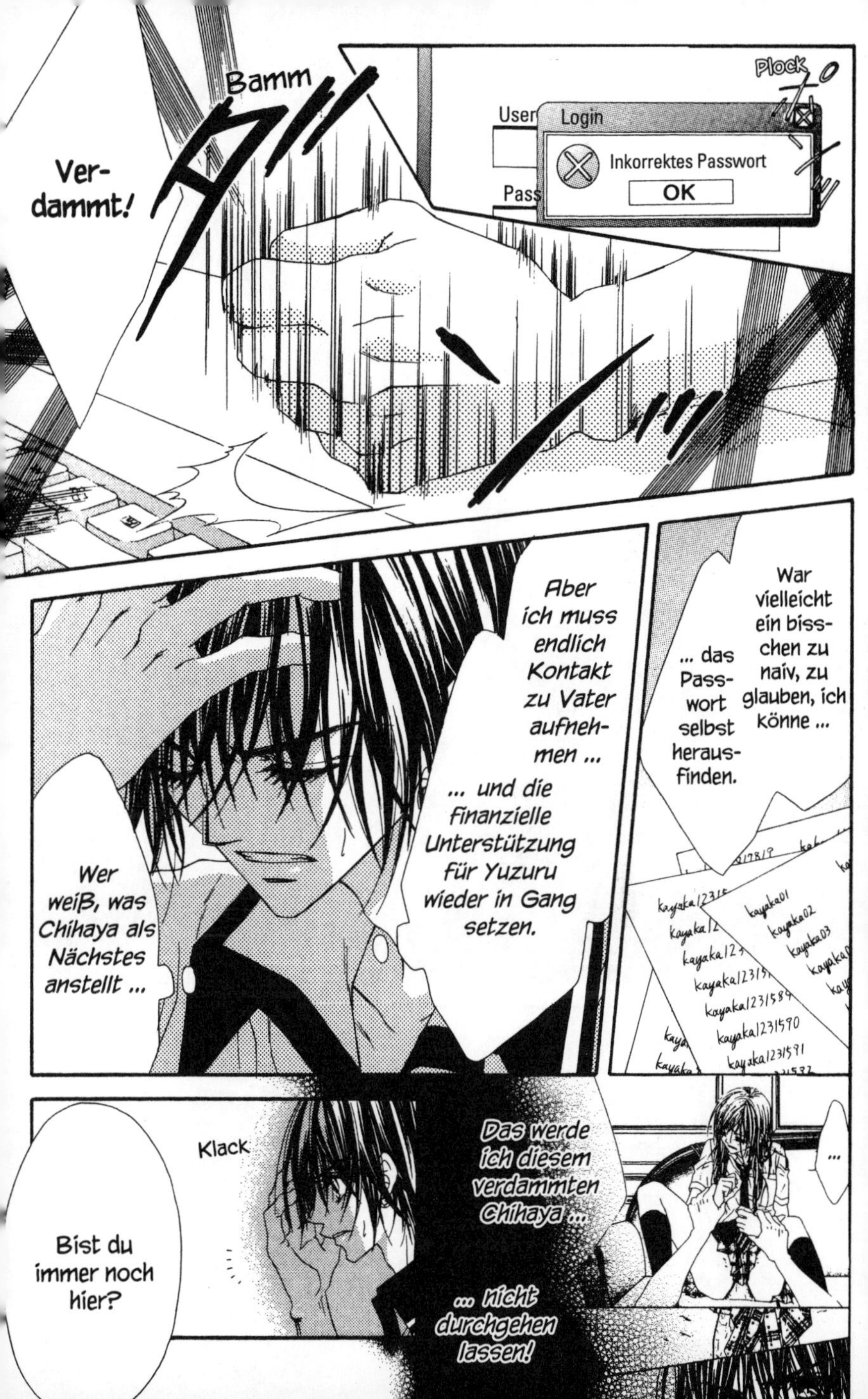
Bamm
Plock
User
Login
Pass
Inkorrektes Passwort
OK
Ver-dammt!
War vielleicht ein bisschen zu naiv, zu glauben, ich könne ...
... das Passwort selbst herausfinden.
Aber ich muss endlich Kontakt zu Vater aufnehmen ...
... und die finanzielle Unterstützung für Yuzuru wieder in Gang setzen.
Wer weiß, was Chihaya als Nächstes anstellt ...
...
Das werde ich diesem verdammten Chihaya ...
... nicht durchgehen lassen!
Klack
Bist du immer noch hier?

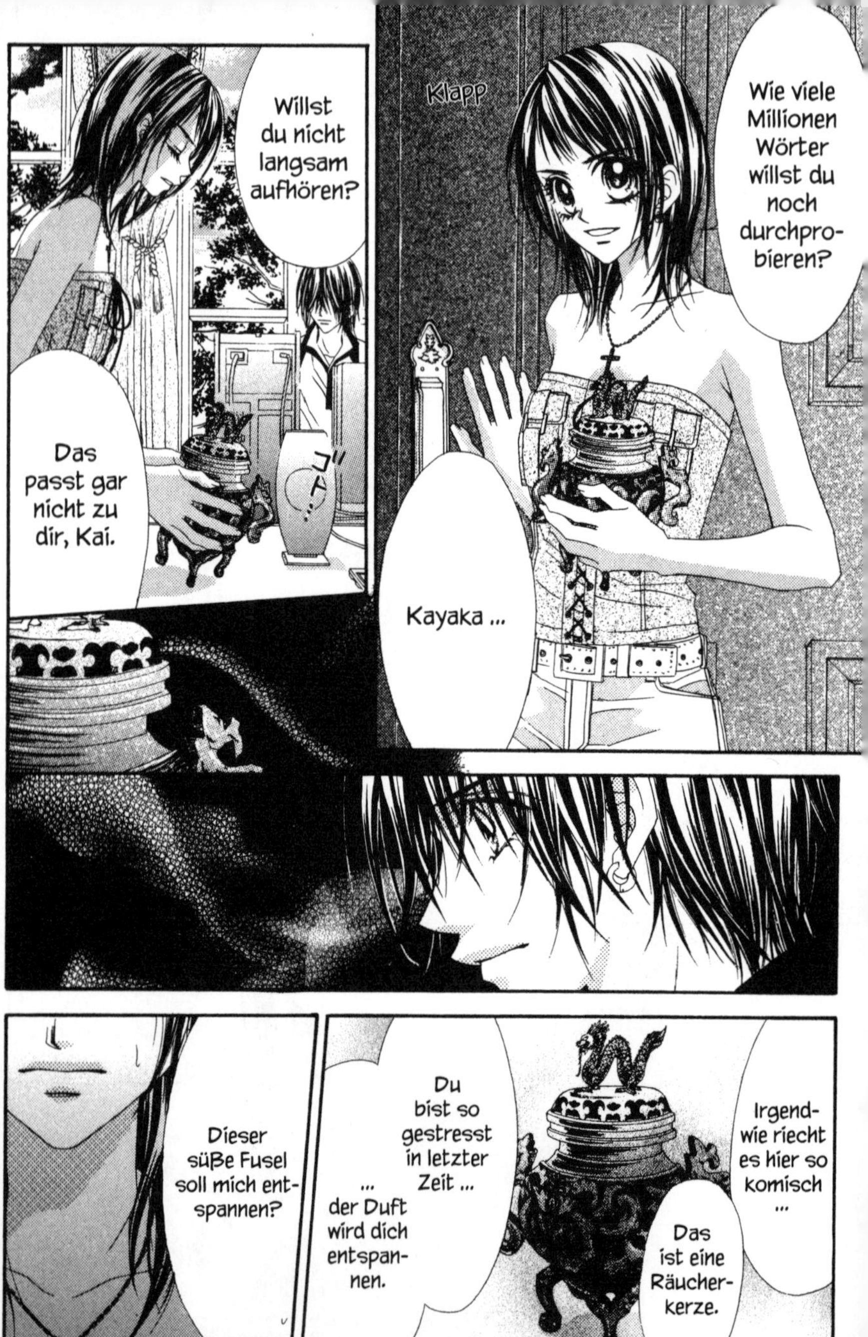

Klapp

Wie viele Millionen Wörter willst du noch durchprobieren?

Willst du nicht langsam aufhören?

Kayaka ...

Das passt gar nicht zu dir, Kai.

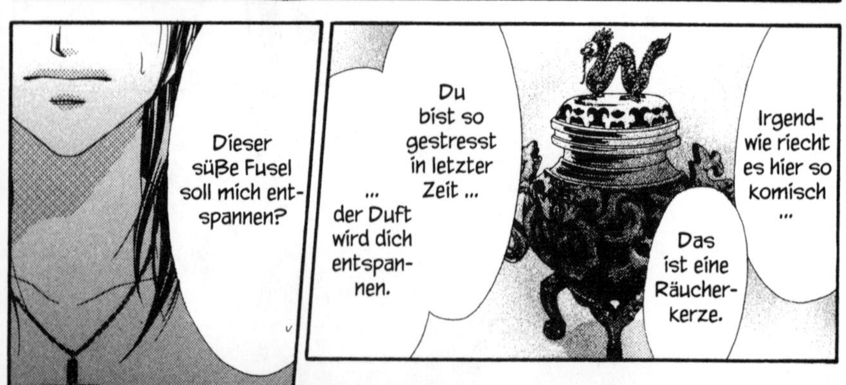

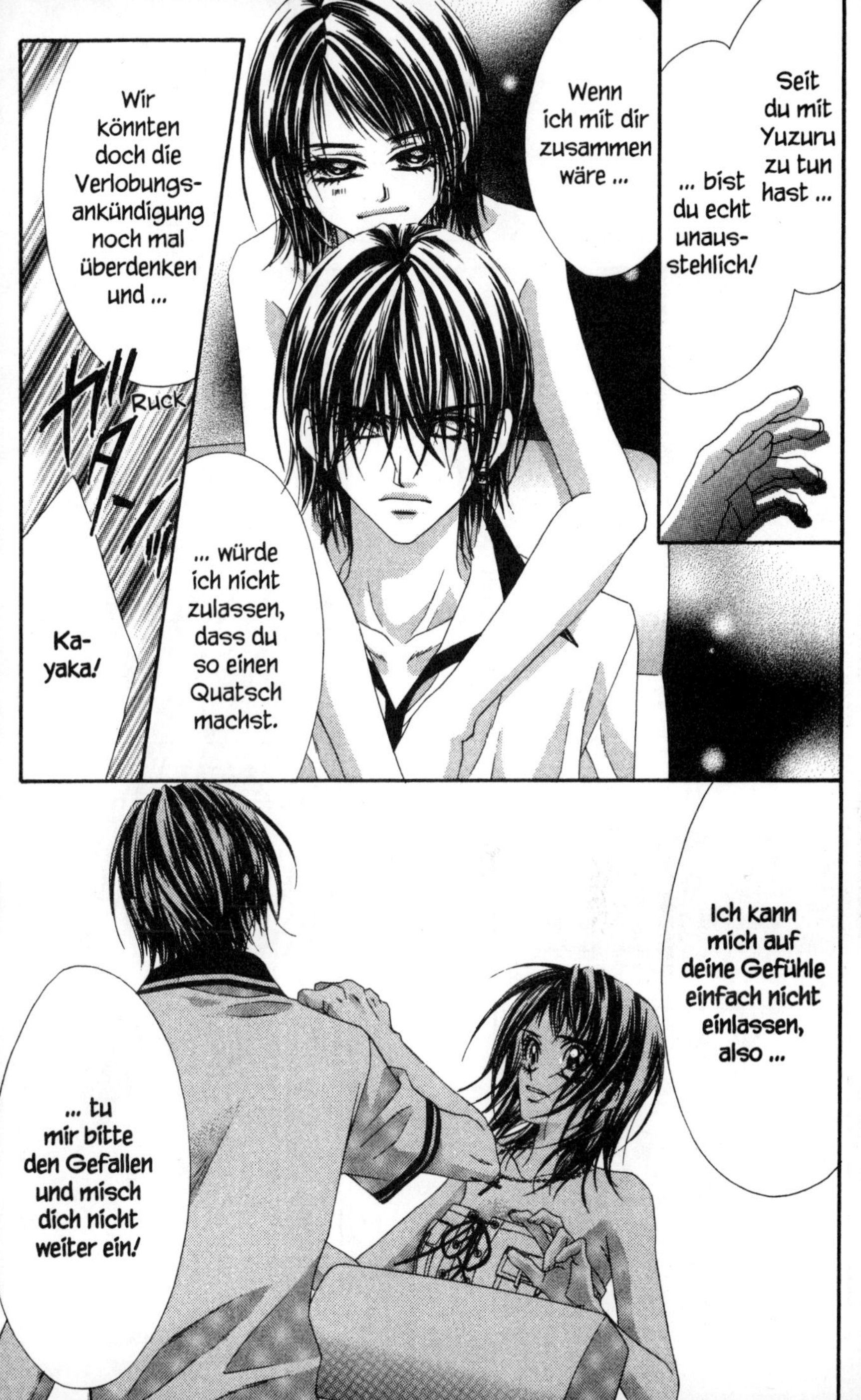

Seit du mit Yuzuru zu tun hast ...
... bist du echt unausstehlich!
Wenn ich mit dir zusammen wäre ...
Wir könnten doch die Verlobungsankündigung noch mal überdenken und ...
Ruck
... würde ich nicht zulassen, dass du so einen Quatsch machst.
Ka-yaka!
Ich kann mich auf deine Gefühle einfach nicht einlassen, also ...
... tu mir bitte den Gefallen und misch dich nicht weiter ein!

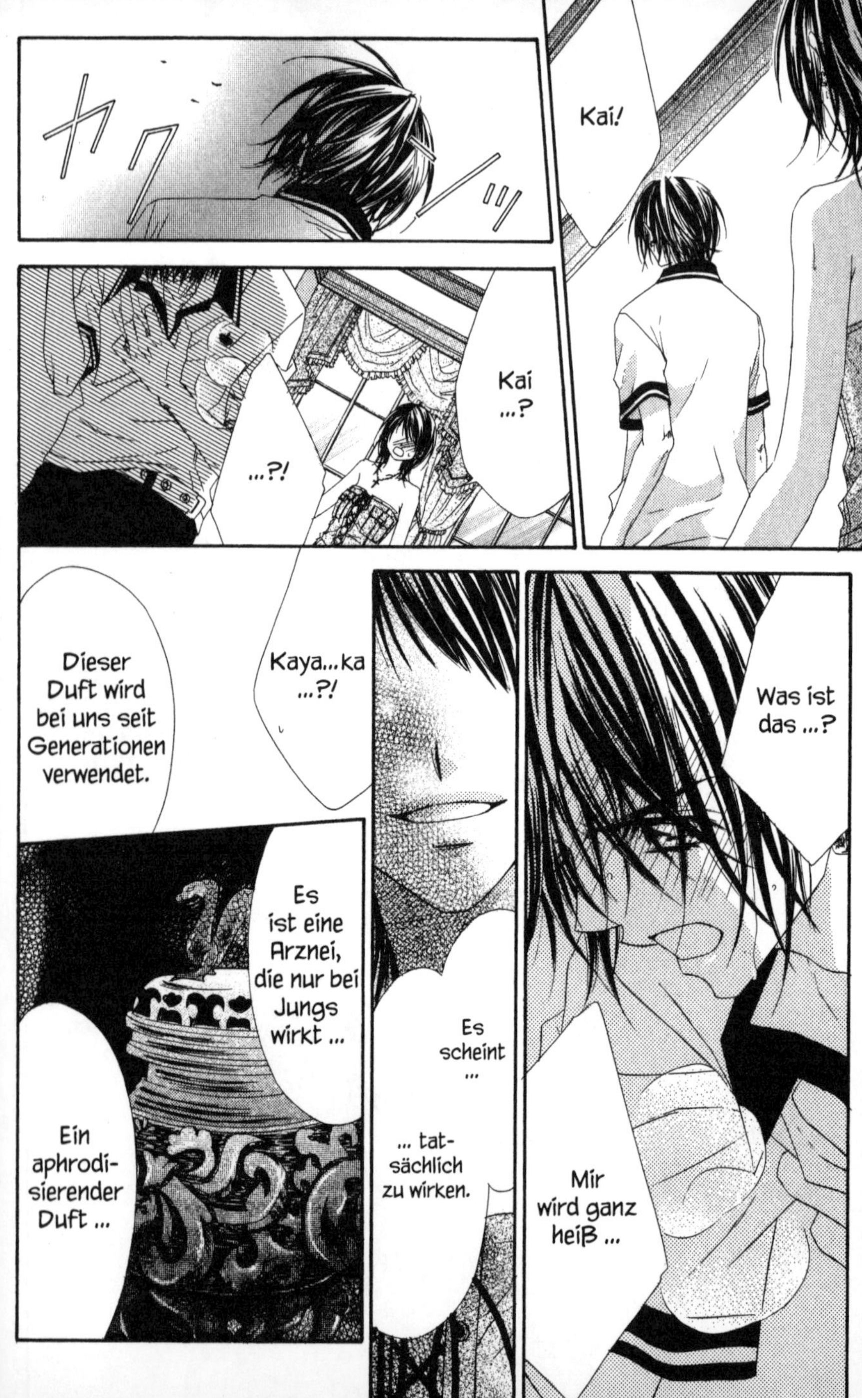

Kai!
Kai ...?
...?!
Kaya...ka ...?!
Dieser Duft wird bei uns seit Generationen verwendet.
Was ist das ...?
Es scheint ...
... tat-sächlich zu wirken.
Mir wird ganz heiß ...
Es ist eine Arznei, die nur bei Jungs wirkt ...
Ein aphrodi-sierender Duft ...

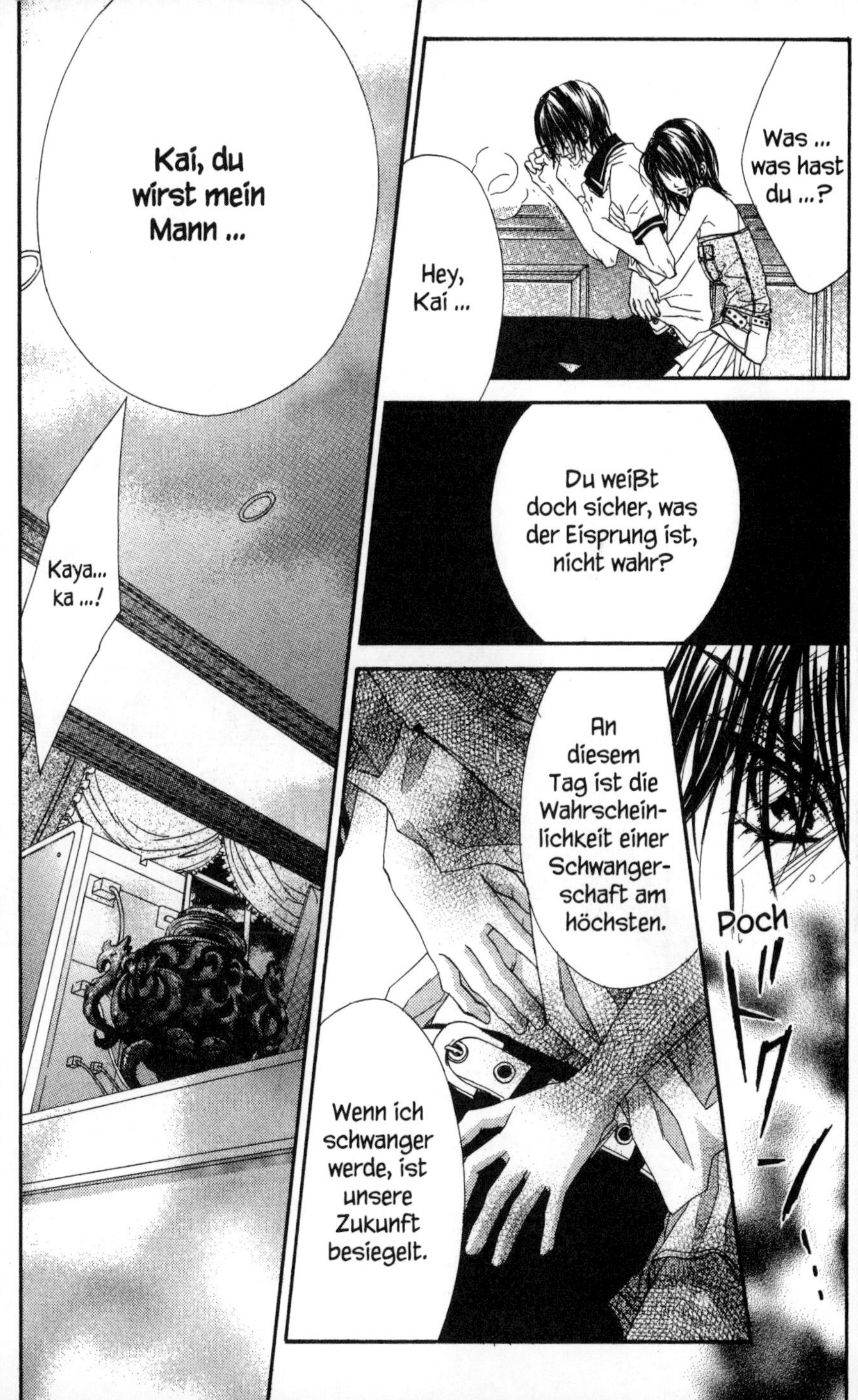
Was ... was hast du ...?
Hey, Kai ...
Du weißt doch sicher, was der Eisprung ist, nicht wahr?
An diesem Tag ist die Wahrschein-lichkeit einer Schwanger-schaft am höchsten.
Poch
Wenn ich schwanger werde, ist unsere Zukunft besiegelt.
Kai, du wirst mein Mann ...
Kaya... ka ...!

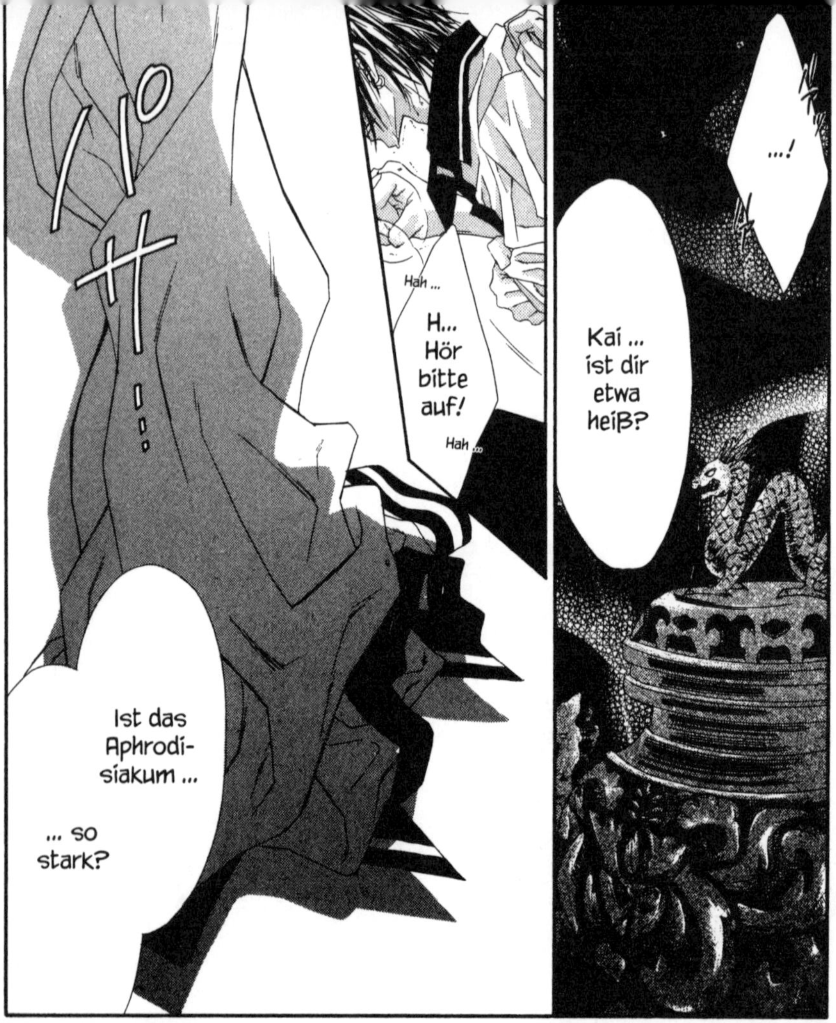

...!

Kai ... ist dir etwa heiß?

Hah ...

H... Hör bitte auf!

Hah ...

Ist das Aphrodisiakum ...

... so stark?

Da taucht es schließlich auf, das sagenumwobene Aphrodisiakum!!!
Es ist ein dreitausend Jahre altes Mittel aus China und wirkt tatsächlich!!!

5 Übrigens hatte Kayaka eine relativ große Herz-Operation. Es verbleiben da, je nach Eingriff, unterschiedliche Narben zurück. Entweder eine relativ große, die auch sichtbar wird, wenn man etwa einen Pulli mit etwas tieferem Ausschnitt trägt (Abbildung A) oder eine kleinere unter der Brust, die kaum sichtbar ist (Abbildung B). Bei Kayaka blieb es bei einer Narbe wie in Abbildung B.

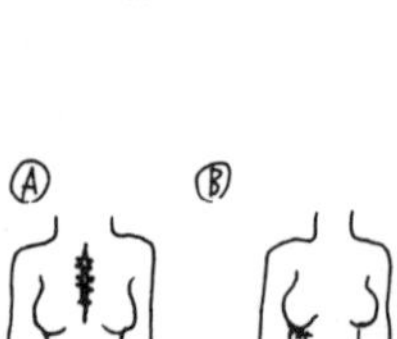

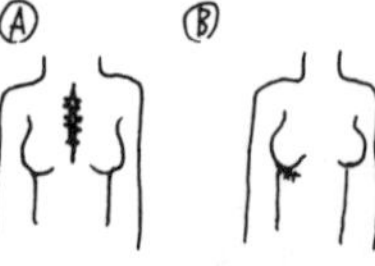

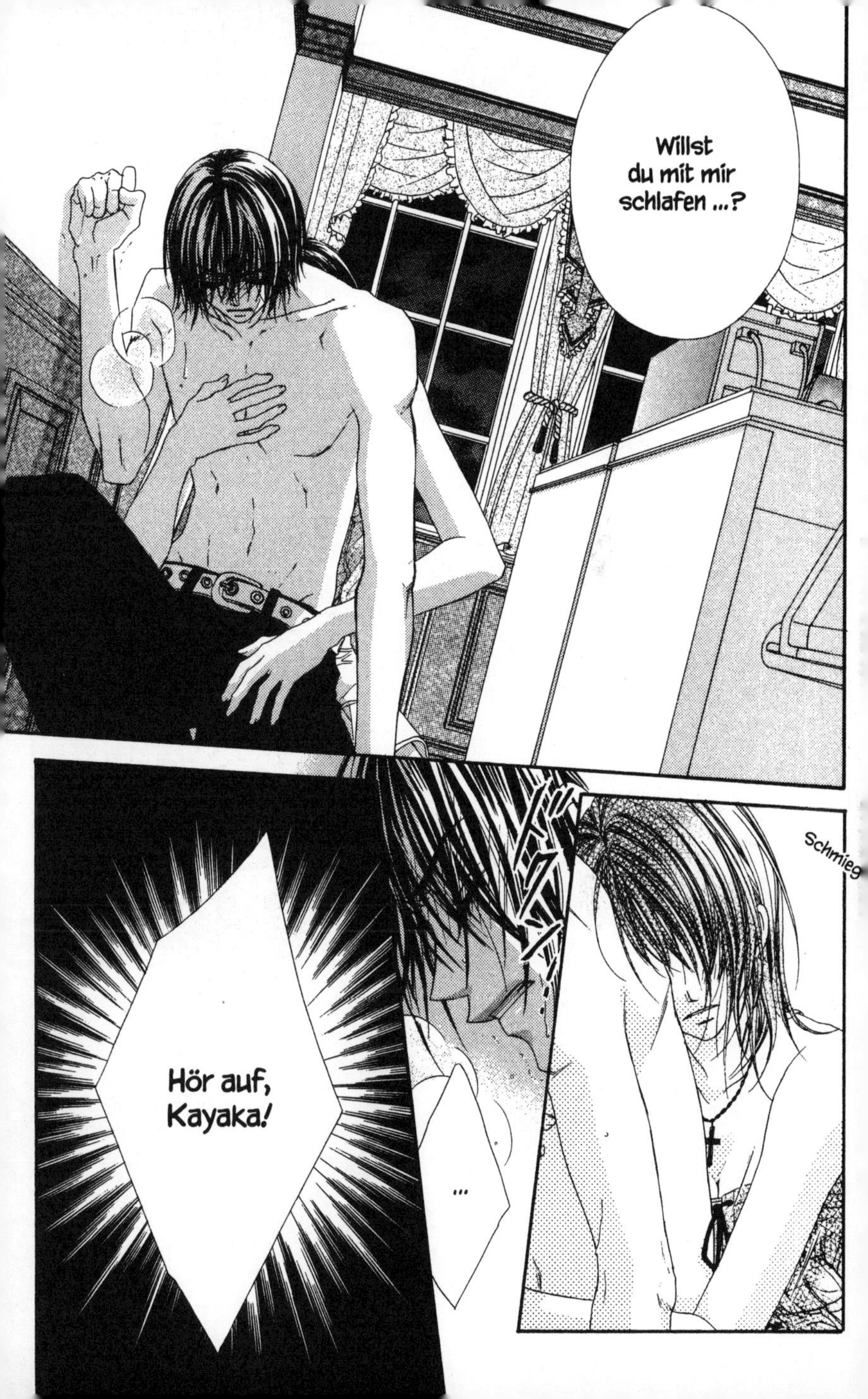
Willst du mit mir schlafen ...?
Schmieg
Hör auf, Kayaka!
...

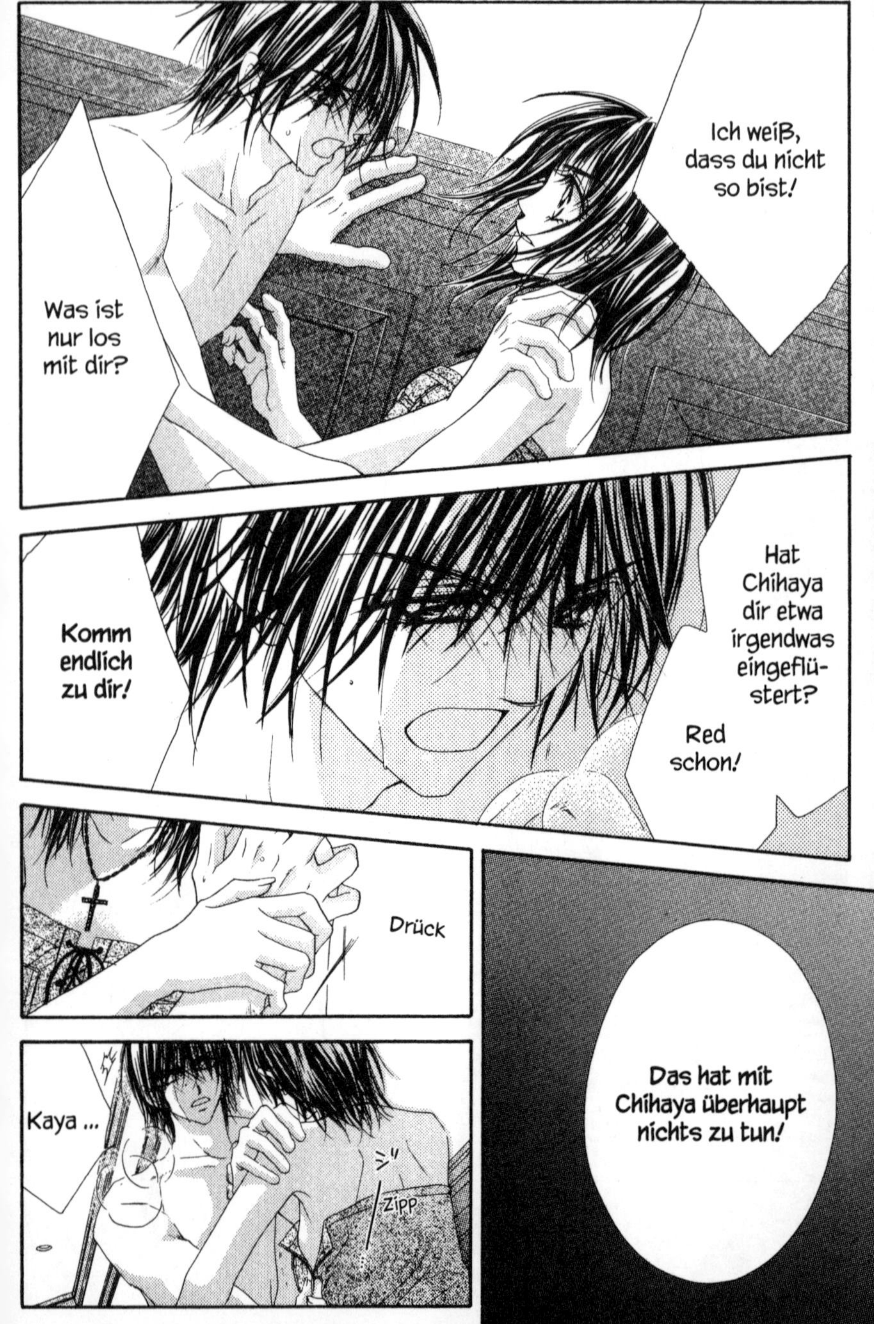
Ich weiß, dass du nicht so bist!
Was ist nur los mit dir?
Hat Chihaya dir etwa irgendwas eingeflüstert?
Red schon!
Komm endlich zu dir!
Drück
Das hat mit Chihaya überhaupt nichts zu tun!
Kaya ...
Zipp

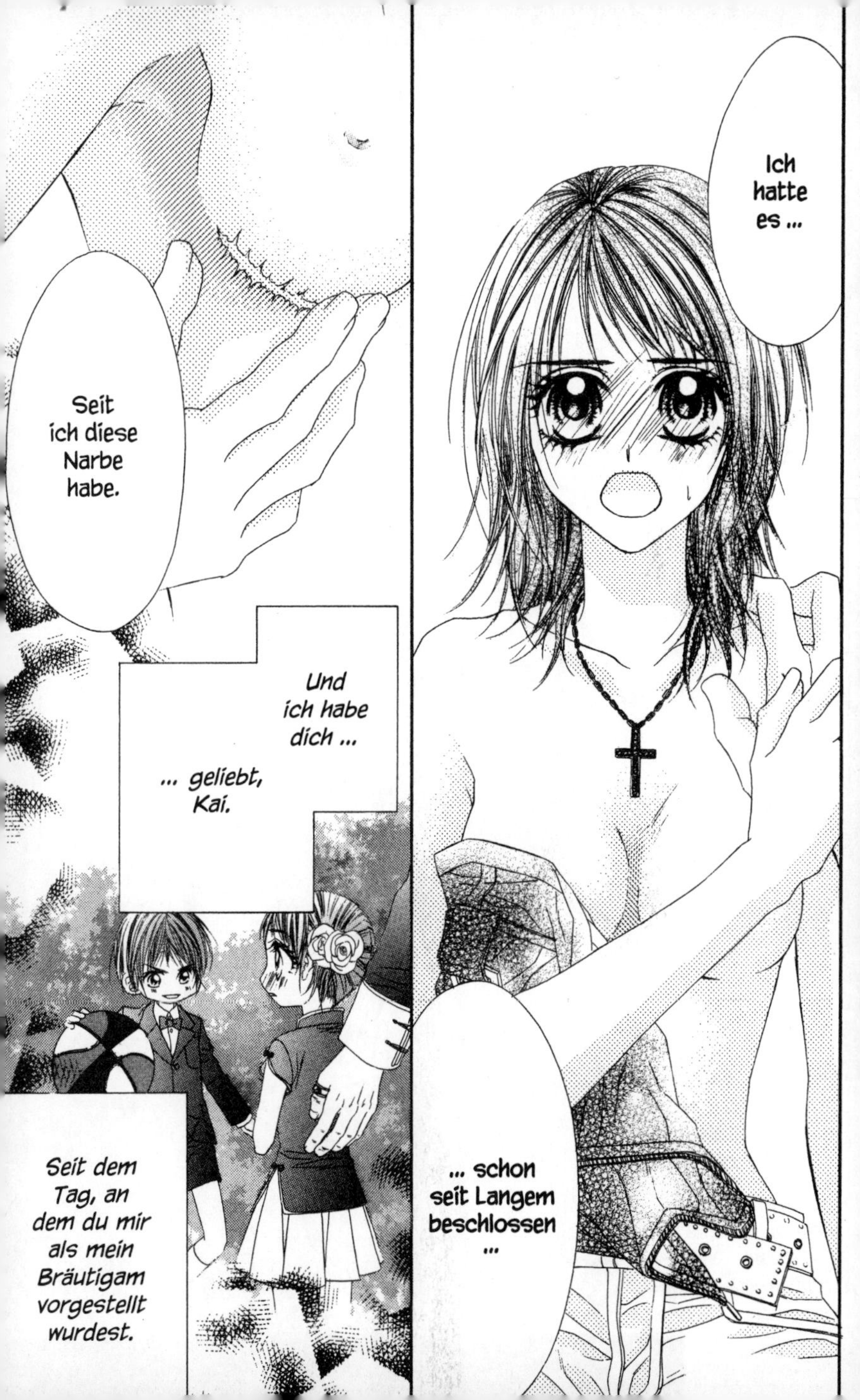
Ich hatte es ...
... schon seit Langem beschlossen ...
Seit ich diese Narbe habe.
Und ich habe dich ...
... geliebt, Kai.
Seit dem Tag, an dem du mir als mein Bräutigam vorgestellt wurdest.

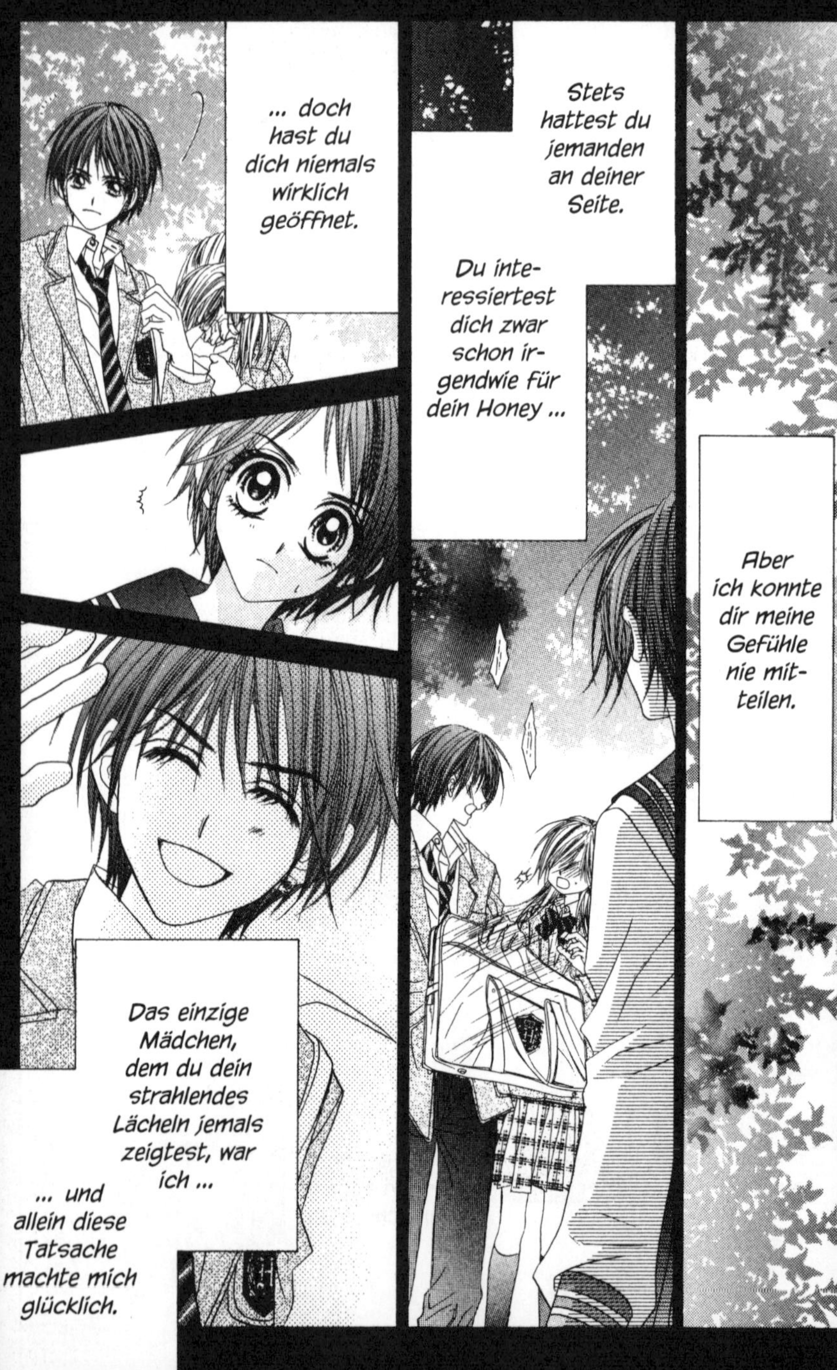
Stets hattest du jemanden an deiner Seite.
Du interessiertest dich zwar schon irgendwie für dein Honey ...
... doch hast du dich niemals wirklich geöffnet.
Aber ich konnte dir meine Gefühle nie mitteilen.
Das einzige Mädchen, dem du dein strahlendes Lächeln jemals zeigtest, war ich ...
... und allein diese Tatsache machte mich glücklich.

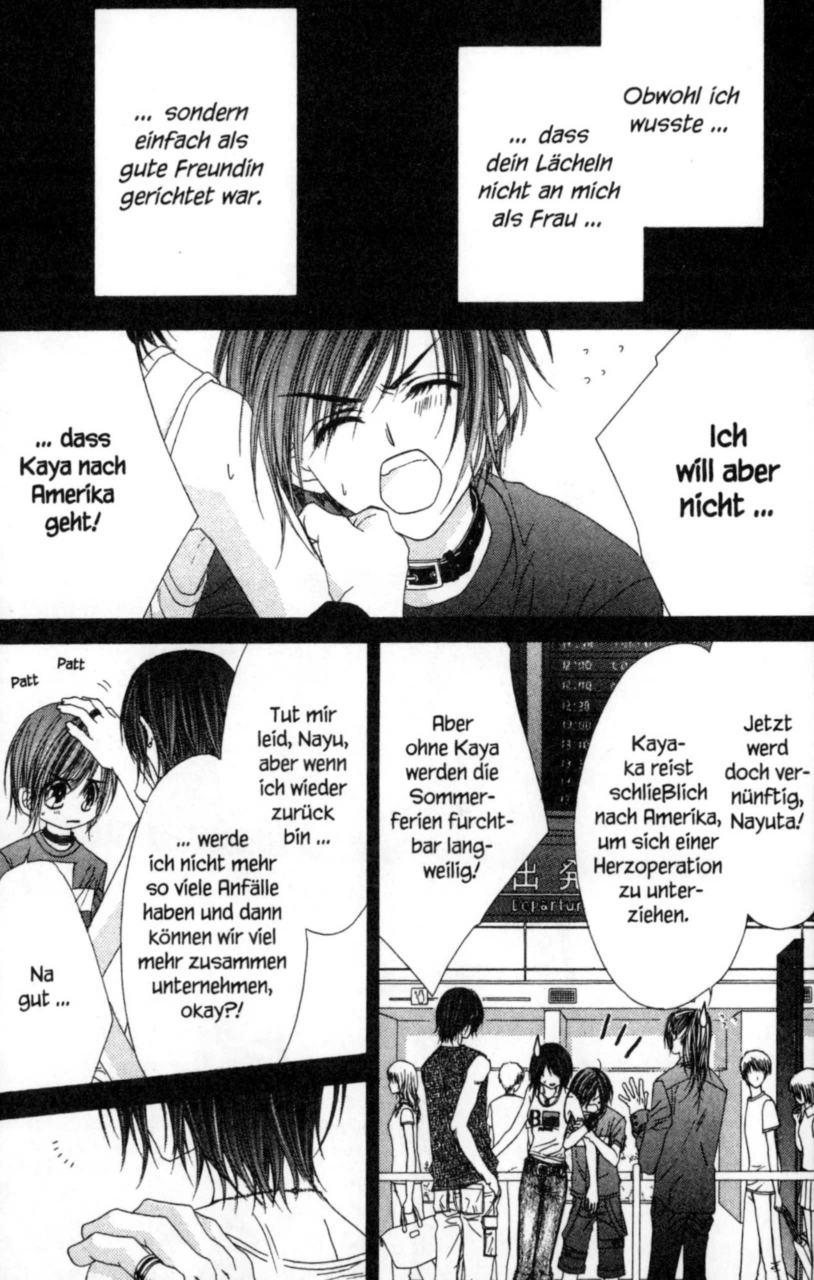
Obwohl ich wusste ...
... dass dein Lächeln nicht an mich als Frau ...
... sondern einfach als gute Freundin gerichtet war.
Ich will aber nicht ...
... dass Kaya nach Amerika geht!
Jetzt werd doch vernünftig, Nayuta!
Kaya-ka reist schließlich nach Amerika, um sich einer Herzoperation zu unterziehen.
Aber ohne Kaya werden die Sommerferien furchtbar langweilig!
Patt
Patt
Tut mir leid, Nayu, aber wenn ich wieder zurück bin ...
... werde ich nicht mehr so viele Anfälle haben und dann können wir viel mehr zusammen unternehmen, okay?!
Na gut ...

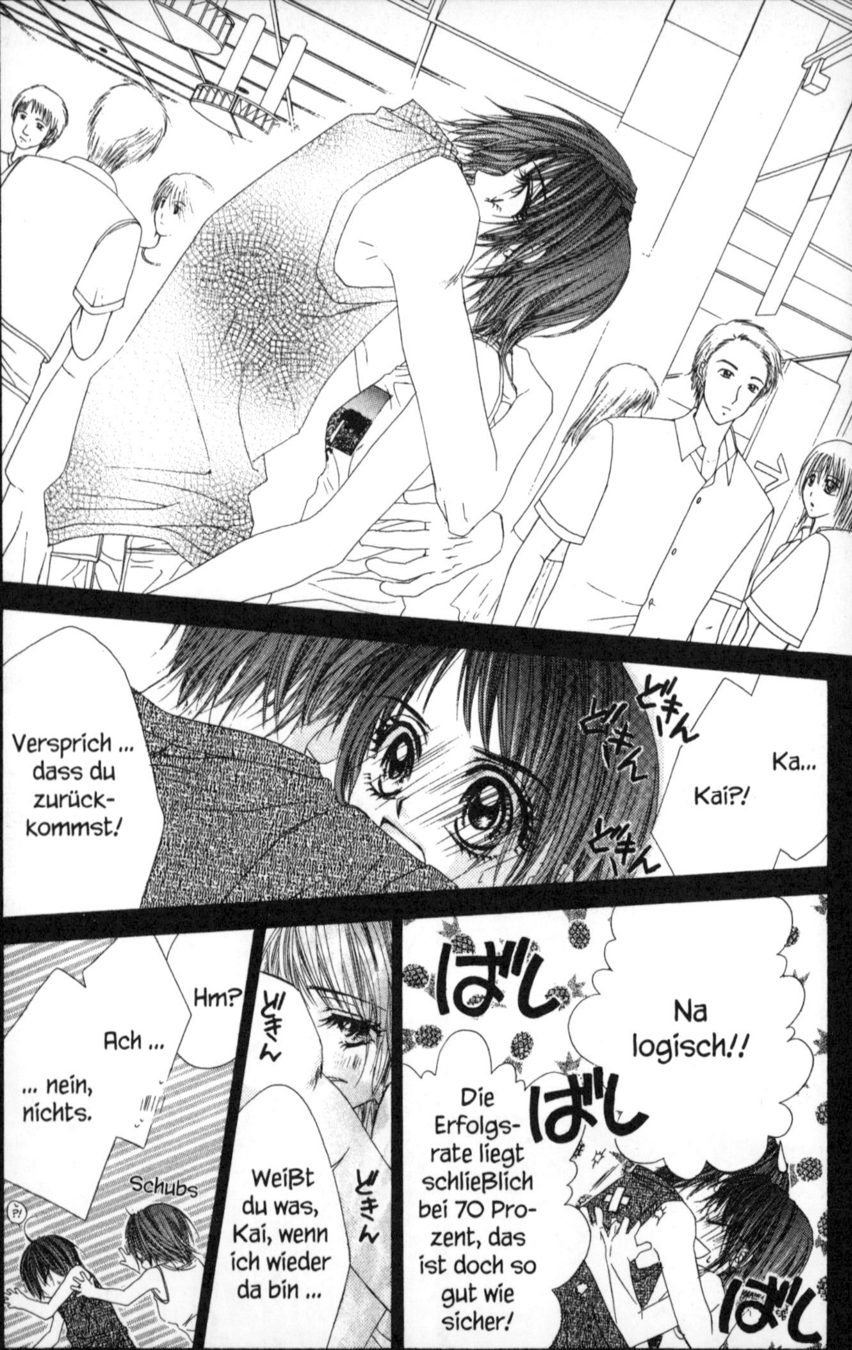
Ka...
Kai?!
どきん
どきん
どきん
Versprich ... dass du zurück-kommst!
ばし
ばし
ばし
Na logisch!!
Die Erfolgs-rate liegt schließlich bei 70 Pro-zent, das ist doch so gut wie sicher!
どきん
Weißt du was, Kai, wenn ich wieder da bin ...
どきん
Hm?
Ach ...
... nein, nichts.
Schubs

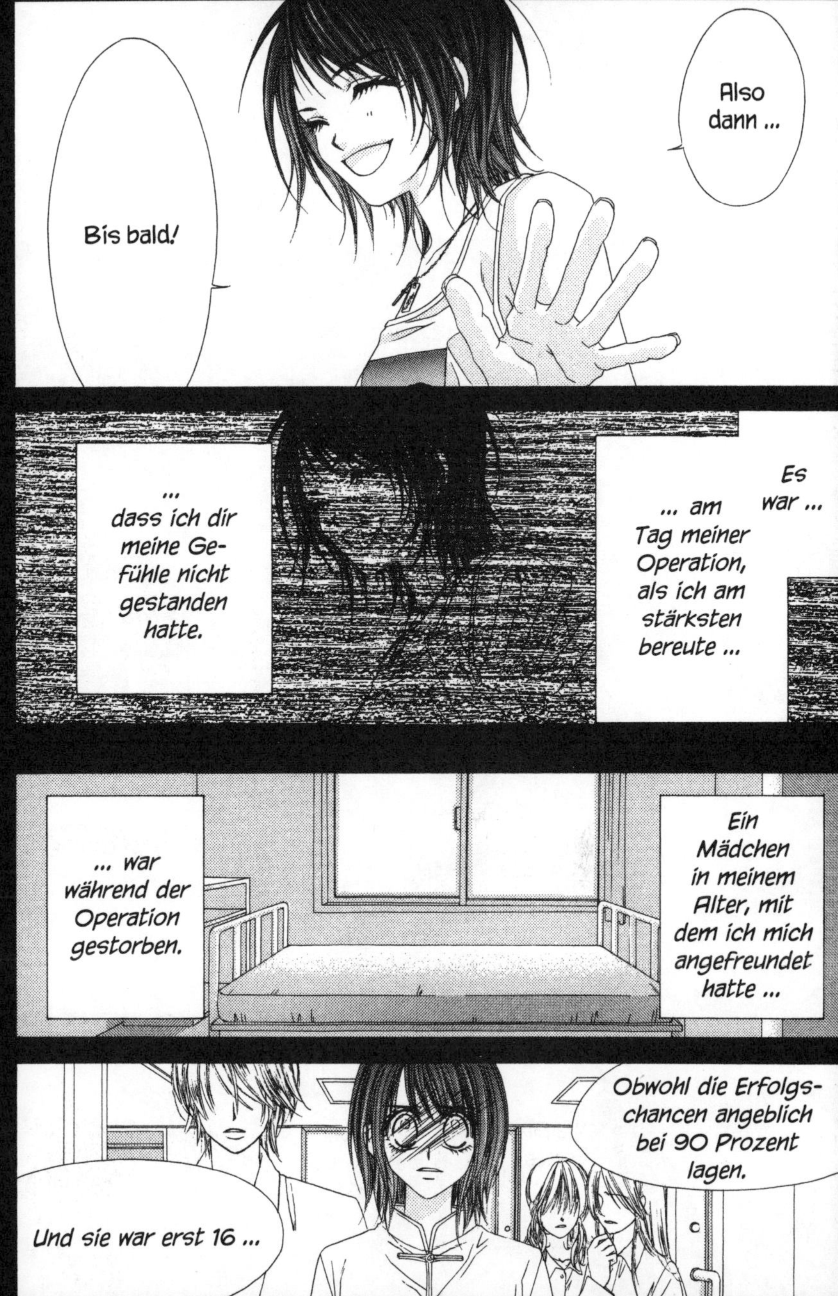
Also dann ...
Bis bald!
Es war ...
... am Tag meiner Operation, als ich am stärksten bereute ...
... dass ich dir meine Gefühle nicht gestanden hatte.
Ein Mädchen in meinem Alter, mit dem ich mich angefreundet hatte ...
... war während der Operation gestorben.
Obwohl die Erfolgschancen angeblich bei 90 Prozent lagen.
Und sie war erst 16 ...

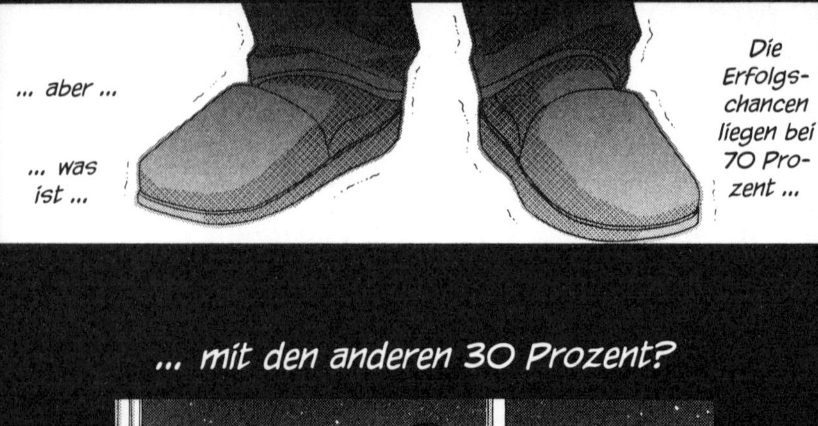

... mit den anderen 30 Prozent?

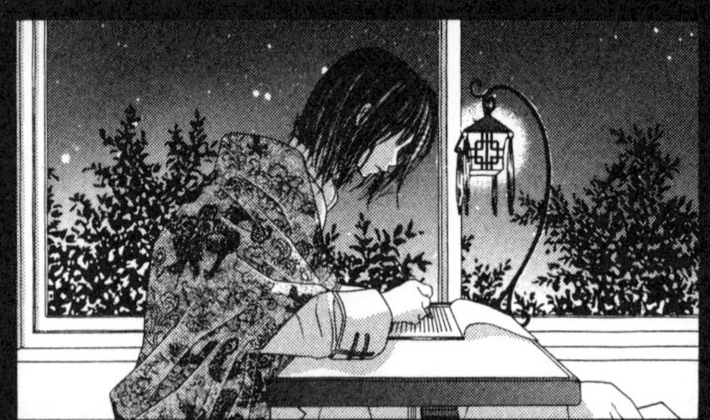

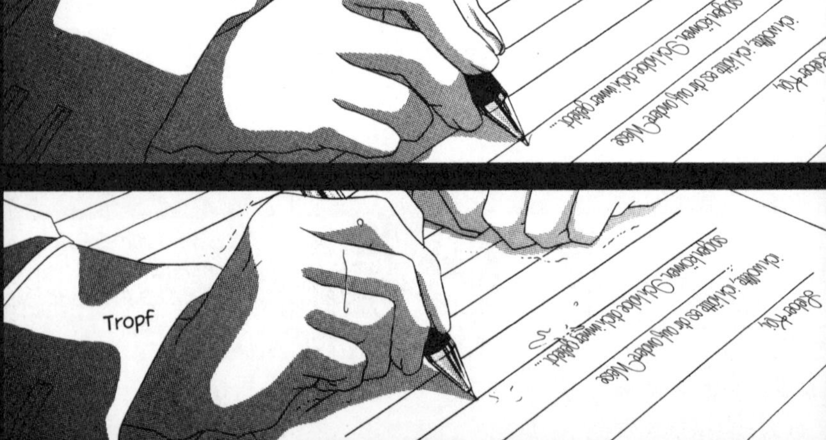

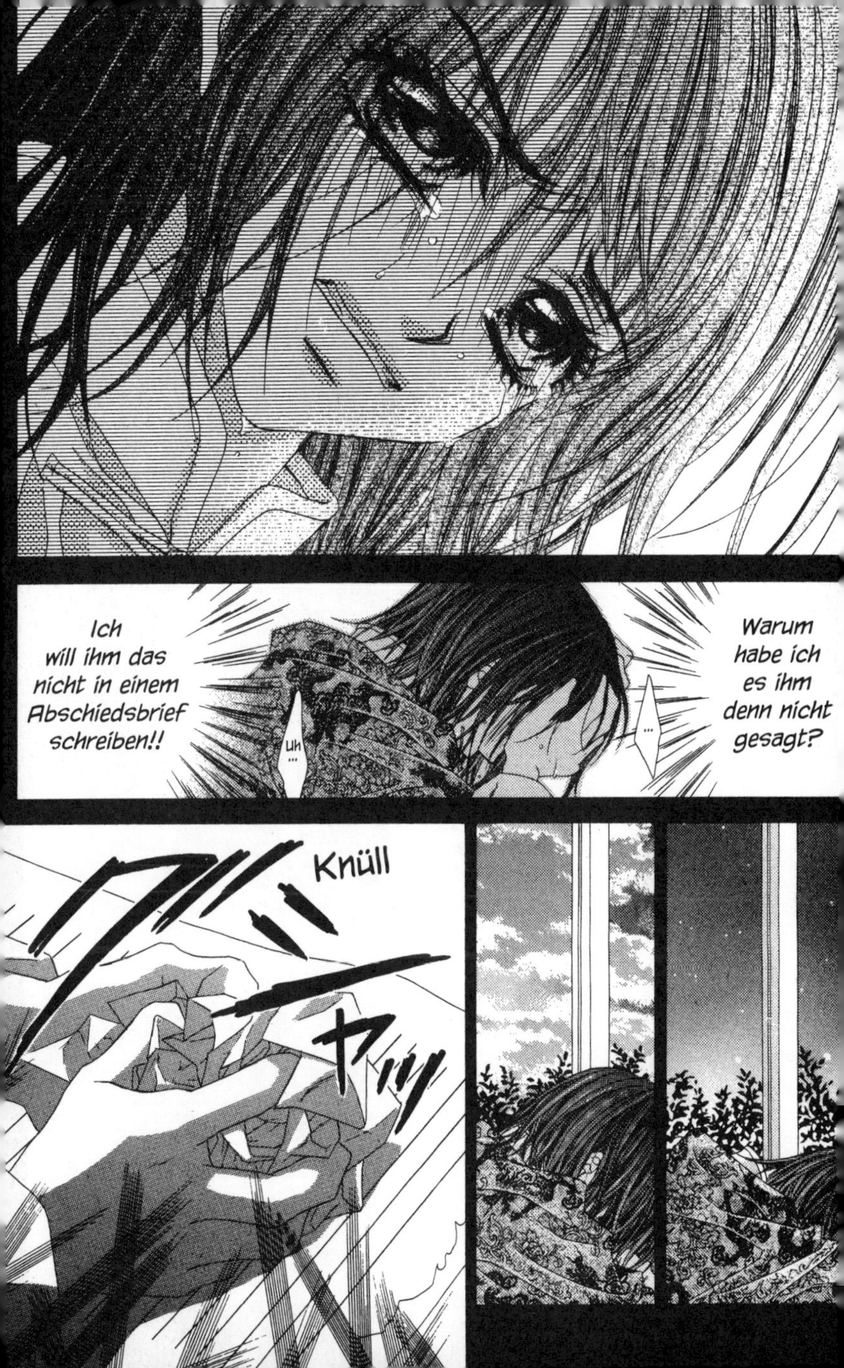
Warum habe ich es ihm denn nicht gesagt?
…
Uh …
Ich will ihm das nicht in einem Abschiedsbrief schreiben!!
Knüll

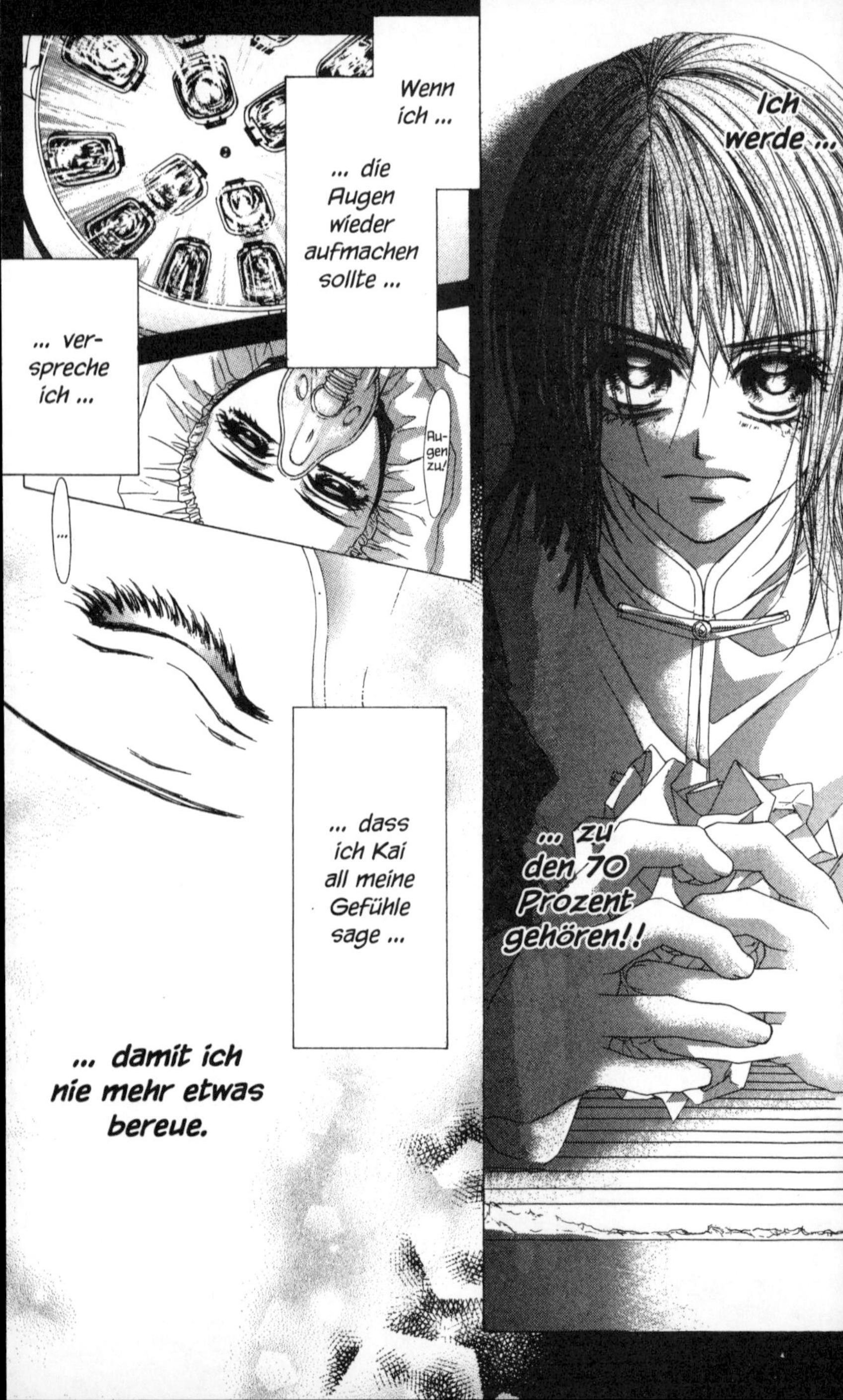
Ich werde ...
... zu den 70 Prozent gehören!!
Wenn ich ...
... die Augen wieder aufmachen sollte ...
... ver-spreche ich ...
Augen zu!
...
... dass ich Kai all meine Gefühle sage ...
... damit ich nie mehr etwas bereue.

6

→ Fortsetzung von 4

In Band 5 gab es eine Quizfrage, die allerdings nur zu beantworten war, wenn man auch das Hörspiel kannte. Das ist in Deutschland leider nicht erhältlich. (*gequält lächel*) Dafür gibt es an dieser Stelle kleine Bonustierchen.

So, nun muss ich noch mal auf den Anime zurückkommen. Der ist richtig süß gezeichnet und total cool! Ich finde wirklich, dass meine Zeichnungen nicht leicht zu kopieren sind. In den meisten Fällen kommen ganz komische Sachen dabei raus. Und ich dachte mir, dass ich mir deswegen um den armen Animations-Regisseur Sorgen machen müsste. Aber dazu gab es gar keinen Grund, wie sich herausstellte. Die Zeichnungen sind sehr gut gelungen. Den müsst ihr euch ansehen! Die Sprecher sind übrigens dieselben wie in dem Hörspiel.

In letzter Zeit höre ich total viele Anime-Songs und der Opening Song zu *Honey x Honey Drops* geht mir einfach nicht mehr aus dem Kopf. (*lächel*)

Don't stop happy.

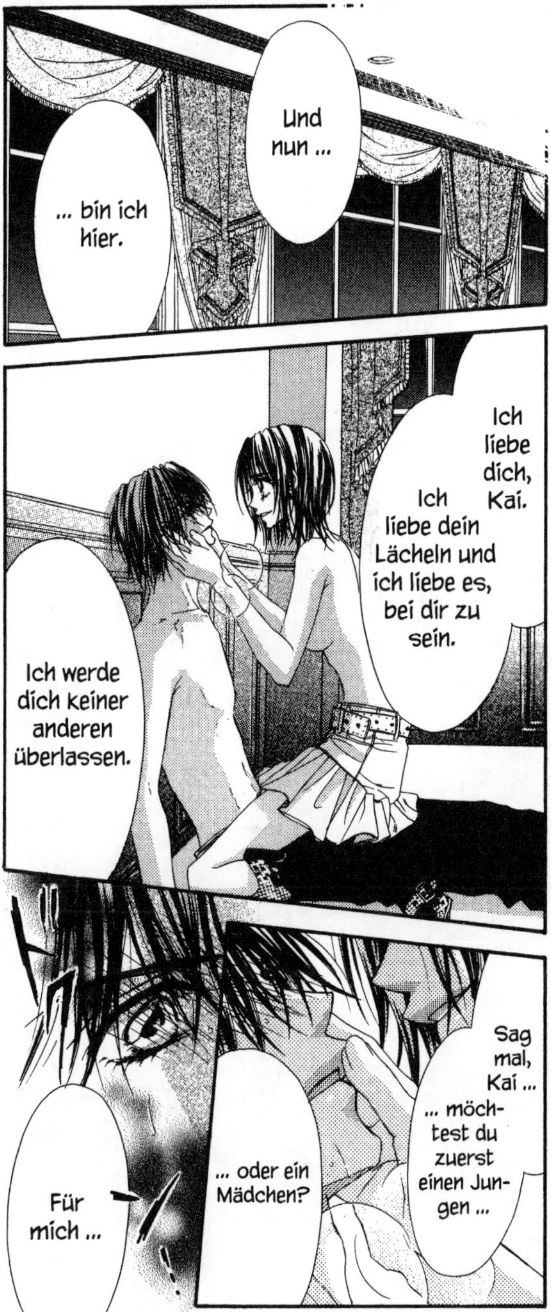

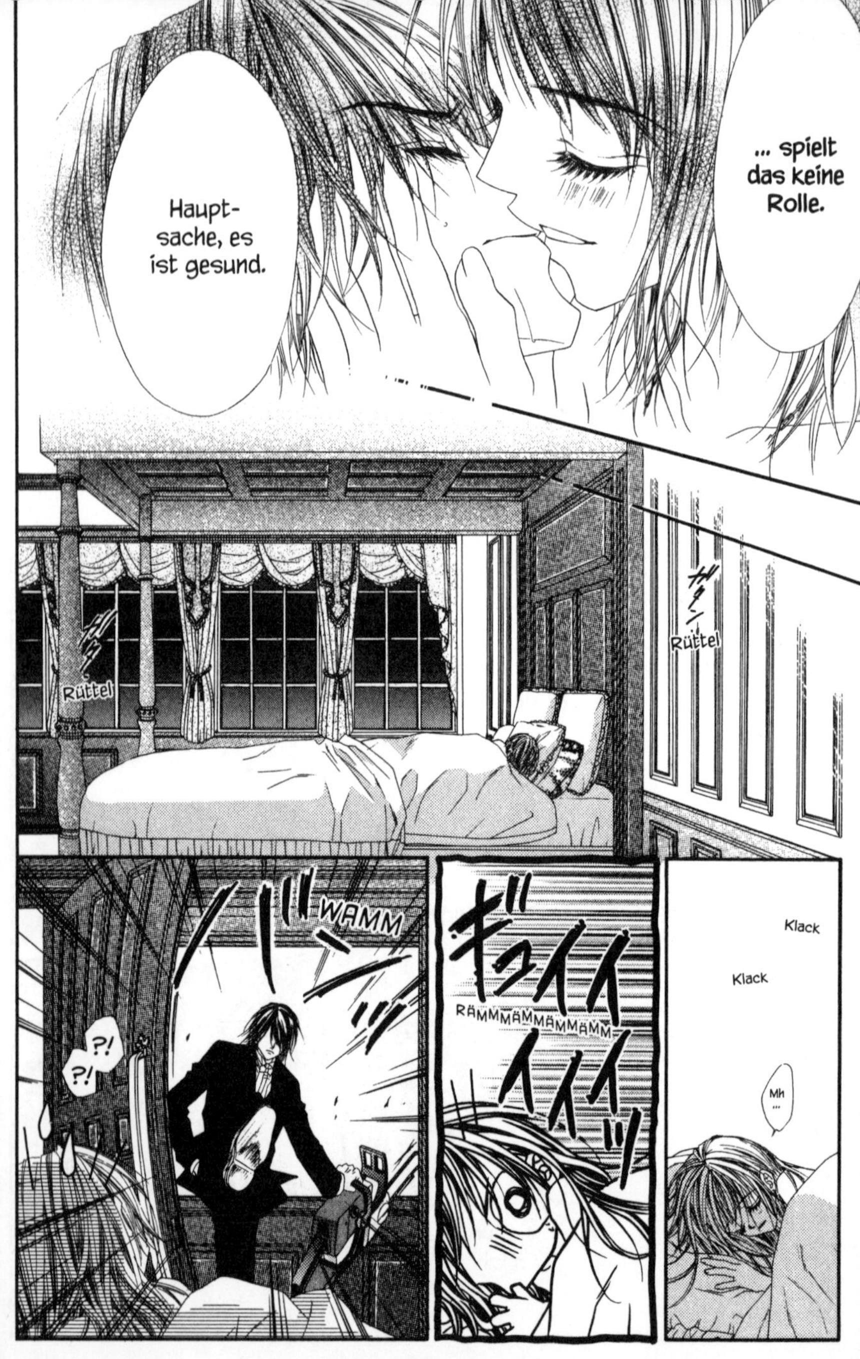
... spielt
das keine
Rolle.
Haupt-
sache, es
ist gesund.
Rüttel
Rüttel
Klack
Klack
Mh ...
RÄMMMÄMMÄMMÄMM
WAMM
?!
?!

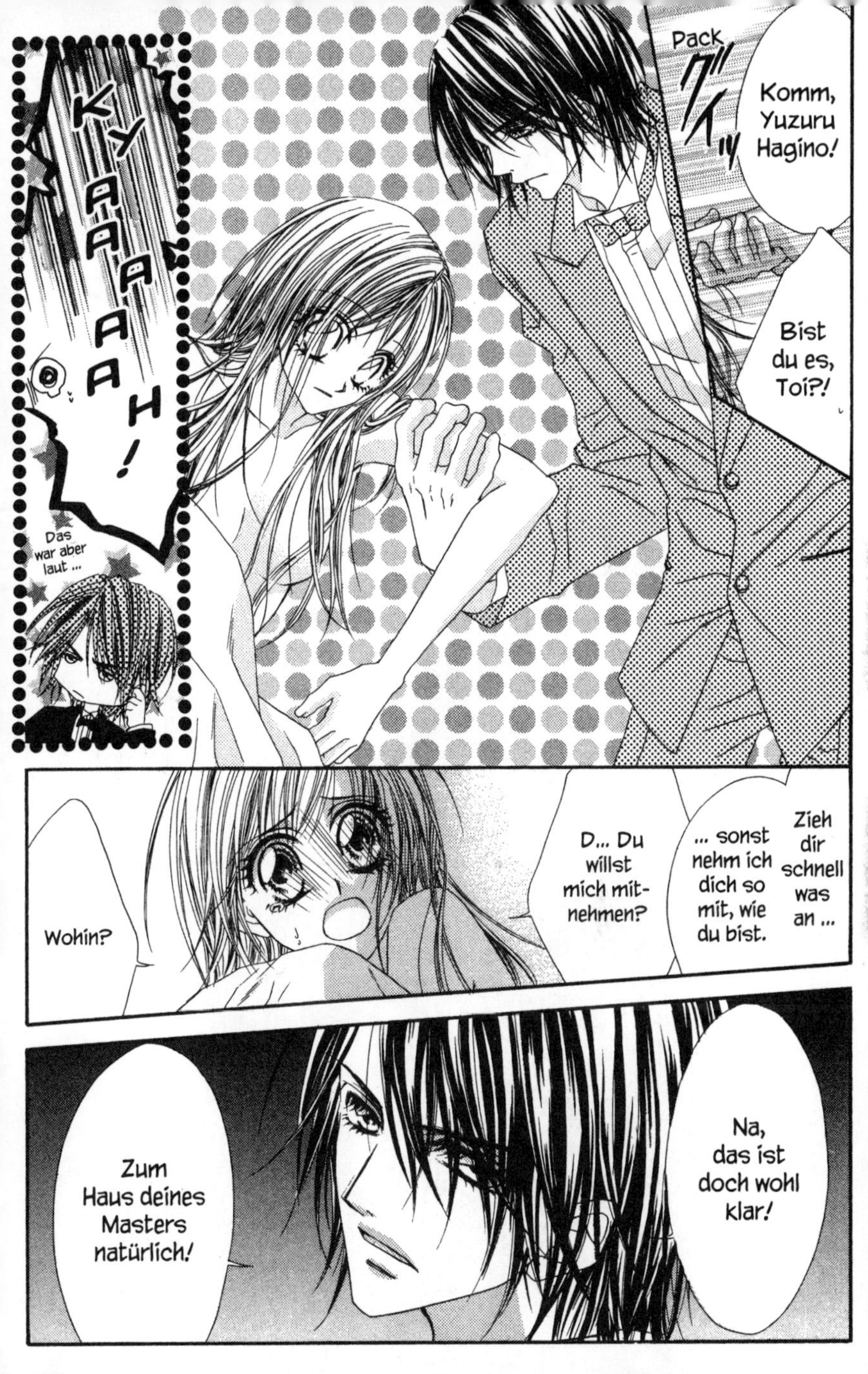

Pack
Komm, Yuzuru Hagino!
Bist du es, Toi?!
KYAAAAAAAH!
Das war aber laut ...
Zieh dir schnell was an ...
... sonst nehm ich dich so mit, wie du bist.
D... Du willst mich mit-nehmen?
Wohin?
Na, das ist doch wohl klar!
Zum Haus deines Masters natürlich!

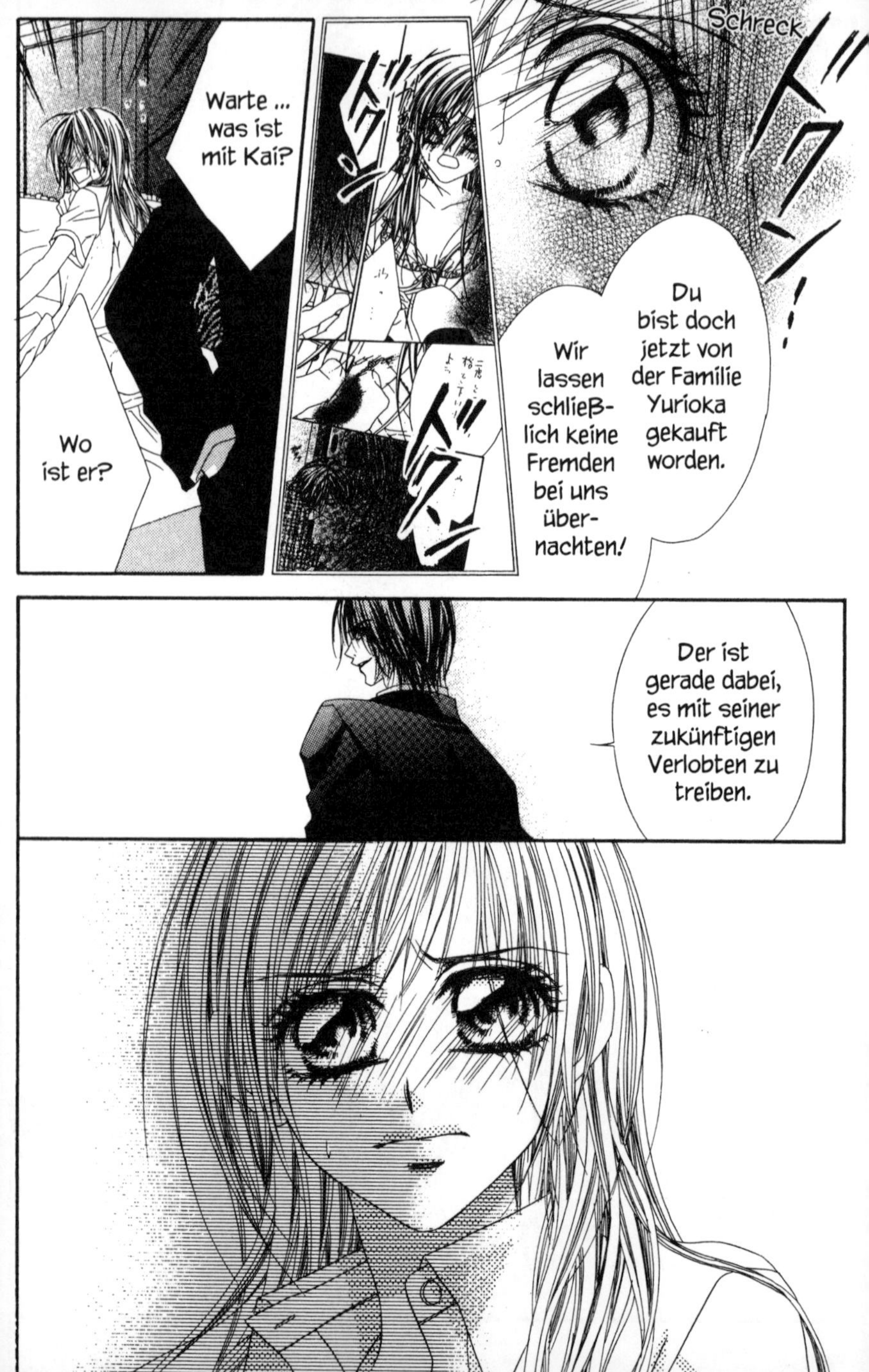

Schreck
Du bist doch jetzt von der Familie Yurioka gekauft worden.
Wir lassen schließlich keine Fremden bei uns übernachten!
Warte ... was ist mit Kai?
Wo ist er?
Der ist gerade dabei, es mit seiner zukünftigen Verlobten zu treiben.

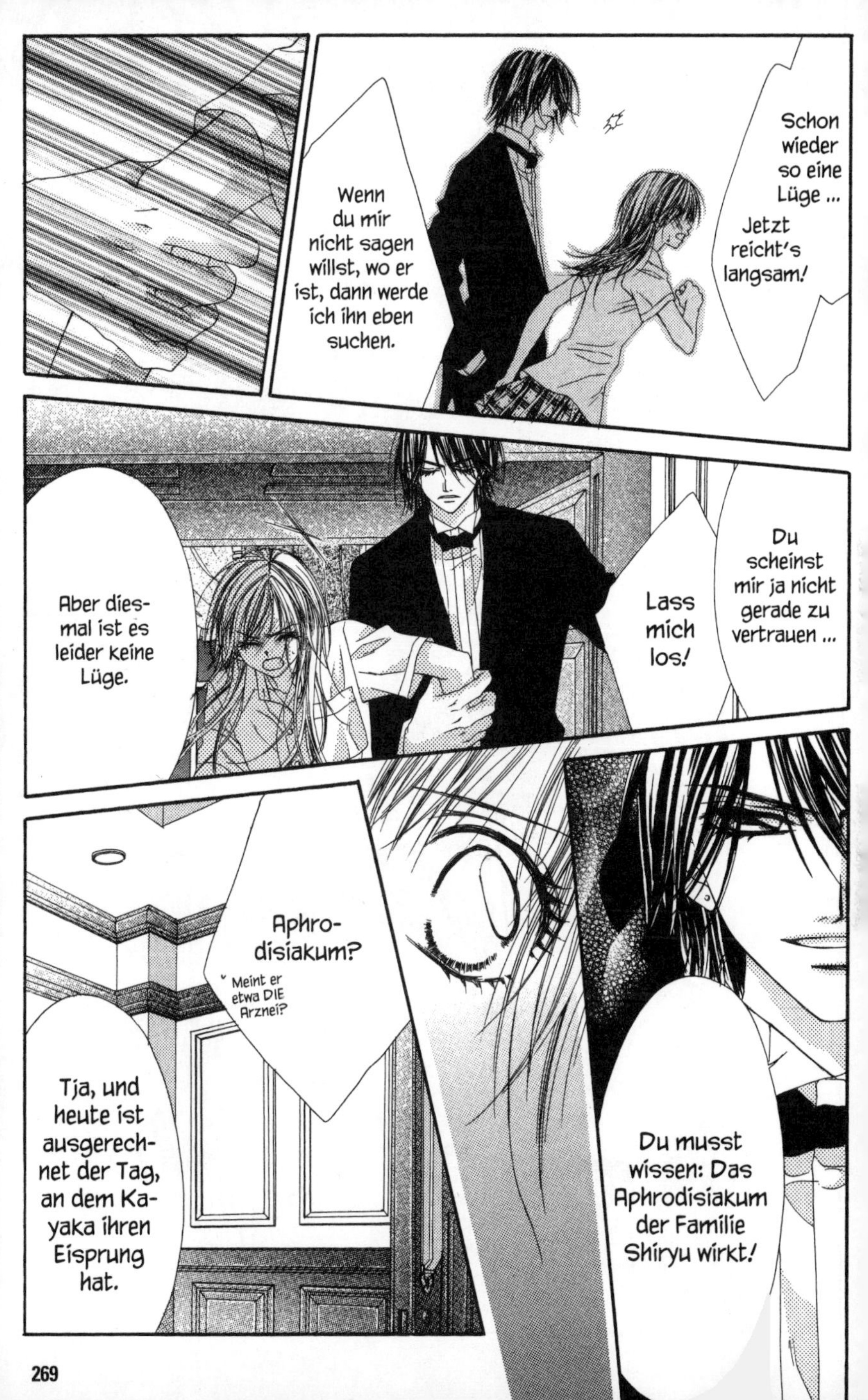
Schon wieder so eine Lüge ...
Jetzt reicht's langsam!
Wenn du mir nicht sagen willst, wo er ist, dann werde ich ihn eben suchen.
Du scheinst mir ja nicht gerade zu vertrauen ...
Lass mich los!
Aber diesmal ist es leider keine Lüge.
Du musst wissen: Das Aphrodisiakum der Familie Shiryu wirkt!
Aphrodisiakum?
Meint er etwa DIE Arznei?
Tja, und heute ist ausgerechnet der Tag, an dem Kayaka ihren Eisprung hat.

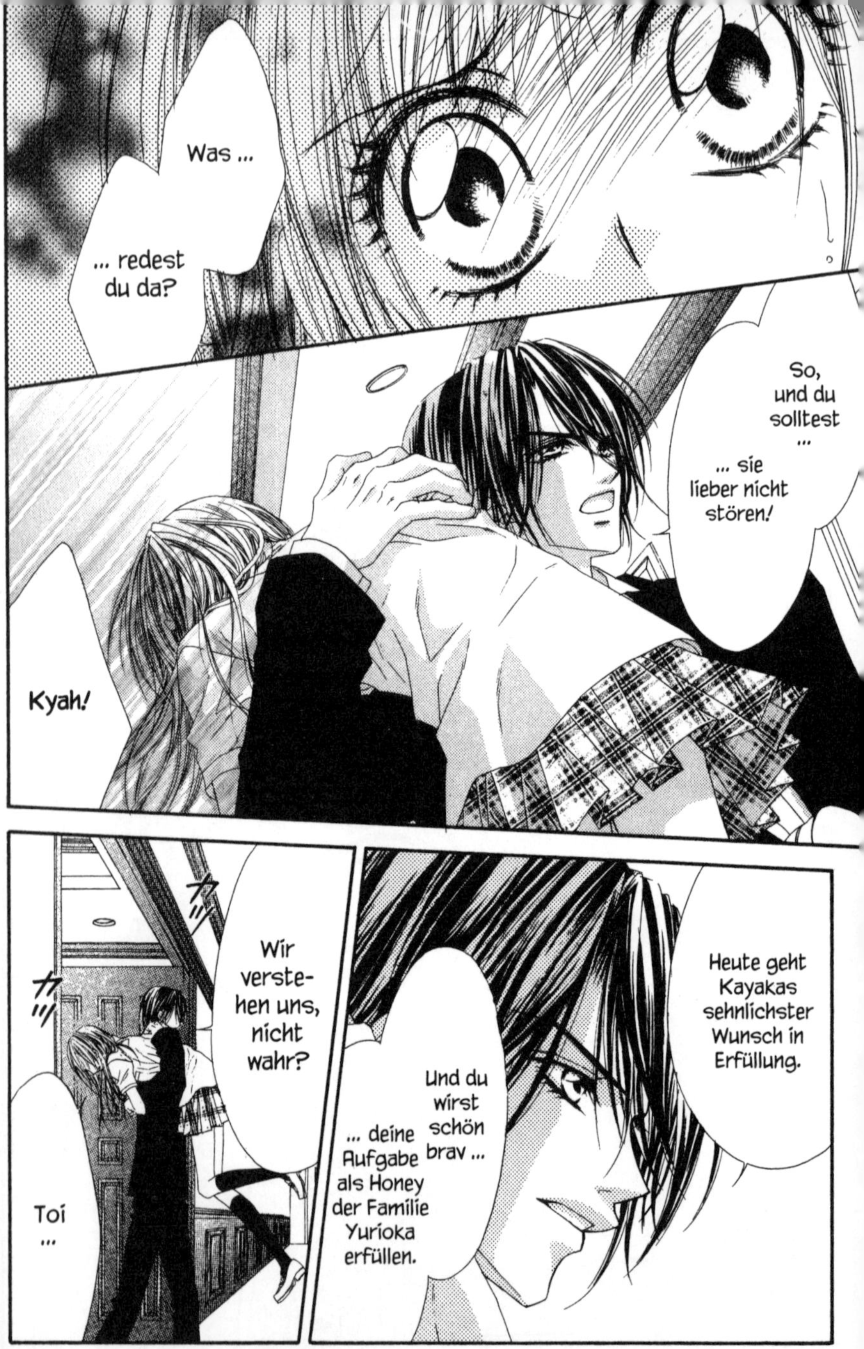

Was ...

... redest du da?

So, und du solltest ...

... sie lieber nicht stören!

Kyah!

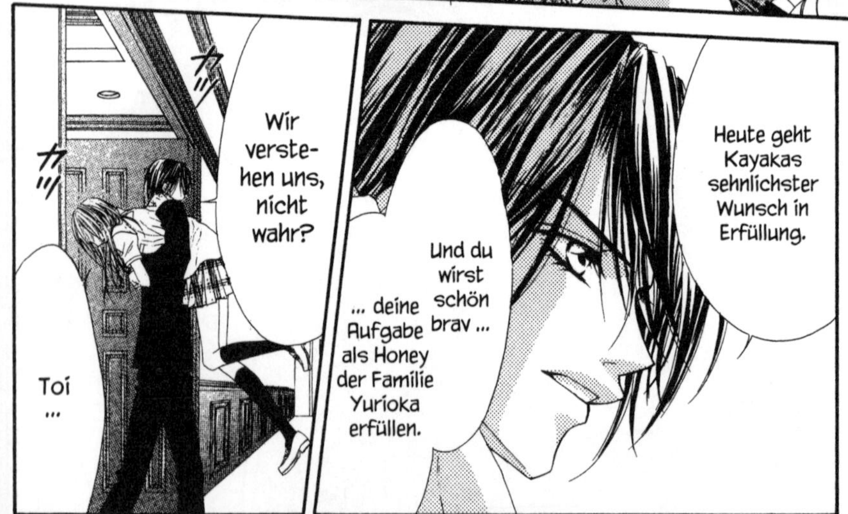

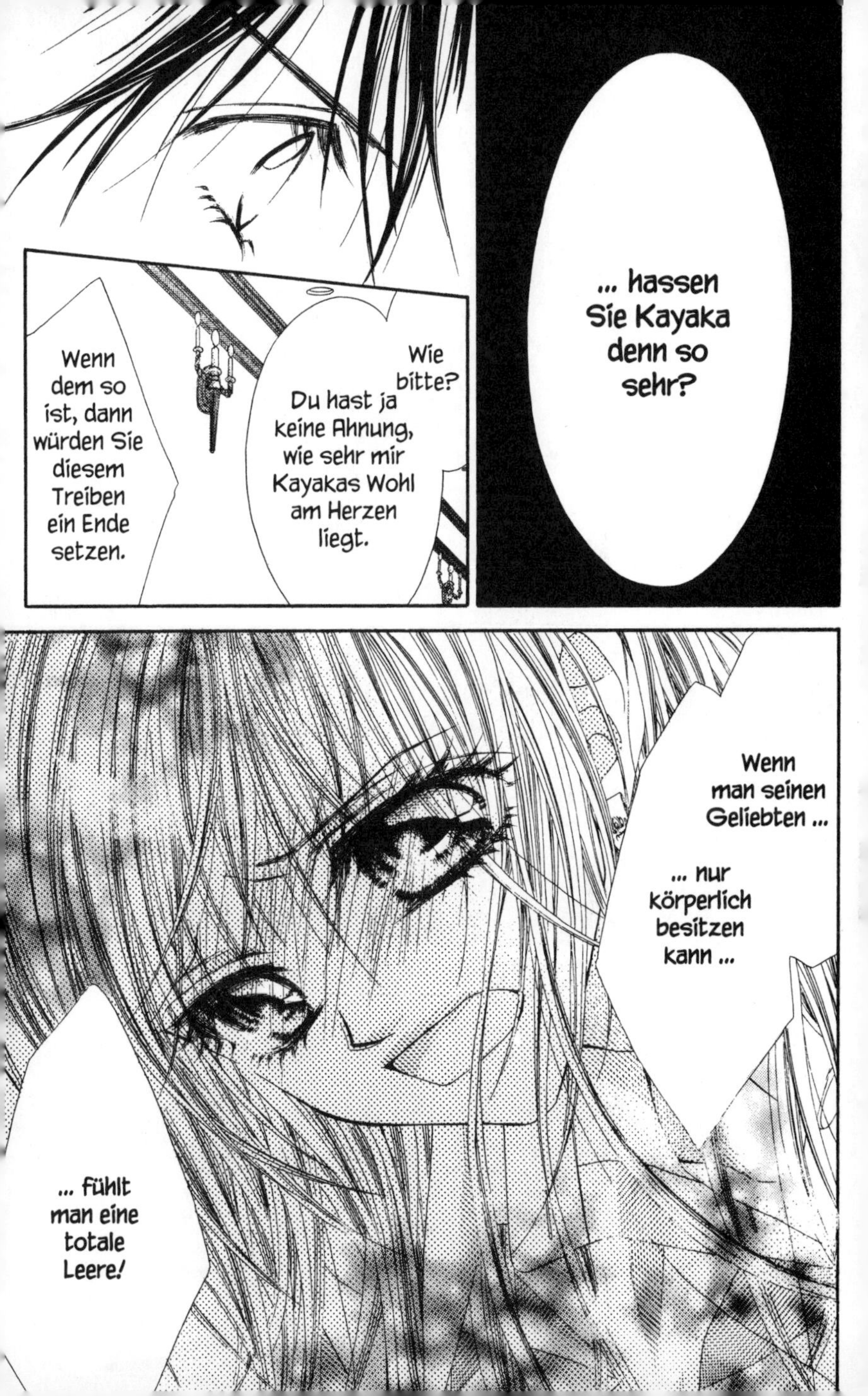

... hassen Sie Kayaka denn so sehr?

Wie bitte?

Du hast ja keine Ahnung, wie sehr mir Kayakas Wohl am Herzen liegt.

Wenn dem so ist, dann würden Sie diesem Treiben ein Ende setzen.

Wenn man seinen Geliebten ...

... nur körperlich besitzen kann ...

... fühlt man eine totale Leere!

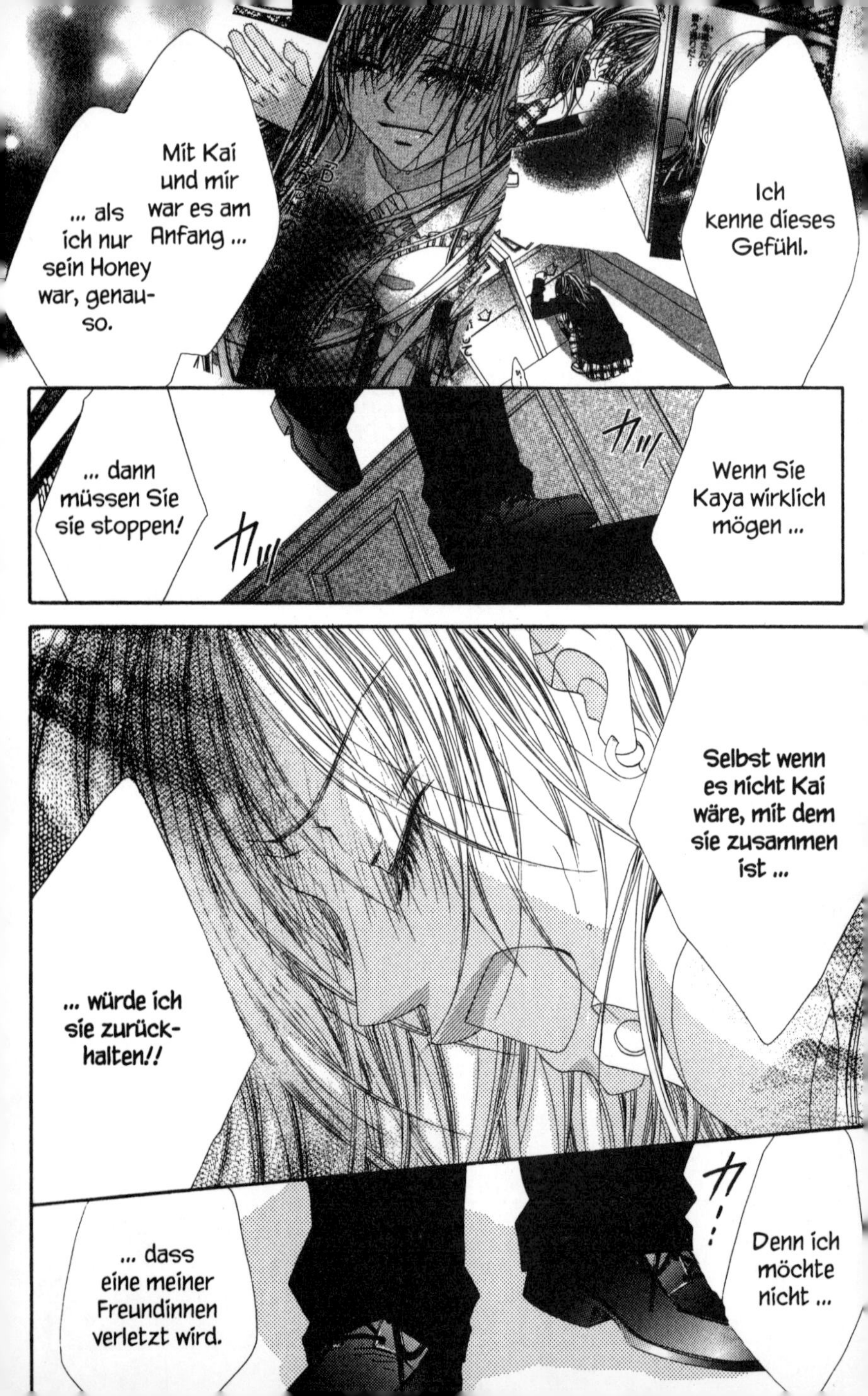

Ich kenne dieses Gefühl.

Mit Kai und mir war es am Anfang ...

... als ich nur sein Honey war, genauso.

Wenn Sie Kaya wirklich mögen ...

... dann müssen Sie sie stoppen!

Selbst wenn es nicht Kai wäre, mit dem sie zusammen ist ...

... würde ich sie zurückhalten!!

Denn ich möchte nicht ...

... dass eine meiner Freundinnen verletzt wird.

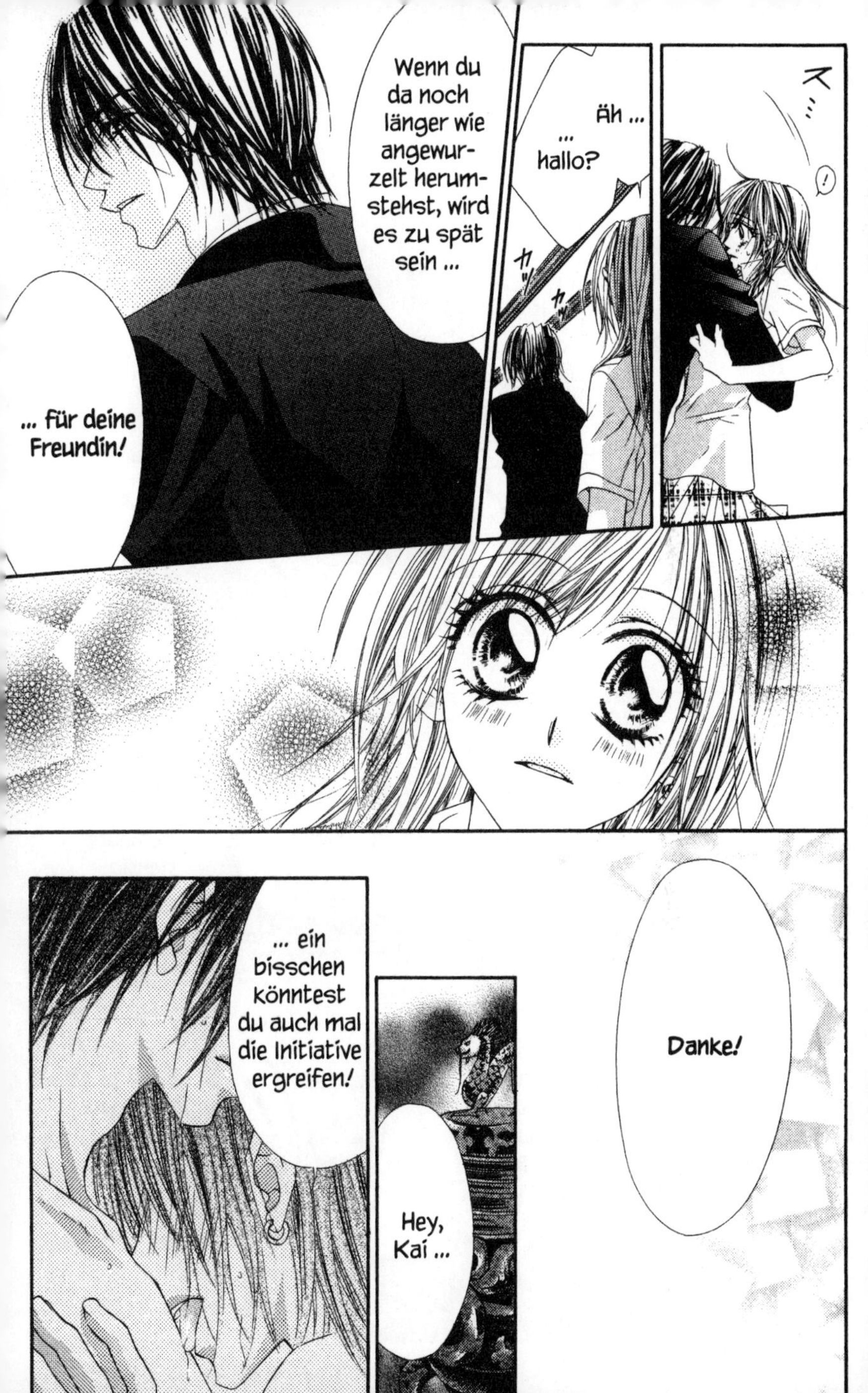

ス…
!
Äh ...
... hallo?
Wenn du da noch länger wie angewurzelt herumstehst, wird es zu spät sein ...
... für deine Freundin!
Danke!
Hey, Kai ...
... ein bisschen könntest du auch mal die Initiative ergreifen!

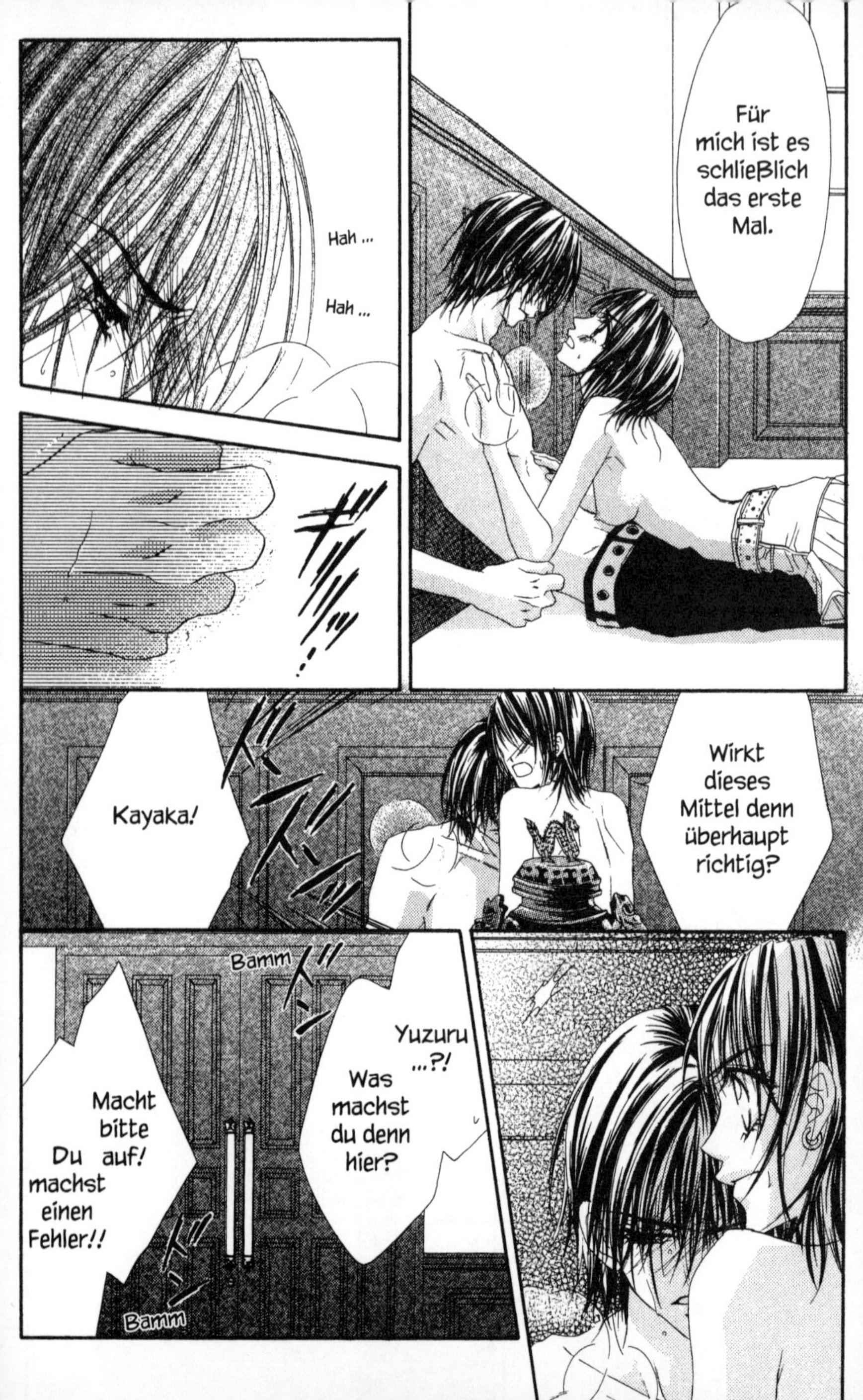
Für mich ist es schließlich das erste Mal.
Hah ...
Hah ...
Wirkt dieses Mittel denn überhaupt richtig?
Kayaka!
Yuzuru ...?!
Was machst du denn hier?
Bamm
Macht bitte auf!
Du machst einen Fehler!!
Bamm

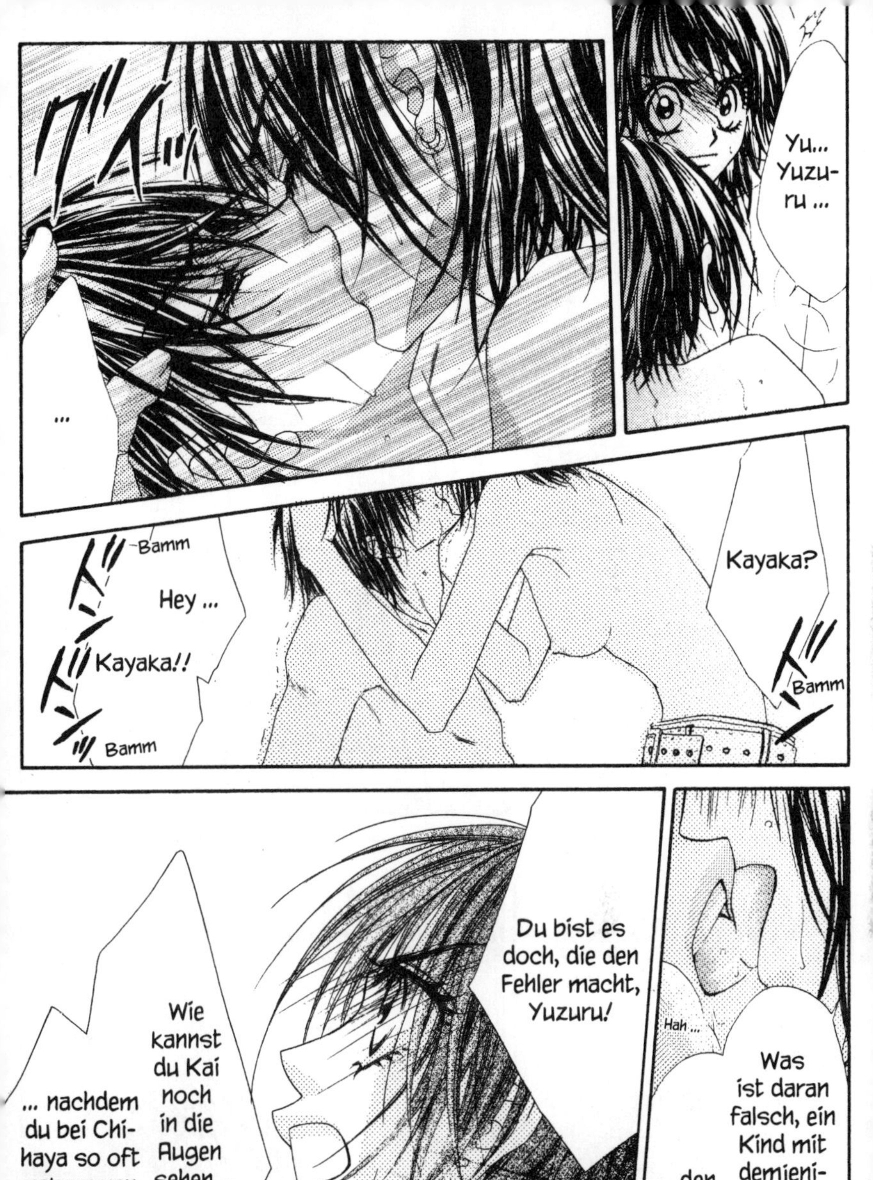
Yu... Yuzuru ...
...
Kayaka?
Bamm
Hey ...
Kayaka!!
Bamm
Bamm
Was ist daran falsch, ein Kind mit demjenigen zu zeugen ...
... den man liebt?
Hah ...
Du bist es doch, die den Fehler macht, Yuzuru!
Wie kannst du Kai noch in die Augen sehen ...
... nachdem du bei Chihaya so oft gekommen bist und von ihm so viele Knutschflecken davongetragen hast?!

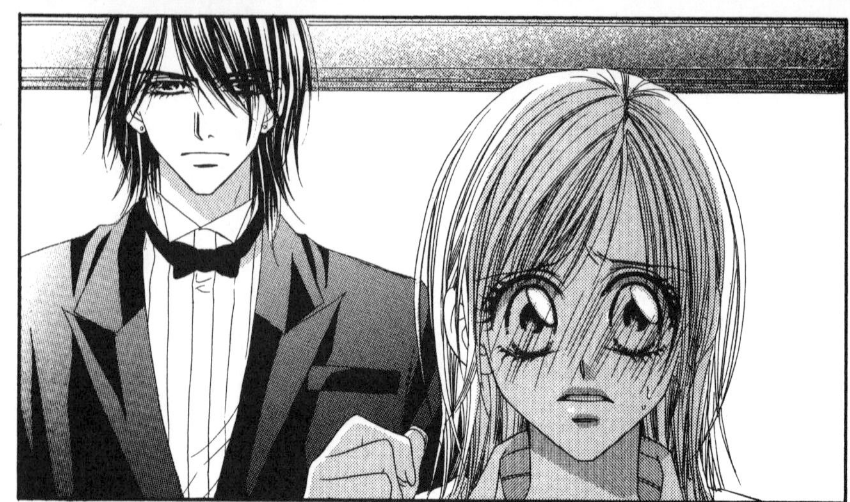

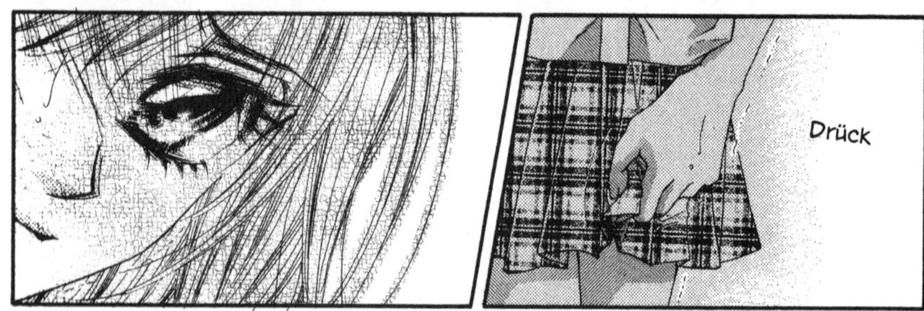
Drück

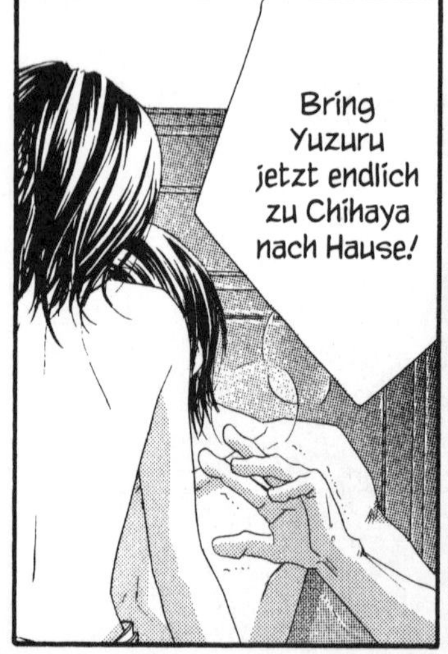
Bring Yuzuru jetzt endlich zu Chihaya nach Hause!

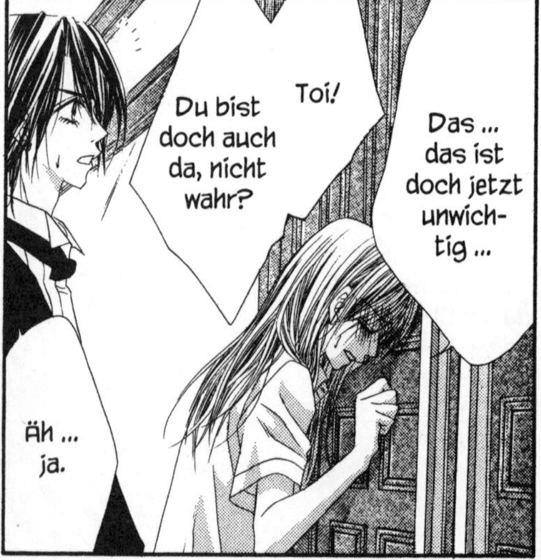
Das ... das ist doch jetzt unwichtig ...
Toi!
Du bist doch auch da, nicht wahr?
Äh ... ja.

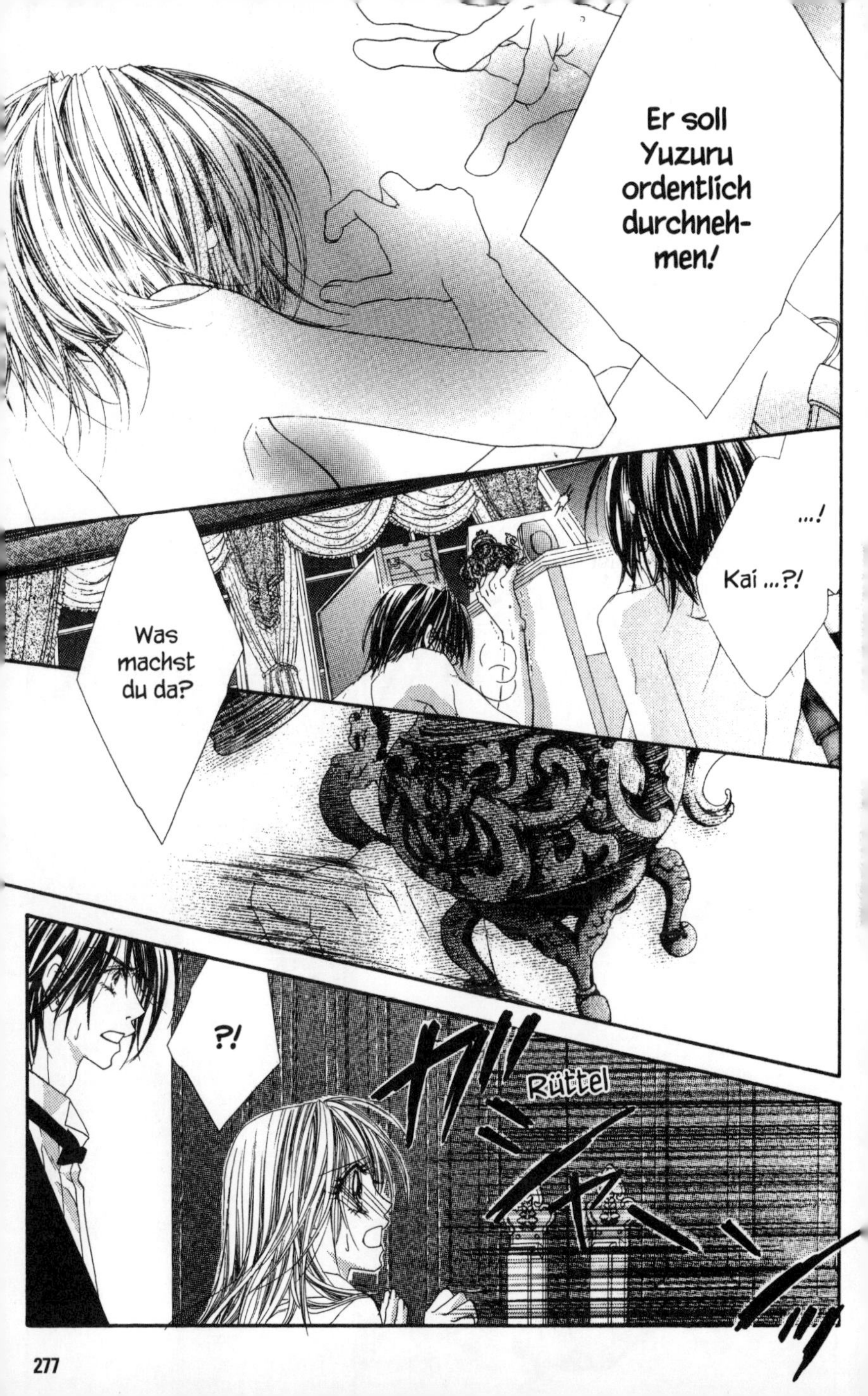
Er soll Yuzuru ordentlich durchneh-men!
...!
Kai ...?!
Was machst du da?
?!
Rüttel

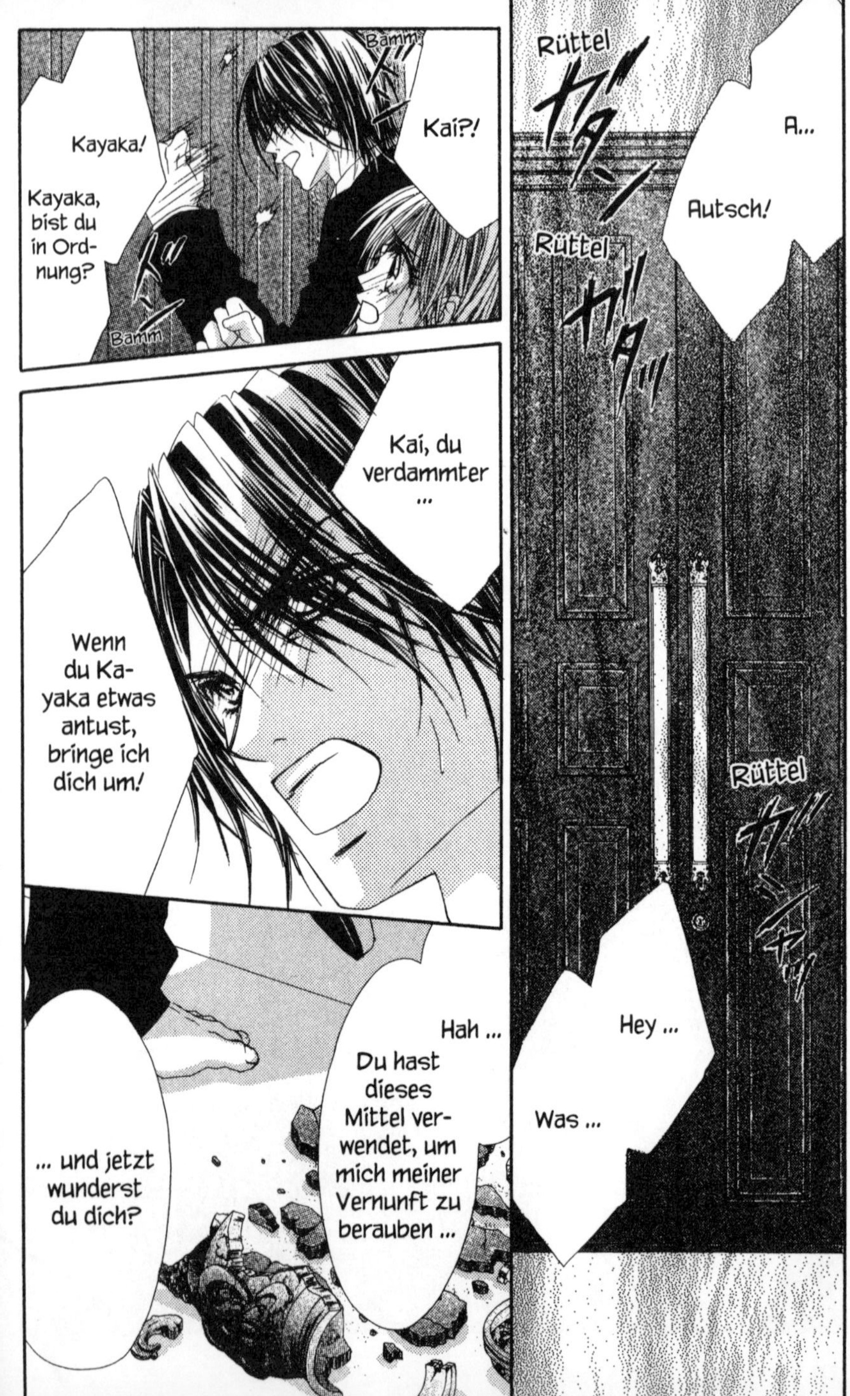
Rüttel
A...
Autsch!
Rüttel
Bamm
Kai?!
Kayaka!
Kayaka, bist du in Ordnung?
Bamm
Kai, du verdammter ...
Wenn du Kayaka etwas antust, bringe ich dich um!
Rüttel
Hey ...
Was ...
Hah ... Du hast dieses Mittel verwendet, um mich meiner Vernunft zu berauben ...
... und jetzt wunderst du dich?

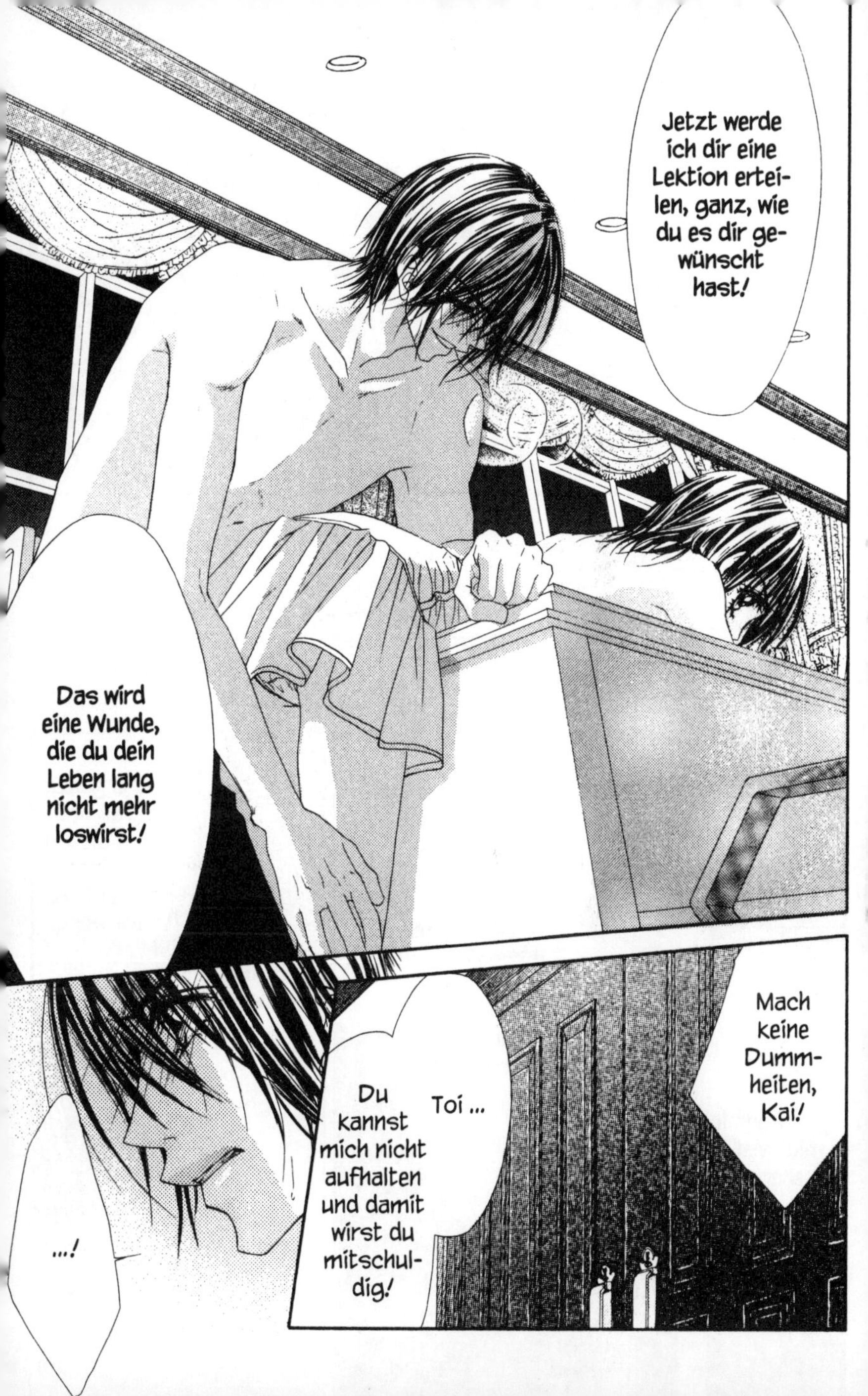
Jetzt werde ich dir eine Lektion erteilen, ganz, wie du es dir gewünscht hast!
Das wird eine Wunde, die du dein Leben lang nicht mehr loswirst!
Mach keine Dummheiten, Kai!
Toi ...
Du kannst mich nicht aufhalten und damit wirst du mitschuldig!
...!

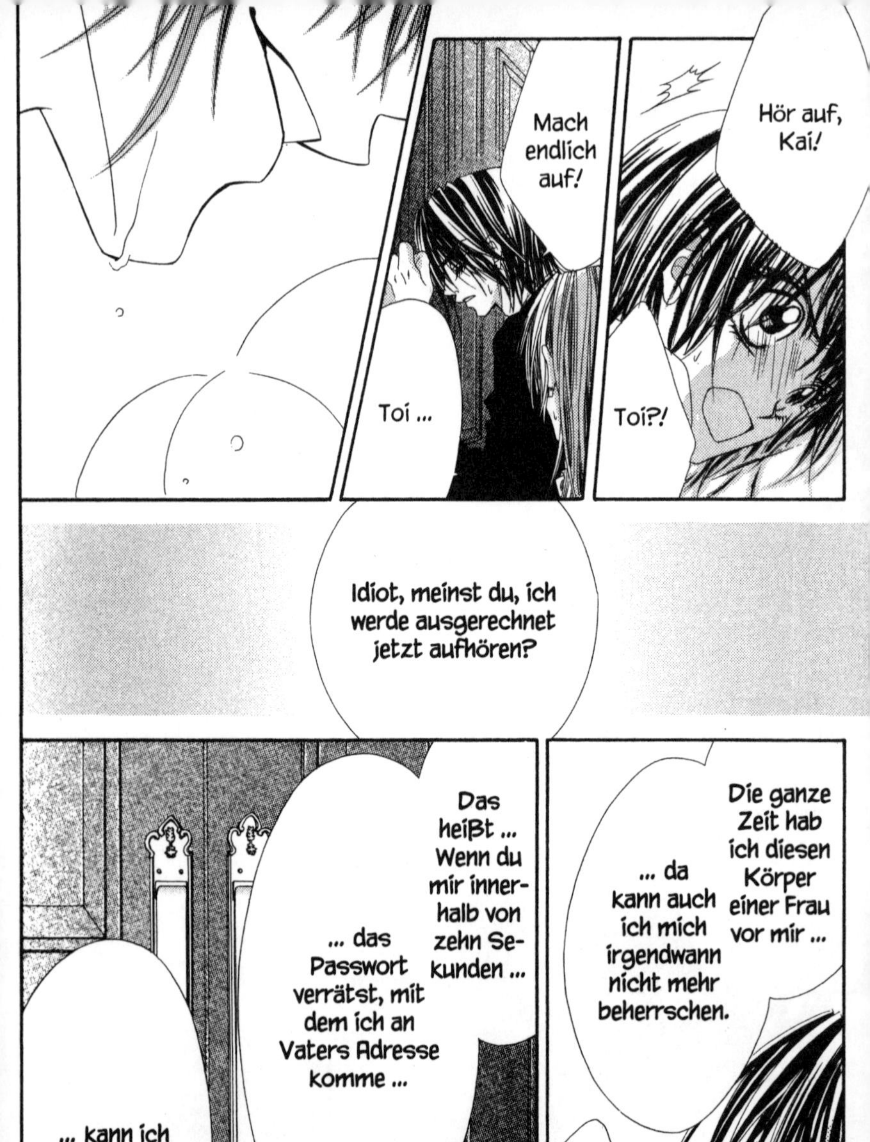
Hör auf, Kai!
Toi?!
Mach endlich auf!
Toi ...
Idiot, meinst du, ich werde ausgerechnet jetzt aufhören?
Die ganze Zeit hab ich diesen Körper einer Frau vor mir ...
... da kann auch ich mich irgendwann nicht mehr beherrschen.
Verdamm...
Das heißt ... Wenn du mir inner-halb von zehn Se-kunden ...
... das Passwort verrätst, mit dem ich an Vaters Adresse komme ...
... kann ich mich vielleicht beherrschen.

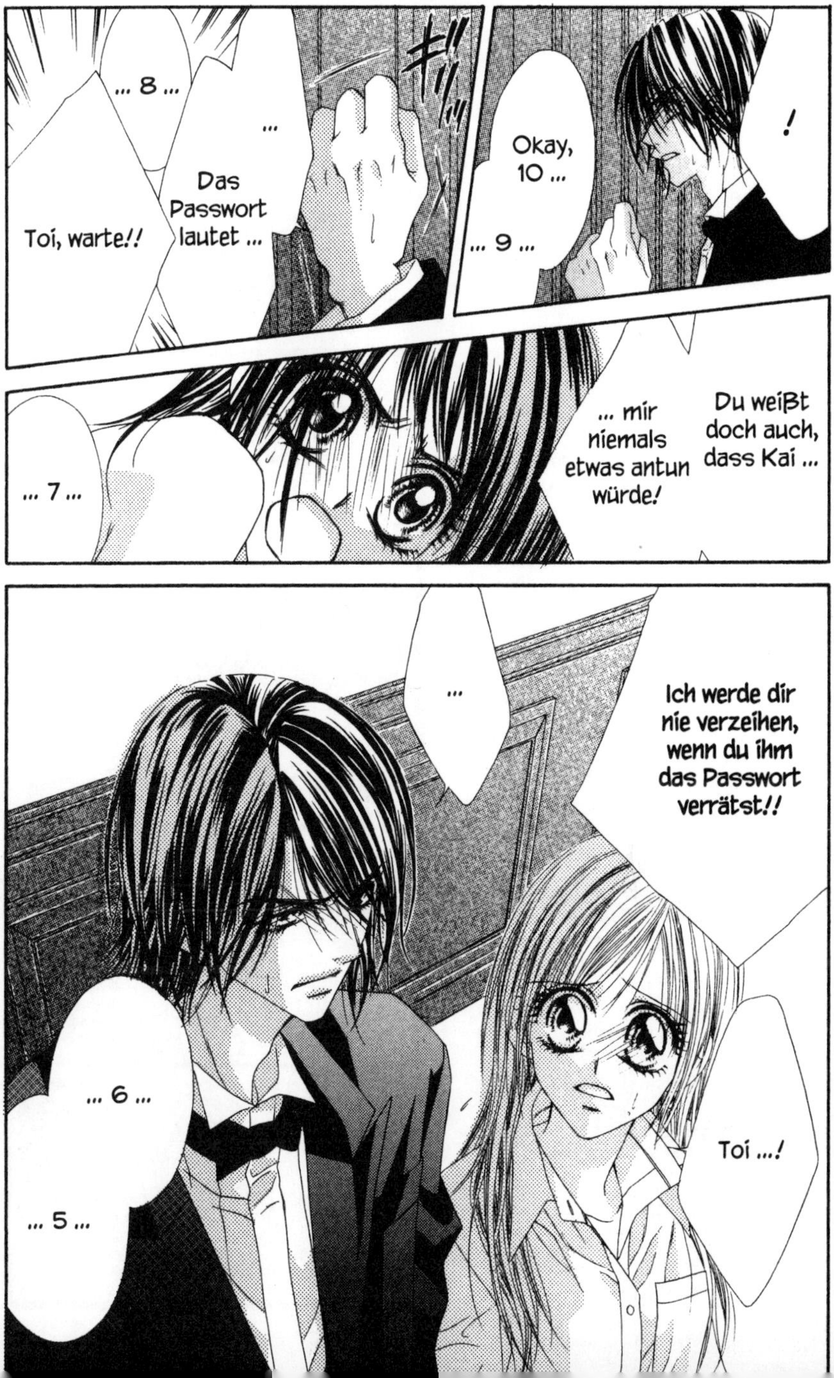

!

Okay, 10 ...

... 9 ...

Das Passwort lautet ...

...

... 8 ...

Toi, warte!!

Du weißt doch auch, dass Kai ...

... mir niemals etwas antun würde!

... 7 ...

Ich werde dir nie verzeihen, wenn du ihm das Passwort verrätst!!

...

Toi ...!

... 6 ...

... 5 ...

LOVE♡LOVE HONEY GENJO LIFE!!

In Band 5 gab es leider keinen Platz für so was. Aber nach zahlreichen Aufforderungen, geht es hier wieder weiter!!! (*lach*)

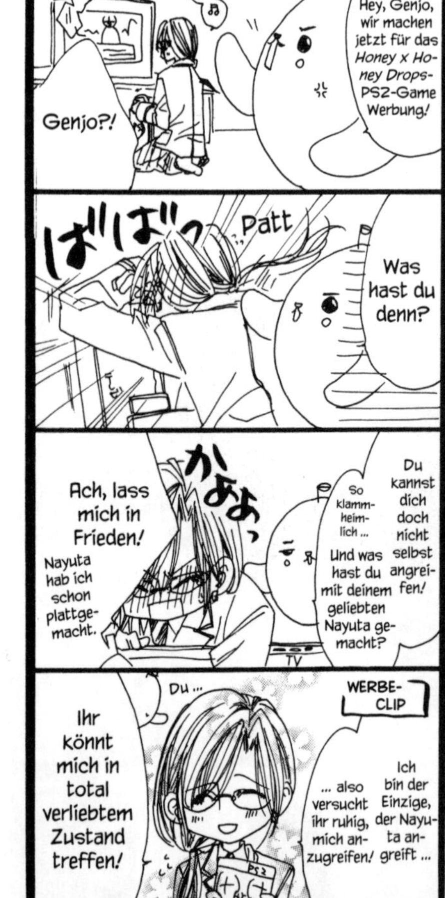

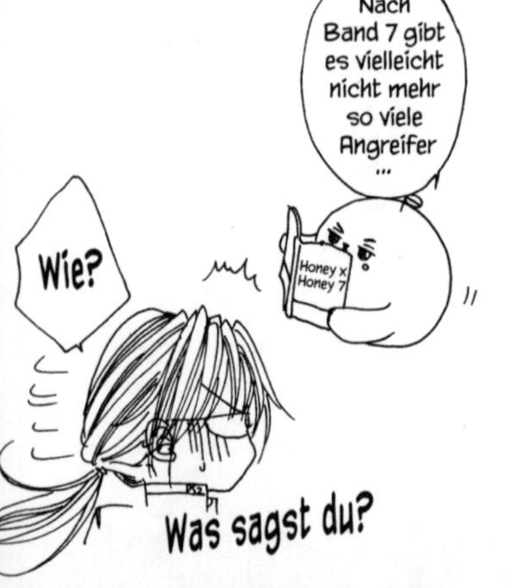

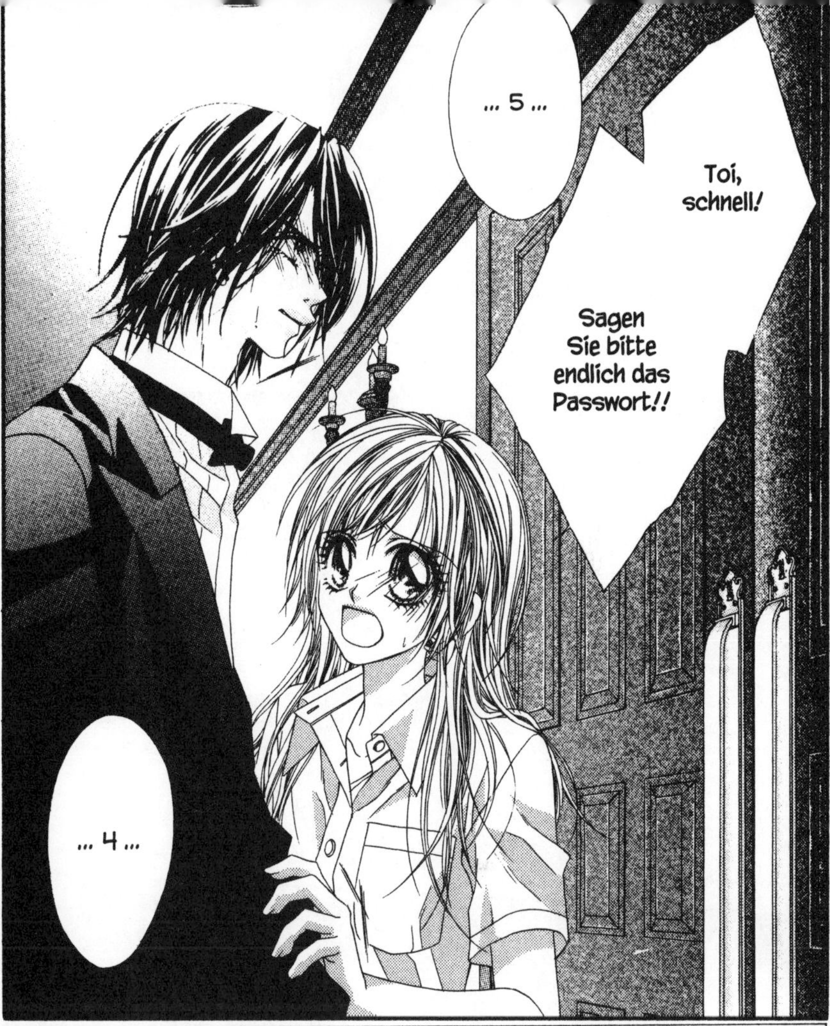

An diejenigen, die das Magazin besitzen, in dem *Honey x Honey Drops* im Original erscheint: Wie ihr seht, hat sich hier eine Szene eingeschlichen, die es im Original nicht gab.

Es tut mir wirklich leid, dass ich im Magazin so eine verweichlichte Geschichte veröffentlicht habe!

7 Jedenfalls hatte es im Manuskript so einiges Hin und Her gegeben (darüber werde ich im letzten Band vielleicht noch mehr schreiben).

Bitte verzeiht, wenn ich das mit der Story immer noch nicht so perfekt hinbekommen habe. Was den Inhalt angeht: Anfangs wollte Kai, benebelt durch das Aphrodisiakum, Kayaka einfach ziemlich grob nehmen, wurde dann aber durch die Redakteurin gestoppt (*gequält lächel*). Das Aphrodisiakum scheint also tatsächlich zu wirken ...

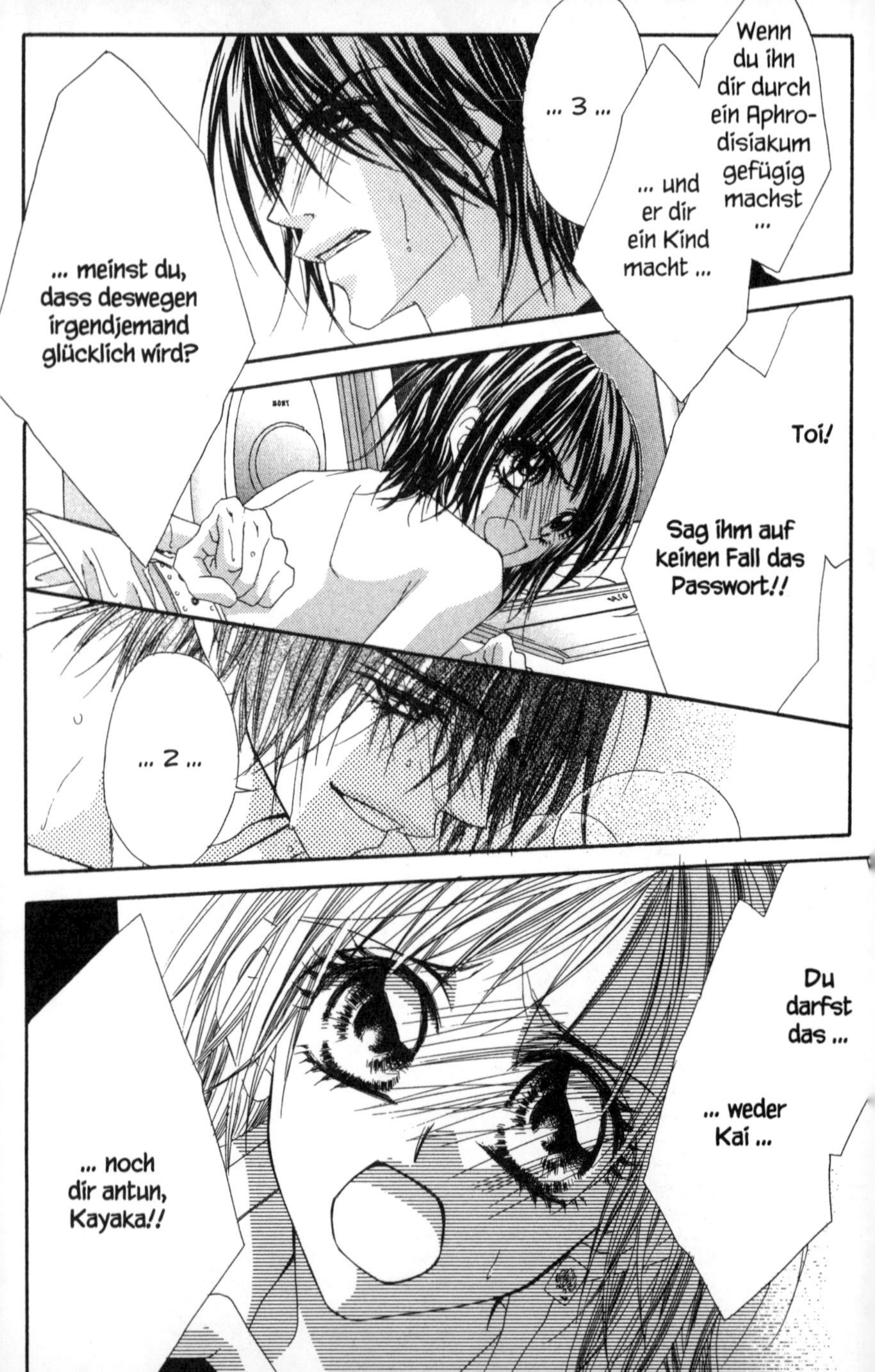
Wenn du ihn dir durch ein Aphrodisiakum gefügig machst …
… und er dir ein Kind macht …
… 3 …
… meinst du, dass deswegen irgendjemand glücklich wird?
Toi!
Sag ihm auf keinen Fall das Passwort!!
… 2 …
Du darfst das …
… weder Kai …
… noch dir antun, Kayaka!!

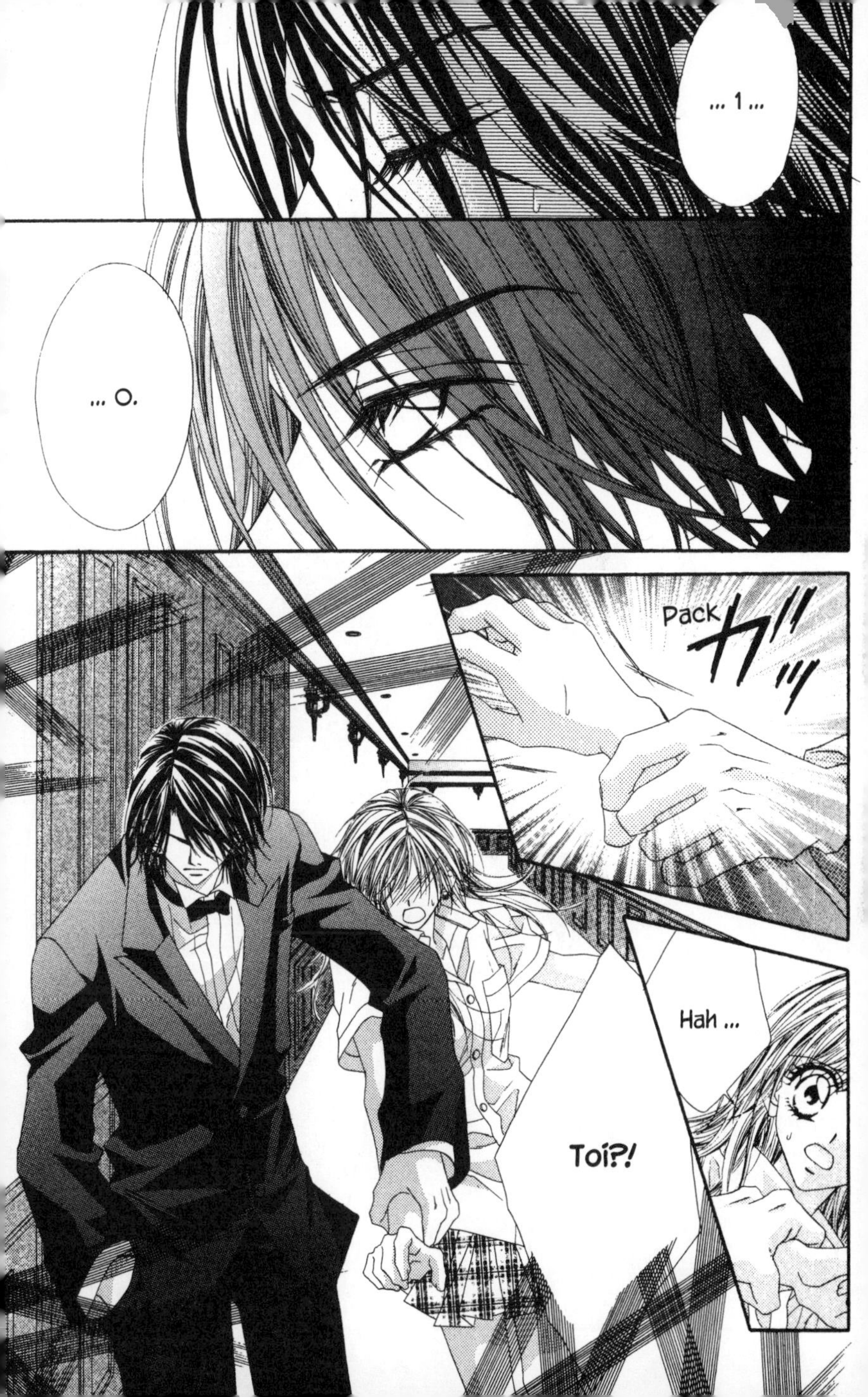
... 1 ...
... 0.
Pack ガッ
Hah ...
Toi?!

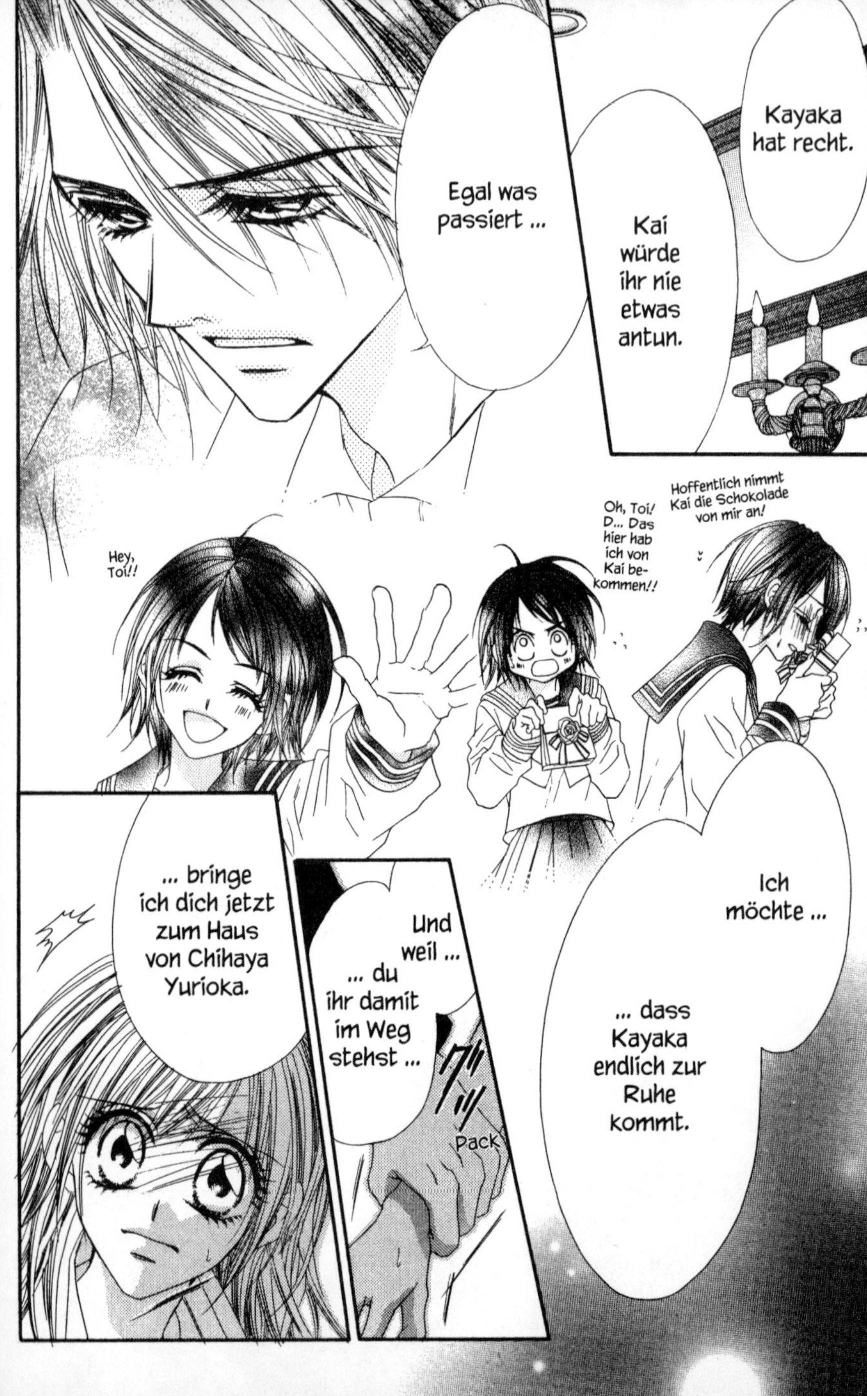

Kayaka hat recht.
Kai würde ihr nie etwas antun.
Egal was passiert ...
Hoffentlich nimmt Kai die Schokolade von mir an!
Oh, Toi! D... Das hier hab ich von Kai bekommen!!
Hey, Toi!!
Ich möchte ...
... dass Kayaka endlich zur Ruhe kommt.
Und weil ...
... du ihr damit im Weg stehst ...
Pack
... bringe ich dich jetzt zum Haus von Chihaya Yurioka.

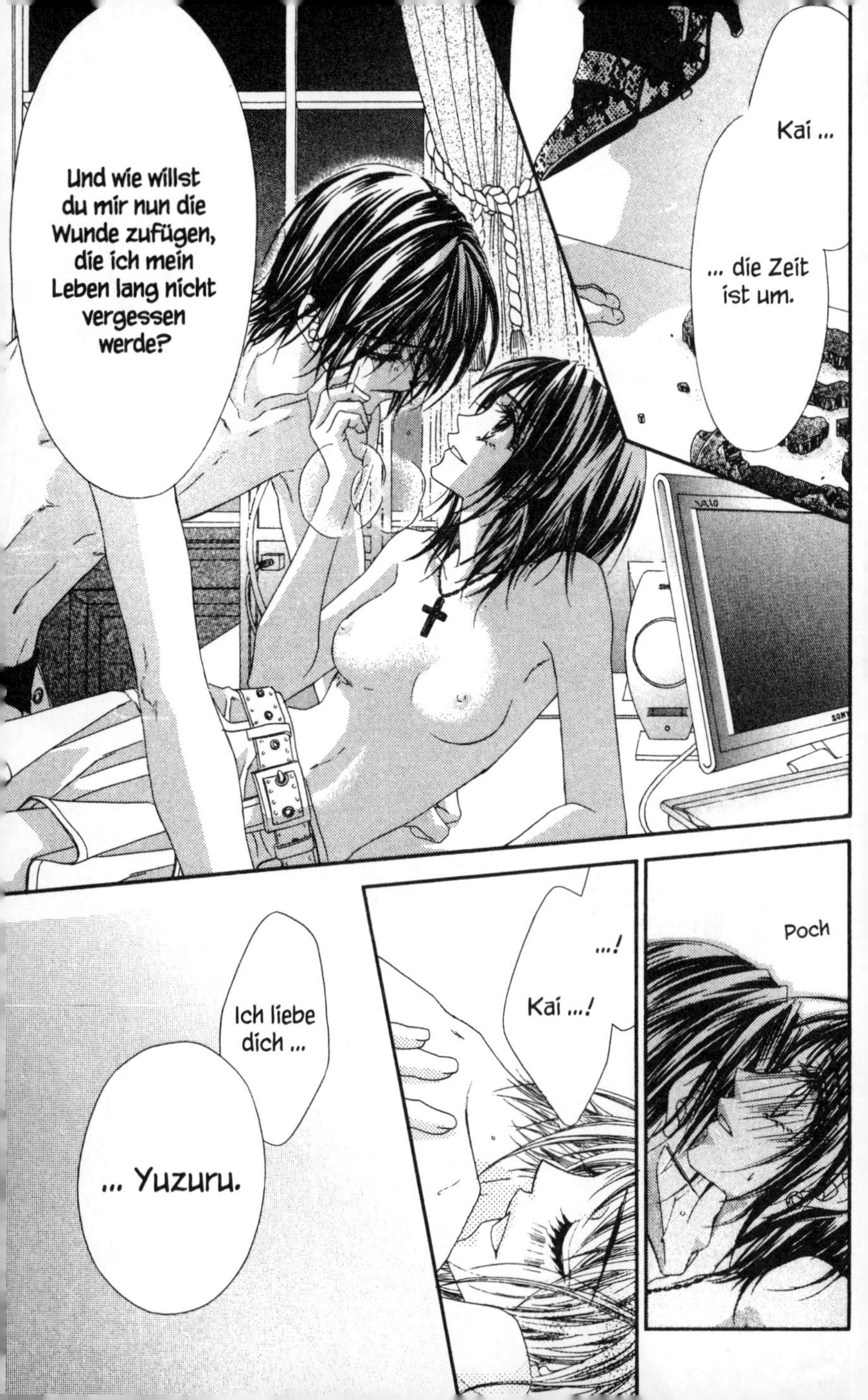
Kai ...
... die Zeit ist um.
Und wie willst du mir nun die Wunde zufügen, die ich mein Leben lang nicht vergessen werde?
Poch
...!
Kai ...!
Ich liebe dich ...
... Yuzuru.

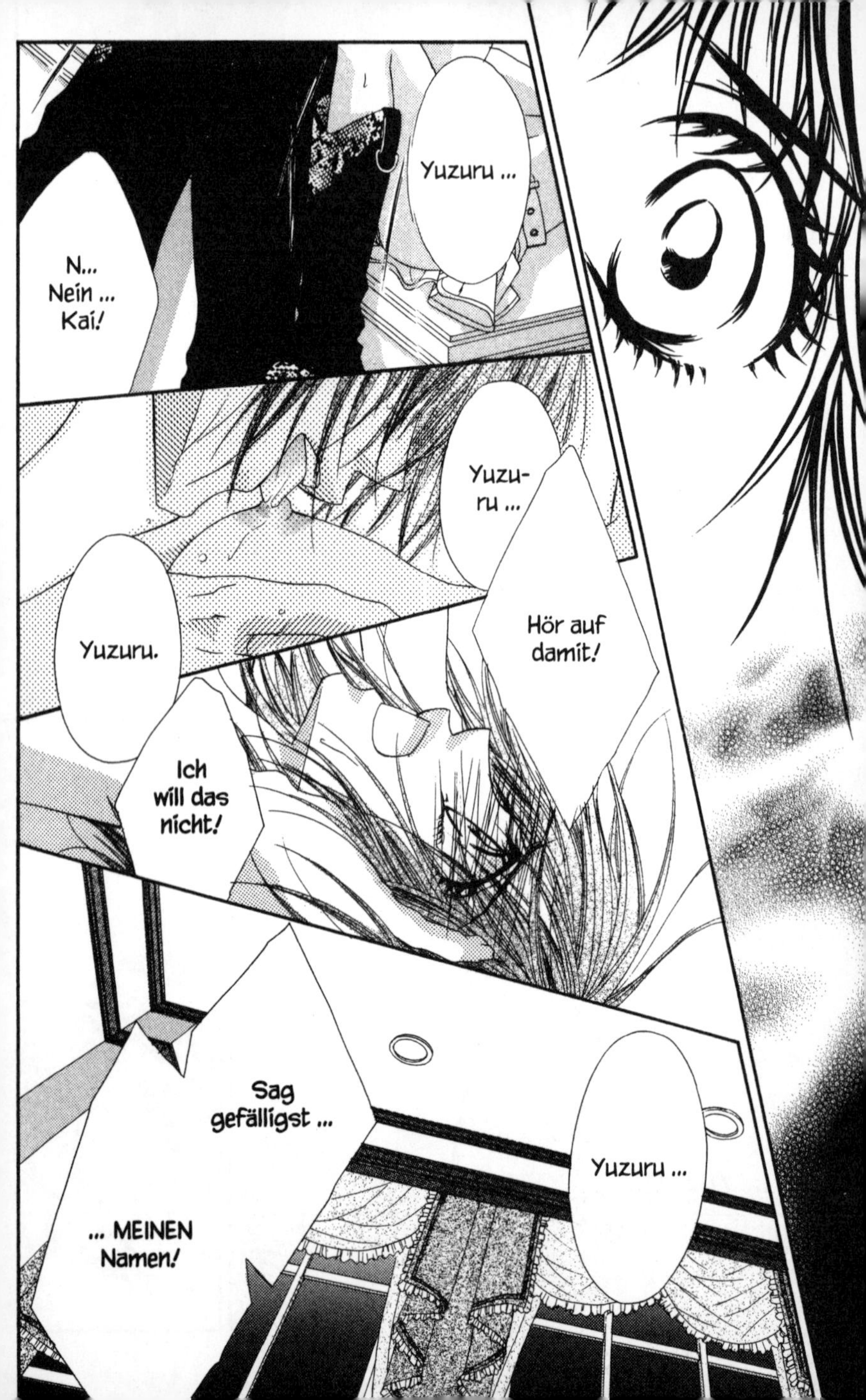
Yuzuru ...
N... Nein ... Kai!
Yuzu-ru ...
Hör auf damit!
Yuzuru.
Ich will das nicht!
Yuzuru ...
Sag gefälligst ...
... MEINEN Namen!

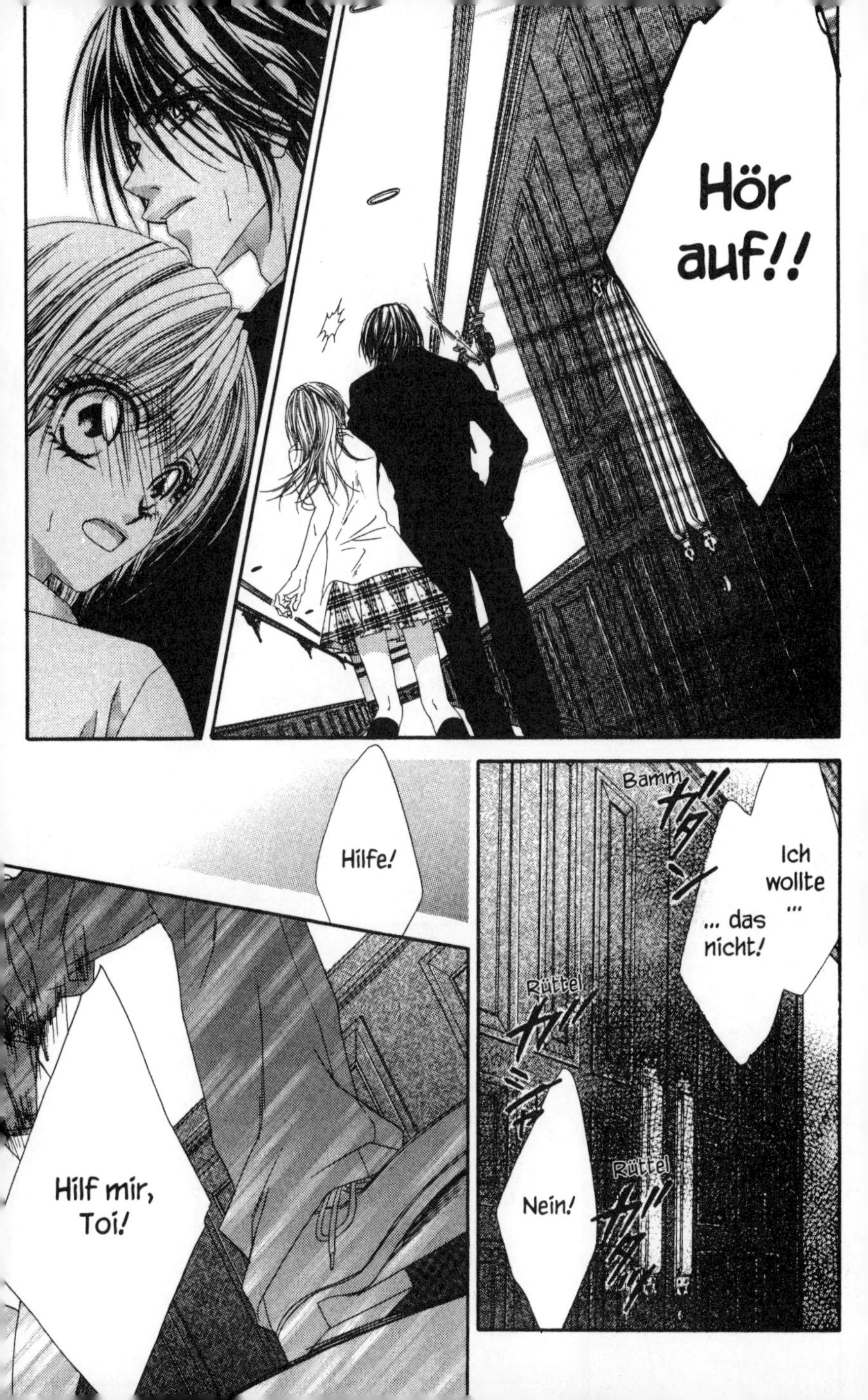

Hör auf!!

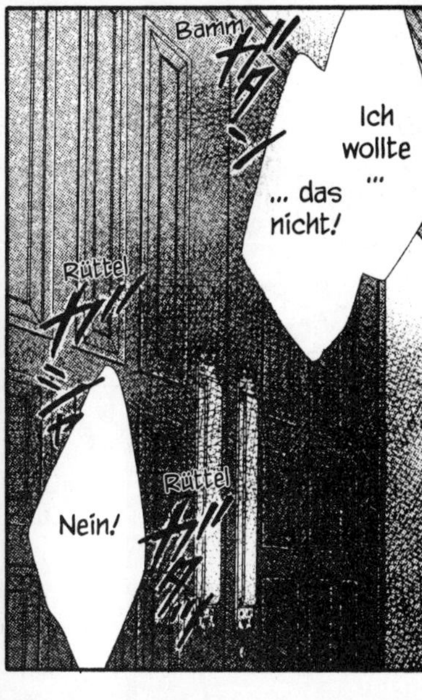
Bamm
Ich wollte ...
... das nicht!
Rüttel
Nein!
Rüttel

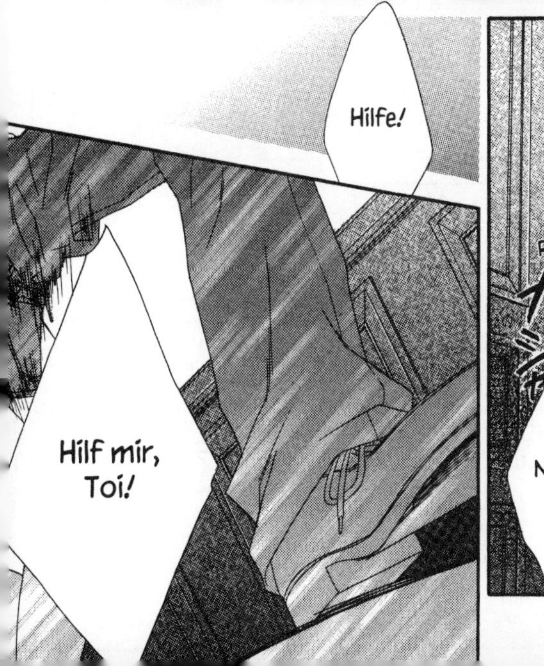
Hilfe!
Hilf mir, Toi!

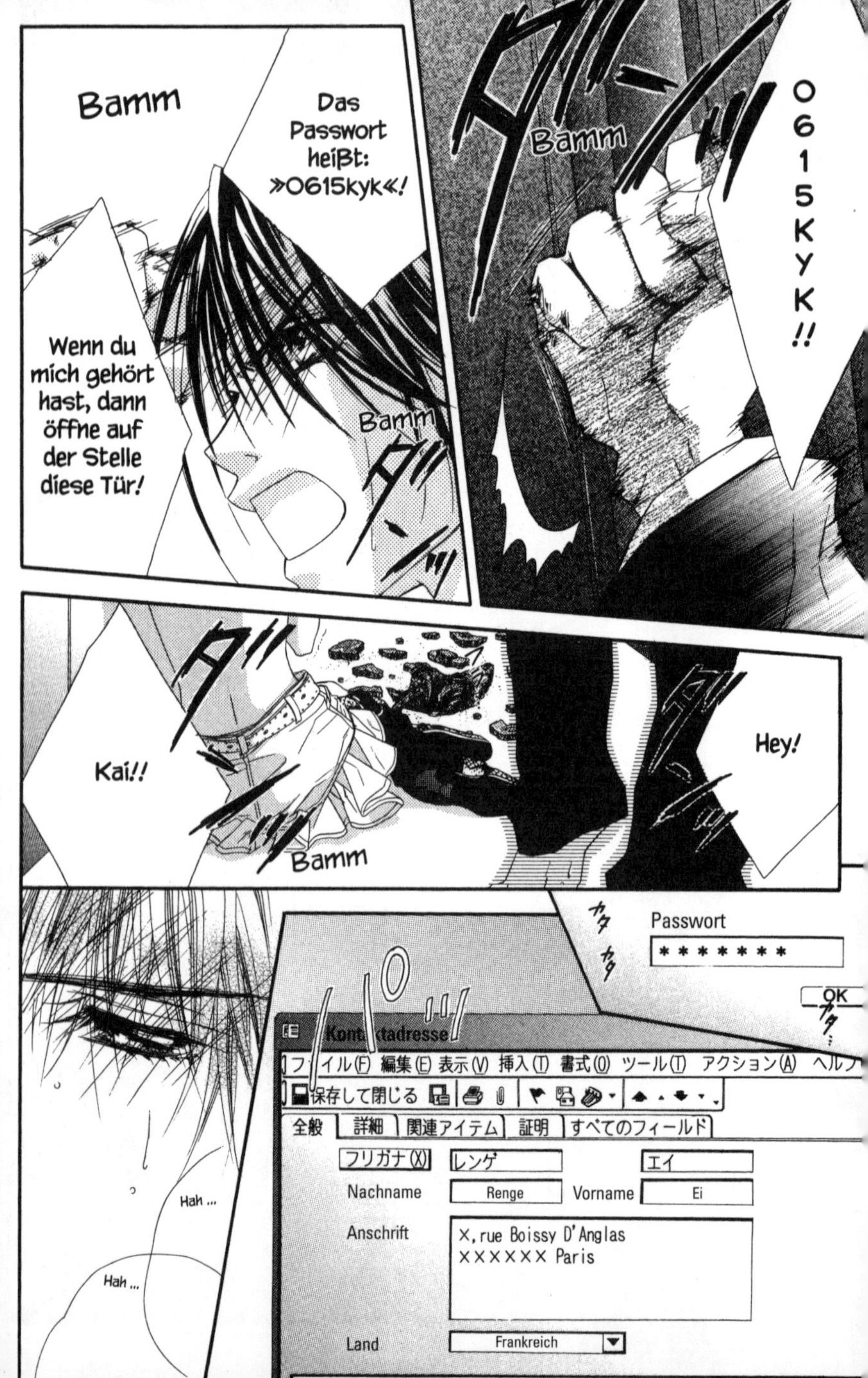
0615KYK!!
Bamm
Das Passwort heißt: »0615kyk«!
Bamm
Wenn du mich gehört hast, dann öffne auf der Stelle diese Tür!
Bamm
Hey!
Kai!!
Bamm
Passwort
* * * * * * *
OK
Kontaktadresse
ファイル(F) 編集(E) 表示(V) 挿入(I) 書式(O) ツール(T) アクション(A)
保存して閉じる
全般 詳細 関連アイテム 証明 すべてのフィールド
フリガナ(X) レンゲ エイ
Nachname Renge Vorname Ei
Anschrift X, rue Boissy D'Anglas
XXXXXX Paris
Land Frankreich
Hah ...
Hah ...

8

love x love honey life ist der Untertitel des PS2-Games.

↑

Ich habe das Game schon mal angespielt! Ich habe ja kaum Zeit zum Spielen und bin sonst eher für Puzzle zu haben, aber so eine Liebessimulation ist schon ziemlich cool ...
Na ja, eigentlich habe ich selbst gar nicht richtig gespielt. Vielmehr haben meine Assistentinnen auch dabei die Hauptarbeit übernommen und ein Level nach dem anderen bestritten ...

Ich mag die Stimmen der Sprecher. Wenn man sich einen guten Gegner ausgesucht hat und eine gute Wahl getroffen hat, sagen die Sprecher etwas Nettes zu einem. Wenn ich das Spiel gekauft habe, knöpfe ich mir sämtliche Figuren vor!

Die Zeichnungen sind zwar etwas anders als im Anime, aber total süß und cool. Vor allem die Chibis!!

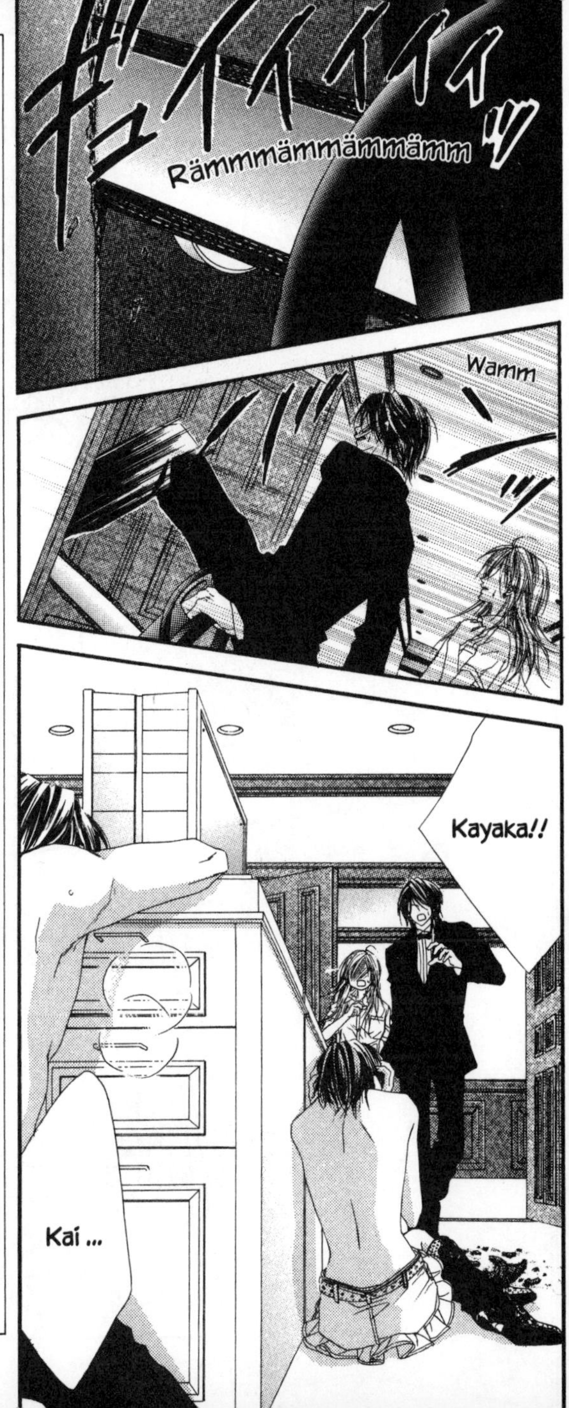

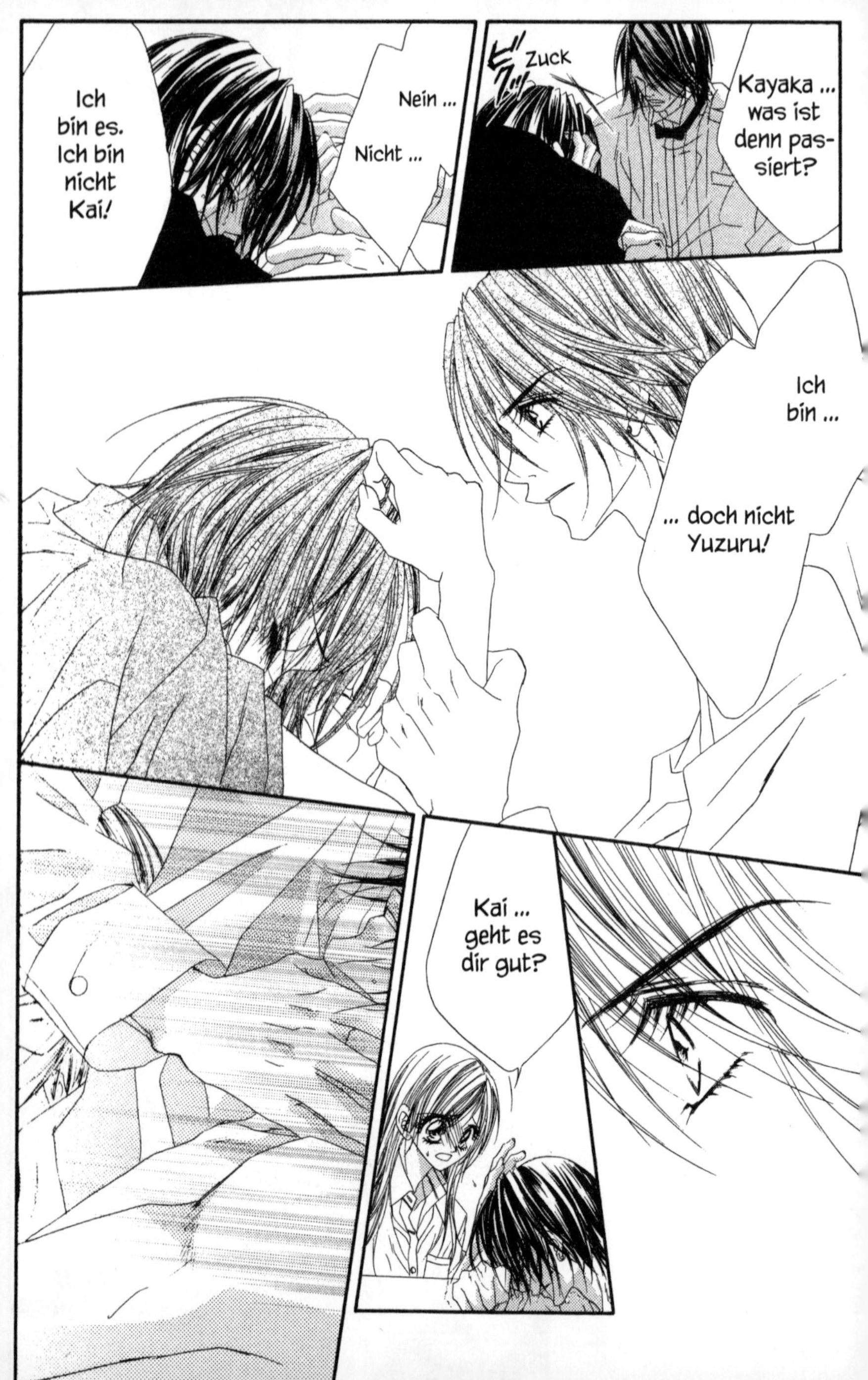
Kayaka ... was ist denn passiert?
Zuck
Nein ...
Nicht ...
Ich bin es. Ich bin nicht Kai!
Ich bin ...
... doch nicht Yuzuru!
Kai ... geht es dir gut?

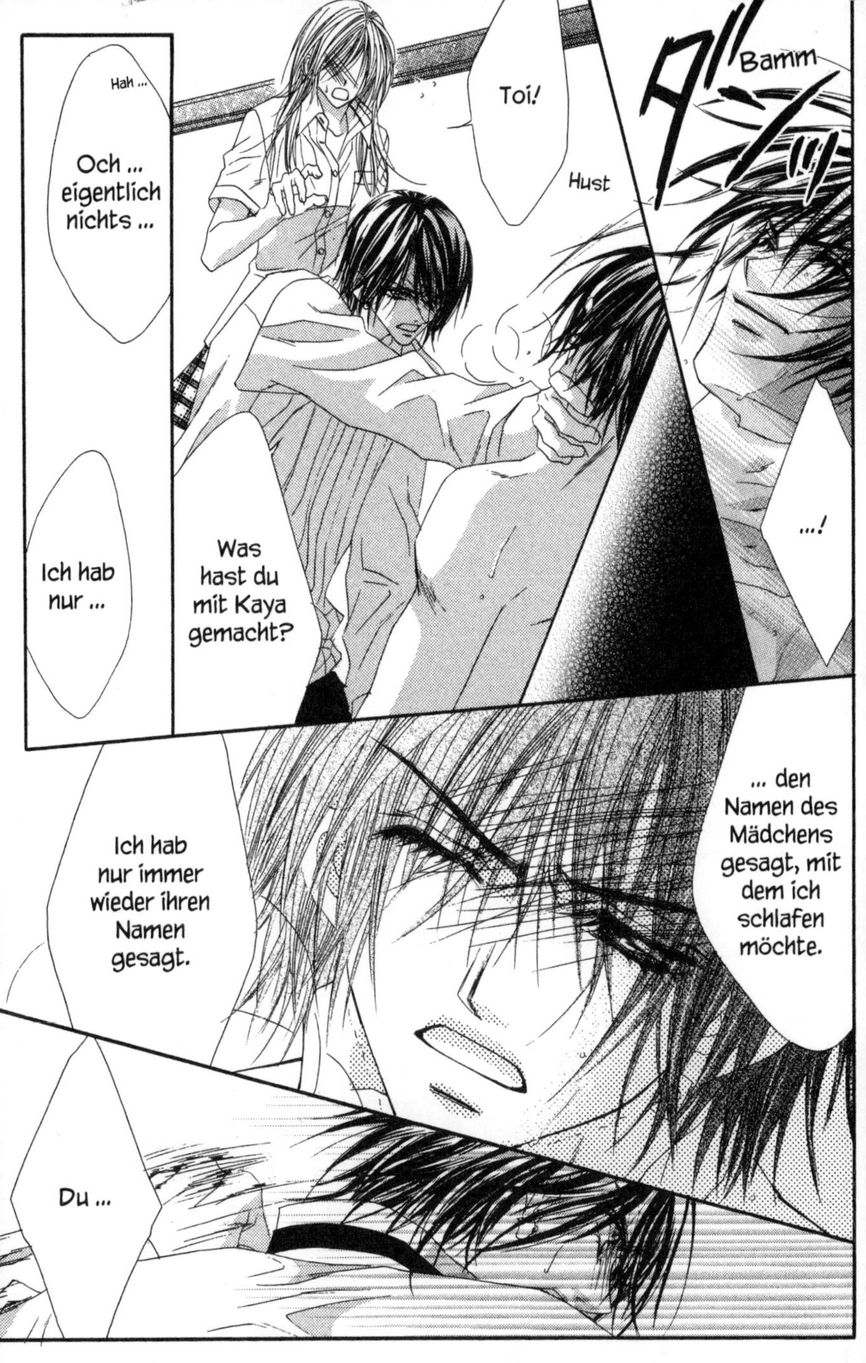
Bamm
Toi!
Hust
Hah ...
Och ... eigentlich nichts ...
...!
Was hast du mit Kaya gemacht?
Ich hab nur ...
... den Namen des Mädchens gesagt, mit dem ich schlafen möchte.
Ich hab nur immer wieder ihren Namen gesagt.
Du ...

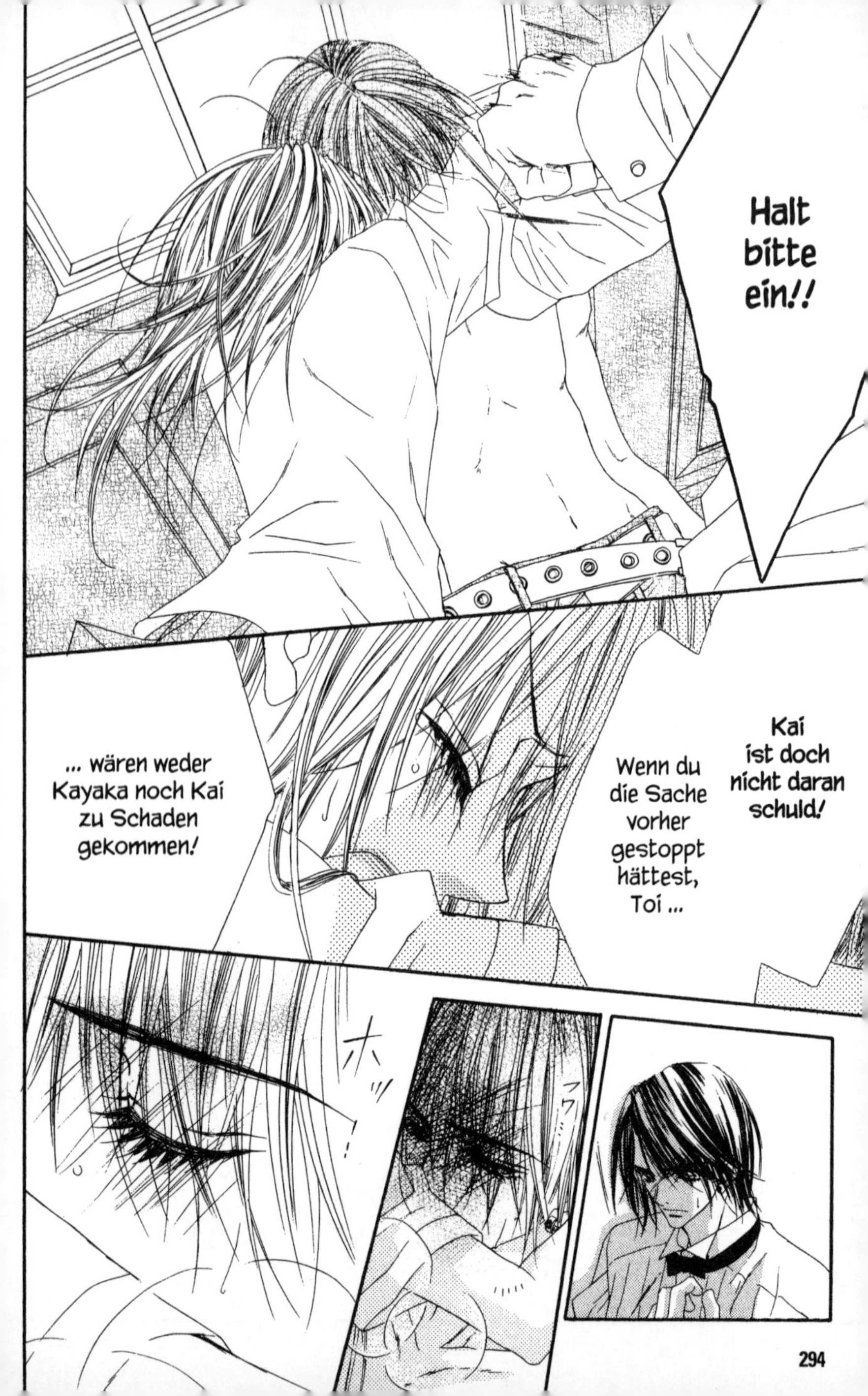
Halt bitte ein!!
Kai ist doch nicht daran schuld!
Wenn du die Sache vorher gestoppt hättest, Toi ...
... wären weder Kayaka noch Kai zu Schaden gekommen!

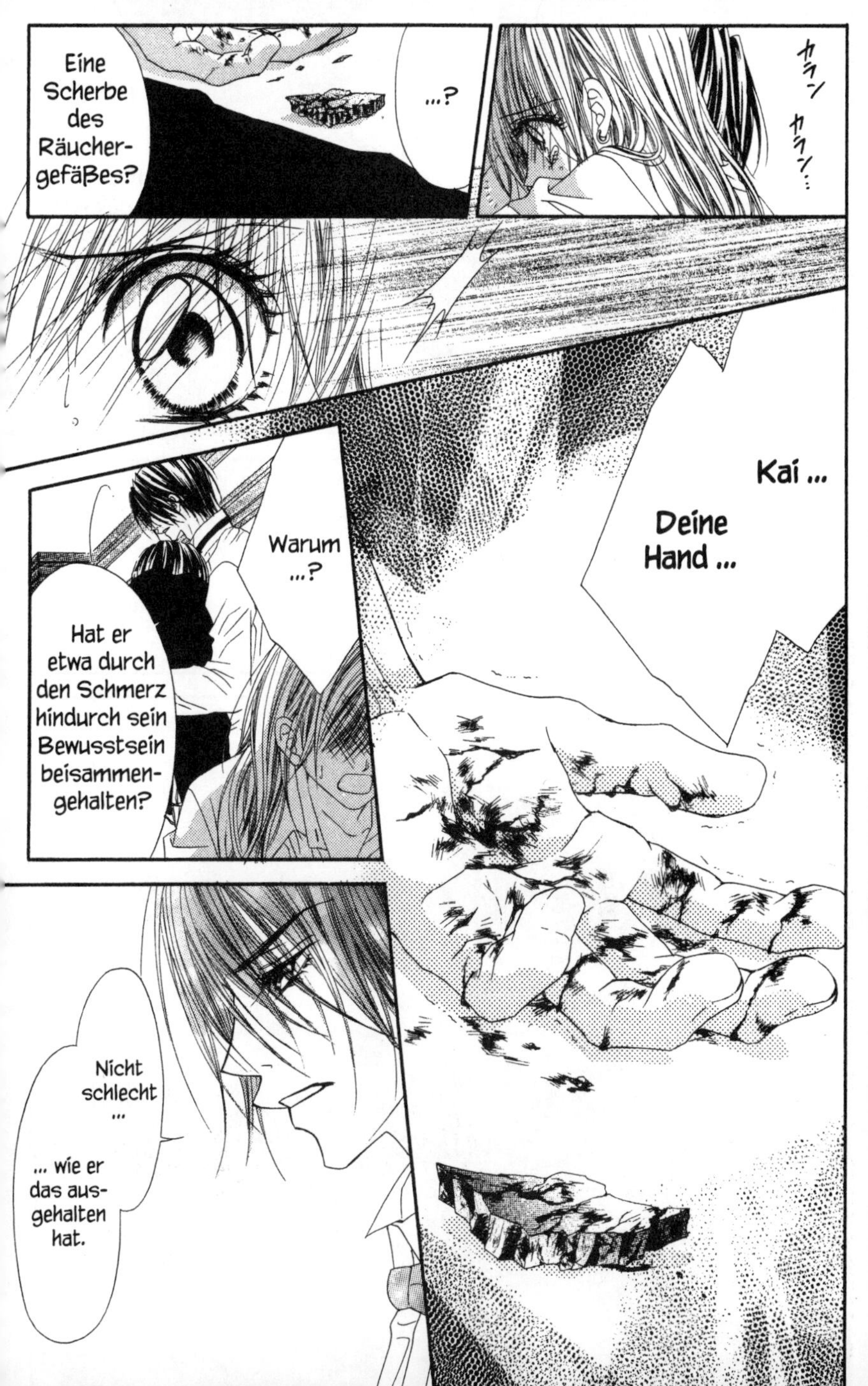

カラン
カラン…
...?
Eine Scherbe des Räucher-gefäßes?
Kai ...
Deine Hand ...
Warum ...?
Hat er etwa durch den Schmerz hindurch sein Bewusstsein beisammen-gehalten?
Nicht schlecht ...
... wie er das aus-gehalten hat.

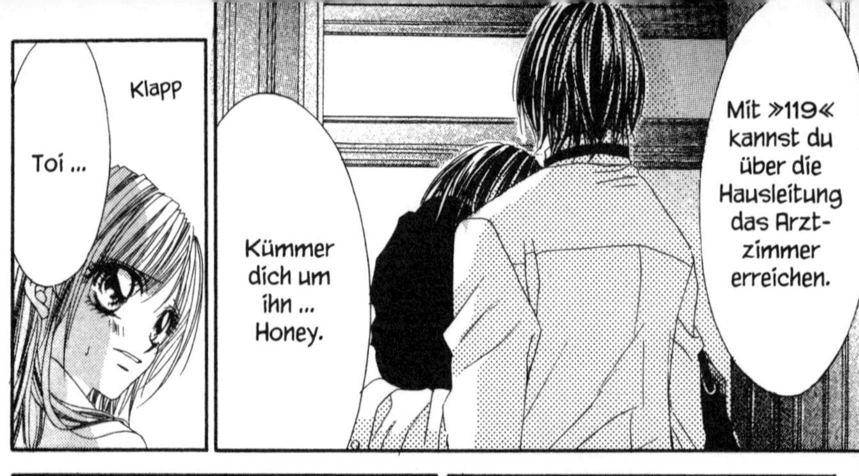
Mit »119« kannst du über die Hausleitung das Arzt-zimmer erreichen.
Kümmer dich um ihn ... Honey.
Klapp
Toi ...

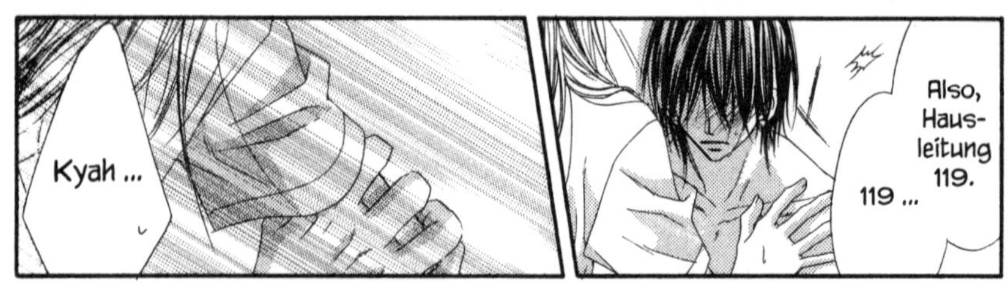
Also, Haus-leitung 119.
119 ...
Kyah ...

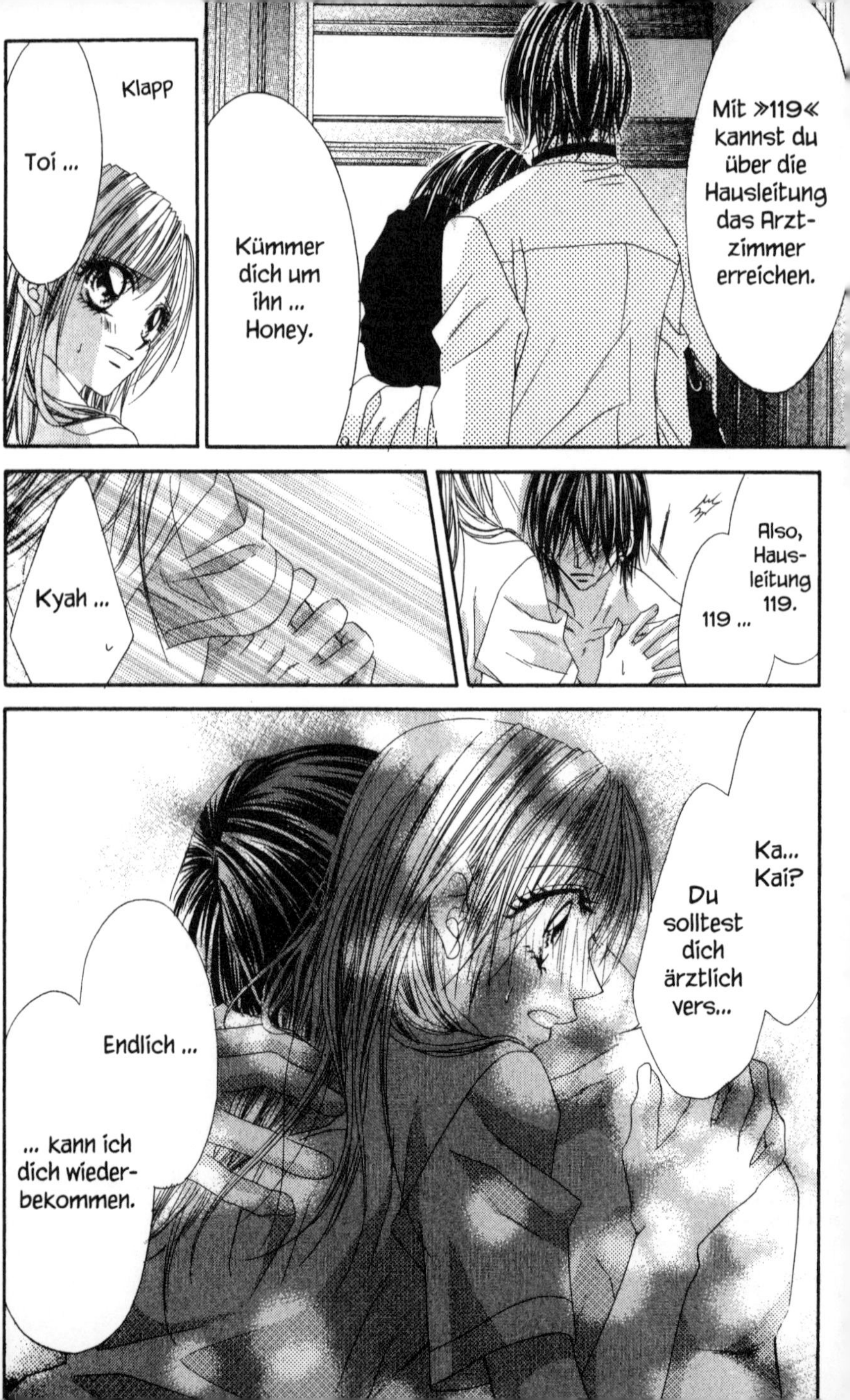

Ka... Kai?
Du solltest dich ärztlich vers...
Endlich ...
... kann ich dich wieder-bekommen.

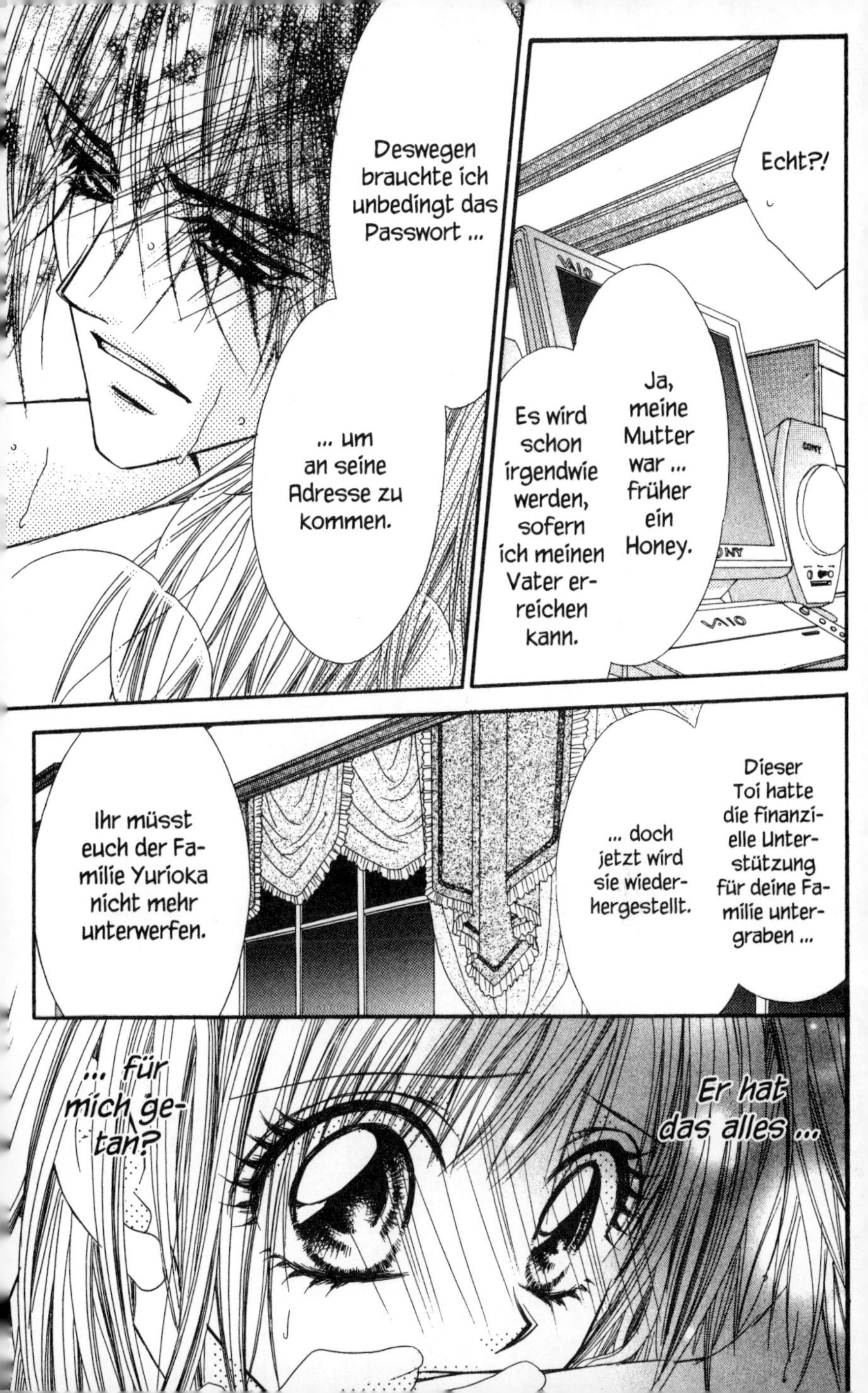
Echt?!
Deswegen brauchte ich unbedingt das Passwort ...
... um an seine Adresse zu kommen.
Ja, meine Mutter war ... früher ein Honey.
Es wird schon irgendwie werden, sofern ich meinen Vater erreichen kann.
Dieser Toi hatte die finanzielle Unterstützung für deine Familie untergraben ...
... doch jetzt wird sie wiederhergestellt.
Ihr müsst euch der Familie Yurioka nicht mehr unterwerfen.
Er hat das alles ...
... für mich getan?

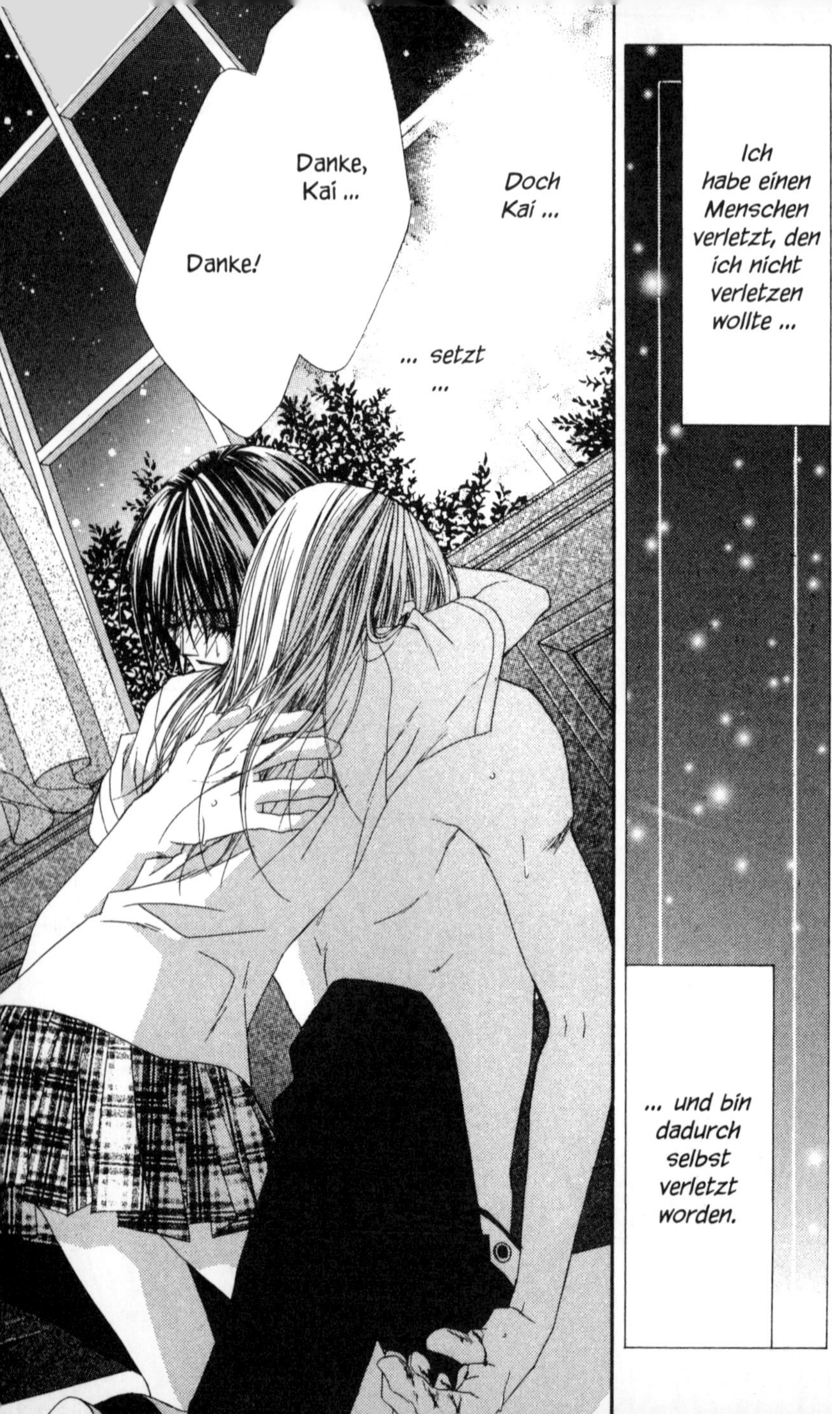
Ich habe einen Menschen verletzt, den ich nicht verletzen wollte ...
... und bin dadurch selbst verletzt worden.
Doch Kai ...
... setzt ...
Danke, Kai ...
Danke!

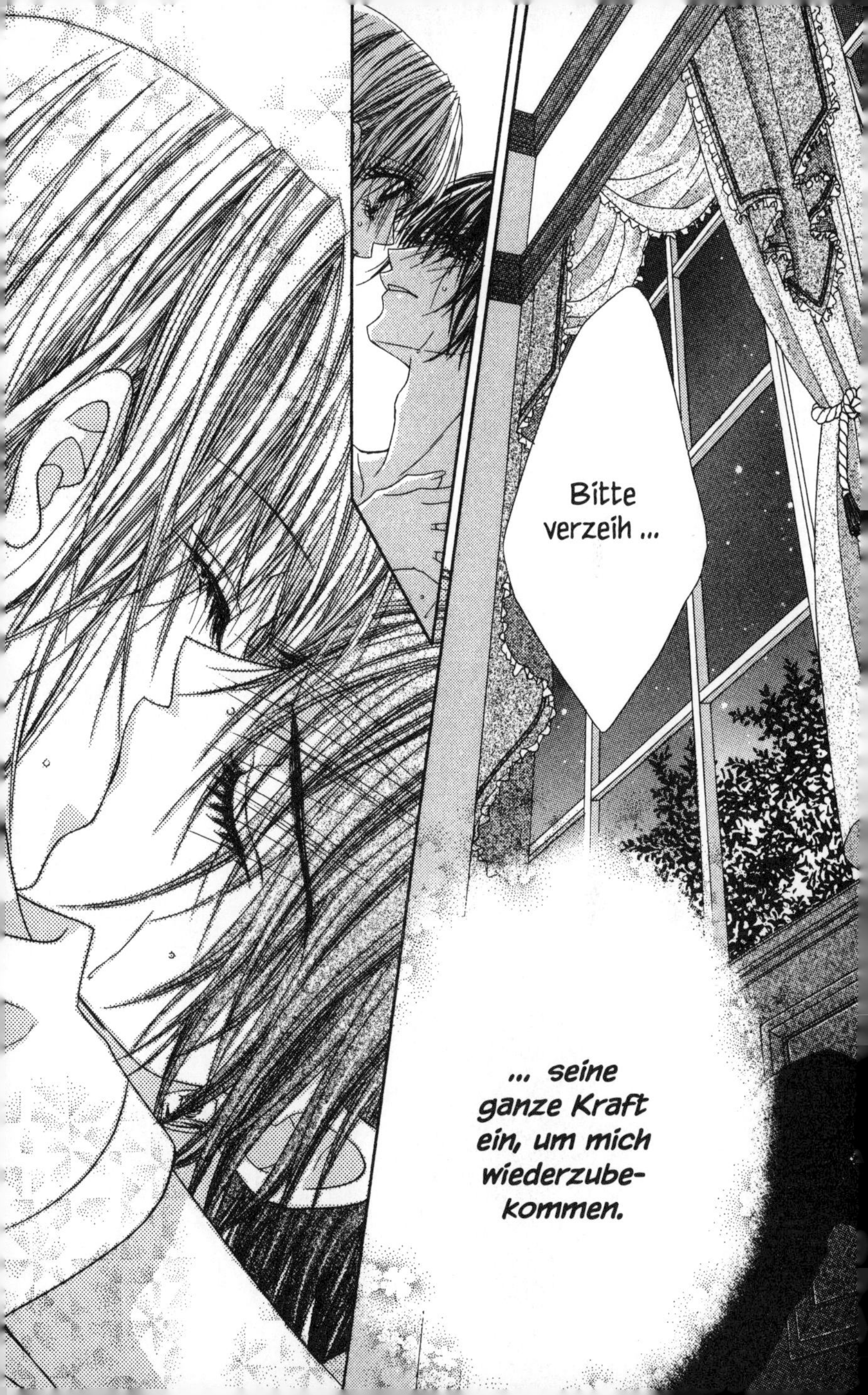
Bitte verzeih ...
... seine ganze Kraft ein, um mich wiederzubekommen.

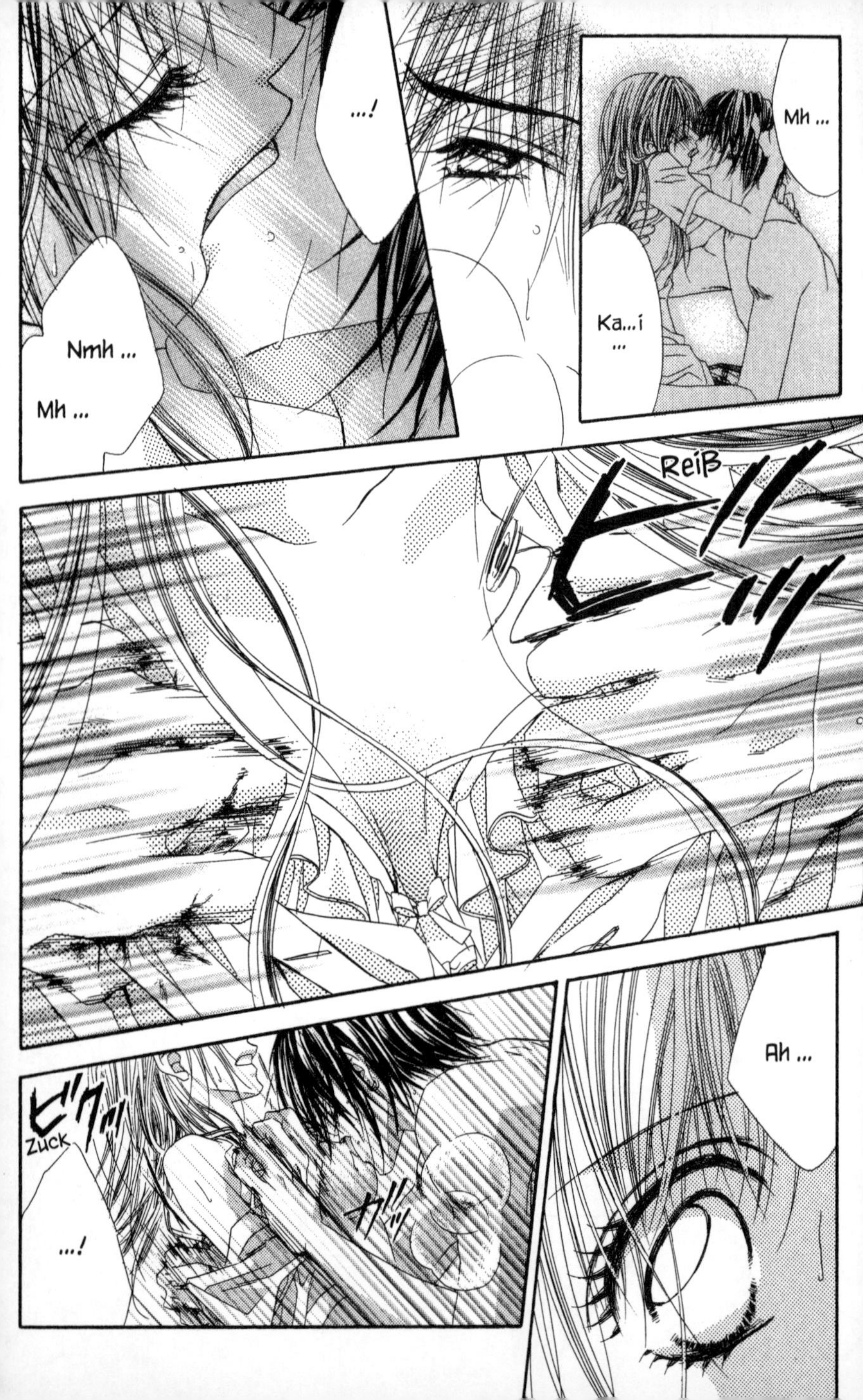

Mh ...
Ka...i
...
...!
Nmh ...
Mh ...
Reiß
Ah ...
Zuck
...!

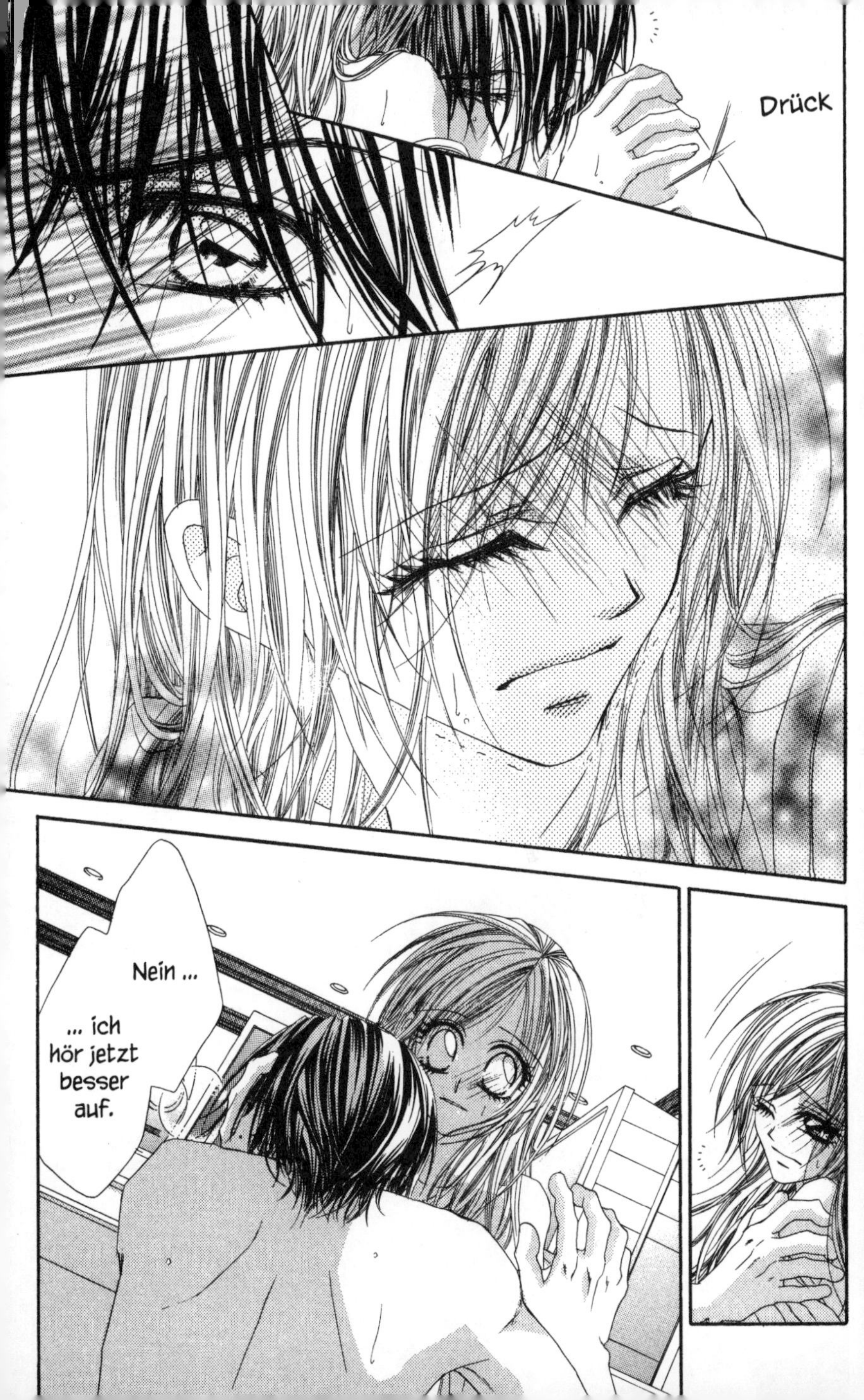
Drück
Nein ...
... ich hör jetzt besser auf.

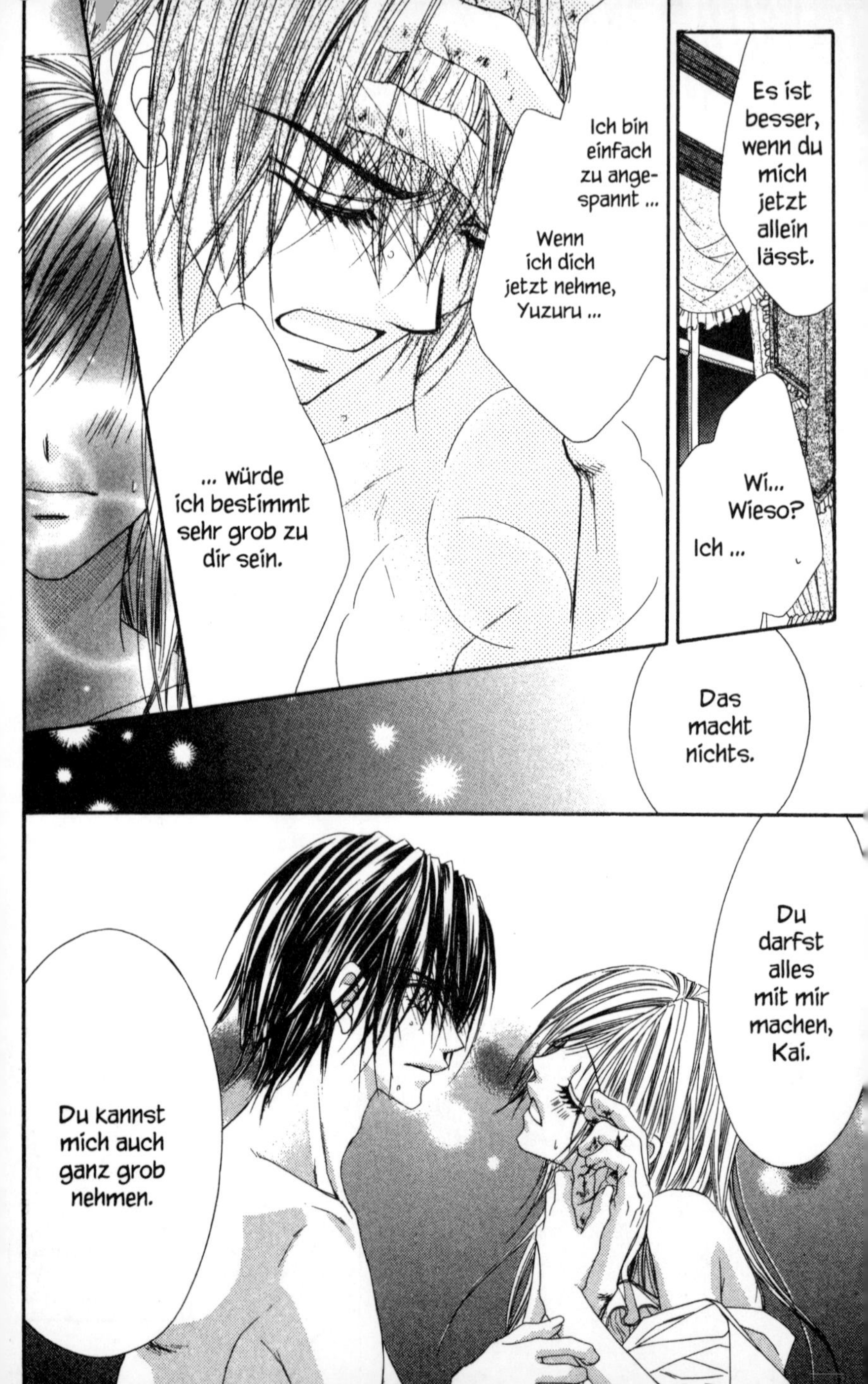
Es ist besser, wenn du mich jetzt allein lässt.
Wi... Wieso?
Ich ...
Ich bin einfach zu ange-spannt ...
Wenn ich dich jetzt nehme, Yuzuru ...
... würde ich bestimmt sehr grob zu dir sein.
Das macht nichts.
Du darfst alles mit mir machen, Kai.
Du kannst mich auch ganz grob nehmen.

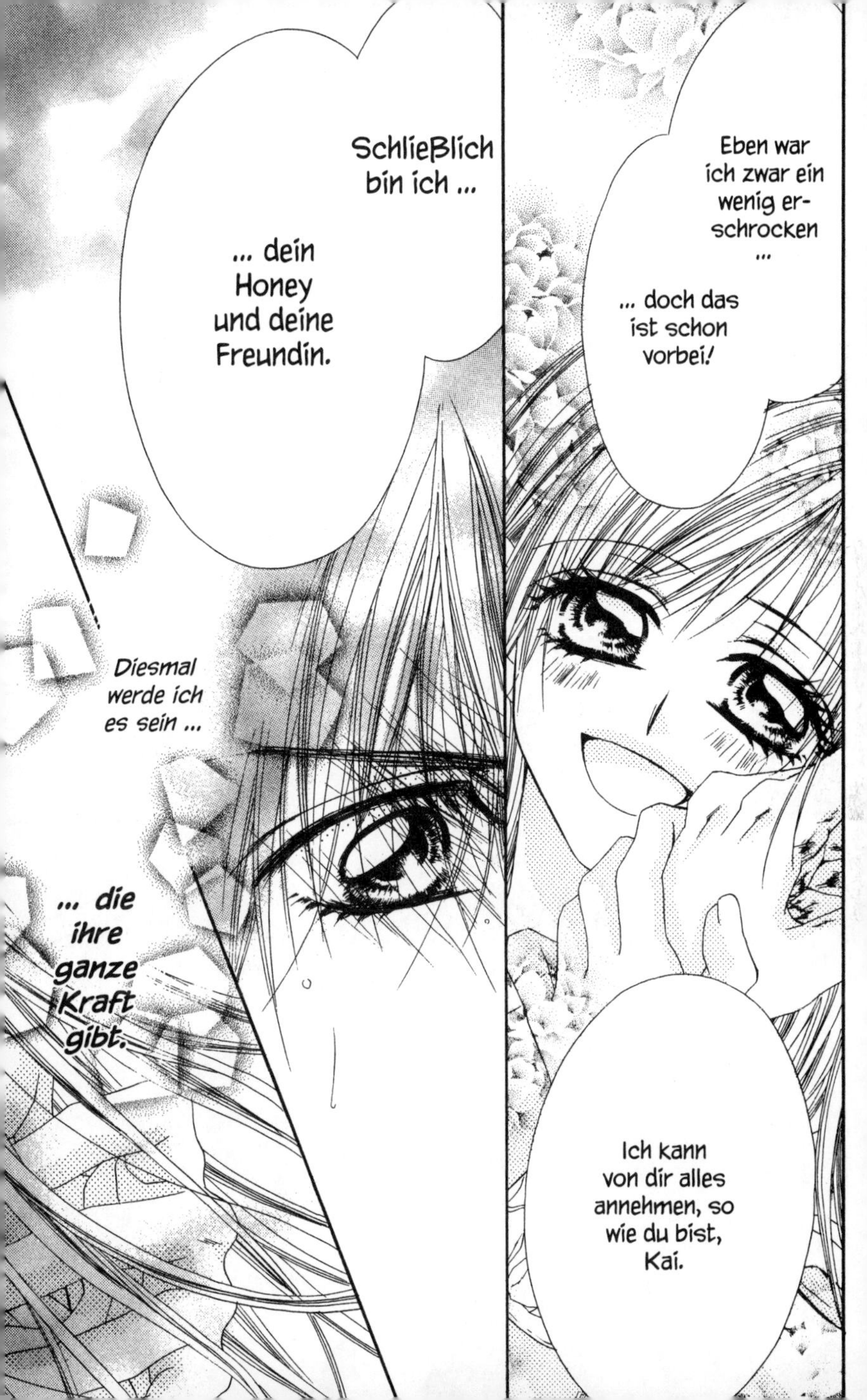
Eben war ich zwar ein wenig erschrocken ...
... doch das ist schon vorbei!
Ich kann von dir alles annehmen, so wie du bist, Kai.
Schließlich bin ich ...
... dein Honey und deine Freundin.
Diesmal werde ich es sein ...
... die ihre ganze Kraft gibt.

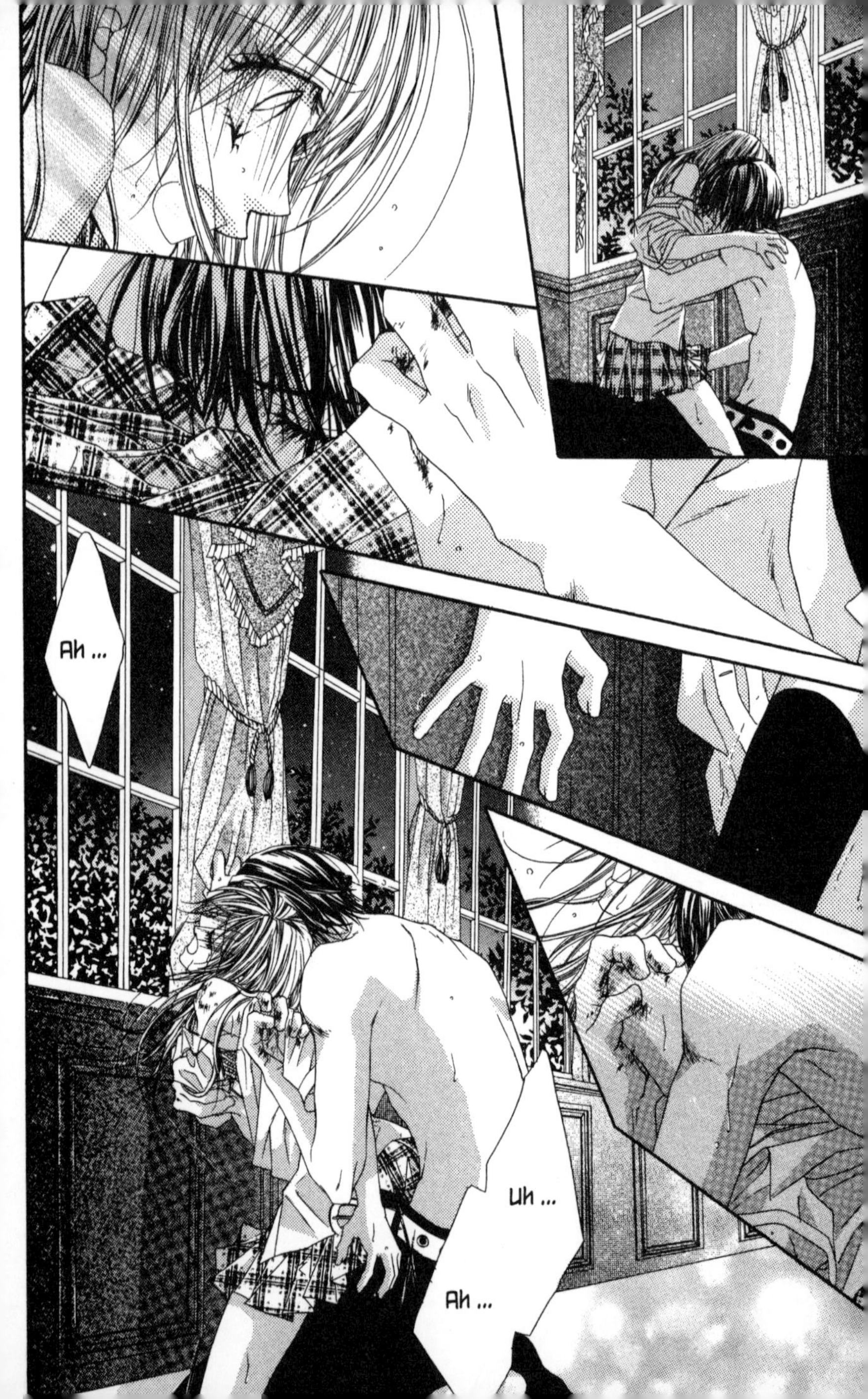
Ah ...
Uh ...
Ah ...

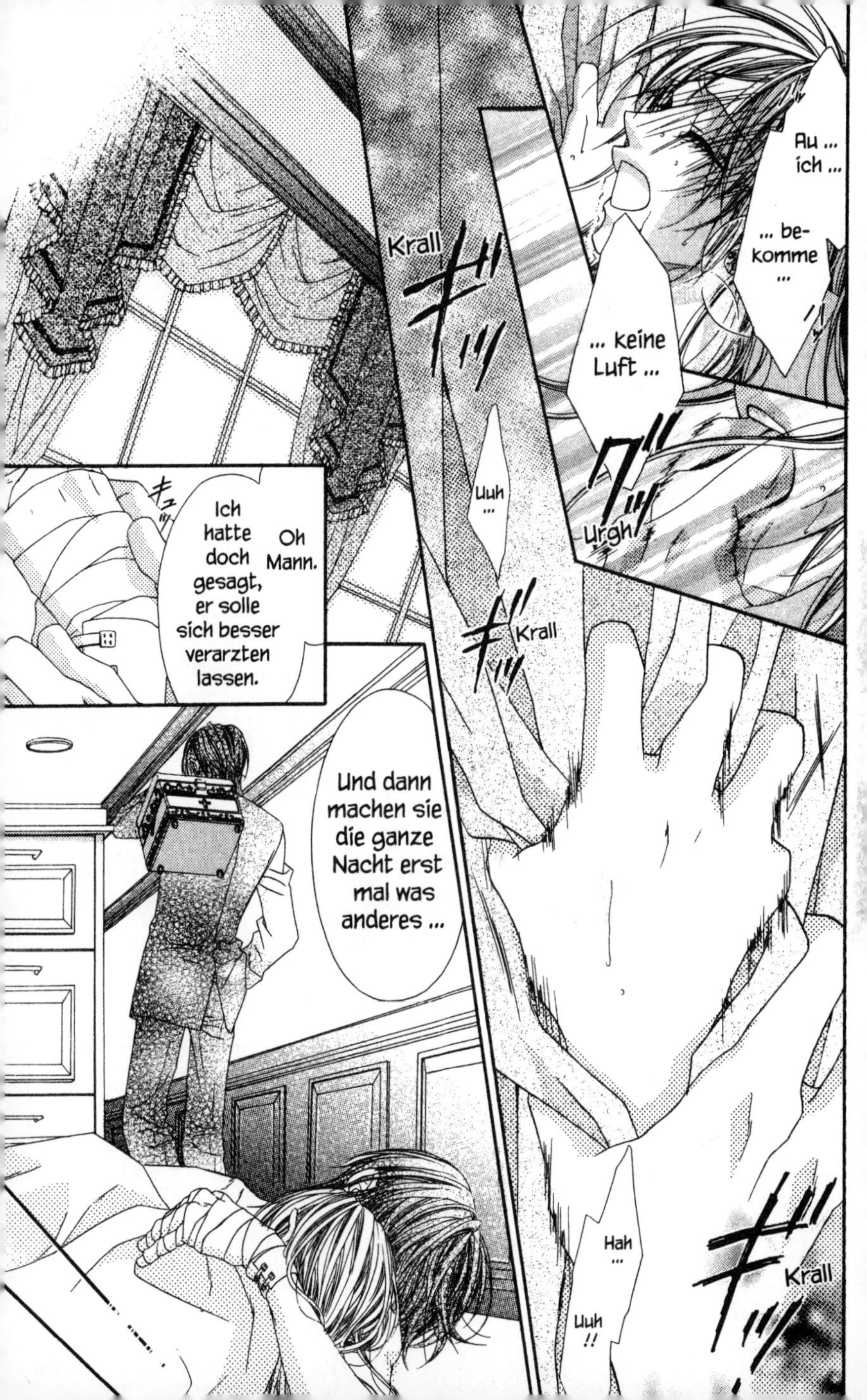
Au … ich …
… be-komme …
… keine Luft …
Krall
Urgh
Uuh …
Krall
Oh Mann.
Ich hatte doch gesagt, er solle sich besser verarzten lassen.
Und dann machen sie die ganze Nacht erst mal was anderes …
Hah …
Uuh !!
Krall

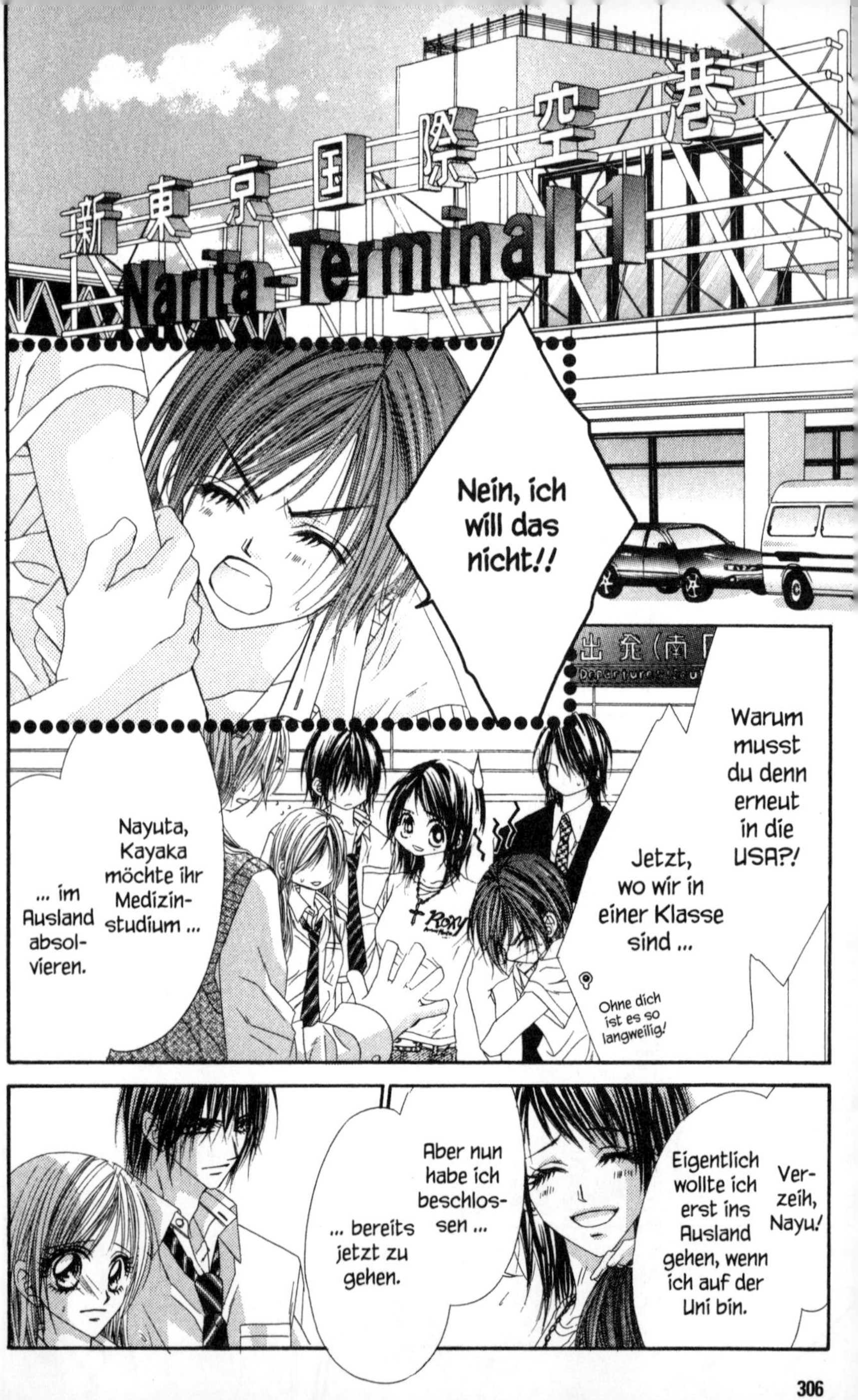

新東京国際空港

Narita-Terminal 1

Nein, ich will das nicht!!

Warum musst du denn erneut in die USA?!

Jetzt, wo wir in einer Klasse sind ...

Ohne dich ist es so langweilig!

Nayuta, Kayaka möchte ihr Medizinstudium ...

... im Ausland absolvieren.

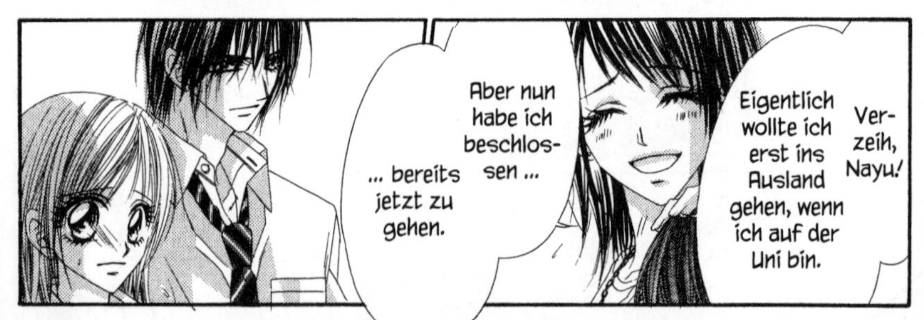

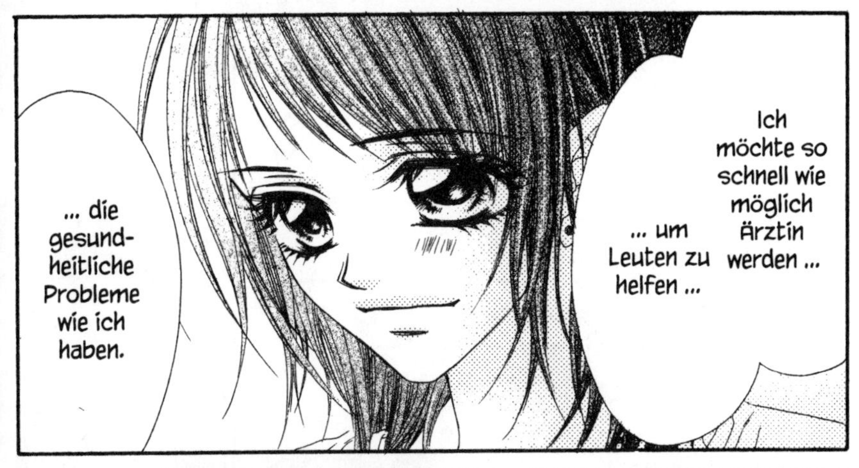

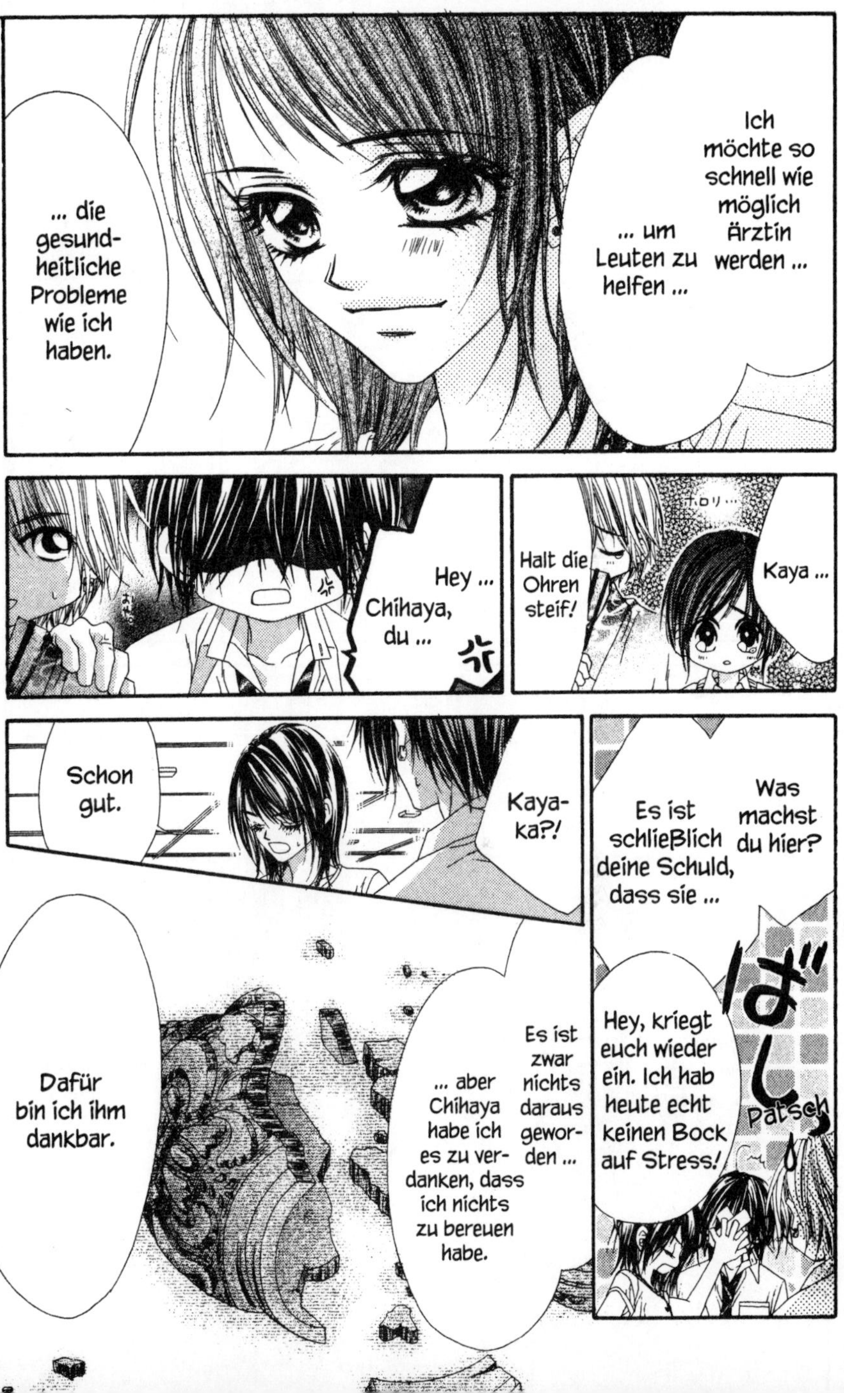

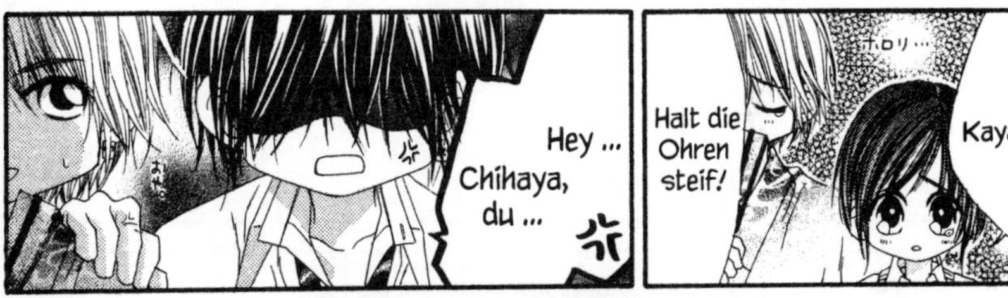

Was machst du hier?

Es ist schließlich deine Schuld, dass sie ...

Hey, kriegt euch wieder ein. Ich hab heute echt keinen Bock auf Stress!

Patsch

Kaya-ka?!

Schon gut.

Es ist zwar nichts daraus gewor-den ...

... aber Chihaya habe ich es zu ver-danken, dass ich nichts zu bereuen habe.

Dafür bin ich ihm dankbar.

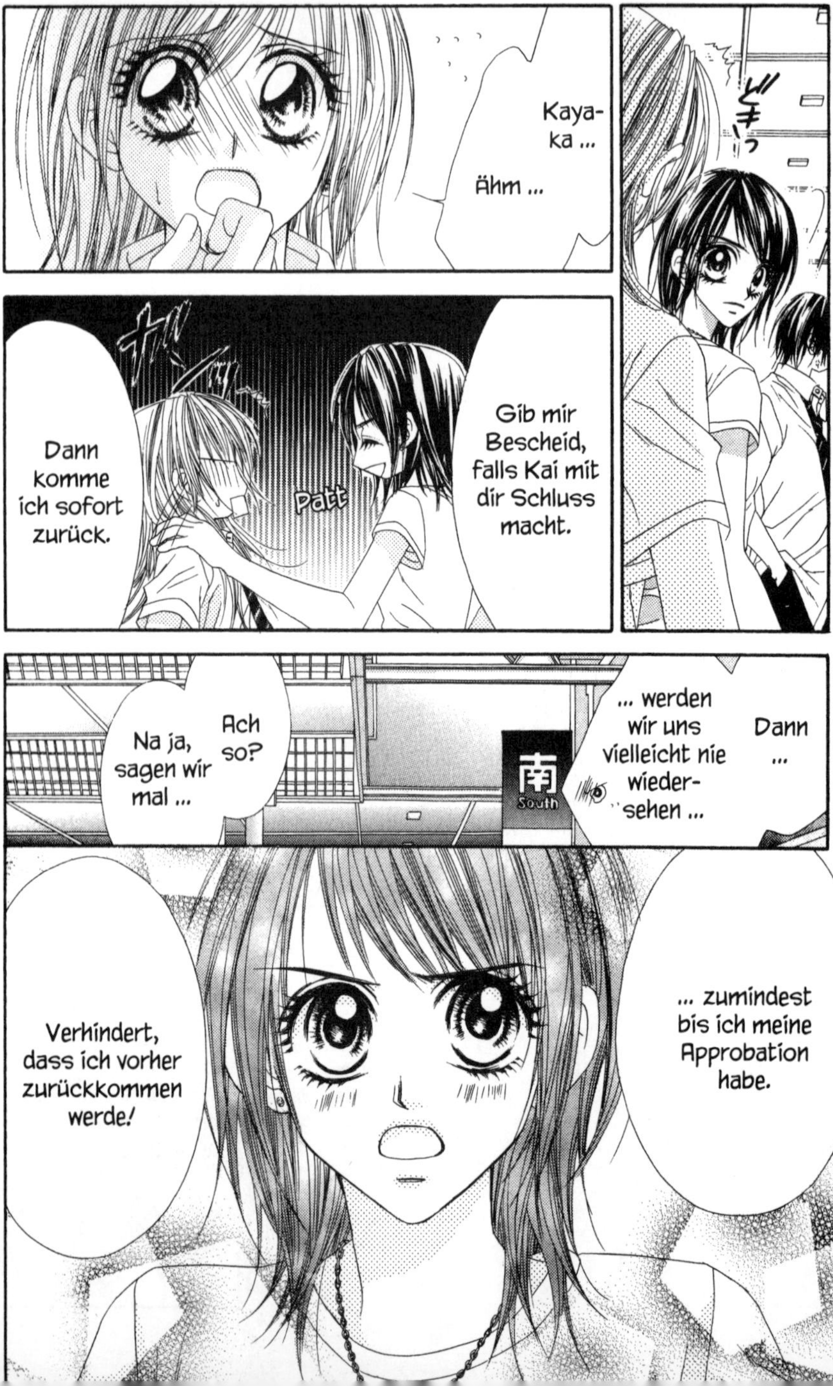

Kaya-ka ...

Ähm ...

Gib mir Bescheid, falls Kai mit dir Schluss macht.

Patt

Dann komme ich sofort zurück.

Dann ...

... werden wir uns vielleicht nie wieder-sehen ...

Ach so?

Na ja, sagen wir mal ...

... zumindest bis ich meine Approbation habe.

Verhindert, dass ich vorher zurückkommen werde!

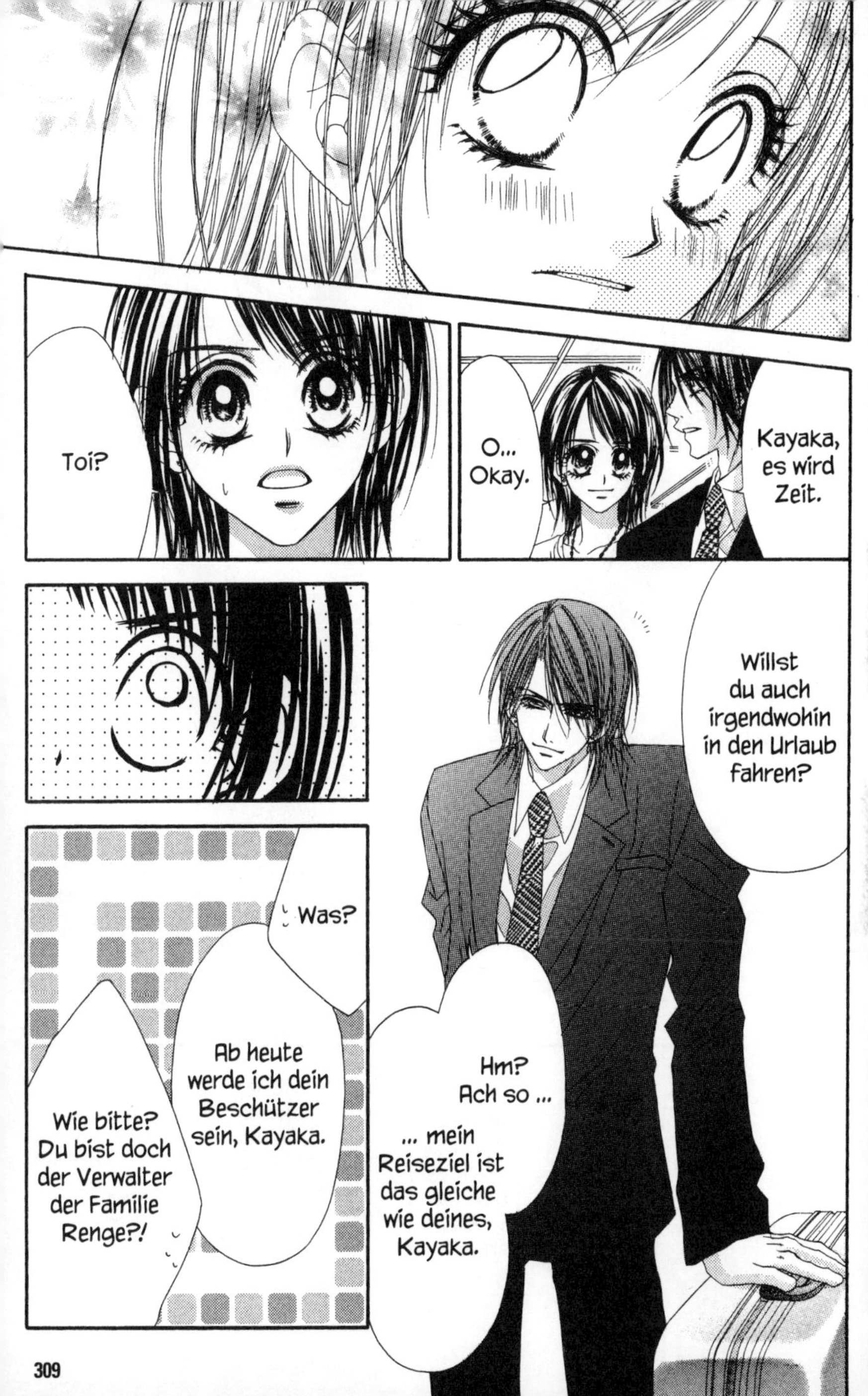
Kayaka, es wird Zeit.
O... Okay.
Toi?
Willst du auch irgendwohin in den Urlaub fahren?
Hm? Ach so ...
... mein Reiseziel ist das gleiche wie deines, Kayaka.
Was?
Ab heute werde ich dein Beschützer sein, Kayaka.
Wie bitte? Du bist doch der Verwalter der Familie Renge?!

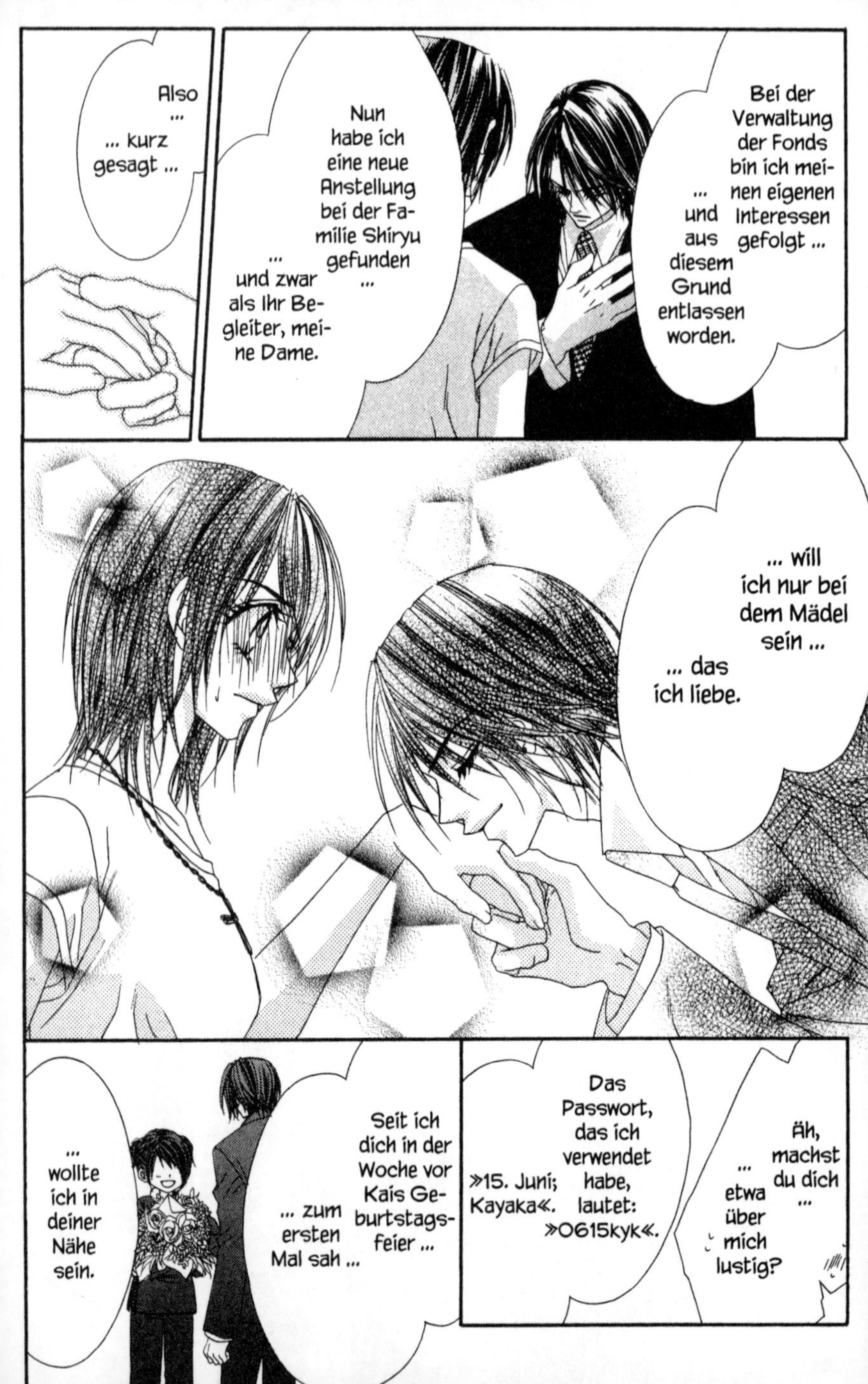
Bei der Verwaltung der Fonds bin ich meinen eigenen Interessen gefolgt ...
... und aus diesem Grund entlassen worden.
Nun habe ich eine neue Anstellung bei der Familie Shiryu gefunden ...
... und zwar als Ihr Begleiter, meine Dame.
Also ...
... kurz gesagt ...
... will ich nur bei dem Mädel sein ...
... das ich liebe.
Äh, machst du dich ...
... etwa über mich lustig?
Das Passwort, das ich verwendet habe, lautet: »0615kyk«.
»15. Juni; Kayaka«.
Seit ich dich in der Woche vor Kais Geburtstagsfeier ...
... zum ersten Mal sah ...
... wollte ich in deiner Nähe sein.

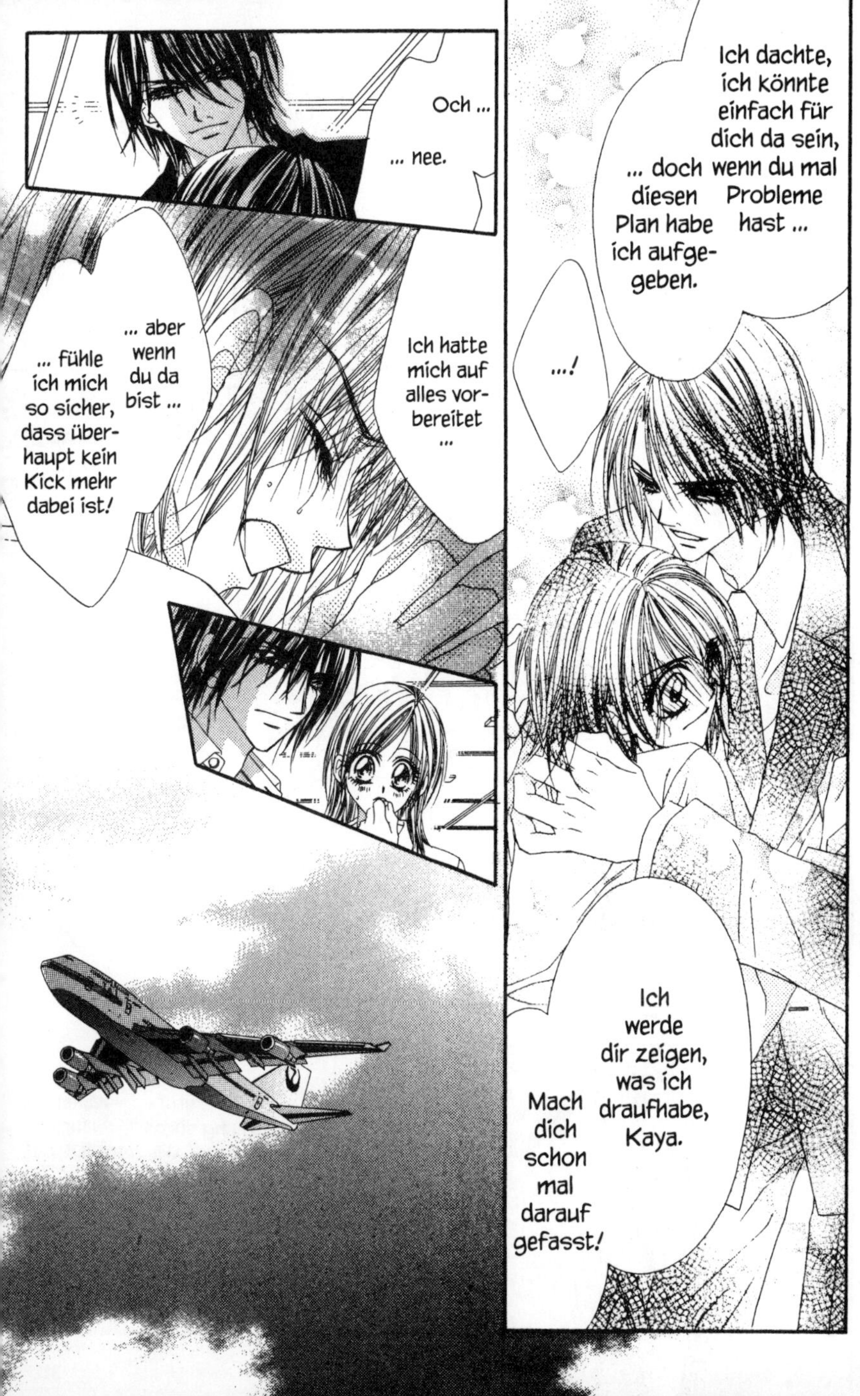
Ich dachte, ich könnte einfach für dich da sein, wenn du mal Probleme hast ...
... doch diesen Plan habe ich aufgegeben.
...!
Ich werde dir zeigen, was ich draufhabe, Kaya.
Mach dich schon mal darauf gefasst!
Och ...
... nee.
Ich hatte mich auf alles vorbereitet ...
... aber wenn du da bist ...
... fühle ich mich so sicher, dass überhaupt kein Kick mehr dabei ist!

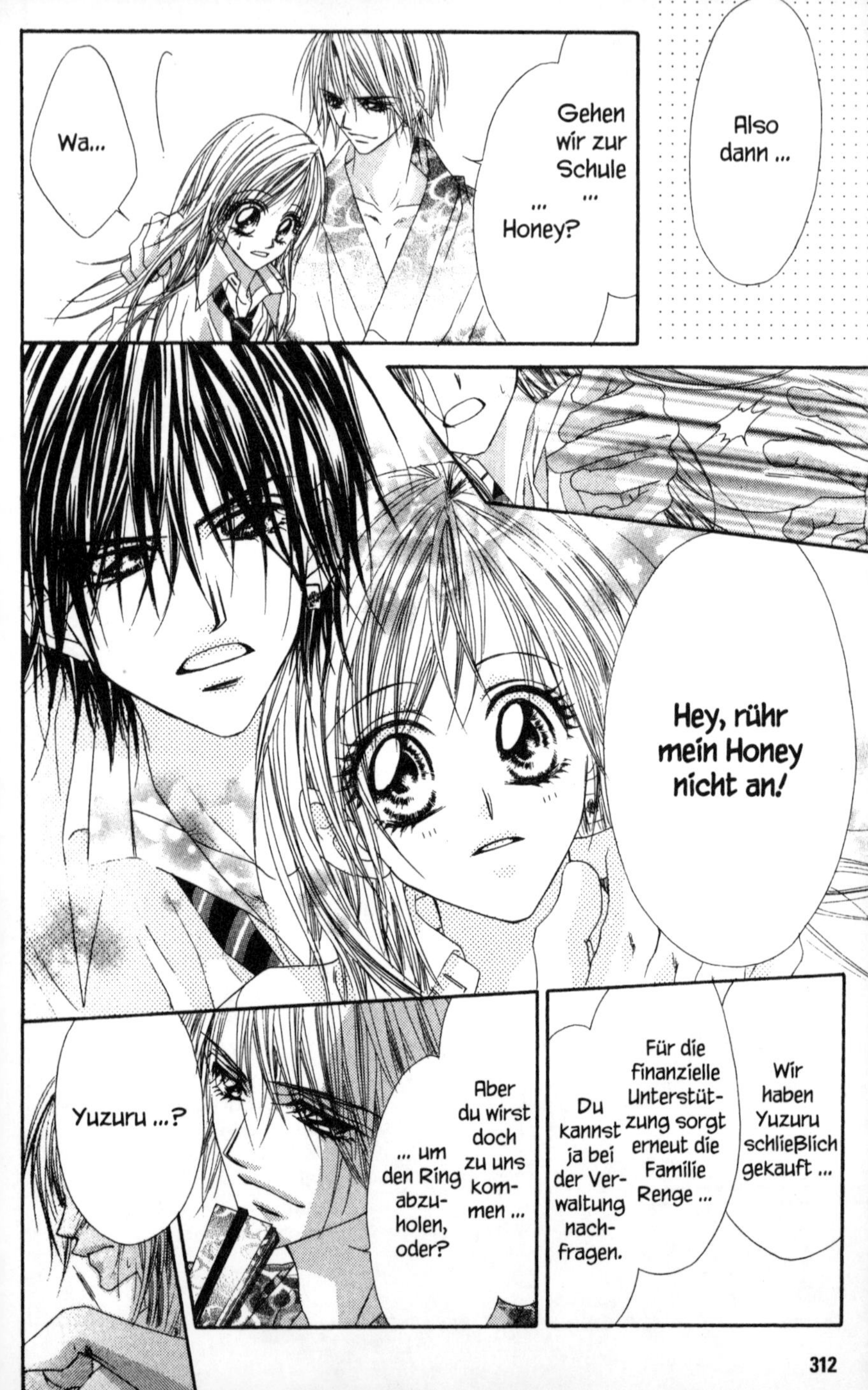

Also dann ...
Gehen wir zur Schule ... ... Honey?
Wa...
Hey, rühr mein Honey nicht an!
Wir haben Yuzuru schließlich gekauft ...
Für die finanzielle Unterstützung sorgt erneut die Familie Renge ...
Du kannst ja bei der Verwaltung nachfragen.
Aber du wirst doch zu uns kommen ...
... um den Ring abzuholen, oder?
Yuzuru ...?

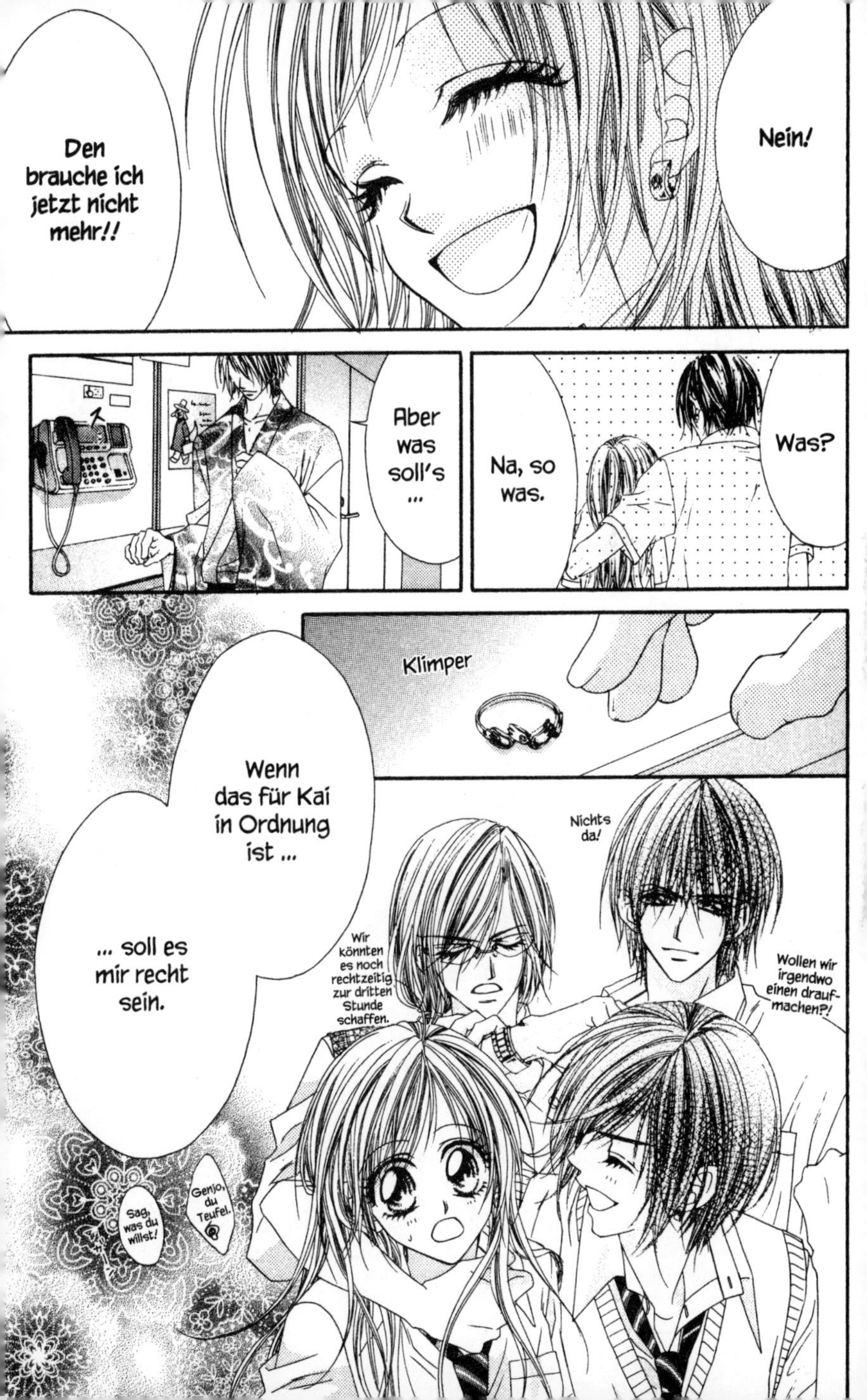
Nein!
Den brauche ich jetzt nicht mehr!!
Was?
Na, so was.
Aber was soll's ...
Klimper
Wenn das für Kai in Ordnung ist ...
... soll es mir recht sein.
Nichts da!
Wollen wir irgendwo einen draufmachen?!
Wir könnten es noch rechtzeitig zur dritten Stunde schaffen.
Genjo, du Teufel.
Sag, was du willst!

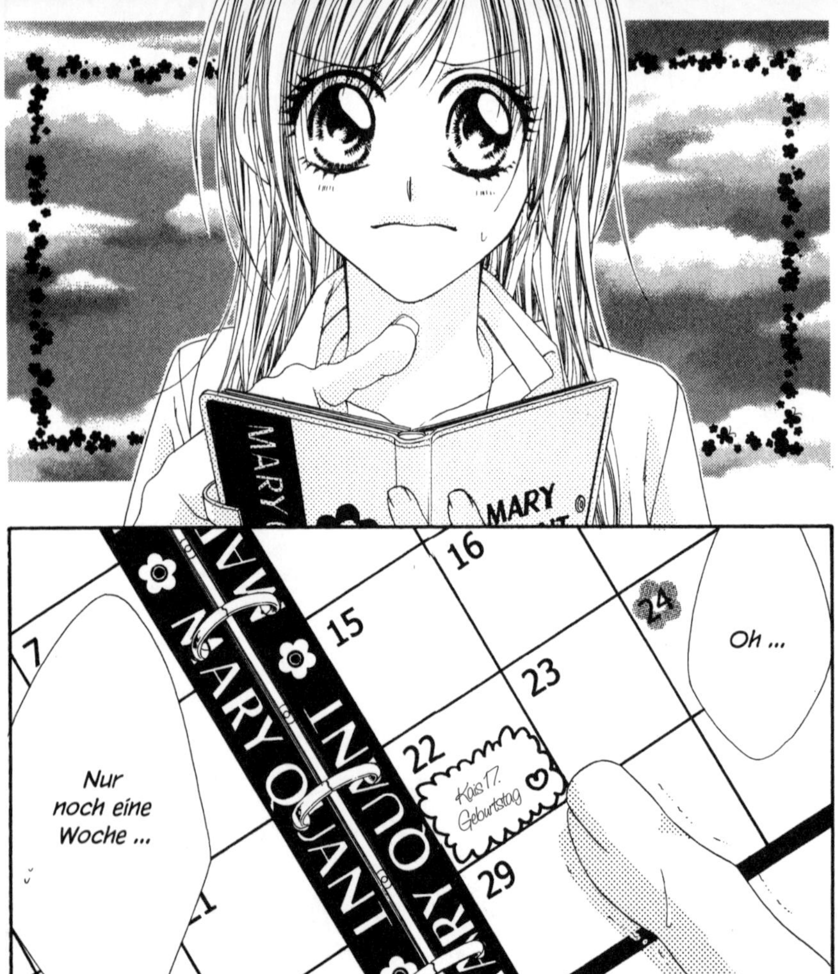

Diese Episode, in der Yuzuru bei einem Manga assistiert, hat eigentlich keine tiefere Bedeutung. Sie brauchte ja nur einen Job für einen Tag. Ich hätte jemanden wie Yuzuru allerdings wohl kaum angestellt. (*lach*) Sie hat dann ja auch ziemlich üble Arbeit abgeliefert. Da habe ich richtig Mitleid mit Frau Yurihama.

9

Dass Chihaya allerdings so talentiert ist, wer hätte das gedacht ... !!! (*lach*)
Möchte er nicht vielleicht bei mir anfangen?

Übrigens war ich beim Friseur und musste feststellen, dass ich eine ganz ähnliche Frisur wie Chihiro Yurihama habe. Dabei habe ich mir nichts dabei gedacht, als ich mir nach Manuskriptabgabe die Haare schneiden ließ ... Meine Assistentin hat übrigens sehr schöne Cover für »Honey x Honey Schmilz« gezeichnet. Ich bin allerdings persönlich für das Aussehen von Chihiro Yurihama verantwortlich ...

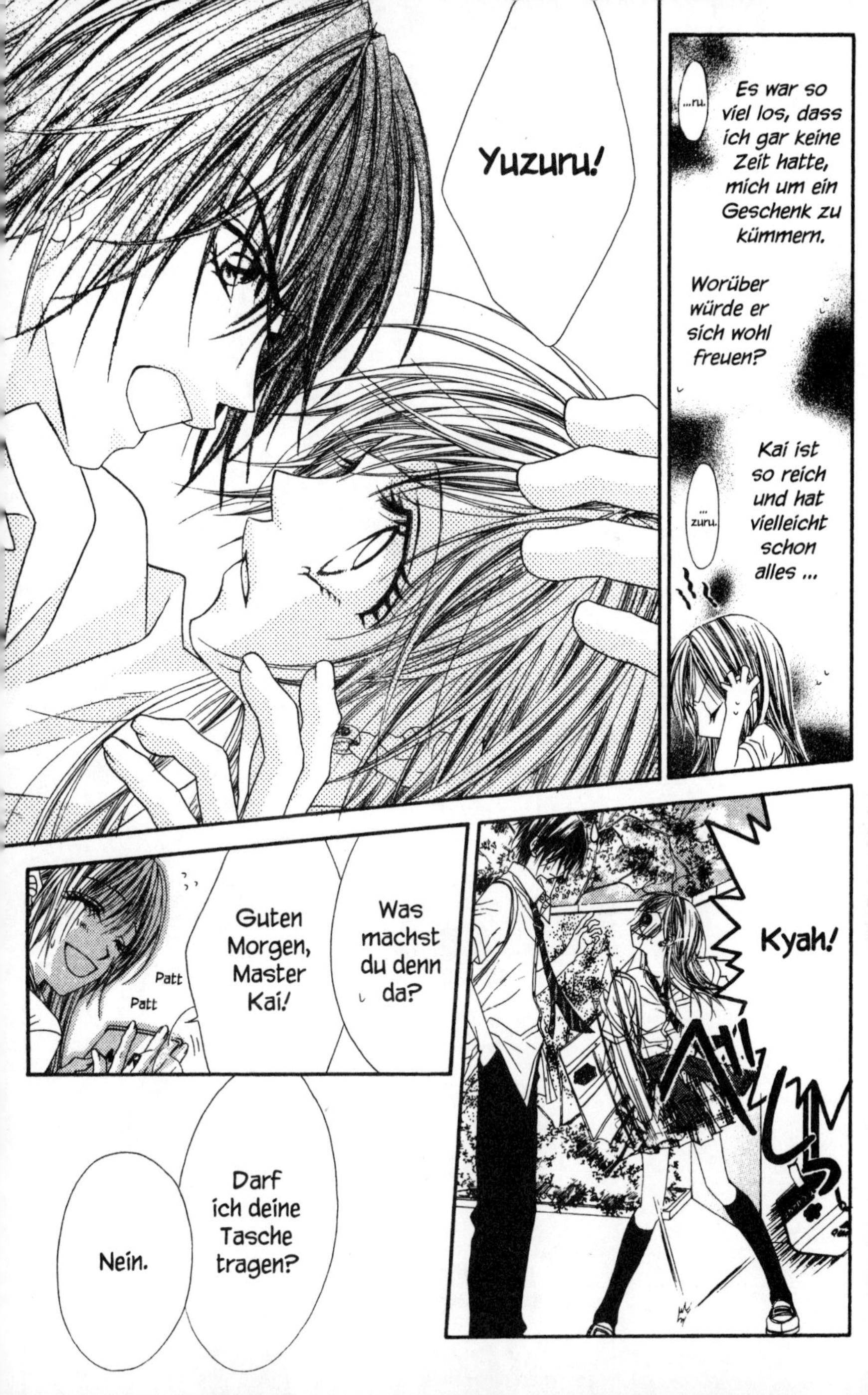

Es war so viel los, dass ich gar keine Zeit hatte, mich um ein Geschenk zu kümmern.
...ru.
Worüber würde er sich wohl freuen?
Kai ist so reich und hat vielleicht schon alles ...
... zuru.
Yuzuru!
Kyah!
Was machst du denn da?
Guten Morgen, Master Kai!
Patt
Patt
Darf ich deine Tasche tragen?
Nein.

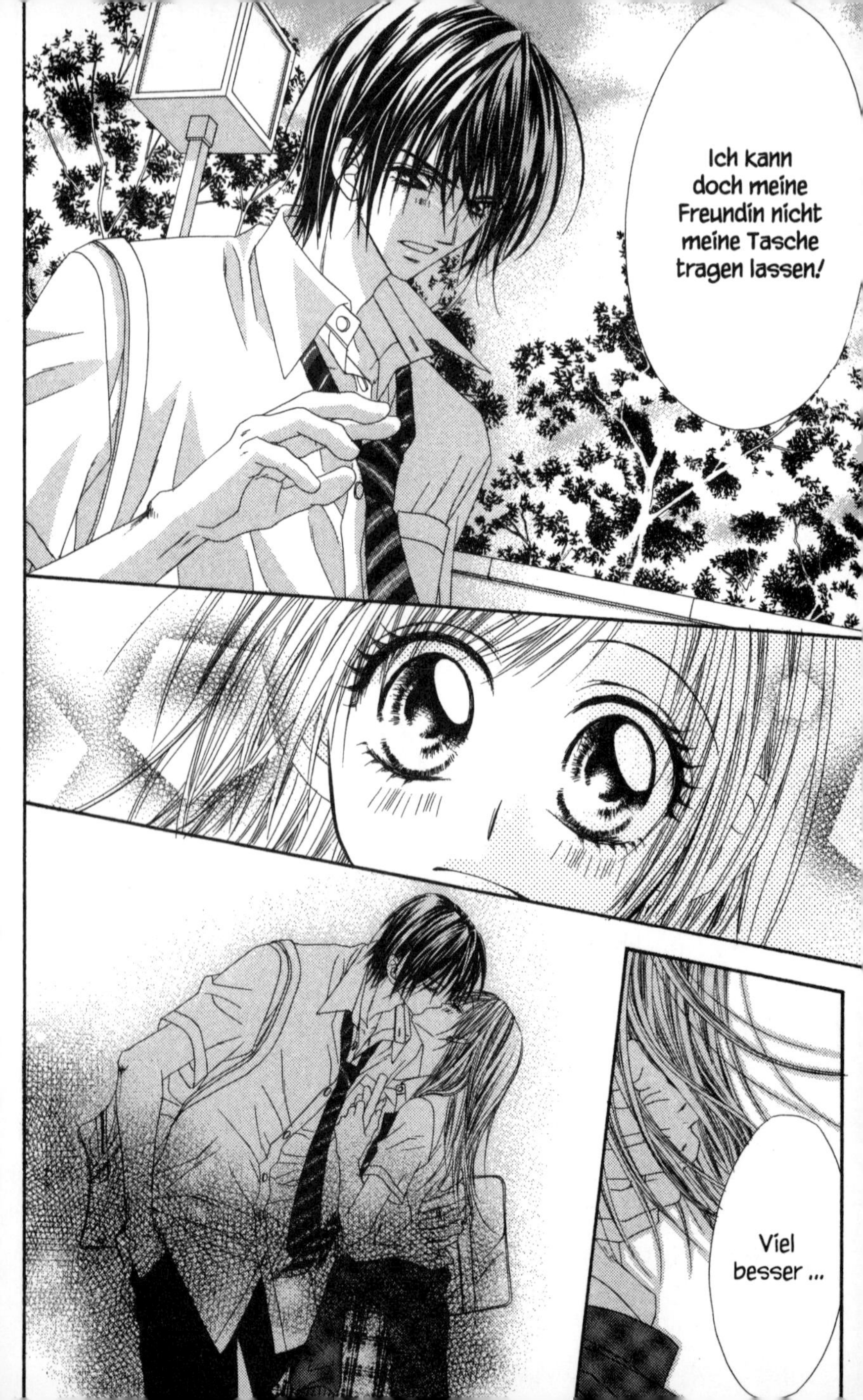
Ich kann doch meine Freundin nicht meine Tasche tragen lassen!
Viel besser ...

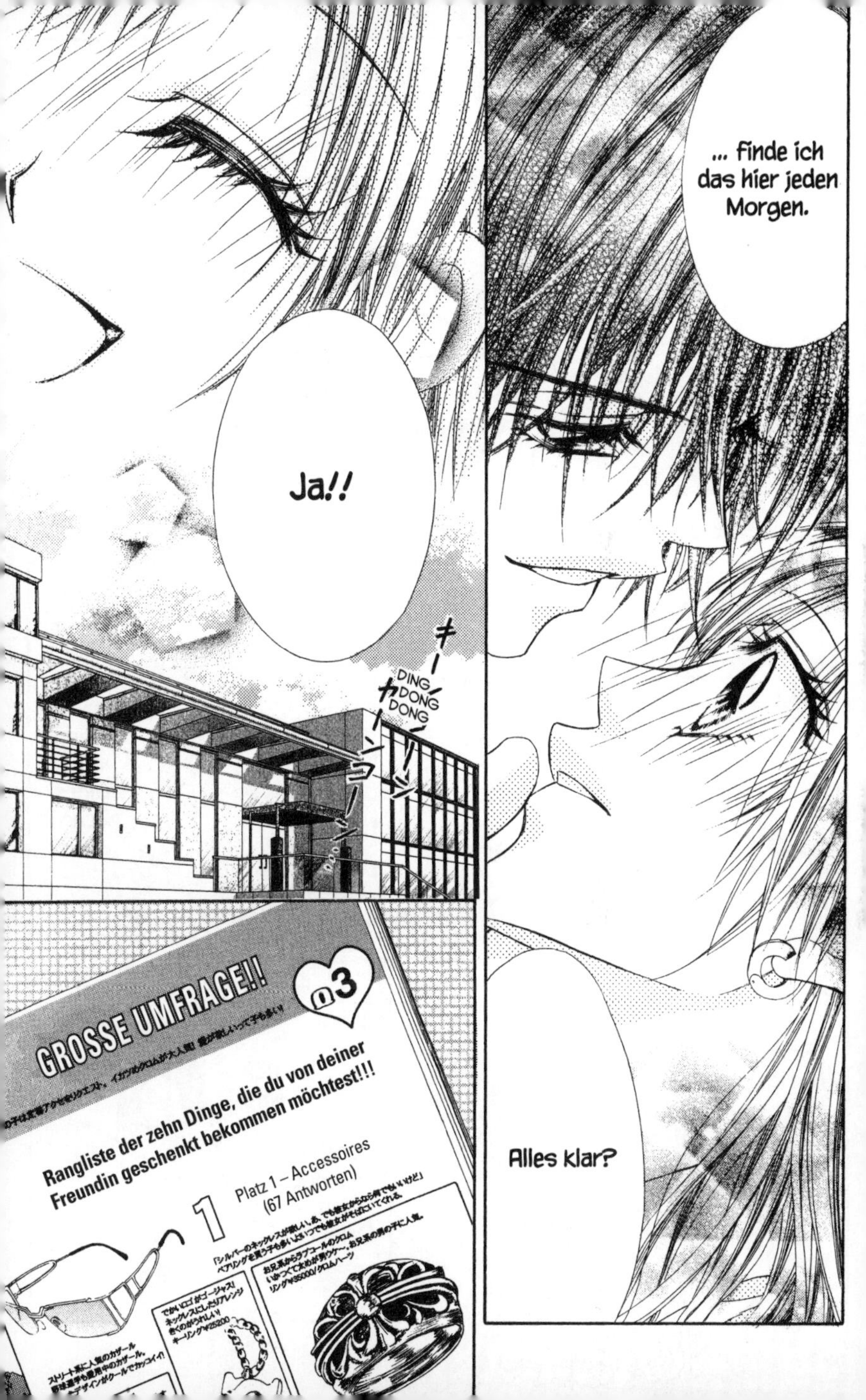
... finde ich das hier jeden Morgen.
Alles klar?
Ja!!
DING DONG DONG
GROSSE UMFRAGE!!
Q3
Rangliste der zehn Dinge, die du von deiner Freundin geschenkt bekommen möchtest!!!
1
Platz 1 – Accessoires
(67 Antworten)

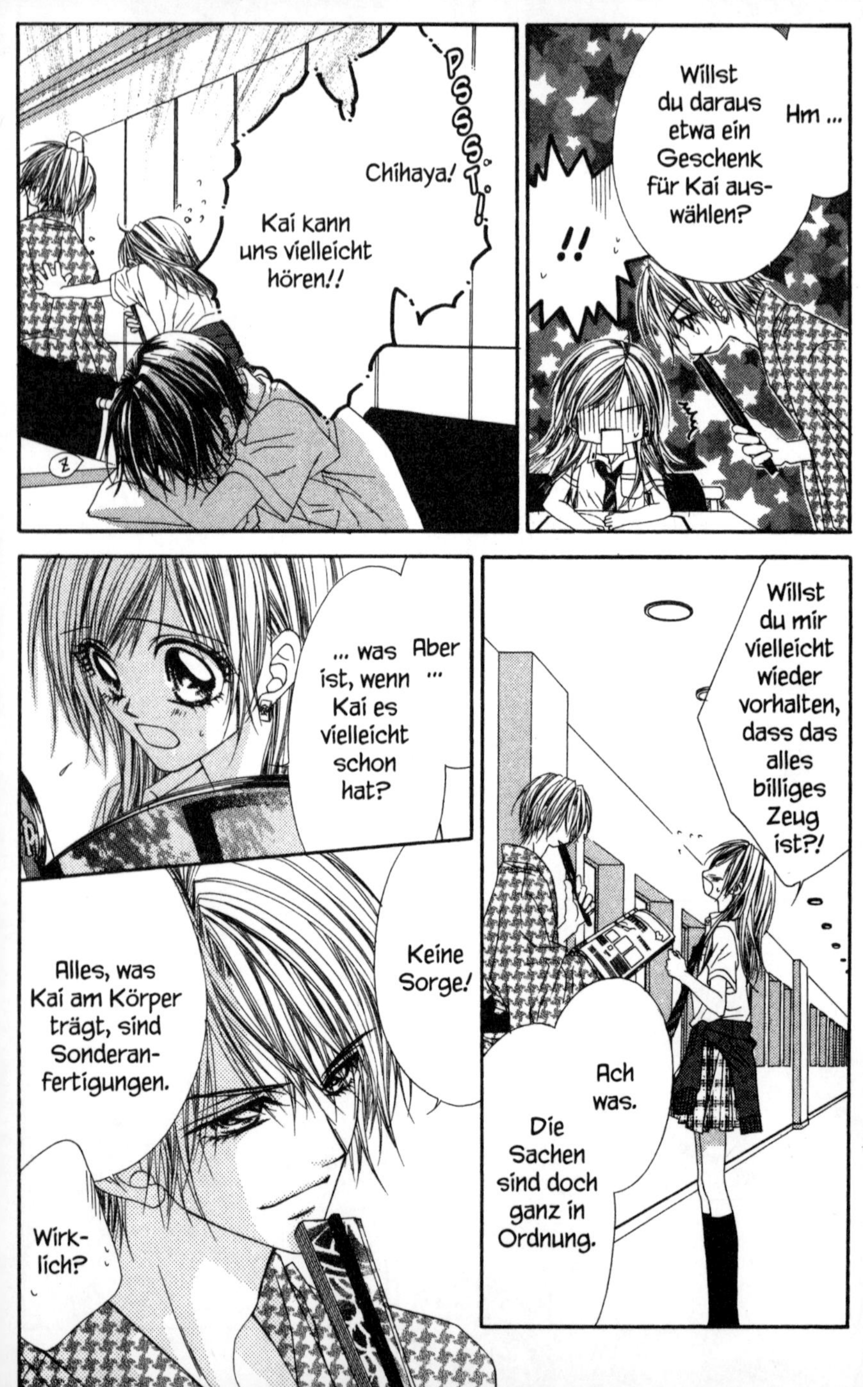
Hm ...
Willst du daraus etwa ein Geschenk für Kai aus-wählen?
!!
PSSST!
Chihaya!
Kai kann uns vielleicht hören!!
Willst du mir vielleicht wieder vorhalten, dass das alles billiges Zeug ist?!
Ach was.
Die Sachen sind doch ganz in Ordnung.
Aber ...
... was ist, wenn Kai es vielleicht schon hat?
Keine Sorge!
Alles, was Kai am Körper trägt, sind Sonderan-fertigungen.
Wirk-lich?

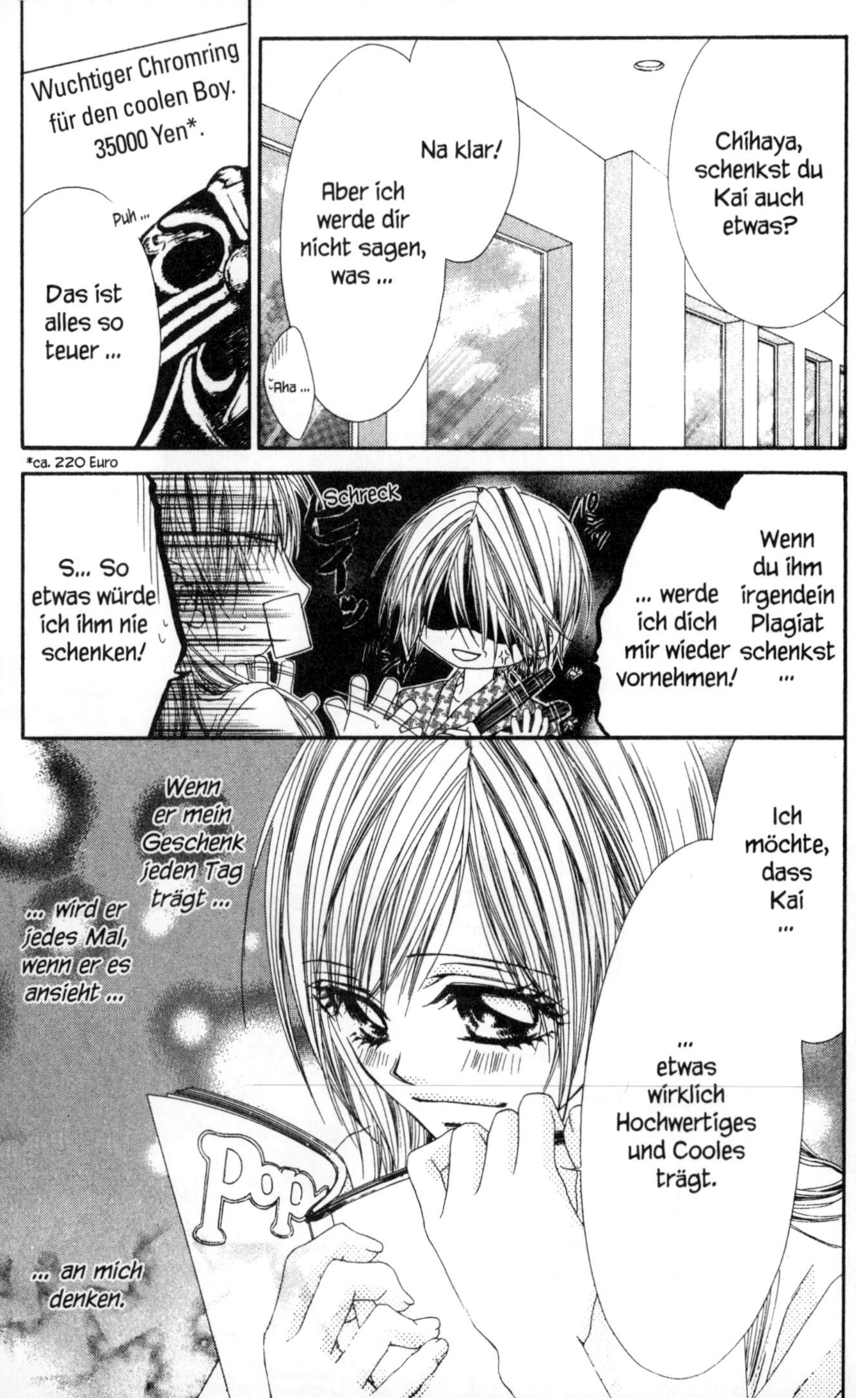
Chihaya, schenkst du Kai auch etwas?
Na klar!
Aber ich werde dir nicht sagen, was ...
Aha ...
Wuchtiger Chromring für den coolen Boy. 35000 Yen*.
Puh ...
Das ist alles so teuer ...
Wenn du ihm irgendein Plagiat schenkst ...
... werde ich dich mir wieder vornehmen!
Schreck
S... So etwas würde ich ihm nie schenken!
Ich möchte, dass Kai ...
... etwas wirklich Hochwertiges und Cooles trägt.
Wenn er mein Geschenk jeden Tag trägt ...
... wird er jedes Mal, wenn er es ansieht ...
... an mich denken.
Pop

*ca. 220 Euro

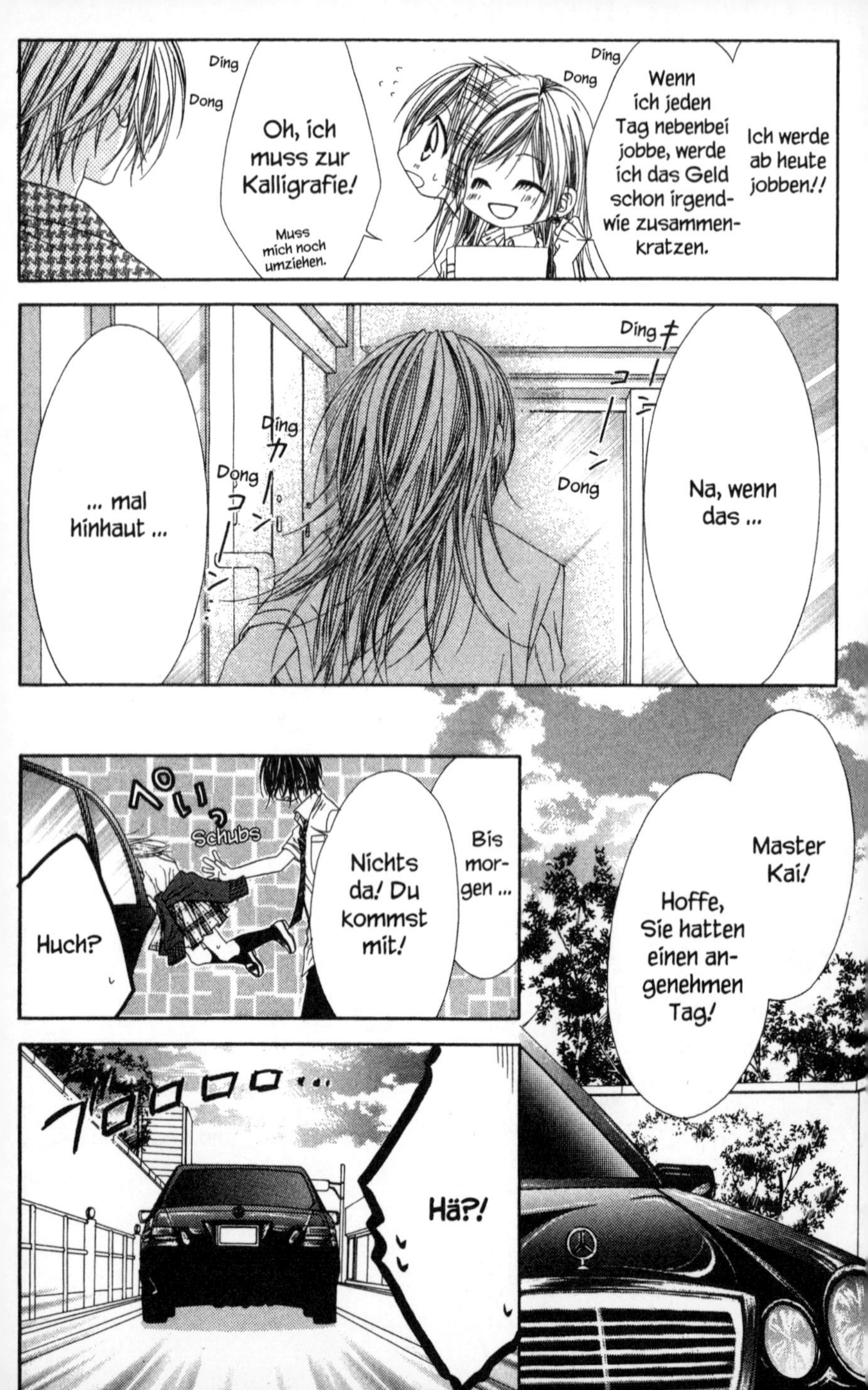

Ich werde ab heute jobben!!
Wenn ich jeden Tag nebenbei jobbe, werde ich das Geld schon irgendwie zusammenkratzen.
Ding
Dong
Oh, ich muss zur Kalligrafie!
Muss mich noch umziehen.
Ding
Dong
Na, wenn das ...
Ding
Dong
Ding
Dong
... mal hinhaut ...
Master Kai!
Hoffe, Sie hatten einen angenehmen Tag!
Bis morgen ...
Nichts da! Du kommst mit!
Schubs
Huch?
Hä?!

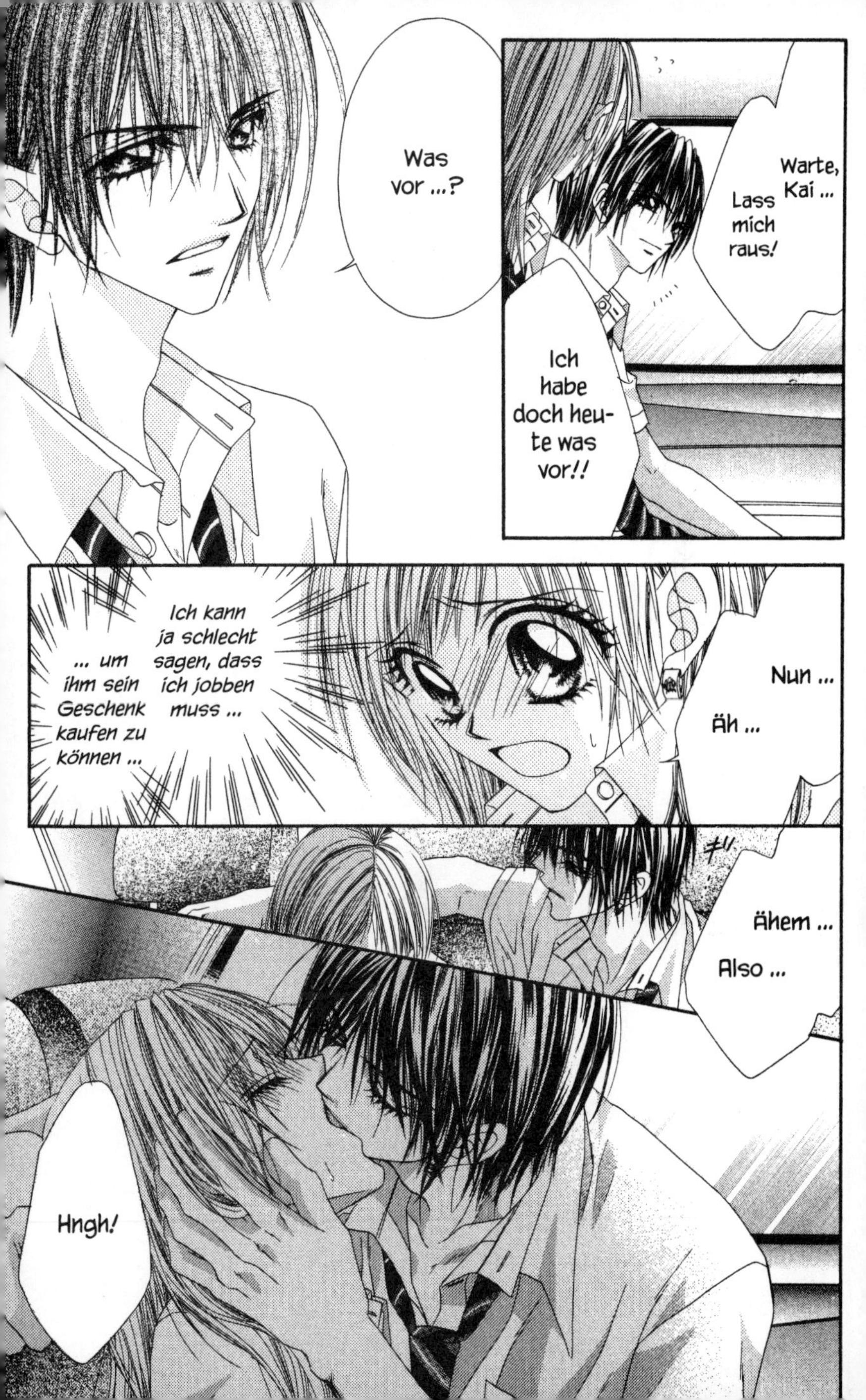

Warte, Kai ...
Lass mich raus!
Ich habe doch heute was vor!!
Was vor ...?
Nun ...
Äh ...
Ich kann ja schlecht sagen, dass ich jobben muss ...
... um ihm sein Geschenk kaufen zu können ...
Ähem ...
Also ...
Hngh!

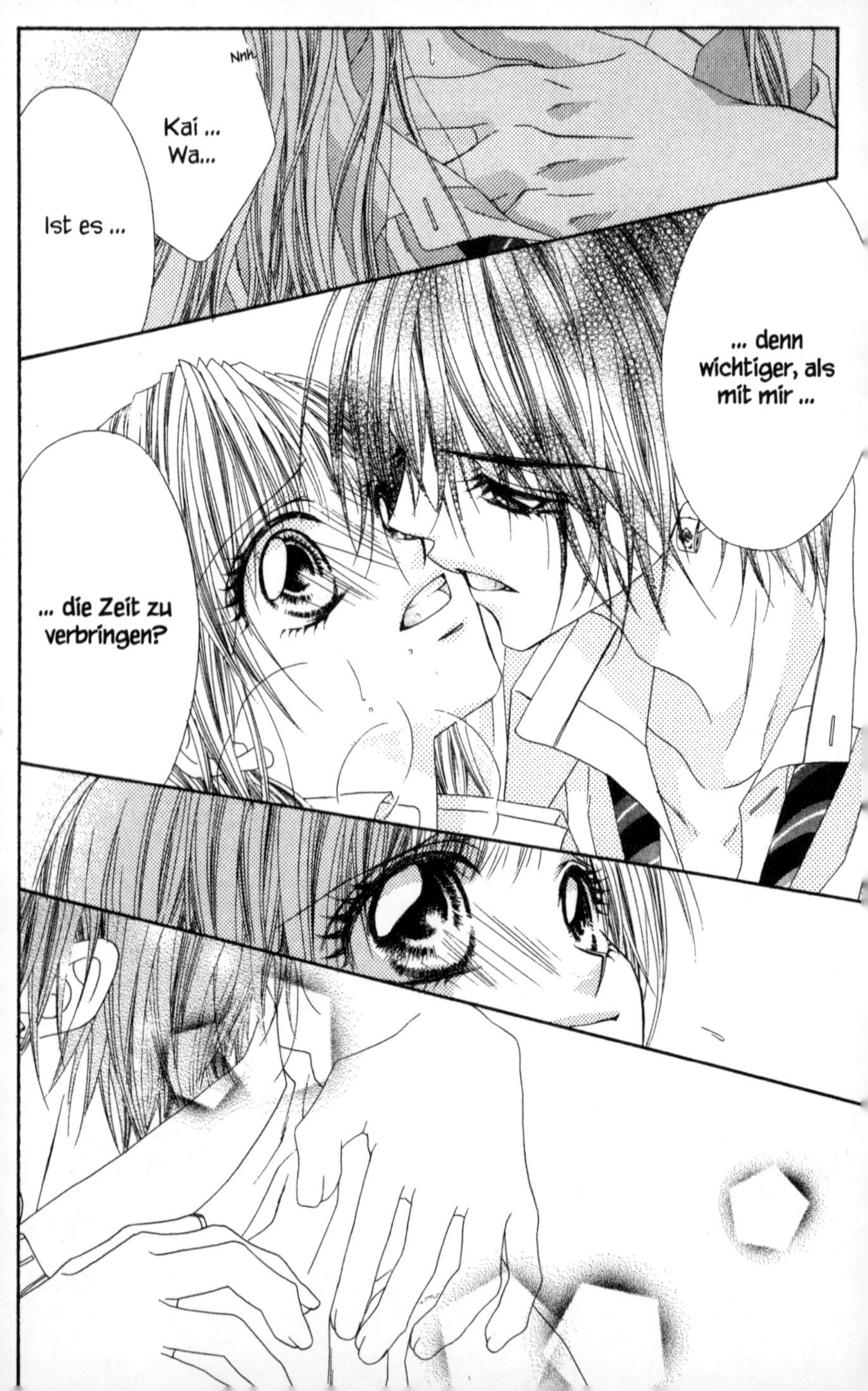
Nnh
Kai ... Wa...
Ist es ...
... denn wichtiger, als mit mir ...
... die Zeit zu verbringen?

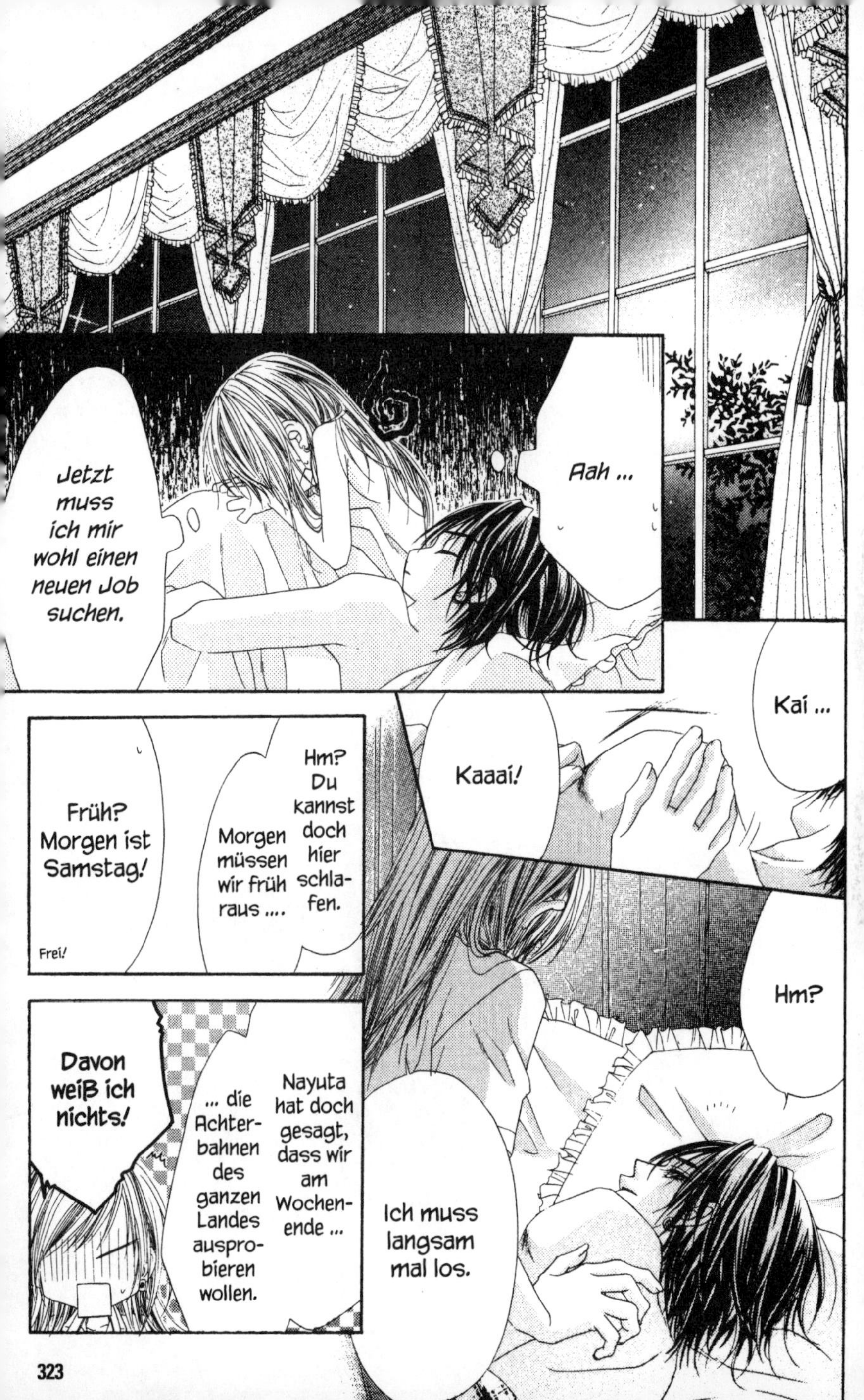
Aah ...
Jetzt muss ich mir wohl einen neuen Job suchen.
Kai ...
Kaaai!
Hm? Du kannst doch hier schlafen.
Morgen müssen wir früh raus ....
Früh? Morgen ist Samstag!
Frei!
Hm?
Ich muss langsam mal los.
Nayuta hat doch gesagt, dass wir am Wochenende ...
... die Achterbahnen des ganzen Landes ausprobieren wollen.
Davon weiß ich nichts!

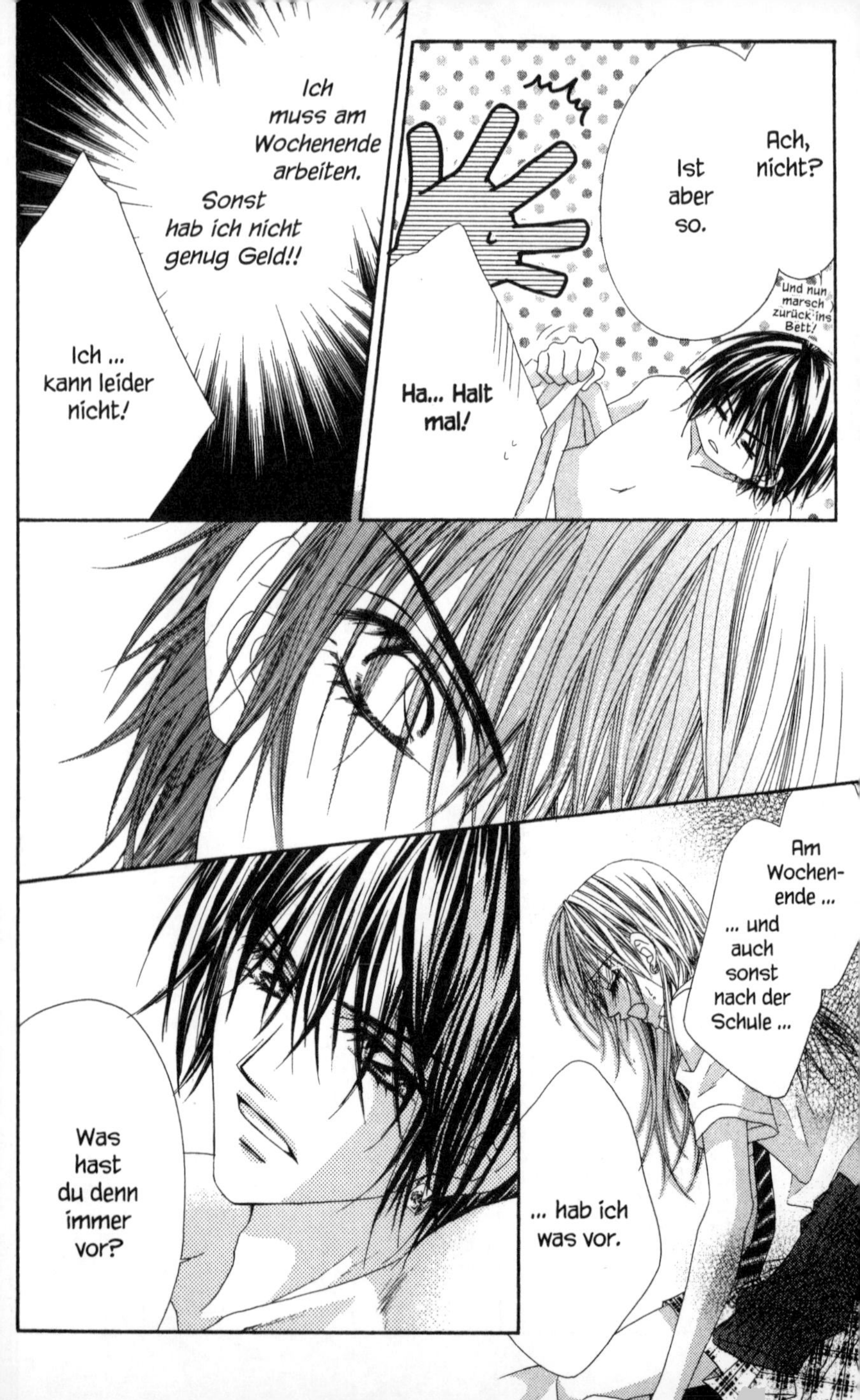
Ach, nicht?
Ist aber so.
Und nun marsch zurück ins Bett!
Ha... Halt mal!
Ich muss am Wochenende arbeiten.
Sonst hab ich nicht genug Geld!!
Ich ... kann leider nicht!
Am Wochenende ...
... und auch sonst nach der Schule ...
... hab ich was vor.
Was hast du denn immer vor?

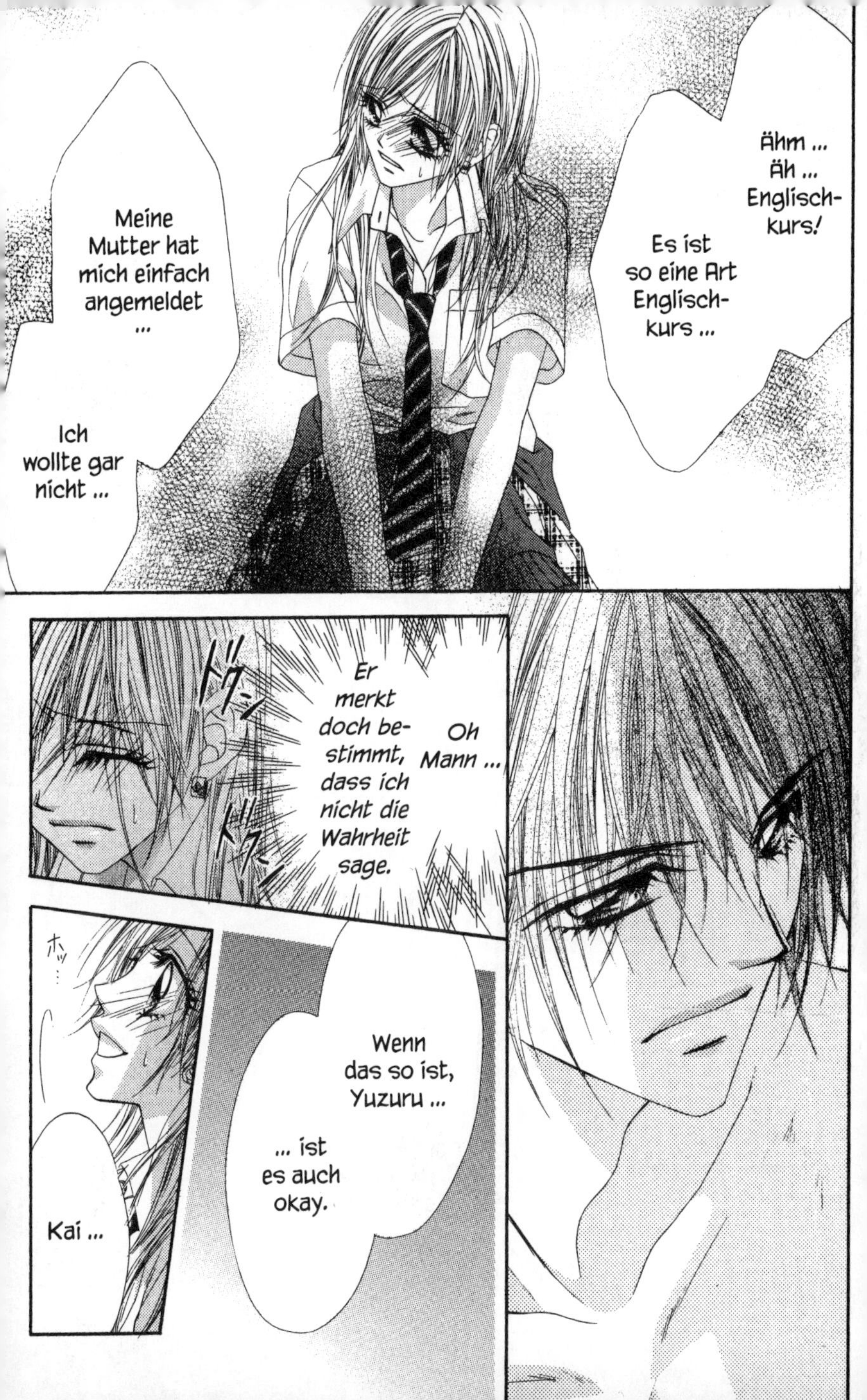
Ähm ... Äh ... Englisch-kurs!
Es ist so eine Art Englisch-kurs ...
Meine Mutter hat mich einfach angemeldet ...
Ich wollte gar nicht ...
Oh Mann ...
Er merkt doch be-stimmt, dass ich nicht die Wahrheit sage.
Wenn das so ist, Yuzuru ...
... ist es auch okay.
Kai ...

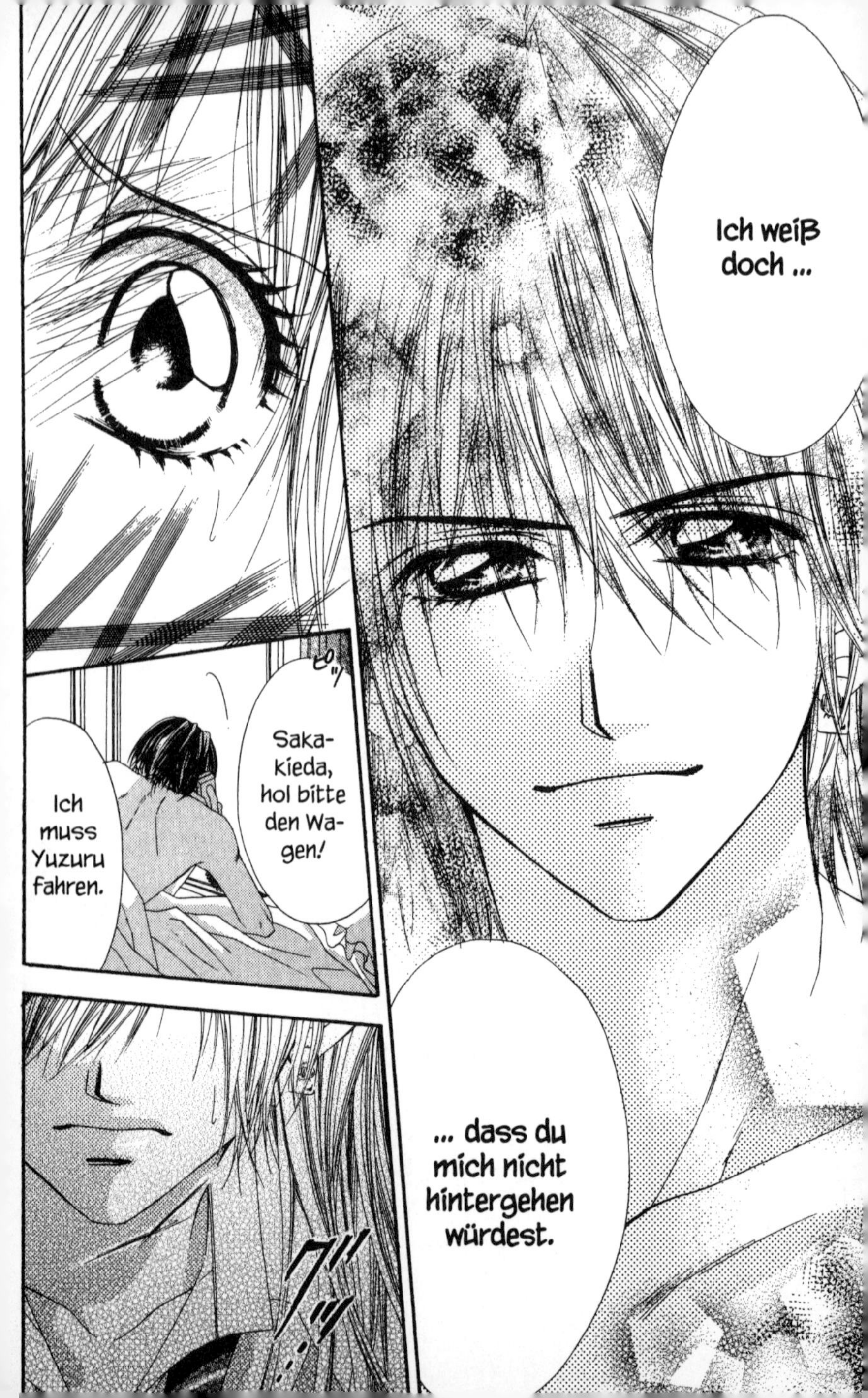
Ich weiß doch ...
Saka-kieda, hol bitte den Wa-gen!
Ich muss Yuzuru fahren.
... dass du mich nicht hintergehen würdest.

10

Die ganze Zeit habe ich über den Anime und das Game geschrieben, doch nun zum Cover von Band 6.

Das ist seit Langem mal wieder ein Sondercover für Yuzuru und sie trägt darauf einen Bademantel von Chihaya. In der Hand hält sie eine Schmetterlingshaarnadel.

Ich habe übrigens auch so eine, aber da ich ja neulich beim Friseur war, wird es wohl etwas dauern, bis ich sie wieder benutzen werde ... (*lach*)

Und wer hinten drauf zu sehen ist, wird euch klar werden, wenn ihr den 7. Band lest. Da wird auch noch etwas mit Genjo passieren.

Also, seid gespannt!

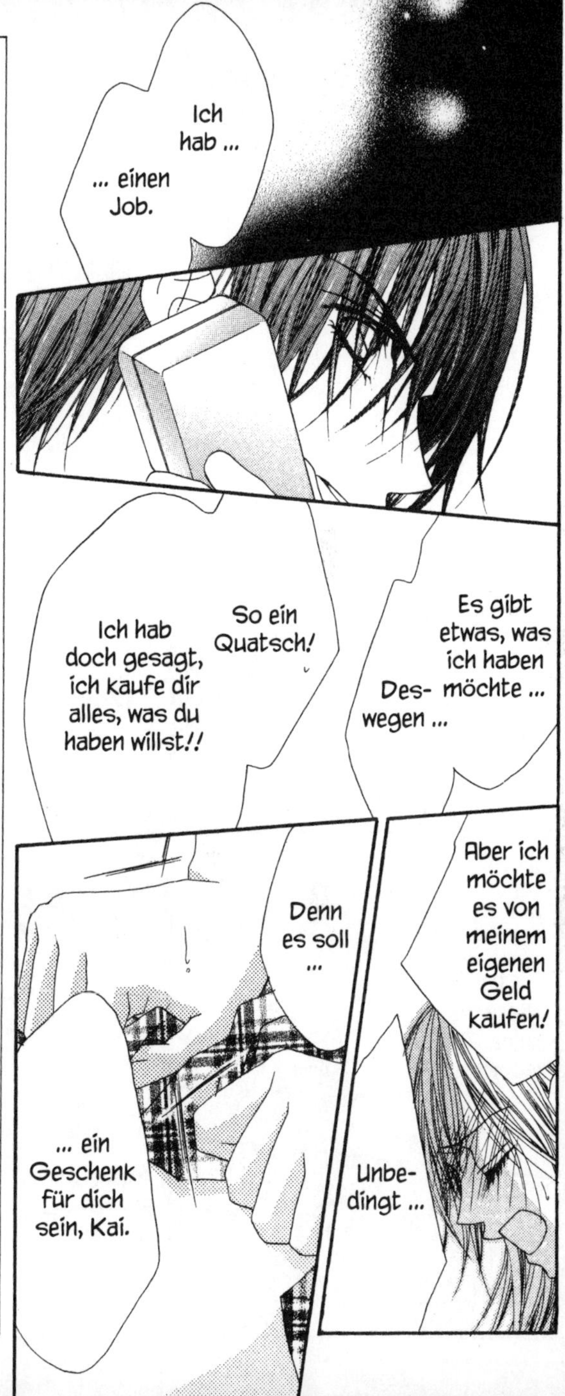

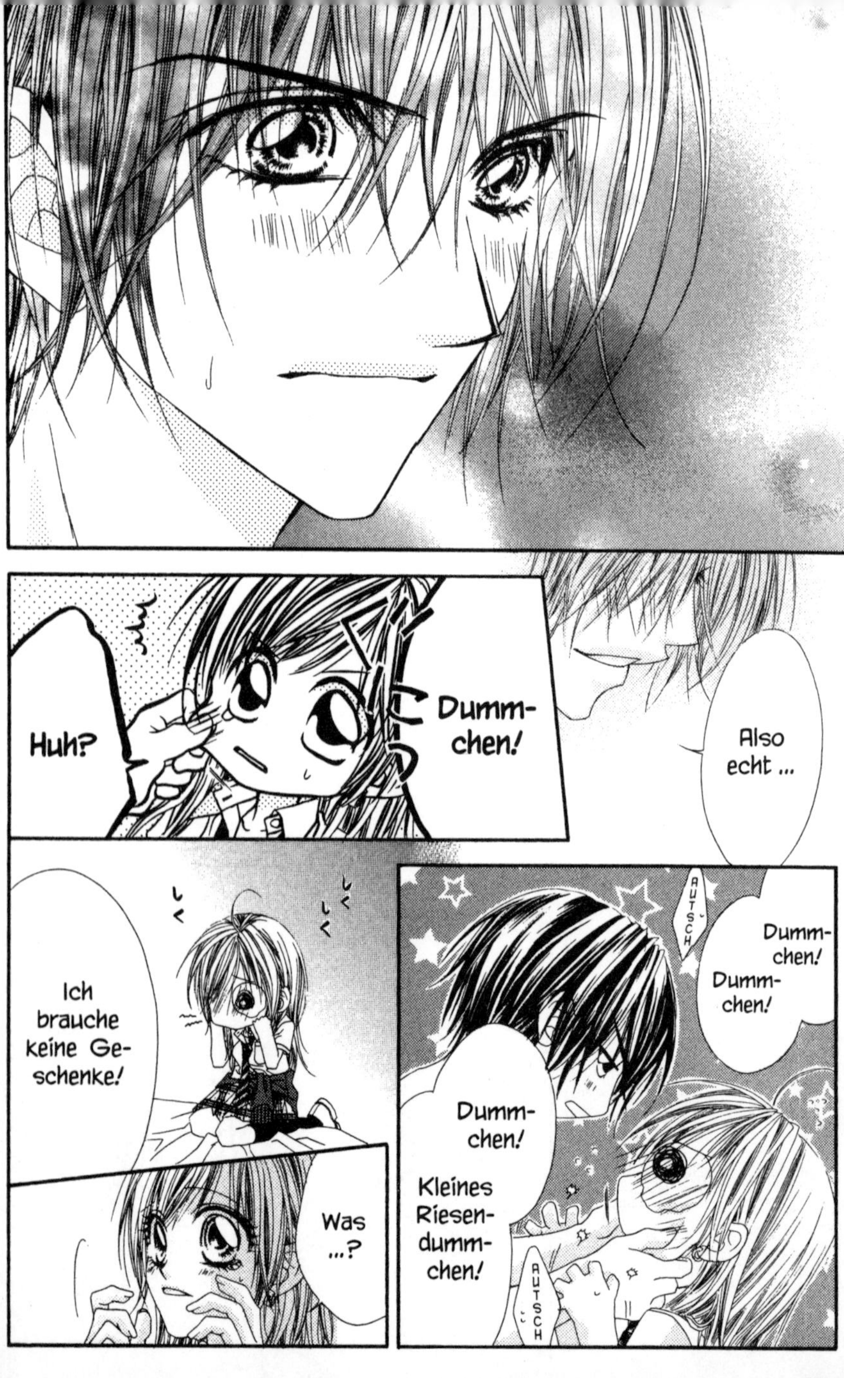

Also echt ...

Dummchen!

Huh?

AUTSCH

Dummchen! Dummchen!

Dummchen!

Kleines Riesendummchen!

AUTSCH

Ich brauche keine Geschenke!

Was ...?

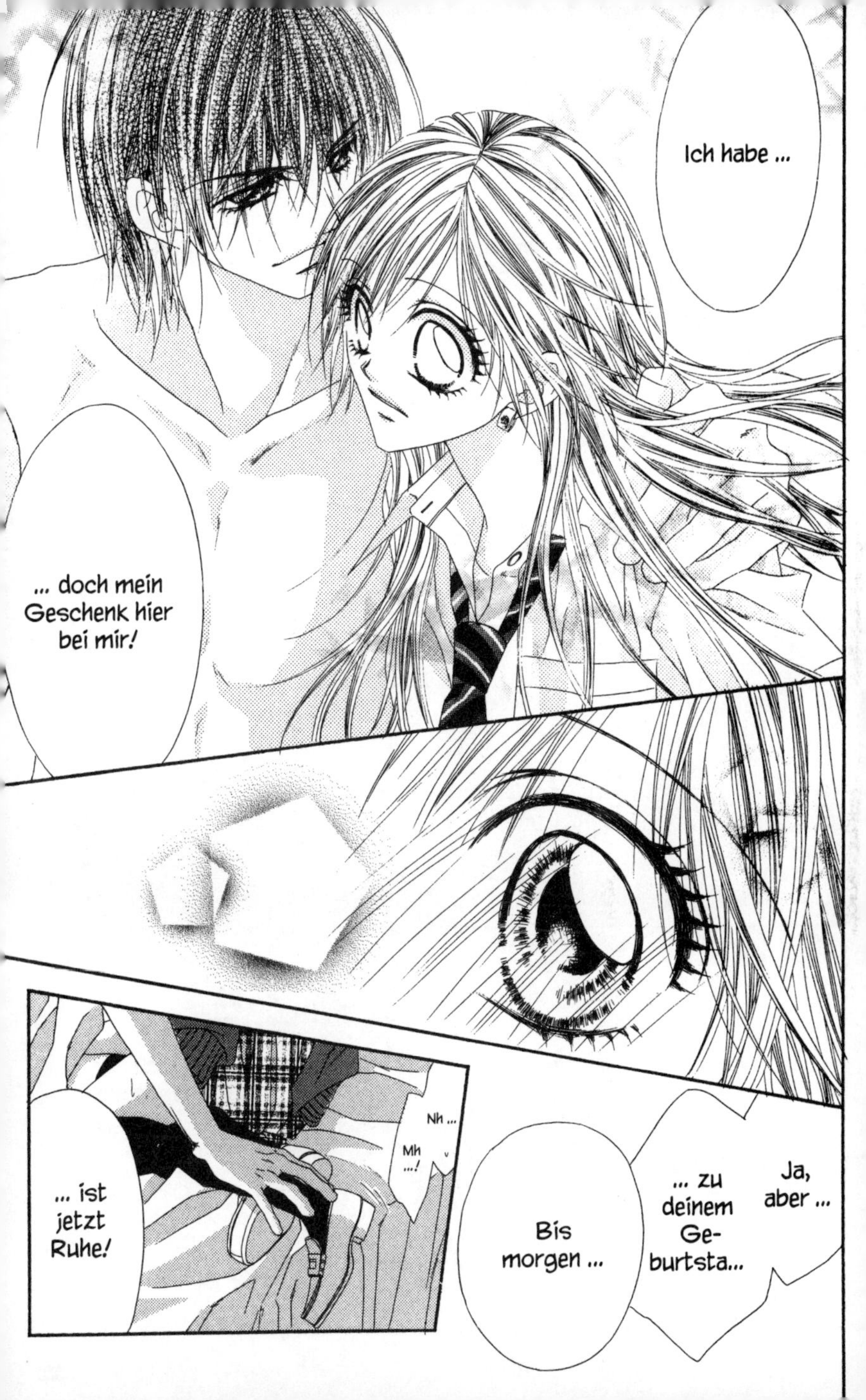
Ich habe ...
... doch mein Geschenk hier bei mir!
Ja, aber ...
... zu deinem Ge- burtsta...
Bis morgen ...
Nh ...
Mh ...!
... ist jetzt Ruhe!

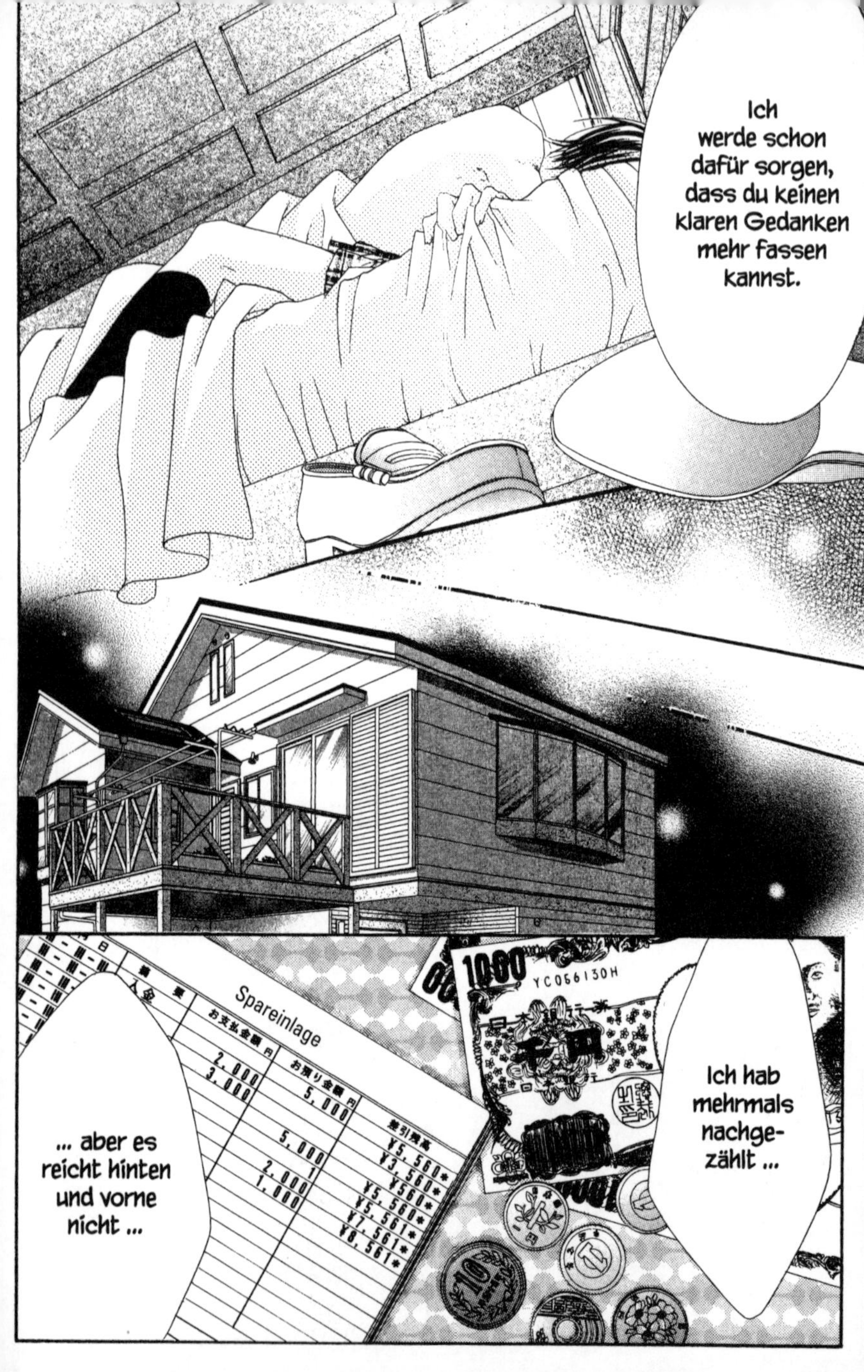
Ich werde schon dafür sorgen, dass du keinen klaren Gedanken mehr fassen kannst.
Ich hab mehrmals nachge-zählt ...
Spareinlage
... aber es reicht hinten und vorne nicht ...

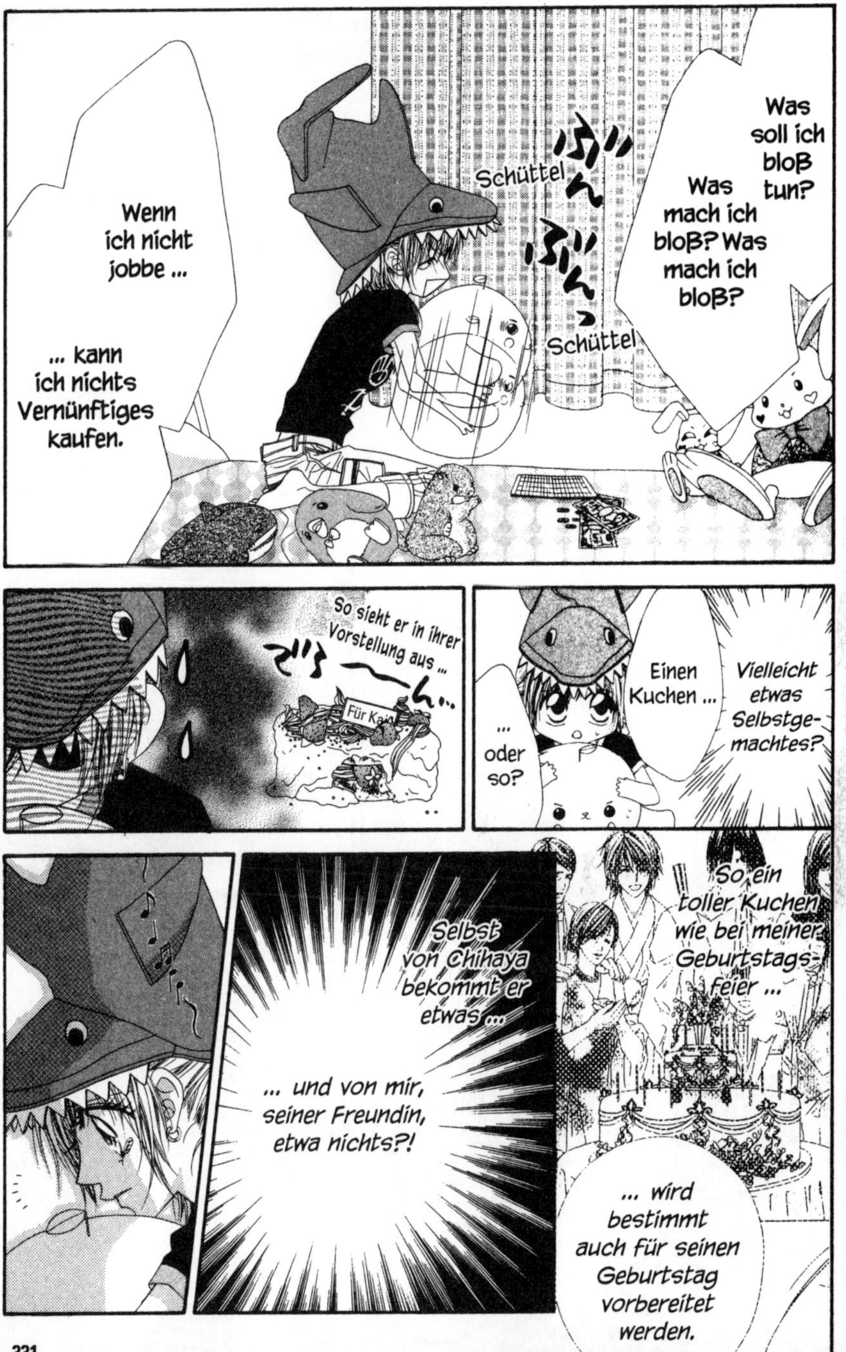

Was soll ich bloß tun?
Was mach ich bloß? Was mach ich bloß?
Schüttel
Schüttel
Wenn ich nicht jobbe ...
... kann ich nichts Vernünftiges kaufen.

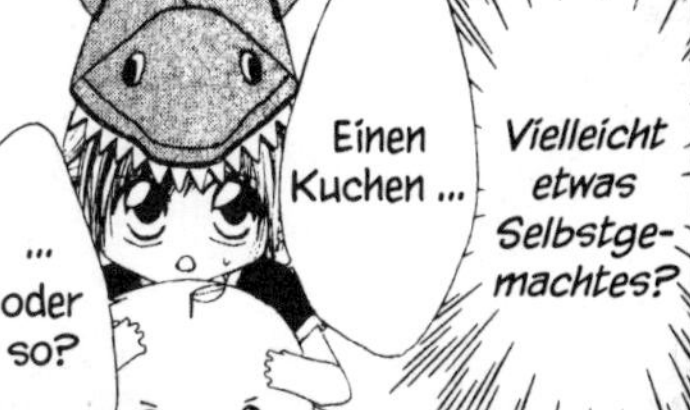

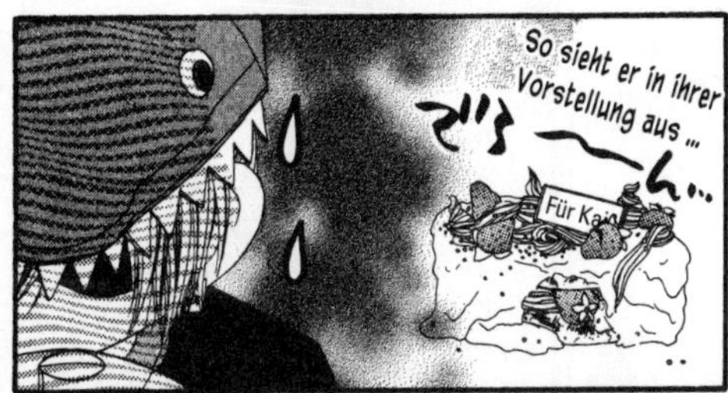

So ein toller Kuchen wie bei meiner Geburtstagsfeier ...
... wird bestimmt auch für seinen Geburtstag vorbereitet werden.

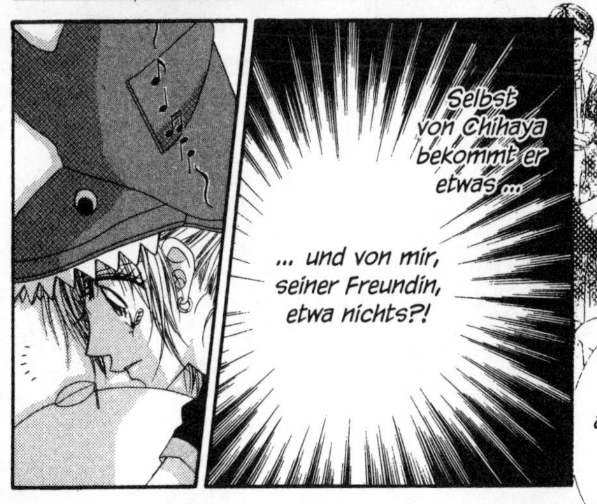

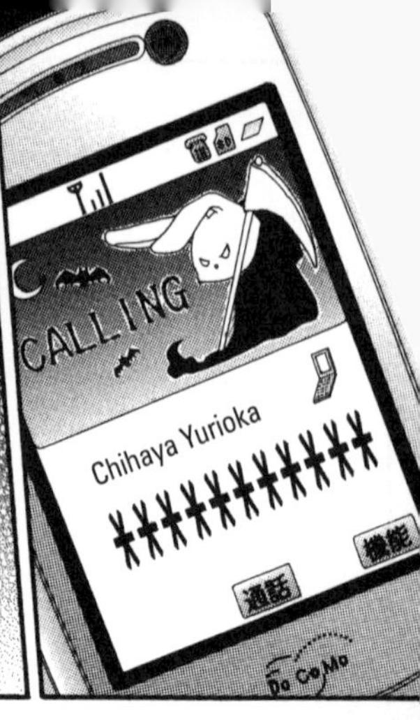
CALLING
Chihaya Yurioka

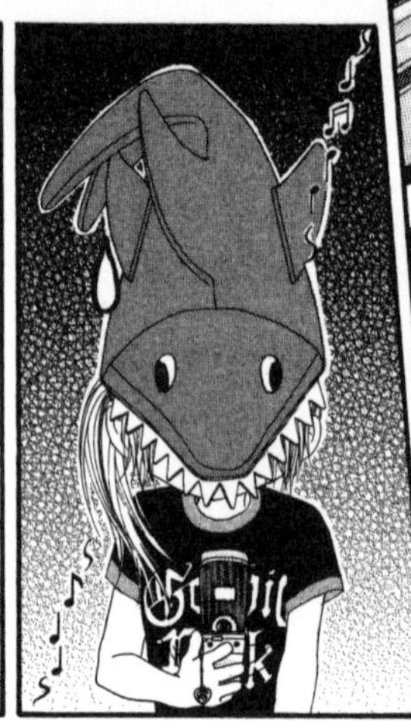

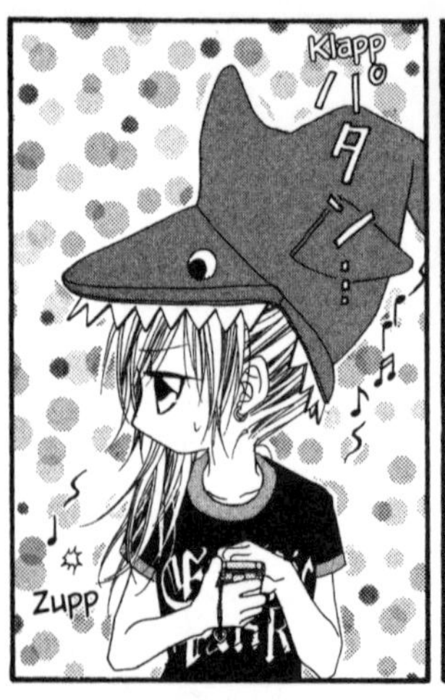
Klapp
Zupp

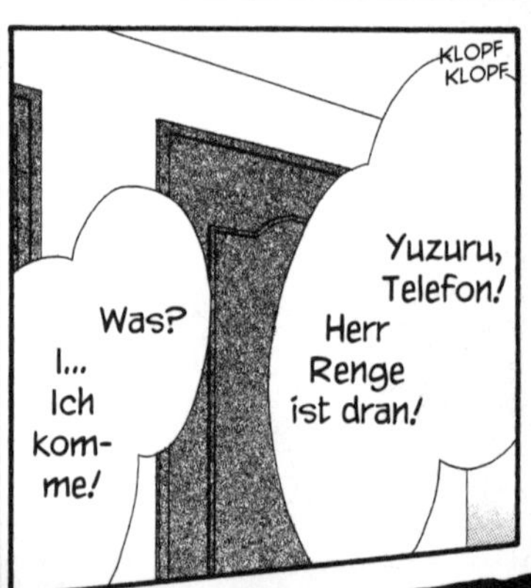
KLOPF KLOPF
Yuzuru, Telefon! Herr Renge ist dran!
Was? I... Ich komme!

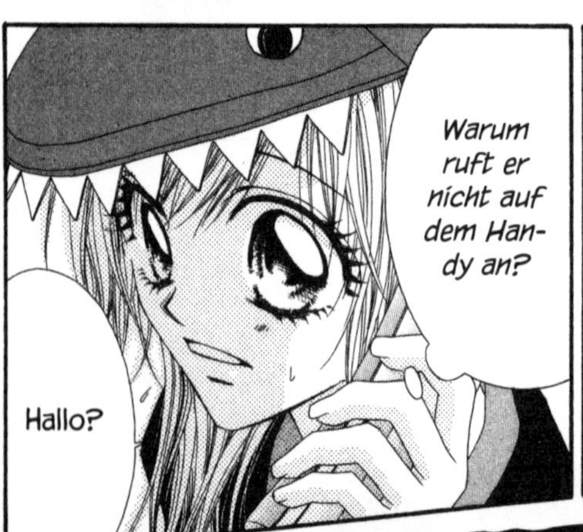
Warum ruft er nicht auf dem Handy an?
Hallo?

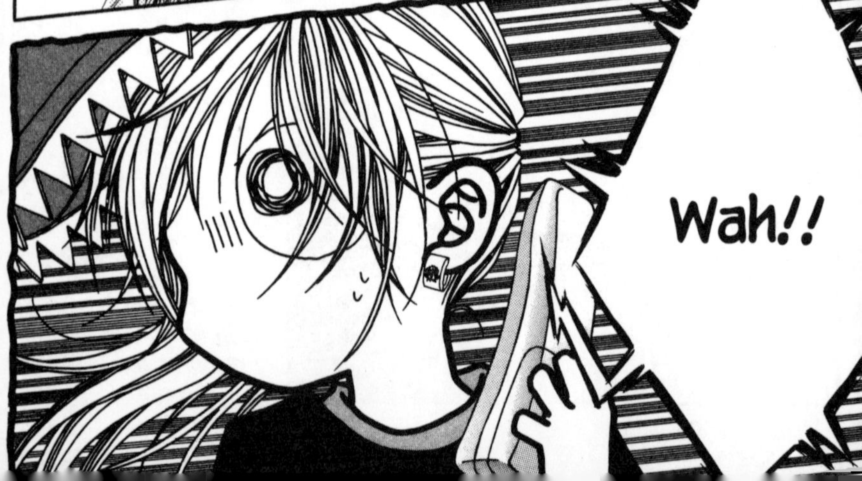
Wah!!

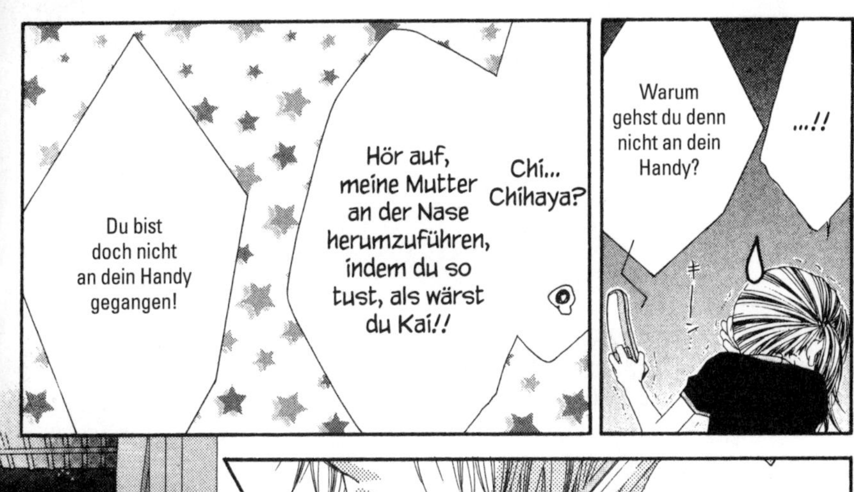

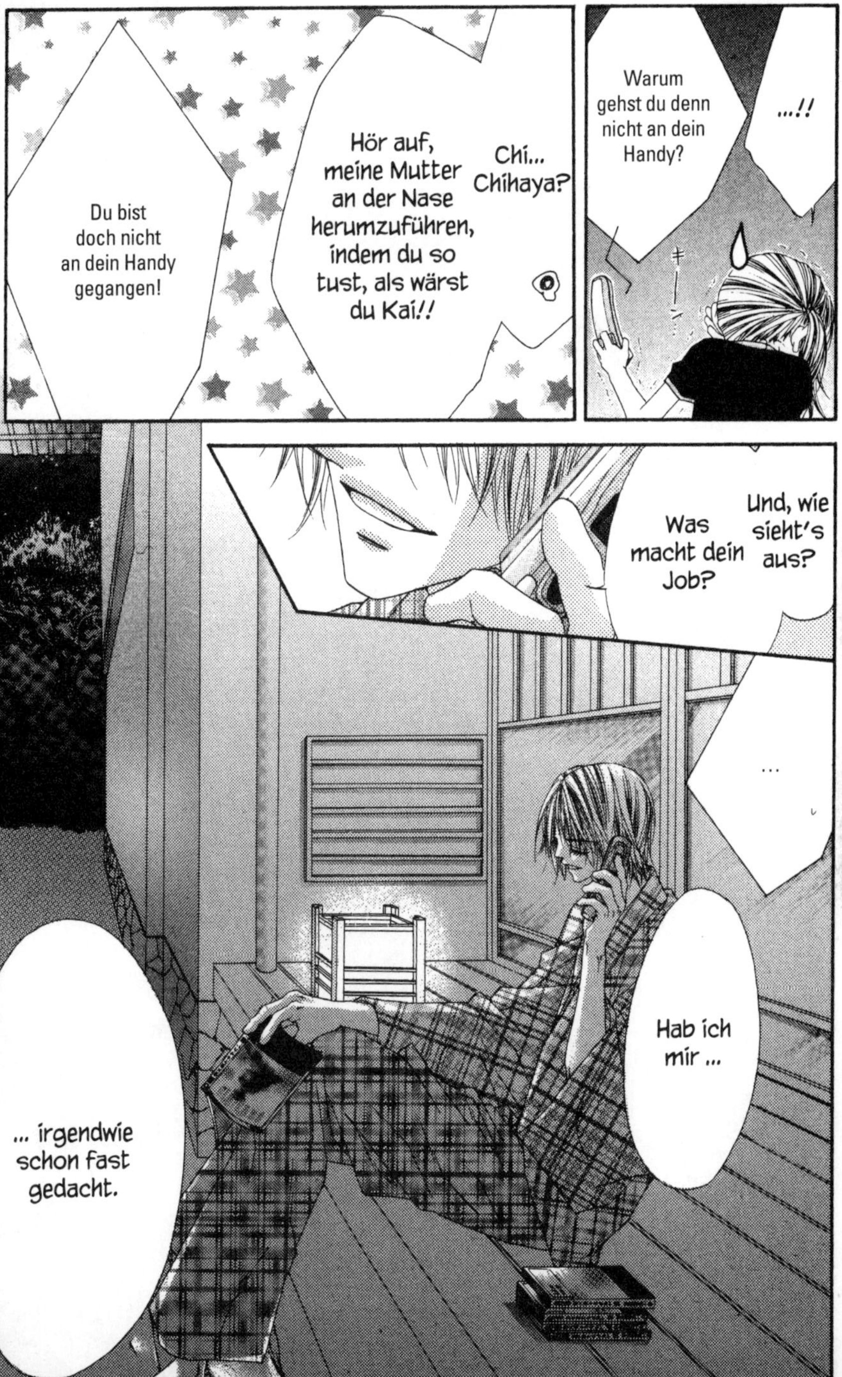

Und, wie sieht's aus?

Was macht dein Job?

...

Hab ich mir ...

... irgendwie schon fast gedacht.

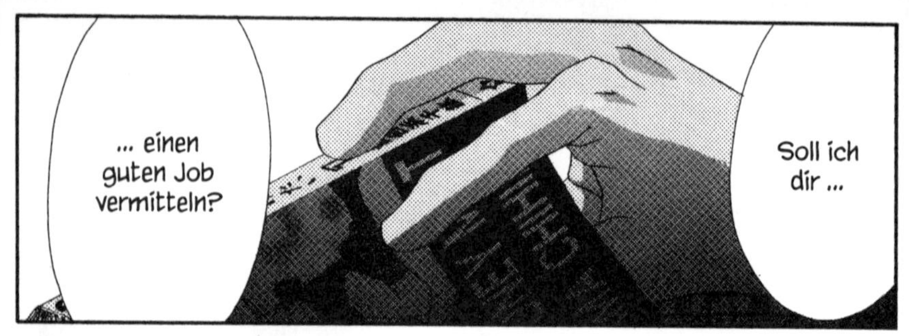

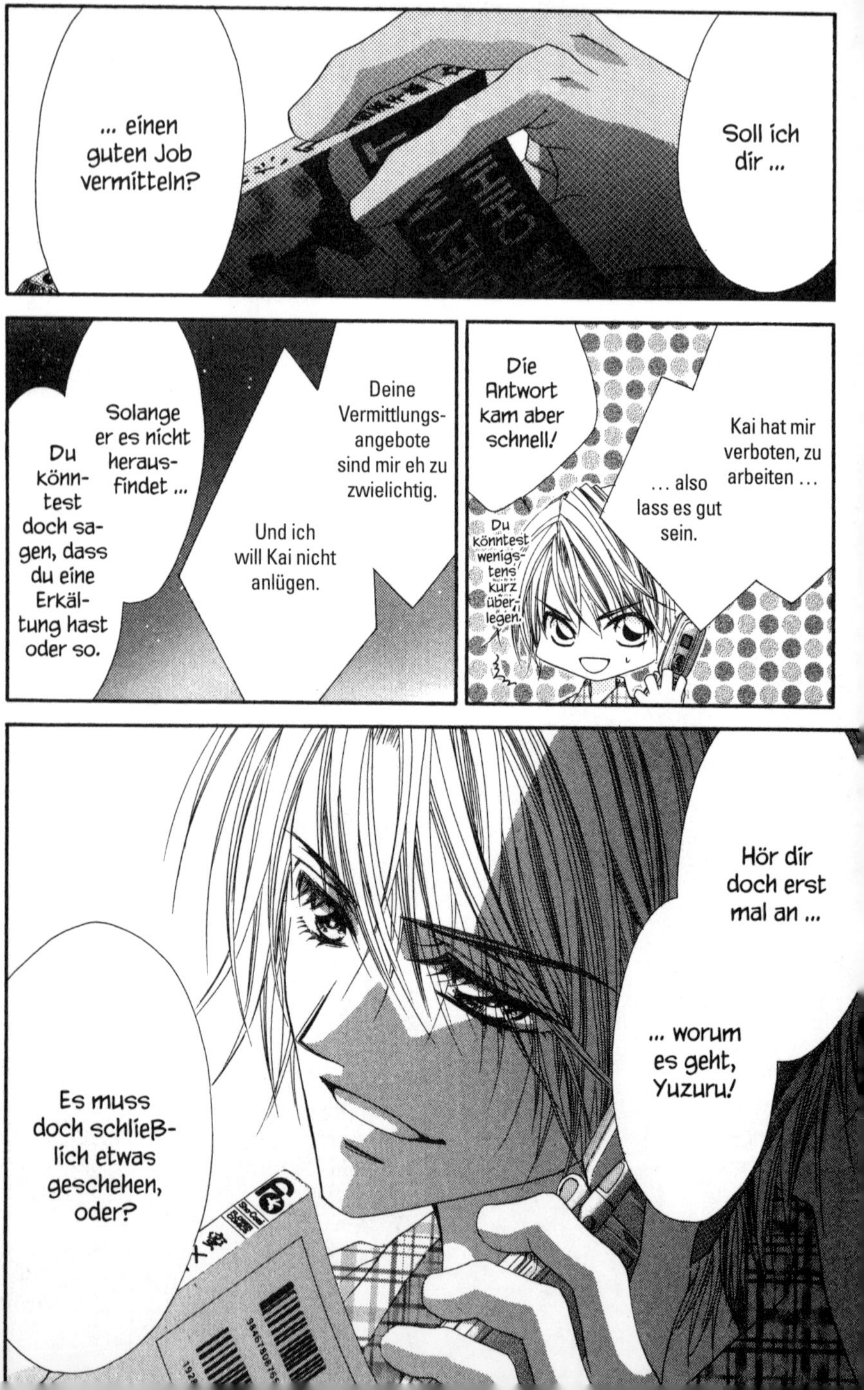

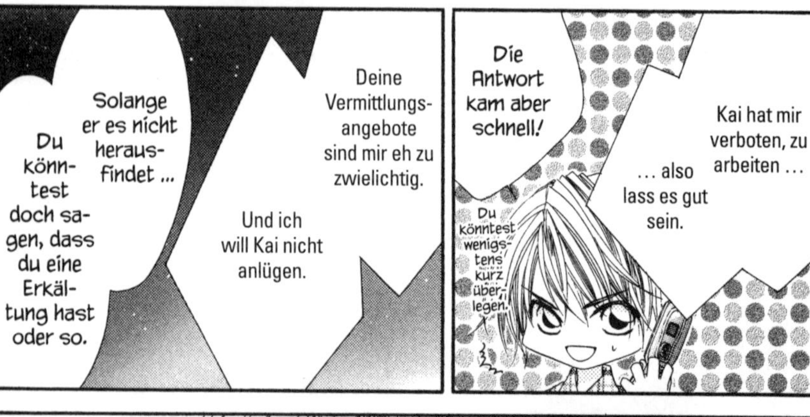

Hör dir doch erst mal an ...

... worum es geht, Yuzuru!

Es muss doch schließlich etwas geschehen, oder?

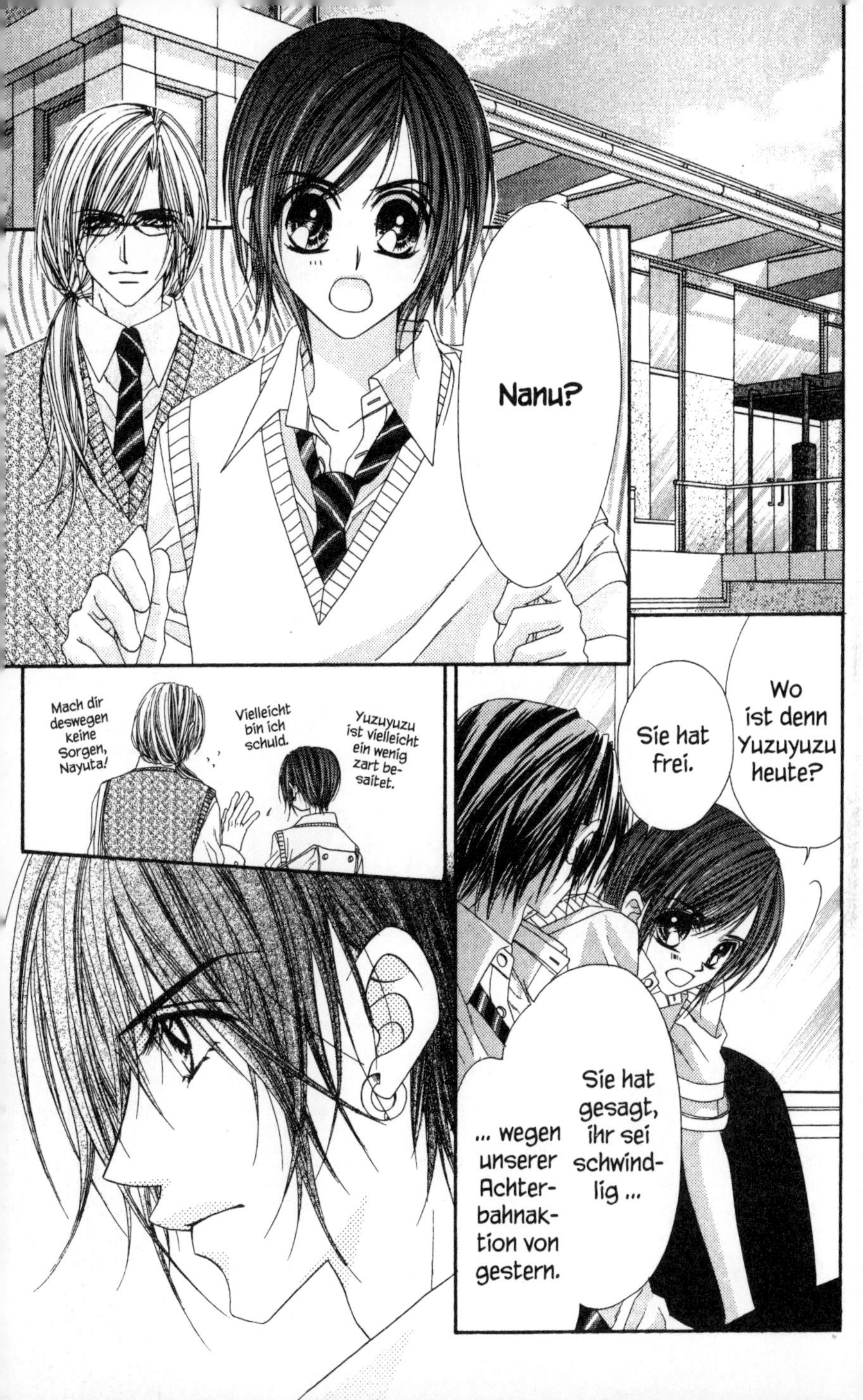
Nanu?
Wo ist denn Yuzuyuzu heute?
Sie hat frei.
Sie hat gesagt, ihr sei schwindlig ...
... wegen unserer Achterbahnaktion von gestern.
Yuzuyuzu ist vielleicht ein wenig zart besaitet.
Vielleicht bin ich schuld.
Mach dir deswegen keine Sorgen, Nayuta!

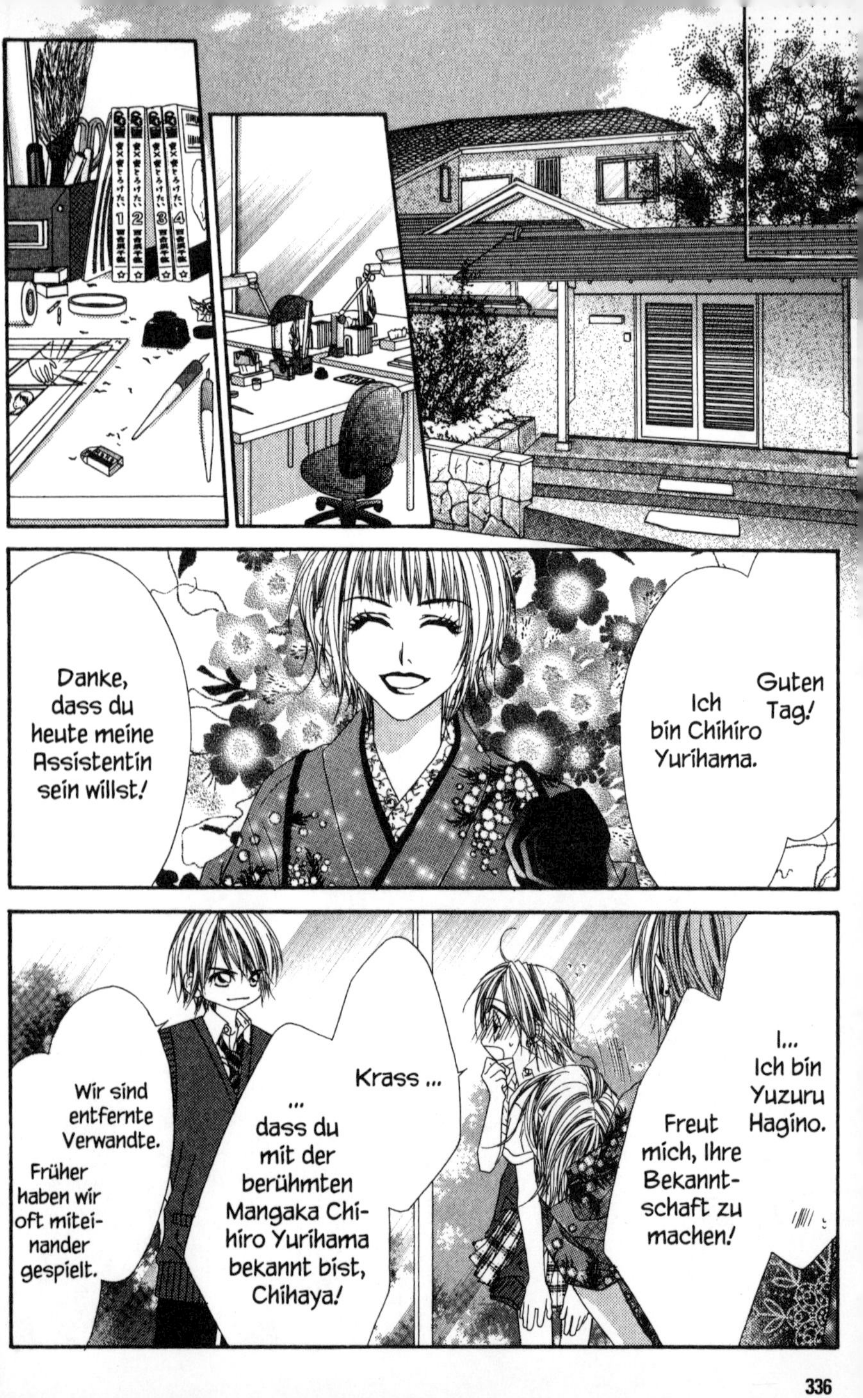

Guten Tag! Ich bin Chihiro Yurihama.

Danke, dass du heute meine Assistentin sein willst!

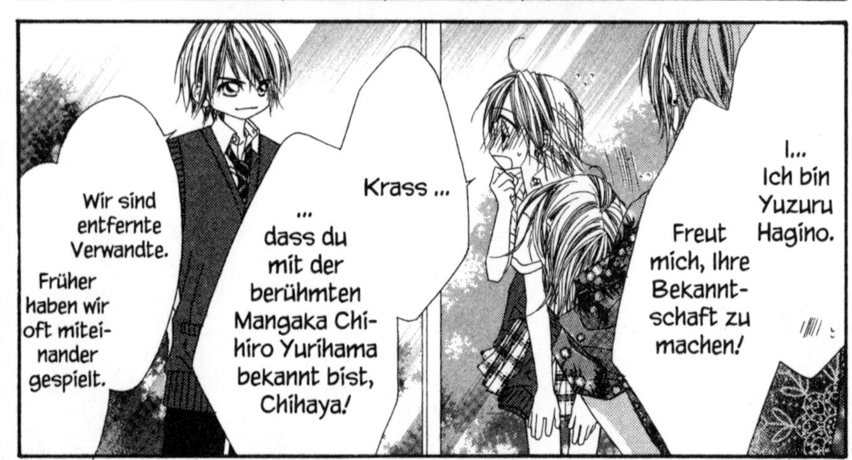

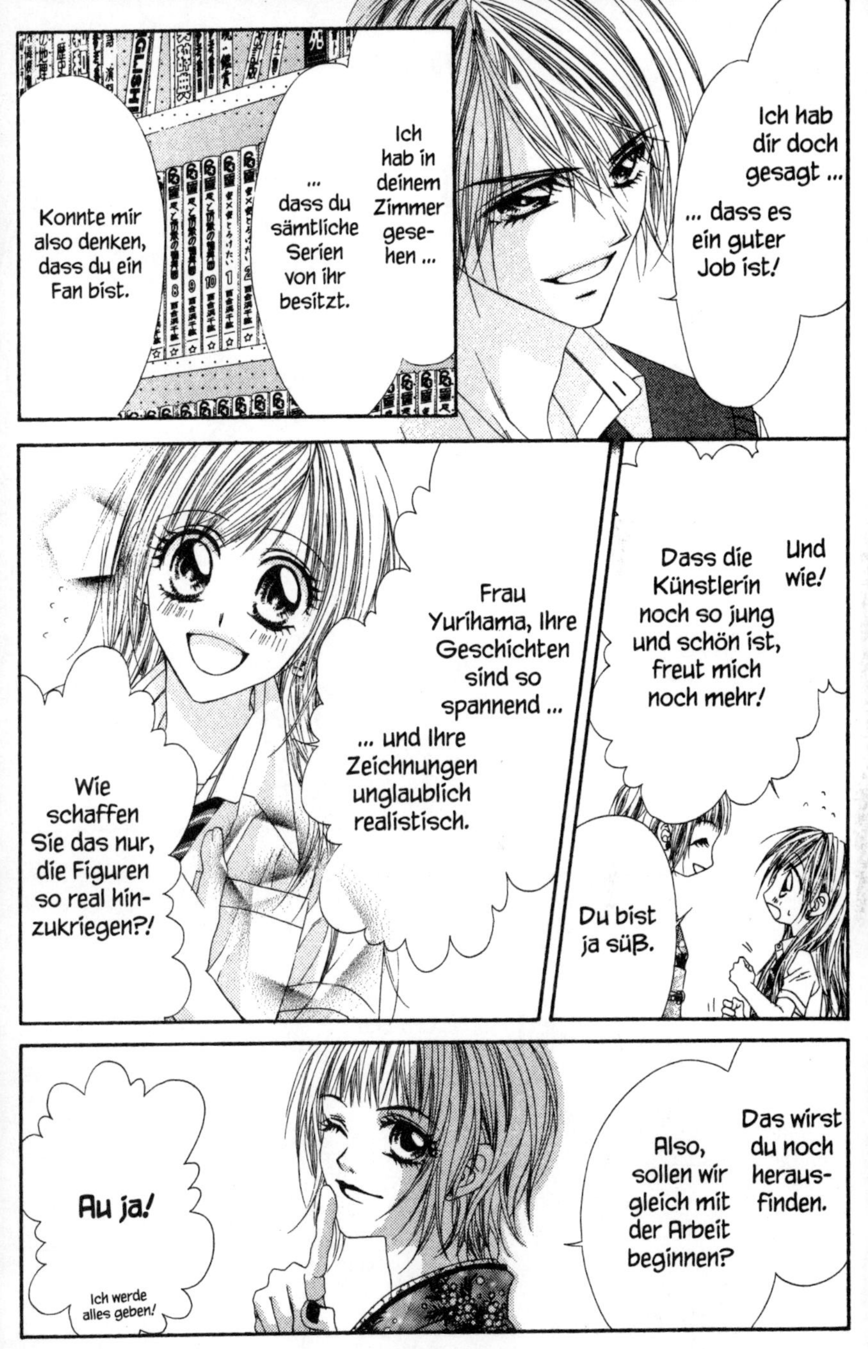
Ich hab dir doch gesagt ...
... dass es ein guter Job ist!
Ich hab in deinem Zimmer gesehen ...
... dass du sämtliche Serien von ihr besitzt.
Konnte mir also denken, dass du ein Fan bist.
Und wie!
Dass die Künstlerin noch so jung und schön ist, freut mich noch mehr!
Du bist ja süß.
Frau Yurihama, Ihre Geschichten sind so spannend ...
... und Ihre Zeichnungen unglaublich realistisch.
Wie schaffen Sie das nur, die Figuren so real hinzukriegen?!
Das wirst du noch herausfinden.
Also, sollen wir gleich mit der Arbeit beginnen?
Au ja!
Ich werde alles geben!

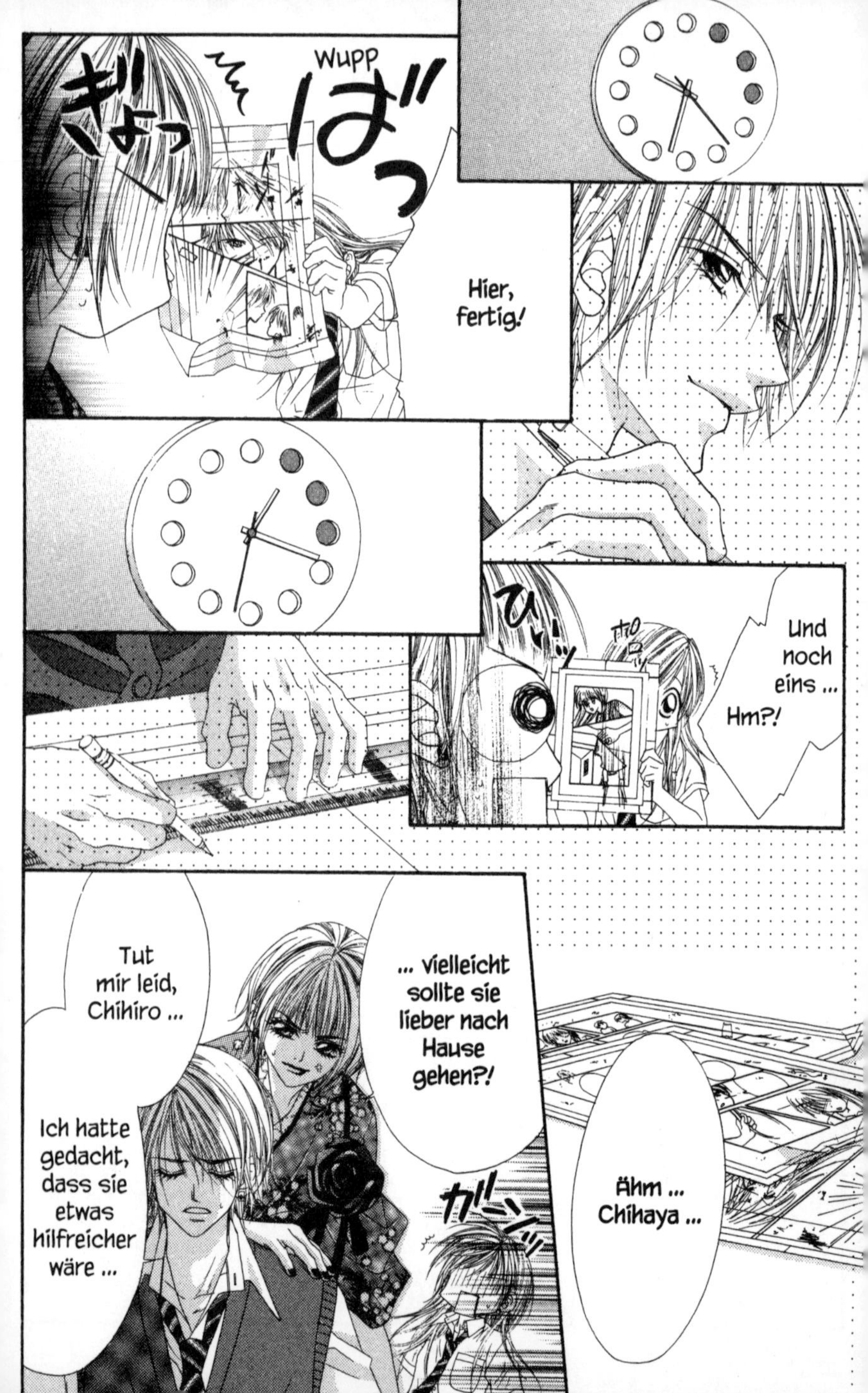
Wupp
Hier, fertig!
Und noch eins ...
Hm?!
Ähm ... Chihaya ...
... vielleicht sollte sie lieber nach Hause gehen?!
Tut mir leid, Chihiro ...
Ich hatte gedacht, dass sie etwas hilfreicher wäre ...

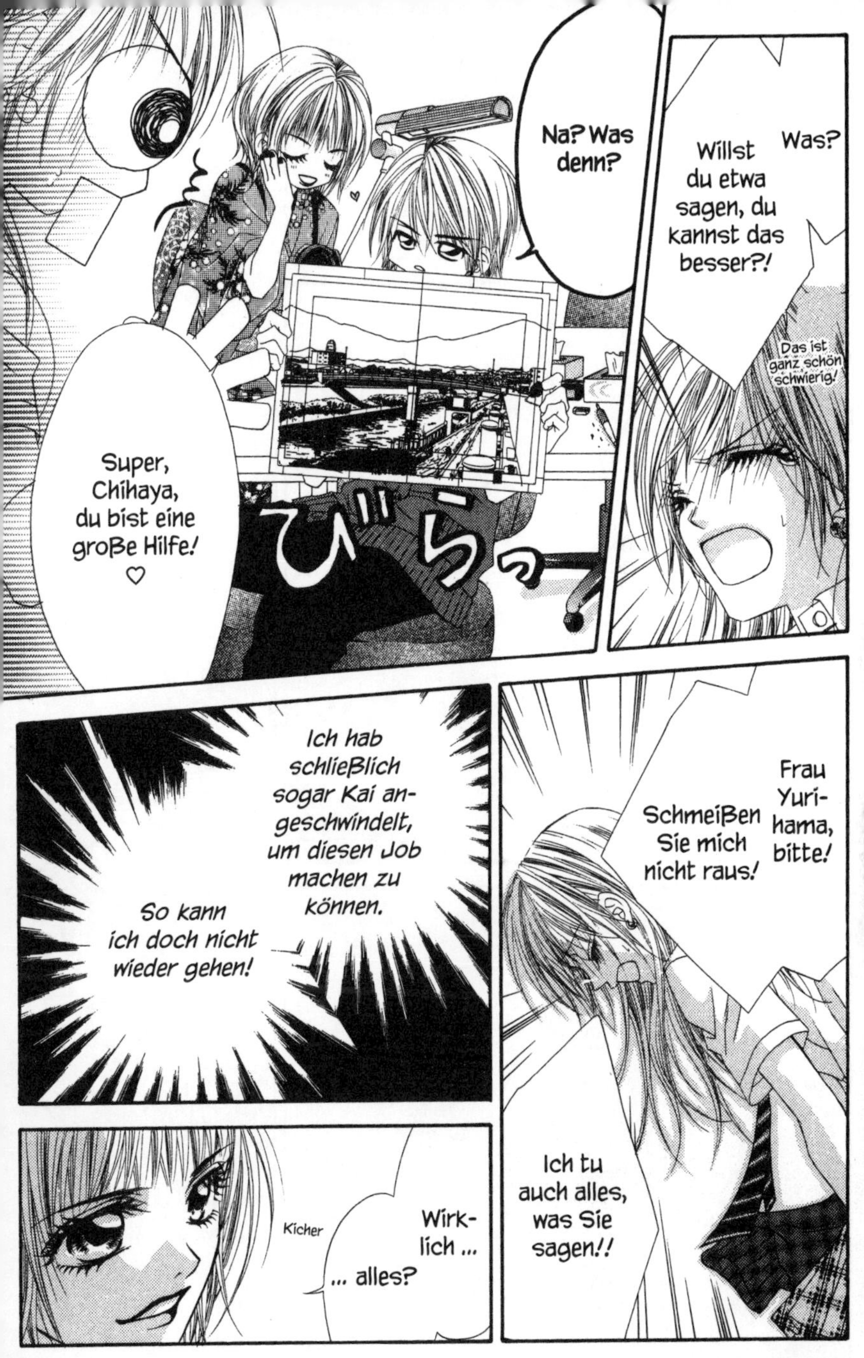
Was?
Willst du etwa sagen, du kannst das besser?!
Das ist ganz schön schwierig!
Na? Was denn?
Super, Chihaya, du bist eine große Hilfe! ♡
びらっ
Frau Yurihama, bitte!
Schmeißen Sie mich nicht raus!
Ich tu auch alles, was Sie sagen!!
Ich hab schließlich sogar Kai angeschwindelt, um diesen Job machen zu können.
So kann ich doch nicht wieder gehen!
Wirklich ...
... alles?
Kicher

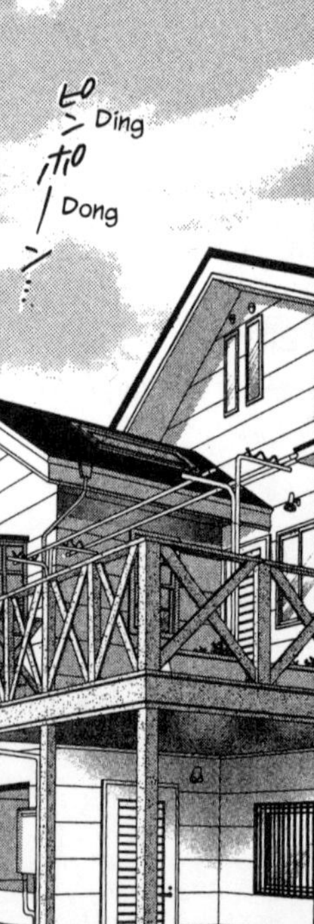
Diese Worte ...
... darfst du nicht vergessen!
Ding
Dong

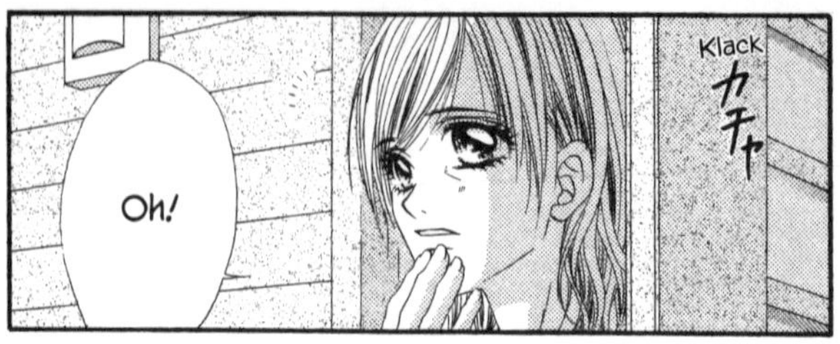
Klack
Oh!

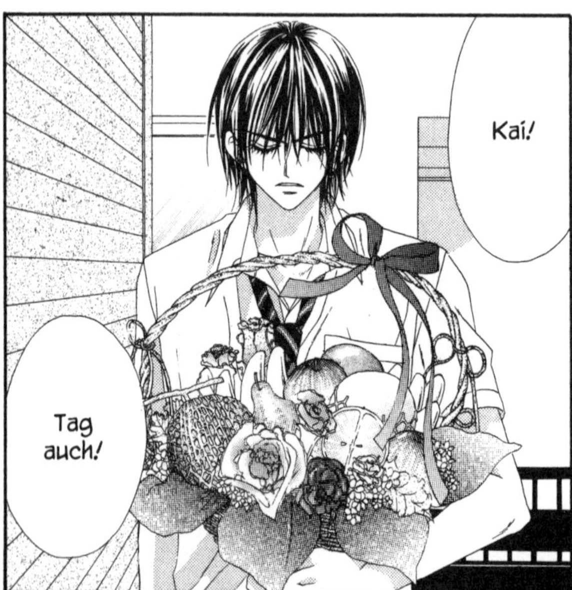
Kai!
Tag auch!

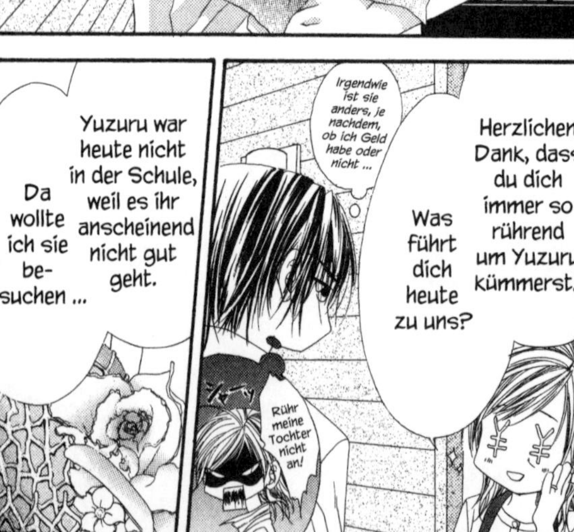
Herzlichen Dank, dass du dich immer so rührend um Yuzuru kümmerst!
Was führt dich heute zu uns?
Irgendwie ist sie anders, je nachdem, ob ich Geld habe oder nicht ...
Rühr meine Tochter nicht an!
Yuzuru war heute nicht in der Schule, weil es ihr anscheinend nicht gut geht.
Da wollte ich sie be-suchen ...

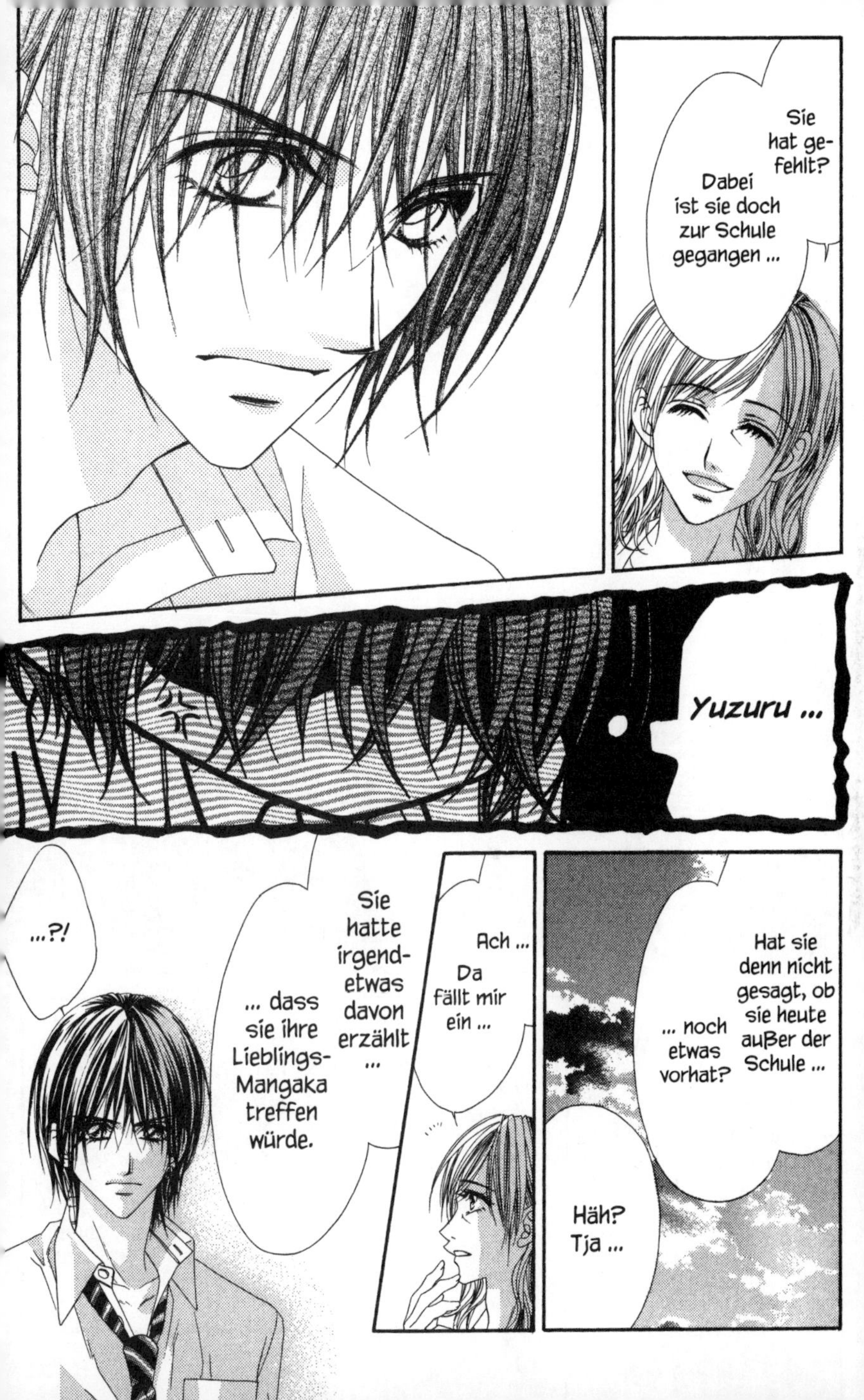
Sie hat gefehlt?
Dabei ist sie doch zur Schule gegangen ...
Yuzuru ...
Hat sie denn nicht gesagt, ob sie heute außer der Schule ...
... noch etwas vorhat?
Häh? Tja ...
Ach ...
Da fällt mir ein ...
Sie hatte irgendetwas davon erzählt ...
... dass sie ihre Lieblings-Mangaka treffen würde.
...?!

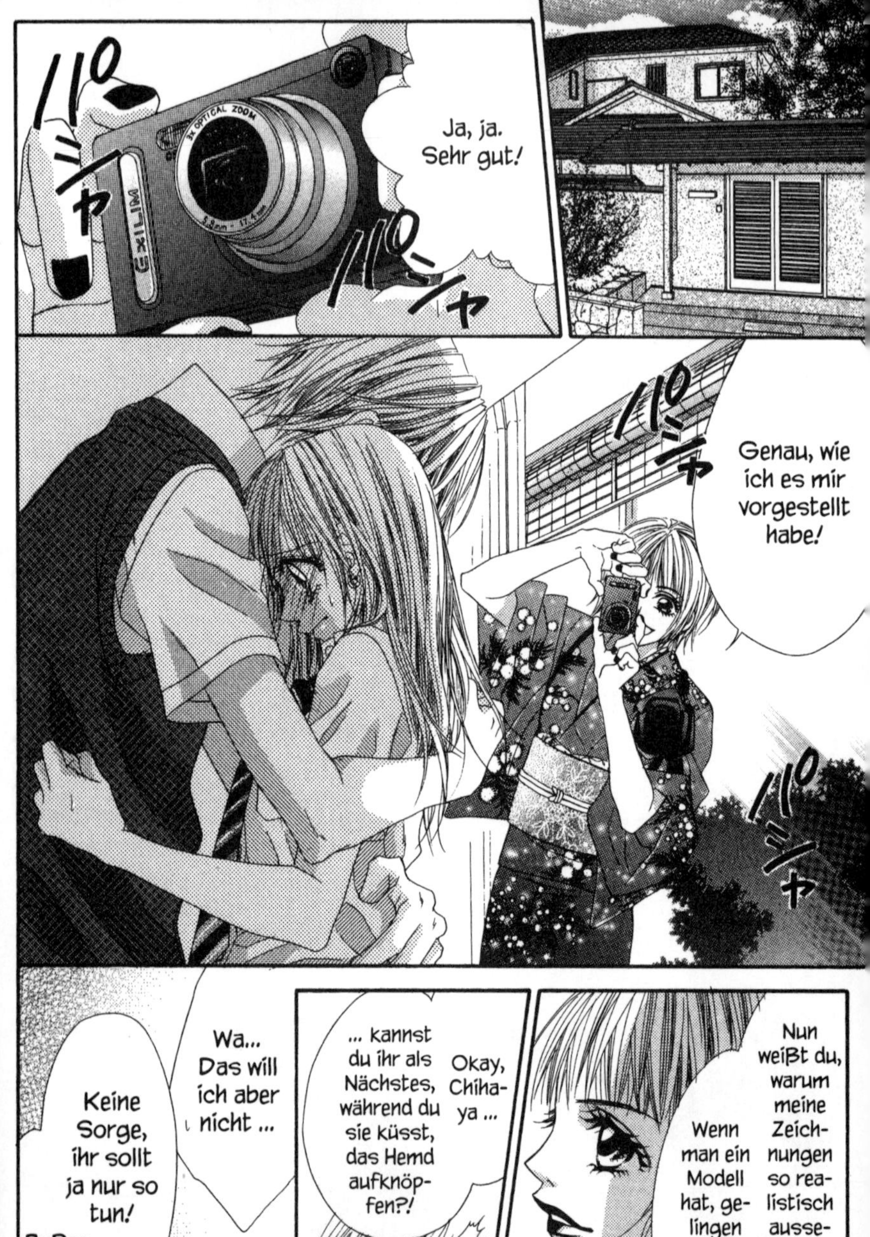
Ja, ja. Sehr gut!
Genau, wie ich es mir vorgestellt habe!
Nun weißt du, warum meine Zeichnungen so realistisch aussehen.
Wenn man ein Modell hat, gelingen die Bilder viel besser.
Okay, Chihaya ...
... kannst du ihr als Nächstes, während du sie küsst, das Hemd aufknöpfen?!
Wa... Das will ich aber nicht ...
Keine Sorge, ihr sollt ja nur so tun!
Außerdem ...

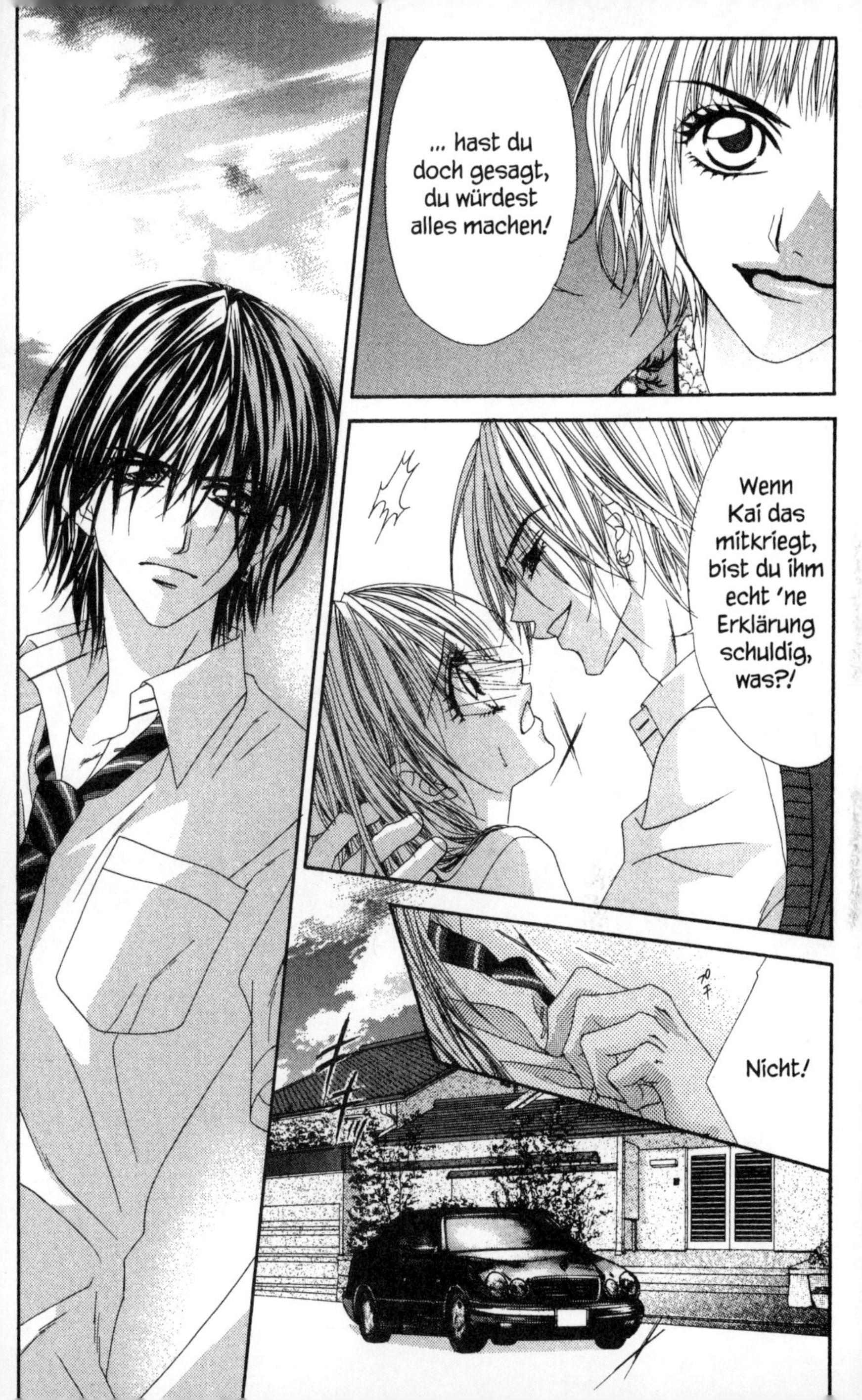
... hast du doch gesagt, du würdest alles machen!
Wenn Kai das mitkriegt, bist du ihm echt 'ne Erklärung schuldig, was?!
Nicht!

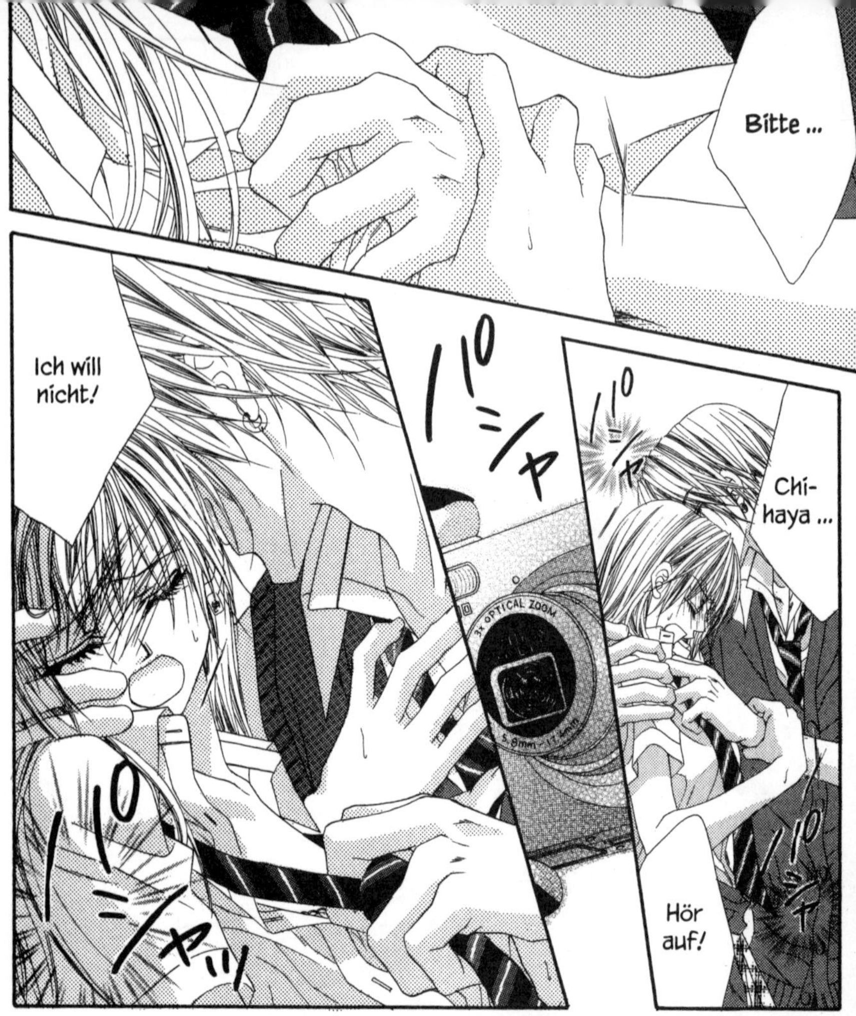

Den Ring, den Kai Yuzuru schenkt, habe ich selbst designt. Ich wollte mit dem Design die Assoziation eines Halsbandes erwecken. Ich habe selbst einen Ring, der wie ein Gürtel aussieht.

11 Mir gefällt übrigens, wie Kais Haare nach dem Bad aussehen. Mögt ihr sein Aussehen auch? Nun habe ich Kais Geburtstagsfeier gezeichnet, aber ich habe auch noch eine Geburtstagsfeier von Genjo in petto. Die kommt vielleicht als kleines Extra in Band 7. Diesmal ist der Band ja ziemlich schön zu Ende gegangen. Aber im nächsten Band geht es wieder rund. Auch die Fans von Genjo und Nayuta können sich schon mal freuen!

Außerdem tauchen noch zwei neue Charaktere auf: Himawari Master & Honey!

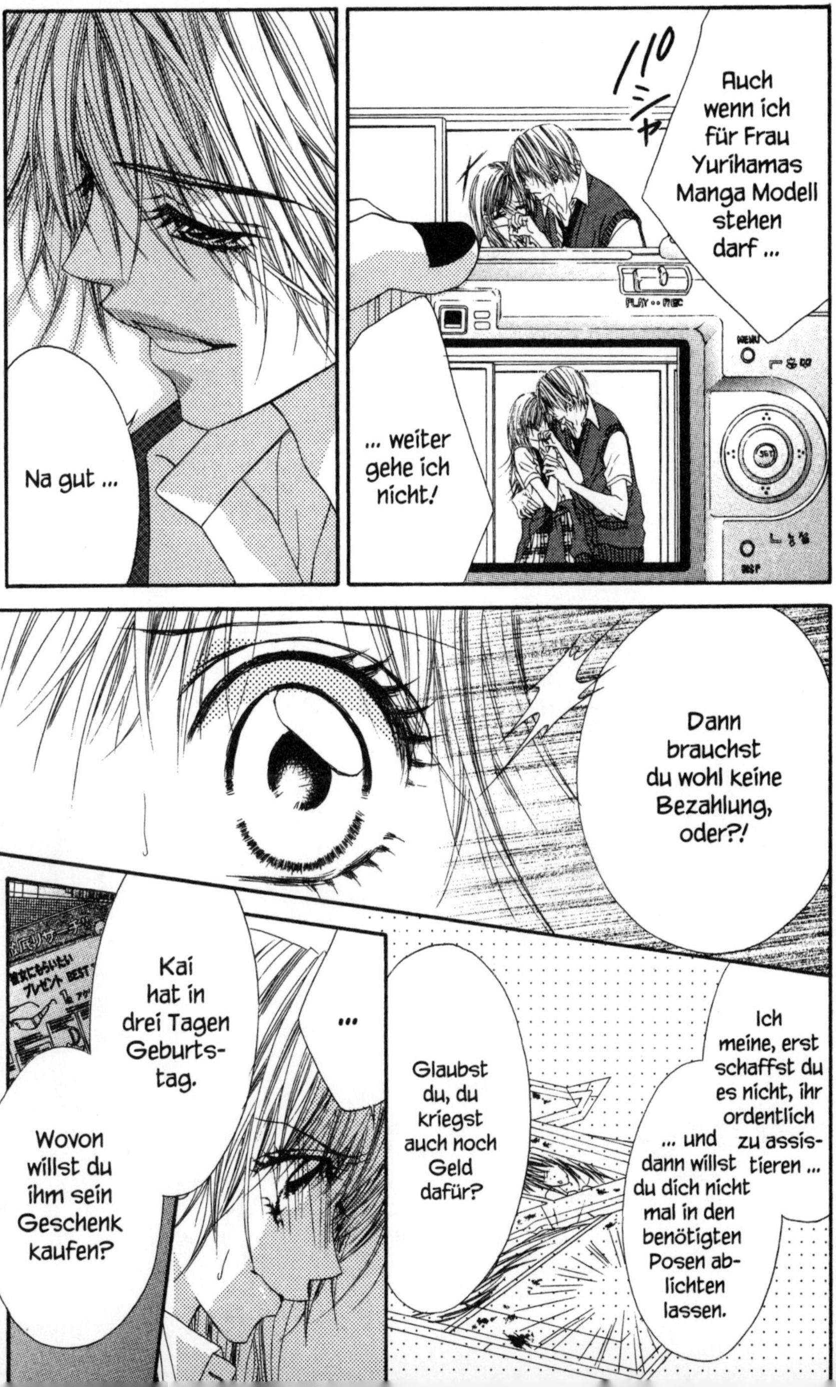

Auch wenn ich für Frau Yurihamas Manga Modell stehen darf ...

... weiter gehe ich nicht!

Na gut ...

Dann brauchst du wohl keine Bezahlung, oder?!

Ich meine, erst schaffst du es nicht, ihr ordentlich zu assistieren ...

... und dann willst du dich nicht mal in den benötigten Posen ablichten lassen.

Glaubst du, du kriegst auch noch Geld dafür?

...

Kai hat in drei Tagen Geburtstag.

Wovon willst du ihm sein Geschenk kaufen?

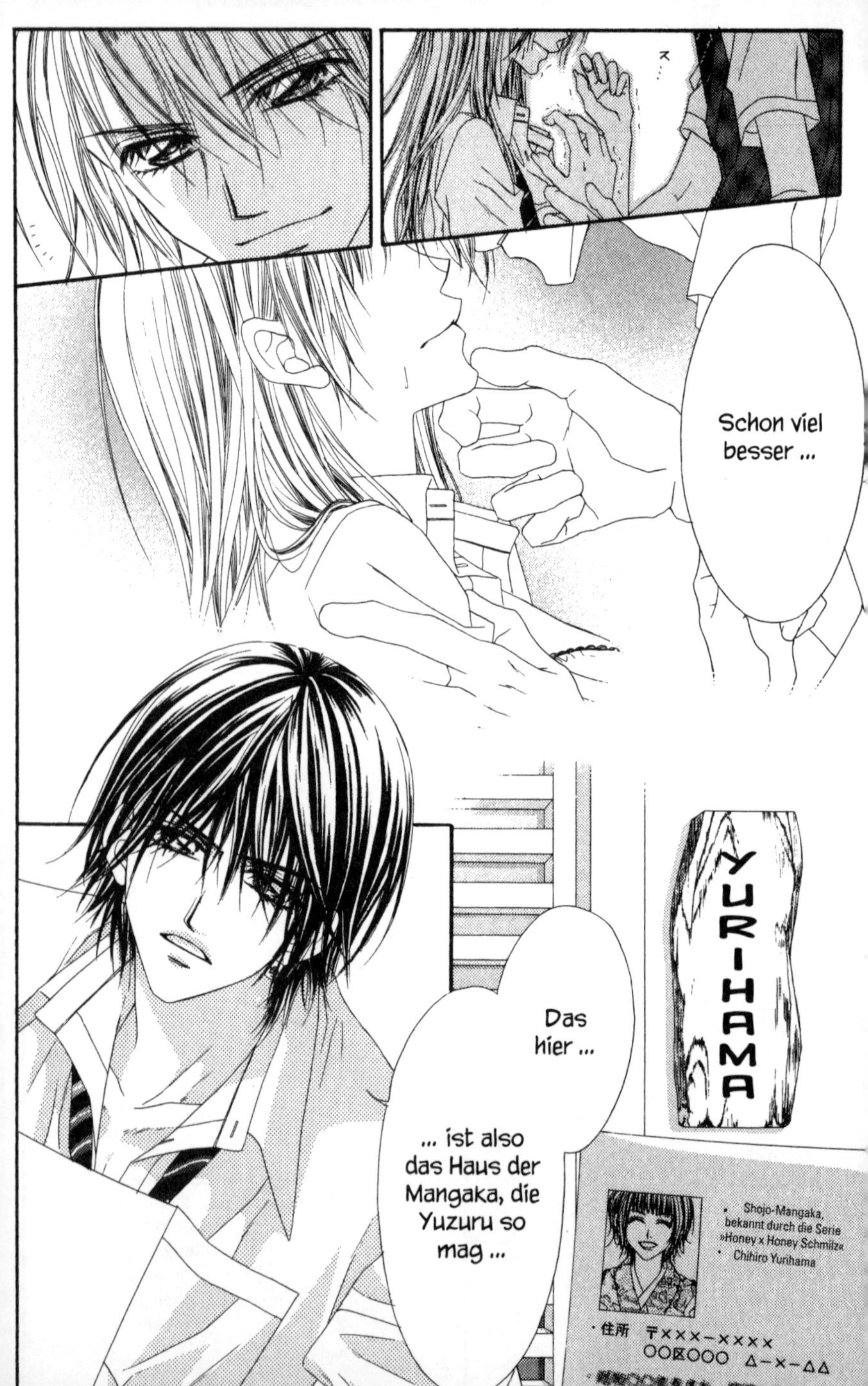
Schon viel besser ...
YURIHAMA
Das hier ...
... ist also das Haus der Mangaka, die Yuzuru so mag ...
Shojo-Mangaka, bekannt durch die Serie »Honey x Honey Schmilz«
Chihiro Yurihama
・住所 〒×××−××××
○○区○○○ △−×−△△

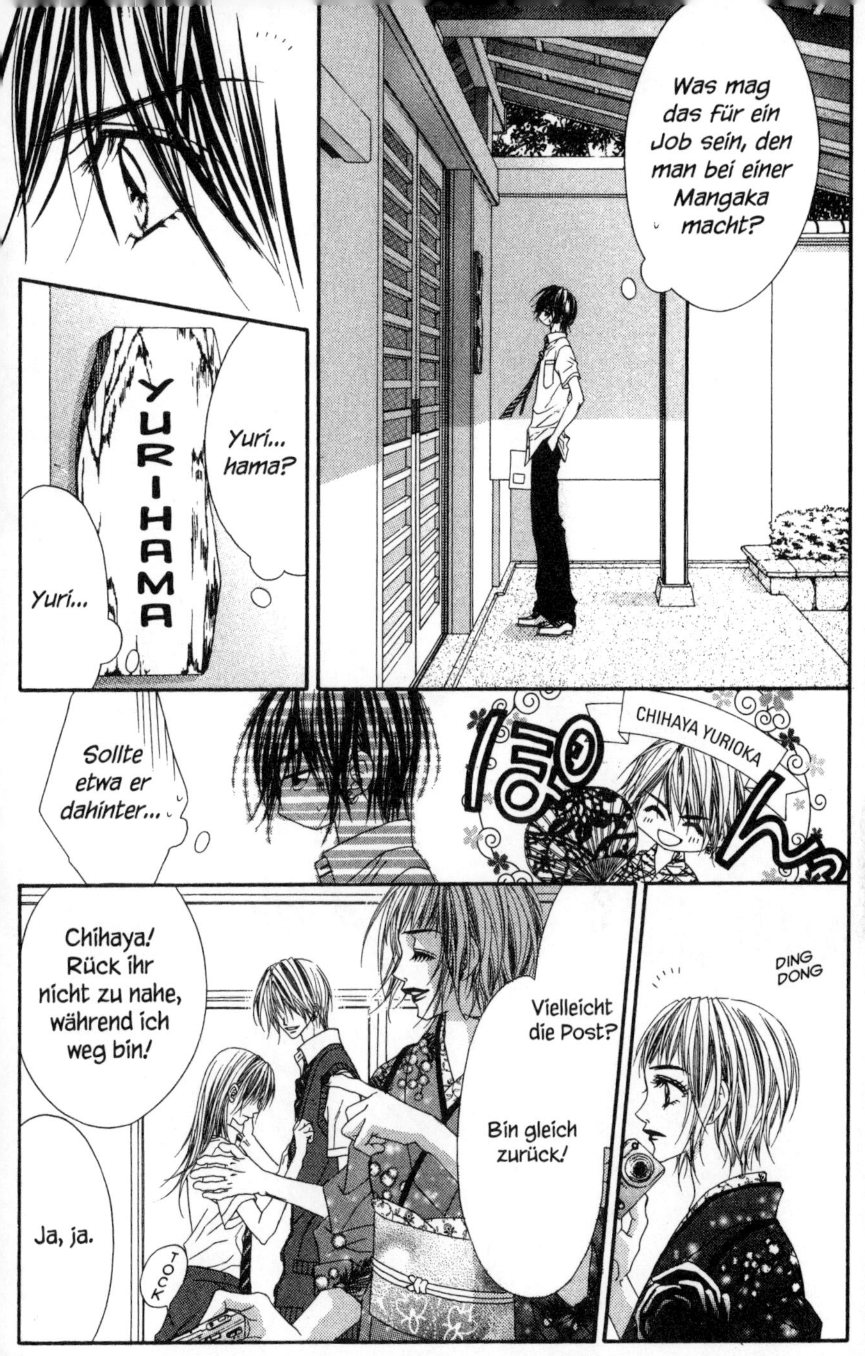
Was mag das für ein Job sein, den man bei einer Mangaka macht?
YURIHAMA
Yuri... hama?
Yuri...
CHIHAYA YURIOKA
Sollte etwa er dahinter...
DING DONG
Vielleicht die Post?
Bin gleich zurück!
Chihaya! Rück ihr nicht zu nahe, während ich weg bin!
TOCK
Ja, ja.

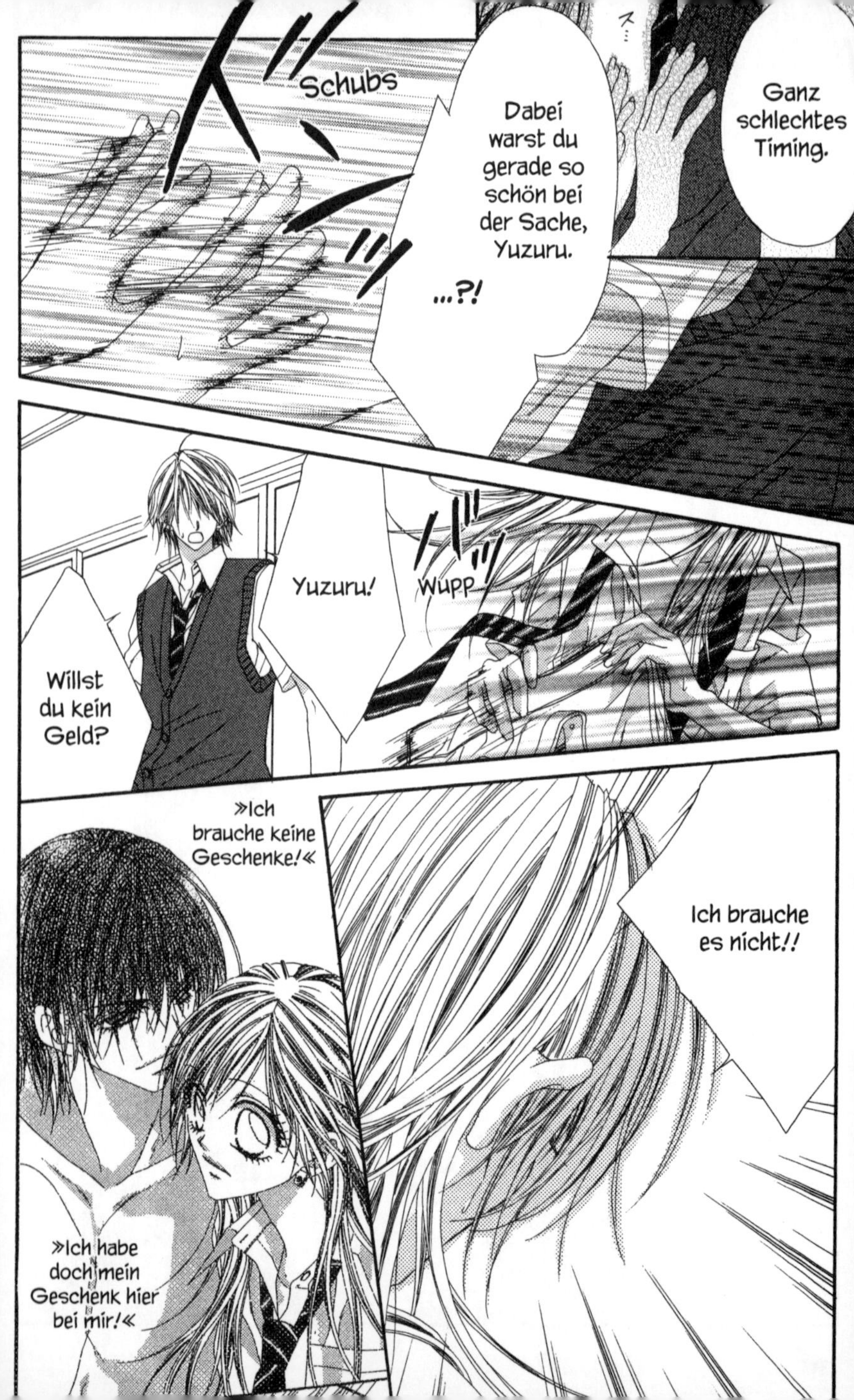
ス…
Ganz schlechtes Timing.
Dabei warst du gerade so schön bei der Sache, Yuzuru.
Schubs
...?!
Wupp
Yuzuru!
Willst du kein Geld?
Ich brauche es nicht!!
»Ich brauche keine Geschenke!«
»Ich habe doch mein Geschenk hier bei mir!«

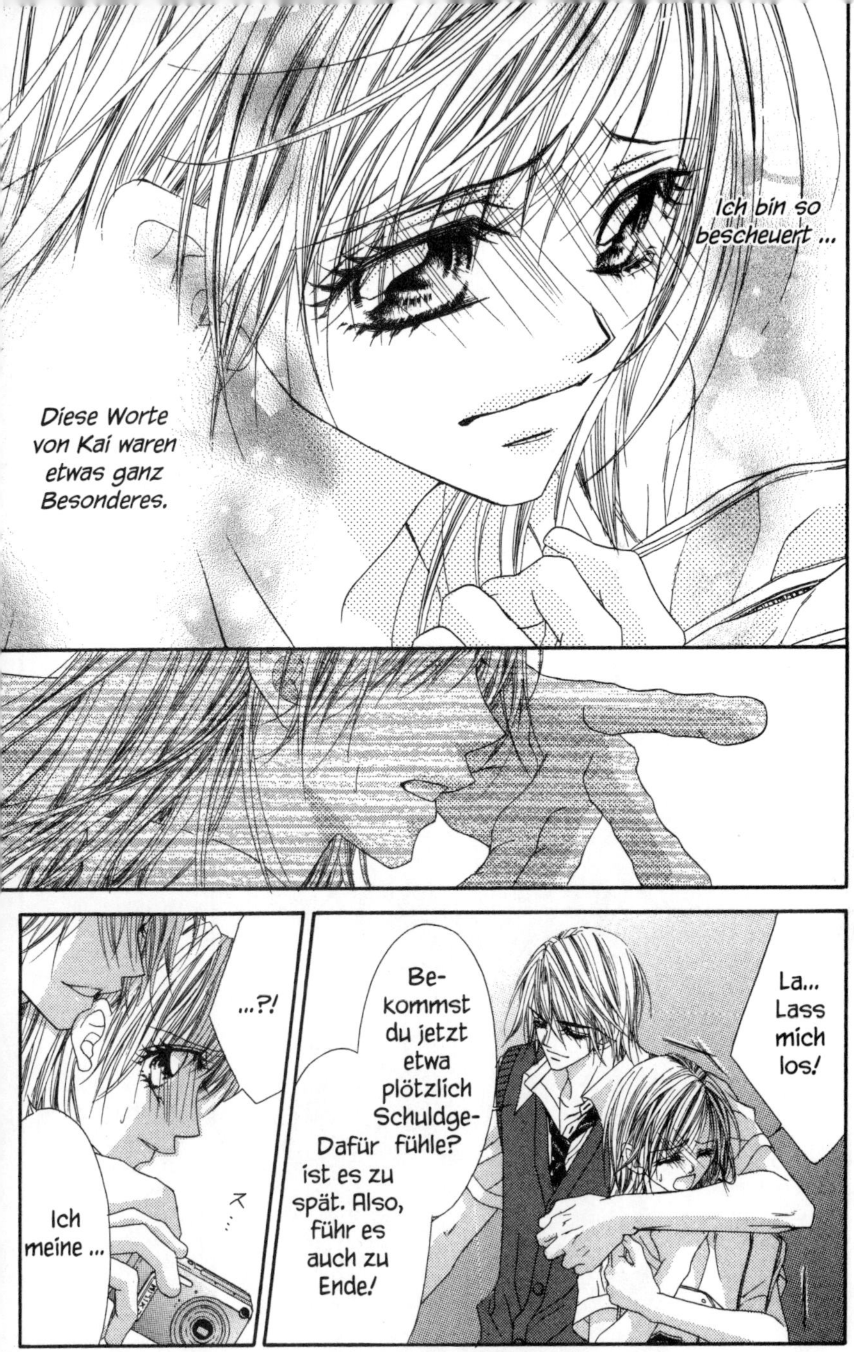

Ich bin so bescheuert ...

Diese Worte von Kai waren etwas ganz Besonderes.

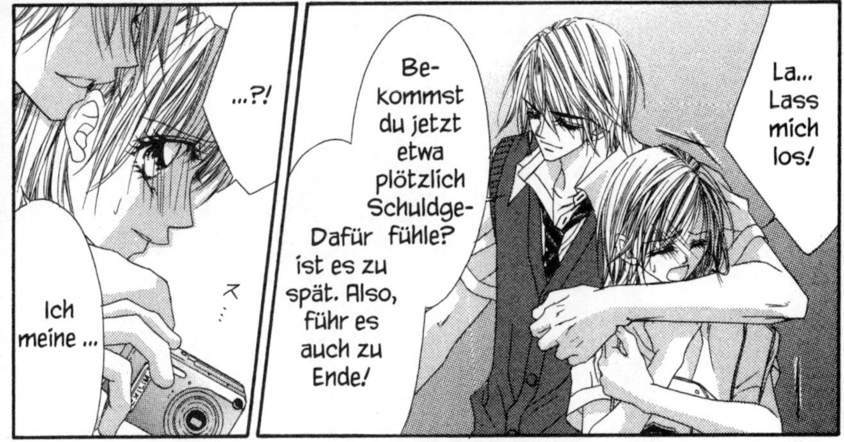

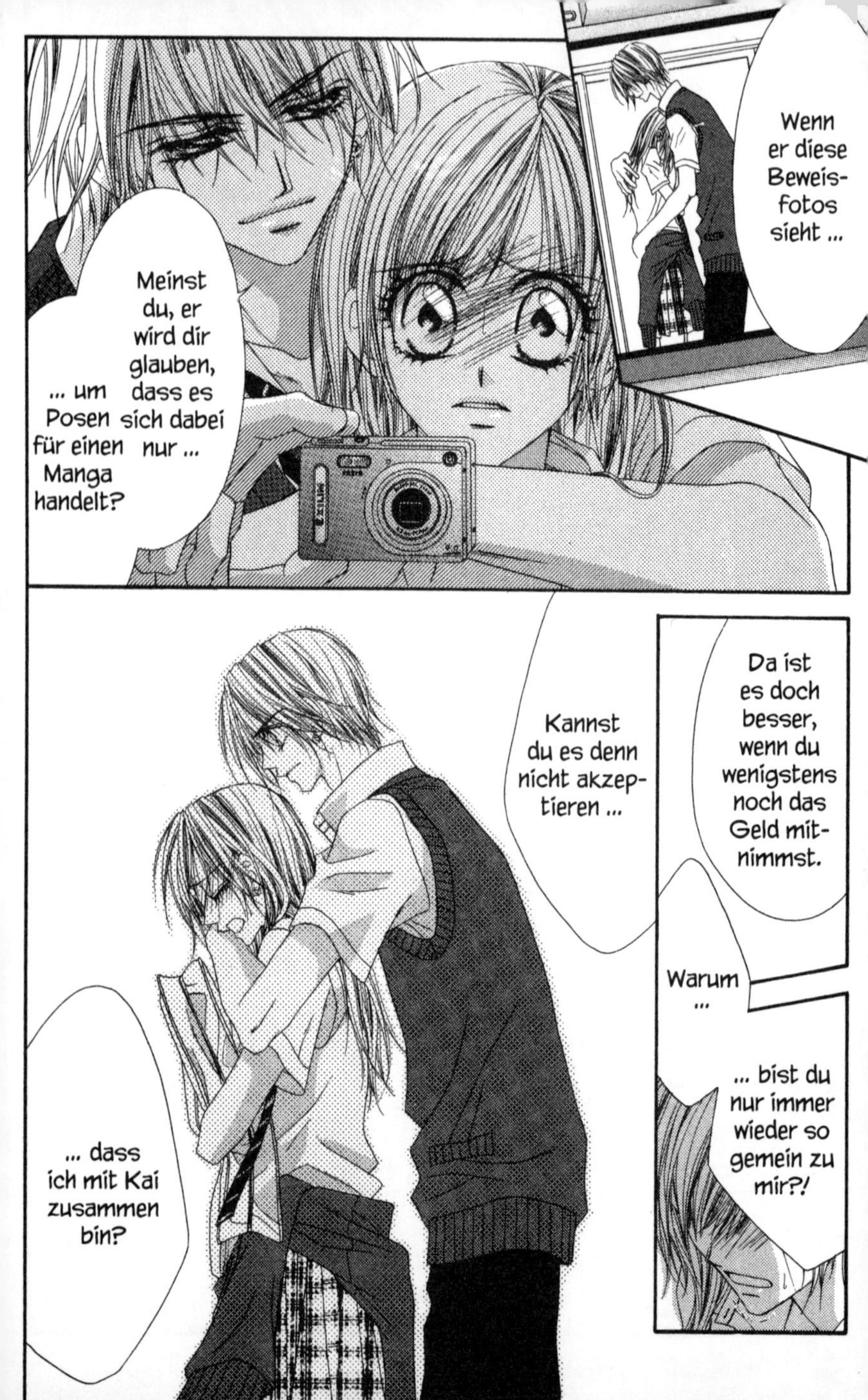
Wenn er diese Beweis-fotos sieht ...
Meinst du, er wird dir glauben, dass es sich dabei nur ...
... um Posen für einen Manga handelt?
Da ist es doch besser, wenn du wenigstens noch das Geld mit-nimmst.
Kannst du es denn nicht akzep-tieren ...
... dass ich mit Kai zusammen bin?
Warum ...
... bist du nur immer wieder so gemein zu mir?!

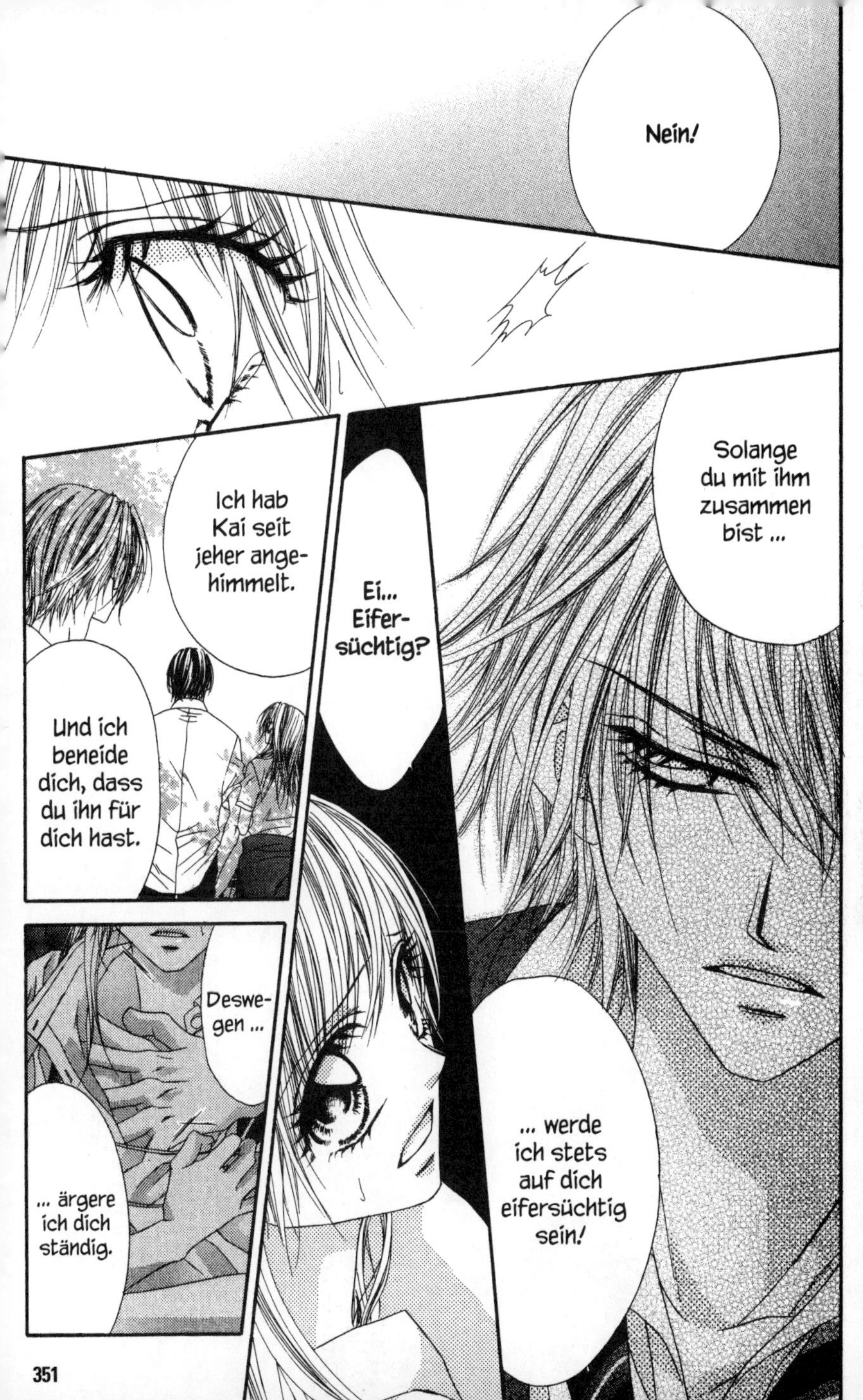
Nein!
Solange du mit ihm zusammen bist ...
Ei... Eifer-süchtig?
Ich hab Kai seit jeher ange-himmelt.
Und ich beneide dich, dass du ihn für dich hast.
... werde ich stets auf dich eifersüchtig sein!
Deswe-gen ...
... ärgere ich dich ständig.

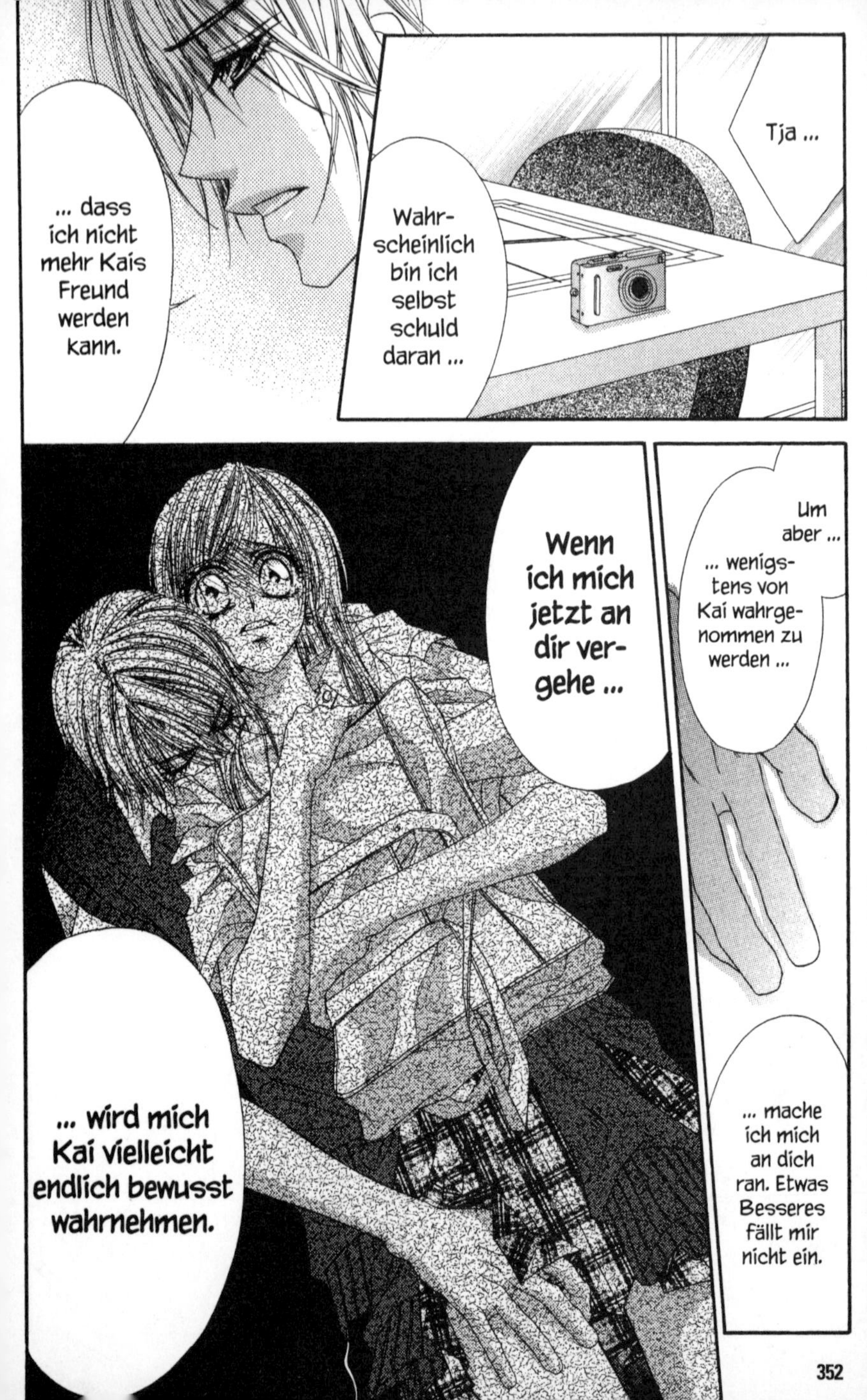
Tja ...
Wahrscheinlich bin ich selbst schuld daran ...
... dass ich nicht mehr Kais Freund werden kann.
Um aber ...
... wenigstens von Kai wahrgenommen zu werden ...
Wenn ich mich jetzt an dir vergehe ...
... mache ich mich an dich ran. Etwas Besseres fällt mir nicht ein.
... wird mich Kai vielleicht endlich bewusst wahrnehmen.

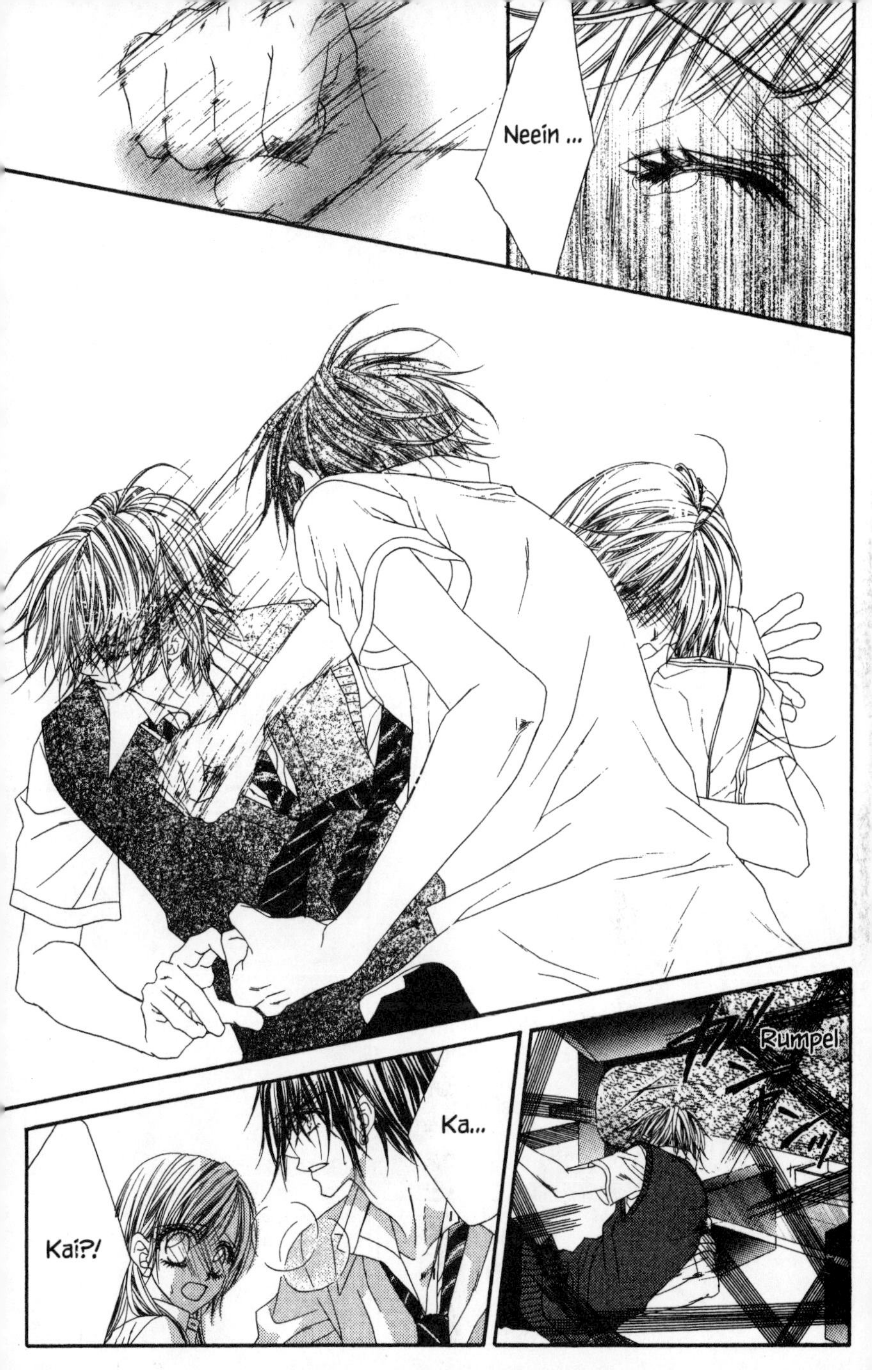
Neein ...
Rumpel
Ka...
Kai?!

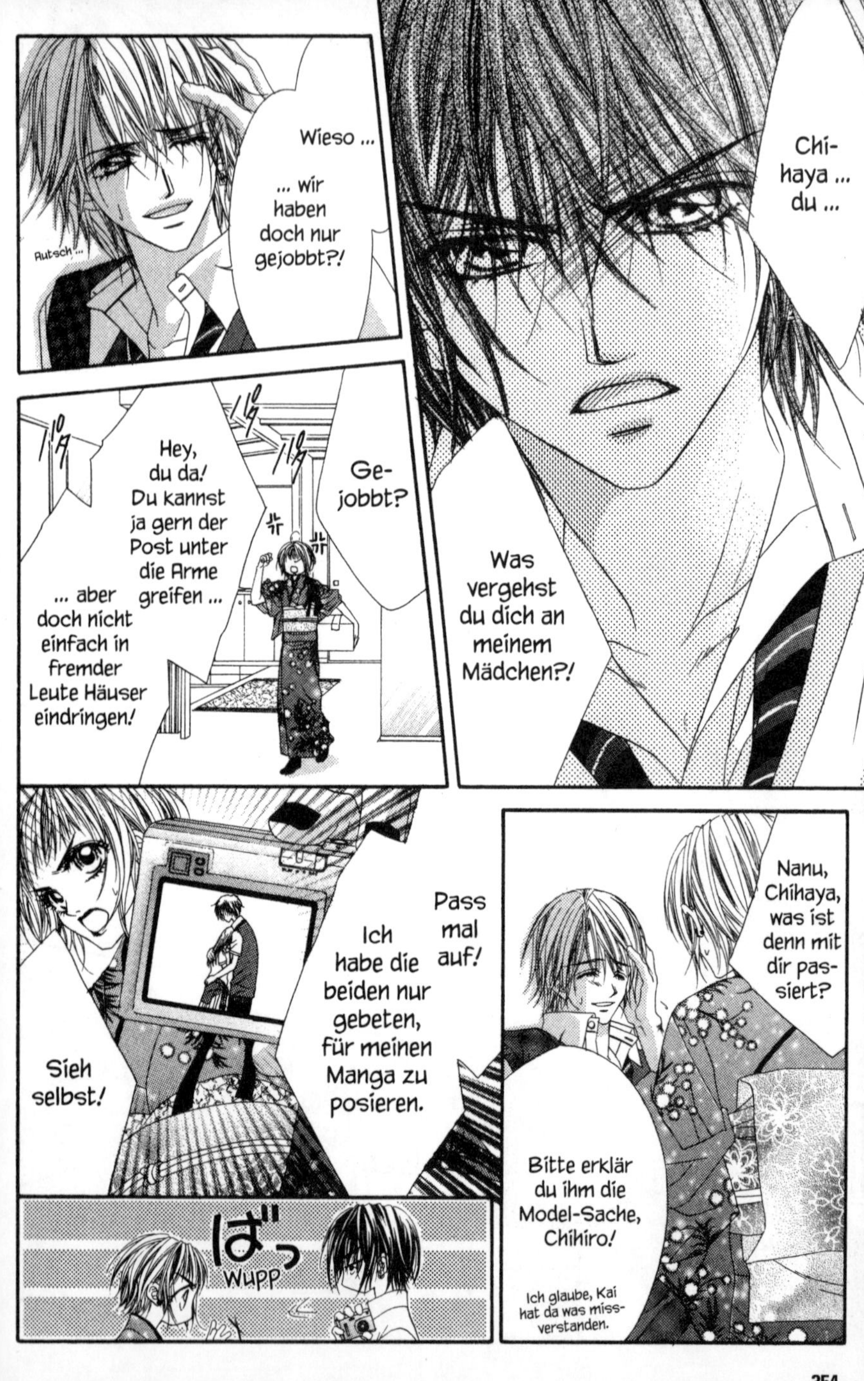
Chi-
haya ...
du ...
Wieso ...
... wir
haben
doch nur
gejobbt?!
Autsch ...
Was
vergehst
du dich an
meinem
Mädchen?!
Ge-
jobbt?
Hey,
du da!
Du kannst
ja gern der
Post unter
die Arme
greifen ...
... aber
doch nicht
einfach in
fremder
Leute Häuser
eindringen!
Nanu,
Chihaya,
was ist
denn mit
dir pas-
siert?
Bitte erklär
du ihm die
Model-Sache,
Chihiro!
Ich glaube, Kai
hat da was miss-
verstanden.
Pass
mal
auf!
Ich
habe die
beiden nur
gebeten,
für meinen
Manga zu
posieren.
Sieh
selbst!
ばっ
Wupp

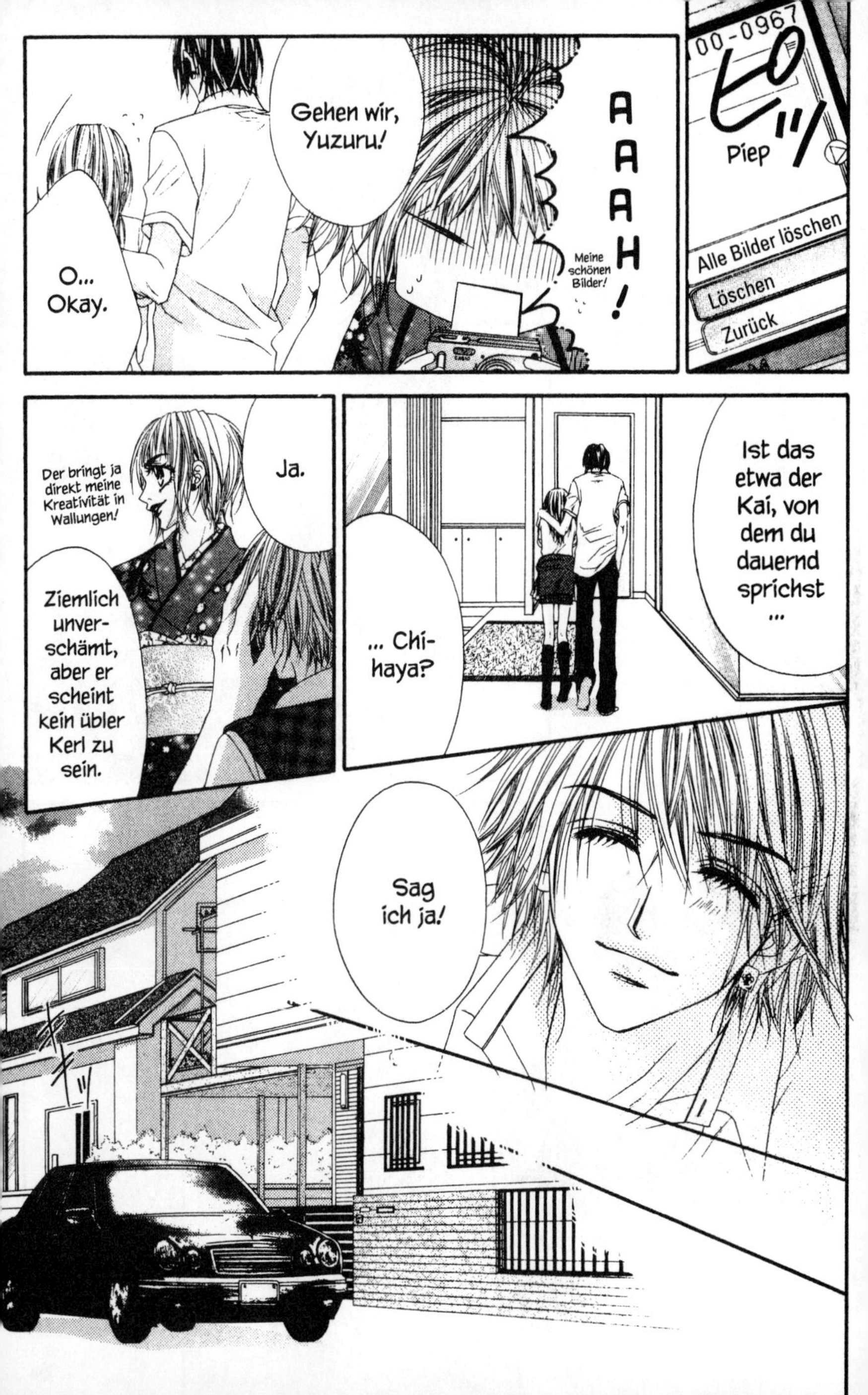
00-0967
Piep
Alle Bilder löschen
Löschen
Zurück
AAAAH!
Meine schönen Bilder!
Gehen wir, Yuzuru!
O... Okay.
Ist das etwa der Kai, von dem du dauernd sprichst ...
... Chihaya?
Ja.
Der bringt ja direkt meine Kreativität in Wallungen!
Ziemlich unverschämt, aber er scheint kein übler Kerl zu sein.
Sag ich ja!

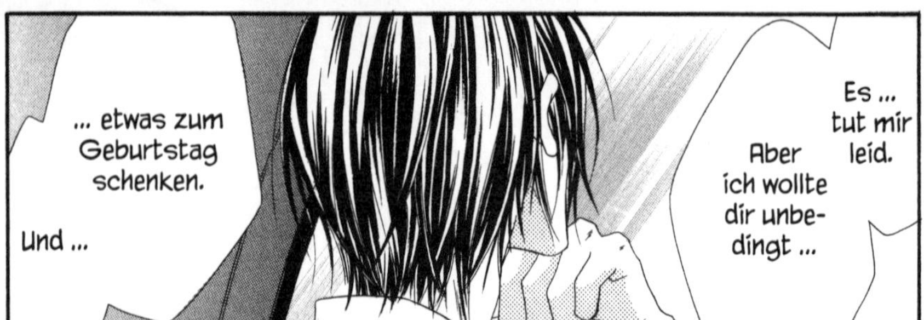
Es ... tut mir leid.
Aber ich wollte dir unbedingt ...
... etwas zum Geburtstag schenken.
Und ...

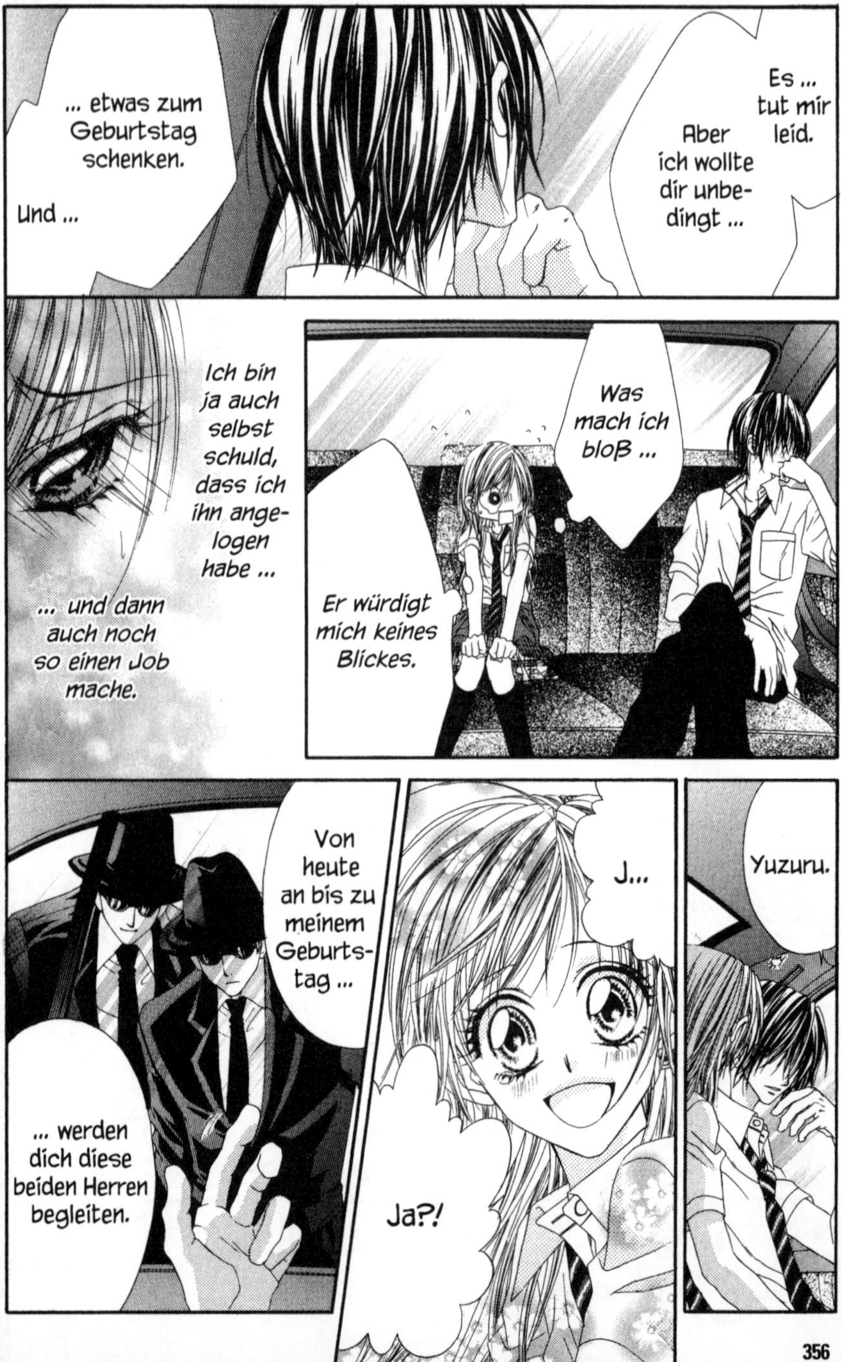

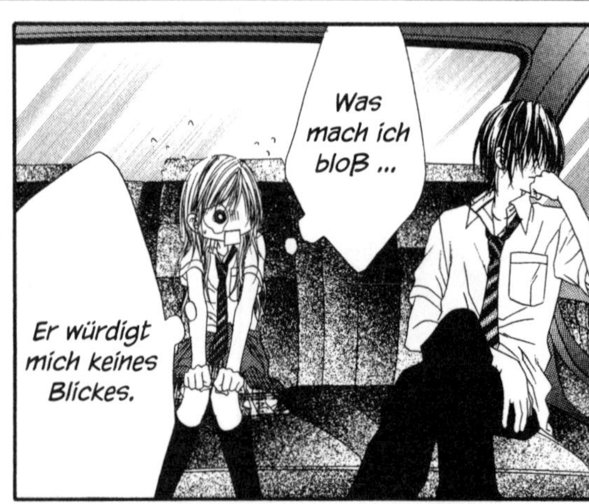
Was mach ich bloß ...
Er würdigt mich keines Blickes.

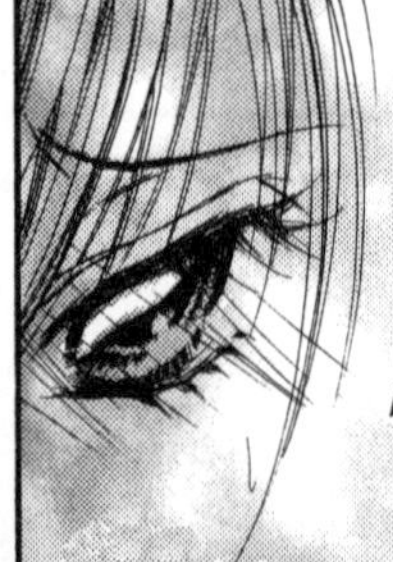
Ich bin ja auch selbst schuld, dass ich ihn angelogen habe ...
... und dann auch noch so einen Job mache.

Yuzuru.
J...
Ja?!
Von heute an bis zu meinem Geburtstag ...
... werden dich diese beiden Herren begleiten.

12

Ultra Thanks! ♡♡♡

* Haruka Tomioka

* Rina Taniguchi

* Marie Ikeda

* Masako Shishido

* Yukari Amano

* Mikiko Mori

* Redakteurin Maeda

* Grafik-Designerin Kae Murofushi

* Meinen Eltern

* Allen, die am Verkauf von CD und DVD beteiligt waren.

* Meinen verehrten Lesern!

Meinungen, Kommentare und Zeichnungen bitte an folgende Adresse:

Shogakukan Shojo Comic,
Ms Kanan Minami
2-3-1 Hitotsubashi,
Chiyoda-ku,
101-8001 Tokyo,
Japan

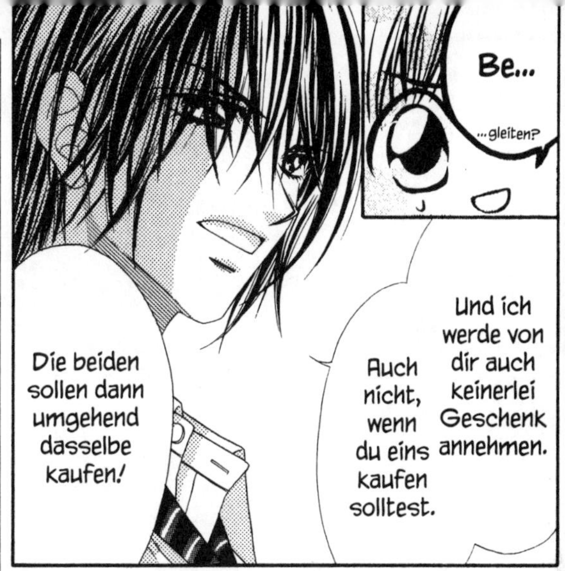

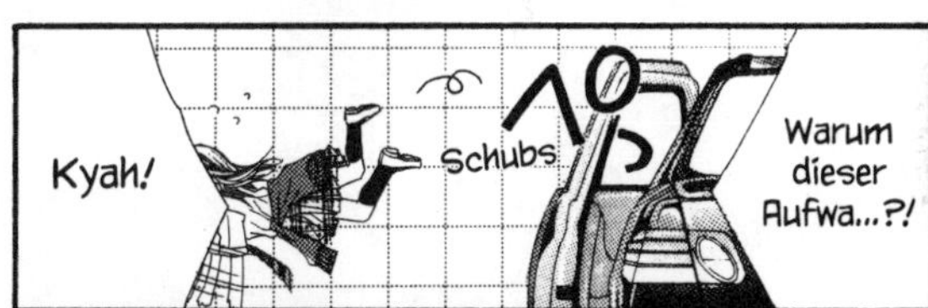

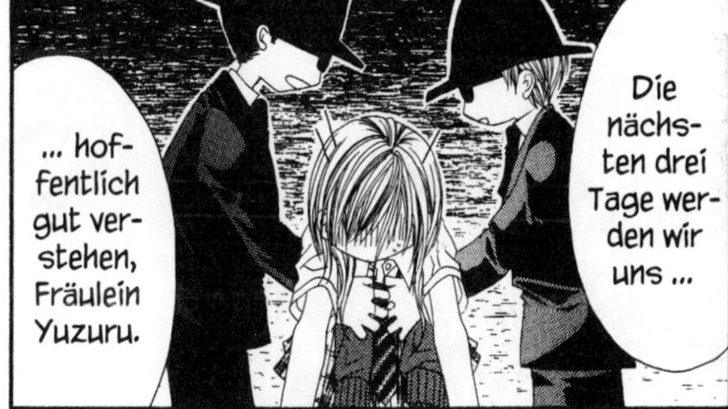

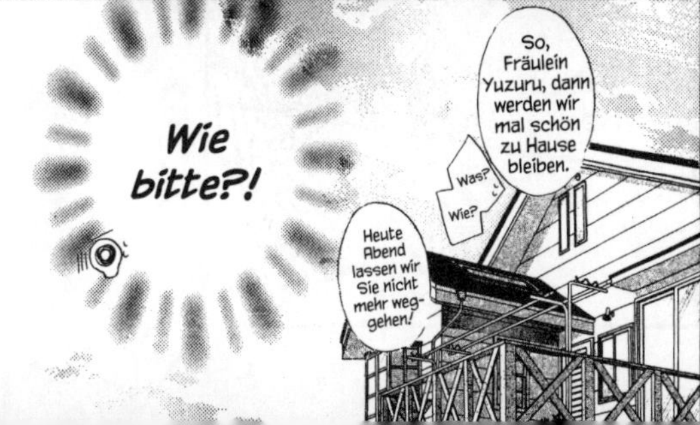

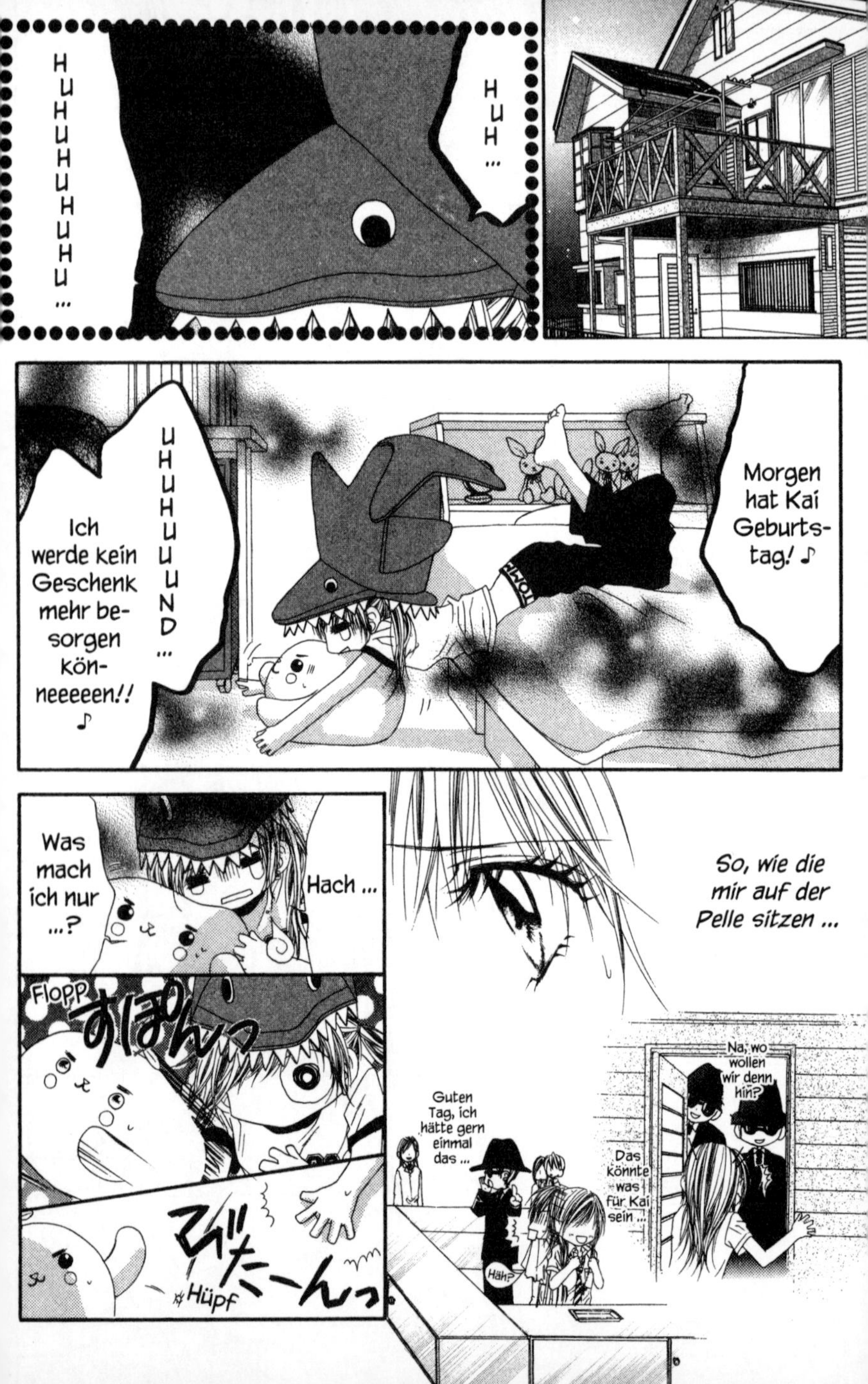

Huh ...
Huhuhuhuhuhu ...
Morgen hat Kai Geburtstag! ♪
Uhuhuuund ...
Ich werde kein Geschenk mehr besorgen könneeeeen!! ♪
So, wie die mir auf der Pelle sitzen ...
Hach ...
Was mach ich nur ...?
Flopp
すぽんっ
ぴたーんっ
Hüpf
Na, wo wollen wir denn hin?
Das könnte was für Kai sein ...
Guten Tag, ich hätte gern einmal das ...
Häh?

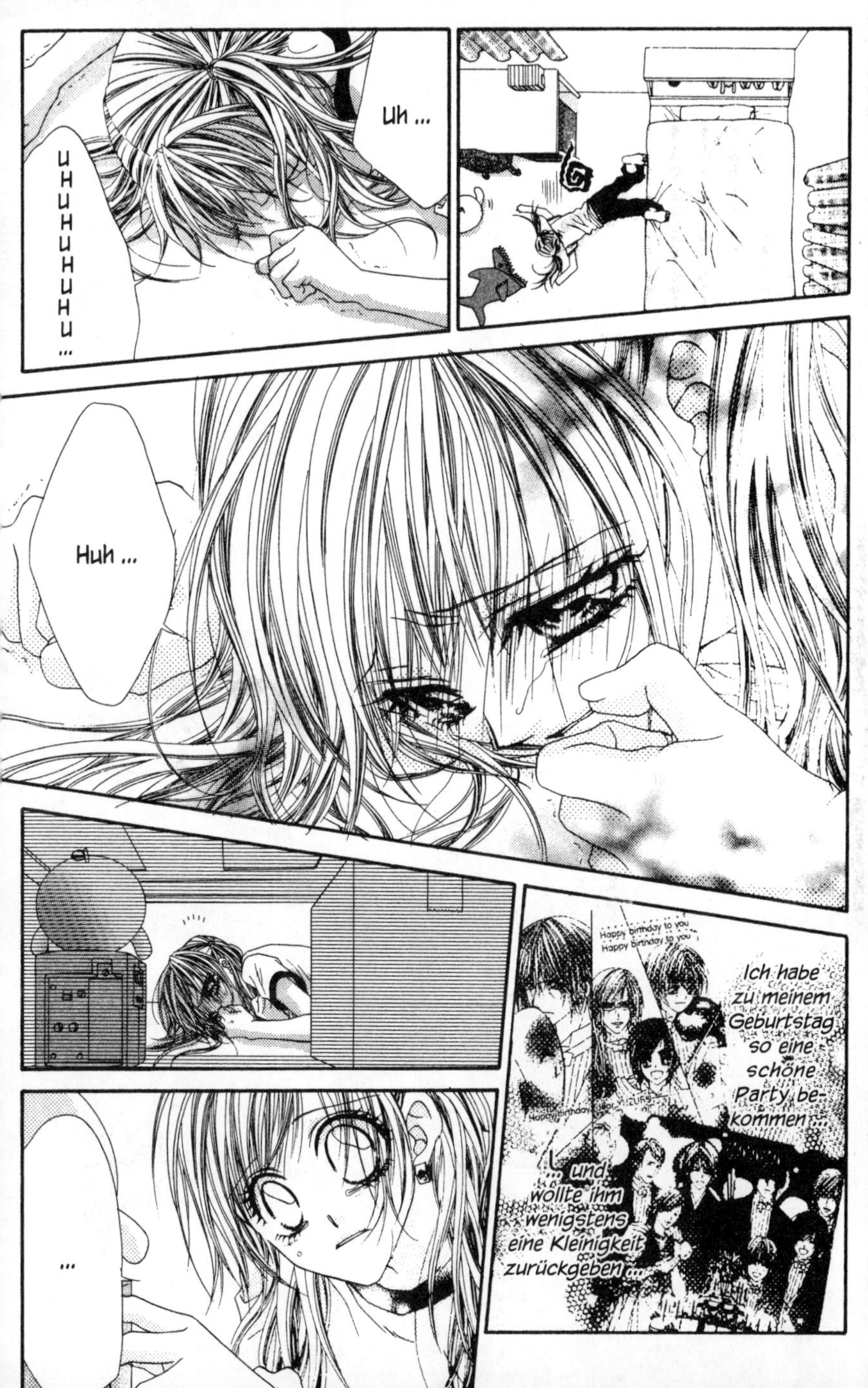
Uh ...
UHUHUHUHU ...
Huh ...
Happy birthday to you
Happy birthday to you
Ich habe zu meinem Geburtstag so eine schöne Party bekommen ...
... und wollte ihm wenigstens eine Kleinigkeit zurückgeben ...
...

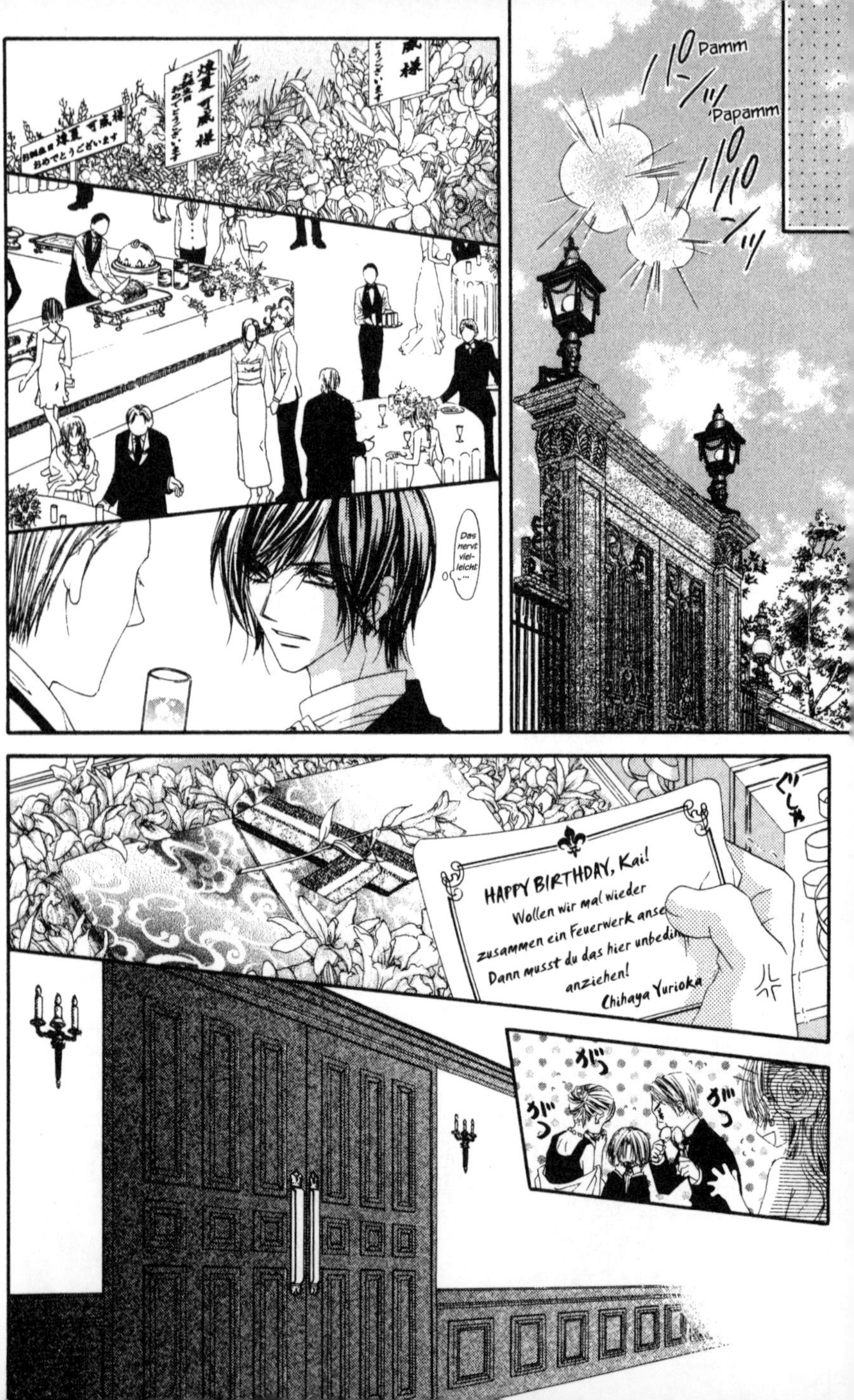

Pamm
Papamm
Das nervt vielleicht ...
HAPPY BIRTHDAY, Kai!
Wollen wir mal wieder
zusammen ein Feuerwerk anse
Dann musst du das hier unbedin
anziehen!
Chihaya Yurioka

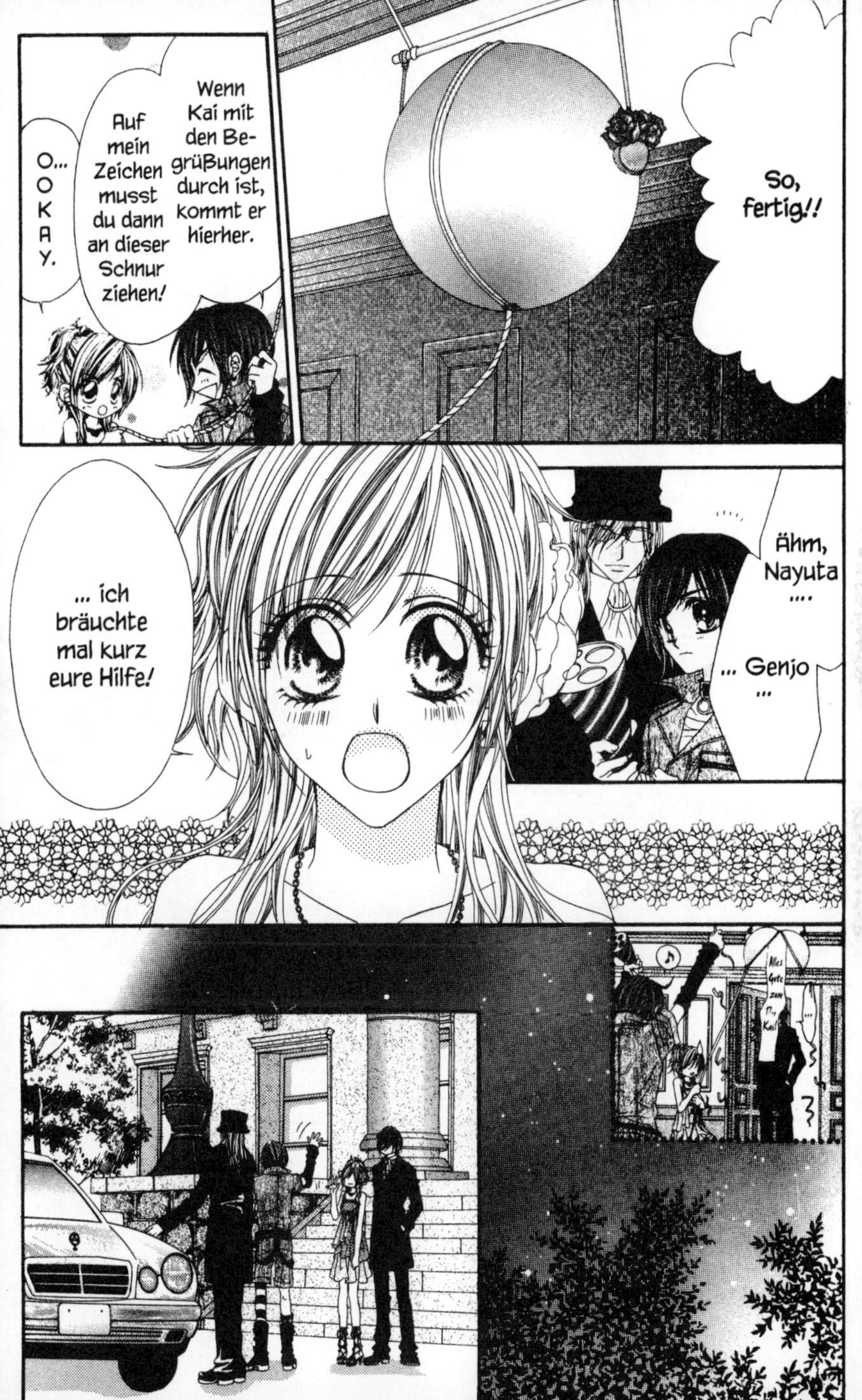
So, fertig!!
Wenn Kai mit den Begrüßungen durch ist, kommt er hierher.
Auf mein Zeichen musst du dann an dieser Schnur ziehen!
O... OOKAY.
Ähm, Nayuta ....
... Genjo ...
... ich bräuchte mal kurz eure Hilfe!
Alles Gute zum 17., Kai!
...

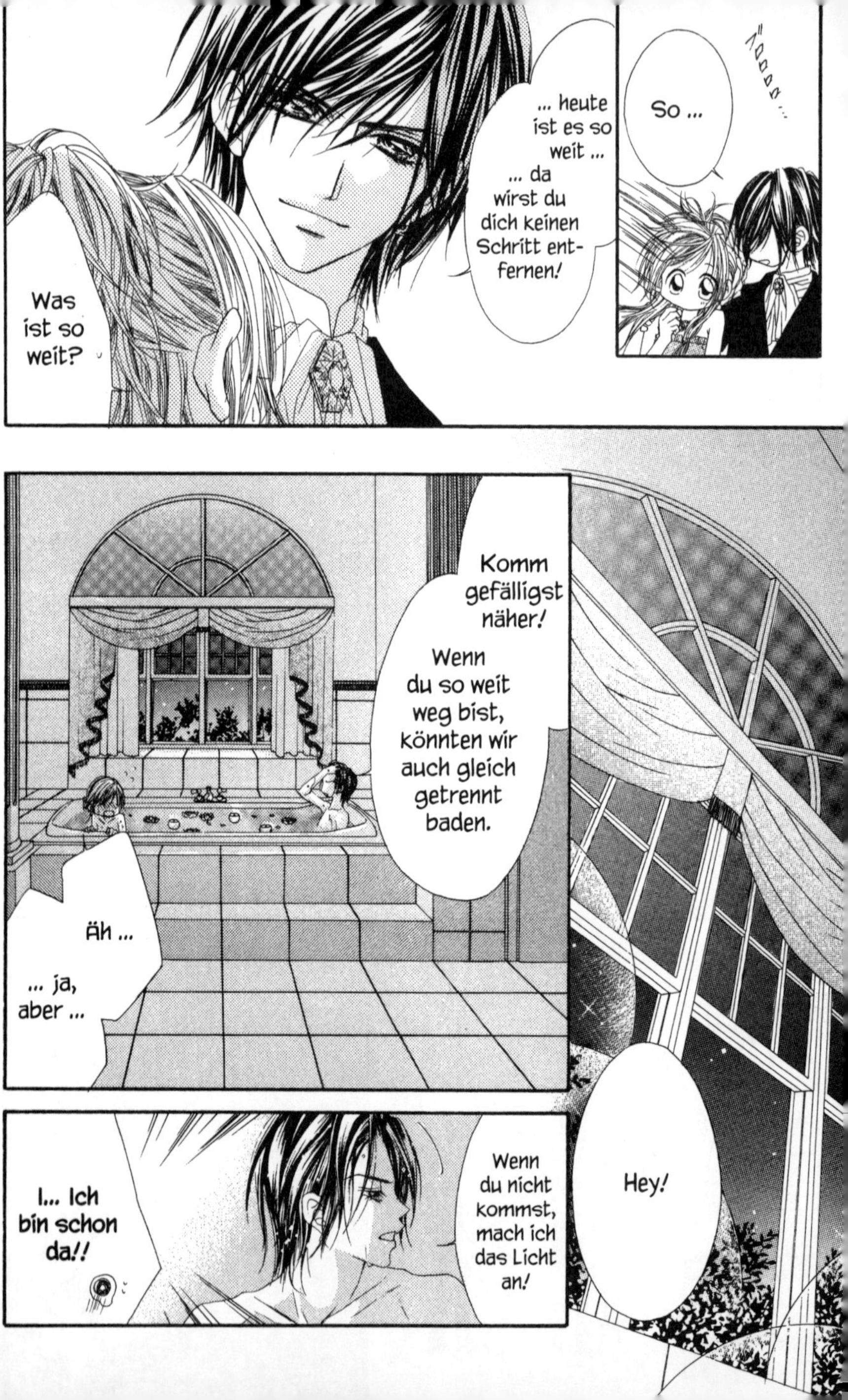

So ...

... heute ist es so weit ...

... da wirst du dich keinen Schritt entfernen!

Was ist so weit?

Komm gefälligst näher!

Wenn du so weit weg bist, könnten wir auch gleich getrennt baden.

Äh ...

... ja, aber ...

Hey!

Wenn du nicht kommst, mach ich das Licht an!

I... Ich bin schon da!!

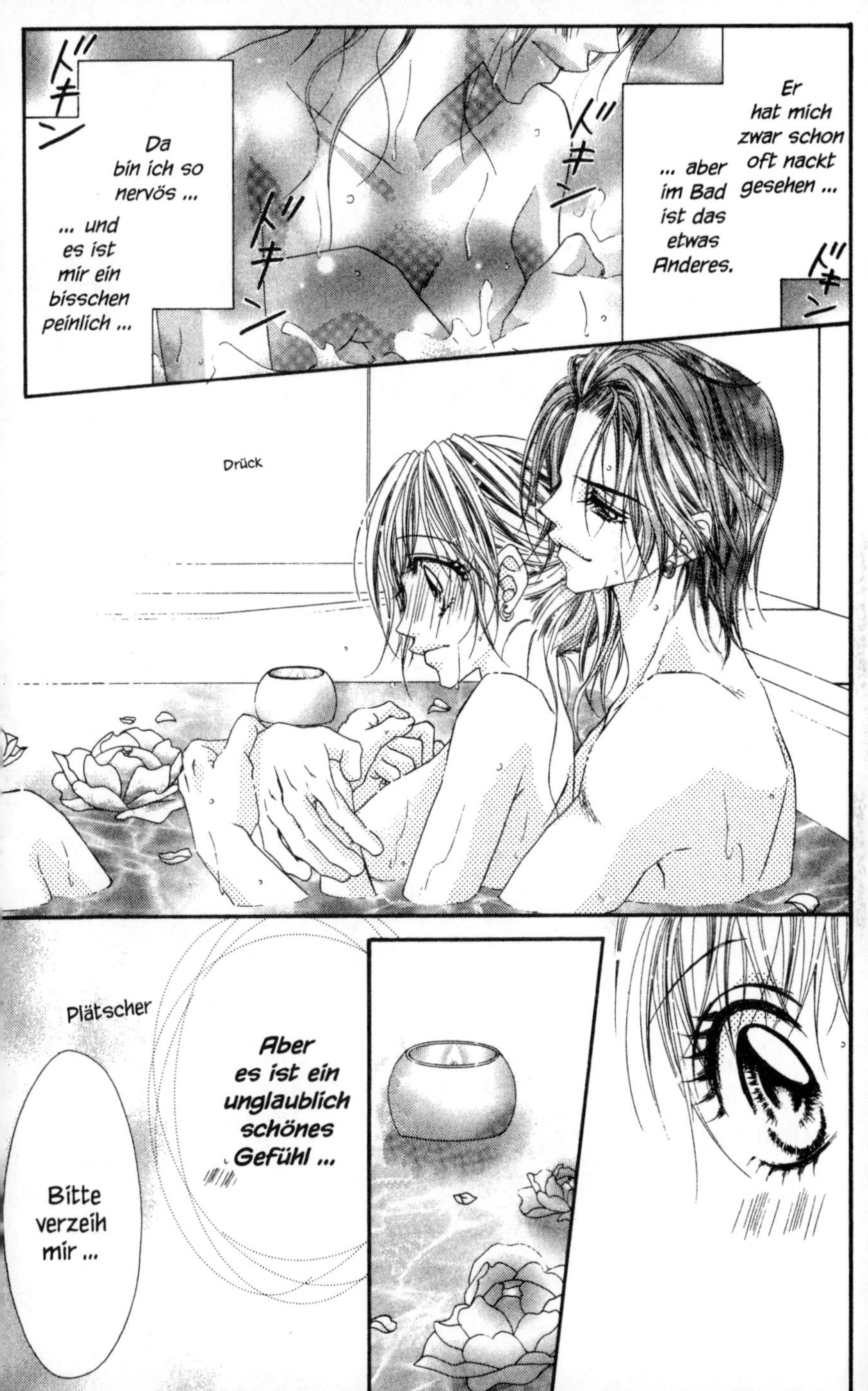
ドキン
Er hat mich zwar schon oft nackt gesehen ...
... aber im Bad ist das etwas Anderes.
ドキン
ドキン
Da bin ich so nervös ...
... und es ist mir ein bisschen peinlich ...
ドキン
Drück
Aber es ist ein unglaublich schönes Gefühl ...
Plätscher
Bitte verzeih mir ...

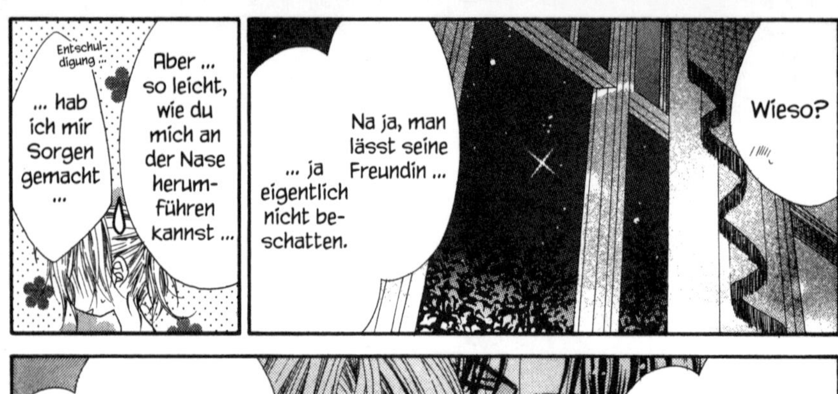
Wieso?
Na ja, man lässt seine Freundin ...
... ja eigentlich nicht beschatten.
Aber ... so leicht, wie du mich an der Nase herumführen kannst ...
Entschuldigung ...
... hab ich mir Sorgen gemacht ...

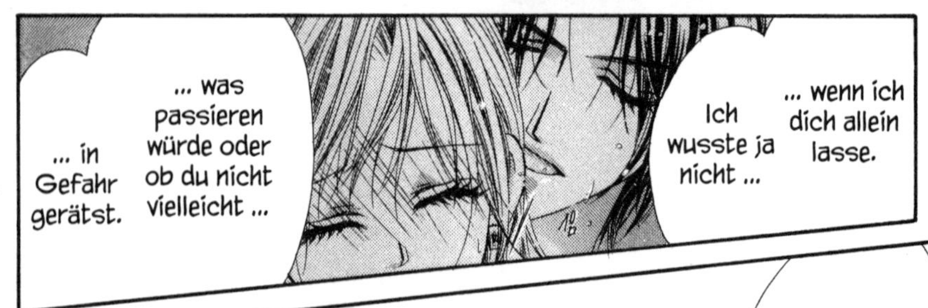
Ich wusste ja nicht ...
... wenn ich dich allein lasse.
... was passieren würde oder ob du nicht vielleicht ...
... in Gefahr gerätst.

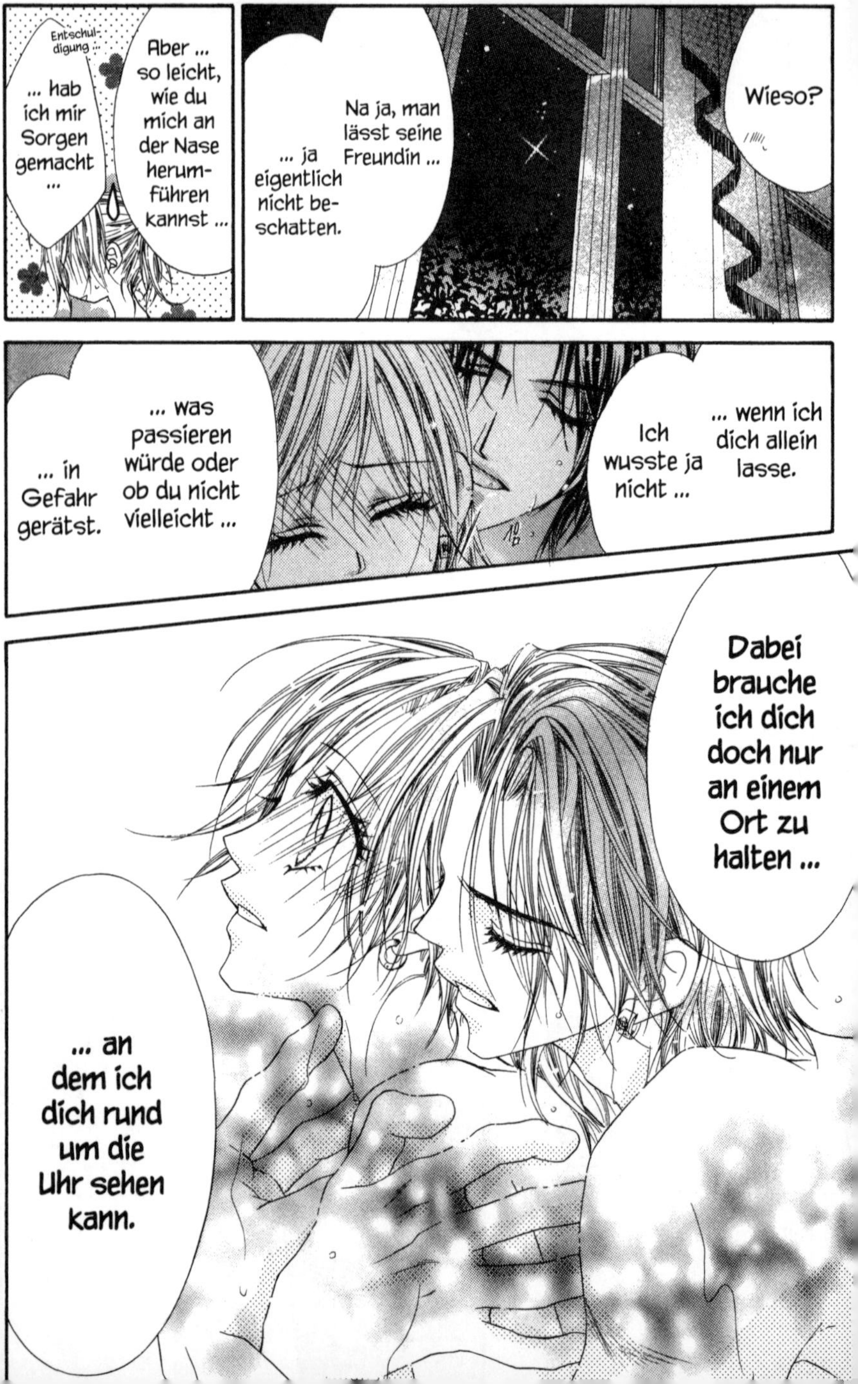

Dabei brauche ich dich doch nur an einem Ort zu halten ...
... an dem ich dich rund um die Uhr sehen kann.

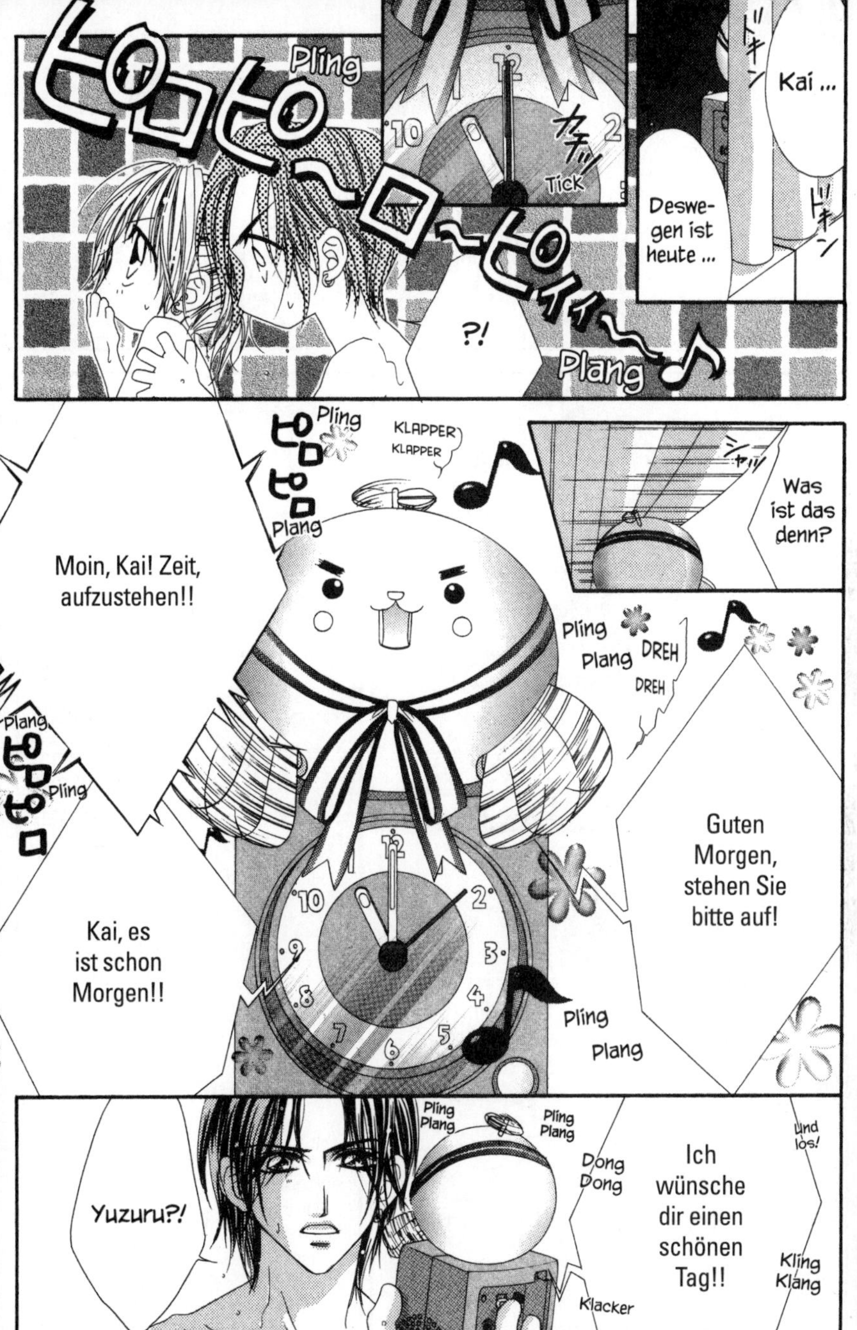
Kai ...
Deswegen ist heute ...
ピロピロ～ロ～ピロイィ～～♪
Pling
Tick
?!
Plang
Was ist das denn?
KLAPPER KLAPPER
Pling
Plang
Moin, Kai! Zeit, aufzustehen!!
Pling
Plang
DREH
DREH
Guten Morgen, stehen Sie bitte auf!
Plang
Pling
Kai, es ist schon Morgen!!
Pling
Plang
Und los!
Ich wünsche dir einen schönen Tag!!
Pling Plang
Pling Plang
Dong Dong
Kling Klang
Klacker
Yuzuru?!

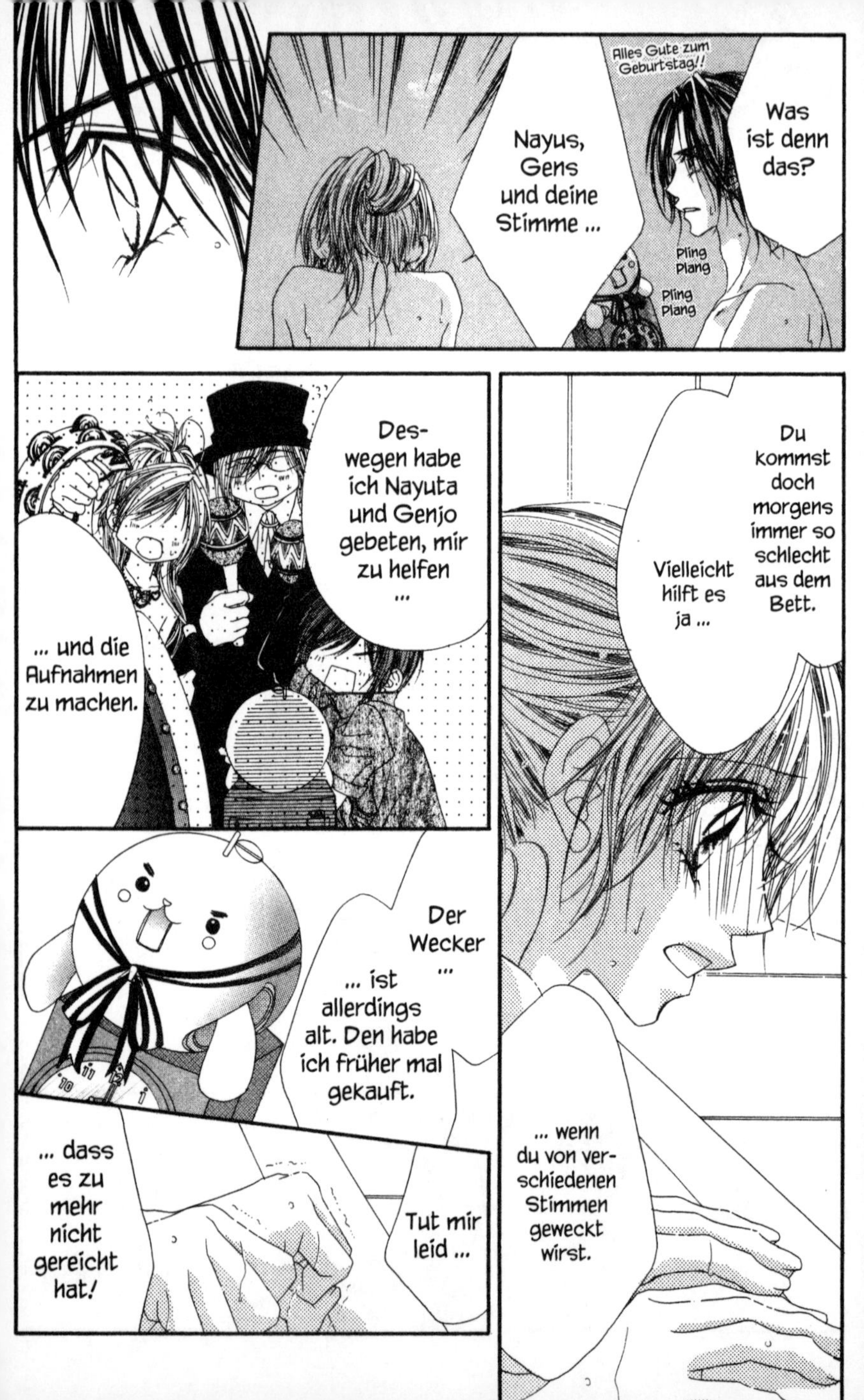
Alles Gute zum Geburtstag!!
Was ist denn das?
Nayus, Gens und deine Stimme ...
Pling Plang
Pling Plang
Du kommst doch morgens immer so schlecht aus dem Bett.
Vielleicht hilft es ja ...
Des-wegen habe ich Nayuta und Genjo gebeten, mir zu helfen ...
... und die Aufnahmen zu machen.
Der Wecker ...
... ist allerdings alt. Den habe ich früher mal gekauft.
... wenn du von ver-schiedenen Stimmen geweckt wirst.
Tut mir leid ...
... dass es zu mehr nicht gereicht hat!

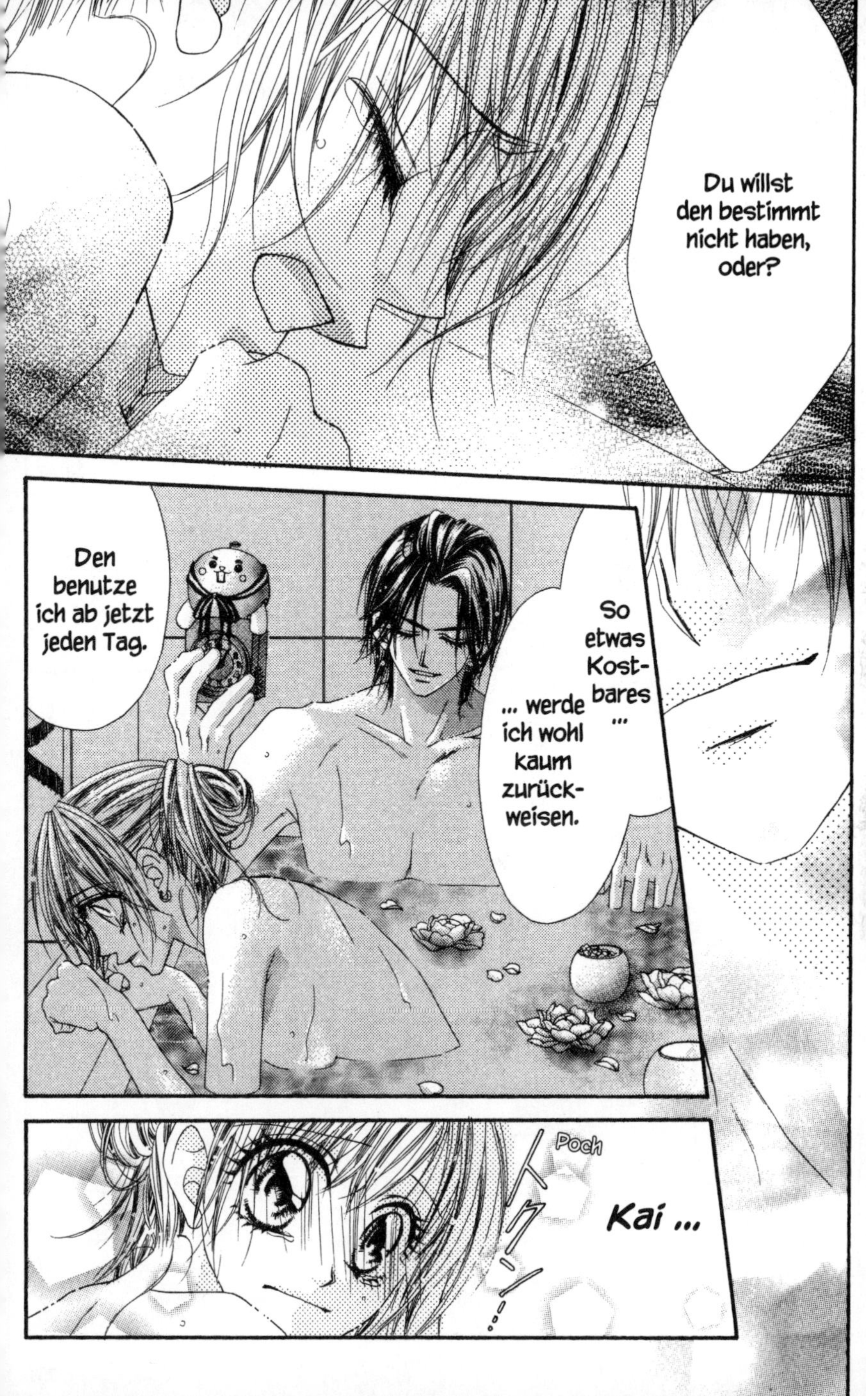
Du willst den bestimmt nicht haben, oder?
So etwas Kostbares ...
... werde ich wohl kaum zurückweisen.
Den benutze ich ab jetzt jeden Tag.
Poch
Kai ...

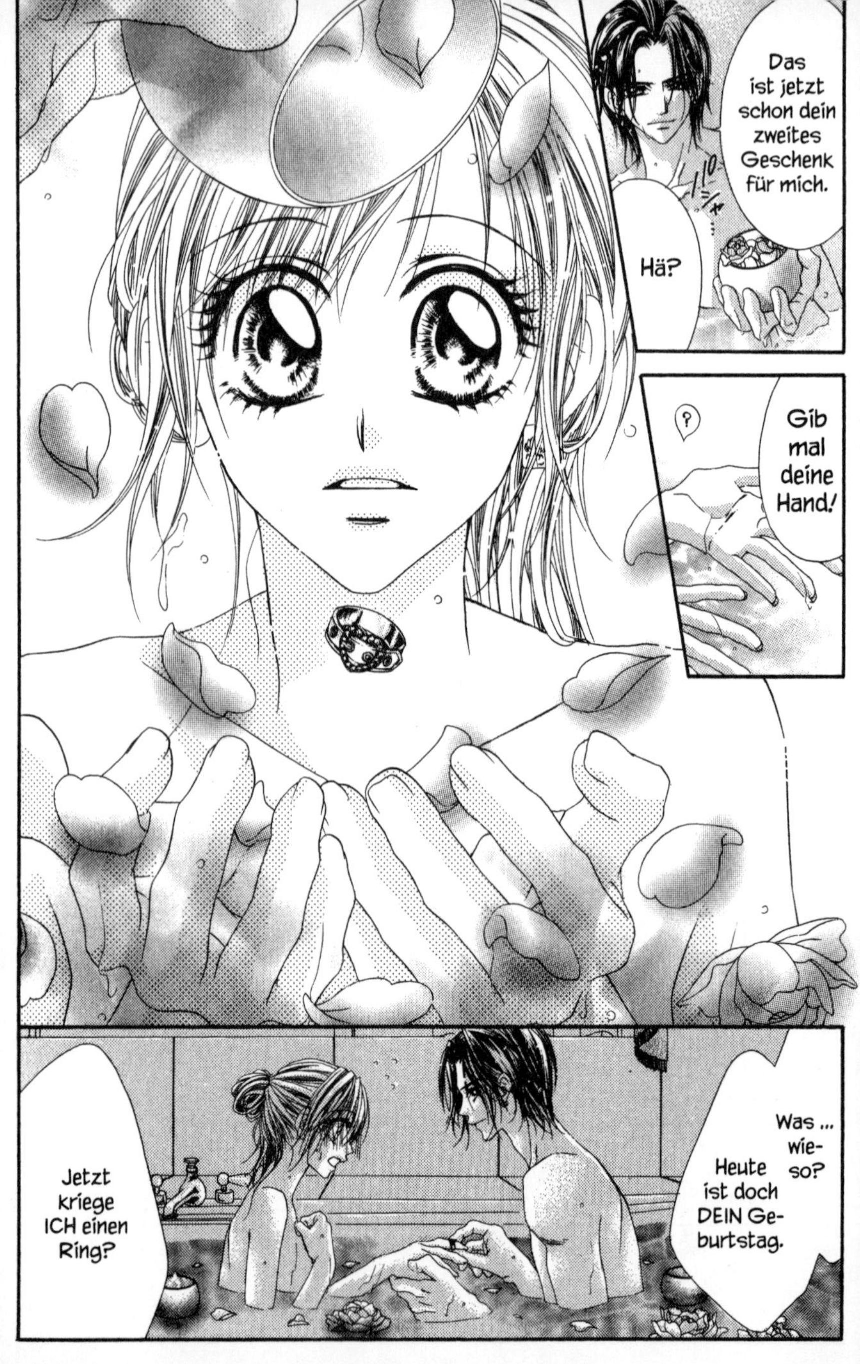
Das ist jetzt schon dein zweites Geschenk für mich.
Hä?
Gib mal deine Hand!
Was ... wieso?
Heute ist doch DEIN Geburtstag.
Jetzt kriege ICH einen Ring?

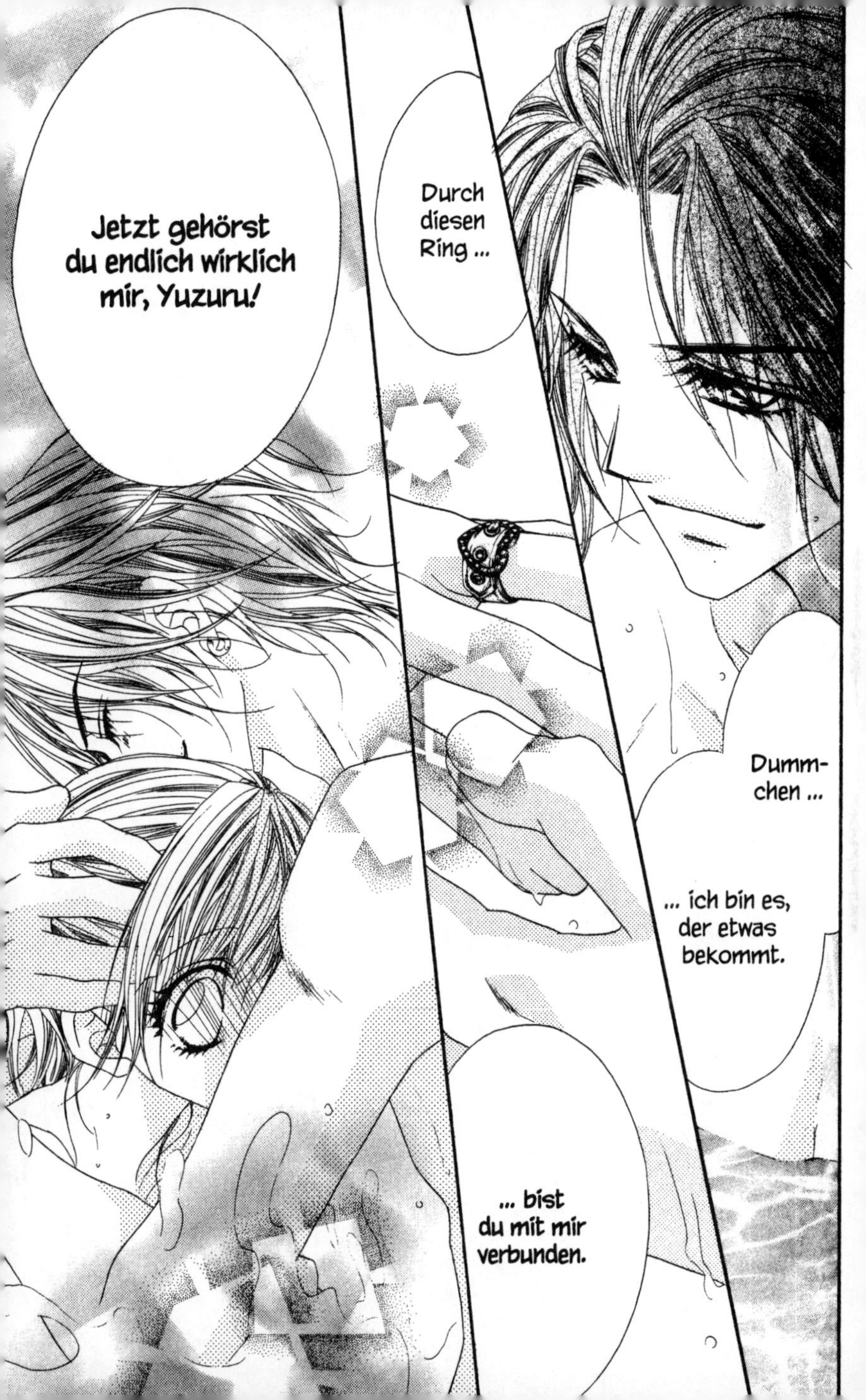
Dummchen ...
... ich bin es, der etwas bekommt.
Durch diesen Ring ...
... bist du mit mir verbunden.
Jetzt gehörst du endlich wirklich mir, Yuzuru!

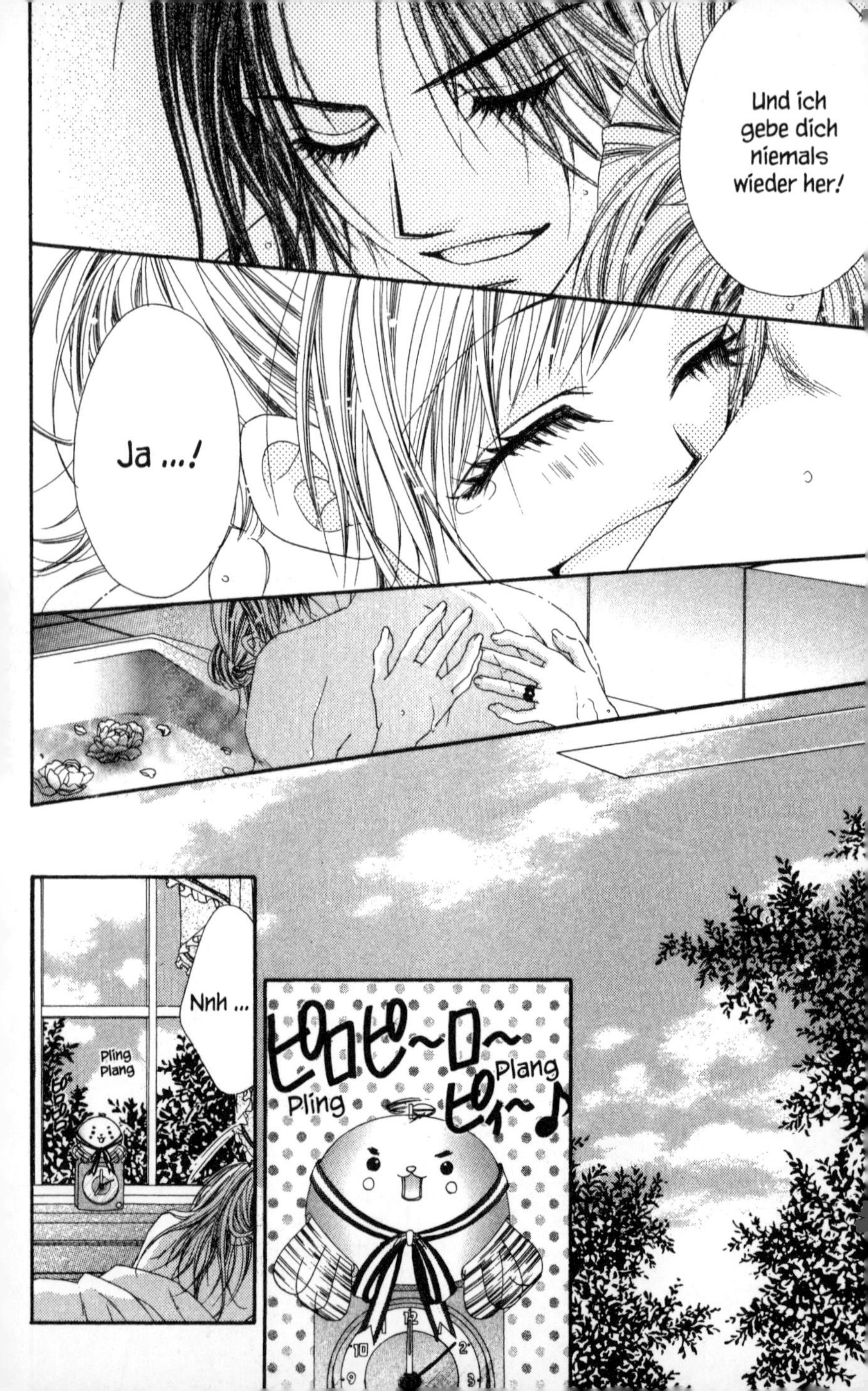
Und ich gebe dich niemals wieder her!
Ja ...!
Nnh ...
Pling Plang
ピロロピ〜ロ〜ピイ〜♪
Pling
Plang

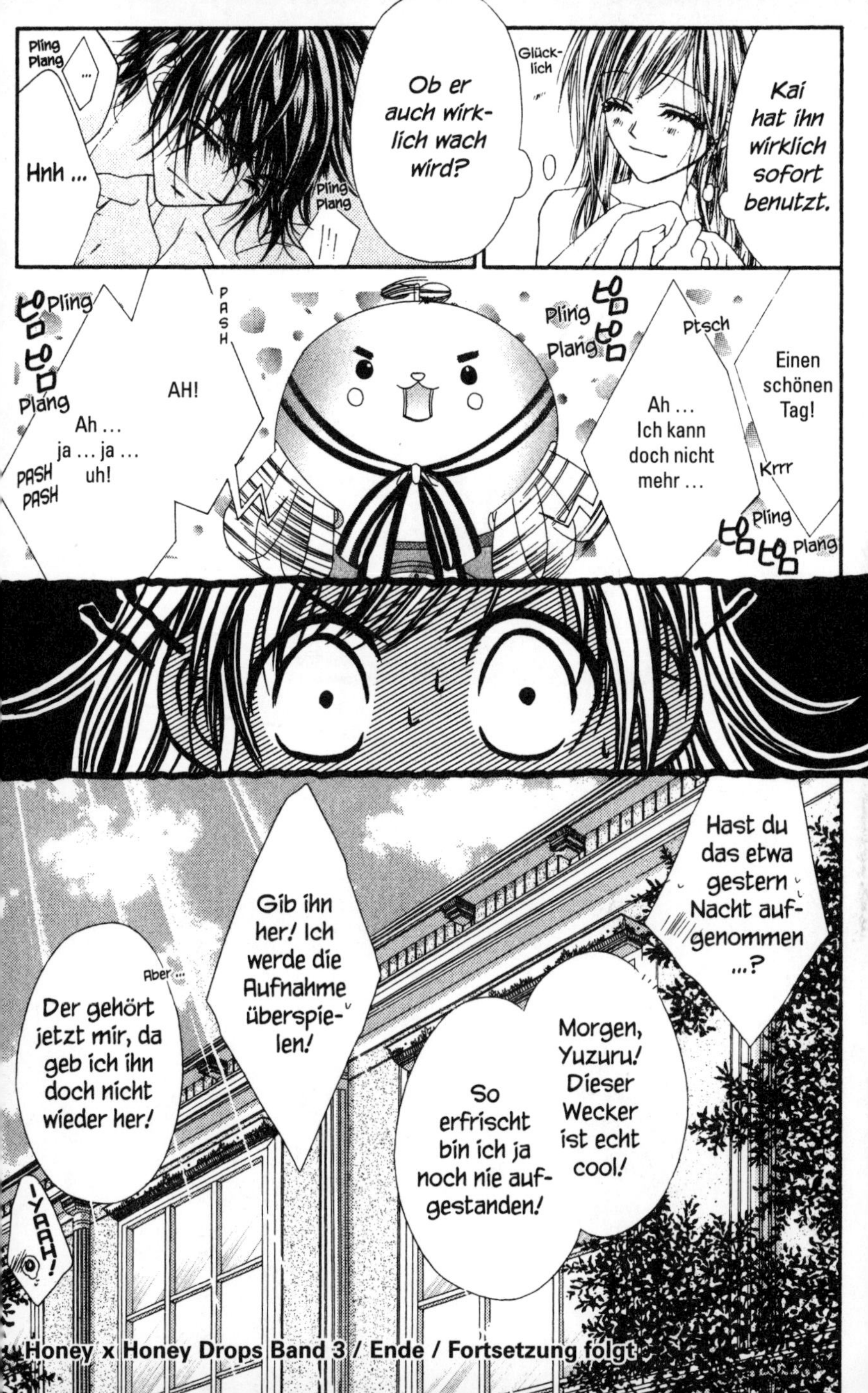

Honey x Honey Drops Band 3 / Ende / Fortsetzung folgt

Und das erwartet euch im nächsten Band von

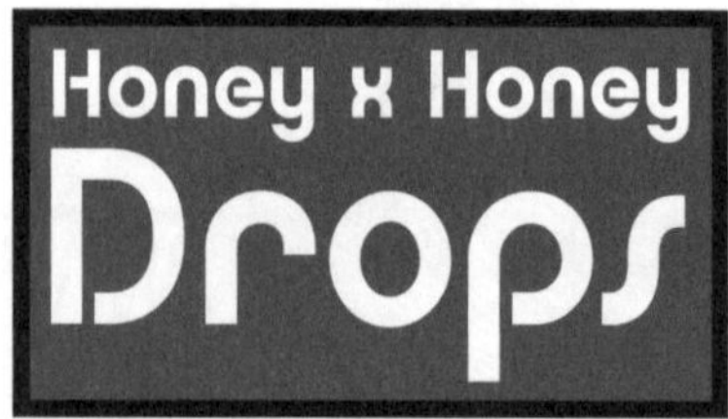

Kai und sein Honey Yuzuru sind wieder glücklich vereint und schweben im siebten Himmel. Doch der erste Schultag nach den Ferien bringt gleich zwei große Überraschungen mit sich: Es gibt nicht nur einen neuen Schulsprecher, sondern auch eine neue Schulordnung, die das Master-Honey-System in seinen Grundfesten erschüttert!

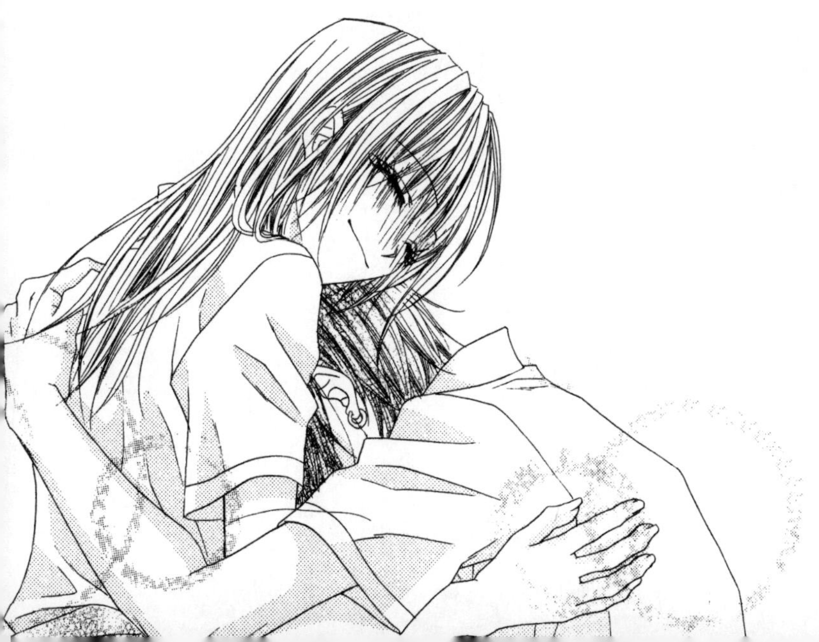

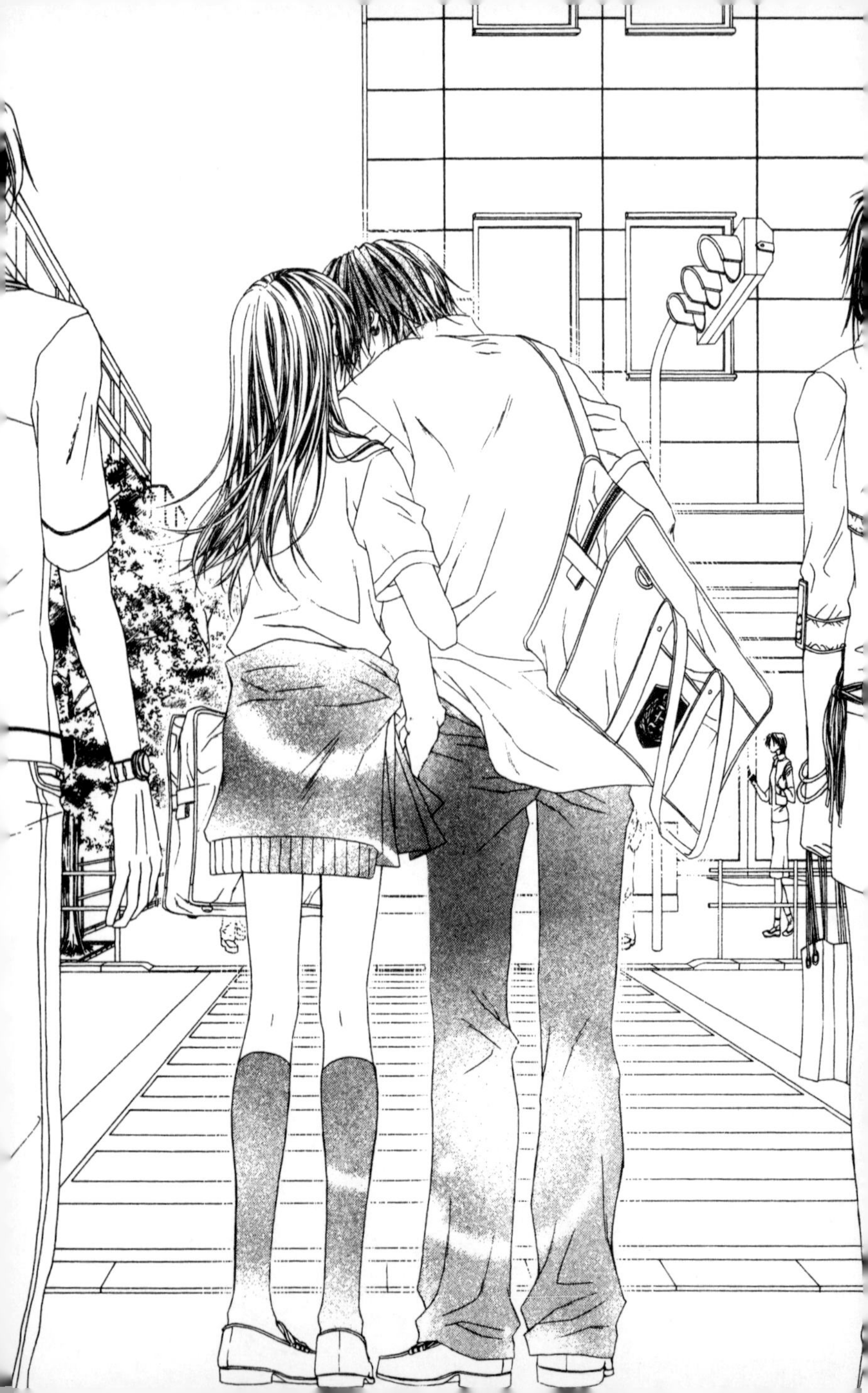

Das Master-Honey-System

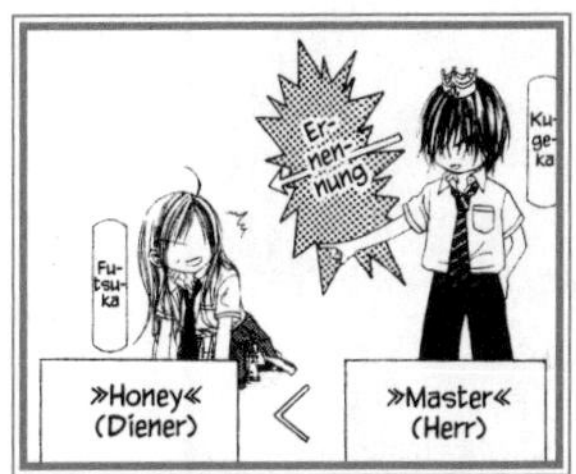

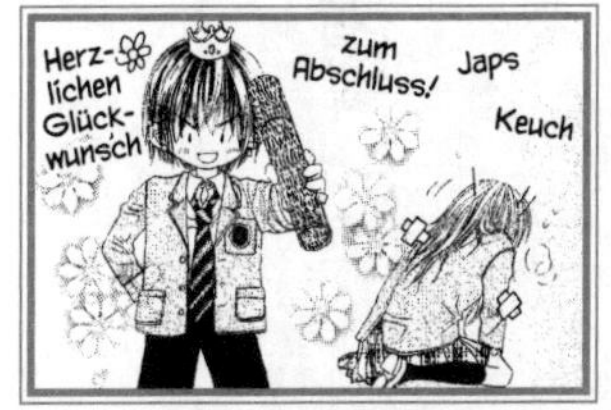

In der Kuge-ka sind die Schüler der reichsten neun Familien der Hojo-Akademie versammelt, die einige Privilegien genießen. Ihr größtes ist es, sich aus dem Kreis der »normalen« Schüler (Futsu-ka) ein »Honey« auserwählen zu dürfen. Die Aufgabe der Honeys besteht darin, dafür Sorge zu tragen, dass ihre Master ohne Probleme und erfolgreich die Schule abschließen können. Im Gegenzug werden die Honeys von den Schulgebühren befreit, was für viele Schüler von großer Bedeutung ist, denn die Hojo-Akademie ist sehr teuer. Wenn ein Honey es jedoch wagt, seinen Posten aufzugeben (= Drop), wird es der Schule verwiesen.

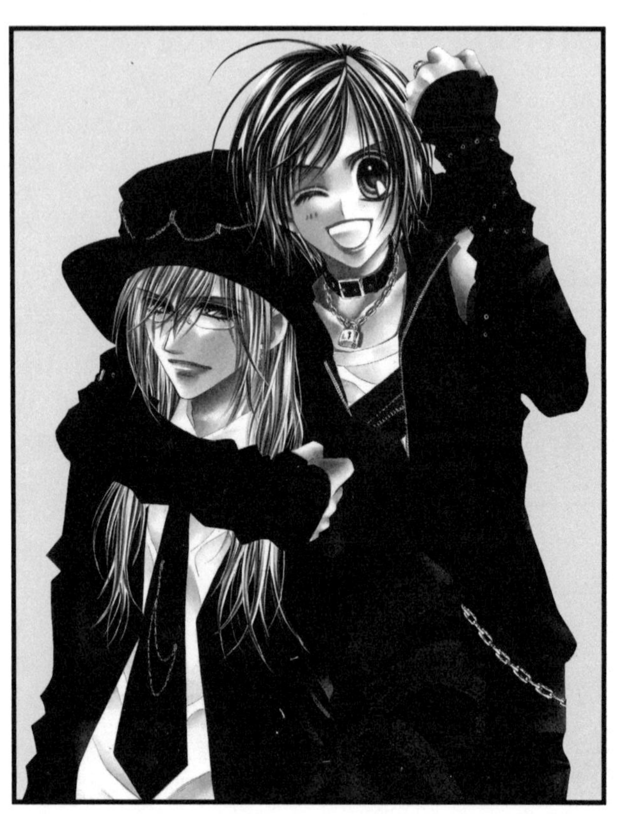

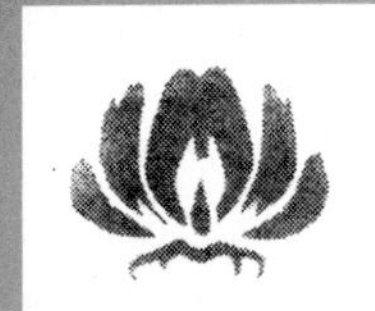
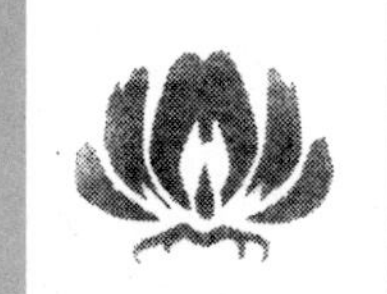
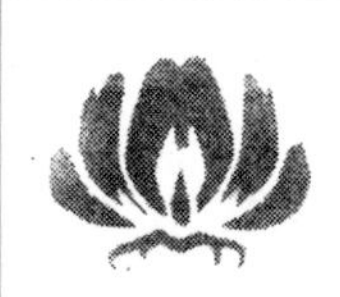
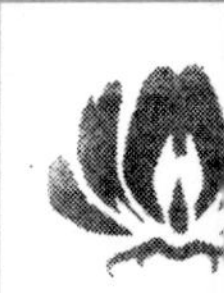

ZU JUNG FÜR DIE LIEBE?

Kanan Minami

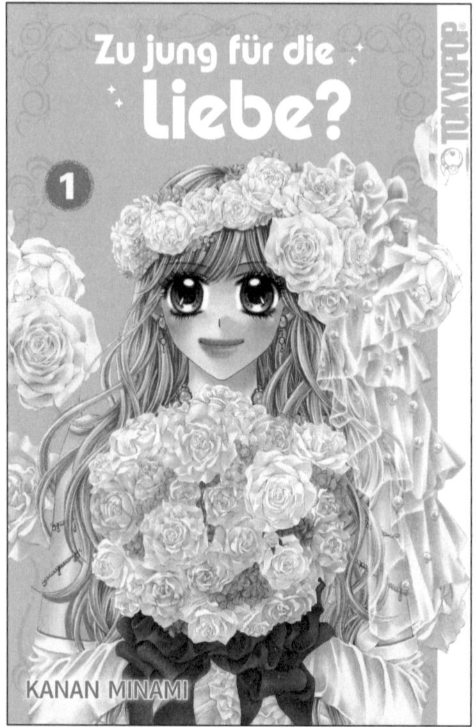

Liebesglück mit Hindernissen!

Die verwöhnte Karin soll mit zarten sechzehn einen Freund der Familie heiraten! Als sie erfährt, dass es sich um den gut aussehenden Nao Tsurugi, den Mädchenschwarm der Schule, handelt, willigt sie aber schnell in die Hochzeit ein. Doch bald danach ist Naos Freundlichkeit verschwunden und Karins Leben hat nichts mehr damit zu tun, was sie sich vorgestellt hat ...

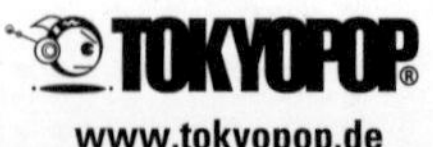

www.tokyopop.de

GIB MIR LIEBE!
2IN1

Kanan Minami

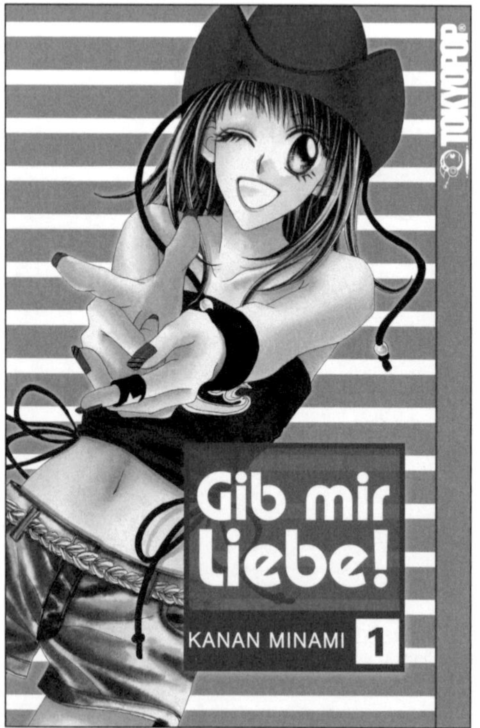

Das Glück um jeden Preis!

Um endlich einen Freund zu finden, hat die Highschool-Schülerin Seri sogar ihr geliebtes Karate an den Nagel gehängt, denn sie glaubt, dass starke Mädchen nicht gut ankommen. Als sie zufällig ihre erste große Liebe und ehemaligen Trainingspartner Tamaki wiedertrifft, fordert dieser Seri wie früher zu einem Kampf heraus. Doch wenn sie verliert, muss sie sein »Spielzeug« werden. Sieht so Liebe aus?

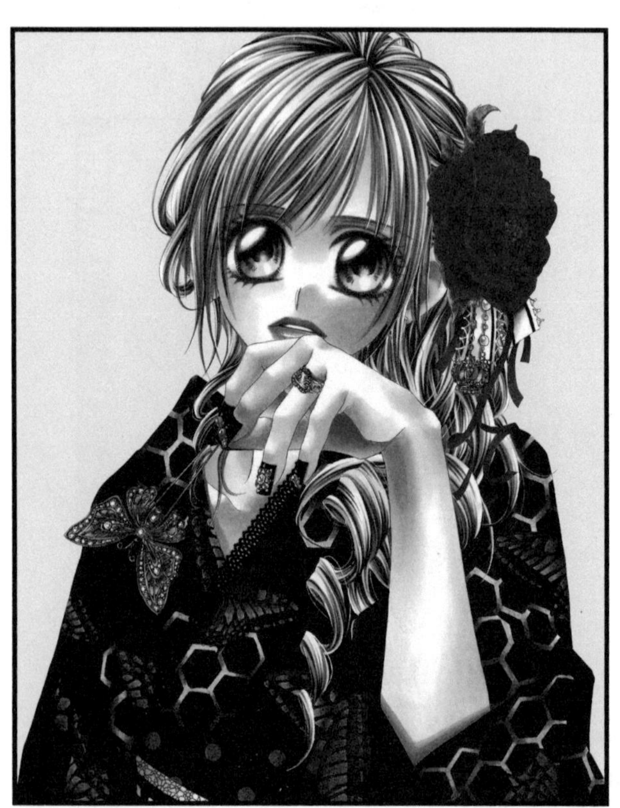

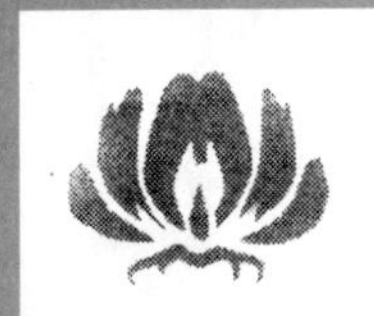
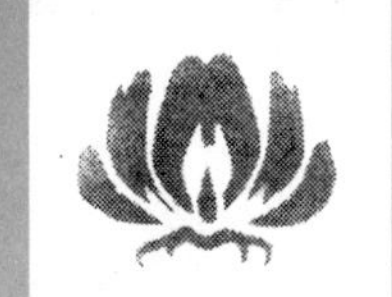
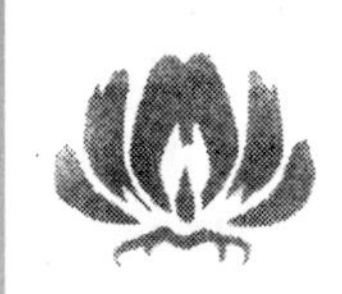
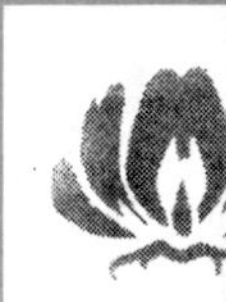

STOPP!

Dies ist die letzte Seite des Buches! Du willst dir doch nicht den Spaß verderben und das Ende zuerst lesen, oder?

Um die Geschichte unverfälscht und originalgetreu mitverfolgen zu können, musst du es wie die Japaner machen und von rechts nach links lesen. Deshalb schnell das Buch umdrehen und loslegen!

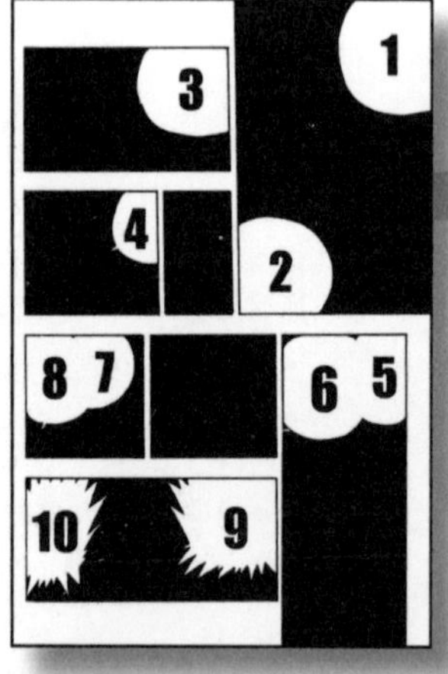

So geht's:

Wenn dies das erste Mal sein sollte, dass du einen Manga in den Händen hältst, kann dir die Grafik helfen, dich zurechtzufinden: Fang einfach oben rechts an zu lesen und arbeite dich nach unten links vor. Viel Spaß dabei wünscht dir TOKYOPOP®!